中国铝业集团有限公司　编

中国铝业集团有限公司年鉴

The Yearbook of Aluminum Corporation of China

（2019）

CHINALCO

方志出版社
Publishing House of Local Records

图书在版编目（CIP）数据

中国铝业集团有限公司年鉴．2019 / 中国铝业集团有限公司编．-- 北京：方志出版社，2020.6

ISBN 978-7-5144-4190-1

Ⅰ．①中… Ⅱ．①中… Ⅲ．①铝工业—企业集团—中国—2019—年鉴 Ⅳ．① F426.32-54

中国版本图书馆 CIP 数据核字（2020）第 130922 号

中国铝业集团有限公司年鉴（2019）

编　　者：中国铝业集团有限公司
责任编辑：李　静

出 版 者：方志出版社
地址　北京市朝阳区潘家园东里 9 号（国家方志馆 4 层）
邮编　100021
网址　http：//www.fzph.org
发　　行：方志出版社图书经销中心
电话　（010）67110500
经　　销：各地新华书店
排　　版：北京纺印图文设计制作有限公司
印　　刷：北京中科印刷有限公司

开　　本：889 × 1194　　1/16
印　　张：33.75
字　　数：1038 千字
版　　次：2020 年 6 月第 1 版　　2020 年 6 月第 1 次印刷

ISBN 978-7-5144-4190-1　　定价：220.00 元

《中国铝业集团有限公司年鉴（2019）》编纂委员会

编辑部

撰稿人

（按姓氏笔画排序）

编辑说明

《中国铝业集团有限公司年鉴（2019）》是中国铝业集团有限公司（简称中铝集团或集团）的第15本年鉴，全面、客观、系统地记述集团及所属企业2018年的发展全貌和新经验、新做法、新成果，汇辑2018年集团的重要时事、文献和统计资料等，力求全景展现集团2018年工作全貌，方便读者查阅，起到鉴史作用。

一、在中铝集团年鉴编纂委员会的领导下，研究室（年鉴编辑部）负责年鉴的编纂工作。

二、《中国铝业集团有限公司年鉴（2019）》收集资料时间跨度为2018年1月1日至2018年12月31日。

三、《中国铝业集团有限公司年鉴（2019）》主要内容包括以下8个篇目。

1.“影像篇”收录了“领导关怀”“合作交流”“重大活动”“社会责任”等影像资料。

2.“特辑”篇目收录了集团党的建设与业务工作深度融合的情况。

3.“大事记”篇目收录2018年集团的大事、要事。

4.“文献篇”收录了2018年集团年度工作会议工作报告等重要文献。

5.“综述篇”收录了2018年集团概述，以及综合协调与文档管理等方面的工作综述。

6.“企业篇”记述了2018年板块公司及实体企业的生产经营、企业管理与改革、科技创新、党建与企业文化建设、履行社会责任等内容。

7.“荣誉篇”收录集团及所属企业2018年度获得国家级、省部级、集团级的综合性荣誉称号，并以人物小传的方式展示年度突出贡献者的典型事迹。

8.“附录”篇目收录集团组织机构、主要指标表、主要指标数据对比图，全国氧化铝、电解铝、铝加工材、铜矿山、电解铜、铜加工材历年产量等统计数据。

目　录

【影像篇】

【特　辑】

【大事记】

【文献篇】

【综述篇】

【企业篇】

【荣誉篇】

【附　录】

Contents

SNAPSHOTS

SPECIALS

MAJOR EVENTS

DOCUMENTS

OVERVIEW

ENTERPRISES

LIST OF HONORS

APPENDICES

2019

中国铝业集团有限公司年鉴

The Yearbook of Aluminum Corporation of China

【影像篇】

Snapshots

CHINALCO

领导关怀

SUPPORT FROM GOVERNMENT LEADERS

2018年，中铝集团经营态势继续向好，市场竞争力明显提升，行业引领作用更加突出。中铝集团的发展离不开党中央以及各级党委和政府的关怀与支持。这一年，习近平总书记在中央纪委关于中铝集团的调研报告上作出重要批示，国家有关部委、企业所在地政府的领导深入集团及所属企业调研指导。

2018年6月13日，国务院国资委主任肖亚庆（前排中）在中铝集团调研时，通过仿真视频系统连线生产企业

2018 年 5 月 15 日，广西壮族自治区党委书记鹿心社（前排右）在中铝广西国盛稀土开发有限公司调研

2018 年 5 月 22 日，福建省委副书记、省长唐登杰（前左二）在中铝东南铜业有限公司指导检查

2018 年 9 月 17 日，国务院国资委调研组在中铝集团开展专题调研

2018 年 4 月 4 日，中央纪委调研组在中铝集团调研

2018 年 11 月 8 日，全国人大财经委调研组在云晨期货有限责任公司调研

2018 年 6 月 5 日，中国有色金属工业协会党委书记、会长陈全训（中）在中铝华中铜业有限公司调研

合作交流

COOPERATION AND EXCHANGES

国际交流与合作

2018 年，中铝集团高管层积极参加国际性行业交流活动，主动加强与境外企业的沟通互访，与日本、英国等国家和地区的企业签署了多个合作协议。

11 月 1 日，集团董事长葛红林出席第十一届国际跨国公司领袖圆桌会议并在国际合作发展论坛上发言

11 月 8 日，集团总经理余德辉出席中蒙矿业论坛并致词

10月25日，集团副总经理敖宏（左）在几内亚拜访孔戴总统

3月16日，集团副总经理张程忠（右）会见瑞士萨德合金公司董事长朱塞佩·曼尼

7月27日，集团副总经理冯贵权（前右）会见力拓能源和矿务集团首席执行官巴特尔

8 月 31 日，集团副总经理刘建平（右）会见欧亚资源集团首席执行官宋本

12 月 4 日，集团副总经理卢东亮（右）会见国际铝业协会秘书长罗恩·奈普

11月1日，几内亚客人到访集团

9月11日，法国苏伊士代表团到访集团

12月11日，厄瓜多尔外贸部代表团到访集团

6月28日，中国稀有稀土与日本东洋电机签订项目合作协议

8月14日，中铝材料院与英国布鲁内尔大学成立联合实验室

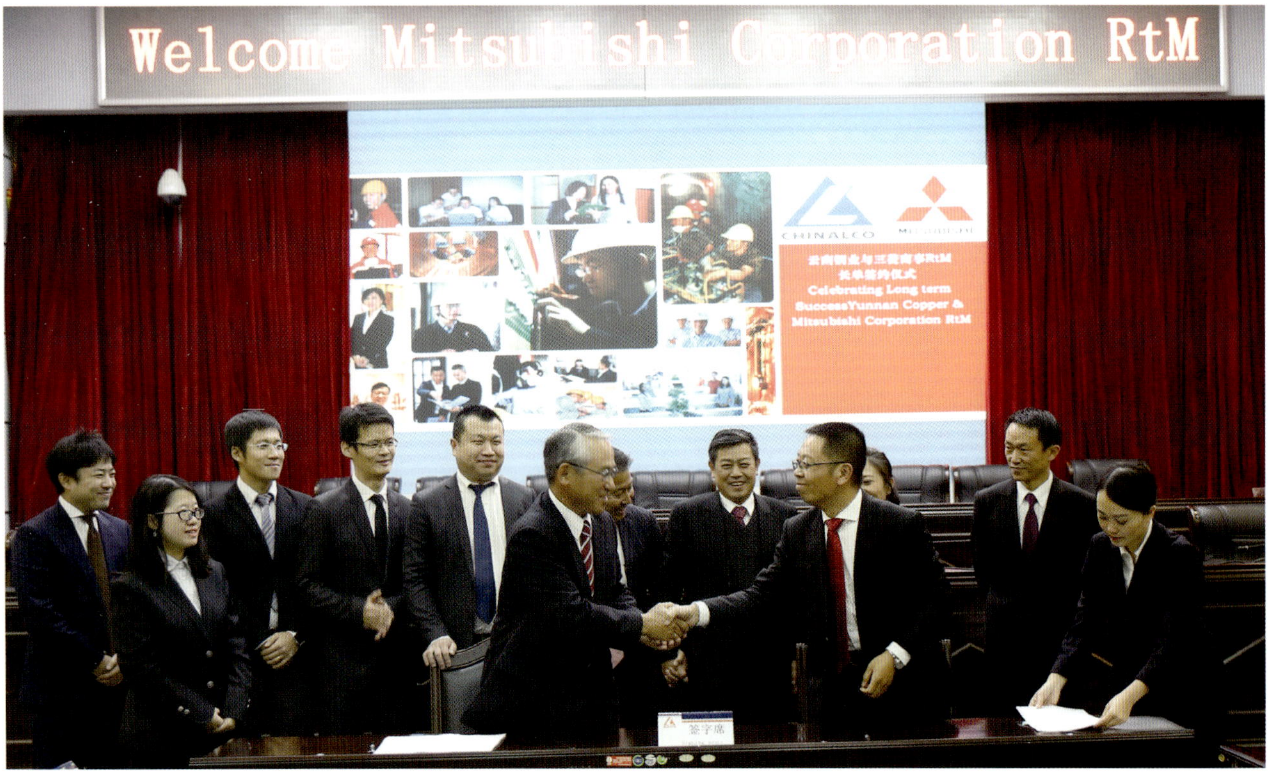

1月12日，云铜股份与三菱商事签署长单合作协议

国内交流与合作

2018 年，中铝集团与中国五矿、中国商飞、光大银行等企业和内蒙古自治区、云南省等地方政府开展了交流互动和项目合作。

5 月 14 日，中国五矿董事长唐复平（前左）在中铝集团进行交流

6 月 20 日，中国商飞副总经理、C919 大飞机总设计师吴光辉（左一）在西南铝调研

5 月 27 日，中铝集团与云南省人民政府在云南省昆明市签署合作协议

11 月 27 日，中铝集团与中国光大集团签署战略合作协议

12月28日，中铝集团与中国进出口银行签署战略合作协议

12月13日，中铝集团与中国有色集团签署战略合作协议

9月4日，中铝集团与招商局集团签署邮轮制造项目合作框架协议签约仪式

9月29日，中铝集团与中远海运签订几内亚铝土矿运输合同

11 月 13 日，云南冶金股权划转中国铜业签约仪式在昆明举行

5 月 9 日，中铝股份与内蒙古自治区巴彦淖尔市人民政府签署战略合作

6 月 13 日，中铝股份与重庆市南川区人民政府、重庆市博赛矿业（集团）有限公司签署产业合作协议

1 月 12 日，云铜股份与中国铁路昆明局集团有限公司签署战略合作协议

1 月 13 日，中铝国际与云南建投集团签署战略合作协议

重大活动

MAJOR EVENTS

2018年，中铝集团以服务国家战略为己任，积极响应国家京津冀协同发展、西部大开发、“一带一路”倡议等，发挥集团在有色金属行业的技术人才优势，成功建设了一批重大项目。

10月28日，中铝股份几内亚博法铝土矿项目开工奠基

5月23日，山西中润一期轻合金项目通电投产

11月15日，东南铜业40万吨铜冶炼基地项目顺利产出首批阴极铜

9月28日，广西华昇200万吨氧化铝项目开工建设

10月30日，宁夏能源阿左旗200兆瓦风电项目开工建设

2018 年，中铝集团深化供给侧结构性改革，调整优化传统产业，加快培育发展适应市场需求的新兴产业，奠定了高质量发展的基石。

11 月 7 日，在首届中国国际进口博览会上，集团与 13 家境外供应商签订 220 亿元采购协议

8 月 31 日，中铝国际在上海证券交易所主板挂牌上市

8 月 31 日，集团成功发行央企首单供给侧结构性改革 ABS

3月23日，中铝环保节能集团有限公司揭牌

5月25日，中铝创新开发投资有限公司揭牌

6月18日，中铝海外发展有限公司揭牌

7月1日，遵义铝业股份有限公司揭牌

6月28日，中铝物资有限公司揭牌

12月10日，中铜国际贸易有限公司揭牌

5月25日，中铝创新发展股权投资基金管理有限公司揭牌

2018 年，中铝集团通过召开党建、生产经营、改革发展及重要专项会议，贯彻落实上级决策部署，研究部署集团重点工作。

1 月 20—21 日，集团召开一届一次职代会暨 2018 年工作会议

7 月 14 日，集团召开 2018 年年中工作会议

6 月 29 日，集团召开纪念中国共产党成立 97 周年暨“两优一先”表彰大会

12 月 16 日，集团召开 2018 年改革创新与发展战略研讨会

1月2日，集团召开安全环保质量攻坚战誓师大会

4月25日，集团召开2018年科技工作暨成果产业化推广会议

6月20日，集团举行第三届社会责任工作大会暨第二届降碳节

社会责任

CORPORATE
SOCIAL
RESPONSIBILITY

内部沟通

2018年，中铝集团进一步完善与员工的沟通渠道，多层次开展对话交流，特别是集团党组成员深入企业、车间、班组，了解员工诉求和期望，倾听广大员工对改革发展的建议和意见。

11月15日，集团党组书记、董事长葛红林（左一）在西南铝调研国企改革“双百行动”开展情况

6月1日，集团党组副书记、总经理余德辉（左二）在长沙院调研

3 月 1 日，集团党组副书记、副总经理敖宏（右二）在中国铜业迪庆有色普朗铜矿调研

4 月 27 日，集团党组成员、副总经理张程忠（前排中）在中铝广西稀土调研安全环保攻坚工作

6 月 28 日，集团党组成员、副总经理冯贵权（右一）在洛阳铜加工调研

6 月 5 日，集团党组成员、副总经理刘建平（中）在上海铜业调研

7 月 27 日，集团党组成员、副总经理卢东亮（前排中）在包头铝业调研

12 月 20 日，集团党组成员、总会计师叶国华（左三）在中铝山东企业调研

精准扶贫

中铝集团认真贯彻落实中央关于精准扶贫工作决策部署，创新援助模式，加大援助力度。2018 年，集团成立扶贫攻坚和援疆援藏援青工作领导小组，集团主要领导参加央企助力西藏脱贫攻坚会议，赴西藏昌都、湖北阳新和青海海晏考察调研。各实体企业也开展了形式多样的精准扶贫工作。

8 月 3 日，集团党组书记、董事长葛红林（中）在西藏自治区昌都市调研对口扶贫工作，走访藏民家庭

9 月 27 日，集团党组副书记、副总经理敖宏（中）在湖北省黄石市阳新县的中铝集团产业扶贫基地调研

5 月 14 日，集团向青海省海晏县祁连山中学贫困生发放第二批结对帮扶资金

包头铝业电解三厂党支部在内蒙古自治区包头市固阳县西斗铺镇开展对口帮扶

长沙院驻村帮扶工作队奔赴精准扶贫攻坚一线

中国铜业在云南省德钦县实施贫困户易地搬迁工程，图为贫困户选房抽签现场

中国铜业在中国邮政精准扶贫电商平台上建立了中国铜业专属二维码

安全与环保

2018 年，中铝集团贯彻落实习近平总书记关于加强安全生产和环境保护的重要指示精神，防控安全环保风险，保障安全生产，实现绿色低碳发展。

9 月 14 日，中铝集团召开安全警示教育大会

6 月 21 日，中铝山东开展安全演练

6 月 28 日，山西新材料开展应急救援演练

安全生产月期间，宁夏能源员工在安全承诺条幅上签名

2 月 7 日，西北铝集中排查锅炉安全隐患

5月18日，集团直属工会举办职工户外健步走活动

中州铝业购置的环保自卸车交付使用

3月24日，长沙院开展环保志愿者活动

3月9日，中铝洛铜和洛阳铜业志愿者义务植树

8月24日，中铜彝良矿业开展安全环保知识竞赛

产品与技术

2018 年，中铝集团致力于为客户提供优良产品和服务，以科技创新助推产品创新，为经济社会进步和人民美好生活贡献力量。

西南铝 10 米级铝合金整体环件在庆祝改革开放 40 周年大型展览《伟大的变革》中展出，并入选国务院国资委网站公布的《辉煌四十年，奋进新时代——中央企业改革开放 40 周年成果图片展》

西南铝 7050 铝合金厚板通过中国民用航空适航鉴定，获得中国商飞授权，进入 C919 飞机合格产品目录

“中铝造”全铝车身客车在蜀都客车厂组装成功

由中铝中央研究院提供技术支持、西南铝承担制造的新能源公交车的全铝车身骨架

“有色金属矿山与重金属冶炼大数据集成研究与应用”入选工信部2018大数据产业发展示范项目。图为驰宏锌锗自动化选矿厂

云铜股份“低品位复杂铜矿资源高效利用关键技术及应用项目”荣获中国有色金属工业科技进步一等奖。图为云铜股份西南分公司电解铜生产线

中国稀有稀土承担的“稀土萃取分离智能化控制系统研究与应用示范”项目获得第五届中国工业大奖提名奖

关爱员工

2018年，中铝集团通过开展各类文体活动、创新员工培训方式、帮扶困难员工等，培育责任文化，促进员工不断突破自我，为实现高质量发展蓄能聚力。

集团直属机关工会举办女工插花讲座

第十二届“中国铝业杯”有色金属行业职业技能大赛决赛在中铝郑州企业举行

集团2018年第三期干部培训班开班仪式

中铝贵州企业2018年向47名困难职工子女发放金秋助学金

云南冶金集团金水公司春节走访困难职工

六冶"导师带徒"签约仪式

十二冶召开青年座谈会

西南铝举办庆祝改革开放四十周年暨第七届职工运动会

社区参与

2018 年，中铝集团坚持服务社会、回馈社会的理念，以“请进来”“走出去”的方式，强化与社区的沟通。

集团“中铝幸福家”亲情开放日活动

中铝资本团委、中国铜业迪庆有色团委启动“格咱完小·爱心驿站”，向香格里拉格咱乡中心小学捐赠图书和文体用具

驰宏锌锗邀请 50 余名小学生到驰宏会冶感受科技魅力

责任管理

2018 年，中铝集团深入推进“法治中铝”建设，开展反腐倡廉教育，深化社会责任管理，防控风险，营造风清气正的运营环境。

集团召开纪委书记述责述廉电视电话会议

集团以视频会议方式开展法制专题讲座

集团直属党委党员参观廊坊法治宣教中心

集团开展社会责任管理专题培训

洛阳铜加工党外人士建言献策郭慧稳工作室挂牌

包头铝业召开社会责任推进会

集团第十六次党风廉政建设和反腐败警示教育大会现场

【特 辑】
Specials

党建是法宝

——集团党建引领高质量发展

2018 年 5 月 21 日，中央纪委常委、国家监委委员、中央纪委驻国资委纪检组组长陈超英到中铝集团，就贯彻习近平总书记在全国国有企业党的建设工作会议上的讲话精神、落实“两个责任”工作情况开展专题调研。中铝集团作了《党建是搞好央企的法宝》的汇报。陈超英认为中铝集团将党建与业务深度融合，促进了企业起死回生、扭亏脱困，并于 6 月 4 日向中纪委主要领导上报了《关于中铝集团起死回生扭亏脱困的调研报告》。

6 月 6 日，习近平总书记在中央纪委《关于中铝集团起死回生扭亏脱困的调研报告》上作出了“好的经验要总结推广，国企、央企总结经验很重要，特别是党建的经验”的重要批示。之后，王沪宁、赵乐际、刘鹤、杨晓渡、陈希、黄坤明、王勇等党和国家领导人先后作出了 10 多次批示，强调要进一步高度重视和加强国有企业的党建，要总结推广好经验、好典型，促进全面从严治党、党风廉政建设落地见效，以企业党建工作新的更大成效，推进企业持续做强做优做大。

在随后召开的全国组织工作会议、中央企业党建工作座谈会、全国国有企业改革座谈会等重要会议上，集团党组分别作了经验交流汇报。新华社、中央广播电视总台和《人民日报》《光明日报》等多家主流媒体，多角度、多方位、多层次对集团推动党的建设与业务工作深度融合的做法进行了报道。

本卷年鉴《特辑》篇目收录集团践行习近平新时代中国特色社会主义思想的党建工作成果内容。

要闻 10

人民日报

近年来，中铝集团通过加强党建实现扭亏脱困

党建是搞好央企的法宝

通过微信就能打官司

日报 周报 杂志

人民网 people.cn

人民日报 2018年09月12日 星期三

往期回顾 返回目录

人民日报图文数据库（1946-2019）

近年来，中铝集团通过加强党建实现扭亏脱困

党建是搞好央企的法宝

本报记者 刘志强

《人民日报》（2018年09月12日 10版）

2017年，中铝集团盈利21亿元，并且消化历史包袱40亿元，取得自2008年以来最好的经营业绩，连续3年超额完成国资委考核目标。今年上半年，中铝实现利润26亿元，继续保持向好发展态势。

时光退回到2014年，这家全球最大的有色冶金企业亏损曾高达198亿元，甚至背上了央企"亏损王"的称号，内部士气低迷。

"习近平总书记关于国有企业改革发展和党的建设的重要讲话，为中铝集团提供了根本遵循和行动指南。我们从中坚定了信心、明确了方向，也学到了办法。党建是搞好央企的法宝。"中铝集团党组书记、董事长葛红林表示。逆境之中，中铝集团新

中铝集团党建工作经验在《人民日报》和人民网刊发

2018年，中央广播电视总台和《人民日报》《光明日报》等中央媒体调研集团党建工作并刊发了系列报道。图为8月29日中央媒体调研中铝集团党建工作座谈会现场

集团是第一家实行党建与生产经营“双百分”考核的中央企业，得到了中共中央组织部、国务院国资委的肯定。图为 1 月 29 日，中央企业党建责任制考核中铝集团汇报会

中组部、中纪委、国资委等多个党建工作调研组，到集团专题调研。图为 5 月 21 日中央纪委驻国资委纪检组调研座谈会

2018 年中航工业、中国航油、中国宝武、南方电网等企业到中铝集团学习交流座谈党建工作。

7 月 9 日，中铝集团与中国航空工业集团开展党建与生产经营深度融合交流座谈

7 月 18 日，中铝集团与中国航空油料集团交流座谈党建工作

10 月 24 日，中铝集团与南方电网集团交流党建工作经验

7 月 25 日，中铝集团与中国宝武交流座谈党建工作

10 月 29 日，中铝集团与广晟有色交流座谈党建工作

中铝集团及所属板块和实体企业深入开展党建工作，助力高质量发展。

8 月 13 日，中铝集团召开 2018 年党建工作会

12 月 18 日，中铝集团召开 2018 年党建工作责任制考核培训部署会

5 月 25 日，中铝集团直属党委对发展对象进行入党前培训

12 月 20 日，中铝股份党委召开基层党建述职评议考核工作会

11 月 8 日，中铝材料院党委与北京科技协作中心党委开展"党建引领企地融合"共建活动

2018年，中铝集团各级党组织举办庆祝建党七十周年系列活动，激发广大党员的使命意识和担当意识。

中铝集团直属党委举办“不忘初心、牢记使命”唱响新时代歌咏比赛

中铝集团举办“不忘初心、牢记使命”主题朗诵会

中铝集团直属党委组织党员观看《厉害了，我的国》

重庆分公司举办“歌唱祖国歌颂党”歌咏比赛

十二冶举办中共十九大精神知识竞赛

党建和业务工作的深度融合是做强做优中央企业的重要法宝

——对中铝集团起死回生、扭亏脱困的调研报告

中央纪委国家监委驻国资委纪检监察组组长　陈超英

（2018年6月4日）

为深入推进中央企业进一步贯彻落实习近平新时代中国特色社会主义思想，特别是落实好总书记在全国国企党建会上的重要讲话精神，我近期到中铝集团作了调研。调研中了解到，中铝集团用习近平新时代中国特色社会主义思想引领改革发展，全面加强党的领导，把党建工作与业务工作深度融合，实现了绝地求生、成功突围，经验比较典型。

作为中央直接管理的国有重要骨干企业、有色行业的龙头企业，中铝集团在保障国家战略资源安全和国防军工材料供应方面承担着重要职责。2008年金融危机爆发后，有色金属行业受到严重冲击，中铝集团陷入连续严重亏损。2014年10月中铝集团新一届党组成立后，通过全面从严治党、全面从严治企，重塑了干部信心，扭转了党风企风，实现了扭亏脱困。2015年大幅减亏153亿元，2016年扭亏为盈，竞争力及抗风险能力明显增强，排头兵作用更加突出，社会影响力大幅提升。调研中我们很深切地感到，党建和业务工作的深度融合是做强做优中央企业的重要法宝。

一、主要做法

一是狠抓思想建党，坚定信心决心。中铝集团党组把学习总书记系列重要讲话精神作为首要任务，学好用好总书记一系列工作方法，在集团上下全面加强党的领导，各级党组织切实扛起主体责任，坚决纠正企业以往存在的习惯性麻木、习惯性回避、习惯性推脱、习惯性上交“四个坏习惯”，引导干部员工“讲忠诚、讲尽责、讲拼搏、讲实效”，全面做到“状态再好、力度再大、节奏再快、办法再多、效果要好”，不断筑牢领导干部理想信念，坚定了搞好国有企业的信心决心，干部的精神状态发生显著变化，在落实中央决策部署上不讲条件、不打折扣、绝不含糊，在推进企业改革发展上出实招、见真绩，企业呈现出持续向好、蒸蒸日上的良好态势。比如，中铝集团下属资产公司由中铝主业上市后留下的非主业和不良资产组建，资产质量差、人员多、包袱重，刚组建时年亏损额达15.8亿元，员工士气低迷，看不到希望。总书记在国企党建会上高度肯定国有企业功勋卓著、功不可没，国有企业不仅要，而且一定要办好，决不能把国有

企业搞小了、搞垮了、搞没了。总书记的重要讲话精神，让企业员工信心和士气得到极大提升，通过全面加强党的领导，找到了脱困办法，累计减亏增盈达23亿元，已成为中铝集团的盈利大户。

二是加强党的领导，压实主体责任。调研中，中铝集团党组书记葛红林谈到，企业出现巨亏虽然有外部市场竞争因素，但主要原因在内部，归根到底是党的领导弱化导致企业一盘散沙，凝聚力、创造力、战斗力严重缺乏，必须加强党对企业的全面领导，坚决向总书记看齐。中铝集团的同志们介绍，葛红林上任后，第一次作报告时就把加强党的领导作为首要任务进行部署，之后逢会必讲党建，必讲总书记的新要求和中铝的贯彻举措，每年参加党建有关会议、活动在200次以上，自觉担当第一责任，推动落实主体责任，督促落实“一岗双责”，加强党的领导效果明显。中铝集团党组制定了贯彻落实全国国企党建会议精神的25项重点任务。党组织法定地位全面落实，全级次363家企业全部将党建要求写进公司章程。党组织前置程序更加明确，在公司章程、党组织议事规则、“三重一大”决策办法中具体落实前置程序的要求。坚决不让党委书记当配角，在符合条件的41户实体企业全面实行“党政一肩挑”领导体制，在规模较大的11户企业配备了专职党委副书记，配强了党务力量，确保党建工作有人抓、有人管。不断健全责任体系，先后制定《党建工作责任制实施细则》《党建工作责任清单》等23项制度。开展“两带两创”活动，党组织带党员创效、党员带群众创新，增强了党建与生产经营的融合力，创造价值上亿元。有的企业负责同志讲，习总书记在国企党建会上的讲话解开了困扰企业党务工作者心中的“疙瘩”，给大家打了“强心剂”，对加强党的领导是国企“根”和“魂”的认识更深了，中铝集团实现扭亏，加强党的领导起了根本性作用。

三是从严管党治党，扭转党风企风。调研中了解到，中铝集团管党治党力度非常大。坚决治理“闲官”，全集团共排查清理“闲官”166名，“闲岗”74个。严格选人用人，对下属企业违反规定选任的9名干部宣布选任结果无效，对12名拟提拔干部因档案造假、个人事项报告不实、有信访举报正在核查等问题，暂缓或取消提拔资格，对17名干部通过降职免职、转任非领导职务、内退等退出岗位。保持惩治震慑不手软，常设5个巡视组、3个区域监督中心，三年来查处违规违纪问题586起，处理1825人次，问责1054人。很多党员说，管党治党严了，党的形象好了，做党员有了自豪感，过去不好意思戴党徽，现在都主动亮出身份了；过去有的党员混同于普通群众，现在都带头冲锋在前了。

四是坚决贯彻中央决策部署，深入实施“加减乘除”，实现绝地重生。调研中我们感到，中铝集团党组贯彻中央决策部署是真贯彻、实贯彻，绝不是口头贯彻、形式主义贯彻，他们坚持问题导向狠抓落实，几年来改革发展的成效也印证了中铝贯彻中央决策部署的坚决。比如中央部署推进供给侧结构性改革、贯彻新发展理念、“三去一降一补”、瘦身健体、提质增效等重大任务后，中铝集团针对自身存在的经营机制僵化、产业结构单一、创新严重不足等问题，综合运用总书记提出的“加减乘除法”，实现了起死回生、扭亏脱困。做加法，坚持“干一件成一件”，加快产业结构调整，培育发展新动能。比如，中铝秘鲁年产40万吨铜矿项目建成投产，增强了我国铜矿资源保障能力，并带动国内装备“走出去”，2017年以来累计盈利16亿余元。做减法，坚持“用小震化大震”，坚决淘汰退出落后产能，先后关停氧化铝产能 219 万吨、电解铝产能 164 万吨、加工产能 44 万吨、煤炭产能 30 万吨。毫不手软“处僵治困”，亏损面从 32.3% 下降到 11.8%。做乘法，坚持创新驱动引领发展，加快培育引领行业发展新优势，围绕航空航天、海装工程、舰船、汽车轻量化等加快高端材料研发，军用铝合金材料实现了跨代发展，轨道交通车体材料得到广泛应用，总书记讲话中提到的天宫、天眼、悟空、墨子、大飞机等重大科技成果，都有“中铝智造”的身影。做除法，坚持资源有限创意无限，提高资本回报率、劳动生产率。集团资产负债率由 85% 降至 63.52%，低于央企平均水平。加大低效无效资产、闲置设备设施盘活处置力度，实现收益超百亿元。优化员工配置，氧化铝、电解铝、电解铜劳动生产率分别提高 136%、76%、54%。葛红林同志讲，总书记的“加减乘除法”救了中铝。

二、启示与体会

——习近平新时代中国特色社会主义思想，已经成为当今时代最新的生产力，已经在中央企业生产经营改革发展中释放出蓬勃活力和巨大经济效益。据中铝集团的同志介绍，企业前几年陷入严重亏损，2014 年是他们最艰难的时候，全年亏损高达 198 亿元，网络上称中铝为“亏损王”，整个集团士气异常低落，广大职工对前途一片迷茫。在关键时刻，中铝集团党组以习近平治国理政新理念新思想新战略全面改造中铝，全面加强党的领导，全面从严治党，扭转党风企风，带动了生产经营的根本好转，实现了经济效益的“三连增”，企业走出了泥潭，迎来希望的曙光。为此我们感到，中央企业要打造具有全球竞争力的世界一流企业，必须要有自己的核心竞争力，而党的领导就是中央企业独特的核心竞争力。我们一定要在中央企业中进一步坚持和加强党的全面领导，充分发挥党组织领导作用和党员先锋模范作用，努力把中央企业这个我们党执政的物质基础和政治基础打造得更加坚实。

——习近平新时代中国特色社会主义思想，既是指导思想的根本遵循，又是具体工作的行动指南，只要认真地研读领会思索感悟，伟大的思想就能转化为改进推动工作的具体办法。这方面中铝集团的几个事例非常具有代表性。2015 年，中铝集团的巨亏主要是由几家亏损大户造成，通过学习总书记的治国理政新理念新思想新战略，他们坚持问题导向、聚焦重点，通过狠抓几家亏损大户的治理，迅速扭转了被动局面。总书记经常讲久久为功，反复强调工作要有定力和韧性，中铝集团在扩大铝应用工作中，把久久为功作为基本工作方法，坚持不懈抓以铝代钢、以铝代木，目前已初见成效。中铝集团还把总书记精准扶贫的工作方法创造性应用到生产经营当中，全面实施精准管理，大幅降低了生产成本，提高了产品竞争力。我们感到，中铝集团用总书记一系列工作方法来加强改进企业的经营管理，其他中央企业都可以学习推广。

——企业必须始终坚持党的领导，把党建工作同生产经营紧密融合，既要坚决纠正党建和业务“两张皮”的老问题，又要高度警惕“两条线”的新倾向。我到驻国资委纪检组工作后，不少央企“一把手”沟通工作时，一开口就是“我分两条线汇报，一条是党建工作，一条是业务工作”。这反映出他们在认识上把党建与经营管理割裂开来，其背后的根本问题是个别企业还没有真正落实党的全面领导。每次我都会打断他们，告诉他们这样截然分开不行，“第一粒扣子就扣错了”。

我们感到，目前央企中党建工作和生产经营“两张皮”“两条线”问题，尽管在国企党建会后有了一定的改进，但还没有根本改善。必须把党建与业务深度融合，并坚持党的全面领导这个根本前提。中铝集团在央企中率先创新实施党建工作和生产经营“双百分”考核制度，把党建工作和生产经营各设定为100分，两者互为系数、相乘得出最后考核结果，如果党建是零，其他再好总分也是零，促使各级党政领导干部既要抓核心、管党建，又要抓中心、管经营。这些做法促进了党建与业务工作的真正融合。

——对中央精神的贯彻落实和“两个责任”的坚决承担，中央企业仍然存在层层衰减问题，必须“穿透”管理层级，在全链条上压实“两个责任”。中铝集团之所以取得这样的发展态势，根本的原因，在于他们把总书记讲话精神变成高度的思想自觉和行动自觉，牢牢抓住“两个责任”，把全面从严治党落实到了各个层级。但从中央企业整体看，“沙滩流水不到头”的问题依然存在，在基层企业责任层层衰减，有的甚至减到零，完全不知道现在压倒性态势是什么样，好像还生活在党的十八大之前。我们感到，党的十九大后，全面从严治党的要求在不断深入，当前的重点就是抓好落实，落实好各级党委的主体责任和各级纪委的监督责任，把全面从严治党落实到各个层级。

近年来，中铝集团通过加强党建实现扭亏脱困

党建是搞好央企的法宝

《人民日报》记者　刘志强

（2018年9月12日）

2017年，中铝集团盈利20.5亿元，并且消化历史包袱40亿元，取得自2008年以来最好的经营业绩，连续3年超额完成国资委考核目标。今年上半年，中铝实现利润26亿元，继续保持向好发展态势。

时光退回到2014年，这家全球最大的有色冶金企业亏损曾高达198亿元，甚至背上了央企“亏损王”的称号，内部士气低迷。

“习近平总书记关于国有企业改革发展和党的建设的重要讲话，为中铝集团提供了根本遵循和行动指南。我们从中坚定了信心、明确了方向，也学到了办法。党建是搞好央企的法宝。”中铝集团党组书记、董事长葛红林表示。逆境之中，中铝集团新一届党组通过全面加强党的领导、全面从严治党，扭转了党风企风，创造了经济效益“三连增”，实现了扭亏脱困。

要闻 10　人民日报
近年来，中铝集团通过加强党建实现扭亏脱困
党建是搞好央企的法宝
小小脸谱绘文化
通过微信就能打官司
广西加强乡村旅游质量管理

人民日报刊登此篇文章

全面从严治党，狠抓干部队伍状态建设
党建强基　扎根铸魂

早上7点半，中铝总部的4个视频会议室里，参会者已经纷纷落座，大家利用仿真会议系统调阅数据、查看图表、分析曲线，及时发现问题、解决问题。这是中铝集团由领导班子和成员企业负责人参加的早调会制度。

十年前，受国际金融危机影响，有色金属行业遭到严重冲击，中铝集团开始陷入亏损。2014年10月，集团新一届党组成立之时，正值中铝亏损最为严重的阶段。

中铝为何连年亏损？新一届党组成立之初，便进行了剖析、找到了症结——虽有外部市场竞争因素，但主要原因在内部，员工收入大幅减少，互相埋怨、信心不足，企业内部甚至存在贪污腐败，这一切，归根在于党的领导弱化，在于管党治党不力。

坚持党的领导、加强党的建设，是国有企业的“根”和“魂”，也是我国国有企业的独特优势。危急时刻，中铝集团决定从抓党建强党建入手，撬动整体形势的好转。

——全面从严治党，夯实党建基础，让党的领导在中铝扎根。

全面从严治党要在国有企业落实落地，必须从基本组织、基本队伍、基本制度严起。2015年以来，中铝集团及下属境内363家全资或控股公司全部将党建要求写进了公司章程。党组和各企业党委通过制定修订党组织议事规则、“三重一大”决策制度等，落实了党组织研究讨论前置程序要求。41户实体企业实行了“党委书记、董事长由一人担任，党员总经理担任副书记”的领导体制，集团和各企业党群工作部门按照不低于同级部门平均编制数的要求，确保了党建工作有人抓、有人管。

——坚持正确用人导向，狠抓干部队伍状态建设，让党的思想在中铝筑魂。

选人用人方面，中铝通过制定修订相关制度，强化了党组织在干部选拔任用中的责任。同时，注重基层一线导向，大力推进干部能上能下制度。2016年以来，集团总部、板块公司和实体企业之间交流干部超过100名，17名干部通过降职免职、转任非领导职务、内退等退出岗位。中铝还发动群众开展“闲官闲岗”专项治理，清理“闲官”213名，“闲岗”108个。

思想建设方面，中铝集团党组利用周末或晚上，对下属30多户实体企业的领导班子开展专题谈心谈话会，利用远程连线了解干部思想动态。经过努力，中铝员工的思想作风大为好转，逐步改掉了“麻木、回避、推脱、上交”的坏习惯，形成了“状态再好、节奏再快、力度再大、办法再多、效果更好”的好作风，汇集起扭亏脱困的强大正能量。

树起“指挥棒”，架起“高压线”，筑牢“防波堤”

党政同责　抓铁有痕

如何促进企业党建同生产经营紧密融合，解决党建和业务“两张皮”问题？如何在保持反腐高压态势的同时，扎紧“不能腐”的制度笼子？在加强党建的过程中，中铝集团党组坚持问题导向、创新方式方法，增强工作实效，力求抓铁有痕。

强化党建考核评价，立起“指挥棒”。

2017年，中铝集团在中央企业中率先实施“双百分”考核——党建工作和生产经营考核各为100分，并且互为系数，两项考核结果相乘得出各企业年度考核结果，由此强化了党政同责的价值导向。同时，强化考核结果运用，将党建考核得分与领导班子薪酬、干部选拔使用、党组织评先评优挂钩。这使得集团内部形成了党政同责、一岗双责抓党建的良好局面，管党治党的氛围更加浓厚。

正风肃纪建章立制，架起“高压线”。

中铝集团保持高压态势不手软、正风肃纪不停步。党的十八大以来，相继成立50余个调查组，重点查处了中铝国贸等系列重大腐败案件，累计挽回损失30亿元、避免损失20亿元，收缴违纪款近6000万元。紧盯中央巡视组移交线索办理和中长期整改任务，建立“反馈—整改—再反馈—再整改”工作机制，连续3年开展自查自纠和穿透式督查，不整改到位决不罢休。

针对领导亲属经商办企业问题，中铝集团建立“禁止交易企业名单”，从源头解决“靠铝吃铝”问题；针对贸易领域合同审批、执行中的漏洞，建立完善了合同管理、信用管理、物流管理等制度；针对工程招投标等方面问题，建立了固定资产投资、承包分包管理等制度……盯紧个案的同时，中铝通过深挖细查案件形成的体制机制原因，查找漏洞、扎紧笼子。2017年，梳理“不能腐”制度304项，新制定、修订制度70个。

持续开展警示教育，筑牢“防波堤”。

从2015年开始，集团连续18次召开警示教育大会，通报违规违纪问题和问责案例609起、1888人次。每次会议都会围绕不同主题剖析典型案例，用身边事教育身边人，通过违纪者现身说法，引导教育干部员工从“不敢腐”“不能腐”向“不想腐”转变。

开展“党组织带党员创效、党员带群众创新”活动，让党员群众成为创造价值的主力军；持续举办“创新论坛”，党组领导与干部员工面对面交流，广纳建言良策；推动纪检干部“接地气”，发动各级纪检监察干部主动走出办公室，到基层一线发现问题、督促整改……中铝紧密结合企业实际，不断校准党建工作的切入口和着力点，推动党的建设与改革发展实现深度融合。

运用“加减乘除”法，加快新旧动能转换

党建引领 治企有力

运用“关键少数”法，狠抓亏损大户治理，下大力气减少出血点；运用“久久为功”法，坚持不懈推动以铝代钢、以铝代木，开拓轻量化市场；运用“底线思维”法，强化风险管控……坚持党建引领、打牢发展基石，中铝集团党组深入学习贯彻习近平新时代中国特色社会主义思想，概括出十多个“工作法”，将其广泛运用到企业经营管理中，切实提高治企能力。其中成效最为明显的便是运用“加减乘除”法加快新旧动能转换。

做好加法——调整优化产业布局，培育和发展新动能。

一方面，先后完成了一批“短平快”技改项目。包头铝业通过技改完善产业配套，扭转了长期亏损，从中铝电解铝板块的第一亏损大户一跃上升为第一盈利大户。另一方面，在具有产业优势的地区加快布局。在内蒙古、广西、福建等地，中铝打造了最具全球竞争力的铝、铜冶炼加工一体化产业基地。

敢做减法——坚定淘汰退出落后产能，毫不手软治理“僵尸”企业。

三年来，中铝集团顶住多方压力，坚定不移“瘦身健体”，先后关停氧化铝产能219万吨、电解铝产能164万吨、加工产能44万吨、煤炭产能30万吨，积极稳妥地分流安置了2.27万名员工。经过治理，中铝旗下的“僵尸”及特困企业亏损额减少92.1亿元，亏损企业减少了93户，亏损面减少了20%。

善做乘法——坚持创新驱动引领发展，加强高

端研发和加大科技投入。

这几年，天宫、天眼、悟空、墨子、大飞机等重大科技成果上都出现了“中铝智造”的身影。三年来，中铝累计科技投入100亿元以上，围绕航空航天、海装工程、舰船、汽车轻量化等加快高端材料研发，使得航空航天和军用铝合金材料实现了跨代发展，铝电解节能减排、环保技术产业化等实现了重大突破，铝模板、铝家具等新产品层出不穷。

精做除法——盘活存量优化增量，优化资源配置。

推进内部资源整合，将铜板块资产业务统一注入中国铜业；强化市场协同，打造关键辅材、内部工服、物流等产业化平台，内部交易额达115亿元；推进低效无效资产盘活运作，实现收入68亿元。

2015年“连滚带爬”，减亏153亿元；2016年“拳打脚踢”，实现扭亏为盈；2017年“爬坡过坎”，盈利20.5亿元……这几年，中铝集团一步一个脚印，靠着加强党建走出了逆境、迎来了转机。

“我们深深体会到，党建工作做细了就是凝聚力，做实了就是生产力，做强了就是竞争力。”中铝集团党组副书记、总经理余德辉表示，中铝将把党的建设融入企业经营和改革发展全过程，融入中心抓党建、抓好党建促发展，为建设具有全球竞争力的世界一流企业而努力奋斗。

党建塑魂

——中铝集团从亏损到效益“三连增”背后

《中国组织人事报》记者　孙忠法

（2018年9月12日）

北京西直门桥东北角的中铝大厦，每天工作的晨曲是从早上7点半的生产调度会开始的。度过忙碌且充实的白天，到晚上十一二点，许多中铝人的办公室还亮着灯光。

这样的状态，已持续了近4年。中铝人伴着加班的灯光，创造了受到业内赞誉的“西直门节奏”：集团从2014年前的连续严重亏损，到2015年大幅减亏153亿元，2016年扭亏为盈，2017年盈利20.5亿元，2018年上半年盈利26亿元，发展势头迅猛。

昔日的亏损大户，如何变成经济效益“三连增”？

“我们一年一个台阶，最根本的就是始终坚持党的领导，把加强党的建设作为推动集团改革发展稳定的力量源泉和根本保证，扭转了党风企风，重塑了干部信心，起死回生、扭亏脱困。”中铝集团党组书记、董事长葛红林深有感触地说。

中国组织人事报
ZHONGGUO ZUZHIRENSHI BAO
江西实施谈心调研、能上能下、绩效考核等举措，让干部
绷弦铆劲加油干
张纪南赴山西省天镇县调研考察扶贫工作
将成功果实结在祖国大树上
江苏开展高层次人才专题培训
让爱国奋斗奉献精神扎根心中
党建塑魂
——中铝集团从亏损到效益“三连增”背后
考试主管部门：非法“助考”严惩不贷
弘扬爱国奋斗精神　建功立业新时代

中国组织人事报刊登此篇文章

从发展迷茫到涅槃重生

加强党建耕心铸魂，把好国企治理“方向盘”

中铝集团成立于2001年，是中央管理的国有重要骨干企业。自2008年国际金融危机后，有色金属行业受到严重冲击，中铝陷入连续严重亏损的困境。

2014年10月，集团新一届党组成立时，一个严峻的局面摆在面前。“当时亏了将近两百个亿，职工收入大幅减少，10余万职工士气低落，人心涣散，对未来发展一片迷茫。”不少职工谈起当时的情形至今仍颇为伤感。

“党组当时一致认为，企业出现巨亏虽然有外部市场的因素，但主要原因在内部，归根到底是党的领导弱化导致企业一盘散沙，直接反映就是公司班子没抓好、干部队伍没带好。”葛红林说。

一场加强党建引领变革发展的大幕就此拉开——

集团及下属境内363家全资或控股公司全部将党建要求写进公司章程。将党组织研究讨论作为董事会、经理层决策重大问题的前置程序，党组织对企业选人用人等重大事项的领导把关作用得到强化。

在符合条件的41户实体企业全面实行“党委书记、董事长由一人担任，党员总经理担任副书记”的领导体制；在规模较大的11户企业配备专职党委副书记和纪委书记。

坚持把政治建设摆在首位，2014年底以来，党组中心组学习80余次，每年对下属30多家实体企业的领导班子谈心谈话，不断强化领导干部理想信念，特别是从困难中走出去的信念。

……

“习近平新时代中国特色社会主义思想既是指导思想，同时也是具体工作的行动指南，其中蕴含着许多哲学思维和科学方法。”葛红林说，坚持党的领导，抓实党建工作，使中铝认清了方向，获得了动力。

关键少数法、问题导向法、久久为功法……中铝集团党组通过学习近平总书记重要讲话，总结概括出了包括“加减乘除法”等十多个工作法，并将其广泛运用到企业的经营管理中。

针对产业布局分散、产业结构不合理等问题，中铝集团做加法，培育和发展新动能；做减法，淘汰退出落后产能；做乘法，加强高端研发和加大科技投入；做除法，盘活存量优化增量。企业转型升级之路豁然打开。

有着60年历史的包头铝业的变化最具说服力。四年前，包头铝业连续33个月严重亏损。在当时的一份问卷调查中，很多人都不推荐自己的亲朋好友到包铝来工作。

自2015年起，包头铝业按照集团的统一部署，始终扭住加强党的建设这个关键环节，以组织力提升战斗力，推进结构调整、转型升级，企业实现了连续盈利，今天的包铝干部职工意气风发、幸福满足。

“正如习近平总书记在全国国有企业党的建设工作会议上所强调的那样，坚持党的领导、加强党的建设，是国有企业的根和魂，是我国国有企业的独特优势。事实说明，只有坚持党建和生产经营两手抓、两手都要硬，才能确保企业实现持续、健康、高质量发展。”中铝集团党组副书记、总经理余德辉说。

从基础不牢到相融过硬

把基层党组织建成坚强战斗堡垒，以高质量基层党建推动高质量发展

当从电视上看到C919大型客机成功首飞，东北轻合金有限责任公司的党员干部热泪盈眶。

东轻公司是中铝集团铝加工核心骨干企业。C919大飞机项目启动后，东轻公司承担了机翼壁板用7055合金关键铝合金材料研发的任务。

东轻公司党委举旗定向，成立了“插翅飞天”

党员攻关队。参与单位党组织通过“党建联建共建”，消除各工序攻坚环节梗阻，经过日夜攻关，出色完成了任务，多项技术填补国内空白。

建强基层党组织，发展才有力量。着眼于克服基层党建工作中存在的责任传导衰减、基础工作不扎实等问题，近年来，中铝集团党组打出来一套组合拳——

集团层面与各企业的党群工作部门，按照不低于同级部门平均编制数要求，落实党务工作人员编制，确保每家企业的党建都有人抓、有人管、有人负责。

着力克服党建责任“沙滩流水不到头”的问题，实施党建工作与生产经营“双百分”考核，两者互为系数、相乘得出最后考核结果。

“如果党建是零，其他再好总分也是零。考核得分与企业领导班子薪酬、干部选拔使用、党组织评先评优直接挂钩，很好地发挥了指挥棒作用。”中铝集团工会主席、党群工作部主任袁力说。

近年来，着眼于把基层党组织建成坚强战斗堡垒，中铝集团党组持续整治软弱涣散党组织，配齐配强基层党组织书记。编发《标准化党支部工作手册》，规范“三会一课”制度，不断推动基层党支部标准化、规范化建设。

基层党建只有立足生产、扎根一线才能有鲜活的生命力。2017 年，中铝在创建“三型”党组织基础上开展了“党组织带党员创新、党员带群众创新”活动，各级党组织带党员创效 3926 个项目，党员带群众创新 5238 个课题，累计经济效益 20 多亿元。

一个又一个精彩的故事，见证着中铝抓实党建带来的巨大变化——

长期以来，国内氧化铝产品处于中低端，有特殊指标要求的氧化铝全部依赖进口。近年来，中铝山东铝业氧化铝厂党委毅然决定向这一领域发起冲锋。各支部带领党员群众面对党旗宣誓坚决完成任务，打破常规组织施工，仅用 3 个月打赢这场攻坚战，生产的氧化铝进口料替代品成为中铝集团“杀手锏”产品。

100 万吨氧化铝升级改造项目，被连续亏损的中铝长城铝业公司称为“生命工程”。2016 年以来，长城铝业公司党委、基层党组织、党员骨干三级联动，带动群众攻坚克难、奋发有为，项目如期建成投产，三个月内实现达产达标，结束了金融危机以来连续 9 年的亏损局面。

“党建工作做细了就是凝聚力，做实了就是生产力，做强了就是竞争力。”经过多年实践，尝到甜头的中铝各级党组织，对这一观点笃信不疑。

从作风涣散到精神焕发

抡重锤治理“闲官、闲岗”，从严从实管理树立清风正气

每天早上 7 点半，在中铝大厦 30 层的四个视频会议室，中铝党组班子成员和相关企业负责人都会准时就位。他们利用仿真视频会议系统，调阅企业生产经营的数据图表、查看图表、分析问题，现场研讨解决问题。

这是中铝集团党员干部工作作风转变的一个生动缩影。

“中铝前些年的亏损，和中央巡视组指出的管党治党不力、党风企风堪忧等有很大关系。”葛红林表示，最直接的反映是部分党员干部存在“四个坏习惯”：习惯性麻木、出现亏损无所作为，习惯性回避、碰到问题绕道走，习惯性推脱、遇到问题不找主观原因，习惯性上交、出现

问题依赖上级。

“要扭亏脱困，必须扭掉这些不良作风。”对此，中铝集团党组提出，党员干部要讲忠诚、讲尽责、讲拼搏、讲实效，并要求党员干部在工作中努力让“状态再好，力度再大，节奏再快，办法再多，效果更好”。

——抡重锤治“闲官、闲岗”。针对集团个别所属企业官多为患、人浮于事，干部不思进取、平庸无为问题，中铝党组坚持宁伤感情不伤工作，清理闲官 213 名，闲岗 108 个。

——坚持挺纪在前、正风肃纪。党组常设 5 个巡视组、3 个区域监督中心，连续 18 次召开警示教育大会，通报违规违纪案例 609 起，问责 1888 人次，拧紧党员干部职工的思想弦。

——给党员干部提供发挥才智的舞台。开展季度“创新论坛”，3 年多来 260 余人现场交流发言，收集创新建议 120 多条，为加快集团扭亏脱困、转型升级发挥了积极作用。“由于考核指标没完成，不少分公司的党委书记和总经理被免掉了职务，调到其他岗位从事专项工作，其待遇也随之降低。”中铝集团人力资源部主任阚保勇介绍，近年来，共有 19 名党组管理干部因治企无方、扭亏不力等被降职免职和改任非领导职务，而兴企有为的干部则得到重用。

涣散的人心重新聚拢，士气高涨，形成了强大的正能量，经济效益正是党建成效的最好答卷。

目前，中铝集团主导产品完全成本降至行业平均水平以下，氧化铝成本进入行业前 35%，电解铝成本进入行业前 40%，增强了持续盈利能力。创新发展步伐进一步加快，天宫、天眼、悟空、墨子、大飞机等重大科技成果，都留下了“中铝智造”的身影。

“中铝的实践证明，党组织的领导力越强、作用发挥越充分、融入生产经营越紧密，组织和员工的积极性和创造性就越高，为企业创造的价值就越大。未来，我们将认真落实新时代党的建设总要求，进一步坚持和加强党的领导，全面提升集团基层党组织组织力，推动向具有全球竞争力的世界一流有色企业坚实迈进。”葛红林坚定地表示。

在市场低谷中实现扭亏脱困转型升级——

强党建助中铝重振雄风

《经济日报》记者　周　雷

（2018年9月18日）

中国铝业集团有限公司是有色行业的龙头央企，2008年国际金融危机爆发后，陷入连续严重亏损，2014年全年亏损高达198亿元。如今，企业利润实现“三连增”，资产负债率降至央企平均水平以下，在市场上重振雄风，打了场漂亮的翻身仗。

集团党组认为，赢得这场翻身仗，是以习近平新时代中国特色社会主义思想为指引，始终将坚持党的领导、加强党的建设作为国有企业“根”和“魂”的结果。

人是最大变量

回溯2014年10月，中铝集团新一届党组成立时，正值中铝亏损最为严重的时期。在外部，主要竞争对手盈利多，扩张猛，而中铝的生产成本高于市场价格，面临融资接续不上的危险。在内部，企业亏损面广，亏损量大，员工收入大幅减少，士气低落，一些干部“四风”问题严重，甚至违法违纪贪污腐败。

4 | 综 合

在市场低谷中实现扭亏脱困转型升级——

强党建助中铝重振雄风

南方多地全力开展抢险救灾工作——

顶风沐雨保民生

经济日报刊登此篇文章

“企业出现巨亏虽然有外部市场竞争因素，但主要原因在内部，归根到底是党的领导弱化导致企业一盘散沙，班子没抓好，队伍没带好，创造力、凝聚力、战斗力缺乏。”中铝集团党组书记、董事长葛红林介绍，集团党组把聚焦点放在人的因素上，从关键少数抓起，严格按照“对党忠诚、勇于创新、治企有方、兴企有为、清正廉洁”的要求选拔任免干部，锻造各方面都过硬的干部队伍。公司大力开展闲官闲岗专项治理，清理闲官 213 名，闲岗 108 个。

2015 年 9 月开始，中铝集团建立了整个领导班子和成员企业负责人参加的早调会制度。每天早上七点半，位于北京西直门附近的中铝总部就已热火朝天，4 个视频会议室同时开起铝、铜、稀土等不同业务板块的早调会，参会者利用仿真会议系统调阅数据、查看图表、分析曲线走向，与所属企业研讨问题，及时发现问题、解决问题。

以上率下的结果是，广大员工反映，现在讲实干的多了，搞空谈的少了；主动担当的多了，推诿扯皮、互相埋怨的少了；重实绩实效的多了，跑关系、拉帮结派的少了。

“只有从严治党，才能实现从严治企。”中铝集团党组成员、党组纪检组组长赵钊表示，这几年，如果不把烂树拔掉，集团决策部署甚至难以落地。正是党的十八大以来的全面从严治党、正风反腐，为集团清障开路，才获得了强大的发展动力和活力。

掌握思想武器

中铝集团贯彻新发展理念，创新运用“加减乘除”法，落实了供给侧结构性改革要求，加快了新旧动能转换。

一是做好加法。中铝践行协调、开放的新发展理念，坚持“干一件成一件”，调整优化产业布局，培育和发展新动能，同时补好短板，完成了一批短平快技改项目。比如，包头铝业通过技改完善产业配套，一举扭转了长期亏损的局面，2016 年实现利润 10.86 亿元。优化布局，在具有产业优势的地区加快布局。比如，在内蒙古、广西、福建等地，打造全球最具竞争力的铝、铜冶炼加工一体化产业基地。

二是敢做减法。中铝落实中央“三去一降一补”工作部署，坚决淘汰退出落后产能，先后关停一批失去市场竞争力的落后生产线和企业。他们积极治理“僵尸”及特困企业，相关企业亏损额从 147.3 亿元下降到 55.2 亿元，剔除消化历史包袱，亏损企业从 145 户下降到 52 户，亏损面从 32.3% 下降到 11.8%。通过优化员工配置，积极稳妥分流安置 2.27 万人，氧化铝、电解铝、电解铜劳动生产率分别提高了 136%、76%、54%。

三是善做乘法。中铝践行创新、绿色的新发展理念，坚持创新驱动引领发展，加快培育引领行业发展的新优势，组建了中铝中央研究院，优化配置科研资源，围绕航空航天、海装工程、舰船、汽车轻量化等加快高端材料研发。军用铝合金材料实现了跨代发展。创新铝材应用，助力产业转型升级。

四是精做除法。中铝践行共享的新发展理念，联合各方共同盘活存量优化增量，努力实现资源有限创意无限，优化资源配置，提高资本回报率、劳动生产率。推进内部资源整合，铜板块资产业务统一注入中国铜业，与云铜集团实行一体化管理。整合山西分公司、华泽铝电，重组为国内首家集氧化铝、电解铝、自备电、加工材一体化的联合企业。强化市场协同，打造了关键辅材、内部工服、物流等产业化平台，内部交易额达 115 亿元。

实现同频共振

站在新的起点上，全球最大的有色金属企业

中铝加快由大到强转变。按照新时代中铝的“两步走”战略：在第一个“一百年”，跻身全球有色金属行业的世界一流企业行列；在2035年前，成为具有全球竞争力的世界一流有色金属企业。在新征程上，中铝创新求强，攻坚克难，更要用好党建法宝。

“只有坚持党建和生产经营两手抓、两手都要硬，才能确保企业实现持续、健康、高质量发展。”中铝集团党组副书记、总经理余德辉表示，坚持党的领导、加强党的建设，是国有企业独特优势，必须将政治优势转化为企业的竞争优势、创新优势、发展优势。

中铝集团主动寻求生产经营与党建工作的真正融合，实现同频共振、相互促进。他们自觉把加强党的领导和完善公司治理统一起来，持续推进党建工作要求进入公司章程，认真落实集团党组研究讨论作为董事会、经理层决策重大问题的前置程序。进一步修订完善“三重一大”决策制度实施办法，强化党组织对企业重大经营发展问题的“把方向、管大局、保落实”作用。

值得一提的是，中铝是第一家实行党建与生产经营“双百分”考核的中央企业。“双百分”考核，即党建工作和生产经营考核各为100分，并且互为系数，两项工作的考核结果相乘得出各企业年度考核结果，强化了党政同责抓党建的工作导向、目标导向和价值导向，促使各级党政领导干部既要抓核心、管党建工作，又要抓中心、管生产经营。党建考核得分与领导班子薪酬、干部选拔使用、党组织评先评优挂钩，强化了考核结果运用，管党治党氛围更加浓厚。

这个创新做法获得了考核成效，受到党政干部的一致好评。“通过考核有效传递了党建责任压力，党建工作由‘软指标’变成‘硬约束’，有力推动了企业党建与生产经营‘同心同向’。”中铝集团党组副书记、副总经理敖宏表示。

创新发展，创造价值，要靠广大党员群众真正发挥主力军作用。中铝集团党组广泛开展“党组织带党员创效、党员带群众创新”活动，搭建起党建工作与中心工作紧密融合的“路”与“桥”。截至目前，各级党组织紧扣企业改革发展中的急难险重任务和技术难题、经营难点、“瓶颈”工作等，设立创效项目3926个；全体党员以“一带N”或“N带一”模式，带领群众38740名，设立创新课题5283个。生产经营“挂牌出题”、党组织“揭榜破题”、党员“亮牌解题”、全员创新创效的良好氛围在中铝已经形成。

中铝集团强化党建实现扭亏脱困——

从央企“亏损王”到盈利“三连增”

《中国纪检监察报》记者　王少伟

（2018 年 7 月 9 日）

6 月 21 日晚，北京西直门桥东北角的中铝大厦，3002 视频会议室。大屏显示器中的刘瑞平表情严肃，面色凝重。

作为中色十二冶金建设有限公司党委书记、执行董事，刘瑞平刚刚在全景仿真视频中，向中国铝业集团有限公司党组汇报了对此前集团党组巡视的再整改情况。之所以叫“再整改”，是因为在今年 2 月，该公司已经汇报过一次整改情况，但并未获得党组通过。

刘瑞平汇报完后，主会场内的集团党组巡视组组长和集团各部门负责人对该公司的再整改情况发表意见，集团党组成员也逐一发言。

“党建抓得好不好，直接决定企业的生产经营状况。”中铝集团党组书记、董事长葛红林最后一个发言，“党委书记要做巡视整改的政治明白人，把整改牢牢抓在手上，常抓不懈，一以贯之。巡视整改不获全胜，决不收兵！三个月后，党组再听一次你们汇报。”

这场从 19 时开始的会议，逐一听取点评了包括十二冶在内的 4 家所属企业的巡视再整改汇报，结束时已是 22 时 13 分。

中国纪检监察报

中铝集团强化党建实现扭亏脱困——

从央企“亏损王”到盈利“三连增”

铸牢国企改革发展的“根”和“魂”

着力集聚爱国奉献的优秀人才

——五论贯彻落实全国组织工作会议精神

查处一案　警示一片　规范一方

中国纪检监察报刊登此篇文章

从总书记讲话中找答案——

“‘加减乘除法’救了中铝”

葛红林刚来时，中铝却是另外一番景象。

2014年10月，时任成都市市长的葛红林临危受命，接手这家成立于2001年的全球最大有色冶金企业。

彼时，有色金属行业因2008年国际金融危机受到严重冲击，中铝集团陷入连续严重亏损的困境，2014年全年亏损高达198亿元，被媒体称为央企“亏损王”。集团上下士气低迷，员工对前途一片迷茫。

新一届集团党组成立不久，2014年12月9日，中央经济工作会议在京召开。习近平总书记在会上发表重要讲话强调，经济发展进入新常态，党领导经济工作的观念、体制、方式方法也要与时俱进。

正是在这次会议上，总书记提出的经济结构调整要做好“加减乘除法”，引起了在场的葛红林格外注意。

“当时的中铝集团面临巨额亏损，正在苦苦寻求脱困，总书记的讲话让我们眼前一亮。”经过认真学习，集团党组认为，做好“加减乘除法”正是中铝起死回生、扭亏脱困的新法宝，也是企业转型升级、提质增效的新武器。

针对当时存在的经营机制僵化、产业结构单一、创新严重不足等问题，中铝综合运用总书记提出的“加减乘除法”：做加法，加快产业结构调整，培育发展新动能；做减法，坚决淘汰退出落后产能，毫不手软“处僵治困”；做乘法，坚持创新驱动引领发展，培育引领行业发展新优势；做除法，处置低效无效资产、盘活闲置设备设施。

“总书记的‘加减乘除法’救了中铝。”这是中铝集团党组的共识。他们持续深入学习习近平总书记系列重要讲话，从中找方向、找方法、找答案。

据介绍，新一届集团党组成立后，第一个工作报告就把加强党的领导作为首要任务进行部署。党组负责同志几乎逢会必讲党建，必讲总书记的新要求和中铝的落实措施，有效推动集团各级党委落实主体责任，督促落实“一岗双责”。

“习近平新时代中国特色社会主义思想既是指导思想，同时也是具体工作的行动指南，其中蕴含着许多哲学思维和科学方法。”葛红林说。

关键少数法、问题导向法、久久为功法、底线思维法、精准管理法、引领发展法……中铝集团党组通过学习近平总书记重要讲话，总结概括出了包括“加减乘除法”在内的“十个工作法”，并将其广泛运用到企业的经营管理中。

通过坚持问题导向、聚焦重点，狠抓几家亏损大户的治理，减少“出血点”和“出血量”，迅速扭转了被动局面；久久为功，坚持不懈研发以铝代钢、以铝代木，不断拓展产品市场；全面实施精准管理，大幅降低生产成本，不断提高产品竞争力……

几年来，中铝集团数据上的变化令人刮目相看：2015年大幅减亏153亿元，2016年扭亏为盈，2017年盈利20.5亿元，今年上半年盈利26亿元。值得一提的是，2015年和2016年还是国际市场铝价持续低迷的时期。

“中铝集团党组学习贯彻习近平新时代中国特色社会主义思想和中央决策部署是真学习、实贯彻，以实际行动把党的领导落实到企业各项具体工作中，绝不是口头表面学习、形式主义贯彻。”今年5月，中央纪委常委、国家监委委员、驻国务院国资委纪检监察组组长陈超英，履新后第一次到企业调研就选择了中铝。

2016年10月，习近平总书记在全国国有企业党的建设工作会议上明确指出，坚持党的领导、加强党的建设，是我国国有企业的光荣传统，是国有企业的“根”和“魂”，是我国国有企业的独特优势。

“坚持党的全面领导这个根本前提，把企业党建与业务工作深度融合，是做强做优中央企业的重要法宝。”陈超英说，中央企业要打造具有全球竞争力的世界一流企业，必须要有自己的核心竞争力，而党的领导就是中央企业独特的核心竞争力。

以作风建设破题——改掉“四个坏习惯”

对中铝集团及其所属企业负责人而言，每天早上的工作，一般都是从视频会议开始的。

每天早上7点半，中铝大厦里就很热闹了，30层的4个视频会议室同时开起铝、铜、稀土等不同业务板块的早调会，集团领导班子成员和部门负责人在视频中与所属企业连线，调阅数据、察看图表、分析曲线走向，及时发现解决企业遇到的问题。

对于这样的节奏，集团上下早已习以为常。在这座西直门附近最高的建筑里，中铝提出了“状态再好、节奏再快、力度再大、办法再多、效果更好”的要求，这里的工作方式被员工们称为“西直门节奏”。

多名中铝员工告诉记者，如果时光倒退四年，无论如何也想不到集团内部会有现在这种工作状态。

“当时人心已经散了，看不到希望。年底亏了将近两百个亿，但是大家心里也不着急，依然是下午5点就下班拜拜了。”有员工回忆当时的情景说。

正如党的十八大后全面从严治党从落实中央八项规定精神破题，中铝集团的绝地求生也是从作风建设入手。

“党组当时一致认为，企业出现巨亏虽然有外部市场竞争因素，但主要原因在内部，归根到底是党的领导弱化导致企业一盘散沙，班子没抓好，队伍没带好，创造力、凝聚力、战斗力严重缺乏。”葛红林说，必须加强党对企业的全面领导，坚定搞好企业的信心决心，改变干部职工的精神状态。

“新一届党组狠抓思想建党，提出坚决改掉作风方面存在的‘四个坏习惯’——习惯性麻木、出现亏损无所作为，习惯性回避、碰到问题绕道走，习惯性推脱、遇到问题不找主观，习惯性上交、出现问题依赖上级。”中铝集团党组纪检组组长、党组成员赵钊说，通过改进作风，逐步在集团形成讲忠诚、讲尽责、讲拼搏、讲实效的价值导向。

三年多来，中铝集团党组坚持利用节假日与各实体企业领导班子逐一开展集体谈心谈话88次，掌握班子思想动态，关注年轻干部成长。对此，有多名所属企业领导人员评价说，“谈出了精气神、谈出了战斗力、谈出了好作风、谈出了新成效”。

与此同时，中铝还在全集团范围开展“闲官”专项治理，共梳理排查“闲官”166名、“闲岗”74个。

如今，常有与中铝存在竞争关系的民营企业老板拿中铝来教育员工：“你们看看人家中铝是怎么工作的，你们不好好工作拿什么和人家竞争？”

以党建引领业务发展——“党建也要动脑筋”

“内耗如何消除？在我看来，一要加强企业党建、统一思想认识，二要增强全局观念、强化整体意识，三要加强考核引导，四要强化执行力问责……”

6月22日下午，还是在3002视频会议室，中铝集团召开第14次创新论坛，主题是“去内耗之我见”。第一个发言的，是中铝资产经营管理公司党委书记、总经理吴茂森。

从数据图表上看，中铝资产公司正是中铝集团几年来发展变化的一个缩影。2013 年 4 月，中铝资产由中铝主业上市后留下的非主业和不良资产组建，资产质量差、人员多、包袱重，组建当年就亏损 15.8 亿元。

吴茂森至今仍清楚地记得组建之初的尴尬处境：“看中了几个集团里的人，结果人家都不愿意来。”四处碰壁的吴茂森暗下决心：一定要干出个样子来!

五年来，中铝资产累计减亏增盈 23 亿元，已成为中铝集团的盈利大户，集团里的不少员工也主动加入到这个团队中。

“这几年体会最深的一点就是，全面加强党的领导是实现企业扭亏脱困的根本保证。”吴茂森告诉记者，“通过全面从严治企，营造了风清气正、干事创业的浓厚氛围，干部职工信心大增、执行力强，激发了企业巨大活力。”在这次创新论坛中，他再次阐述了这个观点。

每季度召开一次的创新论坛，每次设定不同的主题，集团党组领导与所属企业干部职工通过视频系统面对面交流，广纳良策，搭建了中铝集团创新发展的重要平台和有效载体。

自 2015 年 2 月 28 日开展第 1 次创新论坛以来，共有 270 多人交流发言，收集创新建议 13 大类 130 多条，为加快集团扭亏脱困发挥了积极作用。

“一个公司不怕建议多，就怕没有人提建议。”葛红林说，“创新建议再小，只要有效益，积小成大，从量变到质变，就一定能取得成效。”

“抓好班子、带好队伍，核心的问题是人。关键的少数占着关键的岗位，掌握着关键的权力。成也是他们，败也是他们，抓关键就抓到了要害。国有企业怎么把人用好？党建起决定性作用。”葛红林和党组一班人认为，“党建也要动脑筋，不创新是不行的。”

中铝率先在央企中创新实施党建工作和生产经营“双百分”考核制度，把党建工作和生产经营各设定 100 分，两者互为系数、相乘得出最后考核结果，有效促进了企业党建和业务工作的深度融合。

“党建考核得分与企业领导班子薪酬、干部选拔使用、党组织评先评优直接挂钩，发挥了指挥棒作用。”中铝资本控股有限公司党委书记、董事长蔡安辉对此感受深刻。

几年前，还在贵阳镁铝设计院担任党委书记的蔡安辉，便在《中国铝业报》上发表了一篇题为《让党建成为生产力》的文章。如今，他对这一考核制度创新更是双手赞成：“通过考核有效传递了党建责任压力，党建工作由‘软指标’变成‘硬约束’，有力推动了企业党建与生产经营‘同心同向’。”

在去年的年底考核中，中铝资本的党建考核得分在集团在京单位中排名第一，其所创新的支部党员积分制、体验式案例警示教育等均在考核中加了分。

2016 年全国国企党建工作会议后，中铝集团党组制定了贯彻落实会议精神的 25 项重点任务。如今，党组织法定地位在中铝得到全面落实，全级次 363 家企业全部将党建要求写进公司章程。党组织研究讨论在各级企业作为决策重大问题的前置程序，在公司章程、党组织议事规则、“三重一大”决策办法中也逐一落实。

集团所属的 41 家实体企业实行了“党委书记、董事长由一人担任，党员总经理担任副书记”的领导体制，在规模较大的 11 家企业还配备了专职党委副书记。同时，不断健全责任体系，制定《党建工作责任制实施细则》《党建工作责任清单》等 23 项制度……

“经历了这几年的扭亏脱困，大家对国有企业坚持党的领导、加强党的建设认识更深刻也更具体了，必须牢牢抓住国企的这个‘根’和‘魂’，才能发挥出我们的独特优势。”赵钊说。

正风肃纪警钟长鸣——
17次警示教育大会的背后

6月22日上午，中铝集团党组纪检组召开专题会议，听取对相关企业问题线索的核查情况。这已是党组纪检组一周内第3次召开类似的专题会议。

与以往不同的是，这3次前来汇报的核查人员都是中铝下属企业的纪委书记和纪检监察机构工作人员。

“我们建立了企业纪检人才库，组织纪检干部集中培训、以干代训，通过带队办案、核查线索提升履职能力。”赵钊告诉记者，“这样的核查组我们叫‘独立支队’，目前有近20个。”

中铝集团常设5个巡视组、3个区域监督中心，三年来共查处违规违纪问题586起，处理1825人次，问责1054人。

集团近年来相继成立50余个调查组，重点查处了一系列腐败案件，累计挽回损失30亿元，收缴违纪款近6000万元。

今年4月4日，中铝集团党组会议审议通过了《中铝集团禁止与干部亲属所办企业发生业务往来暂行规定》，从源头解决“靠铝吃铝”问题。这一规定引起了国务院国资委的关注，随后在中央企业范围内被作为经验交流。

记者从这个14条的规定中看到，集团干部亲属所办企业要列入集团“禁止交易企业名单”，各单位在开展相关业务前应查询该名单，原则上禁止与列入名单企业发生业务往来。

2015年10月，中央巡视组向中铝集团反馈了专项巡视的情况，其中一个突出问题是“利益输送问题严重，一些领导人员内外勾结，吃里扒外”。

“我们借力中央巡视组巡视，找‘病灶’、对症下药，严肃查处领导干部及亲属经商办企业问题，多次强调领导干部及亲属不得以任何形式与中铝集团发生业务往来，对隐瞒不报的领导干部一律免职、从重处理。”中铝集团党组纪检组副组长、纪检监察部主任李卫说。

今年4月13日召开的中铝集团第二季度党风廉政建设警示教育大会上，李卫受集团党组委托，又专门对该规定作了详细解读。

据介绍，2015年7月中央巡视组巡视以来，中铝集团已召开了17次警示教育大会。每次会议都会围绕不同的主题剖析查处的典型案例，用身边事教育身边人，重申纪律规矩。

“总书记强调要有钉钉子的精神，钉钉子不是一下子就能钉好的，而是要一锤一锤敲，直到把钉子钉实钉牢。”葛红林说，开展警示教育也是如此，必须持续盯紧，一抓到底。

“如果没有十八大以来的党风好转，企业风气不可能好转。”从2001年组建起就在中铝集团工作的党群工作部主任袁力，见证了中铝成立以来的起落沉浮：“正是十八大以来的全面从严治党、强力正风反腐，为中铝的正本清源注入了强大的动力和活力。”

再过两个月，袁力就到退休的年纪了。但他依然每天一早来参加早调会，晚上加班加点：“既然还在这个位置上，组织让干什么就把工作干好，站好最后一班岗。”

中铝集团：党建是搞好央企的法宝

《光明日报》记者　温　源

（2018 年 9 月 7 日）

10 年前，有色金属行业在国际金融危机中受到严重冲击，中国铝业集团有限公司陷入连续严重亏损的困境，2014 年全年亏损高达 198 亿元；今年上半年，中国铝业经营业绩保持向好发展态势，实现利润 26 亿元。从“亏损王”到扭亏为盈，到发展持续向好，只因这家全球最大的有色冶金企业抓住了、用活了新时代做强做优做大国有企业的法宝：党的建设。

光明日报　经济社会新闻　11
国家发改委：
民间投资发展前景会越来越好
让文化纽带从丝路新起点不断延伸
中国铝业：党建是搞好央企的法宝
国务院发展研究中心宏观经济研究部副部长公开选拔公告

光明日报刊登此篇文章

以党建汇集起扭亏脱困的正能量

2014 年 10 月，中铝集团新一届党组成立时，正值中铝亏损最为严重的时期。2014 年 12 月 9 日，中央经济工作会议在京召开，会议提出经济发展进入新常态，党领导经济工作的观念、体制、方式方法也要与时俱进。

面临严峻的经营挑战，中铝党组一致认为，企业出现巨额亏损虽然有外部市场竞争因素，但人的因素是主要问题，归根到底是党建工作的问题，直接反映到班子没抓好，队伍没带好。新一届党组第一个工作报告就把加强党的领导作为首要任务进行部署，有效推动集团各级党委落实主体责任，督促落实“一岗双责”。

集团上下思想认识提高，重塑了干部信心，加快了党风企风的好转，加快了扭亏脱困转型升级的步伐。通过 2014 年底的群众路线“回头看”、2015 年的中央巡视整改和“三严三实”专题教育、2016 年的“两学一做”学习教育和 2017 年的“两学一做”常态化制度化，中铝狠抓干部员工的思想作风，扭掉了“习惯性麻木、出现亏损无所作为，习惯性回避、碰到问题绕道走，习惯性推脱、遇到问题不找主观，习惯性上交、出现问题依赖上级”的四种坏习惯，形成了“状态再好、节奏再快、力度再大、办法再多、效果更好”的好作风，锻造了忠诚干净、担当奉献、拼搏进取的干部队伍，汇集起扭亏脱困、转型升级的强大力量，极大提振了全员信心和士气。

三年来，行动上的转变换来了业绩的持续好转。2015年，中铝集团大幅减亏153亿元；2016年，集团实现扭亏为盈，摆脱了“一年盈一年亏”的拉锯战；2017年盈利20.5亿元，取得了自2008年金融危机以来最好的经营业绩，连续三年超额完成国资委考核目标。

抓牢“根”与“魂”企业换新颜

这几天，中铝旗下包头铝业到处洋溢着喜庆的气氛，这个老国有企业正在庆祝建厂60周年。而四年前的2014年，这里的情况完全不是这样。那时包铝已经连续33个月严重亏损，企业员工士气低落，看不到未来前景。

包铝紧紧抓住党建这个法宝，越是困难的时候，越要加强党的建设，紧紧抓牢国有企业的“根”与“魂”，推进党建工作与生产经营、改革发展深度融合。

走进包铝电解六厂厂房，一排排看上去崭新的400千安电解槽整齐排列。可是，让人吃惊的是，这些电解槽竟然全是从1700多公里以外的抚顺铝业一台台搬迁过来的。中铝集团充分整合优化，进行转型升级，让抚顺铝业212台、价值11亿多元效益不好的电解生产设备焕发新的生机，一加一减之间实现国有资产的保值增值。

电解六厂400千安系列的建设难度非常大，正值严寒冬季，时间紧、任务重。为此，包头铝业成立了专门的项目指挥部，同步成立了项目部党支部，项目部共有人员52人，其中党员31人。项目部党支部面对项目建设的实际情况，根据施工任务和急难险重工作的不断变化，随时抽调不同专业的党员组成临时党小组，再加上普通员工共同组成突击队。一个任务完成了，根据新的任务再组建新的临时党小组。这样，31名党员就有了很多种的“排列组合”，哪里最困难，哪里就有党小组。

在坚强有力的党建工作保障下，电解六厂战胜了一个又一个困难和挑战，从2016年9月该项目正式开工建设，到2016年12月16日第一台电解槽搬迁到现场并成功吊装，直到2017年5月1日提前一个月通电启动，创造了铝行业建设史上的“包铝速度”。从2014年包头铝业亏损近2亿元到今年前7个月盈利8.7亿元，包头铝业已经从中国铝业电解铝板块的第一亏损大户跃升为第一盈利大户。

据了解，中铝率先在央企中创新实施党建工作和生产经营“双百分”考核制度，把党建工作和生产经营各设定100分，两者互为系数、相乘得出最后考核结果，有效促进了企业党建和业务工作的深度融合。

“中铝之所以出现如此大的变化，坚持和加强党的全面领导是根本。事实也充分说明，只有坚持党建和生产经营两手抓、两手都要硬，才能确保企业实现持续、健康、高质量发展。”中铝集团党组副书记、总经理余德辉表示。

2019

中国铝业集团有限公司年鉴

The Yearbook of Aluminum Corporation of China

【大事记】

Major Events

2018 年中铝集团大事记

一月

2 日 集团召开安全环保质量攻坚战誓师大会。

3 日 加拿大艾芬豪矿业公司董事长罗伯特到访集团。

同日 法国外贸银行董事长佩罗尔到访集团。

4 日 南山集团董事长宋作文到访集团。

11 日 党组书记、董事长葛红林出席中共第十九届中央纪委第二次全体会议。

同日 中央党校第 43 期中青班学员到集团考察。

12 日 集团召开 2017 年干部集中述职大会。

15—16 日 党组书记、董事长葛红林和党组副书记、总经理余德辉出席国务院国资委中央企业、地方国资委负责人会议。

17 日 党组书记、董事长葛红林出席中央企业党风廉政建设和反腐败工作会议。

同日 集团召开领导班子年度考核谈话会议。

19 日 集团召开外部董事宣布会，并召开集团董事会一届一次会议。

20—21 日 集团召开一届一次职工代表大会暨 2018 年工作会议、党风廉政建设和反腐败工作会议。

26 日 集团党组召开 2017 年度民主生活会。

29 日 国务院国资委党建工作责任制考核组到集团考核党建工作。

同日 集团入围 2017 中国企业社会责任 500 优，位列榜单第 52 位。

1 月 中铝股份荣获 2017"中国时间"年度经济新闻盘点"增长优秀奖"。

同月 集团申报的《做好加减乘除 实现持续发展》获中国企业改革发展优秀成果二等奖。

同月 长勘院申报的《地下空间智能化全息探测技术与装备研究》项目在国资委组织的 2016 年中央企业熠星创新创意大赛中获三等奖，集团获优秀组织单位。

二月

2 日 东方电气集团董事长邹磊一行到访集团。

同日 集团召开 2017 年第二批巡视回头看企业整改汇报会。

3 日 内蒙古自治区党委书记李纪恒到访集团。

8 日 集团召开 2017 年度纪委书记述责述廉电视电话会议。

同日 党组书记、董事长葛红林出席工信部民机铝材上下游合作年度会议。

11 日 集团召开第三次全级次亏损企业干部大会。

14 日 集团获国务院国资委"2017 年度考核分配工作优秀单位"称号。

22 日 集团召开问题清单整改工作会议。国有重点大型企业监事会主席李志群出席。

26 日 集团获"中央企业全面质量管理知识

竞赛”最佳组织奖。

2月 集团获国务院国资委2017年考核分配工作优秀单位。

三月

5日 交通银行董事长彭纯到访集团。

5—15日 党组书记、董事长葛红林和党组副书记、总经理余德辉参加全国政协会议、列席全国人大会议。

13日 西南铝7050铝合金厚板通过中国民用航空适航审定中心适航鉴定，成为国内首家完全掌握7050铝合金厚板生产技术的企业。

19—20日 党组书记、董事长葛红林参加全国人民代表大会。

19—21日 集团外部董事到中铝瑞闽、东南铜业调研。

22日 国有重点大型企业监事会主席李志群主持召开监事会情况沟通会，集团党组领导参加会议。

23日 中铝环保节能集团有限公司在雄安注册成立，并在京举行揭牌仪式。

同日 党组书记、董事长葛红林分别会见俄罗斯联合铝业总裁弗拉季斯拉夫·索尼维耶夫和力拓集团董事长陶慕森。

同日 党组副书记、总经理余德辉会见力拓集团总裁夏杰思。

30日 党组书记、董事长葛红林会见瑞士赛德公司董事长朱塞佩·曼尼，并与中国驻意大利大使李瑞宇会谈。

四月

3日 抚顺铝业35万吨预焙阳极项目启动。

9日 国务院国资委追授李兆雄“中央企业优秀共产党员”称号。

10日 集团召开信访维稳工作研讨会。

11日 集团与中国商飞举行国产铝合金研制及应用推进会。

17日 党组副书记、总经理余德辉出席世界经济论坛。

23日 中铝资产成立5周年座谈会召开。

24日 中央企业法治工作协作组互动交流会在京召开，集团党组副书记、总经理余德辉出席会议。

同日 集团召开2018年五四表彰会。

25日 集团召开2018年科技工作暨成果产业化推广会议。

27日 国务院召开第一次廉政工作会议，党组书记、董事长葛红林参加会议。

28日 国务院国资委副主任翁杰明到集团调研。

同日 集团召开庆祝“五一”国际劳动节大会暨集团职工创新成果发布会。

五月

3日 中纪委驻国资委纪检组组长陈超英到集团调研。

同日 东轻技术中心研发部荣膺“‘航天科工杯’第三届中央企业青年创新奖金奖”。

4日 董事长葛红林在京会见印尼国企部部长莉尼。

7日 总经理余德辉出席国际铝协第46届年会并发言。

11日 集团召开中央巡视组反馈问题整改专项督察工作部署会。

12日 集团召开审计署专项审计调查进点会。

21日 中纪委驻国资委纪检组到集团调研。

22日 党组副书记、总经理余德辉出席“中央企业助力建设幸福美好新甘肃”座谈会。

23日 山西中润举行轻合金一期项目投产仪式。

25日 中铝创新开发投资有限公司落户深圳并在京举行揭牌仪式。

同日 集团召开中铝资本成立三周年座谈会。

27日 集团与云南省政府签署有关《合作协议》和《过渡期管理协议》。

29日 集团召开安全生产月活动启动视频会。

同日 董事长葛红林会见秘鲁驻华大使路易斯·克萨达。

31日 董事长葛红林在秘鲁会见中国驻秘鲁大使贾桂德。

5月 集团获“最牛责任品牌十佳企业”。

六月

1日 中铝特罗莫克铜矿二期扩建项目开工。

同日 董事长葛红林在秘鲁会见秘鲁总统马丁·比斯卡拉。

6日 集团召开电子招标平台上线投用动员视频会。

同日 习近平总书记在中央纪委关于《中铝集团起死回生扭亏脱困的调研报告》上作出重要批示。

7日 集团董事长葛红林分别会见欧亚资源董事长亚历山大·马什科维奇和俄罗斯联合铝业创始人奥列格·杰里帕斯卡。

8日 中铝股份与几内亚政府签署BOFFA项目《矿业协议》。同日，董事长葛红林会见力拓集团首席执行官夏杰思。

11日 西南铝、东轻获“中国航天突出贡献供应商”称号。

13日 国务院国资委主任肖亚庆到集团调研。

15日 党组副书记、总经理余德辉出席黑龙江新时代“央地携手　共谋发展”合作交流会。

20日 集团举行第三届社会责任大会暨第二届降碳节。

28日 中铝海外发展有限公司落户广州并在京举行成立揭牌仪式。

同日 中铝物资有限公司成立揭牌。

同日 董事长葛红林会见日本东洋电机制造株式会社社长寺岛宪造。

29日 集团召开纪念中国共产党成立97周年暨“两优一先”表彰大会。

30日 东南铜业宁德40万吨铜冶炼基地项目点火试车。

七月

1日 遵义铝业股份有限公司成立。

3日 全国组织工作会议在京召开，党组书记、董事长葛红林出席会议并代表集团党组作党建工作交流发言。

4日 三峡集团董事长卢纯到访集团。

5日 四源合股权投资公司总经理周竹平到访集团。

6日 央企降杠杆减负债工作推进会在京举行，党组副书记、总经理余德辉出席会议。

9日 集团与中国航空工业集团举行党建工作交流座谈会。

13日 国家行政学院国有重要骨干企业领导人员专题研讨班到集团调研。

14日 集团召开2018年年中工作会议。

17日 集团在中国大连高级经理学院举办第一期经营管理人才“合金计划”“锋刃计划”培训班。

18日 集团与中国航空油料集团进行党建工作交流。

19日 2018《财富》世界500强名单出炉，集团位列第222位，连续11年荣登榜单，较上年提升26位。

24日 国务院国资委举办有关央企与新疆维吾尔自治区签约仪式、中央企业暨19个援疆省市国有企业产业援疆助力脱贫攻坚工作推进会，党组书记、董事长葛红林参加会议。

26日 中组部中管企业党建工作调研组到集团调研。

27日 集团召开法制建设工作部署会。

29日 宝武集团党委书记、董事长陈德荣到访集团。

7月 集团三家企业入围《财富》中国500强，中铝股份位列46位、云南铜业位列140位、中铝国际位列204位。

八月

6日 中国稀有稀土成立九周年座谈会召开。

同日 特斯拉中国副总裁陶琳到访集团。

9日 中国有色矿业集团党委书记、董事长王彤宙到访集团。

13日 王沪宁在中央企业简报刊发的《党建是中铝扭亏脱困的法宝》上再次作出批示。

同日 集团召开2018年党建工作会议。

16日 中铝股份举行2018年中期业绩发布会。

同日 云南铜业定增获中国证监会批准。

17日 西南铝、华中铜业入选“双百企业”。

18日 贵州铝厂举行建厂60周年座谈会。

21日 党组书记、董事长葛红林参加全国宣传思想工作会议。

同日 党组副书记、总经理余德辉会见内蒙古自治区主席布小林。

23日 国务院国资委主任肖亚庆到西南铝调研。

24日 中国铜业成立10周年座谈会召开。

25日 哈萨克矿业公司董事长奥列格到访集团。

31日 中铝国际A股在上海交易所上市；中铝租赁供给侧改革1号ABS发行。

8月 中铝股份荣登2018亚洲品牌500强第239位。

九月

2日 集团连续16年蝉联中国企业500强，排名第48位，较上年提升8位。

3日 党组副书记、总经理余德辉出席第六届中非合作论坛北京峰会。

4日 党组书记、董事长葛红林会见中国驻几内亚大使卞建强。

同日 集团与招商局签署豪华邮轮项目战略合作协议。

7日 党组书记、董事长葛红林出席央企助力西藏脱贫攻坚会议。

11日 中铝大学（威海）举行揭牌仪式。

14日 宁夏回族自治区党委书记石泰峰到访集团。

20日 集团参加第17届西博会。

同日 成都铁路局与中铝物流签订战略合作协议。

25日 集团召开审计署企业审计进驻会议。

同日 党组书记、董事长葛红林会见中国驻几内亚大使黄巍。

27日 集团"TX5全铝车身"获第五届中国国际新材料产业博览会展品金奖。

28日 广西华昇200万吨氧化铝项目举行开工现场会。

29日 集团召开优秀共产党员李兆雄先进事迹报告会。

同日 集团与中国远洋海运集团签署几内亚铝土矿运输合同。

十月

9日 力拓集团董事长陶慕森到访集团。

同日 集团党组在全国国企改革座谈会上进行书面交流。

10日 集团党组在国资委纪念国企党建工作会议两周年大会上作经验交流。

15日 集团召开法治工作会议。

22日 党组副书记、总经理余德辉出席中国工会第17次全国代表大会。

26日 集团参加中央企业党的建设工作座谈会。

28日 中国铝业Boffa项目开工。

十一月

1日 董事长葛红林出席第11届国际跨国公司领袖圆桌会议开幕式。

5日 集团参加首届中国国际进口博览会，并举行集中签约。

8日 集团在首届中国国际进口博览会中举行中蒙矿业论坛。

同日 中国外交协会副会长胡正跃到集团调研。

13日 C3项目签约仪式在云南昆明举行，集团和云南省主要负责人出席。

同日 集团举行"不忘初心、牢记使命、唱响新时代"歌咏比赛。

14日 集团参加2018年中国国际铝业周。

同日 集团举行"不忘初心、牢记使命"朗诵会总决赛。

27日 集团与光大集团签署战略合作协议。

29日 董事长葛红林在比利时参加第二轮中国—欧盟工商领袖和前高官圣诞圆桌讨论。

11月 企业社会责任蓝皮书（2018）发布，集团荣膺"责任十年·国企十佳"。

11月 在国家博物馆举办的"伟大的变革——庆祝改革开放40周年大型展览"中，东轻的大飞机机翼壁板以实物展品形式参展，西南铝10米级整体铝合金环件等产品以图片形式展参。

十二月

4日 董事长葛红林出席第11届国际跨国公司领袖圆桌会议开幕式。

10日 中铜国际贸易有限公司在上海揭牌。

同日 中国商飞与西南铝在上海签约。

13日 集团与中国有色矿业集团签署战略合作协议。

14日 集团被国务院国资委确定为国有资本投资公司试点企业。

同日 集团举行北京铝能清新环境技术有限公司增资协议签字仪式。

15日 在2018全国国企管理年会上，集团选送的《"加减乘除"调结构降杠杆》《数据集市在财务信息化管控项目的应用》分别获得一、二等奖。

15—16日 集团召开2018年改革创新与发展战略研讨会。

18日 集团召开2018年度党建考核培训会。

23日 中铝国际贸易集团有限公司在上海挂牌。

24日 中铝国际成立15周年座谈会召开。

25日 党组书记、董事长葛红林会见国家开发银行党委书记、董事长赵欢。

28日 集团与中国进出口银行举行战略合作协议签约仪式。

12月 “中铝造”全铝车身的吉利新能源整车TX5下线。

2019

中国铝业集团有限公司年鉴

The Yearbook of Aluminum Corporation of China

【文献篇】

Documents

坚持党的领导　加强党的建设
为国有企业做强做优做大提供坚强组织保证

——在全国组织工作会议上的发言

集团党组书记、董事长　葛红林

（2018年7月4日）

中铝集团作为我国有色行业的龙头央企，2008年金融危机爆发后，由盈利大户陷入连年巨亏，到2014年亏损高达198亿元。当时干部员工士气低落、生产经营入不敷出，中央巡视组在巡视中尖锐指出中铝集团管党治党不力、党风企风堪忧。面对严峻形势，集团新一届党组认真贯彻习近平总书记关于搞好国有企业的重要讲话精神，从全面加强党的建设入手，强化党组领导核心作用，坚持“既抓业务又抓党建，既抓发展又治腐败”，贯彻新发展理念，去产能、调结构、转方式，推进供给侧结构性改革，在“一带一路”建设、国内装备“走出去”、高铁大飞机等重大战略中找准定位，逐步实现起死回生、向好发展。2015年大幅减亏，2016年扭亏为盈，2017年盈利20.5亿元，今年上半年盈利24亿元，综合实力明显增强，排头兵作用更加突出。

一、毫不动摇坚持和加强党的领导

坚持抓党建、强党建，充分用好党的建设这个重要法宝，通过全面从严治党，筑牢企业改革发展根基。一是明确党组织法定地位。集团自上而下、全级次363家企业全部将党建要求纳入公司章程，捍卫党组织在公司治理结构中的法定地位，使强企必先强党组织化、制度化。二是发挥好党组织作用。明晰党组织议事规则，规范“三重一大”等决策程序，杜绝以党政联席会代替党委会。符合条件的企业全面实行党委书记兼任董事长，在规模较大的企业配备专职党委副书记和纪委书记，实现党对企业全面领导，党委在企业发展中发挥把关掌舵作用。三是用好党管干部领导权。落实好干部标准，大力选拔对党忠诚、勇于创新、治企有方、兴企有为、清正廉洁的干部，充分激励有为善为的干部，及时调整治企无方、工作不力的干部，3年来共有19名党组管理干部降职免职和改任非领导职务。开展闲官闲岗专项治理，清理闲官213名、闲岗108个。四是全面加强国企党建工作。严格基本制度建设，制定完善《党建工作责任清单》等规章制度。严格基层党组织建设，做到“应建必建”“应换尽换”。严格基本队伍管理，找回失联党员1590

名，组织处理问题党员49名。开展“一岗双责”述职评议，将党建述职拓展到全体党员干部。创新“双百分”考核，把党建工作和生产经营各设定为100分，两者互为系数、相乘得出最后考核结果，推动党建和生产互促共进。

二、毫不动摇加强领导班子和干部员工思想建设

把思想建设摆在首位，坚持以习近平新时代中国特色社会主义思想武装党员干部头脑，塑造企业之魂，提振干部员工精气神。一是狠抓党组班子思想建设。对习近平总书记重要讲话精神和中央重大决策部署，党组及时跟进学习、坚决贯彻落实。突出抓好理想信念教育，把好方向、筑牢根基、补钙壮骨。3年来党组中心组学习80余次，提高政治站位，强化“四个意识”，坚定“四个自信”，并转化为实实在在行动。二是狠抓“关键少数”思想建设。对党组管理干部持续加强政治理论学习和思想教育，不论工作多忙，该抽的抽、该脱产的脱产，有力扭转了“忙于业务、疏于学习”现象。以中央巡视整改、“三严三实”专题教育、“两学一做”学习教育等为契机，集中整治庸懒散拖等不良风气，倡导树立“状态要好、节奏要快、力度要大、办法要多、效果要好”新作风，为干部员工作出表率。三是狠抓干部员工思想建设。党组通过仿真视频系统，每年对下属30多户实体企业领导班子开展专题谈心谈话，互动了解掌握干部思想动态、工作状态，谈出了凝聚力、战斗力。开展“两带两创”活动，党组织带党员创效3926个项目、党员带群众创新5283个课题，实现效益20多亿元。开展劳模创新工作室、技能大师工作室、青年创新工作站和降本增效劳动竞赛，提升了基层党组织的组织力和党员的带动力。

三、毫不动摇加强党风廉政建设和作风建设

坚决贯彻习近平总书记关于加强国有企业党风廉政建设和反腐败工作的重要讲话精神，严格落实主体责任，挺纪在前、正风肃纪。一是坚决惩治腐败。根据中央巡视和集团党组巡视线索，重点查处一批重大腐败案件，挽回和避免损失50亿元，收缴违纪款近6000万元。党组常设5个巡视组、3个区域监督中心，整合力量开展政治巡视、机动巡视、专项巡视和执行力问责巡视，发现问题、及时查处。二是坚决抓好巡视整改。高度重视巡视整改及成果运用，建立“反馈—整改—再反馈—再整改”的工作机制，党组书记、副书记和纪委书记全程参与、逐一督促，确保整改不拖时间、不留死角。三是扎紧制度笼子。通过案件查办，完善规章，制定从严管理制度70个，使干部员工从“不敢腐”“不能腐”向“不想腐”转变。比如，针对领导人员亲属经商办企业问题，在央企率先制定《中铝集团禁止与干部亲属所办企业发生业务往来暂行规定》。四是坚持开展警示教育和日常监督。连续17次召开警示教育大会，通报违规违纪案例586起，问责1825人次，用身边事教育身边人。推动纪检干部“接地气”，实体企业纪检干部深入车间班组一线，及时发现基层党纪党风问题，提醒告诫，防微杜渐。通过对现场管理、安全环保质量、“两金压降”等开展巡察，共发现问题9104项，督促完成整改7019项。

下一步，我们将认真学习贯彻本次会议精神，牢牢坚持党建引领经济发展，扎实做好企业党建和生产经营各项工作，努力把中铝做强做优做大，着力建设具有全球竞争力的世界一流有色金属企业。

坚持党的领导　加强党的建设
推动中铝集团扭亏为盈

——在国务院国资委“习近平总书记全国国有企业党的建设工作会议重要讲话发表两周年学习座谈会”上的发言

集团党组副书记、总经理　余德辉

（2018 年 10 月 10 日）

习近平总书记指出：坚持党的领导、加强党的建设，是国有企业的“根”和“魂”。中铝集团党组坚持把贯彻落实全国国企党建会议精神作为一项重要政治任务，坚持服务生产经营不偏离，把爱党、忧党、兴党、护党落实到生产经营各项工作中，推动党建与业务工作深度融合，使党的建设在中铝扎根铸魂，重塑了干部信心，扭转了党风企风，为集团扭亏为盈提供了坚强政治和组织保证。2015 年大幅减亏，2016 年扭亏为盈，2017 年盈利 20.5 亿元，2018 年 1—8 月盈利 36 亿元，综合实力明显增强，集团形象明显改观。

一、狠抓思想自觉，坚定中铝发展信心

党组把学习贯彻习近平新时代中国特色社会主义思想作为政治责任，深入学、系统学、认真悟，坚定扭亏脱困信心决心，激发了干事创业的内生动力。一是狠抓党组成员的使命感。党组加强和规范中心组学习制度，3 年来集中学习 80 多次，通过学习，深刻理解了国有企业是党执政兴国“六个重要力量”重大意义，深刻认识了“必须搞好”“一定要搞好”是央企肩负的神圣政治使命，切实增强了中铝从困境中走出来的信心。二是狠抓领导干部的责任感。持续加强干部政治理论学习和思想教育，举办国企党建会精神、党的十九大精神轮训班，确保应训必训。利用休息日或晚上时间，每年对下属 30 多户实体企业领导班子开展专题谈心谈话，谈出了凝聚力、战斗力。坚持每天早上七点半，党组和成员企业负责人利用仿真视频系统召开早调会，现场研究解决企业生产中遇到的突出问题。三是狠抓全体党员的紧迫感。党组扎实开展中央巡视整改、“两学一做”学习教育、党的十九大精神学习宣贯等活动，纠正了习惯性“麻木、回避、推脱、上交”四种坏习惯，开展“讲忠诚、讲尽责、讲拼搏、讲实效”大讨论，倡导树立“状态要好、节奏要快、力度要大、办法要多、效果要好”新作风，增强了全体党员做强做优做大国有企业的紧迫感。

二、狠抓政治自觉，筑牢中铝发展根基

党组把中组部和国资委党委贯彻落实全国国企党建会议精神具体要求分解为25项重点任务，作为落实“两个维护”“两个一以贯之”要求的具体举措，持续推进。一是坚决落实党组织法定地位。集团全级次363家企业全部将党建要求纳入公司章程。层层制定党组织议事规则、“三重一大”决策办法，有效落实党组织研究讨论重大事项前置程序，杜绝以党政联席会代替党委会。在符合条件的企业全面实行“一肩挑”，在规模较大的企业配备专职党委副书记，配强了党务力量，实现党对企业全面领导，发挥了把关掌舵作用。二是坚决落实党管干部原则。严格按照“对党忠诚、勇于创新、治企有方、兴企有为、清正廉洁”的要求健全完善选人用人制度体系。打通干部能上能下渠道，3年来有19名党组管理干部降职免职和改任非领导职务。开展闲官闲岗专项治理，清理闲官213名，闲岗108个。三是强力夯实党建基础。认真落实“四同步、四对接”要求，党组织做到“应建必建”“应换尽换”。全面开展标准化党支部建设，提高党支部“三会一课”规范化水平。严格基本队伍管理，找回失联党员1590名，组织处理问题党员49名。四是强化创新推进深度融合。实施“双百分”考核，把党建工作和生产经营各设定为100分，两者互为系数、相乘得出最后考核结果，践行了习总书记“用好考核评价这个指挥棒，既报经济账、又报党建账”的要求。创新开展“两带两创”活动，2017年，党组织带党员创效3926个项目、党员带群众创新5283个课题，实现效益20多亿元。坚持每季度开展一次“创新论坛”，先后围绕“精细化管理”“去内耗之我见”等15个主题开展讨论，收集创新建议160多条。五是坚持正风肃纪。落实主体责任，重点查处了中央巡视和集团党组巡视发现的一批重大腐败案件，挽回和避免损失50亿元，收缴违纪款近6000万元。常设5个巡视组、3个区域监督中心，建立反馈→整改→再反馈→再整改的巡视整改工作机制。推动纪委书记深入一线开展巡察，发现问题9104项。连续18次召开警示教育大会，通报违规违纪问题和问责案例609起、1888人次。

三、狠抓行动自觉，实现中铝扭亏脱困

党组带领集团上下深入学习习近平总书记治国理念，总结提炼出加减乘除法、关键少数法、精准管理法等工作方法，推进集团破解布局结构、资产质量、改革动力等问题，使习近平新时代中国特色社会主义经济思想在中铝集团落地生根、开花结果。一是落实供给侧结构性改革要求，加快新旧动能转换。坚决贯彻党中央、国务院关于深化国有企业改革的一系列方针政策，去产能，关停氧化铝产能219万吨、电解铝产能164万吨。去库存，强化了“两金”清理，建立了终身追责制。去杠杆，集团资产负债率降至央企平均水平以下。降成本，氧化铝、电解铝完全成本跑赢市场，进入行业前50%以内。补短板，优化了产业布局。二是实施加减乘除，优化结构提质增效。做好加法，坚持干一件成一件的理念，培育和发展新动能。敢做减法，坚持用小震化大震的理念，毫不手软治理“僵特”企业，企业亏损面从32.3%下降到9.6%。善做乘法，坚持创新驱动引领发展的理念，组建中铝中央研究院，加强高端研发，军用铝合金材料实现跨代发展。精做除法，坚持资源有限创意无限的理念，盘活存量优化增量，提高资本回报率和劳动生产率。三是发挥引

领作用，明确战略发展部署。集团党组坚持发挥党对国有企业的政治领导、思想领导、组织领导作用，确立了新时代“两步走”战略：第一步，在第一个“一百年”，跻身全球有色金属行业的世界一流企业行列；第二步，在2035年前，成为具有全球竞争力的世界一流有色金属企业。多次召开务虚会，研讨建设具有全球竞争力的世界一流企业的路径和主要措施。明确了“科学掌控上游，优化调整中游，跨越发展下游”发展方略，提出做强做优铝、铜、稀有稀土、铅锌四大核心产业，加快发展工程技术、工服物业、资本金融、贸易物流四大协同产业，积极培育环保节能、创新开发、海外发展、智能制造四大新兴产业的高质量发展新格局。

下一步，我们将继续抓好全国国企党建会议重点任务的落实，认真学习贯彻习近平总书记等中央领导重要批示精神和本次会议要求，牢牢坚持党建引领改革发展，积极开展第二轮加减乘除，推动三大变革，实现转型升级，开启高质量发展新征程，加快建设具有全球竞争力的世界一流有色金属企业。

援藏助发展　扶贫建新功

——在京援藏央企座谈会发言交流材料

集团党组书记、董事长　葛红林

（2018 年 11 月 23 日）

一、加强组织领导，确保形成工作合力

实行对口援藏、援青和定点扶贫工作，是党中央的重大决策部署，是中铝集团必须完成的重大政治任务。中铝集团党组坚持运用习近平总书记关于新时期扶贫开发工作的重要讲话精神武装头脑、指导实践，把做好对口援助昌都察雅县、卡若区作为践行“四个意识”的重要检验，坚决贯彻国务院国资委党委历次扶贫攻坚会议精神，加强组织领导，召开专门会议研究部署援藏工作，积极主动协调对接，逐步建立了计划内援助递增保障、计划外特殊支持、产业发展、结对帮扶、人才培养支持、项目责任和质量明确保障、产品文化交流促销等多项机制，不断强化援藏工作组织保障。

2008 年以来，中铝集团在面对巨额亏损、生产经营异常困难的情况下，援藏力度不减，援藏资金不少，并在经营形势好转后持续加大援助力度。2004 年以来，累计投入援藏资金 1.7 亿多元，集团所属在藏企业项目投资超过 14 亿元，坚持产业与资金同步并进、民生和富民同步并进、扶智与就业同步并进，援建了民生实事方面近百个项目，实施了一批促进就业增收的“短平快”项目，打出了一套具有中铝集团特色的援藏“组合拳”，有力地帮助了昌都市精准脱贫。

二、立足民生经济发展，持续打好“组合拳”

一是大力聚焦民生短板，改善生产生活水平。保障和改善民生始终是援藏工作的出发点和落脚点。先后投入近 3000 万元，改造饮水工程、入城道路和水泥桥，方便了农牧民的出行，让当地群众再也不用喝河沟水，改善了县容县貌。以安居工程为重点，累计投入 1300 万元，修建了周转房、敬老院和美丽乡村建设，解决了干部职工住房难题，为 170 名孤寡老人提供了舒适的居住养老条件，让农牧民住上了宽敞明亮、安全舒适的新房；在科技文化基础设施方面投入 1000 多万元，修建的县科技培训中心是察雅县重大活动的首选之地，中铝广场成为当地百姓主要的休闲场所，与此同时，还

实施了异地搬迁、新农村建设、广播电视中心和老干部活动中心等重点项目，农牧民群众的生产生活条件得到了较大改善，增强了县域经济综合发展能力和发展后劲，完善了基础设施及城市配套建设功能，使城乡面貌焕然一新。

二是全力支持产业发展，持续提升“造血能力”。将产业援藏作为助力当地发展的长效之策、固本之策，先后成立多家驻藏企业，累计投资超过14亿元，积极培育壮大本地资源优势产业。投入1000多万元，修建立体农业、反季节蔬菜和现代农业示范园，构建特色产业扶贫新模式。援藏干部为卡若区招商引资落地资金4.29亿元，协调联系国家枸杞工程研究中心建设500亩宁夏枸杞种植基地，解决贫困群众家门口就业增收问题。援藏技术人才充分利用金融政策助推脱贫攻坚，推动石材开发等多个产业项目建成运行，累计完成投资近6000万元，实现当地农牧民增收300万元。

三是扎实推进教育发展，实现以“扶智”促“脱贫”。坚持扶贫与扶智并举，阻断贫困代际传递，14年来援建7所小学及幼儿园，修建完善中学塑胶操场和33所中小学设施。发起成立“中铝·格桑花”教育基金，10年惠及2000名贫困生，成为闪亮品牌。积极推动企地交流交往，组织党政干部、专业技术人员近300人次到集团培训考察学习。

四是深入实施就业援藏，为拓宽就业渠道加“一把火”。立足“一人就业，全家脱贫”，每年拿出100余个岗位开展定向招聘。2018年，提供高校毕业生就业岗位169个、劳动力就业岗位77个，同时，拨付计划外援助资金100万元用于农牧民电子商务、建筑施工技能培训。

三、牢记使命勇于担当，不断开创援藏工作新局面

下一步，中铝集团党组将继续积极响应国务院国资委党委和西藏自治区党委政府方面的号召，对援藏工作进行再动员、再部署、再强调，进一步加大援助力度，从2018年开始年度援助金额从1200万元增加到2000万元，以精准脱贫为重点，加快推进社会主义新农村建设步伐。同时，将采取更加扎实、有效、管用的举措，深入推动矿产资源开发、新型铝材推广应用等方面的合作，主动提供各层级优质就业岗位，积极开展藏区干部人才专题培训，全方位、宽领域、多渠道地不断开创援藏工作的新格局，以优异成绩向党和西藏人民交上一份满意的答卷。

中铝集团深知“碧血浓于水，兄弟一家亲”，近年来，援受双方的交流互访更加频繁，互派干部培养交流留下了民族团结、藏汉情谊，老西藏精神与中铝集团“励精图治、创新求强”的企业精神深度融合，已经成为中铝集团扭亏脱困的重要力量源泉。我相信，在我们的共同努力下，西藏自治区经济、民生将不断取得新的更大的发展和进步，康巴汉子的笑容将更加灿烂，高原雪莲将绽放的更加美丽，昌都市在不久的将来，一定能够和全国一道全面建成小康社会。

励精图治　创新求强
为建设具有全球竞争力的世界一流企业而奋斗

——在中铝集团一届一次职代会暨2018年工作会议上的讲话

集团党组书记、董事长　葛红林

（2018年1月20日）

第一部分　关于2017年的工作

一年来，集团党组以习近平新时代中国特色社会主义思想为指导，认真落实党中央、国务院的决策部署，在中组部、国资委的正确领导下，在监事会的指导帮助下，在有关国家部委、地方党委政府和有色协会的大力支持下，认真履行央企的政治责任、经济责任和社会责任，坚持扭亏脱困转型升级的工作总基调，爬坡过坎，决战决胜，实现了以优异成绩向党的十九大献礼。

一、全面从严治党，党风企风更加好转

一年来，党组带头学习习总书记系列重要讲话精神，深入贯彻党的十九大精神，进一步落实全国国有企业党的建设工作会议精神，坚持和加强党的全面领导，铸牢了“根”和“魂”。

（一）党的建设更加扎实

党组充分认识到，抓好党建是本职，不抓党建是失职，抓不好党建不称职，充分发挥党组的政治核心和领导核心作用。

一是切实提高了政治站位。党组深刻领会习近平新时代中国特色社会主义思想，认真学习和宣传党的十九大精神，始终把政治建设摆在首位，坚决维护习近平总书记在党中央和全党的核心地位，坚决维护党中央权威和集中统一领导，在政治立场、政治方向、政治原则、政治道路上坚定同以习近平同志为核心的党中央保持高度一致。

党组狠抓党员干部的政治学习，充分发挥各级党校的主阵地作用，抓好干部的集中轮训和日常培训，深入推进“两学一做”学习教育常态化制度化，严格落实“三会一课”，党员的理想信念更加坚定，“四个意识”更加牢固，政治站位显著提高。此外，针对安全环保质量问题，层层召开了强基固本的专题民主生活会。

二是切实履行了主体责任。党组以上率下，全面落实了党建进章程要求，严格执行《中国共产党廉洁自律准则》和《中国共产党纪律处分条例》，

严肃党内政治生活，从严执行了党内监督和“三重一大”决策，坚决整改了各级党建存在的“四个化”问题，确保了党章党规党纪的有效执行。

从严落实党建责任制，制定了实施细则和“一岗双责”清单，创新了“双百分”考核，认真开展党组织书记述职评议，党建责任体系更加健全，党的政治核心和领导核心作用更加有力，把方向、管大局、保落实的效果更加明显。

三是切实巩固了党建基础。全面完成了基层党组织应建必建、应换尽换，实现了“双向进入、交叉任职”，全面推行党委书记、董事长（执行董事）“一肩挑”，专职党委副书记应配尽配，选配优秀干部充实党务工作力量。坚决整治软弱涣散党组织，创建了党建信息化系统，有效规范了党员管理，增强了组织力，各级党组织更有战斗力，一线党员的作用更加发挥，党建工作基础更加坚实。

四是切实强化了党建载体。持续深化“三型”党组织建设，创新开展“两带两创”活动，得到了中组部肯定，在中央企业推广。弘扬了企业文化，集团召开了企业文化工作会议，着力培育和弘扬励精图治、创新求强的企业精神。选树“最美中铝人”“中铝诚信故事”，弘扬了新风气。加强了新闻宣传工作，构建了大矩阵宣传架构，创新了新媒体平台，实现了多种媒体融合发展，舆情监测与处理机制更加完善，防范、化解重要舆情50余次。党建载体更加丰富，方式更加多样，作用更加显著。

此外，集团工会组织开展“安全、干净”班组竞赛，企业现场环境得到极大改善。围绕关键指标开展劳动竞赛，增创了效益。集团召开了第一次团代会，选举产生了新一届团委。举办创新创意大赛，营造了“大众创业、万众创新”浓厚氛围。工会更加贴近员工，共青团更有活力，榜样的带动力更强。

（二）干部队伍更加强化

按照“对党忠诚、勇于创新、治企有方、兴企有为、清正廉洁”要求，打造想作为的各级班子、会作为的干部队伍、能作为的工作环境，用人的导向更鲜明了，干部的威信更高了，群众更满意了。

一是坚持正确用人导向。严把了政治关和廉洁关，坚持“凡提四必”，匡正选人用人风气。坚持治庸问责，创新了“闲官”治理法，全年排查“闲官”213名、“闲岗”108个，通过集中专项整治，实现了干部能上能下，得到了员工群众拥护。坚持充实一线，加大了总部、板块干部到困难企业和实体企业的交流力度，涌现出许多扛重活、挑重担、干成事的好干部，为集团培育了一批后备力量。坚持开放用人，面向国家部委和央企引进优秀人才，面向社会积极招聘专业化人才，优化了集团的人才结构。

二是持续加强能力建设。党组紧紧抓住“关键少数”，强化干部思想建设和能力建设，在2016年开展34次“两学一做”班子谈心活动的基础上，2017年又分片区开展了12次“勇于创新”谈心活动，与48户企业424名干部面对面互动，交流创新经验，分享实战心得，推广金点子，既实现了党组和板块领导更好地接地气，又促进了企业领导班子建设和年轻干部成长。全年选送67名干部参加中组部、国资委等部委组织的调训。组建了中铝大学，全年培训干部2500多人次。党组坚持每季度举办创新论坛，中铝股份和中国铜业定期举办“创新在线”，形成了思创新、善创新的好风气。

三是大力培养年轻干部。党组加大了70后干部使用力度，全年提拔14人担任正职或进入领导班子，3人担任总经理助理职务。在2016年选派9名设计研究院优秀年轻技术干部到生产企业挂职的基础上，2017年又选派8名铝加工企业优秀年轻干部到电解铝企业挂职锻炼，既有力促进了电解铝合金化，又有效助推了年轻干部在实战中成长。

党组全面开展后备干部的考察、选拔和培养，创新了考察和选拔机制，严格把关、好中选优，成立14个考察组深入基层一线，通过个别谈话和实绩考察等方式，在40户企业选拔了70后副职后备干部人选221名、80后中长期培养对象229名。选派7名青年科技骨干参加海外交流，分3期优选33名年轻管理骨干参加中铝力拓联合领导力培训和现场管理参观学习，为建设高素质专业化干部队伍储备了人才。

（三）党风廉政建设更加从严

党组带头深入贯彻落实十八届中央纪委七次全会精神，坚持挺纪在前，强化巡视巡察，保持了正风肃纪反腐倡廉的高压态势，不敢腐的目标初步实现，不能腐的笼子越扎越牢，不想腐的堤坝正在构筑。

一是着力完善“不能腐”的体制机制。党组完善了全面从严治党责任分解、监督检查、评价考核工作机制，确保两个责任落地，进一步夯实“一岗双责”。强化了干部监督，突出“关键少数”，强化行权履职监督，增强震慑力和说服力，积极向“绝大多数”延伸，营造良好的氛围和环境。强化了群众监督，畅通了干部群众建言献策的渠道，发挥群众监督、媒体监督的作用。强化了制度建设，坚持把制度建设贯穿于全面从严治党各项工作中，完善制度体系，使制度带电、管用，督促企业梳理“不能腐”制度5188项，其中新建521项，制度的笼子越扎越紧。

二是着力强化“不敢腐”的高压震慑。党组坚决做到“有腐必反、有贪必肃”，持续正风肃纪。建立完善了问题线索“大数据”和分类处置机制，处置问题线索926件，处置“二次大起底”线索1700余件。坚持无禁区、全覆盖、零容忍查办腐败案件，严肃查处违反中央八项规定精神问题和违反六大纪律案件，给予党政纪处分385人次、移送司法机关24人，巩固了重遏制、强高压、长震慑的态势。充分发挥巡视的利剑作用，创新巡视方式方法，完成巡视全覆盖，巡视发现问题准、分析问题透，有力形成了震慑。

三是着力营造“不想腐”的生态环境。党组坚持把坚定理想信念作为根本任务，教育党员干部牢记党的宗旨、坚守入党誓言，解决思想问题。坚持每季度召开一次警示教育会，组织拍摄警示教育专题片，用“活”的教材警示广大干部员工。坚持抓早抓小，区分违规违纪“四个时态”，运用“四种形态”，教育挽救干部，运用第一种形态处理问题线索达57.5%，让红脸出汗常态化，进一步夯实小节、规矩、纪律、法律“四道防线”。

四是着力促进纪检干部“接地气”。党组要求各级纪委深入生产经营一线，透过一线问题，接地气地发现党纪党风问题。2017年，绝大多数企业纪委书记主动出击，深入一线，融入群众，对现场管理、安全生产、产品质量、干部作风等开展巡察，发现问题9104项，已整改7019项，问责1054人。纪委书记接地气工作得到了中纪委领导同志的肯定。

二、奋力爬坡过坎，实现了大幅增盈

一年来，集团唱响了扭亏脱困转型升级总基

调，聚焦提质增效，提高了对国家的贡献，较好实现了股东增值、企业增效、员工增收。

（一）大幅度提高了对国家的贡献

2017 年，集团实现利润总额 20.5 亿元（若剔除消化历史因素，实际经营利润 61.1 亿元）。实现利税总额 109 亿元，同比增长 17.1%。习近平总书记在党的十九大报告中提到的天宫、蛟龙、天眼、悟空、墨子、大飞机等重大科技成果，都有“中铝智造”的身影。

（二）大幅度提高了集团的效益

2017 年，集团资产总额达到 5348.5 亿元，同比增长 2.5%。实现营业收入 3144 亿元，同比增长 17.5%。资产负债率 63.5%，大幅度下降了 20.4 个百分点，已经降至央企平均负债水平以下。资产总额和营业收入均创历史新高，连续三年全面超额完成国资委对集团的考核指标。

值得高兴的是，2017 年，所有板块实现了盈利，这是集团设立板块以来没有的。在剔除消化历史因素的情况下，按当期经营活动实际完成利润排名，中铝股份 49.33 亿元、中国铜业 15.06 亿元、中铝国际 9.69 亿元、中铝资产 8.72 亿元、中铝资本 5.67 亿元、中国稀有稀土 2.04 亿元、铝加工事业部 1.36 亿元。其中，中国铜业、中铝资本、中国稀有稀土均创历史最好成绩。

（三）大幅度提高了在岗员工收入

在效益大幅提升的同时，三年来员工收入，在册的获得增长，在岗的同步增长，一线的显著增长。在岗员工收入 2015 年增幅 10.5%，2016 年增幅 8.6%，2017 年增幅 15.6%，共享了扭亏增盈转型升级的成果。

（四）大幅度减少了“僵特企业”

坚持“企业不消灭亏损，亏损就消灭企业”的理念，2017 年 4 月和 10 月，分别召开集团全级次亏损企业干部大会，穿透式地动真碰硬、处僵治困，与 2014 年相比，实际亏损面从 32.3% 降低到 11.8%，亏损额从 147.3 亿元降低到 55.2 亿元，亏损户从 145 个减少到 52 个，有的企业起死回生，有的企业扭亏脱困，有的企业转型升级，超额完成了国资委下达的目标任务。

此外，2017 年，集团连续 5 次召开安全生产警示教育大会和 1 次环保警示教育大会，有效遏制了安全环保事故，全年未发生较大及以上安全生产事故，员工工亡事故起数为近三年来的最好水平。在产量和业绩稳步提升的同时，投入 4 亿元以上完成脱硫脱硝等环保改造，大气主要污染物排放总量年年下降，二氧化硫和氮氧化物的排放总量分别较 2014 年降低 30% 以上。

三、践行加减乘除，促进了提质增效

我们继续践行总书记的加减乘除法，拓宽了调结构转方式的路子，尝到了转型的甜头，收获了升级的效益。

（一）“干一件成一件”的理念更加深入人心

全年完成投资 188.6 亿元。普朗铜矿、牛苦头铅锌矿、铜厂沟铜钼矿等一批资源项目建成投产。实施贵州企业退城进园、河南分公司技改、遵义铝业二期，一批老企业脱胎换骨。

加快了基地建设。内蒙古华云、广西华磊等轻合金项目建成投产，瑞闽蓝园等项目加快建设，优化调整了电解铝、氧化铝和铝加工的布局，贵州清镇、广西百色、内蒙古包头、山西吕梁四大铝产业基地初具规模。实施东南铜冶炼、赤峰云铜搬迁改造等项目，增加铜冶炼产能 67 万吨，构建了西南、东南、北方三大铜冶炼基地。

（二）“用小震化大震”的理念更加被人接受

坚决淘汰退出落后产能，加快困难企业转型发展，减出了新天地。甘肃华鹭出城入园，炭素项目投产见效。抚顺钛业完成破产，抚顺铝业“脱铝向炭”，炭素实现商品化生产。上海铜业主业关停，设备内迁华中铜和洛铜，盘活土地收入7亿元。针对“僵特企业”制定了“七个一批”的处置方案，管理层级从七级压缩到五级，法人户数同比减少72户。

（三）“创新驱动引领发展”的理念催生了新动能

召开了科技工作会，加大了成果奖励，学先进、重科技、敬人才的氛围更加浓厚。全年聚焦15项重大科技专项，300余个科技项目，科技投入41亿元。突破了一批重大关键技术，科技增效10亿元以上，提高了科技进步贡献率。

2017年，集团新增18个国家认定高新技术企业，中央研究院增加了13个分院，完善和增强了科技创新体系。集团财务管控、人力资源管理、互联网＋云服务管理三个信息化平台上线投用，提升了集团管控能力和创新驱动支撑能力。

大力开发高铁、船舶、汽车轻量化铝材，推广应用铝天桥、铝围护板、铝模板、铝托盘、铝挂车、全铝家具等一系列终端新产品，实现了材料到产品的转变。搭建了轻量化中试平台，初步实现了乘用车用铝合金材料及零部件产品类型研发的全覆盖，引领了轻量化发展。

（四）“资源有限创意无限”的理念结出了新硕果

泰山工程落地，集团资产负债率降低19个百分点。丰收项目顺利完成，被誉为真正的“市场化债转股”。中矿国际顺利退市，为秘鲁二期开发扫清了障碍，为大中铜奠定了基础。颐和园项目通过了证监会上市发审会，朝阳项目处理了历史遗留问题，为IPO夯实了基础。新理念催生了新产业，集团创建了环保节能、创新投资、海外开发三大平台。中铝物流边整合边创效，经营业绩快速增长。

集团全年清收逾期应收账款18.69亿元，清理呆滞库存7.85亿元。内部市场交易规模大幅增长，中铝资产与其他板块间的产品和工业服务达到44亿元，是上年同期的近3倍。“三供一业”移交稳步推进，26户企业的138项职能已完成移交或协议签订，年减少现金补贴1200余万元。大集体企业通过改制及兼并重组方式，减少企业25户，实现了轻装上阵。

一年来，我们解决了许多长期想解决而没有解决的难题，办成了许多过去想办而没有办成的大事，更为可喜的是，干部员工的精神面貌发生了显著改观，状态更好了，节奏更快了，力度更大了，办法更多了，与此同时，集团的形象更好了，企业的凝聚力更强了，干部的战斗力更旺了，员工的幸福感更多了。

一年来，我们的工作得到了中组部、国务院国资委、监事会、上级有关部委、中国有色金属工业协会、各级地方党委政府的关心、支持和帮助。在此，代表集团党组和董事会，向各位领导、各界朋友和全体干部员工，表示衷心的感谢！

一年来，我们爬坡过坎，喜获丰收，也感悟颇多：

一是从严治党是根本。必须始终坚持习近平新时代中国特色社会主义思想，坚持和加强党的全面领导，厚植“根”，铸强“魂”，党旗红是国有企业做强做优做大的根本。

二是五大理念是指引。必须始终坚持总书记的创新、协调、绿色、开放、共享的理念，用正确的理念加快高质量发展，指引我们履行好政治、经济、社会责任。

三是加减乘除是法宝。必须始终坚持总书记的加减乘除法，是困难企业脱困之法，是优化结构操作之法，是实现新旧动能转换之法。

四是深化改革是动力。必须积极响应总书记的供给侧结构性改革，以自我革命的勇气，创新体制机制，激发内在活力，为持续发展提供不竭动力。

五是精准管理是基础。必须积极弘扬总书记倡导的工匠精神，贯穿于管理的全过程，强化于生产的全流程，夯实建设世界一流企业的竞争基础。

六是依靠员工是力量。必须坚持贯彻总书记的群众路线要求，问需于员工、问计于员工、问效于员工，与员工想在一起，干在一处，让员工共享中铝的美好未来，共同谱写新时代中国梦中铝新篇章。

在总结工作的同时，我们必须清醒地看到存在的问题。

一是党建存在不少弱项。有的党组织落实主体责任、书记第一责任、班子成员“一岗双责”自觉性不高，工作不严不细不实，效果不理想。有的党组织执行党章党规党纪不严格，党内监督体系作用发挥不充分，制度执行打折扣。有的党组织贯彻执行党组决策部署不全面、不到位，“四个化”问题没根除，管党治党不担当。

二是发展存在不少短板。铝、铜、稀有稀土等产业存在着上游发展欠科学，中游发展不平衡，下游发展不充分。有些企业从过去区位的优势转化为区位的劣势，有的电解铝企业用电价格居高不下，挣扎在生死边缘，有的氧化铝企业资源日益枯竭，竞争力严重衰退。

三是生产存在不少问题。安全生产基础管理十分薄弱，2017 年员工工亡 5 人，相关方人员工亡 6 人，实现“零工亡”任重道远。环保事件仍然时有发生，一些企业旧账未了又欠新账。全员质量意识仍然不强，执行工艺纪律不严格，生产不稳定，质量有波动，成品率不高。

一年多来，在志群主席和 25 办的指导下，集团上下梳理查找了 17680 个问题，问题之多、数量之大令人警醒，尽管我们已经制定了 2287 份整改决议，但关键是加快去实施，要坚持问题导向，抓重点、补短板、强弱项，查缺补漏，立行立改。

第二部分　关于 2018 年的工作

新时代中铝集团的战略目标是：第一步，在第一个“一百年”，跻身全球有色金属行业的世界一流企业行列。第二步，在 2035 年前，成为具有全球竞争力的世界一流有色金属企业。

2018 年是贯彻落实党的十九大精神的开局之年，是集团进入高质量发展的起步之年，也是实施“十三五”规划承上启下的关键之年。工作总体要求是：全面贯彻党的十九大精神，以习近平新时代中国特色社会主义思想为指导，贯彻新发展理念，落实中央经济工作会议、国务院国资委中央企业负责人和地方国资委负责人会议部署，按照高质量发展的要求，坚持改革创新转型升级工作总基调，全面从严治党，发挥政治优势；全面深化改革，加快三大变革；全面精准管理，加快提质增效；深化加减乘除，加快转型升级；打好安全环保质量“三大攻坚战”，励精图治、创新求强，为建设具有全球竞争力的世界一流企业而奋斗。

一、全面从严治党，发挥政治优势

坚持和加强党的全面领导，是集团最大的政治优势，做实了就是生产力，做强了就是竞争力，做细了就是凝聚力。

（一）切实抓好三项工程

要全力落实新时代党的建设总要求，以提升组织力为重点，夯实党建工作基础。

一是开展铸“根”塑“魂”工程。把思想政治建设作为首要任务，把学习贯彻习近平新时代中国特色社会主义思想和十九大精神，深入学习领会习近平总书记“1·5”重要讲话精神，作为“两学一做”常态化制度化的主要内容，开展好“不忘初心，牢记使命”主题教育和“十个一”系列活动，用党的创新理论武装头脑，铸信仰之根，塑党性之魂，提升各级领导干部的组织力号召力。

二是开展党组织强基工程。进一步完善党建责任体系，层层落实责任。进一步规范机构设置，强化力量配备，增强聚焦党建主业能力。加强日常督导检查，有效运用党建信息化系统，督促各级党组织严格落实党组工作部署。推动《标准化党支部工作手册》落地，提升基层党组织的组织力战斗力。

三是开展品牌塑造工程。做实“两带两创”品牌，带出成果，创出实效，提升广大党员的组织力带动力。做精“双百分”考核品牌，形成指标设置科学、评价标准清晰、导向作用突出的考核模式。做强劳动竞赛品牌，继续完善“工会搭台、专业管理、群众唱戏”的机制，助推集团指标优化、管理提升。做好创新创意品牌，使之成为助推青年创新发展的实践平台。做好新闻宣传和群团工作，把握舆论导向，调动各方面积极性。做优企业文化品牌，树立中铝新形象。

（二）持之以恒正风肃纪

深入贯彻党的十九大和中央纪委一次、二次全会精神，增强“四个意识”，坚定“四个自信”，加强贯彻落实情况的监督检查，确保在政治立场、政治方向、政治原则、政治道路上同党中央保持高度一致。

要锲而不舍落实中央八项规定精神，继续在常和长、严和实、深和细上下功夫，管出习惯、抓出成效。纠正形式主义、官僚主义，一把手要负总责，对贯彻落实中央精神和党组部署“说起来重要、喊起来响亮、做起来挂空挡”的行为要严肃查处。

要加强权力运行监督制约，切断利益输送链条，铲除领导干部被“围猎”这个腐败“污染源”。强化监督制约机制，扎紧扎牢制度笼子，抓住“关键少数”，形成带动示范效应。

要继续用好巡视监督的利器，创新方式方法，形成巡视、巡察联动机制，增强发现问题的能力和水平，保持震慑不减，巩固发展压倒性态势。坚持惩前毖后、治病救人，抓好警示教育。落实好“三个区分开来”，保护干部干事创业激情。

（三）抓出过硬的干部队伍

要坚持党管干部原则，贯彻落实“好干部”标准，鲜明“四讲”用人导向，强化板块和企业领导班子建设，切实选配好年轻干部。

要完善干部选任制度，积极推动干部管理体制机制创新，以职业经理人为重点，加快推进企业经营管理人才职业化、市场化、专业化。加快推动“十三五”人力资源规划6大重点人才工程落地，多渠道开展国际化人才培训交流合作工作。

要坚持“凡提四必”，落实党委书记、纪委书记在人选廉洁自律结论性意见上“双签字”等措施，推行干部选任全程纪实制度，打好从严管理监督的“组合拳”。

二、全面深化改革，加快三大变革

改革创新是建设具有全球竞争力的世界一流企业的必由之路。要通过全面深化改革，创新体制机制创新，不断增强集团竞争力。

（一）推进资本等重点领域的深化改革

围绕质量变革，做强做优做大国有资本。破除固化利益束缚，优化国有资本配置，激活国有资本活力，实现价值最大化。充分运用市场化手段，盘活处置无效资产，增值退出低效资产。积极发展混合所有制经济，加快推进股权多元化和资产证券化，去杠杆降负债。积极争取国有资本投资公司试点，带动开展综合性改革，推动行业重组整合。中铝资本今年要有大发展。

（二）推进人事等关键环节的深化改革

围绕效率变革，增强组织活力。持续推进瘦身健体，穿透式治理亏损企业，以更快的节奏处僵治困、压缩管理层级、减少法人户数。加快社会职能移交，落实“三供一业”移交协议和后续工作，推进厂办大集体改革，做到应改尽改，不留遗憾，不留死角。要深化三项制度改革，打造管理、科技和高技能员工三支人才梯队。革掉一切违反社会主义按劳分配原则的现象，完善和健全绩效化、市场化、差异化激励分配机制。人力资源部今年要有大进步。

（三）推进重塑性动格局的改革

围绕动力变革，增创发展新动能。要以最大的决心和勇气实施重塑性改革，是打破原有格局的改革，不只是动“棋子”，而且要动“棋盘”。要在总结中铝物流、山西新材料等重塑性改革经验的基础上，进一步加大集团内同类业务和专业化业务的整合力度。要加快环保节能、创新投资、海外开发三个平台建设，培育竞争新优势，实现创新发展。三家公司今年要初见成效。

三、全面精准管理，加快提质增效

管理无止境，只有更精更优。精准管理既是励精图治的重要体现，又是创新求强的基本前提，更是高质量发展的根本要求。要让精准的理念入脑入心，让工匠精神融入干部的行为准则、员工的日常习惯。

要一以贯之地精准管理。不断提高管理的精细化、标准化，始终贯穿于生产运行、营销采购、资本运作、科技创新、内部市场交易、风险管控等经营管理的全员、全方位、全过程，扎扎实实提质增效。

今年精准管理的衡量标准，就是问题清单的精准整改度。2017 年，我们在监事会的指导帮助下，取得了问题清单梳理的阶段性成果，这仅仅是第一步，今年是三年整改中最关键的一年，问题要一个一个地改，验收要一个一个地过，马马虎虎的整改是不行的，应付式地整改是过不了关的。各单位必须把精准管理的理念落实到问题清单的整改全过程，在此，我们事先告知，对整改的考核和验收，将是精准兑现的。

四、深化加减乘除，加快转型升级

在新的征程中，我们要继续深化运用加减乘除法宝，站在更高视野做好“四则运算”，通过“破”与“立”的转型，引领行业创新发展。

要加减并用，在资源、能源、区位优势突出的地区和企业，加快基地化、集群化发展，增加产业新动能。要针对“僵持企业”、困难和返贫企业，一企一策，综合施治，通过转型发展和升级改造，加快淘汰老动能。

要乘除并举，创新驱动工艺、质量、产品、环保等方面的变革和进步，加快实现铝、铜、稀有稀土从原料到材料、从材料到部件、从部件到产品的三个转变，做到人无我有、人有我精。要优化激活存量资产，大力盘活城市和独立工矿区的土地、房产等资源，做大做强工程技术、资产经营、产业金融等业务，提高资本、技术和服务的贡献率。

在这里，要专门讲一下“让行业跟着中铝走”的问题。过去，中铝做到了，因为那时我们的技术绝对领先，民企不得不来挖我们的人才，学我们的技术。今非昔比，有的民企赚到大钱，财大气粗了，买了不少洋设备，还引进了不少洋专家，可以说，当今中铝的龙头老大地位并不稳固，很难说人家都买账。绝对优势就是绝对赚钱，要巩固和持续形成我们的绝对优势，只有一条路，就是要领先行业技术进步，加快攻克颠覆性的技术，掌控若干杀手锏技术，让行业跟着中铝走。这就是我们常说靠技术吃饭的原因所在。

五、坚决打赢安全环保质量攻坚战

今后三年，国家要打好“三大攻坚战”。结合中铝的实际，就是要背水一战，坚决打赢安全环保质量攻坚战。

安全是当前中铝管理最本质的薄弱，环保是当前中铝生存最大的风险，质量是当前中铝发展最大的短板。各级干部要率先落实党组要求，扭掉安全环保质量方面的“四个坏习惯”，带头打冲锋，敢啃硬骨头，以等不起、慢不得的状态，补旧账、查新账、清欠账，打赢翻身仗。

要践行好新发展理念，不要带血的利润，不让污染坏了名声，不让质量砸了饭碗，以自我革命的勇气和决心，以战时的紧张、力度和效率，加快减问题隐患，减风险总值，减污染排放，团结带领员工，背水一战，实现安全零工亡、环保超净排放、质量零次品的目标，引领有色行业安全发展、绿色发展和高质量发展，推动集团的高质量发展。

第三部分　当好新时代奋发有为的过硬干部

习近平总书记在“1·5”重要讲话中强调，领导干部必须做到信念过硬，政治过硬，责任过硬，能力过硬，作风过硬。落实到中铝，就是要用习近平新时代中国特色社会主义思想武装头脑、指导实践、推动工作，当好新时代奋发有为的过硬干部。

一、用总书记的治国理政思想武装头脑

要在学懂弄通上下功夫。紧紧围绕学习贯彻习近平新时代中国特色社会主义思想和党的十九大精神这条主线，深化学习教育和贯彻落实。推动各级干部把思想和行动统一到党的十九大精神上，把智慧和力量凝聚到党的十九大确定的各项任务上，为建设具有全球竞争力的世界一流企业，提供强大的思想武器。

要在践行做实上下功夫。要不忘初心，牢记使命，用总书记治国理政思想武装头脑，践行新发展理念，坚持高质量发展。要落实“三个一以贯之”，永葆干事创业的革命精神，以时不我待、只争朝夕的精神投入工作，励精图治、创新求强，不辜负总书记期望，加快建设具有全球竞争力的世界一流企业。

这里，讲一下发展规律的问题，平时我们讲的比较多的是按经济规律办事，其实作为央企要履行好政治、经济、社会三大责任，必须认清我国的政治和社会的发展规律。我国政治发展规律的本质就是必须始终坚持党的绝对领导，必须全党服从中央，坚持四个意识，就是遵循了政治发展规律。我国社会发展规律的本质就是发展社会主义实现共产主义，国有资本是社会主义发展的经济基础，做强做优做大国有资本就是发展社会主义，就是遵循了社会发展规律。作为国有企业的领导干部要以干国有企业为荣，履行三大责任，做出三大贡献。

二、用总书记的治国理政方法践行工作

党的十八大以来，习近平总书记提出“一个中国梦”“两个百年”“四大战略”和“五大理念”，在这些治国理政的重要理念中，蕴含着许多哲学思维和方法论。这里我专门讲学好用好总书记的工作方法。

一是关键少数法。抓住“关键少数”是习总书记管理干部和推进工作中一以贯之的做法。从严治党，他更加强调“关键是要抓住领导干部这个‘关键少数’，从严管好各级领导干部”。

今天在座的领导干部就是中铝的关键少数，占着关键的岗位，掌握着关键的权力，我们一定要深刻认识到，成是我们，败也是我们，要为中铝而奋斗。

二是久久为功法。总书记强调，要瞄准方向、保持定力，一以贯之、久久为功，急躁是不行的，浮躁更不行。

我们做任何工作，决不能急功近利，特别是解决困难问题，要有定力和韧性，要持久去做，把问题最终解决掉。

三是底线思维法。总书记强调，要善于运用底线思维的方法，凡事从坏处准备，努力争取最好的结果，做到有备无患、遇事不慌，牢牢把握主动权。

我们干任何工作都要作最坏的打算，把最坏的风险排除掉了，这样即使再有问题，也不会全盘皆输。

四是问题导向法。总书记无数次地要求各级干部通过问题导向来推动工作，无论是对经济工作，对深化改革，还是党建工作。

我们要充分认识到，问题就是工作的方向，就是在引导我们，顺着问题，更简洁、更明快地去揭示、去剖析、去化解。

五是“加减乘除法”。我第一次听到习近平总书记讲“加减乘除”是在2014年的中央经济工作会上，是针对新常态下如何优化经济结构提出的工作要求和方法。

当时，我认为特别适用于扭亏脱困的中铝，其实，总书记早在2004年，针对浙江山海经济提出了“加减乘除法”。近年来，我们通过“加减乘除”，尝到了甜头，还要继续深化，巩固拓展“加减乘除”的成果。

六是精准管理法。总书记强调，实施精准扶贫方略，找到“贫根”，对症下药，靶向治疗。在精准施策上出实招，在精准推进上下实功，在精准落地上见实效。

精准理念应用到中铝，就是全面深化精准管理。我们的工作要精准，不能只提笼统的原则要求，措施要对症下药，操作要精益求精。

七是钉钉子法。习总书记强调，要有钉钉子的精神，钉钉子往往不是一锤子就能钉好的，而是要

一锤一锤接着敲，直到把钉子钉实钉牢。

我们不能指望部署了工作，工作就会自动落实，问题就会自动跑掉，而要持续盯紧、一抓到底，不见成效不罢休。

八是引领发展法。习总书记强调，认识新常态，适应新常态，引领新常态，是当前和今后一个时期我国经济发展的大逻辑。

从哲学上讲，你不领先一步，就得跟着别人走，这样风险虽然不大，但市场就会让别人先占领。我们要掌握行业发展动向，研发杀手锏技术，让行业跟着中铝走。

九是亲力亲为法。习总书记强调，党政主要负责同志要亲力亲为，扑下身子抓落实。最近又强调要当好施工队长。

我们的各级干部要勇于挑最重的担子、啃最硬的骨头，做到重要改革亲自部署、重大方案亲自把关、关键环节亲自协调、落实情况亲自督察，以当施工队长为荣。

十是环环倒逼法。习总书记强调，世上有些事确实是倒逼出来的，面对倒逼的客观现实，唯有变压力为动力，深刻认识，尽早觉悟，抓紧行动，才能从倒逼走向主动，用倒逼之苦换来发展之甜，争取实现凤凰涅槃、浴火重生的新飞跃。

我们要形成环环相扣、步步紧跟、层层落实的工作局面，用时间倒逼节奏，用压力倒逼动力，压茬推进，说到做到，做就做好。

各级干部要结合工作实际，通过学习运用总书记新的治国理政法，不断增强学习本领、政治领导本领、改革创新本领、科学发展本领、依法执政本领、群众工作本领、狠抓落实本领和驾驭风险本领，以新状态踏上新征程，以新作为贡献新时代。

三、过硬地做到“四再一好”

总书记强调，打江山难，保江山更难。对中铝来讲，摆脱亏损难，持续增盈难，转型升级更难。进入高质量发展阶段，工作难度将比以往更难，工作要求将比以往更高。我们要带头落实总书记对干部的“五个过硬”新要求，过硬地做到状态再好、节奏再快、力度再大、办法再多，成效更好，成为新时代高质量的领导干部。

总书记强调，时代是出卷人，干部是答卷人，群众是阅卷人。对中铝来讲，时代是出卷人，我们是答卷人，市场是阅卷人。亏损就是不及格，连续亏损就要留级乃至退学。对企业来讲，市场是无情的，它不管你的历史，只看你的现在；它不管你的规模，只看你的产品优劣。对干部来讲，群众是实在的，不管你怎么说，只看你怎么做，不管你的官大官小，只看你的贡献是大是小。对此，我们都要保持清醒的头脑。

总书记强调，功成名就时做到居安思危、保持创业初期那种励精图治的精神状态不容易，执掌政权后做到节俭内敛、敬终如始不容易，承平时期严以治吏、防腐戒奢不容易，重大变革关头顺乎潮流、顺应民心不容易。对中铝来讲，更是如此。我们在 2001 年创业初期，就提出了励精图治、创新求强的企业精神，实践告诉我们，始终如一地保持是不容易，可以说，成在精神，败也在精神。

我们要过硬地做到“四再一好”，打造坚强有力的各级领导班子，锤炼勇于攻坚克难的高素质干部队伍，带出能征善战的员工队伍，为建设具有全球竞争力的世界一流企业而努力奋斗。

春节即将来临，各单位要及早安排好节前各项工作，做好走访慰问工作，把组织的温暖送到千家万户。特别是要开展好节前安全环保和消防大检查，抓紧整改各类隐患，确保节日期间安全稳定，过一个风清气正、欢乐祥和的节日。

站在新的历史起点上，梦想召唤，使命催征。让我们更加紧密地团结在以习近平同志为核心的党中央周围，认真落实党中央、国务院的决策部署，在中组部、国资委的正确领导下，在监事会的指导和帮助下，励精图治、创新求强，为建设具有全球竞争力的世界一流企业而努力奋斗，谱写新时代中国梦中铝新篇章！

开启新征程　推动新发展
加快建设具有全球竞争力的世界一流企业

——中铝集团一届一次职代会暨2018年工作会议上的工作报告

集团党组副书记、总经理　余德辉

（2018年1月20日）

一、2017年工作回顾

在党中央、国务院的坚强领导下，在中组部、国务院国资委的正确领导下，在国务院国有大型企业监事会的监督指导下，在有关部委及地方党委、政府的大力支持下，在集团党组、董事会的带领下，我们牢牢把握扭亏脱困转型升级工作总基调，全面落实各项工作部署，推进实施重大专项工作，全体员工在状态、勇拼搏，创出了近10年来最好的经营业绩，重塑了集团形象，提振了员工士气。

（一）考核目标全面完成，经营业绩大幅提升

一是经营业绩创出新高。再次超额完成国资委年度四项考核指标：实现利润总额20.5亿元，超额完成17.9亿元，同比增加18.8亿元（剔除消化历史因素，实现经营性利润61.1亿元）；EVA完成−57.4亿元，超额完成23.6亿元；成本费用占收入比重99.98%，比目标值降低2.52个百分点，同比降低2.12个百分点；资产负债率63.52%，比目标值降低20.48个百分点，同比降低20.37个百分点，降至央企平均负债水平以下，提高了可持续发展能力。全年完成营业收入3144亿元，同比增长17.5%，创历史最好水平。有色金属原矿产量1626万吨、有色金属产量426万吨，同比分别增长1.8%、17.4%。

二是盈利能力明显增强。成本费用率自5月份以来保持在100%以内，集团整体盈利能力实现历史性转变。坚持与历史最好水平及先进水平对标，氧化铝16项主要指标有5项得到改善，电解铝4项主要指标有3项得到改善。氧化铝、电解铝完全成本跑赢市场，分别进入行业前40%、前45%，电解铜综合加工成本同比降低317元/吨，总体上生产成本低于行业平均水平，提升了持续盈利能力。

三是企业效益大幅改善。首次实现所有板块全部盈利。中铝股份深化落实275918专项行动，全员降本增效，实现利润30.53亿元。中国铜业减问题、快改革，盈利7.06亿元，经营业绩创历史新高。中国稀有稀土狠抓资源获取，加强科技创新，盈利2.04亿元。中铝国际积极融入“一带一路”倡议，扩大工程用铝，盈利9.69亿元。中铝资产深化内部挖潜，扩大市场交易，三级企业全部盈利，整体盈利0.53亿元，解决了大量历史问题。中铝资本深化产融结合，提升新兴业务创效能力，盈利5.67亿元。铝加工事业部优化产品结构，扩大市场销量，盈利0.26亿元。

特别值得表扬的是：广西分公司盈利17.1亿元，贵州华锦盈利11.48亿元，创历史最好水平。秘鲁矿业盈利8.72亿元，扭转了大额亏损的被动局面。全年大幅增盈的企业有：中州铝业、遵义氧化铝、云铜股份、广西稀土；扭亏为盈的企业有：河南分公司、东轻、上海铜业、中色科技；大幅减亏的企业有：甘肃华鹭、昆明铜业。

（二）精准管理深入推进，提质增效成效显著

一是生产管理实现降本增利。主导产品向精深加工延伸，精细氧化铝产量同比提高15.1%，电解铝合金化率达到35.95%，铝加工产能利用率83%。炭素阳极制品产量快速提升，同比提高15.7%；一级品率同比提高14.6个百分点，实现重大突破。将水、电、风、汽、油、热纳入大能源管理范畴，对内挖潜、对外创收4.82亿元。积极争取用电政策，企业网购电交易电价全部实现所在省份最低，电价降本5.87亿元。深入开展现场管理提升行动，塑造了文明生产形象。

二是营销管理实现增收增效。科学研判市场，调整优化氧化铝、电解铝营销策略，销售价格高于市场均价，增利4.25亿元。中铝国贸首次实现焦煤出口，能源业务创利2.38亿元。中铝萨帕产销量同比增长120%，轨道交通产品同比增幅320%。大力推进物流整合，提升专业运输能力，中铝物流经营业绩快速增长。

三是财务管理实现价值创造。创新采用“动态调整”预算管控模式，建立“提出问题、解决问题、循环跟踪”的监控体系，为经营目标完成提供了预算保证。成立了铜产业基金、银铝融海基金、四则产业投资基金，融资300亿元，助力了改革脱困。强化“两金”清理，在收入增长18%的情况下，应收账款实现了近10年来首次年度下降。全年清收逾期应收账款18.69亿元，清理呆滞库存7.85亿元。启动财务管控信息化平台，统一了集团财务业务流程和标准，财务月报得到国资委三次通报表扬。

四是投资管理实现管控创新。加强项目实施管控，完善了投资管理办法和境内外投资项目负面清单，建立了承包商“红黑名单”。构建了“一个服务平台、两级管理决策、三重监督管理”招投标管控模式。中铝股份“放管服”结合，进一步完善了固定资产投资考核管理制度。推进信息化建设项目，集团人力资源、财务管控等信息化项目顺利上线。完成电解铝、氧化铝、矿山智能制造顶层设计，包头铝业和中铝瑞闽进入试点项目实施阶段，集团内部四个项目列入工信部制造业与互联网融合试点或智能制造试点示范企业名单。

五是内部交易实现协同创效。大力推进内部市场交易，交易范围扩展到各板块，交易产品和工业服务目录同比增加1250项。纳入“总对总”集中采购的工装等品种全部实现内供，内部交易金额达701亿元。

（三）结构调整步伐加快，战略布局更趋合理

一是产业布局持续优化。坚持科学掌控上游，优化调整中游，跨越发展下游，加快产业布局优化和结构调整。几内亚铝土矿前期开发顺利推进。国内大型基地建设初具轮廓，一批重点项目加快建成投产。内蒙古华云、广西华磊、贵州华仁等轻合金材料项目提前通电投产。宁夏能源银星一井项目获国家能源局核准，进入联合试运转。普朗铜矿、铜厂沟铜钼矿、青海牛苦头铅锌矿等项目投料试车。河南分公司氧化铝等技改项目达产达标。上海铜业加工生产线向华中铜、洛铜转移，搬迁工程有序推进。山西中润、东南铜业、赤峰云铜、瑞闽蓝园项目加快建设。中铝齐鲁工业园铝基新材料产业一期项目开工建设。港口氧化铝、秘鲁铜矿二期等项目前期工作全面推进。设立中铝雄安总部筹备工作办公室、中铝国际雄安开发办公室，积极对接雄安规划，参与新区建设。

二是重大专项取得突破。经过两年艰苦运作，泰山工程成功落地，妥善解决了集团外汇债务负担问题，资产负债率下降19个百分点。中铝股份通过实施丰收项目，新增净资产126亿元，资产负债率降低6.63个百分点，成为成功实施市场化债转股项目的有色金属行业第一家企业。中铝国际回归A股颐和园项目成功通过中国证监会发审会，为后续优化资本结构、丰富再融资渠道奠定了基础。C项目红筹成功退市，为秘鲁铜矿二期项目开发融资扫清了障碍，并为大中铜整合创造了条件。中国稀有稀土重新调整确定了上市路径。

三是创新驱动有力实施。召开年度科技工作及成果产业化推广会议，全年科技投入达41亿元。加快中央研究院体系建设，西北铝等18家企业通过高新技术企业认定。推广铝电解节能减排技术，实现吨铝节电500千瓦时以上。矿山安全生产资源绿色高效利用等重大技术实现突破。开发研制出地下采空区无人自动探测机器人。制备出国内最大截面铝合金及超大宽厚比的预拉伸板，5N高纯铝靶材产品质量达到国际先进水平。推动汽车轻量化，初步实现了乘用车用铝合金材料及零部件产品类型研发的全覆盖，具备了为汽车企业提供全铝车身一揽子解决方案的能力。拓展铝的应用，由中铝国际承建的国内跨度最大的两座铝合金天桥，在北京长安街完成安装。

四是军工保障更为有力。全年投入军工科研经费3亿元以上，承担军工科研项目28项，3个大飞机工程化研制项目通过国家立项。西南铝、东轻为长征系列运载火箭、天舟一号飞船、国产大飞机C919、大型水陆两栖飞机“鲲龙”号提供了关键铝合金材料。

五是产融结合成效显现。做好产融结合乘法，充分发挥中铝资本平台优势，加快金融牌照获取，拓展金融业务产品，结算规模突破2万亿元，调剂资金815亿元，外部融入2500亿元，满足了集团产业链和供应链金融需求，初步建成了提供金融集成解决方案和综合服务能力的特色金融平台。

六是对外合作广泛深入。集团与中国石油、中国中车、中信集团、光大银行、中国人寿、上海银行、上汽集团、云南冶金集团、中国国际商会等，中铝股份与太保集团，中铝国贸与招商局海通贸易，中铝物流与太原、乌鲁木齐铁路局和烟台港，中铝国际与云南交投、云南建投，铝加工事业部与中航物流，中铝材料院与英国布鲁内尔大学分别签署了战略合作协议。与中国商飞签署了民用航空铝材研制及应用合作协议。与贵阳市签订了修文矿生态修复及土地综合开发建设框架协议，与黄石市签订了高精铜板带箔合作及增资协议。

（四）内部改革持续深化，动力活力不断释放

一是改革改制步伐加快。坚持问题导向和顶层设计，健全完善深化改革领导机制，加大改革培训、穿透指导和跟踪督办力度，全面深化改革整改决议完成年度目标，改革任务台账55项改革落实

53项。深入推进企业分类改革，完成了437户全级次企业的功能界定和类别划分。中国铝业公司改制更名为中国铝业集团有限公司，中铝资产等28家子企业公司制改革全面完成。深入推进混合所有制改革，引入非公有资本2.78亿元。

二是内部整合成效明显。整合内部资产业务，实现了中国铜业与云铜集团一体化管理，完成了铜板块国内资产整合注入，并与云南省签订了有色资源整合方案。整合内部项目招标资源，成立了中铝招标公司。整合山西分公司、华泽铝电，形成产业链完整的联合企业。中铝国际完成对昆勘院、山东工程的并购。中铝铝箔吸收合并华西铝业，洛阳铝箔注入中铝铝箔。实施一批资本运作项目，实现利润15.16亿元。

三是瘦身健体扎实推进。“处僵治困”完成30户年度治理目标，累计完成总目标的85%，同比减亏13.65亿元。剔除消化历史包袱，全级次亏损企业户数同比减少16户，亏损面降至11.8%，同比降低2.5个百分点。全年减少法人户数72户，超国资委下达目标30户，管理层级压缩至5级以内。完成化解过剩煤炭产能目标，退出产能30万吨。建立总控定员管控机制，稳妥推进人员分流安置和跨企业用工配置，全年分流安置8543人，2016至2017年累计分流22721人，完成国资委三年考核目标的91.6%。跨企业配置用工1442人，为中铝成立以来之最。

四是社会职能加快剥离。签署“三供一业”分离移交协议、框架协议138项，完成总量的82%，超额完成国资委下达的年度任务，获得“三供一业”中央财政补助资金9.7亿元。10家企业消防机构完成改革，市政设施、职工家属区社区管理职能全部移交。稳妥推进厂办大集体改革，关闭注销了停产半停产大集体企业。

五是分配改革不断深化。全面推行工资总额分配向骨干员工倾斜激励政策，建立了高技能人才五级技师制度，46家企业确定骨干员工18980人，专项激励1.6亿元。坚持员工绩效与集团整体利润完成情况挂钩，在岗员工平均工资同比增长15.6%，为2012年以来最高增幅。中铝股份实行季考核、季兑现，实施超额累进奖励，“三挂钩”考核覆盖全部企业和职能部门，形成了全员降本增效的浓厚氛围。

（五）内部控制扎实开展，风险管理得到强化

一是问题清单梳理完成。在监事会指导下，集团总部、板块事业部、实体企业深入开展问题清单梳理工作，落实领导包企联系点制度，层层进行问题穿透辅导，共梳理出各类问题17680个，制定重点问题整改决议2287个，非重点问题均形成了整改方案。全年逾期应收款清收比率达31.32%，非正常库存降比46.75%，处置低效无效资产20.53亿元，闲置和低效银行账户同比减少523个。同时配合监事会完成了集中重点检查和境外资产专项检查。

二是审计法律工作加强。落实审计工作联席会工作机制，全年完成各类审计项目523个，发现问题2280个，调整任期内利润6.29亿元，项目审减节约投资3.36亿元，提出审计建议1344条，向纪检监察部门等移交线索或问题9条。开展非经营性房产专项审计，盘活闲置房产增加收入3972万元。坚持依法治企，大力推进法治中铝建设，设立了总法律顾问，组建了5个子集团法律事务部和5个区域法律事务中心，优化了法律管控体系。全年化解担保风险金额6.8亿元，处理案件纠纷挽回经济损失12.47亿元，实现索赔7000余万元。

三是安全环保基础夯实。聚焦“零工亡”“零环境污染事件”目标，开展了安全环保全面大动员、大清查、大整改强基固本行动，查出各类隐患36182项，整改36160项。中铝股份投入10.68亿元实施了176个安全环保项目。强化安全环保警示教育，对每次工亡和环保事件进行反思，及时追责问责。对生产领域业务外包进行清理整顿，压缩了承包商数量，加强了规范管理。推进环保技术产业化，首条铝电解废槽衬无害化处理生产线在包头铝业投运。牵头发起联合降碳行动，发布了首份《降碳报告》，设立举办了首届降碳节，树立了绿色发展新形象。

四是质量提升效果呈现。修订了质量管理办法，制定了11类质量排查项目。对监事会发现的3类质量问题，制定了24项整改措施，12项已完成。总部重点监控的9类14项指标首次实现达标率100%。铝、铜加工质量损失率同比分别降低29.75%和26.60%，质量损失同比减少2558万元，全年未发生A类质量事故。

（六）融入中心服务大局，党建工作优势彰显

一是从严治党全面落实。深入贯彻全国国企党建工作会议精神，及时修订集团及所属子公司章程，明确了党组织在公司治理中的法定地位。修订完善集团决策权限管理办法，落实了党组织研究讨论作为重大决策的前置程序。全面推行党委书记、董事长“一肩挑”体制，成立了中国铜业、中铝能源、中铝材料院党委纪委，实现了专职党委副书记“应配尽配”。坚持党建与生产经营“四同步”，实施“双百分”考核，发挥了各级党组织的政治核心和战斗堡垒作用。开展“两带两创”主题活动，有力促进了生产经营和改革发展。

二是反腐倡廉常抓不懈。聚焦监督执纪问责，坚持每季度召开一次警示教育大会，组建纪检监察区域中心，创新纪检干部“接地气”，保持惩治腐败高压态势不松劲，落实“中央八项规定”精神不让步，坚持问题导向开展巡视全覆盖，构建了不能腐的体制机制，制度“笼子”越扎越紧，党的纪律建设全面加强，促进了集团党风企风持续好转，净化了企业政治生态。

三是民主管理深入有效。坚持关心关爱员工，积极落实员工的知情权、参与权、表达权、监督权，鼓励员工群策群力，放开手脚创新创效。通过组织举办各类创新论坛、创新在线，开展“安全、干净”班组竞赛、关键生产技术指标劳动竞赛及创新创意大赛，树立先进典型，弘扬工匠精神，激发了员工创造活力。民用航空合金大规格产品研制及其工程化项目获第三届中央企业青年创新奖金奖。中铝国际荣获全国文明单位。

此外，其他工作也取得新成效。新闻工作内激活力、外塑形象、化解舆情，为集团改革发展营造了良好氛围。强化信访维稳工作，全年群体上访事件为零。文档保密工作更加规范，督办跟踪更加高效，连续8年保持中央企业信息工作先进单位和有色行业信息工作第一名。社会责任报告连续5年荣获专业机构五星级最高评级，社会责任指数在金属行业排名第一。

集团决定，对2017年做出突出贡献的泰山项目工作组、中铝股份丰收项目工作组、中铝国际颐和园项目工作组、中国铜业、中铝资本等单位和部门的10个项目，授予总经理特别奖。

总结回顾一年来的工作，我们有六点体会：

1. 坚持贯彻党的领导。把落实党的领导作为重大政治原则，把加强党的领导与完善公司治理统一起来，推动党建工作与生产经营深度融合，党的建设全面加强，政治保障优势充分发挥，筑牢了国有企业的“根”和“魂”。

2. 坚持战略引领。坚定发展思路，保持定力、久久为功，大力实施加减乘除、瘦身健体、提质增效，快改革、减问题、强弱项、补短板，布局结构调整持续优化，创新发展能力不断增强，市场竞争实力显著提升。

3. 坚持改革创新。以习近平总书记治国理政方法论统揽工作，坚决贯彻新发展理念，坚定落实供给侧结构性改革，爬坡过坎、决战决胜，实现了经济效益大幅提升，顺利完成扭亏脱困目标，发展进入新时代、新阶段。

4. 坚持抓铁有痕。围绕年度奋斗目标，集团上下以钉钉子的精神，层层分解，自我加压，狠抓落实，以连续三年全面超额完成国资委考核目标的经营业绩，巩固了持续向好的发展态势，赢得了社会各界的广泛好评。

5. 坚持协调各方。积极向国家部委、地方政府汇报沟通，加强与中央企业及上下游供需方的协调合作，有效保证了泰山工程、丰收项目、颐和园项目及转型升级项目等重大专项的推进落实，为集团持续健康发展奠定了基础。

6. 坚持群策群力。紧紧依靠员工办企业，充分激发和释放全体干部员工的创造活力，做到了状态更好、节奏更快、力度更大、办法更多、效果更好，实现了股东增值、企业增效、员工增收，坚定了信心，鼓舞了士气，精神面貌焕然一新。

一年来工作成绩的取得，是中组部和国资委等上级部委正确领导、国有大型企业监事会监督指导、中国有色金属工业协会关心帮助的结果，也是地方党委政府、金融机构及兄弟央企鼎力支持的结果，更是集团全体干部员工锲而不舍、顽强拼搏的结果。在此，我代表集团经营班子，向各位领导、各界朋友和全体干部员工，致以崇高的敬意和衷心的感谢！

工作中取得的成果令人振奋，但经营管理中存在的问题和不足也令人警醒：

一是安全生产环保事故频发态势仍未有效遏制。全年发生员工工亡事故 5 起 5 人次、相关方工亡事故 6 起 6 人次，2 起环保问题被中央媒体曝光、环保部门通报，与党中央、国务院的要求和全体员工的期盼仍有很大差距。

二是历史遗留问题解决仍需加快。“僵尸”及特困企业治理、无效资产及煤矿等股权投资处置问题久拖不决、久攻不克，成为集团扭亏脱困转型升级中的短板。

三是市场判断和执行力仍待加强。个别单位对市场变化和走势敏感性不强、判断不够准确，对集团部署落实不够果断、执行不够坚决。

这些问题和不足，需要我们在今后的工作中下大力气解决和克服。

二、2018 年工作安排

新的一年，是贯彻党的十九大精神的开局之年，我国经济发展进入了新时代，中铝集团也进入了改革发展新阶段。综合分析集团面临的形势，既有有利条件和积极因素，也存在不少困难和挑战。

从面临的挑战来看：除存在自我剖析的问题以外，还面临以下外部挑战。一是国际市场对中国的“双反”调查不断增加，以美联储为代表的全球央行加息将加剧金融市场波动。二是受市场价格高位运行、行业盈利能力改善影响，氧化铝、铜冶炼产能还在逐步增加，电解铝合金产能将进一步释放，集团主要产品价格上行阻力加大。而大宗原辅材料价格居高不下，成本压力仍将延续。三是环保政策进一步趋紧，环境保护税开征，部分企业提标改造任务艰巨，增加了企业运营成本。

从有利的方面来看：一是世界经济有望继续复苏，“一带一路”沿线国家需求稳步增长，我国经济继续保持稳中有进，有色行业将在波动中向好发展。二是党的十九大对新时代国有企业的使命和责任提出了明确要求，为我们进一步明确发展定位，加快做强做优做大提供了历史性机遇。三是供给侧结构性改革持续深化，破除无效供给、化解过剩产能、降低实体经济成本等一系列政策将相继出台，有利于有色行业的规范、健康运行。四是经过三年奋战，集团产业布局调整初见成效，产品竞争力有效提升，劳动生产率不断提高，资产负债率大幅下降，可持续发展能力和持续盈利能力大为增强，干部员工的精神面貌发生了根本性变化，成为我们战胜困难最坚强有力的保障。

新时代催生新机遇，新阶段展现新作为。我们既要正视困难，积极做好应对，更要保持战略定力，用习近平新时代中国特色社会主义思想武装头脑，全面贯彻落实新发展理念，紧盯建设具有全球竞争力的世界一流企业目标要求与布局不合理、结构不平衡、发展不充分之间的矛盾问题，推动中铝集团加快高质量发展，建设主业突出、技术领先、管理先进、绩效优秀、全球资源配置能力强的世界一流企业，为新时代解决新矛盾创造新业绩。

2018 年总体工作要求：全面贯彻党的十九大精神，以习近平新时代中国特色社会主义思想为指导，贯彻新发展理念，落实中央经济工作会议、国务院国资委中央企业和地方国资委负责人会议部署，按照高质量发展要求，坚持改革创新转型升级工作总基调，全面从严治党，发挥政治优势；全面深化改革，加快“三大变革”；全面精准管理，加快提质增效；深化加减乘除，加快转型升级；打好安全、环保、质量“三大攻坚战”，励精图治、创新求强，为建设具有全球竞争力的世界一流企业努力奋斗。

2018 年整体工作目标：实现营业收入 3250 亿元，确保利润 40 亿元，力争 50 亿元，资产负债率控制在 66% 以内，成本费用率控制在 100% 以下。重大及以上安全生产事故、环境污染事件、职业病危害事故为零；不发生重大群体性上访事件。此外，完成自采铝土矿 1495 万吨、铜精矿含铜 29.34 万吨，稀土矿完成国家指令性目标；氧化铝、电解铝、精炼铜产量分别达到 1700 万吨、440 万吨、71 万吨，铝、铜加工成品率分别提高到 78%、74%，产销率均达到 100%。

为确保以上目标的完成，重点抓好以下六项工作：

（一）经营业绩要实现新提升

要倍加珍惜来之不易的经营成果，再接再厉、乘势而上，推动集团经营业绩再上新台阶。

1. 牢牢锁定目标。2018 年集团确定了达到国资委 A 级考核目标。这是我们赢得外界尊重、再铸往昔辉煌的关键之举，也是打造具有全球竞争力世界一流企业的必然要求。实现利润 40 亿元的确保目标，力争 50 亿元的奋斗目标，重返国资委考核 A 级行列，绝不是轻轻松松、敲锣打鼓就能实现的。需要我们坚定信心和决心，为荣誉而战，为尊严而战，通过付出更为艰苦的努力变为现实。

2. 层层压实责任。各板块事业部、各企业要认真对照预算指标，层层分解目标，细化落实责任，确保任务落地。从年初开始，就要开好头、起好步，确保实现首季开门红。要继续坚持 3 年来行之有效的好做法、好经验，以周保月、以月保年，一步一个脚印，盯住进度节点，做到紧之又紧、细之又细、实之又实，确保目标任务完成。

3. 人人奋勇争先。实现全年奋斗目标，需要集团上下每一名干部员工都要撸起袖子加油干。要完善工作机制，明确激励导向，加大考核力度，经营业绩要与领导干部薪酬、任职评价、全员工资挂钩，激励全体干部员工向极限挑战，朝完成奋斗目标努力。对做出突出贡献的单位和个人，要给予重奖，形成人人奋勇争先、个个苦干实干的良好氛围。

（二）精准管理要显现新成效

要始终坚持眼睛向内、苦练内功，以管理降成本，向管理要效益。

1. 精准问题清单管理。开展问题清单专项工作，是监事会完善和强化监督工作的重大创新，对集团管理提升具有重要促进作用。各部门、各板块、各企业要把精准的理念落实到问题清单的整改全过程，认真对照问题清单和整改决议、整改方案，全面精准整改，确保取得实实在在的成效。

2. 精准生产运行管理。进一步加强对生产过程的管控。中铝股份要围绕矿石、电力两个重点，深入开展“提质增效十大专项行动”，实现氧化铝提产降耗、电解铝提质增效，持续提升成本竞争力。中国铜业要抓住市场机遇，在稳产高产上下功夫，确保完成产量目标。中国稀有稀土要提升现场管理水平，推进标准化、信息化管理，优化技术指标，降低生产成本。铝加工事业部要全面推行模拟连续生产组织方式，进一步压降金属占用，提高设备运转效率，优化各项生产技术指标。要持续开展规范业务外包工作，深入开展现场管理提升活动。要加大集团管控信息化及企业智能制造推进力度，加快包头铝业、广西分公司等一批智能化工厂试点项目建设，推动生产管理方式的变革和创新，实现持续降本。

3. 精准营销采购管理。要在准确预测市场、把握销售时机上做文章，总部要充分发挥信息资源占有优势，加强对板块营销工作的指导，实现集团效益最大化。要巩固集中销售管理成果，扩大集中销售产品范围，进一步提升市场话语权。要向采购降本要效益，创新采购管理机制，加强信息化平台建设。要在其他板块事业部全面推广中铝股份的集中采购、统谈分签经验。巩固扩大内部市场交易，盘活闲置资本和库存物资，加强内部产业链上下游企业的合作，进一步发挥协同效应。

4. 精准资本运作管理。加快资产证券化步伐，力争颐和园项目上半年实现A股上市，朝阳项目完成向证监会报送材料。确保中国铝业、银星能源完成定向增发，云南铜业非公开发行成功。加强资金管理，进一步拓宽融资渠道，落实与金融机构的总对总合作，加大产融结合力度，确保资金链安全。发挥中铝资本资金规模和融资平台优势，撬动外部资本，为板块和实体企业融资提供低成本资金支持。持续实施牡丹工程，实现上市公司增利、集团公司净资产增加。

5. 精准科技创新管理。要坚定不移地贯彻创新发展理念，加大科研投入，加强外界和跨界技术合作，攻克一批共性技术难题。要以市场为导向，以开发近终端和高端产品为目标，提升高端材料研究与应用技术开发能力，加大新产品开发和产业化推广力度，为跨越发展下游产业提供技术支撑。要以中央研究院创新体系和能力建设为主线，开展集成性技术创新，提高集团科技资源整体效能。要着力培育高新技术企业，持续增强科技投入的内生动力。深化与国家有关部委、军工企业的沟通和协作，积极跟进国家军民融合工作部署，带动铝加工技术的整体进步。大数据是集团相对于行业新进企业的比较优势，信息化管理部、中铝材料院、郑州研究院要加快大数据技术应用与产业结合，通过大数据与仿真技术的结合，缩短新产品、新技术的研发周期，提高产品质量的稳定性和一致性，优化生产工艺，降低生产成本。

6. 精准人才培养管理。坚持管理人才抓突破、科技人才抓提升、技能人才抓成长，进一步明确“十三五”人力资源规划 6 大重点人才工程培养方案，启动院士人选培养计划，加大技能大师工作室建设力度，建设示范性高技能人才培养基地，加快培养政治过硬、业务精通、本领高强的高素质复合型管理人员队伍，建设高层次创新型科技人才队伍，打造具有较强专业操作技能和丰富生产实践经验的高技能人才队伍。

（三）结构调整要推动新发展

坚持科学掌控上游、优化调整中游、跨越发展下游的工作思路，加大结构调整、转型升级、创新发展力度，改造提升传统动能，培育发展新动能，推动集团加快高质量发展。

1. 改造提升传统产业。一是加快困难企业转型发展。综合运用退城进园、搬迁改造等政策支持，多措并举精准扭亏脱困。二是加快新建项目投产见效。要加快山西中润、东南铜业、赤峰云铜、瑞闽蓝园、山西新材料阳极炭素等一批项目投产进度，实现内蒙古华云、贵州华仁、广西华磊、山东华宇煅后焦基地、华鹭炭素搬迁项目、普朗铜矿、牛苦头、铜厂沟等一批项目达产达标，宁夏能源王洼煤矿 600 万吨扩建项目力争实现联合试运转。三是加快大型产业基地建设。以具有资源、能源、市场、物流等综合竞争优势的企业为依托，推进基地化、集群化发展，打造具有较大产值和利润规模的大型产业基地和先进制造业集群，提升传统产业的核心竞争力。四是加快海外布局发展。实现几内亚铝土矿、秘鲁铜矿二期开工建设，推进印尼氧化铝项目前期工作。五是加快集团雄安总部建设。密切跟进雄安新区总体规划进展，研判“疏解北京非首都功能”，达成与雄安新区的战略合作。

2. 加快打造三个新平台。打造“三大平台”，是集团贯彻新发展理念、解决主要矛盾问题、加快培育新兴产业的重大举措，也是集团抓住新时代催生新产业的重要契机，落实国资委全力推动创新发展部署要求，加快培育发展新动能，推动高质量发展的重要途径。一是要打造环保节能平台，建设绿色中铝。力争通过 3 ~ 5 年努力，使环保节能平台年产值达到 100 亿元以上，成为集团新的经济增长点。二是要打造开发投资平台，建设创新中铝。重点在高端材料及精深加工、终端产品制造、尖端技术引进吸收、战略性新项目领域加大开发投资力度，加快向高端化、终端化、国际化迈进。三是要打造海外平台，建设海外中铝。整合集团海外力量，加快国际合作和业务拓展，全面提升集团全球资源配置能力和国际化经营水平。要进一步统一思想，加强协同配合，完善工作机制，加快推进落实，尽快打开工作局面。

3. 推动产业向高端迈进。中铝股份要加快推动氧化铝精细化和电解铝合金化、高纯化、材料化进程，逐步由原料型向材料型转变。铝加工事业部要坚持精深加工发展方向，加快装备升级改造和填平补齐项目建设进度，拓展军工优势，推进重点专项工作，加快向产业链高端迈进。铜加工要强化全流程管理，尽快扭转长期亏损的被动局面。中国稀有稀土要加强对国防军工保障类产品的开发，提升产业高端化能力。

4. 促进产业协同发展。在做好铝、铜、稀有稀土等金属业务的同时，我们要大力支持工程技术、资产经营、财务金融等业务的发展，扩大集团利润增长点，增强抗风险能力。中铝国际要深化改革创新，以技术为先导，以设计为龙头，大力拓展有色领域的工程总承包业务，积极稳妥参与公路、市政、综合管廊及海绵城市建设，增强盈利能力。中铝资产要积极发展主业配套产品、工业服务、园区经济、优质物业等产业，增强发展后劲，提升可持续发展能力。中铝资本要紧紧围绕集团整体战略，充分利用各业务牌照，创新商业模式和服务，着力打造功能完备、业绩优良、品牌市场形象良好的有色产业金融集团。

（四）深化改革要取得新突破

要全面贯彻党中央、国务院关于国企改革的部署要求，不断在重要领域和关键环节取得改革新突破，推进“三大变革”，最大限度释放改革红利。

1. 加强改革谋划设计。要继续坚持问题导向，编制集团年度深化改革任务台账，分解落实全面深化改革整改决议，加大督查督办力度，确保各项改革扎实有序推进。要加快完善法人治理结构，健全现代企业制度，加大混合所有制改革力度，推进员工持股改革。继续加强与中央、国家有关部委的汇报沟通，积极推进行业整合，争取国有资本投资公司试点，牵引带动集团综合性改革。

2. 持续推进瘦身健体。今年是完成瘦身健体三年目标的最后一年，要克服一切困难，坚决完成国资委确定的目标。“处僵治困”要精准落地，做到减亏企业再提效，扭亏企业不返贫，迈入新阶段、新征程，决不允许再发生新的经营性亏损。“压减”目标要提前完成，年内集团管理层级达到四级以内。“三供一业”分离移交、厂办大集体改革等历史遗留问题解决要全面提速，确保通过国资委验收，实现企业轻装上阵。要启动对参股、特殊目的公司的梳理工作，清理退出无实质作用的企业。

3. 加大资产整合力度。要加快中国铜业资产整合，力争上半年完成 C2 项目政府审批，C3 项目年底前完成，增强中国铜业的整体竞争力。要进一步推进物流系统整合，年内要全面完成中铝股份物流系统整合，推进对东轻、西南铝物流资产整合，加快打造大物流。要总结山西分公司和山西华泽的整合经验，积极推进内部企业间重组整合，发挥协同优势，增强整体竞争力。

4. 深化三项制度改革。要以建立健全职业经理人制度为突破口，总结金融板块职业经理人制度试点经验，进一步扩大试点范围，在三大平台建设中显现人才激励效应。要完善总控定员管理机制，丰富人才引进的方式和渠道，持续优化员工队伍结构。结合分类考核分配，进一步优化工资总额管理制度，建立员工工资合理有序增长机制，落实科技项目团队激励，更好地发挥激励导向作用。

（五）风险防控要展现新作为

要把风险防控放在更加突出的位置，坚决打好环保、安全、质量“三大攻坚战”，预防经营风险，确保和谐稳定。

1. 打好环保攻坚战。要以铁的决心、铁的手段，确保全年突发环境事件为零。要限期消灭环境污染问题存量，杜绝增量，确保污染物达标排放。要限期完成大气治理提标改造，氧化铝、电解铝、铜加工企业要全部实现工业废水“零排放”，规范固体废物处置，依法合规高标准进行项目建设，提前谋划好碳排放管理。要通过一系列扎实有效的措施，努力把集团环保工作提升到一个新水平，为打赢蓝天保卫战作出积极贡献。

2. 打好安全攻坚战。全面整改突出问题，压实安全责任，实施安全能力提升工程，提高风险管控及本质安全水平，努力向安全零工亡、风险总值降低 20% 以上目标迈进。要整合 HSE 体系、安全标准化体系，加快形成中铝自有的安全精准管理体系，为建立安全长效机制奠定基础。

3. 打好质量攻坚战。要针对生产、管理、工程建设等方面存在的突出质量问题，逐项落实责任，按期整改完成。突出质量从结果到过程的管理，启动建设质量品牌行动计划，推进提标贯标，拉开行业差距。要设立产品质量大奖，表彰作出突出贡献的单位和个人，总结推广提升质量工程的方法和经验，营造质量至上的浓厚氛围，推动产品质量持续提升。

4. 严控经营风险。要严控市场风险，严禁开展融资性贸易，做好市场突变和大宗商品价格大幅波动应对预案。要严控债务风险，做好负债规模和资产负债率双重管控，加强现金流管理，确保资金链安全。要严控国际化经营风险，加强海外项目可行性分析论证，防止出现重大投资损失。要深化审计制度改革，提升审计质量，发挥审计成效。要坚持依法治企，严控法律合规风险，全面落实法律审核两个 100% 的目标，加强重大项目法律支撑，严控新风险发生，积极应对历史纠纷案件，全力减少或避免损失。要严控核心商密泄露，做到内外有别、加强管理，维护集团利益。

5. 确保和谐稳定。要增强信访维稳的前瞻性，健全排查机制，抓好源头预防，把矛盾隐患化解在萌芽状态，有效控制信访增量。要积极解决信访事项，减少信访积案。要想员工之所想，急员工之所急，实施精准帮扶，解决实际困难，让员工充分感受到组织的温暖。

（六）党建工作要提供新保障

要认真贯彻落实党的十九大对新时代党的建设提出的新要求，努力把党的建设提升到一个新水平，成为集团改革发展的坚强政治保障。

1. 充分发挥党建政治优势。要以宣传贯彻习近平新时代中国特色社会主义思想和党的十九大精神为主线，抓好“两学一做”学习教育常态化制度化，继续开展好“十个一”系列活动，组织好“步入新时代、学习新思想、开启新征程、展现新作为、谱写新篇章”大讨论，开展好“不忘初心，牢记使命”教育，筑信仰之根，塑党性之魂。要进一步健全完善党建责任体系，出台党建工作督导制度，推进党支部工作标准化，切实把基层党组织建设成为坚强的战斗堡垒。要紧紧围绕集团中心任务，加强新闻宣传工作，加大正面宣传力度，塑造良好形象。

2. 深入抓好党风廉政建设。要全面贯彻十九届中央纪委二次全会精神，严明政治纪律，严肃政治生活，严厉查处腐败案件，巩固压倒性态势。要锲而不舍反“四风”、改作风，着力解决形式主义、官僚主义和“四风”变异问题。要全力推进“不能腐”体制机制建设，发挥巡视利剑作用，深化政治巡视，巩固多种形式巡视巡察，形成监督合力。

3. 切实加强群团和文化建设。要创新群团工作体制机制和方式方法，深入开展各类劳动竞赛，组织好中铝第二届创新创意大赛，努力为广大青年提供创新实践的平台。深入贯彻集团企业文化会议精神，大力实施文化兴企战略，开展“四统一”工作，达到“四有”目标，突出文化创新和引领作用。

业绩是奋斗出来的，努力奋斗才能梦想成真。我们要认真学习贯彻党的十九大精神，坚持以习近平新时代中国特色社会主义思想为指导，开启新征程，推动新发展，为建设具有全球竞争力的世界一流企业而努力奋斗！

深入贯彻落实总书记重要批示精神 推动改革创新转型升级再上新台阶

——在中铝集团 2018 年年中工作会议上的讲话

集团党组书记、董事长　葛红林

（2018 年 7 月 14 日）

一、关于上半年的工作

6 月 6 日，习近平总书记在中央纪委关于中铝集团起死回生扭亏脱困的调研报告上做出了重要批示，王沪宁、赵乐际、刘鹤、杨晓渡、陈希、黄坤明、王勇等党和国家领导人就贯彻落实习总书记重要批示精神做出了批示。6 月 13 日，肖亚庆主任带领国资委调研组到中铝调研，传达了中央领导同志的重要批示精神，对中铝三年来加强党建促进经营改革发展工作给予充分肯定，对下一步工作提出了五项要求。7 月 4 日，我代表集团党组在全国组织工作会议上作了交流发言。

在习近平新时代中国特色社会主义思想指引下，集团上半年办成了几件大事：

1. 集团与云南省签署了战略合作协议，云南冶金集团正式加入中铝集团大家庭。此举被誉为中国有色金属行业史上规模最大的战略性资产重组，我们朝着“大有色”的目标又迈出了坚实的一步。

2. 中铝股份与几内亚政府签署 Boffa 项目矿业协议，开启全球化战略布局新征程，成为集团走向国际化经营的一个重要里程碑。

3. 中国海外首个世界级铜矿绿地项目秘鲁铜矿二期扩建项目开工。集团响应国家“一带一路”倡议，进一步扩大国内稀缺资源的保障能力、提高经济效益，加快海外发展迈出更加坚实的步伐。

4. 一批资本运营项目取得新进展。中铝国际颐和园项目获得证监会核准，云南铜业股份增发通过证监会审核，中国稀有稀土朝阳项目 IPO 材料获得证监会受理，登陆国内 A 股资本市场的步伐加快。

5. 新理念催生新产业，中铝环保、中铝开投、中铝海外三个平台公司和中铝物资挂牌成立，标志着集团转型升级迈出新步伐。

在年初的全年工作会议上，我代表党组部署的五个方面工作得到扎实推进。

（一）党的建设更加坚实

集团上下用总书记的治国理政思想武装头脑，用总书记的治国理政方法践行工作，充分发挥党建做强做优做大中铝的法宝作用。

一是深耕细作夯实党建基础。党组坚持思想建党和制度治党相统一，立足当前，直面问题，持续推进了“三项工程”。

实施铸“根”塑“魂”工程。集团上下把学习贯彻习近平新时代中国特色社会主义思想和党的十九大精神作为首要政治任务，开展“十个一”系列活动。集中轮训处级以上领导干部3300余名，各级班子成员带头上专题党课3000余场次、培训11.2万人次，做到了“五个全覆盖”，提升了各级领导干部的组织力号召力。成立了4个督导组，对所属企业党委民主生活会进行全过程督导。推进党建思想政治工作研究，申报立项研究课题107个。

实施党组织强基工程。层层细化量化党建责任，建立党员责任清单，完善“双百分”考核体系，对50多家企业进行了全方位党建考核，强化了考核结果运用，传递了党建责任和压力。对企业党委落实党组织重要事项和重大决策前置程序情况进行重点督查，切实发挥党组织把关定向作用。推进了集团党建信息化系统。建设标准化党支部，规范“三会一课”，开展主题党日活动，提高了党员政治意识，增强了组织凝聚力。开展了纪念建党97周年系列活动，对集团“两优一先”进行了隆重表彰。因公殉职的优秀纪检干部李兆雄同志被追认为国务院国资委优秀共产党员。

实施品牌塑造工程。持续推进“两带两创”活动，推动了党建工作与中心工作深度融合。举办“集中度之我见”“去内耗之我见”主题“创新论坛”，22人建言献策20余条。出台《关于加强新时期产业工人队伍建设的实施意见》，召开庆祝五一国际劳动节大会暨职工创新成果发布会，弘扬了新时代劳模工匠精神。完善“工会搭台、专业管理、群众唱戏”管理模式，围绕中铝股份8项指标、铝加工7项指标开展的专项劳动竞赛，促进了企业降本增效。集团团委指导10个企业完成团委组建或换届，实现应建必建、应换必换。扎实开展“青年大学习”行动，培养了一支扎根基层、建功立业的后备军。

二是正风肃纪保持高压态势。坚持将不敢腐、不能腐、不想腐统筹推进，上半年，全系统新受理信访举报187件，初核93件，了结128件。建立了“一总部、三中心、若干独立支队”联合作战模式，加大了执纪审查力度。坚持每季度召开警示会，组织开展反腐倡廉教育月活动，举办违反中央八项规定精神典型案例展，编发了《典型案例汇编》，以案释纪。推进“不能腐”体制机制建设，集团总部修订制度16个、新建30个，加强了行权履职约束。推动巡视工作向高质量迈进，谋划十九大之后巡视全覆盖，制定了《集团党组巡视五年（2018—2022年）规划》，启动了2018年第一轮对11个单位的巡视，首次将总部部门纳入了巡视范围，坚决防止“灯下黑”。制定《集团党组所属单位党委开展巡察工作的指导意见》，推动基层巡察工作制度化、专业化、规范化。开展中央巡视反馈问题自查自纠和专项督查，发现问题188项，实行逐项销号，问题整改不到位绝不收兵。对2017年14家企业巡视整改情况、7家整改回头看企业再整改情况，进行督导再汇报，推动企业清收逾期应收账款5亿元，压降库存16.3亿元。

三是干部建设取得新的成效。党组与6户难点和劣化企业领导班子开展“五个过硬”谈心谈话，让“关键少数”强筋壮骨。坚持“好干部”标准，补充调整24户领导班子，提拔任用或转任重要岗位9人，交流15人，4名正职降职使用。对34名党组管理干部开展试用期满考察，加强了对选任干部的再考察、再识别，着力锻造一流干部队伍。实施更加开放的外部引才政策，加快吸引集聚创新驱动发展急需紧缺人才，市场化方式组建三大平台公司各层级经营管理团队，加快建设一支充满活力的优秀职业经理人队伍。制定了管理领军人才“合金计划”、领导力提升“锋刃计划”、青年英才“飞跃计划”培训实施方案，实行差异化、精细化、高端化的业务培训。大力加强高层次科技人才队伍建设，实施国家“千人计划”取得新的进展。

此外，新闻舆论工作坚持扩大正面宣传，积极应对负面舆情，对内凝聚信心，对外树立形象，取得了良好成效。加强法治中铝建设，落实法治建设第一责任人职责，加强规章制度废改立，加快处理历史遗留风险，有效防控了重大决策、重大项目建设和经营风险。

（二）经营业绩更加提升

一是板块盈利稳中有升。在2017年所有板块全面盈利的基础上，今年上半年按照完成利润排名，中铝股份19.30亿元，中国铜业17.08亿元，中铝资产8.19亿元，中铝国际4.73亿元，中铝资本3.91亿元，中国稀有稀土1.18亿元，铝加工事业部0.57亿元。各板块利润均实现同比增长，其中，中国铜业、中铝资产、中铝资本、铝加工事业部利润同比增幅超过50%，超额完成奋斗目标进度。

二是集团首次归母为正。自2008年金融危机以来，集团首次实现归母净利润半年累计为正，连续取得了四个台阶的进步，即2015集团大幅减亏、2016年集团扭亏为盈、2017年集团净利润为盈、2018年上半年归母净利润为盈。呈现集团经济运行质量的不断提升。

三是发展质量显著提升。上半年较2017年末又消灭了7户亏损企业，中国稀有稀土、中铝资产全面消灭了亏损企业，集团整体亏损面首次降至10%以下，为近10年来最低水平。高品质氧化铝、精细氧化铝、高纯铝、优质炭素阳极和阴极等实现了提产增效。特别是铝加工企业大力发展精深加工产品，呈现出新品多、结构优、效益好的特点。其中，铝基复合材料和轨交型材增幅一倍以上，锻件、预拉伸板和制罐料增幅近30%，3C产品和高级板增幅超10%，中高端产品产量和质量双双提升，高质量发展迈出新步伐。

（三）精准管理成效显著

一是问题清单整改扎实推进。截至6月底，共梳理各类问题17274个，已整改12149个，完成率为70.33%。减问题促进了风险防控，比如，上半年压减了186个银行账户，累计压减1162个银行账户。此外，集团上下认真配合审计署开展了专项审计调查工作，对国资委集中重点检查发现的问题做到了逐条研究，立行立改。

二是主要技术指标不断优化。集团10项主要技术经济指标有7项优于行业平均水平。氧化铝、电解铝、电解铜的11项主要生产监控指标有10项完成计划，5项同比优化。铝加工产量比三年前增长了50%，成品率提高了3.87个百分点，相当于靠精准管理挖潜增产2万吨，增利1亿元以上。

三是精准挖潜打造命运共同体。开展精准评价外部承包商、规范业务外包专项行动，淘汰了564个外部承包商，减少支出3.15亿元，中铝资产、中铝能源、中铝物流可承接合同额达12亿元以上。上半年集团内部交易额达417亿元，增幅达29%，其中中铝资产所属企业与有关板块的交易达24.83亿元，增幅超过30%。中铝资本坚持用金融活水浇灌实体企业，针对内部清欠、“两金”压降等实施精准帮扶，上半年为实体企业注入流动资金60亿元，促进了产融协同创新。

（四）加减乘除不断深化

一是加减并用，加快了新旧动能转换。一批重点项目相继建成投产，山西中润通电投产，东南铜业点火试车。海外开发项目实现重大突破。坚持有进有退，对亏损生产线实施了弹性生产，压减了136户法人企业，提前完成国资委下达的工作目标。通过革故鼎新，加快了新旧动能转换。

二是乘除并举，培育了发展新增长点。制定打造企业“杀手锏”工作方案，当好实施国家重大战略的排头兵，研制开发航空航天系列铝材等铝合金材料实现了跨代发展，成为国内唯一全程按商飞要求通过合格鉴定的国产铝材供应商，制备出国内最大截面铝合金及超大宽厚比的预拉伸板，成功突破了三代铝锂合金关键技术，5N高纯铝靶材产品质量达到国际先进水平，研制出了纯度级别最高的7N高纯镓半导体用新材料。

与此同时，集团推进了碳素业务的整合，遵义氧化铝和遵义铝业重组，盘活了重庆分公司和河南铝加工的闲置资产。“三供一业”已落实158项移交任务，很多老企业实现了轻装上阵。

（五）“三大攻坚战”扎实推进

一是夯实了安全管理基础。编制并发布集团职业健康安全环保精准管理体系规范和考评标准，安全环保应急管理系统上线试运行。大力实施安全能力提升工程，对3100名车间主任开展了“三大攻坚战”集中轮训，搭建了班组长岗位管理能力和安全环保质量管理在线学习平台，推动了攻坚战在基层的落地生根。

二是加快了环保提标改造。坚持问题导向，按月督办问题整改进展，包头铝业、兰州分公司大修渣无害化生产线建成投产，25家企业实现工业废水零排放。主要污染物排放量连续4年减量，上半年，二氧化硫排放量同比下降8.63%，氮氧化物排放量同比下降22.79%，COD排放量同比下降18.02%。开展了氧化铝、电解铝和公用电厂三类企业碳排查工作，推进了绿色低碳示范工程。

三是狠抓了质量提升行动。推进质量标志项项目，整改质量问题387项，整改率达70%。国务院国资委跟踪的9项质量指标达标率100%，集团管控的10类17项质量指标达标率100%。上半年，集团质量事件同比减少32%以上，质量损失同比减少37%。强化了质量问责，全集团因质量责任履职不到位免职1人，降级1人，诫勉谈话3人，经济处罚65人，行政警告3人。

看似寻常最奇崛，成如容易却艰辛。实践证明，只要“关键少数”走在前列，各级领导班子在作风上当好表率，一定能凝聚起干事创业的强大动力，不辜负组织的信任和员工的重托。

在上半年取得成绩的同时，我们也要清醒地看到工作的不足：

一是全面从严治党在基层和基础工作中还不牢固。在巡视督察中，仍发现个别企业存在基层组织建设工作不严不细、党建制度建设及执行不到位、违反中央八项规定精神等问题。

二是安全环保质量仍然存在突出问题。在安全生产上，违反“十条禁令”行为时有发生，比如，云铜郝家河矿违反停产令、酿成一起承包商员工工亡事故。在环境保护上，存在重视生产成本利润不重视环保、整改不及时不到位等问题，比如，广西稀土被中央主要媒体曝光，损害了集团形象。在质量管理上，缺少引领行业的高质量产品，存在标准不高、抓得不狠等问题，比如，贵州华仁电解槽启动出现多起漏槽现象。

上述这些问题，从本质上反映了一些干部政治站位不高，思想认识不到位，具体行动不落实，必须采取有力措施加以解决。

二、关于下半年的工作

上半年的工作表明，党组年初确定的工作总体要求得到了贯彻，实践证明也是符合集团发展实际的。我们要深入贯彻落实习总书记对集团的重要批示精神，在下半年的工作中继续坚持好：全面贯彻党的十九大精神，以习近平新时代中国特色社会主义思想为指导，贯彻新发展理念，落实中央经济工作会议、国务院国资委中央企业负责人和地方国资委负责人会议部署，按照高质量发展的要求，坚持改革创新转型升级工作总基调，全面从严治党，发挥政治优势；全面深化改革，加快三大变革；全面精准管理，加快提质增效；深化加减乘除，加快转型升级；打好安全环保质量“三大攻坚战”，励精图治、创新求强，为建设具有全球竞争力的世界一流企业而奋斗。

（一）再接再厉不辜负总书记厚望

习近平总书记的重要批示，充分体现了党中央对中铝集团、对中央企业的高度重视，对国企改革发展、加强党建工作的殷切期望，对中铝集团乃至央企、国企的建设和发展都有很强的全局性、前瞻性和针对性。我们要把深入学习贯彻落实习总书记重要批示精神，作为集团上下的首要政治任务。

一是将总书记的厚望转化为更高目标。集团上下要深刻认识习近平新时代中国特色社会主义思想的科学性和实践性，始终把政治建设摆在首位，学懂悟透做实，不断增强“四个意识”，坚决维护以习近平同志为核心的党中央权威和集中统一领导。要加强党的建设，发挥好国有企业的政治优势，并坚持把政治优势转化为竞争优势、发展优势，加快集团做强做优做大，努力实现建设具有全球竞争力的世界一流企业的战略目标。

二是将总书记的厚望转化为更强动力。习近平总书记的重要批示和系列重要讲话，对新形势下集团的改革创新转型升级、党的建设注入了强大动力，指明前进方向，具有重大的战略内涵和深刻的历史性意义。我们要倍加珍惜难得的荣誉，倍加珍惜中铝的声誉，更加深入地学好用好总书记的重要工作方法，戒骄戒躁，以饱满的精神状态和昂扬的斗志，重整行装再出发，推动集团改革创新转型升级再上新台阶。

三是将总书记的厚望转化为更好成效。习近平总书记批示指出要总结推广好的经验。近期，中航工业等央企到集团交流经验，我们要虚心学习借鉴其他央企党建与业务工作深度融合的好经验，结合纪念改革开放四十周年活动，认真总结经验、克服不足、增创更多的党建成效。最近国资委党委反馈了去年对集团党建考核的情况，指出了党建基层基础工作需进一步提升、干部管理制度需进一步健全和落实、党风廉政建设和反腐败工作需进一步加强等三个方面的问题，我们要直面存在的不足和问题，持续创新抓整改，开创集团党建工作新局面。

（二）充分发挥党建的决定性作用

我们要把党建作为推进改革创新转型升级的法宝，全面贯彻新时代党的建设总要求，不断提高党的建设质量，推动全面从严治党在中铝落地生根。

一是高要求增强组织力战斗力。深入贯彻全国组织工作会议精神，开展好“不忘初心、牢记使命”主题教育，增强“四个意识”，坚定“四个自信”。继续狠抓“三项工程”，从“基本组织、基本队伍、基本制度”严起，高标准加强党的基层组织建设，扎实开展党支部达标活动，确保年底前基层标准化党支部达到80%以上。编制党务公开目录，扎实推进企业党务公开工作。依据党员责任清单，广泛开展亮身份、亮标准、亮承诺，比作风、比技能、比业绩活动，充分发挥党员的先锋模范作用。巩固“两带两创”阶段性成果，制定持续推进办法，召开推进现场会，做精“两带两创”品牌。制订2018年党建工作考核细则，创新党建量化考评办法，做实“双百分”考核品牌。围绕集团发展战略，加快完善理念、制度、行为、视觉体系建设，做优企业文化品牌。加强基层群团组织建设，组织中铝第二届创新创意大赛，做好创新创意品牌。广泛选树先进典型，深入挖掘劳动模范、中铝大工匠、最美中铝人等先进人物和先进事迹，增强先进典型的带动力和影响力，做响劳动竞赛品牌。

二是高标准加强党风廉政建设。深入贯彻落实十九届中央纪委二次全会精神和赵乐际书记的有关讲话精神，进一步强化“两个维护”，始终保持全面从严治党的使命感和紧迫感，夯实“两个责任”，推动党风廉政建设和反腐败工作向高质量高水平发展，为集团深化全面从严治党提供有力支撑。要把监督作为第一职责，定位向监督聚焦，责任向监督压实。立足机制制度创新，破除金钱开道潜规则，树立新风正气。保持高压震慑不松动，减存量，遏增量，再成立一个区域监督中心，实现对区域监督全覆盖，巩固和发展压倒性态势。深化运用好“四种形态”，加强对党员干部的日常监督，坚持抓早抓小、用足用好前两种形态，持之以恒正风肃纪，推动中央八项规定精神落地生根。融入生产经营管理抓监督，突出重大决策部署、“两金”压降、选人用人等重点领域的监督执纪问责。高质量推动巡视全覆盖，力争每次巡视都有立行立改的震慑，都有全面“政治体检”的效果，对整改责任不落实的，要抓住典型，严肃问责。要健全巡视巡察组织机构，充实工作力量，单独设立巡视办公室，完善配套制度，建立上下联动监督网，建立监督执纪问责信息化系统，推动巡视和巡察工作不断取得新成效。

三是高质量建设干部队伍。深入学习领会习近平总书记在全国组织工作会议上的重要讲话精神，优化干部选拔培养使用体系，打造忠诚干净担当的高素质干部队伍。切实贯彻落实好中央《关于进一步激励广大干部新时代新担当新作为的意见》要求，进一步将干部履职能力建设抓深抓强抓到底，研究制定实施意见，为有效激励干部新担当新作为提供政策保障。组织实施好“三大重点人才工程”，助推年轻干部队伍的基础性、先导性、战略性工程建设，为年轻干部健康成长、发挥作用创造条件、提供位置、搭建平台，开辟年轻干部健康成长的“快车道”。大力推进高层次创新型科技人才队伍建设，实施科技领军人才“钻石计划”，加强梯队建设，通过重点项目研发、重大技术攻关、创新团队建设、国际化培训交流等举措，抓好科技领军人才队伍建设。积极打造富有实践经验的高技能人才队伍，分解落实高技能人才“工匠计划”，大力推进技能大师工作室建设。

（三）全面超额完成全年奋斗目标

在1月8日集团经济活动分析会上，我强调今年面临的经济形势不会比去年好，要有忧患意识，迎接挑战，防范风险。随着中美贸易战加剧，大宗商品市场价格的不确定性增加，因素诱变的敏感性增加，我们要有战胜严峻挑战的决心和意志，决战下半年，确保全年利润40亿元、归母净利润为正，力争实现利润50亿元的奋斗目标，实现国有资产保值增值率100%以上，为明年打下坚实基础。

一是深化精准管理，持续挖潜增效。推行精准管理三年来，集团上下粗放式的管理少了，精益求精的多了，趋势总体向好。但是，我们深知做得远远不够，仍要加快减问题、补短板、强弱项。

我们的成本费用占营业收入比重仍居高不下，说明在成本管理上跟不上市场竞争的要求，各板块要在总部下达成本费用占营业收入比重指标的基础上，自加压力，挖掘潜力，提质增效，努力分担集团总部的财务费用。

我们新建的一些投资项目，仍然存在外部的政策不兑现、内部的超概算拖工期和质量不达标等问题，要积极争取外部条件落实，加紧消缺补漏，使产能充分释放出来，尽快实现投资回报，必须作为一项极为紧迫的工作抓实抓好。

年初党组强调，必须把精准管理的理念落实到问题清单的整改全过程，对整改的考核和验收，是要精准兑现的。要做好安全环保质量重点问题整改决议的制定和执行，绝不能认为监事会的工作变动，整改工作可以松一松。要持续跟踪审计署专项审计调查发现问题的整改落实情况，确保按期整改达标。

二是加快转型升级，提高供给质量。三年来，党组反复强调，加快从原料到材料、从材料到部件、从部件到终端产品的转型升级。要加大精细化延伸、精品化拓展。

氧化铝企业要学习中铝山东转型升级的精神。短短三年，中铝山东一跃成为全球最大的精细氧化铝生产基地，上半年实现利润3.78亿元，今年他们快速响应下游客户需求，仅用3个月时间又干成了高品质氧化铝，改写了用进口氧化铝生产高纯铝的历史，打了一场漂亮仗。

如果说二十世纪是钢铁时代，那么二十一世纪就是以铝代钢的时代。一切运动的物体都在朝着轻量化方向发展，这是绿色发展的节能大势，顺势而为，有着无穷的发展空间。铝加工的前景无限，要紧跟时代步伐，不断推陈出新，增创更多的新产品、新业态、新模式。中铝国际要加快工程设计建设和创新铝产品应用开发的双轮驱动，在上半年工程用铝创效3700万元的基础上，争取翻番。

三是持续固本强基，坚决打赢攻坚战。年初，集团部署了“三大攻坚战”，这是贯穿今年的一条主线，也是固本强基的一项重要举措，大家要按照德辉同志工作报告中的部署，确保“三大攻坚战”责任到位，落实到位。安全攻坚战要重点抓好承包商的安全管理，做到真管真严、长管长严。环保攻坚战要重点关停并转“小散乱污”企业，坚决杜绝“控股不控制”的企业，下决心加大投入治理环保不达标问题，提高环保执行力，决不允许熟视无睹、习惯性麻木，千里之堤溃于蚁穴，决不让小隐患酿成大祸患。

还要特别强调质量攻坚战，高质量发展就是“向质量要效益”，办质量效益型的实体企业，靠质量取胜。氧化铝粒度要从20%优化到15%以下，铝液质量从99.70%向99.85%甚至高纯铝的标准迈进，优质必然带来优价，包头铝业、广西分公司、青海分公司、山东华宇等企业已经尝到了甜头。要勇于否定自我，敢于突破几十年如一日的老标准，走高技术含量、高品质的路线，把命运牢牢掌握在自己手中。

质量管理是无止境的，标准也要不断提升，新时代企业管理，再也不能停留在定性或者是半定量的管理水平，而要上升到基于大数据的智能制造水平，集团制订《中国铝业集团有限公司质量奖奖励办法（试行）》就是一种鲜明的导向，是迈向高质量发展长远的制度安排。各单位要认真研究贯彻，加快驰向高质量发展的道路。

三、三个重点问题

（一）关于“十三五”规划

新时代新征程，我们要坚持以习近平新时代中国特色社会主义思想和党的十九大精神为指导，按照高质量发展要求，突出问题导向，加快推动质量、效率、动力变革，牢牢把握“科学掌控上游，优化调整中游，跨越发展下游”的发展方略，做强做优铝、铜、稀有稀土、铅锌四大核心产业，加快发展工程技术、工服物业、资本金融、贸易物流四大协同产业，积极培育环保节能、创新开发、海外发展、智能制造四大新兴产业，形成高质量发展的新格局。

需要说明的是，上半年，集团对“十三五”规划进行中期评估表明，“十三五”规划的主要目标提前完成。针对近年来集团内外部环境发生的变化，一是党的十九大以来，党中央对国有企业的发展提出了新的要求。总书记对国有企业特别是央企的改革发展要求更高，我们必须提高政治站位。二是经过三年扭亏脱困转型升级，集团已经实现连续盈利，并持续稳中向好，需要及时调整战略目标，加快高质量发展步伐。三是建设世界一流企业需要重新定位，集团要在资源掌控、资本运作、市场话语权、创新驱动等方面向世界一流企业对标，才能补短板、强弱项，实现做强做优做大的目标。按照国资委对“十三五”规划三年滚动计划的要求，集团对“十三五”规划作了相应的修订，请同志们提出意见和建议。

余德辉在工作报告中，围绕集团“4+4+4”战略做了工作部署，大家要把思想认识统一到集团发展战略上来，把工作重心聚焦到新战略新部署上来，共同努力形成高质量发展的新格局。当然，“4+4+4”战略只是建设具有全球竞争力的世界一流企业的第一步，随着国内外形势的变化、集团自身实力的增强、集团对外的战略重组，发展战略还将进一步充实和完善。

（二）关于第二轮“加减乘除”

过去三年，集团坚定不移地贯彻落实习近平新时代中国特色社会主义经济思想，践行总书记的“加减乘除法”，尝到了甜头，获益匪浅。实践证明，“加减乘除”不仅是扭亏脱困的法宝，更是推进供给侧结构性改革、加快改革创新转型升级的必由之路。

站上新起点，建设具有全球竞争力的世界一流企业，更需要进一步深化对加减乘除的认识，开展第二轮“加减乘除”，加快转型升级，推动质量变革、效率变革、动力变革，开启高质量发展的新征程。

做加法，就是巩固加强一批，提升竞争力。要巩固扩大基地建设，聚焦铝、铜、稀有稀土、铅锌四大核心产业，建成一批资源优势突出、技术引领带动、短流程近终型的全产业链基地。要围绕“一带一路”布局，几内亚铝土矿项目 9 月 30 日要开工，港口基地项目下半年要破局，加快研究印尼资源开发项目等。提升国防军工保供能力，加快建设东轻、西南铝的军工配套项目。加强高端材料研发和市场拓展，加快建设中铝瑞闽蓝园项目和中铝萨帕轨交项目。继续坚持“干一个成一个盈一个”，加快培育和发展新动能。

做减法，就是清理退出一批，消灭亏损源。要坚持“企业不消灭亏损、亏损就消灭企业”的理念，拿出壮士断腕的决心和措施，加快亏损企业治理工作，对长期经营性亏损、扭亏前景不明朗的企业，及早研究处置方案，明确时间表、路线图和操作预案，绝不放任，下决心淘汰失去竞争力的产能，减少出血点和出血量。要加快“小散乱污”企业的关停并转，提高企业的集中度，实现规模经济，及早化解经营风险。要清理参股企业股权，按照“五项原则”，分类施策，加快出清。要聚焦减负债、压“两金”，坚持“两金”与利润挂钩考核的刚性管理举措，坚决把“两金”压下去，把库存降下来。

做乘法，就是创新发展一批，培育新动能。我们要加快建设创新引领、协同发展的产业体系，做优高品质氧化铝、精细氧化铝、高纯铝、合金铝。发展铝锂、铝钪高端铝合金、铜合金和稀有稀土材料，拓展工程用铝市场，要强化与上下游企业的战略合作，围绕全产业链拓展市场，实现创新发展，引领行业发展。

年内要实现五大进步。一是中铝环保、中铝开投、中铝海外三大平台公司，要不忘初心，加快实现既定的阶段性的目标。二是加快建立智能制造平台，把跨越式发展下游落到实处。三是科技管理部要加快整合科技力量和内外资源，搭建好技术孵化平台，培育杀手锏技术和创新型产品。四是铝加工事业部要抓住特斯拉入驻上海的契机，加快研究形成汽车轻量化产业化布局，统筹好基地布局，协调好铝材供应。五是中铝资本要坚守产业金融的核心要义，充分发挥内部金融平台的服务功能，增创佳绩。

做除法，就是重组盘活一批，提高回报率。下半年要完成云冶的资产整合和管理融合，同时积极推进行业重组整合。推进内部整合，完成广西分公司和平果铝业一体化，研究广西华磊进入一体化的可行性，优化资源配置。今后集团内部产业原则上要归类，集中到一个板块统筹发展。要加快推进牡丹工程，优化资源配置，盘活城市和独立工矿区的土地、房产等资源，下半年要有新突破。加快剥离企业办社会职能，调整劳动用工结构，优化人员配置，提高劳动者素质，深化核心人才、骨干员工激励机制改革，提升劳动生产率。

特别强调，不能简单做一种“算法”，要注重通过“综合运算”，实现倍增效应。在当前国家和各级地方政府严控高耗能、高污染行业的大环境下，要积极用好产能置换政策，调整改造传统产业，整合拓展新兴产业，变被动为主动。充分发挥全产业链优势，打破各自为政，向产业协同要竞争力。比如，铝加工与电解铝企业一体化运营，坯料资源上移，减少一次重熔，形成“1个铝加工企业+1～2个坯料基地”的配套格局。又如，发挥大营销、大物流、大采购的平台作用，统一研究市场布局、产品细分和营销策略，切实为企业降本增效。

（三）加强党的组织体系建设

7月3日，全国组织工作会议在北京召开。习总书记在会上做了重要讲话。会议确定新时代党的组织路线是：全面贯彻习近平新时代中国特色社会主义思想，以组织体系建设为重点，着力培养忠诚干净担当的高素质干部，着力集聚爱国奉献的各方面优秀人才，坚持德才兼备，以德为先，任人唯贤，为坚持和加强党的全面领导，坚持和发展中国特色社会主义提供坚强组织保证。

习近平总书记关于新时代党的组织路线的重要论述，在我们党的历史上是第一次，是对马克思主义党建学说的开创性贡献，具有里程碑意义，为新时代党的建设和组织工作指明了前进方向，提供了根本遵循，我们要认真学习贯彻落实。

一是迅速学习领会精神。集团上下要深入学习贯彻全国组织工作会议精神，自觉把思想认识统一到总书记的重要讲话上来，统一到党中央的决策部署上来，进一步增强政治意识、大局意识、核心意识、看齐意识，向党中央看齐，向总书记看齐，确保党中央决策部署贯彻落实，坚决做到有令即行，有禁即止。要把习近平总书记的重要讲话精神转化为广大干部员工的实际行动，坚定做强做优做大中铝、建设具有全球竞争力的世界一流企业的信心决心，推动中铝集团生产经营和改革发展再上新台阶。

二是加强组织体系建设。要在推进党的建设新的伟大工程、落实全面从严治党的实践中切实贯彻落实新时代党的组织路线，推进全面从严治党，狠抓“三项工程”，高标准加强党的基层组织建设，创新活动方式，扩大基层党的组织覆盖和工作覆盖，推动基层党组织全面进步、全面过硬。要紧密结合企业实际，充分发挥好各级党委的政治核心作用、党支部的战斗堡垒作用和党员的先锋模范作用，提升各级党组织的组织力和战斗力。要全面开展好“不忘初心、牢记使命”主题教育，使每个党员特别是领导干部都进一步强化党的意识和组织观念，自觉做到思想上认同组织、政治上依靠组织、工作上服从组织、感情上信赖组织，牢记自己的第一身份是共产党员，第一职责是为党工作，做到忠诚于组织，任何时候都与党同心同德，自觉维护组织权威，坚决服从组织安排，主动接受组织监督。

三是更加忠诚干净担当。忠诚，就是心中有党，对党忠诚，保持了忠诚，关键时刻才能靠得住；干净，就是清正廉洁，做到了干净，才能赢得群众认可；担当，就是牢记责任，恪尽职守，敢担当，善担当，才能完成党和人民赋予的使命。我们要坚持好干部标准，把政治标准放在第一位，围绕干部培育、选拔、管理、使用工作这个重点，建立源头培养、跟踪培养、全程培养的素质培养体系，建立日常考核、分类考核、近距离考核的知事识人体系，建立以德为先、任人唯贤、人事相宜的选拔任用体系，建立管思想、管工作、管作风、管纪律的从严管理体系，建立崇尚实干、带动担当、加油鼓劲的正向激励体系。通过制度把好干部选出来、用起来，把正确用人导向树立起来，充分调动各级干部的积极性、主动性、创造性。

要建设一支忠实贯彻习近平新时代中国特色社会主义思想、符合新时期好干部标准、忠诚干净担当、数量充足、充满活力的高素质专业化年轻干部队伍。及时发现、培养、起用优秀年轻干部，注重培养有专业背景的复合型领导干部。坚持人才引领发展的战略地位，努力建设一支矢志爱国奉献、勇于创新创造的优秀人才队伍。

新时代是奋斗者的时代。让我们深入学习贯彻落实习总书记重要批示精神，进一步激发全体干部员工干事创业的热情，更加过硬地做到“四再一好”，确保全面超额完成全年奋斗目标，推动改革创新转型升级再上新台阶，加快建设具有全球竞争力的世界一流企业，谱写新时代中国梦中铝新篇章！

再接再厉 奋发进取 全面加快中铝集团高质量发展

——中铝集团2018年年中工作会议上的工作报告

集团党组副书记、总经理 余德辉

（2018年7月14日）

一、上半年主要工作回顾

今年以来，在党中央、国务院的坚强领导下，在中组部、国务院国资委的正确领导下，我们坚持改革创新转型升级总基调，全面从严治党，全面深化改革，全面精准管理，深化加减乘除，生产经营继续保持向好发展态势，实现了时间过半、任务过半，集团党建工作得到习近平总书记等中央领导重要批示，为推动高质量发展奠定了坚实基础。

（一）经营业绩大幅提升

紧盯全年经营目标，深化精准管理，全面提升了集团发展的质量和效益。

一是考核目标超额完成。实现利润26亿元，同比增加14.76亿元，完成全年奋斗目标的52%；归母净利润0.4亿元，同比增加9.4亿元，近10年来首次实现由负转正；经营活动净现金流113亿元，同比增加31.8亿元；资产负债率63.28%，同比降低19.93个百分点；上缴税费51亿元，同比增长5.6%。尽管营业收入同比下降10.7%，但集团经营效益和质量实现了2014年以来一年一个新台阶。

二是生产指标持续优化。坚持全面对标，深入推进标准化管理，10项主要技术指标有7项优于行业水平。氧化铝成本从行业前40%进入前35%，电解铝成本从行业前45%进入前40%，基本消化了原辅材料价格上涨因素。精细氧化铝产量、铝加工产量及出口量同比分别增长13.75%、2.83%和8.85%。电解铝自供电率达到36.4%，同比提高6.8个百分点。宁夏能源加快新能源发电并网，风电、光伏发电量同比分别增长23.72%和2.52%。

三是经营创效能力增强。强化市场预判和政策研究，对精细氧化铝等产品实行集中销售管理，氧化铝售价高出全国现货三网均价24元/吨，铝锭售价高出长江现货价22元/吨，首次出口氧化铝15万吨以上。发挥统谈分签、集中采购优势，以量换价、避峰就谷，中铝股份大宗原材料采购降本5.48亿元。中铝国贸发挥平台服务优势，推进业务扁平化管控，打造专业化营销团队，经营业绩稳步增长。中铝物流积极服务企业，降低产品库存，拓展外部增量业务，盈利同比增长 15.75%。

四是精准管理提质增效。强化目标管控、预算穿透，对 86 户生产实体企业实行月度综合评价，从源头激励板块提高经营业绩。针对“两金”压降制定了严格的绩效考核办法，直接与板块和企业的利润考核挂钩，氧化铝库存降至近 10 年最低水平。聚焦投资项目重点环节，坚持月度通报，狠抓督查整改，确保项目关键条件落地、按计划推进。抓住泰山工程落地契机，积极向金融机构展示集团良好经营业绩，中债资信将集团主体信用等级由 AA 调升至 AA+。创新融资方式，发行了 9 期超短融、1 期中票，共融资 230 亿元。加快两化融合及大数据运用，不断提升信息化管理水平，集团财务共享信息化平台、人力资源管理信息化系统二期项目、电子招标平台、安全环保应急管理子系统上线运行。进一步加大业务外包规范力度，开展承包商评价，压减外部承包商 564 个，通报不合格承包商 167 个，降低业务外包合同额 3.15 亿元。加强产业协同，打造命运共同体，中铝资产内部市场交易额达 24.83 亿元，同比增长 31.24%。以 5S 活动及无泄漏治理为抓手强化现场管理，上半年抽查的 4 家企业均达到先进管理水平。

五是业务单元效益提升。各板块紧盯利润目标，强化分解落实，上半年全部实现盈利。中铝股份实施提质增效专项行动，提升创利水平，实现利润 19.3 亿元，同比增长 26.31%。中国铜业抓住市场机遇，加快项目投产和稳产高产，深化改革降本增效，实现利润 17.08 亿元，同比增长 320.69%。中国稀有稀土围绕 IPO 申报，全面提升质量和效益，实现利润 1.18 亿元，同比增长 13.46%。中铝国际加强市场开发，拓展业务领域，推广工程用铝，实现利润 4.73 亿元，同比增长 5.11%。中铝资产加快产业园区建设，盘活存量资产，所属企业全部盈利，实现利润 8.19 亿元，同比增长 235.66%。中铝资本积极适应行业从严监管形势，发挥产业金融平台功能，提升金融服务能力，实现利润 3.91 亿元，同比增长 55.78%。铝加工事业部统筹推进新材料及深加工业务，产销量快速提升，实现利润 0.57 亿元，同比增长 235.29%。

各实体企业狠抓降本增效，效益明显好转，盈利企业稳步扩大，全级次亏损面降到 9.6%。重点监控的 86 户实体企业中，同比增利超过 2 亿元的企业有中矿国际、包头铝业、云铜集团、贵州铝厂；扭亏为盈的有上海铜业、东轻、贵州分公司、中铝沈加、中铝能源、中铝萨帕；大幅减亏的有洛阳铜业、抚顺铝业、甘肃华鹭。

（二）改革重组实现突破

强化顶层设计，深化改革改制，实施重组整合，激发了动力活力。

一是整体谋划全面加强。深入研究集团全面深化改革的目标路径，积极汇报争取国有资本投资公司试点，进入国务院国资委第三批扩大试点的初选名单。推荐申报国务院国资委“双百企业”，争取纳入综合性改革试点企业。坚持制定年度改革工作要点和任务台账，对 6 个方面、60 项具体改革任务进行了部署落实，已完成 12 项，其余 48 项正在按节点目标加快推进。响应国家纪念改革开放 40 周年号召，启动了相关活动。

二是改制整合力度加大。与云南省政府签署合作协议，扩大了集团铅锌业务，向实现“大有色”目标迈出了坚实步伐。中铝国际颐和园项目获得证监会核准发行 A 股的批文，中国稀有稀土朝阳项目完成 IPO 材料上报，云铜股份非公开发行通过证监会发审委审核。整合内部采购业务，成立了中铝物资有限公司；合并遵义铝业与遵义氧化铝，成立新的遵义铝业股份有限公司；中国铜业初步形成了营销管理体系一体化整合方案。山西新材料试点实施事业部制改革，激发了业务单元经营活力。

三是瘦身健体成效显著。大力“处僵治困”，签订了重庆分公司资产租赁协议，实施了河南铝业等单位的债务重组。上半年处置“僵尸”企业2户，累计完成三年总目标的91.49%，47户“僵特企业”同比增盈3.67亿元。集团整体管理层级由7级压缩至5级，中国铜业为减管理层级，压缩了玉溪矿业、楚雄矿冶两个区域性公司。减少法人户数14户，累计完成136户，提前超额完成国资委下达的三年目标。集中清理参股公司，摸清了底数，上半年退出参股股权4家。分流安置人员累计完成三年目标的86.3%。集团瘦身健体、处僵治困的工作成效，先后在国家发展改革委、国务院国资委组织的有关会议上进行经验交流。

四是遗留问题加快解决。积极争取政策支持，大力推进“三供一业”分离移交，已落实158项移交任务，国有资本预算补助资金上半年到位4.1亿元。确定了10户企业医疗服务机构改革途径，启动了改制和移交类医疗机构的专项审计。完成了2户大集体企业改制和关闭工作。

（三）产业布局持续优化

坚持科学掌控上游、优化调整中游、跨越发展下游的战略方向，加快产业结构调整和区域布局优化。开展了“十三五”发展规划中期评估，编制了2018—2020年滚动规划。

一是传统动能持续提升。普朗铜矿、广西华磊轻合金项目等全面建成投产，山西中润轻合金项目、中铝瑞闽蓝园项目一期部分投产，东南铜业铜冶炼基地项目点火试车。中铝矿业氧化铝升级改造、兴华科技氧化铝二期项目达产达标。秘鲁铜矿二期、抚顺铝业炭素、山西新材料炭素等项目开工建设。沿海港口项目以及印尼氧化铝、几内亚氧化铝等项目前期工作扎实推进，特别是秘鲁矿业彻底解决了历史遗留的34公顷土地问题，为项目建设和持续发展扫清了障碍。中铝股份与几内亚政府签署了Boffa项目矿业协议，集团铝土矿资源量增长2倍以上，海外资源布局迈出了关键一步。

二是创新发展全面加速。三大新平台挂牌运营，初步完成机构设置、人员招聘、建章立制工作，加快了内部资源和市场整合。紧盯行业市场发展变化，推进新能源汽车、海装等轻量化专项工作。集团与上汽集团联合成立了汽车用铝合金实验室，铝加工事业部与成都客车合作开发了全铝新能源客车车身，中铝材料院与外部企业合资组建了汽车轻量化科技公司，启动了汽车轻量化开闭件总成线建设。中铝资本成立创投基金管理公司，开启了市场化产业资本联动步伐。中铝材料院与中国铜业、东轻成立联合创新中心，打造院企合作解决企业生产技术难题的新模式。

三是科技支撑作用明显。召开年度科技工作暨成果产业化推广会议，进一步研究集团科技工作存在的问题，为深化科技管理体制改革奠定了基础。制定了打造“杀手锏”工作方案，通过发展一批、培育一批两步走方式，在原料高品质化等方面延伸布局领先一步的核心技术。郑州研究院新型保温铝电解槽技术推广实施成效明显。中铝矿业成功研制出国际先进的7N级高纯镓。西南铝第三代铝锂合金和超宽超厚预拉伸板生产技术达到国际先进水平；7050铝合金预拉伸厚板通过民机适航鉴定，成为中国商飞认可的首个合格国产铝材。山东企业高纯铝生产用氧化铝、洛阳铜加工新一代电子信息用高强高导铜合金实现替代进口。西南铝、东轻被评为2016—2017年度中国航天突出贡献供应商。由郑州研究院、包头企业等单位起草、翻译的15项国家标准获批发布。

（四）风险防控有力有效

坚持问题导向，全面排查治理风险隐患，堵漏洞、补短板，风险管控取得积极成效。

一是“三大攻坚战”全面展开。召开了安全环保质量“三大攻坚战”誓师大会，编制了攻坚战方案。发布职业健康安全和环保精准管理体系，实施安全风险分级管控，开展了专项督查，推动了绿色低碳示范项目建设。建立质量管控框架，明确了质量提升三步走目标。强化问责追责，坚持发生一起工亡事故或环保事件就召开一次警示教育大会，上半年围绕安全环保质量事故，累计停职3人、免职6人、降级2人、诫勉谈话4人、行政记过3人、行政警告8人，增强了红线意识。二氧化硫、氮氧化物、COD排放量同比分别下降8.63%、22.79%和18.02%，万元产值综合能耗、质量损失同比分别下降13%和37.25%，氧化铝一级品率同比提高5.2个百分点，国务院国资委跟踪的9项、集团管控的17项质量指标达标率100%。

二是问题整改成效明显。问题清单专项工作全面进入整改阶段。集团总部全面落实各项整改决议，结合年度整改目标，逐月加强工作跟踪督促，并在总部月度例会上通报整改进展情况及存在的问题，指导板块和企业进行整改。各级次企业共整改问题12149个，整改完成率由年初的56%提升至70%。

三是法律审计扎实推进。全面落实法治建设第一责任人职责，持续加强法治中铝建设，规章制度、经济合同、重大决策法律审核率保持100%。加快800多件存量案件处置，结案152件，挽回和避免经济损失共8.61亿元，其中避免华中铜业诉讼损失1.57亿元。完成各类审计项目237个，发现问题1130个，审减节约投资5528万元，纠正各类违规资金1.45亿元。对监事会2017年集中检查和境外国有资产检查出的429个问题进行认真整改，已完成247个。积极配合审计署开展了专项审计调查。

四是信访工作保持平稳。坚持“零报告”制度，第一时间了解掌握企业信访稳定、安全环保等情况。关口前移，排查化解矛盾纠纷，加强风险研判、源头预防，开展领导接访日活动，实现全国“两会”期间到省进京上访为零。“僵特企业”强化责任落实，积极引导员工转变观念，依法合规有情操作，保证了人员分流安置过程中企业稳定。

（五）政治优势充分发挥

各级党组织充分发挥政治核心作用，坚持把方向、管大局、保落实，有力促进了生产经营等各项任务完成。

一是从严治党全面落实。深入学习贯彻习近平新时代中国特色社会主义思想和党的十九大精神，坚持把党组织研究讨论作为重大决策的前置程序，巩固了党组织在公司治理中的法定地位。认真落实年度党建、党风廉政建设目标任务，围绕“三基工程”抓党建促发展，以“两带两创”活动带动全员创新创效，召开庆祝建党97周年暨“两优一先”表彰大会，增强了组织力战斗力，巩固发挥了党建政治优势。

二是队伍建设持续加强。加大人才培养力度，遴选出“合金、锋刃、飞跃”三大人才工程培养对象745名。加快推进高层次专业技术人才队伍建设，申报国家级科技人才7名、博士后工作站2个、重点领域创新团队1个、创新人才培养示范基地1个。整合培训资源，建好中铝大学，加强基层管理人员和基层骨干员工队伍建设，对3100名车间主任开展集中轮训，联合清华大学实施2000名班组长岗位管理能力远程培训。加大市场化引进人才力度，通过协商谈判引入、薪酬市场对标、契约管理退出方式，建立了市场化激励约束机制。

三是正风肃纪长抓不懈。针对廉洁风险加强制度建设，出台了禁止与干部亲属所办企业发生业务往来暂行规定、境外企业廉洁风险防控实施意见、巡视配套制度，进一步扎紧了制度“笼子”。制定了党组巡视五年规划，首次把总部部门纳入巡视范围。建立了“一总部、三中心、若干独立支队”联合办案模式，加大了监督执纪和案件查办力度，形成了优化政治生态的长效机制。开展反腐倡廉教育月活动，节假日教育提醒成为常态化。坚持召开季度警示教育大会，上半年通报案例72起，强化了执行力问责。

四是民主管理深入开展。加强员工队伍建设，弘扬新时代工匠精神，发布员工创新成果11项。坚持举办“创新论坛”“创新在线”，汇聚了员工智慧。开展“安全、干净”班组及关键生产技术指标劳动竞赛，提高了班组管理和生产操作水平。2名员工获全国五一劳动奖章，2个集体获全国工人先锋号，1名员工首获中国青年五四奖章。

其他工作也取得新进展。新闻宣传坚持正面宣传、积聚正能量，有效化解负面舆情，营造了良好外部舆论环境。召开了第三届社会责任工作大会，举办了第二届降碳节，得到生态环境部、国务院国资委有关领导好评。集团入选国家档案局首批35家数字档案馆试点单位，督查工作在国资委中央企业办公室主任会议上进行交流，政务信息继续保持中央企业有色行业第一名。

上半年各项工作取得的优异成绩，是中组部、国务院国资委等部委正确领导的结果，是地方党委政府、金融机构、兄弟企业大力支持的结果，更是全体员工奋发努力、开拓进取、顽强拼搏的结果。在此，我代表集团，向各位领导、各界朋友和全体员工致以崇高的敬意和衷心的感谢！

在取得工作成绩的同时，也存在一些不容忽视的突出问题。一是盈利基础薄弱，成本费用占收入比重仍比预算目标升高1.47个百分点。二是“两金”总量居高不下，应收账款、存货占用资金分别比年初上升26.33%和8.28%。三是安全环保压力日益凸显，发生承包商安全事故4起，工亡4人。特别是近期中铝广西稀土环保事件，给集团带来了恶劣影响。对这些问题，必须引起高度重视，采取有力措施加以解决。

二、下半年重点工作安排

综合分析下半年形势，既有积极因素，也有不利方面。从有利因素来看：一是习近平总书记等中央领导对集团党建工作的重要批示，极大地提振了我们做强做优做大中铝集团的信心和决心，成为激励我们奋勇向前最宝贵、最重要的精神动力。二是我国经济随着新旧动能有序接力，景气指数回升，经济运行总体平稳，仍将保持稳中向好的增长态势。三是受益于全球经济复苏对金属需求增长，我国宏观调控与供给侧结构性改革，以及严厉的环保督查政策，供需基本面将支撑金属价格保持稳定。

从不利因素来看：一是美国挑起的全球贸易摩擦持续发酵，以及全球地缘政治风险加剧，增加了世界经济增长的不确定性。二是受市场价格高位运行、行业盈利能力改善影响，氧化铝、电解铝、铜冶炼、加工材产能仍在释放，同时大宗原辅材料价格上涨带来的成本压力仍将延续。三是随着国家环保政策的进一步趋紧，标准不断提高，企业不仅现有产能运行受到影响，而且面临更大的环保压力。

面对复杂多变的外部形势，集团上下既要积极做好应对，坚持底线思维，把困难和挑战估计得更充分一些，更要坚定信心决心，保持战略定力，按照党组确定的工作部署，在确保完成全年目标的同时，加快三大变革，推动高质量发展。

下半年，我们要深入贯彻落实习近平总书记对集团的重要批示精神，将总书记的厚望转化为更高目标、更强动力、更好成效，继续按照年初确定的总体工作要求：坚持以习近平新时代中国特色社会主义思想和党的十九大精神为指导，贯彻新发展理念，落实中央经济工作会议、国务院国资委中央企业负责人和地方国资委负责人会议部署，按照高质量发展要求，坚持改革创新转型升级工作总基调，全面从严治党，发挥政治优势；全面深化改革，加快三大变革；全面精准管理，加快提质增效；深化加减乘除，加快转型升级；打好安全环保质量“三大攻坚战”，励精图治、创新求强，为建设具有全球竞争力的世界一流企业而努力奋斗。

（一）坚持战略引领，加快高质量发展

要牢牢把握“科学掌控上游，优化调整中游，跨越发展下游”的战略方向，做强做优四大核心产业，加快发展四大协同产业，积极培育四大新兴产业，形成高质量发展的产业新格局。

1. 强化战略引领功能。要在调整优化“十三五”发展规划、对标世界一流企业基础上，加快研究制定集团建设具有全球竞争力的世界一流企业总体规划纲要，细化时间表和路线图，系统组织推进。要牢固树立“一盘棋”思想，强化总部战略管控功能，以战略决定结构调整，以市场决定资源配置，指导板块和企业划清业务边界，既分工负责，又密切合作，提升协同发展能力。要开展第二轮加减乘除，通过巩固加强一批、清理退出一批、创新发展一批、重组整合一批，使集团的产业布局更趋合理、结构更加平衡、发展更为充分。要发挥行业引领作用，对外加快战略重组，对内重点落实好与云南省政府签订的合作协议，加快对云冶集团的重组整合，确保下半年实现并表。进一步加大与甘肃、福建等省沟通力度，推进央地合作，共同解决驻省企业的生存和发展问题。

2. 做强做优核心产业。铝、铜、铅锌、稀有稀土产业，是我们服务国家战略、发挥央企支柱作用的重要基础。要加大项目建设力度，加快布局优化调整。一是要抓好投产项目达产达标。内蒙古华云、贵州华仁、广西华磊、东南铜业、普朗铜矿、青海牛苦头铅锌矿等项目要尽快实现全部投产和达产达标，取得预期收益。二是要抓好在建项目投产进度。中铝山东板状刚玉等三个精细氧化铝、包铝高纯铝、山西新材料阳极炭素、赤峰云铜第一条线等项目下半年要确保投产，山西中润项目力争年内全部具备通电条件。秘鲁铜矿二期、中铝瑞闽蓝园等项目要加快建设进度，几内亚铝土矿、防城港氧化铝、贵州炭素项目要实现年内开工。三是要抓好论证项目前期工作。几内亚氧化铝、印尼氧化铝、北方港口氧化铝等项目要力争年内完成可研或立项。云南水电铝项目要进行系统谋划，增强集团绿色发展能力。

3. 加快发展协同产业。工程技术、工服物业、资本金融、贸易物流产业，是我们增强盈利能力和抗风险能力的重要保障。中铝国际要进一步在开拓市场上下功夫，在巩固提升行业龙头地位的同时，把与政府合作项目作为经营工作的重点方向，进一步增强盈利能力。中铝资产要按照主业化、专业化、市场化的方向，突出抓好产业布局，做大做强工服产业，加快发展优质物业，特别是要积极培育园区产业，着力做好升级发展这篇大文章。中铝资本要立足集团金融、产业金融、特色金融的发展定位，进一步扩充平台功能，撬动更多的外部金融资本，谋划获取金融业务新牌照，为集团转型升级创新发展提供金融支持。中铝国贸要进一步扩大市场占有率，以焦煤业务为基础，打造和延长非铝金属贸易链条；中铝物流要加快打造现代物流平台，进一步加大对集团内部物流资产的整合力度，下半年在完成对中铝股份物流资产整合的基础上，对东轻、西南铝以及铜板块有关企业物流资产的整合要取得实质性进展。

4. 积极培育新兴产业。环保节能、创新开发、海外发展、智能制造产业，是我们转型升级创新发展的重要途径。中铝环保要加速推动集团内部资源和市场整合，着力打造核心技术和市场品牌，把全方位承接集团内部项目作为工作重点，努力实现良好开局。中铝开投要坚持高端引领，编制好三年规划，加快构建新兴产业体系，今年重点要设立基金公司，力争年内筹备发起首期基金，高起点完成第一个项目投资，立项若干项目，迈好经营发展的第一步。中铝海外要以几内亚铝土矿项目开工为契机，加快人才队伍、保障基地建设，为下一步发展打好基础。要加快打造智能制造新平台，整合现有信息化和智能制造资源，推进智能工厂试点建设，提升集团整体智能制造和技术服务水平，助力集团高质量发展。

（二）坚持精准管理，确保经营目标实现

要紧盯全年奋斗目标，持续深化精准管理，向管理的严、细、实要效益。

1. 强化经营管控。要增强考核的刚性，按月跟踪分析，对差距大的指标及时预警，以月保季、以季保年，确保完成全年各项预算考核目标，特别要完成利润总额和归母净利润“不低于目标”、成本费用占营业收入比重和资产负债率“不高于目标”，努力实现连续四年全面完成国资委考核任务，力争跻身“A 级企业”行列。要加强资金管理，拓宽融资渠道，优化投资管控，进一步提高财务公司资金集中度，在确保资金链安全的前提下，不断降低财务费用。加大“两金”管控，严肃考核制度，坚决把“两金”降下来，提高现金利润水平，防止利润债权化。巩固扩大内部市场交易，积极探索内部交易集中结算，盘活闲置资产和库存物资，扩大交易品种和范围，提高集团整体收益。

2. 强化生产降本。要坚持问题导向，针对成本费用占营业收入比重过高这一短板，紧扣生产降本这个关键，增强生产运营的稳定性，继续深化对标劳动竞赛，优化技术指标，坚决遏制氧化铝、电解铝、电解铜等主要产品成本上升趋势。加工企业要提高生产组织效率，重点提高产品成品率，降低金属占用。要深入开展矿山提质增效，稳定矿山生产，强化外委矿山管控，增强区域矿石采购话语权，降低矿石供应成本。要高度重视能源管理，深化大能源降本创效专项，优化发电生产指标，多渠道降低用电成本。持续规范业务外包工作，加大内部承接力度，不断降低业务外包费用。

3. 强化营销创效。要切实加强对大宗原辅材料的市场分析和价格预测，及时采取应对措施，努力向波动的市场要效益。要积极拓展外部市场和业务，开发潜在氧化铝客户，加大合金重点消费市场开发力度，拓展合金和铝材国际市场，扩大国际贸易规模。要强化市场引领，加强源头降本，加快采购管理职能转变，发挥好新成立的中铝物资有限公司作用，围绕“大采购”战略目标，探索扩大集中采购品种，巩固统谈分签成果，推进区域集中采购规范化、常态化。

4. 强化资本运作。加快资产的资本化、证券化，颐和园项目要认真做好发行阶段的各项工作，确保下半年实现上市；朝阳项目要加快推进，云铜股份定向增发要年内完成，丰收项目力争年内获得证监会批文。中矿国际及云冶股权注入中铜要加快推进，全面打造大中铜。做好西南铝红旗项目、中铝材料院苏州分院股权重组工作，优化资源配置，盘活闲置资产。继续推进牡丹工程，加快广冶、贵州企业、长城铝业、甘肃华鹭、山西铝业孝义铝矿等单位的存量土地盘活。坚持一企一策处置低效无效股权，加大对参股企业和特殊目的公司的股权清理力度。

（三）坚持改革创新，充分激发动力活力

要持续推进质量、效率、动力变革，增强改革的实效性，激发企业内生动力。

1. 加快推进重大改革事项。要围绕改革开放40周年，深入总结板块、企业取得的经验成效，全面反映中铝改革发展的重大成就。要加大年度改革要点和任务台账的督办力度，认真落实好集团全面深化改革整改决议，确保各项改革任务按节点目标推进。继续加强向国务院国资委的汇报沟通，争取成功进入第三批国有资本投资公司试点企业，重点在改革集团管控模式、调整优化布局结构、健全完善法人治理结构等方面开展深入研究，为推开综合性改革做好准备。按照国务院国资委统一安排，指导相关企业开展好“双百”行动试点改革，发挥好示范引领作用。板块、事业部要督导企业积极推进混合所有制改革，探索实施员工持股，不断转变优化经营机制。

2. 全面激发各类要素活力。继续加强规范董事会建设，提升董监事队伍履职能力，完善公司治理。扩大企业高管市场化选聘、契约化管理范围，拓展职业经理人试点，加快推进企业经营管理人才职业化、市场化、专业化。在坚持总控定员前提下，鼓励员工跨企业流动，不断优化员工队伍结构。根据《国务院关于改革国有企业工资决定机制的意见》，进一步修改完善集团人工成本和工资总额管理办法，健全收入分配制度体系。探索中长期激励，完善技术、管理要素参与分配办法，逐步试点推开股权激励、岗位分红权、股票期权激励等，激发动力活力。

3. 坚决完成瘦身健体任务。要围绕“三年目标”做好收官工作。“处僵治困”要全面巩固成果，并根据国家审计署、国务院国资委反馈意见，抓紧问题整改，狠抓返贫企业治理。“压减”工作重点要抓好铝、铜板块管理层级压缩，必须达到4级以内。“三供一业”分离移交以及厂办大集体、医疗、教育机构改革要加快进度，确保年内通过国资委验收。要积极争取国有资本预算资金支持，助力集团转型升级。

4. 持续加大科技创新力度。要紧盯“十三五”科技规划确定的重点科研任务，做好中期评估，加大攻关力度，努力取得突破性进展。要围绕原料高品质化、电解铝合金化、材料高端化等，加快形成一批领先一步的核心技术，积极培育一批潜在的颠覆性新技术，打造竞争“杀手锏”。要加强科技成果转化应用，加大新型保温铝电解槽技术、废阴极资源综合利用技术、高品质氧化铝生产技术等推广力度，推进国家高新技术企业认定，提高科技贡献率。落实军工业务“335”工程，大力开展跨代材料研发，进一步提升军品保供能力。要深化科技管理体制改革，明确科研机构功能定位，加强创新平台和基地建设，进一步完善科技激励机制，充分调动各类主体的创新活力，开创新时代中铝科技工作新局面。

（四）坚持防范风险，坚决打赢攻坚战

强化风险防控，严防重大风险，是集团生产经营稳定运行的重要保证，要持之以恒抓紧抓实，堵塞管理漏洞。

1. 全面加强风险管理。持续加强内控体系建设，进一步提升风险预警能力和管控水平。要继续抓好问题清单的整改，年度整改目标必须全面完成。要继续拓展审计覆盖面，加快审计和风险管理信息系统建设应用，强化审计监督，提升工作效率。要落实法治建设第一责任人职责，加强对重大决策和重大项目的全过程法律审核，确保合法合规。全面完成集团规章制度废改立工作，健全完善制度体系。构建客户信用管理体系，加大对陈旧应收账款的清缴力度，减少历史遗留案件存量。要科学开展期货套期保值业务，严格规范操作，最大限度规避经营风险。

2. 坚决打赢安全攻坚战。要坚持落实安全生产责任体系，持续进行安全履责述职，进一步夯实安全管理基础，努力实现长周期安全稳定发展，全面打造平安中铝。继续深入开展安全大整改攻坚战，深入实施安全能力提升工程，深化落实安全风险分级管控责任，加强员工培训和现场管理，提升本质安全水平。要巩固扩大以人为核心、以风险管控为基础、以文化为引领的安全工作新共识，提高制度的执行力，让一线员工成为安全风险管控的主角。要严格执行建设项目“八不准”，加强施工现场管理，减少承包方事故。要充分发挥安全环保应急管理信息平台作用，提升应急处置能力，当前特别要抓好汛期安全防范工作，严防灾害发生。

3. 坚决打赢环保攻坚战。要深入贯彻习近平生态文明思想和全国生态环境保护大会、2018 年中央企业生态环境保护工作会议精神，深刻吸取广西稀土环境事件教训，切实引以为戒、举一反三，坚决履行好生态环境保护责任，全面建设绿色中铝，做生态文明建设的排头兵。要坚持问题导向，层层压实责任，加大环保整治力度，重点抓好企业大气污染提标改造、工业废水零排放、规范固体废弃物处置等工作，加快“小散乱污”企业的关停并转，解决部分企业“控股不控制”问题。坚持源头把控风险，坚决淘汰落后生产工艺，新建项目要严格执行环评和“三同时”手续，杜绝未批先建等现象。对在环境保护方面不作为、慢作为的干部，要严肃追责问责。

4. 坚决打赢质量攻坚战。要以满足客户需求为产品质量的根本标准，切实转变质量管理观念，搭建质量管理平台，深入开展劳动竞赛、全员 QC 活动，弘扬工匠精神，众智众力提升产品质量，实现向质量要效益。要加快装备自动化、智能化升级改造，发挥大数据在质量管理中的作用，解决好产品质量一致性和稳定性问题。要扎实开展“质量月”活动，组织好首届“中铝集团质量奖”评选，表彰一批成绩优异、贡献突出的质量工作先进集体和个人。继续做好集团技术标准的立项、审定和验收工作，推动质量管理迈上新台阶。

5. 加强信访维稳工作。下半年瘦身健体工作进入最后收口阶段，也是矛盾聚集的突发期，各单位要自觉落实维护稳定的主体责任，主动排查、积极应对，依法依规全力做好矛盾化解工作。要做好各种应急预案，避免发生群体性信访事件，确保企业和谐稳定。

（五）坚持从严治党，提供坚强政治保障

要深入贯彻落实习近平总书记对集团党建工作的重要批示精神，进一步从严落实管党治党责任，提高党的建设质量，引领高质量发展。

1. 坚持从严治党提高党建质量。要以党的政治建设为统领，以党建质量提升年为载体，以党建工作责任制为抓手，进一步压实管党治党政治责任，推动集团党的建设全面过硬、全面加强。要全面贯彻最近召开的全国组织工作会议精神，认真执行新时代党的组织路线，加强组织体系建设，提供坚强组织保障。要加强干部队伍建设，既从严要求，又真情关心关爱，帮助解决实际困难，特别是对奋战在艰苦岗位和生产一线的基层干部，给予更多理解和支持。扎实开展党支部建设活动，把基层党支部打造成推进生产经营、改革发展的坚强战斗堡垒。要根据中央和集团党组统一部署，开展好“不忘初心、牢记使命”主题教育，按照党员责任清单，广泛开展亮身份、亮标准、亮承诺，比作风、比技能、比业绩活动，充分发挥共产党员在企业改革发展中的先锋模范作用。

2. 坚持警钟长鸣强化监督执纪。要把坚决落实“两个维护”作为根本任务，提高政治站位，增强“四个意识”，着力提升集团党风廉政建设质量。要进一步强化监督职责，深化运用“四种形态”强化干部日常监督管理，重点在招标投标、融资贸易、营销采购等关键领域薄弱环节上取得突破，在减存量、遏增量、“治未病”等五个方面抓早抓小，积极作为。要进一步健全完善巡视巡察工作制度，加大对“两金”压降、安全环保质量攻坚战、参股及特殊目的公司清理等专项巡视力度，发现问题、形成震慑，推动改革、促进发展。

3. 坚持以人为本凝聚员工力量。要深入开展劳动技能竞赛，认真组织好中铝第二届创新创意大赛，做好创新创意品牌。要围绕集团发展战略，加快完善理念、制度、行为、视觉体系建设，做优企业文化品牌，突出文化创新和引领作用。大力实施重点人才工程，开展好“三大人才工程”专题培训，打造高素质的干部员工队伍。进一步加大援藏援青扶贫工作力度，把优秀人才选派到条件艰苦和情况复杂的地区去磨炼意志、增长才干。要围绕集团改革发展成果，加强宣传和舆论引导，及时回应社会关切，主动发声、增信释疑，为集团改革发展创造良好外部环境。

实干托举梦想，奋斗成就未来。经过全体干部员工的艰苦努力，集团已迈向了全新的发展阶段，前景光明、催人奋进。让我们在习近平新时代中国特色社会主义思想指引下，再接再厉、奋发进取，为超额完成全年奋斗目标，加快高质量发展，尽早建成具有全球竞争力的世界一流企业而努力奋斗！

充分发挥党建的决定性作用

——在中铝集团庆祝建党九十七周年暨“两优一先”表彰大会上的讲话

集团党组书记、董事长　葛红林

（2018 年 6 月 29 日）

一、学习“两优一先”，充分发挥战斗堡垒和先锋模范作用

集团新一届党组成立以来，以习近平新时代中国特色社会主义思想为指导，团结带领干部员工，加快扭亏脱困转型升级，实现了“三连增”。集团改革发展的每一个进步，都凝聚着各级党组织和广大共产党员的智慧和力量，产生了一批叫得响、冲得上、有引领示范作用的先进基层党组织，锤炼了一大批党性强、作风正、工作出色的优秀党务干部，涌现了一大批敬业奉献、勇于创新、开拓进取的优秀共产党员。今天表彰的先进基层党组织、优秀共产党员和优秀党务工作者，就是他们集中的代表，是我们学习的榜样，集团各级党组织和广大共产党员要学先进、争先进、赶超先进，以创先争优的浓厚氛围，汇聚起推进集团改革创新转型升级的蓬勃力量。

我们要学习先进基层党组织落实全面从严治党要求，压实“两个责任”，建班子、抓载体、求创新，强党建品牌，推动企业改革发展的好做法，进一步总结经验、探索规律，以改革创新精神不断加强和改进基层党建工作，努力把党的政治优势转化为企业科学发展优势，把党的组织力转化为企业核心竞争力。

我们要学习优秀共产党员始终保持蓬勃朝气、昂扬锐气、浩然正气，面对困难和压力，舍小我顾大家，敢于担当，乐于奉献，用实际行动践行新时代奋斗者的高尚品格。做到敬业爱岗，示范引领，亮身份、亮承诺、亮成效，比学习、比奉献、比服务，唱响我是党员我自豪，树立党员拼搏和奉献的好形象。

我们要学习优秀党务干部理想信念坚定，忠诚党的事业，落实党建工作要求，创新党建工作方法，不断加强基层党组织和党员队伍建设，建强基层支部，推动党建深度融入中心，深入开展“两带两创”活动，团结带领广大党员群众，凝心聚力，开拓创新，干在实处，走在前列的智慧和创造。

我们要把学先进、争先进的热情转化为强党建

抓党建的责任和担当，把学先进、争先进的热情转化为推动发展的动力和激情，把学先进、争先进的热情转化为改革创新转型升级的新业绩。

二、认真总结经验，充分认识党建是搞好国有企业的法宝

三年来，集团认真贯彻落实习近平新时代中国特色社会主义思想，坚持改革创新转型升级总基调，全面从严治党，全面深化改革，全面精准管理，创新运用加减乘除，重塑了干部员工信心，扭转了党风企风，实现了由严重亏损到大幅盈利的转变。2015 年大幅减亏 153 亿元，2016 年扭亏为盈，2017 年盈利 20.5 亿元，今年上半年预计盈利 26 亿元，市场竞争力及抗风险能力明显增强，排头兵作用更加突出，社会影响力大幅提升。集团改革发展取得的阶段性成果，有力地证明坚持党的领导，加强党的建设，是搞好国有企业的法宝，是国有企业的“根”和“魂”，是国有企业的独特竞争优势。

实践证明，思想建党是搞好国有企业的信心和决心的关键所在。党组把学习习总书记系列重要讲话精神作为首要任务，筑牢“四个意识”，坚定“四个自信”，不断强化领导干部理想信念，特别是从困难中走出去的信念。先后提出坚决扭掉习惯性麻木、习惯性回避、习惯性推脱、习惯性上交的“四个坏习惯”，讲忠诚、讲尽责、讲拼搏、讲实效的“四讲”要求，打造动车型领导班子，打造会作为的干部队伍，学好用好总书记的十个工作法，过硬地做到“状态再好、力度再大、节奏再快、办法再多、效果要好”等要求，干部状态发生了显著变化。

实践证明，夯实国有企业党建基础是铸“根”塑“魂”的根本所在。党组坚持党的领导，加强党的建设，制定了贯彻落实全国国企党建会议精神的 25 项重点任务。全级次 363 家企业全部将党建要求写进公司章程，落实了法定地位。健全完善了党组织议事规则、“三重一大”决策办法等，党组织发挥领导作用程序更加明确，党组织前置程序要求得到有力落实。不断健全责任体系，先后制定《党建工作责任制实施细则》《党建工作责任清单》等 27 项制度，明确了主体责任、第一责任、直接责任和“一岗双责”。全面开展党组织书记述职评议，实现了“两个全覆盖”。严格落实“四同步”“四对接”，提升了党建工作规范化、制度化水平。

实践证明，从严管党治党是扭转党风企风的有力保障。党组把纪律和规矩挺在前面，制定修订选人用人制度 25 项，大力推进干部能上能下，开展闲官闲岗专项治理，清理闲官 213 名，闲岗 108 个。严格按照“对党忠诚、勇于创新、治企有方、兴企有为、清正廉洁”的要求选拔任免干部，充分激励兴企有为的干部，及时调整治企无方的干部，降级下岗扭亏不力的干部。保持惩治震慑不手软，持续正风肃纪不停步，深化政治巡视不松劲，连续 17 次召开警示教育大会，通报违规违纪问题和问责案例 586 起、1825 人次。发挥了以案明纪、以儆效尤，用身边的事教育身边的人警示和震慑作用。常设 5 个巡视组、3 个区域监督中心，梳理“不能腐”制度 304 项，新制定、修订制度 70 个，扎紧了制度笼子。

实践证明，创新党建方法是提升组织力的有效途径。党组坚持围绕中心，深入开展“党组织带党员创效、党员带群众创新”活动，在集团内形成了生产经营“挂牌出题”、党组织“揭榜破题”、党员“亮牌解题”、全员创新创效的良好氛围，使党建工作和生产经营工作深度融合，有力

促进了扭亏脱困转型升级。在央企中率先创新实施党建工作和生产经营“双百分”考核制度，践行了习总书记“用好考核评价这个指挥棒，既报经济账、又报党建账”的要求，得到了干部员工的一致好评。

我们还注重发挥群团组织作用，开展了劳模创新工作室、技能大师工作室、青年创新工作站、“安全、干净”班组和降本增效劳动竞赛，营造了“群团搭台、专业管理、群众唱戏”的氛围。注重发挥新闻宣传舆论导向作用，建立了网络舆情管理引导机制，弘扬了新风正气，传播了正能量。

三、认真学习贯彻习总书记重要批示精神，充分发挥党建的决定性作用

近日，习近平总书记在中央纪委上报的《中铝集团起死回生扭亏脱困调研报告》上作出重要批示，充分体现了党中央对中铝集团、对中央企业的高度重视，对国企改革发展，加强党建工作的殷切期望。我们在受到鼓舞和鞭策的同时，特别要清醒地认识到集团党建工作与中央领导同志的要求、与党的十九大精神要求、与推进企业做强做优做大的要求存在的差距，各级党组织要认真总结本单位近年来党建工作的好经验好做法的同时，对党建工作进行认真地回头看和检查，开展一次查问题、补短板、强弱项、提质量的活动，推动党的建设全面过硬、全面加强，向中央交出更好的答卷。

一是要认真学习贯彻，加快迈向世界一流。各级党组织要从全局和战略的高度充分认识学习贯彻中央领导同志重要批示精神的重大意义，迅速掀起学习贯彻落实的热潮，进一步增强我们坚定不移走中国特色社会主义道路的信心和决心，进一步激发集团各单位的改革创新热情，进一步振奋全体干部员工的精神，团结一致做好各项工作。

党的十九大确定了培育具有全球竞争力的世界一流企业的目标，集团确定了“两步走”奋斗目标。我们要按照高质量发展的要求，坚持改革创新转型升级总基调，狠抓战略引领，统筹谋划，系统推进，加快布局结构调整，坚持创新驱动，深化企业改革，聚焦精准管理，久久为功，实现质量、效率、动力三大变革。按照质量第一，效益优先，科学掌控上游，优化调整中游、跨越式发展下游，连续性地从原料到材料，从材料到部件，从部件到产品的三个转变，引领有色金属行业高质量发展。

当前要在时间过半、任务过半的基础上，紧盯全年奋斗目标不放松，使今年的经营业绩改革创新再上新台阶。

二是加快改革创新，绝不抱残守缺。习近平总书记在山东考察时深刻指出，谁说国企搞不好？要搞好就一定要改革，抱残守缺不行，改革能成功，就能变成现代企业。发展是时代的主旋律，改革是时代的最强音，各级党组织和广大党员要进一步解放思想，牢牢把握问题导向，带头抢抓机遇，带头推进第二轮加减乘除，带头在深化改革中释放动力活力，带头在防范化解风险上精准发力。以时不我待、只争朝夕、勇立潮头的历史担当，深刻领会新时代、新思想、新矛盾、新目标提出的新要求，埋头苦干、真抓实干，撸起袖子加油干，团结带领广大员工不断谱写中国梦中铝新篇章。

三是强化基础党建，充分发挥组织力和战斗力。总书记强调，要突出政治功能，把基层党组织建设成为宣传党的主张、贯彻党的决定、领导基层治理、团结动员群众、推动改革发展的坚强战斗堡垒。各级党组织要认真贯彻落实中央关于从严从实加强基层党建工作的一系列部署要求，以强企必须

要强党建的政治担当，带头落实好管党治党主体责任，促进党建和业务工作深度融合。

以提升组织力和战斗力为重点，突出政治功能，抓基层、打基础，从“基本组织、基本队伍、基本制度”严起，高标准增强组织力和战斗力，高标准建设高素质的干部队伍，高标准加强党风廉政建设，推动集团党建工作再上新台阶。

要以实施标准化党支部建设和党建工作责任体系为抓手，全面加强“基层组织、基本制度、基本队伍”建设，选优配强党组织带头人，全力带好基层党员队伍。要结合纪念改革开放40周年活动，在基层党组织和广大党员中挖掘、选树、推广一批新时期的先进典型。在即将开展的“不忘初心、牢记使命”主题教育中，出经验，出成果。

四是全体党员要人人争当先进。面对新形势新任务，各级党组织和广大党员干部要深入贯彻落实中共中央办公厅下发的《关于进一步激励广大干部新时代新担当新作为的意见》，坚守党章，坚定信仰，强化党的意识、党员意识，时时处处提醒自己，第一身份是共产党员，第一职责是为党工作，任何时候、任何情况下，都要在觉悟上高于群众，行动上领先于群众，积极主动、奋发有为。要以勇于尽职尽责、敢于较真碰硬的责任担当，把思想和行动统一到集团党组的决策部署上来，加强学习、提升能力，既要“愿作为”，还要“能作为”；既要“真作为”，又要“快作为”；既要“敢作为”，更要“善作为”，以实际行动做一名忠诚干净担当的先进党员。

同志们，回顾党的光辉历程，我们倍受鼓舞；展望中铝美好前景，我们豪情满怀。让我们以习近平新时代中国特色社会主义思想为指导，深入贯彻落实党的十九大精神，牢牢把握新时代党的建设总要求，以党的政治建设为统领，以不断提升党建工作质量，为建设具有全球竞争力的世界一流有色企业提供坚强保证，以改革创新转型升级和党的建设的优异成绩迎接改革开放40周年！

全面提升党的基层组织力

——在中铝集团2018年党建工作会议上的讲话

集团党组书记、董事长　葛红林

（2018年8月13日）

一、党的力量来自组织

习近平总书记在党的十九大报告中指出，要以提升组织力为重点，突出政治功能，把基层党组织建设成为坚强战斗堡垒。在全国组织工作会议上，习近平总书记再次强调提升组织力，加强党的基层组织建设，为党组织加强自身建设提供了新的目标和新的方向。我们要充分认识新时代党在基层组织力的极端重要性。

一是组织力是党的制胜法宝。组织动员群众是党的光荣传统，是党永葆旺盛生命力的制胜法宝。党的力量来自组织，组织能使党的力量倍增。党的历史就是一部把党员群众组织起来共同奋斗的历史，就是一部持之以恒提升组织力的历史。土地革命战争时期，创造性地实行“支部建在连上”，从政治上、组织上保证了红军“艰难奋战而不溃散”。抗日战争时期，毛泽东同志发出“组织起来”的号召，党员人数由1937年的4万人，发展到1945年的121万人。解放战争时期，党在人民群众中进行了巨大的动员和组织工作，取得了推翻三座大山的伟大胜利。社会主义建设时期，我们组织起来，自力更生、艰苦创业，迎来从站起来、富起来到强起来的伟大飞跃。无论历史还是现实都告诉我们，通过组织建设释放出党的组织力，才能为新时代党的政治路线提供组织保证。

二是组织力就是党的凝聚力。组织力就是组织内的各个要素有机融合而形成的整体合力，是一种具有引擎作用的凝聚力，也是体现组织生机和活力的生命力。基层党组织是我们党的执政根基，是落实党的路线方针政策和各项工作任务的“毛细血管”。基层党组织是广大党员和员工群众的主心骨，组织力是党的基层组织为实现其基本任务，将组织内部的各种要素进行调配、统合，从而展现出的整体合力。我们要强化基层党组织的组织优势、动员能力，使党组的意志、党组的目标、党组的要求及时传达到基层，最大限度地把员工群众动员起来，为完成集团新时代历史使命共同奋斗。

三是组织力就是党的战斗力。近年来集团的发展，归根结底是得益于习近平新时代中国特色社会主义思想的科学指引，得益于认真贯彻落实党中央从严管党治党的决策部署和重要要求，得益于认真整改中央专项巡视反馈问题。根本经验是我们“毫不动摇坚持和加强党的领导、毫不动摇加强领导班子和干部员工思想建设、毫不动摇加强党风廉政建设和作风建设”。实践证明，组织力就是战斗力，就是企业的生命力。

党建工作无止境，我们要继续努力，不断推动全面从严治党向基层延伸，增强党的组织优势、组织功能、组织力量，成为推动集团改革发展的力量源泉和根本保证，加快推动质量、效率、动力变革，按照“科学掌控上游，优化调整中游，跨越发展下游”的发展方略，实施“4+4+4”战略，加快形成高质量发展的新格局。

二、加快解决削弱组织力的六大问题

今年6月6日，习近平总书记在中纪委关于中铝集团起死回生扭亏脱困的调研报告上作出重要批示，充分肯定了我们的党建工作。当前我们必须清醒地的认识到，尽管我们层层细化量化党建责任，党员队伍活力持续增强，基层党组织凝聚力不断提升，党组织法定地位得到落实，基层党组织组织力和政治功能普遍得到了加强。但是从去年国资委党建考核、最近集团党建检查和政治巡视反馈情况看，我们的党建和组织力建设与党中央的要求存在着较大差距，主要有六个方面的问题：

一是政治站位低的问题。有的基层党组织书记对“党建的决定性作用”认识不充分，对国企党建“根”和“魂”的认识不深，缺乏抓党建的信心和魄力，没有担负起该担负的责任。在工作中不敢“唱主角”、甘愿“跑龙套”，不敢理直气壮抓党建，影响了组织力提升。

二是认识不到位的问题。一些领导总认为搞党建是在练虚功，没有什么直接作用，反而会干扰企业经营活动，错误地认为业务工作是必须完成的，完不成就要“挨板子”，抓党建是“敲边鼓”，干不好顶多“挨批评”。

三是工作不热心的问题。一些领导干部对党建工作不热心，认为党建工作不好抓，在短期内难以取得实效，而业务工作可以“立竿见影”，时间和精力完全不对称，对党建工作既抓不紧，也抓不实，严重影响了组织力发挥。

四是能力不适应的问题。有的党组织书记和党务干部，学习不多、思考不深，存在“老办法不灵，新办法不会，硬办法不敢，软办法没用”，缺乏担当能力，影响了基层党组织组织力发挥。

五是基本功欠缺的问题。在党建检查过程中，仍然发现有的基层党组织“三会一课”执行不到位，活动记录要素不全、不完整，资料档案管理不规范、不到位。

六是穿透力欠缺的问题。局部存在着上面热、中间温、下面冷，“沙滩流水不到头”的现象。一些企业对基层党建的考核指标粗糙，过程性监管考核少，质量和效果的测评考核少。有的以“硬件建设”代替活动开展，以“制度上墙”体现工作成效，考核的“指挥棒”作用发挥不足。

上述这些问题，充分说明我们的基层党建工作问题不少、质量不高，必须进一步按照习总书记关于党建工作的总要求，自觉对照检查，加快减问题、去病根、强肌体，组织力和战斗力。

前不久，十九届中央第一轮巡视对30个地区和单位党组织开展了常规巡视，并做了反馈，指出了基层党组织存在的突出问题。我们要举他人之一，反自我之三，搞好大扫除，进一步改出好作风，改出战斗力，增强组织力，以扎扎实实的工作成效，向党中央交出满意的答卷。

三、高质量地提升组织力战斗力

2017年是集团的“党建工作落实年”，我们重点突出了全国国企党建会议精神25项重点任务的落实和巡视整改，进一步巩固了党风企风好转。

今年，党组确定为“党建质量提升年”，我们要重点突出党建工作责任制落实，着力加强组织力建设，着力增强党建活力，着力增强企业凝聚力，着力创建党建品牌，为集团改革创新转型升级提供坚强的政治、思想和组织保证。

一是进一步提升党的政治建设质量。党的十九大把党的政治建设纳入党的建设总体布局并摆在首位，明确了政治建设在新时代党的建设中的战略定位。习近平总书记指出，“党政军民学，东西南北中，党是领导一切的”。基层党组织不是一般的社会组织，而是政治组织，加强基层组织建设必须牢牢把握基本定位、基本属性，完善领导体制和运行机制，统筹推进集团基层党建工作。

提升政治建设质量，就是要聚焦加强党的政治领导，把讲政治的要求落实到基层党建全过程各方面。要深入学习贯彻习近平新时代中国特色社会主义思想和党的十九大精神，牢固树立“四个意识”，带头坚决维护习近平总书记的核心地位、坚决维护党中央权威和集中统一领导，坚持正确政治方向，严守党的政治纪律和政治规矩，严肃党内政治生活，不折不扣贯彻落实党中央决策部署。

要彰显政治统领，坚持问题导向，融入业务工作，健全制度机制，严格责任落实，把各级党组织的政治建设抓细抓实抓出成效。要提高领导干部的政治站位，始终做到忠诚干净担当，使自己的政治意识、履职本领与担当的领导职责相匹配，充分发挥政治优势，坚定不移地把党的政治建设落实到基层党组织。

不忘初心，方得始终，要组织好即将开展的“不忘初心、牢记使命”主题教育，用习近平新时代中国特色社会主义思想武装头脑，解决初心缺失、使命感不强、担当不力等问题，以直抵人心的方式，教育引导党员干部悟初心、守初心、践初心，为实现中国梦中铝新篇章的历史使命努力奋斗。

要把加强党的政治建设，营造良好政治生态，作为基础性工程，浚其源、涵其林、养正气、固根本，锲而不舍久久为功地抓下去，始终保持各级党组织的政治方向对头、政治原则坚定、政治路线正确，成为坚强的政治堡垒。

二是进一步提升基层党建质量。基础不牢，地动山摇。党的基层组织是确保党的路线方针政策和决策部署贯彻落实的基础。习近平总书记指出，“上面千条线、下面一根针，必须夯实基层”。要切实在打基础、补短板上下功夫，从“基本组织、基本队伍、基本制度”严起，高标准加强党的基层组织建设。

要抓好基层组织设置和活动方式创新，不断扩大基层党组织教育和管理的覆盖面。要抓好党的组织生活制度的落实，认真执行“三会一课”、组织生活会、民主评议党员、谈心谈话、“主题党日”等制度，要严把发展党员政治关，整改整顿软弱涣散党组织。要深入开展党组织书记述职评议，不断提高各级党组织书记抓党建工作的意识和能力。

要以贯彻落实标准化党支部管理办法为契机，牢固树立一切工作到支部的导向，不断扩大优秀支部增量、提升中间支部水平、整顿后进支部，使每个基层阵地得到巩固提高，确保年底前基层标准化党支部达到80%以上。

要依据党员责任清单，广泛开展亮身份、亮标准、亮承诺，比作风、比技能、比业绩活动，充分发挥党员的先锋模范作用。巩固“两带两创”阶段性成果，制定持续推进办法，召开“两带两创”推进会，做精“两带两创”品牌。

要抓细抓实“双百分”考核制度，今年的党建考核重点更加突出，指标更科学，员工参与更加广泛，要按照考核实施方案和考核细则要求，扎实开展好党建考核工作，真正使党建工作由“软指标”变为“硬约束”，做实“双百分”考核品牌。

三是进一步提升干部队伍质量。总书记强调，“各级领导干部要加快知识更新，加强实践锻炼，使专业素养和工作能力跟上时代节拍，努力成为做好工作的行家里手。”今年5月份，中央办公厅印发《关于进一步激励广大干部新时代新担当新作为的意见》，将干部履职能力建设抓深抓强抓到底。我们要深入学习领会中央有关精神，按照国资委党委的实施意见，结合集团实际，细化配套措施，把激励干部担当作为纳入领导班子和干部队伍建设整体布局，确保政策落实、制度落实、措施落实。

提升干部队伍质量，要按照“对党忠诚，勇于创新，治企有方，兴企有为，清正廉洁”的好干部标准，围绕干部培育选拔、管理使用工作，建立源头培养，跟踪培养、全程培养的素质培养体系，建立日常考核、分类考核、近距离考核的知事识人体系，建立以德为先、任人唯贤、人事相宜的选拔任用体系，建立崇尚实干、带动担当、加油鼓劲的正向激励体系。

要加大干部培养力度，组织实施好“合金计划”“锋刃计划”“飞跃计划”三大人才工程，深入开展高潜力人才甄选与培养，用3年时间将三大人才工程人选每年轮训一遍，进一步提升经营管理干部队伍的整体素质，为集团加快建成世界一流企业提供战略性干部储备和人才支持。

要坚持党管人才，实施科技领军人才“钻石计划”，加强梯队建设，通过重点项目研发、重大技术攻关、创新团队建设、国际化培训交流等举措，抓好科技领军人才队伍建设。

要紧密结合集团实际和企业干部队伍的特点，充分发挥中铝党校教育培训党员领导干部的主阵地和主渠道作用，整合各类教育资源、开设特色精品课程，努力为集团培养一大批出思想、出成果的领导干部。

要加大年轻干部的培养使用力度，把优秀的年轻干部选出来，用起来，建设一支符合新时期好干部标准、忠诚干净担当、数量充足、充满活力的高素质专业化年轻干部队伍。

四是进一步提升纪律建设质量。加强纪律建设是全面从严治党的治本之策。党的十九大把纪律建设纳入党的建设总体布局，在党章中充实完善了纪律建设相关内容，推动实现了党建理论、实践和制度的重大创新。我们党是靠革命理想和铁的纪律组织起来的马克思主义政党，纪律严明是党的光荣传统和独特优势。习总书记强调“党要管党、从严治党，靠什么管，凭什么治？就要靠严明纪律。”我们集团也一样，如果没有铁的纪律，党组织的凝聚力和战斗力就会大大降低，党的领导能力和执政能力就会大大减弱。

提升纪律建设质量，要严格遵守党章，把学习党章作为必修课，自觉遵守党章、贯彻党章、维护党章，做认真学习党章、严格遵守党章的模范。进一步提高警示教育的政治性，继续以案明纪、使铁的纪律转化为党员干部的日常习惯和自觉遵循。深入整治发生在身边的不正之风和腐败问题，整治基层干部“微腐败”，促进党员干部持续改“四风”转作风。

要把监督作为第一职责，定位向监督聚焦，责任向监督压实，探索投入更多力量专司执纪监督，让日常监督更全面、个案审查更深入。深化运用好“四种形态”，加强对党员干部的日常监督，抓早抓小、用足用好前两种形态。

要完善巡视巡察工作约谈制度、巡视报告底稿制度、巡视后评估等配套制度，开展“两金”压降专项巡视、对总部部门的巡视、整改“回头看”巡视等，推动巡视工作高质量发展。

要宽严相济，认真落实“三个区分开来”要求，健全完善容错纠错机制，旗帜鲜明地为敢于担当的干部担当，为敢于负责的干部负责。

五是进一步提升群众工作质量。民心是最大的政治。基层党组织只有坚持党的根本宗旨不动摇，深深植根于员工群众之中，才能获得强大的凝聚力和旺盛的组织力。提升群众工作质量，就是要坚持以员工为中心的发展理念，以服务员工、做员工群众工作为主要任务，做好组织群众、宣传群众、凝聚群众、服务群众工作。

要密切与员工群众的联系，党员干部要积极深入一线为员工群众服务，积极为员工办实事、做好事、解难事，最大限度把员工群众动员和组织起来。要改进联系服务群众方式方法，引导党员干部充分运用民主协商、谈心谈话和典型示范等方法做群众工作，切实维护好集团改革发展稳定大局。

要开展好以“步入新时代、学习新思想、开启新征程、展现新作为、谱写新篇章”为主要内容的“五新”大讨论活动，组织好纪念改革开放40周年“不忘初心、牢记使命”朗诵会比赛。

要加强基层群团组织建设，组织中铝第二届创新创意大赛，做好创新创意品牌。广泛选树先进典型，深入挖掘劳动模范、中铝大工匠、最美中铝人等先进人物和先进事迹，增强先进典型的带动力和影响力，做响劳动竞赛品牌。

通过提升群众工作的质量，进一步统一思想、凝聚共识、加快发展，激发干部员工热爱中铝、奉献中铝、建设中铝的激情和担当。

全面提升集团基层党组织组织力，是新时代全面从严治党的重要基础工作。我们必须扛起管党治党责任，坚持和加强党的领导，认真落实新时代党的建设总要求，励精图治、创新求强，以优异成绩向改革开放40周年献礼，为集团建设成为具有全球竞争力的世界一流有色金属企业提供坚强的组织保障！

对标世界一流　建设世界一流

——在中铝集团2018年改革创新与发展战略研讨会上的讲话

集团党组书记、董事长　葛红林

（2018年12月16日）

一、关于今年的工作

2014年12月12日，我第一次参加集团的改革创新与发展战略研讨会，到今年已经是第五次了。在那次会上，我们对集团如何加快扭亏脱困、走出困境作了充分研讨，为2015年的工作确定了方向和目标："在公司改革发展的攻坚时期，需要我们切实肩负起央企的政治责任、经济责任和社会责任，开创中国梦中铝新篇章，建设具有国际竞争力的世界一流企业，实现股东增值、企业增效、员工增收。到建党100年、中铝公司成立20年时，力争员工人均收入实现翻番"。

上述是我们四年前的初心，四年来我们始终铭记、始终坚守，2018年，我们继续在习近平新时代中国特色社会主义思想指引下，集团上下干部员工坚持"四再一好"，励精图治，创新求强，创造了新业绩。

（一）得到了总书记的亲切鼓励

6月6日，习近平总书记在中央纪委关于中铝集团起死回生扭亏脱困的调研报告上做出了好的经验值得总结的重要批示，王沪宁、赵乐际、刘鹤、杨晓渡、陈希、黄坤明、王勇等党和国家领导人就贯彻落实总书记重要批示精神作出了批示。6月13日，肖亚庆主任带领国资委调研组来中铝调研，传达了中央领导的重要批示精神，对中铝三年来加强党建促进经营改革发展工作给予了充分肯定，对下一步工作提出了五项要求。7月4日，我代表集团党组在全国组织工作会议上作了交流发言。8月13日，王沪宁在中央企业工作简报刊发的《党建是中铝扭亏脱困的法宝》上再次作出批示：请陈希、坤明同志阅，可以总结一下，并适当宣传报道。8月14日，陈希批示：我们要按照沪宁同志的批示要求，总结中铝集团党建工作的成功经验，并与中宣部一道对其进行适当宣传报道。中央广播电视总台、《人民日报》、《经济日报》、《光明日报》等中央媒体到集团进行了集体采访并作了系列报道。10月9日，集团党组在全国国企改革座谈会上进行了书面交流。10月10日，余德辉代表党组在国资委纪念国企党建工作会议两周年大会上进行了经验交流。我们要倍加珍惜中央领导给予的荣誉，继续努力，抓好班子，带好队伍，特别要充分发挥关键少数的带头作用，取得更佳的工作成效，不辜负习近平总书记的厚望。

集团的政治地位及荣誉明显提升。目前，集团有3名十三届全国人大代表，3名十三届全国政协委员、1名当选全国政协常委，4名中国工会十七大代表、1名当选全国总工会执委，1名中国妇女十二大代表。13名省（自治区、直辖市）人大代表，9名省（自治区、直辖市）政协委员。2018年，2人获全国五一劳动奖章，1名全国三八红旗手，1个集体荣获中央企业基层示范党支部。这些不仅仅是个人的荣誉，更是集团发展带来的荣誉。

（二）实现了四个“四连增”

一是实现了股东增值的“四连增”：从2014年的巨额亏损，2015年并表利润大幅减亏，2016年的并表利润为正，2017年的净利润为正，到2018年的归母净利润为正，年年上台阶。

二是实现了企业增效“四连增”：从2014年的亏损王，2015年大幅减亏，2016年扭亏为盈，2017年经营利润61.1亿元，2018年有望经营盈利超过100亿元，一年一大步。

三是实现了员工增收的“四连增”：从2014年的59133元，2015年的65129元，2016年的70817元，2017年的81736元，到2018年的超过9万元，并且基本完成了企业年金工作，年年有提高。

四是实现了考核排名的“四连增”：从2014年的D，2015年的C，2016年进入B级行列，2017年B级排名更靠前，2018年有望更加接近A或进A。

（三）实现了五个“减少”

一是减少了历史遗留问题，我们以对历史负责的态度，处置了不少历史遗留问题，扫清了不少发展障碍，解决了不少过去心有余而力不足的难事，累计消化历史因素94亿元以上，为未来发展奠定了较好的基础。

二是减少了出血量和出血点，我们坚决贯彻中央处僵治困的决策部署，全面完成47户僵尸特困企业治理目标任务，亏损户减少34户，亏损面降低40.42%，亏损额降低57.41%，减亏84亿元。

三是减少了管理层级，我们坚决贯彻中央关于瘦身健体提质增效的决策部署，管理层级从七级压缩至四级，减少法人户数163户。

四是减少了企业办社会职能，我们坚决贯彻中央关于分离国有企业办社会的决策部署，移交了“三供一业”项目178个，涉及居民53万户。移交18个社区管理、39个市政设施、13个医疗机构、10个消防机构，基本完成了国资委下达的移交目标，一批老企业轻装上阵。

五是减少了环保的历史欠账，我们坚决贯彻中央关于“三大攻坚战”的决策部署，关停了一批隐患多、污染重的落后产能，投入65亿元开展了隐患治理和超低排放、脱硫脱硝等清洁生产改造，在主导产品产量和经营业绩大幅提升的同时，大气主要污染物排放总量连年下降，二氧化硫和氮氧化物的排放总量分别减少了30%以上。

（四）干成了六件大事

一是“4+4+4”的战略格局基本形成。集团新设立的环保节能、创新开发、海外投资三大平台和中铝物资集团成立。

今年3月23日，在雄安新区创立中铝环保节能集团公司。主要职责是：以壮大集团环保节能产业、推进资源全面节约和循环利用、提高发展质量和效益为目标，在整合优化集团内部环保节能资源及市场基础上，加大外部市场开拓，逐步发展成为具有行业影响力、竞争力的科技型服务型环保节能产业集团。

今年5月25日，在深圳成立了中铝创新开发投资公司，主要职责是：围绕增强集团创新发展能力，重点在高端材料及精深加工、终端产品制造、尖端技术引进吸收、战略性新项目领域加大开发投资力度，形成产业集群，实现下游产业的跨越发展，不断向高端化、终端化、国际化迈进，打造集团引领行业发展的新动能、新优势。

今年6月8日，在广州成立了中铝海外投资公司，主要职责：对集团海外项目开发建设实行集中统一管理，主要负责项目筛选、前期洽谈、向板块推荐项目，并根据板块委托，负责项目建设，条件成熟后，进一步整合集团全部海外资产业务，成为集团独立的海外业务板块和重要利润增长点。

今年6月8日，在天津成立了中铝物资集团公司，主要职责：围绕“大采购”“平台化”“金融化”战略目标，按照管运分离的原则，建立专业化的采购管理平台，强化供应链全过程管控，促进采购管理提升，培育采购竞争新优势，持续提高集团采购成本竞争能力。

今年12月7日，党组研究通过了中铝智能产业公司的组建方案，争取明年工作会前挂牌成立。

二是集团重组整合云冶集团，铜板块的实力进入全国前列，铝板块的氧化铝和电解铝产能全球第一。

2015年，云南省委省政府与集团党组就铅锌产业合作达成共识。2015年12月19日，集团与云南省政府签署全面战略合作协议，确定了中铜入滇及后续整合方案。

2016年4月13日，中国铜业迁址昆明正式挂牌。紧锣密鼓地完成了秘鲁铜业私有化退市、涉铜资产注入中国铜业、云冶整合方案顶层设计等工作。

2018年5月27日，中铝集团与云南省人民政府就中国铜业和云南冶金集团重组达成战略合作协议。11月13日，云南省国资委和中国铜业签署了《关于云南冶金集团股份有限公司的无偿划转协议》，标志着我国有色金属行业重大的战略性重组取得成功。云南冶金的加入，将使中铝集团氧化铝产能达到约2000万吨，电解铝产能将达到约800万吨，我们下一步的攻关目标是，加快将全球规模最大发展成为全球竞争力最强，特别是在云南打造具有全球竞争力的千亿级绿色低碳水电铝材一体化产业基地。

三是铝板块的沿海和海外战略取得重大进展，开启了全球化战略布局新征程。

2018年6月8日，中铝股份与几内亚政府签署Boffa项目矿业协议。8月31日，几内亚政府官方公报公告《矿业协议》，标志着《矿业协议》生效条件已全部完成，Boffa铝土矿项目成功落地。Boffa矿区可利用资源储量约17.5亿吨，可持续开采年限达60年以上。正是基于海外资源获取的重大突破，中铝股份决定在山东铝业和中州铝业全部使用进口矿。

9月28日，广西华昇新材料有限公司200万吨氧化铝项目开工。项目总投资59.21亿元，将建设2条年产100万吨氧化铝生产线，建设工期约20个月。标志着中铝集团港口基地的战略转型升级拉开了序幕。我们将以200万吨氧化铝项目为依托，延伸产业链，打造铝码头、氧化铝、绿色生态铝、铝加工全产业链的铝产业集群，加快“铝宝钢”项目落地。

10月28日，中铝股份几内亚Boffa铝土矿项目正式开工，首期建设规模为年产1200万吨铝土矿，将使中铝股份矿山自采率大幅提升。

四是铜板块的矿山和冶炼取得大发展。

2018年秘鲁铜矿和普朗铜矿有望产出精矿含铜20.5万吨和3.6万吨，利润21.5亿元和4亿元以上。

2017年，秘鲁铜矿实现了扭亏为盈。2018年6月1日，秘鲁铜矿二期扩建项目开工，标志着海外发展迈出更加坚实的步伐。

与此同时，东南铜业和赤峰云铜各40万吨铜冶炼基地项目点火试车和基本建成，标志着集团在打造集铜精矿贸易、铜冶炼、循环经济、精深加工产业为一体的铜产业集群，迈出了坚实的一步。

五是中铝国际A股上市。

2018年8月31日，中铝国际在上海证交所主板挂牌上市，首发新股2.959亿股，募集资金10亿元。

六是集团获批国有资本投资公司试点。

2018年12月，国务院批复同意将中铝集团列为第三批国有资本投资公司试点企业。

（五）取得了一批重大进展

一是铝板块精细氧化铝获得全球话语权，标志着高质量发展迈出新步伐。

二是铝板块的内部体制及重组改革取得新突破。中铝国贸入驻上海，山西企业和遵义企业实现一体化整合。

三是稀土板块的朝阳项目IPO材料获得证监会受理，登陆国内A股资本市场的步伐加快。

四是铝加工10米锻环、大飞机板材和其他配套材料经过多年攻关，今年成功实现批量供货，实现了多个“第一”。西南铝回购华融股权问题已完成洽谈和决策，为“双百改革”扫清了障碍。

五是资产板块启动了中铝科学院二期项目。

六是金融板块经过四年的培育。金融功能支撑、效益贡献、风险管理作用更加显著，小平台有大作为，迈向了央企优秀金融企业行列。

以上是我的初步提炼，也请大家提出更好的归纳总结意见。总的来看，四年来铝铜有色金属价格时高时低，我们没有把企业的命运寄托在市场，而是掌握在自己的奋斗之中，从我们形象比喻的，2015的连滚带爬年、2016的拳打脚踢年、2017的爬坡过坎年、2018的励精图治年，就可以看到我们攻坚克难、顽强拼搏的历程。

在取得成绩的同时，过去一年出现了一些失误和遗憾。比如，在环保方面，出现了广西稀土被央视曝光事件，河南、山东、山西等企业不断被处罚。在安全方面，贵州华锦、山西华兴的设备事故险些酿成重大的伤亡事故。在质量方面，贵州华仁的电解槽漏槽事件造成了不应有的建设质量事故。

二、关于建设世界一流企业的战略选择

2017年集团改革创新与发展战略研讨会，党组明确提出建设具有全球竞争力的世界一流企业的战略目标，到现在已经一年时间，经过本次研讨，大家对世界一流的认识在提升，共识在凝聚，目标更清晰。

（一）建设世界一流企业是党中央对中铝集团的战略要求

习近平总书记在党的十九大报告中强调，要加快国有经济布局优化、结构调整、战略性重组，促进国有资产保值增值，推动国有资本做强做优做大，培育具有全球竞争力的世界一流企业。总书记为新时代国企深化改革和高质量发展指明了目标方

向，提供了根本遵循。

集团党组深入学习贯彻落实习近平新时代中国特色社会主义思想和党的十九大精神，确立了新时代中铝的“两步走”战略：第一步，在第一个“一百年”，跻身全球有色金属行业的世界一流企业行列；第二步，在2035年前，成为具有全球竞争力的世界一流有色金属企业。围绕战略目标和战略安排，确定了“科学掌控上游，优化调整中游，跨越发展下游”的三大发展方略，加快了四大核心、四大协同、四大战略性新兴产业的打造，即铝、铜、稀有稀土、铅锌四大核心产业，工程技术、资本金融、贸易物流、工服物业四大协同产业，以及环保节能、创新开发、海外发展、智能制造四大新兴产业。加快从过去的一铝独大转变为多极支撑。

新时代新征程，我们要按照既定的战略部署，对标世界一流，建设世界一流，以更高目标、更强动力、更好成效，回报总书记对中铝集团的关心厚爱。

（二）建设世界一流企业的优势和机遇

我们心中始终有一个“大有色”梦。从1999年6月28日，国务院批复同意组建中国铝业集团公司、中国铜铅锌集团公司、中国稀有稀土集团公司，也就是大家常说的“三大集团”。到2001年2月23日，国务院批复成立中铝公司。再到2017年12月16日，中铝公司改制更名为中国铝业集团有限公司。转眼间我们已经走过了十多年的风雨历程，正值风华正茂，圆梦“大有色”、建设世界一流企业正当其时。

大家的发言，从不同维度，与世界一流做了对标，使我们清醒地看到了差距，也明确了从哪些角度蓄势发力。比如，在资源掌控力和市场话语权方面，我们不及力拓、必和必拓、淡水河谷等老牌能源矿产巨头；又如，在精深加工、高端制造等方面，我们不及美铝分拆后的奥科宁克等跨国企业。我们要以差距为导向，不断奋进，赶超世界一流。

新时代，新梦想，新作为。二十一世纪是有色金属大显身手的时代，也是我们中铝建设具有全球竞争力的世界一流企业的时代，在前进的路上，我们有困难，但是我们更有克服困难的优势。

一是央企的政治优势。习近平总书记曾旗帜鲜明地指出，中国特色现代国有企业制度，“特”就特在把党的领导融入公司治理各环节。党建搞得好不好决定着企业经营状况。坚持党的领导、加强党的建设，不仅是国有企业的“根”和“魂”，是我国国有企业的独特优势，而且是我们建设具有全球竞争力的世界一流企业的核心竞争力。

二是全产业链的优势。我们的“四梁八柱”涵盖了铝、铜、稀有稀土、铅锌四大核心产业，涉及勘探、开采、冶炼、精深加工全产业链，不仅氧化铝和电解铝传统产业已经成为全球规模最大的参天大树，而且四大协同产业正在茁壮成长，四大新兴产业已经播种发芽，未来前景可期。

三是资本运营的优势。与跨国巨头资本运营方式方法不同，中铝的资本运营体现了集中力量办大事的独特优势。无论是当初组建中铝公司，还是后来的整合壮大，乃至未来构建“大有色”，我们在企地合作、融资能力等方面走出了一条具有自身特色的发展道路。

四是技术引领的优势。我们在铝铜的上游和中游的技术引领能力仍居全球领先。我们形成了设计、施工、运营多方协力推进的项目建设新模式，氧化铝的工艺技术和装备制造能力达到世界领先，电解铝的电耗和排放达到世界先进。特别是，我们的高端铝材和军工保障能力仍然保持了绝对优势，军机铝材 100% 保供，是大飞机铝材的国内第一个合格供应商，在航空航天和国防军工有色金属材料保供方面，仍有绝对优势地位。

五是人才竞争的优势。伴随着中国有色金属工业走过的 60 多年发展历程，我们积淀了厚重的企业文化，很多企业老中青几代人，形成了忠诚企业、勇于创新、涵养各门类的管理、技术和高技能员工人才梯队。

中铝建设具有全球竞争力的世界一流企业，不仅有自身独特的优势，而且面临新时代难得的三大战略机遇：

一是加快转型升级的战略机遇。过去，中铝被亏损压得喘不过气、抬不起头，大家为生存而奋斗，苦练内功，奋发图存。经过四年多来的顽强拼搏，我们摆脱了亏损，盈利的基础牢固了，形象好了，实力强了，积累了进军世界一流的有利条件，应当也必须由“图存”转向“图强”，工作的总基调由扭亏脱困转型升级，转向改革创新转型升级，特别是通过一系列资本运作和战略重组，我们比历史上任何一个时期，都更具备建设具有全球竞争力的世界一流企业的有利条件。

二是加快倒逼自主创新的战略机遇。中美贸易摩擦，使我们更加清醒地认识到自身的薄弱，关键核心技术是要不来、买不来、讨不来的。我们到任何时候都不能忘记的初心，中铝存在的根本，就是满足国家需要，只有不断提升自主创新能力，把关键核心技术掌握在自己手中，才能从根本上保障国家经济安全、国防安全和其他安全。我们外有竞争对手的倒逼，但内有党和国家的支持，我们要善于化危为机，敢于走前人没走过的路，努力实现关键核心技术自主可控，把创新主动权、发展主动权牢牢掌握在自己手中。

三是加快提升全球影响力的战略机遇。改革开放 40 年的历程，成就了中国有色金属工业的辉煌。在全球有色金属的大舞台上，中铝理念和中铝声音正在凝聚并形成越来越多的共识。新时代新征程，面对“一带一路”的宏伟蓝图，中国改革开放的大门只会越开越大，我们必须重整行装再出发，紧紧抓住历史性的战略机遇，更快更好地“走出去”和“请进来”，融入全球产业变革的大潮，在更广阔的市场搏击风浪，成长壮大。到 2018 年底，集团资产总额将近 1000 亿美元，营业收入约 500 亿美元，将进一步提升在全球有色金属行业的话语权和影响力。

（三）建设世界一流企业的主攻方略

刚才，我们分 12 个专题，进行了对标分析，明确了赶超目标和路径，我认为，集团上下按专业、按板块、按领域，全面对标世界一流，加快赶超世界一流，各个板块和各项指标都赶超一流，建设世界一流就会一步一个脚印扎扎实实变为现实。

一是坚持党建法宝，办中国特色的世界一流。中国特色的世界一流企业，特就特在坚持党的领导、加强党的建设，特就特在道路、理论、制度、文化自信上，特就特在其实现途径、行动指南、根本保障的内在联系上，特就特在统一于中国特色社会主义伟大实践上。我们要不断增强“四个意识”，坚定“两个维护”，始终牢记总书记的重要批示，践行总书记的科学方法，落实总书记的系列讲话，筑牢中铝的“根”和“魂”。要始终牢记党建搞得好不好决定着企业经营状况，促进党建和生产经营的深度融合，建设有中国特色社会主义的世界一流企业。

二是坚持战略定力，把世界一流蓝图绘到底。万丈高楼平地起，建设世界一流企业不是一朝一夕一蹴而就的，需要一代人甚至几代人坚定不移地拼搏和付出。中铝走到今天，不能忘记初心，不能忘记经历的苦难，要吸取过往的经验教训，保持战略定力，登高望远，始终把建设世界一流作为最高价值追求，用世界眼光去认识政治形势、把握经济走势，用战略思维洞悉行业发展趋势，谋划中铝未来，既要多办一些近期能见效的大事、好事，又要着眼长远、着眼根本，多做一些打基础、做铺垫的实事、潜功，一张蓝图绘到底，不达目标不罢休。

三是坚持化危为机，统筹国际国内两个大局。今后几年，在外部形势上，我们要突出“防变”，目前来看，明年国际经济形势不会太好，国内宏观经济形势不容乐观。尽管世界经济整体保持增长，但危机的深层次影响仍未消除，经济增长新旧动能转换尚未完成，各类风险加快积聚。当前，经济运行稳中有变，经济下行压力有所加大，部分企业经营困难较多，长期积累的风险隐患有所暴露。我们要沉着应对中美贸易摩擦，以及单边主义和贸易保护主义带来的不确定性因素影响，增强预见性，及时采取对策，化危为机。长远来看，我们要积极应对新一轮科技革命和产业变革引发的深刻变化，集中力量办好自己的事情，不断增强我们在全行业乃至全球同行业说话办事的实力。要更加注重海外中铝建设，加快“走出去”和“引进来”步伐，增强内外融合度，提升全球竞争力，增强国际影响力和话语权。

四是坚持底线思维，做好应对不利情况准备。建设世界一流不会一帆风顺，我讲过，新常态就是变化快，我们不仅要直面全球复杂多变的政治经济大气候，而且要积极应对行业此起彼伏的频繁异动，既要严防看不见的“黑天鹅”，也要严防看得见的“灰犀牛”。要有预见性地引领行业发展，改变跟着感觉走的老套路，尽可能减少市场价格的大起大落，引领行业健康发展。当前和今后一段时期，特别要打好安全环保质量“三大攻坚战”，加快补欠账，坚决遏增量，牢牢守住风险底线，为迈向世界一流打下坚实的基础。

五是坚持履职尽责，履行好政治经济社会责任。世界一流的企业，就要尽到一流的责任，对内，我们要履行好政治责任、经济责任和社会责任，引领中国有色金属行业，贯彻落实创新、协调、绿色、开放、共享的新发展理念。对外，要对一切利益相关者肩负起应尽职责，就是要对股东负责、对客户负责、对员工负责、对社会负责、对环境负责。在“走出去”和全球化经营中，还要围绕打造“命运共同体”，围绕“责任共同体”，建设“利益共同体”，创新商业模式，实现与所在国经济、社会、文化和环境的协调发展。

总之，迈向世界一流的进程，就意味着走向全球有色金属舞台的中央，就更需要坚守正确的义利观，更需要注重与社会、人文和环境的协调发展，在全球市场中，塑造负责任、有担当的世界一流企业形象。

三、关于2019年工作的总体要求和基本思路

2019年是新中国成立70周年，是决胜全面建成小康社会第一个百年奋斗目标的关键之年。2019年中铝集团的主题是“创新求强”，我们已经从扭亏脱困起死回生转向改革创新转型升级，步入建设世界一流的高质量发展阶段，更需要创新求强。

（一）总体要求

2019年集团工作的总体要求是：以习近平新时代中国特色社会主义思想为指导，坚持改革创新转型升级的总基调，落实中央经济工作会议精神，贯彻新发展理念，按照高质量发展要求，加快推进“4+4+4”发展战略，坚持从严治党，坚持深化改革，坚持加减乘除，坚持高水平开放，坚持精准管理，坚持打好“三大攻坚战”，励精图治、创新求强，实现股东增值、企业增效、员工增收，提高员工的获得感、幸福感、安全感，为建设具有全球竞争力的世界一流企业努力奋斗，以优异成绩庆祝中华人民共和国成立70周年。

（二）六大任务

一是坚持从严治党，不辜负总书记殷切期望，促进党风企风更加好转。深入学习贯彻习近平新时代中国特色社会主义思想和党的十九大精神，增强“四个意识”，坚定“两个维护”，时刻与以习近平总书记同志为核心的党中央保持高度一致。开展“不忘初心，牢记使命”主题教育，打造忠诚干净担当的专业化干部队伍。落实新时代党的建设总要求和各项任务，建强基本组织，建好基本队伍，落实基本制度，把全面从严治党要求贯穿于各项工作之中，全力推动集团基层党建工作质量上台阶、上水平。

要深入贯彻中纪委三次全会精神，以政治建设为统领，加强纪律建设，继续推进“不敢腐”“不能腐”“不想腐”体制机制构建，高质量推进巡视巡察，改革纪检监察体系，加强纪检监察干部队伍建设，以党风廉政建设和反腐败工作新的成效，为集团改革发展提供保证。

二是坚持深化改革，贯彻总书记的三大变革要求，启动国有资本投资公司试点。学习贯彻党的十九届四中全会和中央经济工作会议精神，以“伤其十指不如断其一指”的思路，抓住国有资本投资公司试点的契机，做好顶层设计方案。推进“双百企业”试点。推进内部重组整合，做好云冶集团管理整合、中润和华兴等内部优化工作。

三是坚持加减乘除，践行总书记的科学方法，调整优化结构布局。要推进第二轮加减乘除，要加减并用，巩固加强一批，提升竞争力。创新发展一批，培育新动能。清理退出一批，消灭亏损源。要乘除并用，加快研发一批“杀手锏”技术和产品，释放科技红利，提升核心竞争力。重组盘活一批，瘦身健体，精干主业，提高回报率和劳动生产率，增创更高价值。

四是坚持高水平开放，落实总书记的对外开放要求，加快实施“沿海＋海外”战略。要贯彻落实纪念改革开放四十周年大会精神，积极融入“一带一路”建设。在沿海方面，充分利用沿海港口优势布局氧化铝，建立与境外铝、铜资源的产业链接，重点推进防城港氧化铝一期200万吨项目建设，确保2020年6月份建成投产。在海外方面，几内亚boffa铝土矿项目，力争2019年底矿山1#采场具备采矿条件，港口1#码头具备装船条件。加快几内亚氧化铝项目的前期工作和印尼氧化铝项目的可研决策。结合国内产能退出和存量资产盘活，积极推进氧化铝、电解铝、铝加工、铜冶炼等的国际产能合作，加快向资源能源富集区域转移。

五是坚持精准管理，落实总书记的精准工作要求，全面提升企业的基础管理水平。要在全面对标世界一流企业的基础上，以全面精准管理理念为指导，以开展基础管理一流工厂达标升级创建为平台，以建立数据化的基础管理评价体系为主要手段，建设中铝精准管理业务系统，为建设世界一流企业提供基础保障。

六是坚持打好“三大攻坚战”，运用总书记的问题导向法，加快补上安全环保质量短板。要落实习近平总书记以人民为中心的重要思想，从讲政治的高度一刻不停歇地实施好安全环保能力提升、清洁工厂建设、质量提档升级等十大工程，抓实风险分级管控示范厂矿建设，加快工业炉窑提标改造，坚决打赢第二回合的安全环保质量攻坚战。参照今年，明年新年上班第一天，集团将召开第二次安全环保质量攻坚战大会。

2019 年，各板块和企业要继续坚持目标导向，自加压力，无论外部市场环境如何变化，经营业绩只能前进，不能后退，特别是一季度要确保开门红，全年要再上新台阶，确保 EVA 由负转正，考核冲 A，为进一步推进行业重组整合，建设具有全球竞争力的世界一流企业奠定坚实基础，实现股东增值、企业增效、员工增收，不断提高员工的获得感、幸福感和安全感。

（三）**作风要求**

2019 年的作风要求是“四个更”，即状态更好、节奏更快、力度更大、办法更多。我们从 2015 年的“三讲”，讲忠诚、讲尽责、讲拼搏；2016 年的“四讲”，讲忠诚、讲尽责、讲拼搏、讲实效；2017 年的“四个要”，状态要好、节奏要快、力度要大、办法要多；2018 年的“四个再”，正是因为干部作风的不断提升和转变，促进了党风企风的明显好转，促进了企业的扭亏脱困转型升级。众所周知，没有最好，只有更好。我们追求的目标在提高，上级的要求在提高，群众的期盼在提高，2019 年，我们必须继续落实作风建设永远在路上的要求，与时俱进，做到“四个更”，最终落脚在效果更好。

最后，讲一下关于学习和运用逻辑思维。逻辑思维是众多学科研究的理论基础，主要发源于古希腊哲学，沿着“哲学逻辑→数理逻辑（解决数学问题）→计算逻辑（推动计算机发展）→其他应用逻辑（数据挖掘等）”的轨迹不断丰富和演进。

所有学科的终极问题都是哲学问题，而将哲学思考转发为科学思维的过程就是逻辑思维在起作用，其理念方法为最普遍的科学研究提供指导。

逻辑思维也有着很强的现实应用，上至政策制定推动社会进步，下至生产生活指导人际交往，都潜藏着逻辑学原理。一些政策文件如果逻辑不同或者前后不一，操作起来就会状况百出。干部讲话要做到“以理服人”，“把正确的道理用正确的方式讲清楚，让别人觉得正确”也需要有较高的逻辑学素养。

我们常说“做正确的事”和“正确的做事”，其中就有哲学的问题和逻辑的问题。另外，“加减乘除”中的加和减既有辩证关系也有逻辑关系。比如说，过去四年，如果我只关停落后产能，而不建设有竞争力的产业基地，就不能保住中铝在行业的领头羊的地位，也不会有以后的重组“优势”，甚至成为被重组的对象。

我们办事、说话要符合正确的逻辑，不能顺着自己的思维、自以为是的逻辑，如此，在商务谈判中，只能引起别人的反感，在工作推进中得不到人家的理解和支持。比如，一些报告，让人很费解，报告内容没错，但逻辑关系混淆，是顺着他的思路来写的，而不是顺着人家能理解的思路来写，似乎写给自己看，而不是写给人家看的。又如，请客吃饭，中国的主流文化是主人点菜，这种逻辑关系，导致了主人只会多点、不会少点，担心被人误解为小气，效果是花钱多、人家不一定爱吃。西方的主流文化是让客人点菜，导致客人只会少点和价格适中的，效果是主人花钱不多、人家吃得顺口。

刚才邓志雄董事指出，今天研讨会的会标是“2018 年改革创新与发展战略研讨会”，但研讨的却是 2019 年及未来的事，而不是 2018 年的事，这里就存在着会标是服从时间逻辑还是工作逻辑的问题。

奋进新时代，建设世界一流，我们必须保持永不懈怠的精神状态和一往无前的奋斗姿态，用智慧和汗水，为建设具有全球竞争力的世界一流企业贡献力量，谱写新时代中国梦中铝新篇章，以优异成绩庆祝中华人民共和国成立 70 周年。

瞄准世界一流战略目标 推动“4+4+4”产业格局全面落实

——在中铝集团2018年改革创新与发展战略研讨会上的讲话

集团党组副书记、总经理　余德辉

（2018年12月16日）

一、坚定战略目标引领集团转型升级

习近平总书记指出，战略问题是一个政党、一个国家的根本性问题，战略上判断得准确，战略上谋划得科学，战略上赢得主动，党和国家的事业就大有希望。通过深入学习贯彻习近平新时代中国特色社会主义思想和党的十九大精神，以红林同志为班长的集团党组围绕建设具有全球竞争力的世界一流企业目标，确定了“4+4+4”的高质量产业发展新格局，这既是党组深入学习贯彻习近平新时代中国特色社会主义思想的智慧结晶，也是解决集团主要矛盾问题的客观要求，更是加快转型升级、推动高质量发展、建设世界一流企业的重要路径。我们要保持战略定力，在2015—2017连续三年扭亏脱困转型升级，2018年改革创新转型升级的基础上，2019年要继续坚持改革创新转型升级工作总基调，加快创新发展，实现创新求强，久久为功，一张蓝图绘到底。

战略决定着长远发展，战略上的坚定源于理论认识上的清醒。战略体系包含三个维度：一是战略目标方向，是引领企业发展的旗帜，凝聚着前行的力量。集团党组确立的战略目标，就是新时代中铝的“两步走”战略：第一步，在第一个“一百年”，跻身全球有色金属行业的世界一流企业行列；第二步，在2035年前，成为具有全球竞争力的世界一流有色金属企业。战略方向就是科学掌控上游、优化调整中游、跨越发展下游。二是战略产业格局，即产业规划，要重点明确布局结构和发展路径。就是要加快构建“4+4+4”的高质量产业发展格局，做强做优铝、铜、铅锌、稀有稀土四大核心产业，加快发展工程技术、工服物业、资本金融、贸易物流四大协同产业，积极培育环保节能、创新开发、海外发展、智能制造四大新兴产业（平台）。三是战略执行力，就是要通过管理组织优化，统筹配置资源，实现生产要素的区域分布和优化组合，不断为产业持续发展注入新动能。我们要从以上三个维度，抓好集团的转型升级工作。

（一）要抓住转型升级的良好机遇

1. 持续向好的经营态势奠定了坚实基础。经过4年的艰苦努力，我们克服重重困难，遏制住了严重亏损，集团经营业绩一年一个台阶，资产负债率降至央企平均水平以下，劳动生产率大幅提升，走上了良性循环的发展轨道。同时，党建工作得到习近平总书记的重要批示，广大干部员工的精神面貌焕然一新，企业形象发生了根本性的变化，为我们加快转型升级赢得了宝贵的时间和空间。

2. 重大项目的突破进展创造了有利条件。几内亚铝土矿、秘鲁铜矿二期等一批重大项目开工建设，云冶集团正式加入中铝大家庭，内蒙古、广西、贵州等一批重要产业基地初具雏形，处僵治困取得重大进展，新兴业务平台快速搭建，为我们进一步优化布局结构创造了有利条件。

3. 新发展理念的全面落实提供了政策机遇。党和国家全面推进落实新发展理念，坚持质量第一、效益优先，以深化供给侧结构性改革为主线，推动经济发展质量变革、效率变革、动力变革，支持传统产业转型升级，构建绿色低碳的技术创新体系，为我们加快打造战略性新兴产业提供了难得机遇。

4. 广泛深入的学习讨论营造了良好氛围。通过深入学习领会党的十九大精神，全面总结党建工作成效，开展“十三五”规划中期评估、“五新”大讨论，启动科技、信息化管理改革等，使建设世界一流企业、推动高质量发展，成为我们研究思考工作的根本遵循，特别是各板块通过召开座谈会、务虚会，总结经验、梳理问题，明确了发展思路，形成了广泛共识，为我们加快转型升级奠定了思想基础。

（二）要把握转型升级的正确方向

方向问题至关重要，我们首先要解决“去哪里”的问题。集团的转型升级，必须要以党的十九大精神为指引，以供给侧结构性改革为主线，把建设高质量的产业供给体系作为主攻方向，加快传统产业升级发展，加快提升新兴产业的业务比重，促进集团产业整体水平向全球价值链中高端迈进，努力打造世界级的先进制造业集群。要坚定不移贯彻创新、协调、绿色、开放、共享的新发展理念，特别是要以创新引领发展，以绿色打造品牌文化，全面提升集团产业的影响力、竞争力，巩固行业市场主导地位。

（三）要加快构建“4+4+4”产业发展新格局

1. 聚焦发展打造世界一流的主业板块。要对标世界一流做强做优做大主业。按照“做一做二不做三”的要求，集团要在2020年跻身全球有色金属行业的世界一流企业行列，主业板块首先都要进入行业前三。铝、铜、稀土板块要抓紧研究制定建设世界一流、推动高质量发展的实施方案，明确工作目标和实施路径。

要实现铝的跨越式发展，特别要加强铝加工的建设。铝加工作为集团保障国防军工和高端材料的重要支撑，是我们的红旗工程，要坚定初心，巩固军工优势，让红旗高高飘扬。要做实铝加工，就要变革管理模式，在业务管理上进一步做实。要坚持跨越式发展，靠前指挥，贴近市场前沿需求，加大资本运作和投资力度，调动系统内外的积极性，加快轻量化、轨道交通、高端铝合金新材料的研发应用，打造市场竞争新优势。要积极筹备打造一流的铅锌产业平台。由中国铜业对云冶集团实施一体化管理，加快对云冶集团资产和业务进行优化重组，以驰宏锌锗为基础，构建铅锌板块平台（铅锌事业部），统一管理云冶集团和云铜集团的铅锌资产，同时积极整合外部资源，实施并购重组，最终实现铅锌板块的整体上市，加快构建大有色格局。

2. 协同发展增强服务业务盈利能力。大宗原材料的周期性特点，决定了集团主业板块盈利水平的上下波动。而协同产业主要处于服务业，在盘活集团闲置资产、提升集团盈利水平、增强集团抗风险能力等方面，正发挥出越来越重要的作用。要按照12月13日中央政治局会议提出的，推进先进制造业与现代服务业深度融合的要求，迅速增强盈利能力。下一步，集团协同产业要在改革创新上做文章。中铝国际要重点强化本部和骨干企业的总承包业务，整合监理资源集中统一管理，充分调动发挥各研究设计院和施工企业的特色优势实现差异化发展。要转变思维模式，选准对标方向，明确转型路径，组建铝模板等专业化公司，加强扩大铝产品应用，争做有色工程技术领域世界一流的创新型领军企业。中铝资产要突出抓好“4+X”产业发展，重点在工业产品、工业服务、优质物业、产业园区以及科技创新产业上狠下功夫，提高产品和服务的技术含量，增加集团利润增长点。中铝资本要按照集团金融、产业金融、特色金融的定位，坚持产融有序结合，进一步加快发展步伐，服务好实体企业。要研究大贸易、大物流体系构建工作，做好顶层设计，在维护和强化现有贸易物流格局的前提下，打造中铝物商平台，通过“买卖运”与信息流、资金流、组织流的紧密协同，在调度内部资金、提高权益归母比例、反哺板块盈亏等方面发挥“调节器”和“控制阀”作用，引领产业链发展，成为集团重要的效益增长点之一。

3. 创新发展加快培育高质量增长极。新兴产业代表着未来发展的方向。中铝环保成立以来，已经成功重组并表铝能清新，启动了一批环保节能改造项目，实现了资产业务的快速提升，呈现出良好的成长潜力和发展前景。下一步要加快市场整合，注重业绩积累，积极争取资质，加快发展壮大。中铝开投已经做出了三年发展规划，谋划了一批技术含量和市场化程度高的项目，下一步要在做好项目优选的情况下，加快项目落地，推动集团加快向产业价值链高端转型，成为集团转型升级的“加速器”，引领行业创新发展的新动能。中铝海外以几内亚项目开工为突破口，实现了良好的开局，下一步要积极积累海外项目运作经验，推进实施若干海外项目，为集团打造海外中铝发挥主力军作用。中铝智能要尽快完成组建工作，确保明年一季度挂牌运营，同步实施信息化管理体制改革工作，通过资源整合、滚动发展，加快打造集团智能服务产业。四大新兴产业是集团贯彻落实新发展理念，抓住新时代催生新业态、新模式、新产业的重要契机，迈向高端化、终端化、国际化、信息化的重要支撑，要统筹规划，全力支持发展，尽快成为集团高质量发展的新动能、新优势。

（四）要坚定目标取得转型升级的新突破

1. 在布局优化上取得突破。坚持有进有退、有所为有所不为的原则，进一步明确电解铝、氧化铝布局优化的线路图和时间表，有序实现“四个转移”，即向有煤炭优势的地区转移，向有清洁能源优势的地区转移，向环境容量大的地区转移，向国外和便于利用海外资源的地区转移，并适度集中、打造基地化产业集群，引领行业加快绿色低碳高质量发展。

2. 在“加减乘除”上取得突破。重点做好减法和除法，大力“处僵治困”，持续“瘦身健体”，一企一策关停并转，坚决淘汰缺乏竞争力的产能，清理处置低效无效资产，减亏损源，止出血点。要坚定“企业不消灭亏损、就消灭亏损企业”的思想不动摇，盯住亏损企业不放，坚决打赢亏损企业治理歼灭战。

3. 在整合重组上取得突破。抓住国务院国资委批准开展国有资本投资公司试点的重要契机，坚持质量效益导向，对外积极推进行业整合重组，增强市场话语权和全球竞争力。要深化“泰山工程”，积极争取国务院及财政部和相关金融机构的支持，力争转为资本金；对内加大资本运作力度，整合优化资产业务，分类实施专业化管理，增强协同发展能力，提升集团整体竞争优势。

二、改革创新保证战略目标有效落实

习近平总书记强调，要强化改革的责任担当，看准了的事情，就要拿出政治勇气来，坚定不移干。对中铝而言，战略目标明确后，需要我们本着“统一领导、统一指挥”的原则，持续推进管理改革创新，卓有成效地发挥集团在资源分配、机构优化、文化培育、信息沟通、考核激励相关制度建设等方面的协调、平衡和决策作用，确保发展战略的有效实施。

（一）要优化调整组织结构

发展战略决定着集团组织模式的设计与选择；反过来，发展战略的实施过程及效果，又受组织结构的影响和制约。下一步，要着力解决发展战略前导性和组织结构滞后性之间的矛盾，以适应发展战略的要求。

比如，对标世界一流企业的高效管控，需要我们进一步调整优化组织结构、业务流程、权责关系等，打造精干高效的集团总部，专业经营优势突出的板块平台，执行力强、标准化程度高的实体企业，分级管控、重心下沉，充分激发板块平台和实体企业的经营管理活力。

（二）要重组整合内外部资源

企业能够利用的资源是有限的，如何调动和分配不同领域的人力、财力、物力和信息等资源来适应发展战略，是促进战略顺利实施的关键所在。在集团战略实施过程中，只有对拥有的资源进行优化配置，达到战略与资源的匹配，才能充分保证战略目标的实现。

比如，我们确定了“4+4+4”的产业发展新格局，就要在全集团牢固树立一盘棋思想，加快内外部资源的整合重组，坚定不移打造四大核心产业、四大协同产业、四大战略性新兴产业，以战略决定结构调整，以市场决定资源配置。绝不能在资产整合过程中藏着掖着、搞小动作，必须局部服从整体，任何板块和企业都要服从这个大局。在这里再次强调，要正确理解“牡丹工程”，盘活资产增强盈利能力是一个方面，更重要的是加强板块之间的协作互动，以增强板块抗风险系统能力。

（三）要改革调整管理方式

在战略实施过程中，往往需要克服各种阻力，改变以往工作惯例，在管理体制、机制及管理模式等方面实施变革，为发展战略的有效实施提供强有力的支持。

比如，集团选择了战略管控模式，就要改变以往的操作管控思维模式，按照战略管控要求优化管理方式，构建功能定位明确、责权关系清晰、层级设置合理的管控体系。集团以战略 + 财务管控为主，按照“战略规划、人力资源、财务管理、资本运营、监督管理、党的建设”六大中心定位，主要负责战略管控、重大投资事项的决策审批、重要人事任免、财务预算实施及考核评价、资本运作、党的建设、监督监察及审计风控和法律合规等。板块平台以经营管理为主，是专业化的经营中心和利润中心，全面完成集团下达的各项考核指标，承担资产保值增值和资产回报责任。实体企业以生产管理为主，是具体的生产和成本中心，承担企业成本控制和利润目标任务。总的改革方向是明确的，但要实现这样的管理构架，还需要集团、板块、企业的共同努力，特别是要在解决企业历史包袱问题上下足功夫，若不解决好历史遗留问题，企业难以成为成本中心。

再如，我们目前正在积极申报国有资本投资公司，而投资运营公司实质上是授权经营模式，我们就要研究探索授权经营体制，充分激发和调动企业的动力活力。第一，需要加大简政放权力度，逐级梳理、精简、优化管理职能，减少审批核准事项；第二，需要层层建立权力和责任清单，明确监管重点，划出底线、红线；第三，需要逐级推进授权经营管理，建立战略层层分解、权力层层授予、责任层层落实的分级授权经营体系；第四，需要健全完善监督约束机制，要求授权单位进一步健全和规范决策制度，明确授权事项的决策、执行、监督机制，落实相应责任，严格责任追究。同时构建“大监督”机制，统筹运用监督资源，保证各项目标任务有效落实。

（四）要细化分解为年度目标

要根据战略规划，制定年度工作计划，通过实施分期预算控制，将发展目标逐年分解并落实到产销水平、资产负债规模、收入及利润增长幅度、投资回报、风险管控、技术创新、品牌建设、人力资源、企业文化、社会责任等可操作层面，并将年度预算目标完成情况纳入绩效考评体系，确保战略能够有效指导经营发展等各项工作。同时，要在实践中及时修订战略规划，确保发展战略更加符合发展实际和时代要求，始终保持正确方向。

比如，今年上半年，我们通过对集团“十三五”规划进行中期评估，使集团战略更加聚焦建设世界一流企业目标，更加体现了高质量发展的要求。下一步，我们要按照国家有关要求，适时启动做好“十四五”规划工作。

（五）要培育相应的企业文化

企业文化是发展战略有效实施的重要支持。发展战略制定后，要充分利用企业文化所具有的导向、约束、凝聚、激励等作用，以战略导向统一全体员工的行为观念，实现员工对企业发展和管理模式的高度认同，形成强大的凝聚力和执行力，共同为发展战略的有效实施而努力奋斗。

三、强化战略执行力需处理好六种关系

习近平总书记强调，为政之要，贵在执行，一分部署，九分落实。执行和落实是战略的生命力，我们在统筹推进战略落实中，需要着重处理好“六种关系”。

一是处理好战略与执行的关系。战略是执行的目标，执行是战略的落实。要确保执行的正确方向，就要提升战略的科学性、群众性和严肃性，决策要符合实际，尊重客观规律；要充分调动干部员工的积极性、创造性，形成工作合力；要保持稳定性和延续性，不因人而异、随意更改。要提高执行的定力、能力和动力。要有定力，咬定青山不放松；要有能力，保证实施的效果；要有动力，做到制度约束、示范引导、奖罚分明，调动起一切执行的积极因子。

二是处理好团结与干事的关系。团队执行力是将战略转化为实施结果的关键，团结和干事是决定团队执行力的两个基本因素。要以事业凝聚团结，以真诚增进团结，以制度巩固团结，其中事业是前

提和基础，没有共同的事业，就难以凝聚团队，团结也无从谈起。要不忘初心、牢记使命，以党的事业为重，把干事作为团结的出发点、落脚点，在合作中发扬团结，在干事中巩固团结，实现团结的目标和价值。

三是处理好目标与能力的关系。建设世界一流企业，推动集团高质量发展，需要一支政治过硬、本领高强的干部队伍，特别是在集团转型升级、创新发展的跨越关口，我们要跟上时代要求，跟上实践要求，跟上员工要求，增强“八项本领”，坚持以战略思维、创新思维、辩证思维、法治思维、底线思维统揽全局、协调各方，创造性开展工作。要把想干事、能干事、干成事作为检验干部的重要标准，用专业的人干专业的事，想干事是前提，能干事是保证，干成事是目标，实现能力与目标任务相匹配。

四是处理好制度与技术的关系。制度是执行的约束性保障，技术是执行的支撑性保障，两者相互作用，服务于执行。制度要突出前瞻性、张性和刚性，作用于执行的全过程，确保执行轨道和途径。技术是手段，也是方法，要具备精准性、实效性和能动性，围绕制度展开，维护和落实制度，根据执行需要，不断创新策略和方法，确保执行力度和效率。两者于执行而言，犹如车之双轮、鸟之两翼，只有共同作用、同向发力，执行才会优质高效。

五是处理好评估与奖惩的关系。评估是对执行结果的评价与判断，奖惩是对执行效果的激励，两者反映执行又反作用于执行。要更加重视评估的基础性作用，突出合规性、效益性和风险性评估，让执行在法治轨道上进行，注重成本与效益，降低各种风险，多维度反映执行效果。奖惩要建立在评估的基础上，并确保客观、公正、透明，合理适度，最大限度发挥正向激励和反向鞭策作用，以促进战略的有效实施。

六是处理好组织与个人的关系。组织是个人的载体，是基础和前提；个人是组织中最活跃、最具创造性的能动因素。二者是紧密的利益共同体，相互依存、共同发展。管理大师德鲁克强调，个人发展的越好，组织也会取得更多的成就，反之亦然。所以，作为组织的成员，我们要担当尽职，珍惜组织提供的广阔空间，最大程度为实现组织战略目标施展才华、贡献价值。同样，作为组织，我们也要为担当者担当，为负责者负责，为敢于担当者撑腰鼓劲，为有德有才有为者提供更大舞台，让个人的贡献得到相应的回报。

建设世界一流企业，实现“两步走”战略目标，是我们共同确定的宏伟蓝图，使命在肩、时不我待，需要我们以“功成不必在我”的精神境界，“功成必定有我”的历史担当，全力推进落实，以新作为、新业绩交出新时代、新征程的满意答卷。

背水一战打赢攻坚战

——在中铝集团安全环保质量攻坚战誓师大会上的讲话

集团党组书记、董事长　葛红林

（2018 年 1 月 2 日）

一、坚决落实总书记的要求

习近平总书记在党的十九大报告中强调，人民美好生活需要日益广泛，不仅对物质文化生活提出了更高要求，而且在安全、环境等方面的要求日益增长。

在安全方面，总书记强调，树立安全发展理念，弘扬生命至上、安全第一的思想，健全公共安全体系，完善安全生产责任制，坚决遏制重特大安全事故。总书记还反复强调，绝不要带血的 GDP。

在环保方面，总书记强调，必须树立和践行绿水青山就是金山银山的理念，坚持节约资源和保护环境的基本国策，像对待生命一样对待生态环境，建设美丽中国，为人民创造良好生产生活环境。

在党的十九大后召开的首次中央经济工作会议上，习近平总书记再次强调，打好污染防治攻坚战，要使主要污染物排放总量大幅减少，生态环境质量总体改善，重点是打赢蓝天保卫战。同时明确指出，对用地工商手续不全，并难以通过达标改造的污染企业，要坚决关停，绝不手软；对可以改造达标改造的企业，要限期达标。

在质量方面，总书记强调，中国制造要向中国创造转变、中国速度要向中国质量转变、中国产品要向中国品牌转变。创新是企业的动力之源，质量是企业的立身之本，管理是企业的生存之基。

对于军工产品，总书记强调，要坚持质量至上，把质量问题摆在关系官兵生命、关系战争胜负的高度来认识，贯彻质量就是生命、质量就是胜算的理念，建立质量责任终身追究制度，着力构建先进实用的试验鉴定体系，确保装备实战适用性。

总书记也多次强调，必须坚持质量第一、效益优先，把提高供给体系质量作为主攻方向，显著增强我国经济质量优势。质量就是生命，建立质量责任终身追究制度、工匠精神和精准管理。

我们要认真学习贯彻总书记关于安全环保质量问题的一系列重要要求，全面贯彻党中央、国务院的决策部署，提高政治站位，坚持问题导向，把打赢安全环保质量攻坚战，作为检验党性的重要标准和锤炼过硬作风的实际行动，持之以恒抓实抓细抓好。我们必须深刻认识到，做好安全环保质量是对央企最直接、最根本的要求，如果我们连最起码的要求都落实不到位，就是对不起党和人民，对不起广大员工群众，更谈不上建设具有全球竞争力的世界一流企业。

二、这是一场输不起的攻坚战

近年来，通过推进精准管理，深化巡视巡察，持续强化整改，开展“安全、干净”班组竞赛，大多数企业，特别是实体企业的生产经营环境有了很大的改变。但是，我们必须清醒看到，与总书记的要求相比，与员工群众的期盼相比，与世界一流企业对标，我们既有历史的欠账，也有当前的不足。

（一）安全是当前中铝管理最本质的薄弱

安全是企业管理的综合反映，检验着企业的管理水平。2014 年，中铝共发生 7 起事故，10 名员工工亡。2015 年，发生 8 起事故，10 名员工工亡。2016 年，发生 6 起事故，6 名员工工亡（自 2016 年起，开始统计相关方事故，共 9 起事故、工亡 22 人）。2017 年，发生 5 起事故，5 名员工工亡（相关方事故 6 起、工亡 6 人）。

力拓集团 1998 年发生 12 人次的工亡事故后，把“零伤害”作为追求目标，在理念、管理、考核等方面层层防控关键风险，20 万工时损工率由 2000 年的 6.44 降低到 2016 年的 0.46，下降了 14 倍。

安全是当前中铝管理最本质的薄弱，最本质地反映了公司上下的基础管理，不少企业虽然没有出现工亡事故，但存在着极大的安全风险，如果不抓，早晚要出事，只是时间未到。

（二）环保是当前中铝生存最大的风险

在环保方面，近几年来，因环境问题被督察通报、约谈或者媒体曝光的情况时有发生。据统计，集团公司所属企业被省级以上环保部门约谈、通报或中央媒体曝光环境问题数量，2014 年有 3 起，2015 年有 5 起，2016 年有 3 起，2017 年有 2 起。在巡视督察反馈中，一些单位的环保仍然存在行政许可手续不全、环保设施运行不正常、污染源在线监测系统不完善、固体废弃物（危废）处置不合规、无组织排放严重、“小散乱污”等突出问题。

从最近集团一些环保问题企业遭遇的限令停产整治、限产限期整治、追责问责罚款等处理，充分表明“企业不消灭污染，污染就消灭企业”，这绝不是危言耸听，而是实在的现实，已经危及企业的生存，败坏到中铝的形象。可以说，当前的中铝，面临的最大风险点是环保的历史欠账，按过去标准兴建的老厂、老生产线、老设备已经落后于现有的要求，要生产、要生存就必须去改造、去达标，这不是你想不想改的问题，也不是你想着说服政府的问题，更不是你能拖而不改的问题，已经直接是生存的最大威胁。各实体企业一定要上升到关乎企业生死存亡的高度来对待，要坚决做到达标排放，将达标排放作为企业的生存底线，不容任何侥幸，不找任何借口。

（三）质量是当前中铝发展最大的短板

质量不仅指产品质量，而是涉及管理运营的全流程，企业生命的全周期，渗透在每一个环节。在质量方面，虽然近年来有明显改善，但问题仍然不少，比如：

我们的勘探质量问题不少，经常出现不是资源量不足，就是资源品质缩水，基本上没有看到多的，只有看到少的。

我们的设计质量问题不少，设计不精心、不认真，有的是一张图纸用到底，有的中控室设计还是20世纪，看不到新时代感。

我们的施工质量问题不少，返工现象时有发生。

我们的生产质量问题不少，尤其是铝铜加工企业的成材率和合格率不高，始终是效益和订单流失的主要原因。集团公司2017年就有81件质量事件，其中B类质量事件1起，C类质量事件80起。

我们的管理质量问题不少，小到写报告不认真、不精心，不是数据不对，就是结论模棱两可，大到项目论证不严谨、不上心，不是这个没预见，就是那个没想到，最终干成赔本的项目。

上述问题，从本质上讲就是思想问题，就是没有做到三严三实，更缺乏工匠精神。进入了高质量发展阶段，我们必须加快质量变革，实现全员、全过程、全要素提质增效。

安全环保质量攻坚战是一场输不起的战役，不是我们要不要打的问题，而是你不打就没有退路的问题，攻坚战的成败，将检验公司上下全体党员干部是不是看齐中央，是不是对党忠诚，能不能扛起党和人民的信任和重托，能不能带领员工群众创造美好生活。"三大攻坚战"只能打赢，不能打败。

三、背水一战，坚决打赢

在中国特色社会主义新时代，我们以怎样的新气象和新作为，踏上新时代的新征程？我认为，就是要率先践行新发展理念，不要带血的利润，不让污染坏了名声，不让质量砸了饭碗，以自我革命的勇气和决心，破釜沉舟，自断退路，背水一战，以战时的紧张、力度和效率，打赢安全环保质量"三大攻坚战"。

（一）集团决定背水一战

2015年，中央巡视组进驻中铝开展专项巡视，有力地帮助我们正风肃纪，拔烂树，治病树，护森林，党风企风明显好转。

2016年，国务院国有重点大型企业监事会进驻中铝，指导帮助我们梳理问题清单，高标准严要求整改，堵住了不少漏洞，挖出了许多效益。

今天上午，集团党组又一次召开了专题会，对"三大攻坚战"作了分析、研究和部署，进一步统一了思想，统一了意志，下定决心，背水一战。

最近有消息说，今年中央将在地方督察的基础上，向中央企业派出督察组，全面开展环保督察。我看如果有，我们倒可以借此督察东风，争取列入第一批被环保督察范围，借助中央的力量，帮助我们进行一次全面彻底的大体检。主动接受督察，表达的不是我们对问题不多的自信，而是我们解决问题的自信。公司上下必须有一个正确的态度，一是不怕有问题，就怕问题被忽视、被隐藏，难以彻底干净地解决。二是不怕问题复杂，就怕问题得不到收敛性解决。三是不怕问题尖锐，就怕问题久拖不决导致失控，最终付出沉重代价。要学好用好中央督察组的好方法，像抓党风廉政建设一样，让安全环保质量巡视常态化，事故警示教育制度化，抓常抓长，久久为功。

如果中铝集团没有被列入第一批环保督察范围，我们也要按照中央的要求，参照中央环保督察的做法，全面开展内部环保督察。从现在起，各企业就要当作督察已经入驻，自查自纠自改，把问题解决在事前而不是事后，向党中央和员工群众交出满意的答卷。

（二）各级干部要背水一战

2017年以来，集团上下通过强基固本专项行动，查找了一大批典型问题，目前已经确定了安全环保质量全面大整改攻坚战标志性项目，其中，涉及安全的有12项，涉及环保的有16项，涉及质量的有9项。安全环保质量方面存在的问题，既有历史的存量，也有现在的增量，要对历史的问题不回避，对现在的问题不新增，减少存量遏制增量。

习近平总书记强调，“各级领导要牢记责任，不要眼开眼闭，不要玩忽职守，不要欺上瞒下，出了问题是要追责问责的。祁连山生态环境遭破坏案件，党中央进行了严肃查处，就是一个反面典型，大家要引以为戒”。透过现象看本质，每一个安全环保质量问题的背后，都折射出个别干部根深蒂固的坏习惯。

一是老想着“用老套路”，用老眼光看新问题，用老套路应对新标准，这是普遍存在的坏习惯。

二是老想着“蒙混过关”，工作停留在低标准，遇事心存侥幸，马马虎虎应付，造成的损失更大。

三是老想着“环保是负担”，老企业对环保投入斤斤计较，新建厂压缩投资先砍环保，看似降低了成本，实则埋下了定时炸弹。

四是老想着“责任是他人的”，认为责任是前任的、是承包商的、是历史遗留的，客观原因找多了，主观行动就少了，导致工作不做为，或者不到位，小事酿成大祸。

坏习惯反映的是作风问题，是我们工作的大敌。要彻底扭掉坏习惯，破除传统惯性思维方式，破除粗放型发展方式，破除安全环保质量陋习，立出高标准，降低风险总值，降低污染物排放总量，降低客户投诉和质量事件，建立高质量发展的长效机制。

要在非常时期拿出救灾的力度和效率，哪里有问题，分管领导就钉在哪里，带头打冲锋，率先啃硬骨头，带领员工做到工作状态再好，决策节奏再快，整改力度再大，解决办法再多，补旧账、查新账、清欠账，打好主动仗、翻身仗。

（三）发动群众背水一战

打赢安全环保质量攻坚战，集团党组态度坚决，还要看干部的行动快不快，员工的士气高不高。

要充分发动员工。通过宣传、动员、组织，形成攻坚克难的浓厚氛围，让每一个中铝人都充分认识到，安全环保质量不是负担，而是转型升级的机遇，不是可有可无，而是涉及企业生存的大问题。要对照新发展理念，深入研究本单位存在的突出问题，列出清单，落实到每个人，逐项整改。这次攻坚战方案中作出的建设十项工程决定，涉及集团的每一个层级，是全员参与、全面提质的攻坚工程，要落实到每一名员工。

要紧紧依靠员工。员工是最可爱的人，也是最有智慧的人，大家常年身处一线，时刻以厂为家，最了解安全环保质量存在的问题，也最善于又好又快地解决问题。各级干部要拜员工为师，向员工学习，扑下身子接地气，谦虚谨慎通下情，紧紧依靠员工办企业，真正做到“身入”更要“心至”。要发动员工合力攻坚，聚焦安全环保质量，兴起合理化建议、小改小革等创新热潮。各级党政工团要迅速行动起来，问需于员工，问计于员工，问策于员工，依靠员工的智慧，群策群力，解决企业最急迫的现实问题。

要增加员工获得感。各板块和实体企业要用好绩效考核的指挥棒，让员工群众在攻坚战中体现价值，增加获得感。要定期给企业排排座，重奖重罚，让先进单位香起来、响起来，让一线员工得实惠、有劲头。要通过“三大攻坚战”，为员工建设美丽班组、美丽车间、美丽工厂，营造健康安全美丽的生产和生活环境，建好“小家”，带动“大家”，引领行业绿色发展，为美丽中国做贡献。

同志们，安全环保质量人人有责，“三大攻坚战”要人人尽责。让我们迅速行动起来，从讲政治、顾大局、谋发展的高度，打一场全员全过程全方位的攻坚战，在建设具有全球竞争力的世界一流企业的新征程上，谱写新时代中国梦中铝新篇章！

打赢安全环保质量攻坚战 迈向高质量发展新时代

——在中铝集团安全环保质量攻坚战誓师大会上的讲话

集团党组副书记、总经理 余德辉

（2018 年 1 月 2 日）

一、坚持六项原则，实现九项目标

以习近平新时代中国特色社会主义思想为指导，全面贯彻落实党的十九大精神，特别是新发展理念，坚持以供给侧结构性改革为主线，以等不起、慢不得的精神状态，围绕安全、环保、质量抓重点、补短板、强弱项，坚定实现安全零工亡、环保超净排放、质量领先的目标。

各级党组织和领导班子必须深刻认识到打好“三大攻坚战”不仅是发展方式的转变，更是思想观念的一场深刻变革，要采取有力措施，带领员工从根本上励精图治、清除阻碍集团公司可持续发展的障碍，推动集团公司迈向高质量发展新时代。

打赢“三大攻坚战”要坚持六项工作原则：

一是坚持新发展理念。对照新发展理念，准确把握集团公司进入新阶段的新特点和新挑战，制定新目标和新举措，以新的担当、新的作为加快结构调整和转型升级，推进安全环保质量管理由粗放转向集约，由事后转向事前，让员工向往安全，追求工匠精神，让绿色成为普遍形态。

二是坚持高质量发展。破除传统惯性思维方式，破解结构不平衡、内涵不充分的沉疴，攻克安全环保质量技术难题，有计划退出高风险高耗能工艺设备，打造“平安中铝”“绿色中铝”“中铝品牌”，创造标杆企业，掌握有色行业安全环保质量话语权。

三是坚持底线思维。用最大努力从最坏处着想，争取最好的结果，显著降低风险，显著降低污染物排放，显著降低客户投诉，牢牢把握市场竞争的主动权。

四是坚持问题导向。把问题清单转化为任务清单，对照国内最严标准理出重点、短板和弱项，在解决问题中倒逼转型升级，立出高标准，培育新动能，开创高质量发展新模式。

五是坚持精准施策。细化、深化、实化“三大攻坚战”的各项任务，建立“点对点”的跟踪、督办、验证机制，实施精准考核；打击假记录、假指标、假重视，全面提标、提质、提效。

六是坚持齐抓共管。坚持统一领导、党政同责、部门协同，确保安全、环保、质量管理长牙齿、强能力；综合运用标准、考核、督察、惩治等刚性的措施，以钉钉子精神，撸起袖子打赢“三大攻坚战”。

通过打赢“三大攻坚战”，实现9项新目标：

（一）落实不安全不生产，企业生产安全工亡事故为0；

（二）落实不达标排放不生产，污染物排放达标率及固废处置合规率100%；

（三）落实不合格不出厂，管控质量指标达标率100%；

（四）较大及以上突发环境事件为0；

（五）环境问题整改计划完成率100%；

（六）员工职业健康体检实检率98%以上；

（七）风险总值与2017年同比降低20%以上；

（八）20万工时损工率与2017年同比降低20%以上；

（九）质量损失及质量事件同比下降20%以上。

二、对照清单整改，夯实底线标准

2017年9月10日以来，各板块事业部、实体企业对照安全20个方面、环保19个方面、质量11个方面开展了全覆盖的问题梳理，经历了“四上四下”，形成了全级次的《问题清单》，大清查出的问题就是“三大攻坚战”的任务。要对照《问题清单》，按照“五定”原则制定《整改清单》，整改要刚性，整改要彻底，整改要固化。

（一）安全生产

1. 重点解决七类突出问题。重点解决安全风险管理基础不牢，安全风险辨识走过场；安全教育培训实效性差，企业负责人、安全管理人员和特种作业人员无证上岗，“十条禁令”不落地；安全环保管理机构设置和人员配备与日益严格的安全环保要求差距大、能力弱；“三同时”手续不全，矿山（含尾矿库）无安全生产许可证或超能力违法生产、堆存；承包商资质与承包业务不符，层层转包分包；重大危险源安全监测防护应急设施缺失，特种设备未定期校验；使用国家明令淘汰的设备、材料和工艺等突出问题。

2. 固化措施，持续改进。一是坚守安全底线。证照不全或矿山超能力违法生产的，停产整顿；“三同时”滞后，严禁建设和投产；违反“十条禁令”的，下岗学习，年度内发现两次违反禁令的行为，解除劳动合同；特种设备未经检验合格投入使用，追究管理人员责任；三等以上尾矿库必须实现在线监控，地下矿山必须建立六大系统，重大危险源危险化学品储罐必须实现远程监测监控；按规定设置安全管理机构和配齐人员。二是实施精准培训，企业主要负责人、分管负责人、安全管理人员、特种作业人员必须经培训合格后持证上岗，加强特种作业人员实操培训。建立各岗位应知应会题库，一线员工每周至少进行一次岗位风险的重新辨识测评活动；每月至少进行一次岗位操作规程的背诵测评活动；每年至少进行一次安全上岗合格证的取证复审培训。三是生产、检修业务外包的作业，企业必须统一纳入自己的管理体系。实施“七步法”严管承包商，严禁项目违法分包、转包，严禁承包商资质与承包业务不符，严禁使用负面清单的承包商。四是所有危险作业都必须进行审批和监护，危险性较大分部分项工程必须制定专项方案论证后实施，群体性作业分级现场监护，3人以上三级危险作业车间负责人、10人以上二级危险作业厂矿负责人、30 人以上一级危险作业企业负责人要亲临现场指挥监护。

（二）**环境保护**

1. 重点解决五类突出问题。重点解决环保责任未压实，行政许可手续不全；环保投入不足，环保设施运行不正常，超标排放，“小散乱污”现象突出；污染源在线监测系统不完善；工业垃圾堆场建设不规范，危废和固体废弃物管理不健全，处置不科学；环境应急体系建设滞后等突出问题。

2. 坚守底线，不越红线。一是建设项目必须依法合规。加快解决建设项目环保手续和环保资质证照不完善的问题，及时完成环保竣工验收及环境影响后评价，严格落实环评批复及环保验收文件要求。二是不折不扣地执行“大气十条”“水十条”，坚决实现大气和水污染物 100% 达标排放。对标国内外先进企业，巩固和持续实施工业废水“零排放”工程，限期完成一批锅炉超低排放、工业窑炉特别排放限值改造项目等，着力解决污染物排放超标问题。三是切实加强企业无组织排放管控。做好原燃物料堆场的抑尘，尤其是煤场的封闭；优化运输、装卸等工艺流程，确保无扬尘抛洒。四是规范固体废物收集、包装、转移、贮存和处置。严格按照《国家危险废物名录（2016 版）》、建设项目环评报告及批复等相关要求，全面彻底排查历年电解铝大修渣等危险废物处置情况。对下游 10 公里内存在水源地等敏感点的库、场严密防控环境风险。各板块事业部要组成检查组指导企业全面核查，及时组织开展同类型企业的交流，确保排查治理到位。

（三）**质量**

1. 重点解决四类突出问题。重点解决质量管理制度缺失以及配套办法不全；产品质量不稳定、客户索赔、退换货和退库损失大；设备能力不足、精度不高、性能落后；过程监控、检测以及人员管理不到位等突出问题。

2. 培育工匠精神，创造中铝品牌。一是推行产品质量收益和损失的货币化，清晰质量责任，制定问责办法，减少质量损失。二是加强原材料源头控制，建立追溯机制。三是推行操作标准化、厂房封闭化，减少人为质量波动频次和损失，降低外部对质量的影响和干扰。四是健全设备能力、精度以及性能定期检验、检修以及提升制度，确保设备处于良性状态。五是加大产品过程监控、检测力度，提前研判产品质量的优劣，确保最后一道工序出来全是合格产品。

三、建设十大工程，全面提标提质

在集中力量解决前述 16 类突出问题的过程中，集团公司将重点督办 10 项工程，干好 37 项标志性项目。

（一）**精准安全管理体系工程**

围绕“3132”思路，以安全生产标准化为基准，全面整合职业健康安全管理体系的安全管理措施，形成完善的、简捷的、管用的精准安全标准化管理体系，统一理念、统一标准、统一精度、统一审核，让标准成为习惯，让习惯更加符合标准。中国铜业、中国稀土、中铝国际、中铝资产要加快矿山、稀土冶炼、建筑施工和工业服务企业安全管理体系标准制定，中铝股份、中国铜业、铝加工事业部要对已颁氧化铝、电解铝、铜冶炼、铜铝加工安全管理体系标准进行换版修订，废除与集团公司安全理念不一致的现象。培育 10 个精准安全管理体系示范厂矿。2018 年，集团公司将建立精准安全管理体系综合审核和考评办法，由内部专家团队独立审核，年年排序，走上体系化、常态化、持续改进的道路。

（二）安全能力提升工程

建立各层级安全能力提升的量化标准，分级组织对各级负责人员安全能力进行轮训。通过标准化作业和“十条禁令”执行提高执行力；通过激励和人才培养提高成长力；广泛应用安全管理有效落地方法工具，激发全员参与热情，提高员工现场力；继续大力开展“安全、干净”班组竞赛，对示范班组滑坡实行摘牌机制，2018 年再评选 100 个示范班组标杆，提升班组长本领和员工凝聚力。要优化一岗双责清单，建立针对性的量化履责底线标准和考核标准，将员工个人 30% 的绩效工资收入与其安全履责过程及安全绩效挂钩。升级改造现有应急救援信息化平台，2018 年先期实现对集团公司所有重大危险源实时监测监控，建立风险管控和安全教育培训信息子系统。加快推进集团公司安全技术研究平台的建设，为集团公司安全发展提供技术支撑。

（三）安全风险管控工程

2018 年 3 月 30 日前，形成班组、车间、厂（矿）、企业四个层级的风险辨识成果清单、危险作业清单、上锁挂牌清单，所有需要上锁挂牌的危险作业严格执行，实现能量隔离，坚决做到不安全不工作。2018 年 9 月 30 日前，各板块要自下而上，全员发动，再次全面辨识，科学评估，摸清风险值底数，分级管控，培育 10 家风险分级防控的示范厂矿。加大对承包商的整顿力度，减少数量，提高质量，培育诚实守信、管理规范、施工能力强、业务水平高的承包商队伍，培育 6 家承包商安全管控示范企业。严格执行建设项目职业病防护设施“三同时”制度，落实职业病危害告知、日常监测、个体防护和职业健康体检等措施。

（四）本质安全工程

在所有实体企业全面推行物理隔离，推进门禁系统，实施人车分流、设备设施防护、危险区域隔离等，完善皮带、转动设备、临边、高处、吊装区域的防护，创建 5 个物理隔离示范厂矿。在大型施工现场，全面推行门禁及监控系统，将安全资质与门禁卡关联。加快淘汰高风险落后的设备、工艺和材料，全面落实国家安监总局发布的《淘汰落后安全技术装备目录》和《金属冶炼企业禁止使用的设备及工艺目录》，重点抓好中国铜业矿山防爆阻燃电缆的更换，实施东轻、西南铝盐浴槽关闭计划，加大远程监控技术应用力度，在危险岗位实施“无人值守”试点。

（五）危险废物无害化处置工程

要站在建设美丽中国的高度，按照减量化、资源化和无害化的原则，大力推进危险废物无害化处置工程。即将成立的集团环保节能公司要尽快取得危废无害化处置的相应资质，并在电解铝集中度较高的省份取得处理厂地；要加快兰州分公司等电解铝大修渣无害化处理中心建设，从根本上解决其对环境的影响。

（六）清洁工厂建设工程

限期完成大气治理提标改造。重点抓好氧化铝、电厂、碳素厂工业炉窑烟气超低排放改造工程，对标国内外先进企业，限期完成治理和提标改造。

加强无组织排放管控。各实体企业要重点做好原燃物料堆场、运输道路、物料转运设施、岗位产尘点、尾矿库等抑尘措施，严格控制运输车辆的抛洒漏。

加大老企业“紧凑型工厂”的升级改造。坚持土地集约高效利用，抓住升级改造的机会，优化总图配置，优化运输装卸工艺，整合堆场，消灭物料“回头”，下狠功夫扭转粗放、散乱局面。

再创一批工业废水“零排放”企业。坚持按照最严格的生态环境保护要求和水资源税改革的趋势，以控制水污染风险为核心，以巩固“零排放”成果、节约新水用量为基础，以限期实施一批“零排放”改造工程为重点，以新项目“零排放”建设为引领，加快技术创新，优化用水结构，全面提升工业废水“零排放”水平。

各实体企业要主动与地方政府对接，获取并做好企业周边水体、土壤本底值的存档，定期进行比对监测，建立信息共享机制；冶炼企业要争取所在地政府的支持，共同建设“工厂绿色隔离带”。

（七）绿色低碳示范工程

高标准建设项目。新建项目要对标国际一流企业，从项目的可研、环评、设计、建设、验收等环节，全面进行环境风险分析评价，制定最严格的管控措施，最高标准进行项目建设，打造东南铜铜冶炼基地、赤峰云铜环保升级搬迁改造项目等行业环保标杆。

大力发展绿色产品。调整工艺结构，对现有高耗能、高排放的生产线进行关停、改造，或异地搬迁建设，逐步降低集团公司高耗能产品的比重，重点抓好江苏国盛稀土分离生产线异地升级改造项目二期工程、汽车轻量化项目、新型稳流保温铝电解槽等节能技术推广。加大固废综合利用技术的研发，进一步推广赤泥基复合净水剂、土壤调节剂、建材、选铁、铜冶炼渣提取有价元素等绿色产品。

优先使用新能源和复垦还林。开发和优先使用水电、风电、光伏发电、天然气等清洁能源；大力推广矿山复垦技术，迪庆有色普朗铜矿等矿山要争创省级绿色矿山试点单位。

（八）质量提档升级工程

管理制度提档升级。2018 年要对质量管理制度或办法进行提档升级，要坚持“产品是生产出来的”，坚持“不合格产品坚决不出厂”，坚持质量事件必须“曝光”和“四不放过”，坚持“全面质量管理”等理念和要求。

操作标准提档升级。各实体企业要通过补齐操作标准、修改操作标准、提高操作标准等一系列活动，为高质量产品的生产提供支持。

管控指标提档升级。本着板块管控指标数量大于集团公司、板块管控指标值高于集团公司的要求，各板块事业部、实体企业要在集团公司质量管控数量基础上放大管控数量，提高目标值。

设备性能提档升级。针对目前各实体企业设备存在能力不足、精度不高、稳定性不强等问题，通过设备提档升级活动，按照“轻重缓急”的排序逐步给予解决。

（九）质量科技攻关工程

中铝股份针对氧化铝流程中的冶金级氧化铝粒度含量开展攻关。

铝加工事业部针对 C919 大飞机用铝材和 5××× 薄板带黑条质量开展攻关。

中国铜业针对 C19400 电子框架材料气泡问题和“零”表面质量缺陷开展攻关。

中铝稀有稀土针对高性能烧结钕铁硼永磁体的研发并产业化和满足国Ⅵ汽车尾气净化催化剂产品进行攻关。

中铝国际针对设计成品优良率迈上新台阶进行攻关。

（十）质量品牌建设工程

标杆产品或指标建设。各板块事业部选定3～5个产品或者指标向国内一流标准看齐，各实体企业选定1～3个产品或者指标向行业领先看齐。

现场培训基地建设。各板块事业部在内部挑选专业技术、管理等实力较强的企业作为现场教育培训基地，采用理论和实际相结合的培训方式，对三个层级的人员因材施教，突出工匠精神的培养。

商标注册。原则上一类产品冠名一个含“中铝”字样的商标，整合板块旗下商标数量，提高商标的含金量，提升中铝产品的知名度，逐步树立品牌形象，扩大影响力。

设立“中铝集团质量奖”。每年针对在质量方面做出突出贡献的企业、研究院以及个人，授予“中铝集团质量奖”称号。鼓励实体企业2018年争创省部级及以上质量奖。

关于“三大攻坚战”的实施意见，集团公司已下发1号文件，37项标志性项目在此不再宣读。

四、提高政治站位，严肃工作纪律

党的十九大报告把安全生产作为“打造共建共治共享的社会治理格局”的一项重要工作来安排；把生态文明建设定位为“千年大计”，是新时代的一项标志性工程。党的十九大报告同时指出，“必须坚持质量第一效益优先，推动经济发展质量变革”。安全环保质量这三件事是关乎集团公司永续发展的大事要事，必须下大决心、下苦功夫才能扭掉当前被动局面。因此，公司党组决定用一年的时间打好“三大攻坚战”，不达目的誓不罢休。在此，我强调三条工作纪律。

一是领导带头，班子负责。“三大攻坚战”能否打赢，是检验各级领导班子“四个意识”是否坚定，与党中央、国务院的战略部署是否完全对标对表、是否紧跟看齐、是否表里如一的大是大非问题，考验着各级领导干部的工作作风、工作能力和工作耐力。各级领导班子要发扬斗争精神，强化问题导向，聚焦突出问题研究解决方案。明确各板块事业部、实体企业一把手是“三大攻坚战”第一责任人，分管业务领导是具体责任人，领导班子对行动统一负责、统筹协调，承担主体责任；各专业部门要自觉落实“管工作必须管安全环保质量”的直线责任，主动补位，勇于担当，形成党政工团齐抓共管的合力。

二是盯紧目标，严肃问责。“三大攻坚战”以板块事业部为作战单元。各板块事业部要制定本板块的攻坚战目标、重点工程，优先安排资金，加速项目审批，并按照“清单制”“台账式”的方式，遵照“五定”原则分解目标和任务，将压力逐级传导到一线；总部将建立安全环保综合考核评价制度；将安全生产、生态保护、质量升级纳入领导干部任期审计范畴；集团职业健康安全环保督察组要把“三大攻坚战”作为2018年全年督察工作主线，运用巡视督察、“回头看”、专项督察、机动督察、驻厂督察等方式，持续加大督察力度，对“三大攻坚战”开展不力，抓得不严不细不实的单位和责任人将严肃问责，让督察工作长出“獠牙”；各板块事业部要严格考核问责，做到“不换思想就换人”。各级领导干部要主动认领标志性项目，继续实化包保班组制度、“河长制”，发挥考核问责的硬约束作用，一票否决，一抓到底。

三是掌控舆情，宣传督办。各实体企业要把加强社区管理作为一项重要工作，主动拓展与社区的邻里融合关系，取得社区的信任和支持，形成良性互动、和谐共处的新局面。各板块事业部、实体企业要准确研判媒体、非政府组织（NGO）、社会公众关切的安全环保质量问题，正面引导，回应关切，掌控舆论的主导权和话语权，化解和降低负面影响，指导改进工作，妥善处置突发事件，为打赢“三大攻坚战”营造良好的舆论环境。

既然是攻坚战，我们就要拿出战斗的姿态，主动出击，主动整改，高质量补齐短板后，集团公司才能走上高质量发展的新道路。我们要凝心聚力、砥砺前行，不弛于空想，不骛于虚声，以钉钉子精神踏踏实实做好各项工作，开启全球竞争力的世界一流企业新征程。

坚持党管人才原则　做好党管人才工作

——在中铝集团2018年科技工作暨成果产业化推广会议上的讲话

集团党组书记、董事长　葛红林

（2018年4月25日）

一、人才决定中铝未来

党的十八大以来，习近平总书记多次强调人才的重要性，"要把人才资源开发放在科技创新最优先的位置"，在参加今年广东人大代表团审议时明确指出："发展是第一要务，人才是第一资源，创新是第一动力。"总书记的"三个第一"抓住了如何高质量发展的根本，我认为完全适用于我们中铝，而且适用于我们各个企业。

一是加快克服制约中铝发展的人才短板。当前，中铝进入了转型升级高质量发展的关键时期，各级领导干部要清醒地看到，目前从集团到基层企业普遍存在人才欠缺、欠强的问题，领军人才不足，没有两院院士，更没有世界级大师。此外，专业人才储备不足，高端研发、高级复合型专业人才和专业领军人才短缺等仍是制约企业当前和未来发展的短板。

从去年开始，国内多个城市就陆续出台人才政策，纷纷向各类优秀人才抛出"橄榄枝"，"人才争夺战"已席卷全国。今年3月，就连国内最难落户的城市——北京、上海和广州，也先后提出"聚天下英才而用之"。北京瞄准七类紧缺人才，上海"剑指"全球性卓越人才，广州则直击"高精尖缺"产业人才。

各级党组织要充分认识到人才是赢得企业竞争力的第一资源，进一步增强抓好人才工作的使命感和紧迫感，要以时不我待的精神，加快做大做强人才队伍的步伐，有的企业要尽快遏制人才流失，有的企业要尽快补充增配人才。总之，我们要吸引更多的各方面人才到中铝创业发展，进一步强化和优化人才队伍。

二是高质量发展的关键靠人才。决胜全面建成小康社会、夺取新时代中国特色社会主义伟大胜利，关键在党，关键在人，关键在培养造就一支高素质专业化的人才队伍。集团作为有色行业排头兵，承担着保障国家战略资源安全和国防军工材料的重要使命，在建设社会主义现代化强国的伟大征程中，我们不仅要自身高质量发展，还要引领行业高质量发展，充分发挥好国家队、主力军、顶梁柱的作用。而扛起这一重任，关键要有一支高质量的人才队伍。

要突出创新人才导向，持续提高引人用人质量，着力培育一批具有国际水平的战略科技人才、科技领军人才、青年科技人才和高水平创新团队。当前，环保节能、开发投资、海外三大平台要加快会聚真才实干的人才。原来一般讲真才实学，这里说的是真才实干，新时代是干出来的，我们的事业最需要实干的人才，引进要加快，但不能滥竽充数。

三是战略目标实现的关键靠人才。一流的企业需要一流的人才作基石。集团已经开启建设具有全球竞争力的世界一流企业的新征程，新时代中铝的战略目标是：第一步，在第一个“一百年”，跻身全球有色金属行业的世界一流企业。第二步，在2035年前，成为具有全球竞争力的世界一流有色金属企业。要实现这个目标，需要一流的人才队伍来支撑。

我们要激发人才潜力、动力和活力，点燃攀登科技高峰的激情。对于科研人员，没有这种攀登高峰的激情，是干不成大的科研成就的。我们常说“不想当将军的士兵不是好士兵”，类似地，不想当院士的科研人员也不是好的科研人员。科研人员要通过自己的努力和成果，得到社会的公认。要瞄准前沿，着眼高端，突破关键核心技术，形成竞争新引擎，在新材料、新装备、新产业等重要领域打造出更多的“杀手锏”，成为领跑者和开拓者，让行业跟着中铝走。因为一个企业没有“杀手锏”是不行的，一流企业往往不仅有一代技术，而且还有二代、三代、甚至四代技术，对外输出的往往只是前一代技术，“杀手锏”技术才是企业核心竞争力的持续保障。

二、各级党组织要扛起党管人才的领导责任

坚持党管人才原则、加强党管人才工作，是以习近平同志为核心的党中央的要求，是深入实施人才强企战略的迫切需要，是提高集团人才工作科学化水平的坚实基础。目前，集团正处在改革创新转型升级的关键时期，各级党组织要适应新时代人才工作的新趋势、新特点、新要求，扛起党管人才的政治责任和领导责任。

一是要解决好“管什么”的问题。用人权是最重要的执政权，党管人才的核心是保证党的全面领导、保证党的执政地位。党管人才是人才工作的重要原则，是企业党组织发挥政治核心作用的重要途径。

党管人才管什么？中央已有明确的意见，主要是管宏观、管政策、管协调、管服务，目的是更好地统筹人才工作和其他各项工作，通过制定政策、创新机制、改善环境、提供服务，为一切有志成才的人，提供更多发展机遇和更大的发展空间，充分体现党爱人才、党兴人才和党聚人才。各级党组织必须坚持好党管人才的原则，谋划好本单位的人才工作，把握好方向，整合好力量，部署好工作，解决好问题，保证党的人才工作方针政策全面落实到位。联系到我们的企业，如果引进的人才提出离职，所在的党组织就要反思是不是存在关心不到位，帮助不到位的问题，通过查找组织上的问题，进一步提高和改进人才工作。

二是要解决好“如何选人”的问题。习近平总书记强调，“环境好，则人才聚、事业兴；环境不好，则人才散、事业衰”。坚持党管人才原则，重点要解决好体制机制不“对症”、不“解渴”的问题。

要改变人才选拔方式，“相马”“赛马”并举。“相马”是由个人或集体发现、推荐、培养和使用人才。“赛马”是通过搭建“赛马场”，建立一个可以赛出人才的机制，用事实与数据说话，通过比赛选出“好马”。“相马”“赛马”选拔人才各有优劣，两者结合可相得益彰。要坚持实践砺才，特别是对没有基层成长经历的干部和储备人才，要创造条件让他们到艰苦岗位和基层一线摸爬滚打，在历练中成长，确保优秀人才的成长进有依据，上有通道，留有舞台。

三是要解决好“如何用人”的问题。习近平总书记多次用“墩墩苗”来比喻年轻干部的成长。“墩墩苗”来源于尖毛草的启示。尖毛草被誉为“草地之王”，它的生长过程很特别：在最初半年里只有一寸高，甚至看不出在生长。而雨季一旦到来，它就像被施了魔法一样，三五天时间就能长到一两米高。原来，雨季前，尖毛草不是不长，而是在向下长，6个月时间扎根地下可达28米。尖毛草向下长，是为了积蓄向上的力量。

这种“向下”与“向上”的辩证法，给了我们深刻的启示。我们要鼓励年轻干部，特别是没有基层任职经验的机关优秀人才到基层任职，到艰苦岗位，到困难企业去锻炼，让他们在挑战自我中摸爬滚打，滚出一身泥巴味，用业绩和数据说话，也像“草地之王”一样厚积薄发。

党管人才原则坚持得好不好，最终要看人才队伍的数量多不多、质量高不高。各级党组织要积极探索人才培养和使用方式，努力营造人人渴望成才、人人努力成才、人人皆可成才、人人尽展其才的生动局面，让企业成为聚集人才的“磁场”，人才成长的“沃土”，干事创业的“乐园”。

三、上下合力确保党管人才政策落地

把人才作为我国经济社会发展的第一资源，是党中央基于新时期新形势做出的重要判断。抓好“第一资源”，必须加强党对人才工作的领导，把人才工作摆上重要位置，上下合力确保党管人才政策落地。

一是各级党组织书记要担起第一责任。随着经济全球化和多元化发展，错综复杂的国内外形势，让党组织建设面临前所未有的挑战，也对各级党组织书记提出了更高要求。身体力行是最有效的示范，以上率下是最有力的引导。

各级党组织书记要看齐中央，提高领导人才工作的政治站位。要紧跟时代步伐，主动接受人才的新事物，了解人才的新现象，在学习的道路上不停步，将“五个过硬”中的本领过硬展现到具体的领导工作中。要带头尊重人才，关心人才，爱护人才，特别是当人才碰到困难，遇到挫折，更要当知心人、帮助人，在“容败容错”上做担责人、保护人，在本单位形成人才辈出、人尽其才、才尽其用的生动局面，使党对人才工作的领导更加生动有力。

二是人力资源部门要发挥牵头抓总作用。人力资源部门要聚焦战略目标、科技创新和产业转型，深度融入创新驱动高质量发展的“主战场”，发挥好引才育才用才的牵头抓总作用。

“牵头”，就是把单独一个部门做不了、做不好，需要跨部门、跨地区协调的事项，由人力资源部门挑头来做，整合各种资源，形成工作合力。比如：在编制人才发展规划、重大人才政策研究、人才发展体制机制创新等方面。各部门和用人单位好比“珍珠”，人力资源部门的作用就是穿针引线，把“珍珠”串好，让珍珠闪闪发光。

“抓总”，就是抓住影响全局、引领方向的关键工作，强力推进，抓出成效。人力资源部门要强化目标导向，围绕人才工作中的薄弱环节和瓶颈问题，积极研究人才流动趋势和人才发展规律，跟踪把握产业转型升级对人才发展的新需求，在优化用人环境上下功夫，在宏观上做加法、微观上做减法，为人才松绑，提高政策含金量，增强人才的获得感。联系各单位的工作实际，如果纳入人才库管理的某个人才离职了，这个单位就要认真反思人家为什么要离职，总要说出原因，弄个明白。否则怎能改进工作。

三是用人单位要发挥党管人才的主体作用。实践中我们都有这样的体会，落实党管人才工作，关键靠体制机制。各用人单位要认真贯彻执行党的人才工作方针政策和集团的总体安排和部署，直面人才工作的短板和问题，在强化“四个机制”上做文章。

建立科学决策机制。凡涉及人才工作的重大决策和部署、重要文件、重要活动安排、重大事项，要事先征求相关部门意见，并经同级党委审定。

完善分工协作机制。及时将年度人才工作要点、重点工作任务进行分解，明确工作质量、进度要求、落实措施等。

建立沟通交流机制。采取定期召开人才工作领导小组例会的形式，交流工作进展情况，研究解决重点难点问题。

健全督促落实机制。采取年度检查与日常督查相结合的方式，定期对所属企业和部门的工作落实情况进行检查，定期分析、评估人才发展状况。

各级党组织要按下招才引才的“快进键”，做好“筑巢引凤”的大文章。既要注重培养引进大量高层次领军人才、创新人才，也要注重培养一大批实用型、技术型人才。既要引进和用好“外来凤凰”，也要培养和用好“本地卧龙”，努力形成“龙凤呈祥”的生动局面。

集团已经开启了建设具有全球竞争力的世界一流企业新征程，集团上下要聚焦发展战略，进一步解放思想，更新观念，以更宽广的视野和胸怀，加强人才工作，广开进贤之路，选好用好各类人才，为集团改革创新转型升级提供坚强的人才保证。

充分激发创新活力 开创新时代中铝科技工作新局面

——在中铝集团2018年科技工作暨成果产业化推广会上的讲话

集团党组副书记、总经理　余德辉

（2018年4月25日）

一、充分肯定科技创新工作取得的新成效

通过深入学习贯彻习近平新时代中国特色社会主义思想和党的十九大精神，大力实施创新驱动发展战略，坚持问题导向深化科技体制改革，加快科技创新体系建设，完善科技激励机制，不断加大科技投入，集团的科技创新实力、引领发展优势正在集聚和凸显，突出体现在以下几个方面。

（一）创新氛围逐渐浓厚

通过连续召开科技大会，科技创新的战略意义、第一生产力、引领发展的第一动力意识已经牢固树立；依靠科技创新，培育发展新动能、打造竞争新优势成为高度共识；崇尚创新、尊重人才的氛围更加浓郁，科技人员的创新激情、创造活力得到不断迸发和涌现，创新驱动已成为集团发展的主旋律。

（二）体系建设逐步夯实

坚持建设创新型集团，加强科技创新体系建设，初步形成了以中央研究院为核心、以国家级企业技术中心和国家高新技术企业为基础的多层次、多平台自主创新体系，同时加强与高校、科研院所、兄弟央企广泛开展交流合作，基础研究、协同创新和产业化应用能力不断提升，为集团加快创新发展奠定了坚实基础。

（三）科研成果不断涌现

聚焦产业链高端，重点加大环保节能、新材料及精深加工产品研发力度，多项重大关键技术取得突破，制备出国内最大截面铝合金及超大宽厚比的预拉伸板，5N高纯铝靶材产品质量达到国际先进水平，初步实现了乘用车用铝合金材料及零部件产品类型研发的全覆盖，具备了为汽车企业提供全铝车身一揽子解决方案的能力，有力助推了集团转型升级、促进价值创造和战略性新兴产业培育。

（四）转化应用明显加快

把成果转化作为创新链中的重要环节，加快了“FHEST技术”（新型保温铝电解槽技术）、铝土矿“一高一低一去”专项技术、铜冶炼资源综合利用技术、精细氧化铝新产品等一批科研成果的产业化推广应用，扩大价值提升，显现良好经济效益，促进了节

能减排和资源高效利用，提高了集团绿色发展水平。

（五）军工保障能力提升

围绕军品降本、提质、国产化加大公关力度，军品销量、大飞机铝材供货量稳步提升，销售额达近 27 亿元，增幅均保持两位数增长，较好完成了航天航空等国家重大工程、国防军工所需高品质、高性能合金材料的保供任务，充分彰显了央企的国家使命。

这些成绩，都是广大科技工作者和全体干部员工辛勤努力的结果，应该予以充分肯定。同时我们也应清醒地认识到，集团科技创新工作对照高质量发展要求，对照建设世界一流企业目标，还存在诸多差距，除了刘祥民在报告中讲到的四点不足之外，还需要进一步深入查找、细化落实，不能简单停留在投入不够、机制不活、人才不足等问题表面，要找出具体短板和薄弱环节，需要硬件投入的要加快研究决策，需要解决机制问题的要通过改革破除藩篱，需要引进人才的要按照市场化给予薪酬待遇。例如，在投入方面，我们的科技投入占收入的比重虽然与创新企业相比还有差距，但绝对数值也不是一个小数目，如何用好这笔钱，形成合力，研发出我们的杀手锏、国之重器，提高竞争力，值得研究。总之，围绕激发创新活力、提升科技实力，要开绿灯、给任务、给机制、给条件、给支持，但要有投入产出比，要出科技成果、出高端产品、出杀手锏。科技管理部要围绕科技创新集中会诊把脉，有针对性地加快解决。

二、深刻认识新时代对科技创新的新要求

进入新时代，推动高质量发展已经成为我们开展工作、研究思路、制定措施的根本遵循和根本要求。科技创新作为引领集团未来发展的战略制高点，也必须遵循这个大逻辑。要按照习近平总书记提出的“面向世界科技前沿、面向经济主战场、面向国家重大需求”的总要求，进一步明确新时代集团科技创新工作的新定位、新目标、新任务，抓落实、见行动，更好地服务集团高质量发展。

（一）明确新时代科技创新的战略定位

习近平总书记在党的十九大报告中指出：“创新是引领发展的第一动力，是建设现代化经济体系的战略支撑。要加强国家创新体系建设，强化战略科技力量。”

经过长期努力，集团科技创新工作已经迈上了一个新的战略起点，正处于从量的积累向质的飞跃、点的突破向系统能力提升的攻坚阶段。特别是在当前改革创新、转型升级的关键时期，实现弯道超车、跨越发展，比以往任何时候都更加需要强化科技创新的引领和驱动作用。谁牵住了科技创新这个“牛鼻子”，走好了创新驱动发展这步先手棋，谁就能掌握战略主动，抢占未来发展制高点。

中美贸易战，美国对中兴通讯进行制裁，再次警醒我们，突破关键领域的核心技术，已成为举国最重要的战略任务。必须牢固树立发展是第一要务、科技是第一生产力、人才是第一资源、创新是第一动力的思想，以更加宽广的国际视野准确把握科技创新的极端重要性，把科技创新上升到集团发展的战略高度，摆在关系全局的核心位置，凝聚起更为强大、更为持久的科技创新力量，加快从要素驱动、投资规模驱动发展为主，向以科技创新驱动发展为主转变，为推动集团高质量发展、实现世界一流企业目标提供有力支撑。

（二）找准新时代科技创新的目标方向

科技创新的战略导向十分紧要，必须抓准，以

此带动科技难题的突破。习近平总书记强调，要瞄准世界科技前沿，全面提升自主创新能力，力争在基础科技领域作出大的创新、在关键核心技术领域取得大的突破。

具体到中铝而言，就是要面向提高发展质量和效益，以核心技术自主研发和应用技术集成创新为重点，在重大关键共性技术研究、重大工程技术集成创新、新材料与产品开发、智能制造和网络信息技术应用、科技成果转化和产业化以及国防军工和国家重点型号工程配套材料研究等方面进行重点突破，加快形成一批具有自主知识产权的重大科技成果，掌控若干杀手锏技术，着力推动发展方式转变、产业结构优化、增长动力转换，不断增强集团的创新力和竞争力。

要抓住新一轮世界科技革命和产业变革机遇，加快提升集团的整体科技实力，缩小与世界一流水平的差距。要巩固集团主导产业生产技术的行业领先优势，推动矿山、冶炼、材料及加工领域的整体技术水平，由国内领先、世界先进向国际领先水平迈进，由个别环节、局部领跑向全产业链、整体领跑转变，把集团打造成为核心技术能力突出、集成创新优势明显的创新型领军企业。

（三）落实新时代科技创新的重点任务

按照习近平总书记提出的“培育具有全球竞争力的世界一流企业”总目标，今年工作会上，红林同志对集团创建世界一流企业做出了“两步走”的安排，首先是要在2020年跻身全球有色金属行业的世界一流企业行列。实现这一目标，时间紧迫、任务艰巨，需要科技工作提供强大的动力支撑，世界一流必须是科技创新一流。

刚才刘祥民在报告中重点安排了新材料、新产品、短流程、绿色生产、军工配套等六个方面的科研推广项目。除此之外，集团“十三五”科技规划中还有八个方面32项重点科研任务，这些“卡脖子”问题都需要加紧攻关，转化为现实生产力。科技管理部、中央研究院要围绕“十三五”科技规划目标任务，做好中期评估，对未完成的科研和推广应用项目，要制定任务台账，明确线路图、时间表和责任单位，强化跟踪督办，建立倒逼机制，确保每一项重点任务及时有效落实。

集团各板块、各实体企业、各研究院要进一步强化紧迫感和责任感，以时不我待、只争朝夕的使命担当，切实肩负起开启新时代中铝科技创新跨越发展的重要使命，肩负起支撑高质量发展的重要使命，肩负起加快建设世界一流企业的重要使命，深入研究和解决产业发展亟需的科技问题，统筹安排科技资源，集中力量抓重点、补短板、破瓶颈，加快突破关键核心技术，培育高附加值尖端产品，向产业链价值链的高端迈进。

三、奋力开创新时代科技创新工作新局面

面对新时代、新要求，急需加快质量、效率、动力变革，充分激发科技创新的动力活力，为开创科技工作新局面提供体制机制保障。

（一）深化科技管理体制改革

创新是一个系统工程，创新链、产业链、资金链、政策链相互交织、相互支撑，必须科技创新、制度创新两个轮子一起转，发挥协同作用。要破除制约科技创新的思想障碍和制度藩篱，改革科技管理体制，理顺科技管理部和中央研究院工作职责，做实和强化中央研究院能力建设，赋予包括提出集团科技战略规划和产品战略规划，组织实施重大科技项目研发等一定的管理职能，成为集团科技创新的核心平台、战略决策的支持机构、高层次科技人

才的聚集基地，发挥其创新领军作用，加快推进科技研发和科技成果转化。

科技管理部要围绕激发科技创新活力、改革科技管理体制、完善科技激励机制开展调研，组织包括总部相关部门、中央研究院及各分院、相关板块设计研究院、企业技术中心的同志进行多层次的座谈，突出目标导向、问题导向、需求导向、创新导向，广泛征求和听取意见，尽快拿出科技管理体制改革的一揽子方案，推动集团科技体制及其相关机制深刻变革。在科研机构功能定位、平台体系建设、科技投入管理等方面深化改革，形成管理职责清晰、创新主体明确、人才充满活力的体制机制。

（二）持续强化战略科技力量

战略科技力量是科技创新体系的中坚力量，是加快提升科技创新能力、培育壮大发展新动能的根基所在。目前集团已经形成了以中央研究院为核心的多平台创新体系，下一步要围绕创新平台建设和能力提升，加强资源整合，优化体系布局，重点加快打造引领行业发展的创新基地。要结合各自研究领域和研究重点，加强与国内外一流科研院所和科技型企业对标，加快技术追赶和自我超越，加大关键共性技术、前沿引领技术、颠覆性技术攻关力度，提升核心竞争力，抢占战略制高点。要加强创新体系内外部的战略协同和专业化分工，通过差异化和跨越式发展，构建特色鲜明的区域化科技创新格局。

要整体谋划集团科技资源的合理配置，构建系统完整的创新产业链。创新是从基础研究、应用研究、技术开发到产业化的完整链条，每一个环节都十分重要。特别是基础研究、应用基础研究是技术创新的源头，关系到产品开发、产业升级的先发和后劲，但由于不能带来立竿见影的效果，很容易被忽视。下一步要作为重大基础工程来抓，打造原始创新高地，不断扩大授权专利、发明专利规模，上升为行业和国家标准，让行业跟着中铝走。要聚焦重点科研任务，从基础前沿、重大关键共性技术到应用示范，进行全链条创新设计、一体化组织实施。科技管理部、中央研究院要建立客观的科技成果评价激励机制，不断调动和激发各创新主体的积极性。

（三）加快科技成果转化应用

成果转化是企业开展科研活动的根本目的。目前我们创新和转化的衔接还不够紧密，成果转化方式还略显单一。去年中铝股份在科研项目中试点实行了风险抵押、收益底线保证、额外收益分享等办法，取得了明显效果，为集团科技成果的产业化和推广应用提供了参考和经验。今年要下决心在激励机制上消除中梗阻，打通成果转化的最后一公里，加强产学研用结合，加快科技成果向现实生产力转化。要探索建立以互联网＋为基础的科技创新服务体系、服务机制，推进科技成果集成和共享，提升集团科技资源对产业发展的技术服务能力。

要推动科技创新与产业发展深度融合，促进新技术、新产业、新业态加速成长，改造提升传统产业，塑造更多依靠创新驱动的引领型发展。要加快创新开发投资平台建设，不断探索技术创新、管理创新、商业模式创新三位一体的创新驱动发展机制和运营模式，重点在高端材料及精深加工、终端产品制造、尖端技术引进吸收、战略性新产业领域实现跨越发展。

（四）营造科技创新良好氛围

建设高水平的科技创新队伍，是提升集团科技实力的关键。要加强中青年和后备科技人才培养，打造具有国际水平的战略科技人才和科技领军人才。

要紧扣激发人的积极性、创造性这一根本，建立创新命运共同体，使谋划创新、推动创新、落实创新成为全体科技人员的自觉行动。要大力宣传科技创新的典型事迹，弘扬科学精神，尊重人才、尊重科学研究规律，营造鼓励创新、宽容失败的创新文化。要逐年加大科技投入力度，提高研发投入占销售收入的比重，让经费为人的创造性活动服务。要加强科研诚信建设，引导科研人员坚守学术诚信、恪守学术道德、完善学术人格、维护学术尊严。

创新引领发展，科技赢得未来。让我们深入贯彻党的十九大精神，激发一切创新资源，凝聚一切创新力量，奋力开创新时代科技工作新局面，为推动中铝集团高质量发展，加快建设具有全球竞争力的世界一流企业努力奋斗！

法治中铝再上新台阶

——在中铝集团2018年法治工作会议上的讲话

集团党组书记、董事长　葛红林

（2018年10月15日）

一、切实加强党对依法治企工作的领导

党的领导是社会主义法治最根本的保证。习总书记强调："党的领导是中国特色社会主义最本质的特征，是社会主义法治最根本的保证。把党的领导贯彻到依法治国全过程各方面，是我国社会主义法治建设的一条基本经验。"从中铝集团近年来扭亏脱困转型升级的实践看，只有把党的领导贯彻到法治中铝建设的全过程，企业才能持续健康有序发展。

（一）以习总书记的重要讲话为根本遵循

习总书记关于法治工作的重要讲话，是习近平新时代中国特色社会主义思想的重要组成部分。总书记始终把依法治国作为"四个全面"战略布局的重要方面，特别强调："国无常强，无常弱。奉法者强则国强，奉法者弱则国弱。"要求推进国家治理体系和治理能力现代化，不断构建新的体制机制、法律法规，更加注重治理能力建设。强调坚持问题导向，主动适应改革需要，积极发挥引导、推动、规范、保障改革的作用，做到重大改革于法有据，改革和法治同步推进，增强改革的穿透力。要加强法治队伍建设，加强纪律教育，健全纪律执行机制。

总书记关于依法治国的重要讲话为法治中铝建设提供了根本遵循。我们要在工作实践中学懂弄通，让总书记关于全面依法治国重要讲话精神，在法治中铝建设和改革发展转型升级中落地生根。

（二）坚持党对依法治企工作的领导

各级党委要带头用法。要坚决做到有法必依，确保企业生产经营符合法律法规要求。要充分保障党委在企业治理结构中的法定地位，严格按照决策权限管理办法和"三重一大"决策办法，落实好党委研究讨论前置程序，把党的路线方针政策和上级党组织的决策部署不折不扣地落实到位。

按照《中央企业主要负责人履行推进法治建设第一责任人职责规定》和集团出台的实施办法，各单位主要负责人是法治建设第一责任人，要牢固树立法治意识，把责任担起来，要亲力亲为，带头抓好本单位的法治建设，把第一责任落到实处，不当

甩手掌柜。班子成员也要守法有责，一手抓业务、一手抓法治，共同把法治工作抓紧抓细抓实。

各级干部要充分发挥先锋模范作用，不仅在生产经营工作中干在前头，而且在遵纪守法方面走在前列，为员工群众做好示范当好标杆，为法治中铝建设保驾护航。重庆分公司、中铝国贸等单位过去的领导干部不按法治要求办理合同手续，留下的教训极其深刻。

（三）建设过硬的法治工作队伍

要按照忠诚干净担当的干部标准选拔使用法治人才，把德才兼备的人才选拔到法律工作岗位上来。要在符合条件的企业继续推进总法律顾问建设，落实总法律顾问全面领导法律管理工作、统一协调处理经营管理中的法律事务、全面参与重大经营决策、领导法律事务机构开展相关工作等重要职责，充分发挥法律审核把关作用。要着力建设基层法律工作队伍，通过岗位交流、市场化选聘等途径，把具备条件的人才会聚到法治中铝的建设中。要狠抓法治人才队伍的专业化建设，鼓励法治工作人员参加法律职业资格考试，全面开展企业法律顾问职业岗位等级资格评审工作，提高法治工作人员的职业素养。

二、切实促进依法治企精准落地

近年来，在国务院国资委的坚强领导下，中铝集团党组全面贯彻法治央企的部署要求，持续推进法治中铝建设，有效规范了企业经营管理行为，规避了企业经营发展中的法律风险，为集团扭亏脱困转型升级发挥了保驾护航的作用。但从集团开展巡视巡察工作的情况看，部分实体企业仍存在法治工作基础薄弱、管理人员法治观念淡薄、法律人才配置不到位等问题依然突出，必须坚持问题导向，精准施策补齐短板。

（一）改掉法治工作中的坏习惯

一是改掉随意行事的坏习惯。近年来，在纪检监察和巡视督办中，我们发现在个别基层企业，个别岗位人员仍存在不按制度、规矩行事的现象，给企业带来了风险、造成了损失。反映了依法治企还存在层层衰减的现象，个别干部还存在法治意识淡薄，个别企业还存在着法治建设与经营管理工作融合度不高的问题，这些现象都可能埋下各种隐患，成为新的矛盾纠纷风险点。

二是改掉马马虎虎的坏习惯。有的干部员工在依法治企工作中存在着不认真不严肃的问题，结果往往小问题酿成大错误，怕麻烦酿成大麻烦，付出不少惨痛代价。反映了个别企业依法治企的责任意识不强、粗枝大叶、马马虎虎，由此被别人钻空子，给企业造成不可挽回的损失。

三是改掉“一亩三分地”的坏习惯。法律管理与经营管理的融合度需要进一步提高，个别法律工作人员把自身工作狭隘地理解为只要守住自己的专业、问不了责就可以了，而参与生产经营活动的积极性、主动性还不够高。反映了没有把个人的工作融入到企业发展的大局中，存在“一亩三分地”的思想，没有完全尽到企业法律工作者的责任，由此就难以用法律手段挖掘更大的价值，为提升企业竞争力服务。

上述这些坏习惯，每一个干部员工都应照镜子、画画像，本着有则改之、无则加勉的态度，防微杜渐，立行立改。

（二）建立依法治企的好机制

一是增强依法治企的合力。各板块和企业要加快形成主要负责人负总责、总法律顾问牵头推进、法律事务机构具体实施、各部门共同参与的工作机制，推进集团总部—区域法律中心（重要子企业）

的二元法治工作体系架构建设，厘清责权与业务边界，明确法律管理机制，加快法治建设从集团总部向基层企业和日常业务延伸，进一步建立健全集团法律风险防范机制。

要探索建立奖惩机制，针对集团外部的逾期应收款、法律诉讼案件、呆坏账处理等方面做出突出贡献的同志，要及时兑现奖励，相应地，对造成损失的要依法追责问责。我们就是要通过这些好机制，调动各级干部员工依法治企的积极性，汇聚起维护企业权益的合力。

二是增强合规经营的执行力。要加强“三重一大”事项决策的科学化、法治化，从源头上解决依法合规经营的问题。要加强重大决策合法性审查，除规章规范性文件外，明确涉及国企国资改革发展的重大决策，必须征求法律部门意见。在企业重大决策、规章制度和合同协议研究审议中，要充分发挥法律顾问的咨询论证、审核把关和协调作用。要科学区分不同子企业的法律需求，因企施策，分类指导，把证券市场准则和有关监管要求融入上市企业的法律管理，把国际经贸规则、东道国法律法规纳入境外子企业投资并购和国际贸易法律审核的重点内容。要紧盯资本运营企业的法律风险防范，加强资本运作项目的尽职调查和决策的法律程序监督。

三是增强精准管理的效力。我们要用好精准管理的法宝，坚持问题导向，瞄准这些坏习惯，通过完善法治工作机制，提高各层级的组织力。通过规范管理程序，堵塞管理漏洞，提高各级干部的执行力。通过执纪问责，对违规行为零容忍、严查处，使合规操作、依法办事成为全体干部员工的自觉行动。通过强化服务意识，紧紧围绕生产经营管理的突出问题，用好法治工作的利剑，协助业务部门在应收账款清收、降低企业两金水平等工作中实现企业效益最大化。

（三）形成依法治企的好风气

一是加大法治宣传的力度。要贯彻实施好“七五”普法规划，抓紧落实后两年的普法任务。要充分利用集团内网、报纸和微信等宣传平台，建立学法用法专栏，全面开展普法宣传教育。加强普法宣传与各业务部门的协同联动，对宣传效果进行跟踪反馈，不断完善宣传方式，推进法治宣传教育制度化、常态化。

二是强化学法用法的培训。要把法治培训列入各级党委中心组的学习议程。集团党组每个季度至少就有一次法治相关议题的学习，比如，最近邀请了国资委政策法规局郭祥玉局长就合规管理做了专题讲座，邀请了国家应急管理部政策法规司罗音宇司长、生态环境部政策法规司别涛司长为集团及所属企业授课，推动安全环保责任落实。

要抓紧各级干部的学法用法培训。充分发挥企业大讲堂和中铝党校等主阵地作用，将学法用法作为员工入职和职业培训的一项内容固定下来。集团每年都要举办专题法律培训班，集中轮训法治工作者和重要岗位人员。各级领导干部要加强法律法规的自学，定期主动参加培训，努力做到时时讲法，事事守法。

三是营造法治中铝的文化。要落实“法治体系、法治能力、法治文化”的法治中铝一体化建设要求，让法治意识和法治思维成为企业核心文化内容之一。强化合规意识和契约精神，通过先进事迹感召、法律知识竞赛、演讲比赛、论文评选、优秀案例征集等多种形式提高广大员工的参与度，搭建法治中铝文化建设平台，打造富有中铝特色和时代精神的法治文化。

三、推动法治中铝建设再上新台阶

当前，集团已经进入了高质量发展的新阶段。我们确定了建设具有全球竞争力的世界一流企业的目标，法治中铝建设就要紧紧围绕总目标，以崇高的使命、更高的标准、更实的举措，努力开创新局面，再上新台阶。

（一）法治建设要实现“三化”

一是标准化。就是按照国家法律法规和政策要求，以及司法程序，将集团生产经营管理、合资合作、资本运作、资产处置等业务形成标准化的管理体系。比如，合同文本的标准化，业务外包的标准化等，把经营管理的主动权牢牢掌握在我们自己手中。

二是法治化。市场经济更要充分发挥法治化的作用，要通过法律手段，运用市场机制，有效防范风险，依法积极维权。出现纠纷和诉讼时，也要坚持法治化和市场化的结合，把工作做在依法调解上，防止赢了官司赢不了钱，时刻把企业利益最大化放在首位。比如，中铝国际积极主动地拿起法律武器，依法维权，在与某企业的工程款给付纠纷案中，既依靠法律判决，又充分运用了调解机制，有效挽回经济损失1.31亿元。

此外，我们与地方政府和发电、电网企业商谈的电价政策，要用具有法律效力的合同文本固定下来，降低“新官不理旧账”的风险。

三是国际化。我们要建设世界一流企业，就要加快开放发展，开展国际化经营。各板块和实体企业在走出去的过程中，要积极融入国际市场，与国际法律接轨，精准把握国外的法律环境、法治体系、司法制度和经营风险，提高企业国际化经营能力。

比如，秘鲁矿业项目建设，严格遵守秘鲁政府环境管制，办理了项目开发到投产的460个许可证，其中环评许可历时13个月，最终完成的环评报告正文和附录总计超过1万页，在项目周边的4个城市中，举办了22场研讨会，邀请各方代表参与项目实施决策和建设进程，确保了项目依法合规有序推进。

又如，中铝股份在非洲矿业开发中，严格遵守几内亚政府矿业法的有关规定，先后经过9轮谈判，形成了Boffa项目开发协议，今年7月通过几内亚国民议会的审议，8月中铝集团在国家发展改革委完成备案手续，8月31日，几内亚政府官方公报公告《矿业协议》，标志着《矿业协议》生效条件已全部完成，Boffa铝土矿项目的成功落地。

（二）法治工作要助推深化改革

近期，国务院召开了国有企业改革座谈会，进一步释放了深化国有企业改革的政策信号，强调“一个行动胜过一打纲领”和“伤其十指不如断其一指”的改革要求，扎实推进国有企业改革，大胆务实向前走。

集团当前正处在改革创新转型升级的关键时期，法治工作更要聚焦国企改革，面对新情况，解决新问题。

一是助推整合重组。无论是内部整合，还是外部重组，都涉及资产、人员、业务等一系列重塑，法律工作要积极参与制订重组方案，严格按照法律法规论证审核，确保每一项整合都能依法合规，达到预期目标。

二是助推关停并转。我们正在实施的第二轮加减乘除，是实现集团转型升级的关键举措，在推进的过程中，法律部门要全过程参与和把关，确保国有资产不流失。涉及员工利益的事项，必须经过职代会审议通过等法定程序，员工得到依法有效安置。如果出现稳定问题，也要坚持依法依规妥善解决。

三是助推合资合作。集团业务处于充分竞争市场领域，我们的发展离不开地方政府，也需要引入一定的社会资本，在发展股份制企业，探索混合所有制的过程中，法律部门要积极发挥作用，在合资合作法务谈判、协议合同制定、实施推进的各环节履行好应尽职责，打牢合作发展的基础。

四是助推三供一业移交。目前，三供一业移交进入攻坚阶段，遇到员工不理解、接收单位设置障碍等问题时，法律部门要主动作为，与资本运营部和相关企业共同研究应对措施，一个一个解难题，化解各类矛盾，确保交得清、移得稳，不留后遗症。

（三）法治工作要增创更好业绩

法治工作战线的同志要牢记使命，要以保障和促进高质量发展的成效，交出法治工作的优异答卷。

一是在法律诉讼中增创更多效益。我们不仅要积极应诉，避免损失，而且要主动拿起法律武器，积极追索，寸步不让地维护自身权益。根据法律部统计，自 2017 年 1 月 1 日至 2018 年 6 月 30 日期间，集团及所属企业已裁决案件 671 件，其中胜诉案件 495 件，占总裁决案件数量 81.9%，判决金额 37.67 亿元，实际挽回和避免经济损失 7.98 亿元；败诉案件 176 件，占总裁决案件数量 18.1%，判决金额 6.67 亿元，集团已实际支付 3.87 亿元。所以说，法律工作做到位了，也能增创经济效益。

二是在“三大攻坚战”中发挥更大作用。安全环保质量“三大攻坚战”是贯穿集团高质量发展的一条主线，也是落实国家安全、环保、质量法律法规的具体体现。无论是安全隐患、环保治理，还是质量攻坚，各级干部都要严格依法办事，不能打折扣、搞变通，牢记法律红线不可逾越、法律底线不可触碰，带头遵守法律、执行法律，加快减问题、补短板、强弱项。

三是在合规经营中彰显更多价值。我们要在经济合同、重大决策、规章制度三大审核 100% 的基础上，织密合规经营的网络，使集团的经营始终处于安全可控状态。同时我们也要看到，各板块和实体企业在日常经营活动中，往往遇到这样那样的难题，既不能蛮干，也不能一律说不，法律工作者要紧紧围绕生产经营活动，坚持办事依法、遇事找法、解决问题用法、化解矛盾靠法的工作原则，主动想办法帮助业务部门开拓市场，提高市场占有率，通过合规经营，努力提高经济效益。

法治工作在国有企业改革发展中的作用日益凸显。我们要以学习贯彻习近平总书记依法治国重要论述为根本遵循，深入贯彻落实国资委关于法治央企建设的部署要求，抓住机遇，锐意进取，埋头苦干，推动法治中铝建设再上新台阶，为建设具有全球竞争力的世界一流企业做出新的贡献！

深入推进法治中铝建设 为集团改革发展保驾护航

——在中铝集团 2018 年度法治工作会议上的讲话

集团党组副书记、总经理　余德辉

（2018 年 10 月 15 日）

一、两年来集团法治工作简要回顾

自上次法治工作会议以来，党组始终坚持以习近平新时代中国特色社会主义思想为指导，认真贯彻党中央全面依法治国的重大决策部署，切实落实国资委有关法治央企建设的具体安排和要求，紧紧围绕集团经营管理中心任务，全面推进依法治企，取得了显著成效。

（一）组织领导更加有力

落实了法治建设第一责任人职责。集团党组书记、董事长亲自担任集团法治工作领导小组组长，党组副书记、总经理直接负责法治工作。定期召开法治工作座谈会、法治工作会议，研究部署“法治中铝”建设工作。党组多次组织法治专题学习，定期听取案件纠纷等情况汇报。把“依法治企”作为重要内容，纳入各板块年度经营业绩考核。

建立了法治工作制度体系。相继出台了《关于全面建设法治中铝的指导意见》《“十三五”法治工作规划》等文件，修订了《规章制度管理办法》《授权管理办法》等 12 个规范法律管理工作的规章制度，为进一步做好集团法治工作奠定了坚实基础。

强化了法治工作措施。通过建立“法治讲堂”、优秀案例库、法治专栏和定期召开总法座谈会等方式，发布法治工作动态，强化学习交流。邀请专家开展以安全、环保为重点的普法讲座，覆盖到集团全级次企业，增强了普法工作实效。组织开展第一责任人职责落实情况专项检查、规章制度建设跟踪督察、合同管理和法律纠纷案件去存量、防增量专项检查等工作。

（二）体制机制更加完善

优化了集团法律管控体系。在强化集团总法律顾问和法律部职能的基础上，建立了山东、山西、西北、河南、贵州等 5 个区域法律中心，中国铜业、中铝国际、中铝国贸、宁夏能源等子集团法律事务部，统筹优化法律资源，降低法律管理成本，初步形成了集中管理与分散管理相结合的法律管控体系。

完善了总法律顾问制度。制定了《企业法律

顾问管理办法》，草拟了《总法律顾问工作规则》，明确界定总法律顾问职责权限和工作程序。集团和中国铜业、中铝国际、中铝国贸、宁夏能源等重要子集团和5个区域法律中心都相继聘任了专职、专业的总法律顾问。法律工作机构和队伍建设取得重大进展，基本做到了组织落实、干部到位、职责明确、履责严格。

拓展了法治工作领域。法治工作领域由传统的合同管理和案件管理，逐步拓展到了重大项目的全过程法律支撑服务和规章制度管理、商标管理、授权管理、知识产权维权等方面。法律审核保障机制基本建立，对应当经过法律审核而未审核或者审核未通过的文件，基本做到了“领导不签字、议题不上会、单位不用印、上级不受理”。

（三）法治基础更加牢固

健全了规章制度。加强企业“内部法”的引领作用，全面修订规章制度管理办法，明确规章制度的起草、审核程序和要求，动态开展规章制度“立、改、废”和汇编工作，各板块事业部和三级以上企业明确了规章制度归口管理部门。截至今年8月底，集团及所属企业现行有效的规章制度共计11784件，集团和3级以上企业共计完成了2464件规章制度的“立、改、废”工作。

强化了法律审核。经济合同、重大决策、规章制度三大法律审核，在集团和所属企业实现了两个100%。2017年集团法律部起草审核合同、审核各类规章制度、提供各类法律咨询，分别较上年度增长80.6%、74.6%、21.9%。各级企业法律工作机构和法律人员参与重大项目谈判300多次，注册商标和域名78项，协助专利注册100多件，收回被他人侵占的专利16项，协助梳理历史遗留土地、房屋事项50多项。

加强了队伍建设。按照集团党组关于“有分管法律工作的领导、有履行法律职能的工作机构、有专业法律合规人员”的要求，初步建立了一支精干高效的法律工作队伍。目前，全集团共有362名专、兼职法律人员，其中持有相关法律职业资格证书的110人，专职企业法律顾问持证上岗率达到了国资委确定的80%的要求。组织开展企业法律顾问职业岗位等级评审工作，建立公司律师制度。经司法部批准，集团法律部已有8名法律顾问完成了公司律师注册。

（四）法治效能更加显著

全面服务了集团改革发展。集团法律人员全面参与了深化改革、重大项目、处僵治困、国际化经营等重大决策事项，完成了集团及下属28户全民所有制企业改制的公司章程修订和相关法律文件的审核。积极参与投资融资、改制重组、产权流转、招标投标等重点工作，全程参与泰山、丰收、C3、重庆分公司资产盘活等重大项目。

有效防范了涉外法律风险。完成了国资委“一带一路”法律风险防范手册（几内亚分册）的编写工作。组织总部和所属企业相关人员参加境外法律风险培训、企业“走出去”法律风险防控交流。积极处理涉外项目、境外案件和风险事项年均10多项，全程参与了印尼、博法等项目谈判、法律文件起草与审核，推动处理中铝香港涉外欠款纠纷案件和风险事项。

深入推进了案件管理工作。集团法律人员先后直接指导或者参与诉讼、仲裁案件21件，督促指导各单位加快存量案件的处理工作。2017年1月至2018年6月底，集团及所属企业已裁决案件671件，其中胜诉案件495件，胜诉率上升到81.9%。积极开展知识产权维权工作，先期选取河南地区开展中铝商标商号专项维权活动，圆满完成了对第三方企业擅自使用“中国铝业网”的维权工作。

（五）法治文化更加浓厚

加强了普法宣传。各单位按照集团普法工作要求，把学习宪法修正案、党的十九大关于依法治国论述、安全与环保法律知识，作为普法宣传工作重点。在《中国铝业报》开设了法治专栏，宣传法律知识，刊发典型案例，干部员工学法的热情和积极性普遍提高。

加强了法律专业人员培训。通过定期举办法律专业人员培训，召开总法律顾问座谈会，线上线下沟通研讨，视频和现场指导督办等形式，形成了常态化的培训机制，有效提升了法律人员职业素养。注重诉讼案件办案总结，分析发案原因，查找管理和制度上的风险点与漏洞，要求各相关单位整改落实；对具有普遍性、需要全集团采取措施的问题，及时向各单位发出风险提示函。

二、存在的主要问题和不足

在肯定成绩的同时，也要清醒地看到，当前集团的法治工作与党中央、国务院的要求相比，与打造具有全球竞争力的世界一流企业相比，还存在明显差距。正如红林董事长曾经指出的，集团法治工作存在思想意识与形势任务不适应，管理体系与业务建设不适应，履职能力与“法治中铝”不适应的现象还没有明显改观，主要体现在以下几个方面：

一是企业之间法治工作发展不平衡。上级企业的法治工作与下级企业之间存在不平衡，不同板块和实体企业之间也不平衡。主要领导高度重视、法治意识强的单位，法治工作就做得较好、风险隐患较少；主要领导不够重视的单位，法治工作方面存在的问题就比较多、比较突出。

二是不少企业法治工作基础还比较薄弱。有的重要子企业集团还没有法律工作部门，有的大型企业及其子企业甚至没有一名专职法律人员；法律管理体制机制需要进一步完善，法律专业人员队伍的稳定性有待加强；一些基层单位合同管理等基础性法律管理工作还很薄弱，导致发生法律纠纷后难以有效主张权利。

三是干部员工的法治意识和合规意识有待进一步提高。个别领导干部对法治工作重要性的认识不到位，有的甚至认为法律审核把关束手束脚，存在抵触情绪；有的基层单位主要负责人把规章制度当作摆设，导致管理失控，引发一系列法律纠纷案件；在国内外监管环境日趋严格的新形势下，需要进一步加强法治宣传教育，培育合规文化，建立健全合规管理体制机制。

三、下一阶段法治工作安排

习近平总书记指出，要坚持以全面依法治国新理念新思想新战略为指导，坚定不移走中国特色社会主义法治道路，更好发挥法治固根本、稳预期、利长远的保障作用。作为中央企业，我们要准确把握新时代依法治企面临的新形势、新任务、新要求，充分认识法治工作的重要意义，切实增强法治中铝建设的责任感和紧迫感。下一阶段，要重点抓好以下几项工作。

（一）细化落实法治工作责任

完善法治工作组织领导体制。要持续开展各级企业主要负责人履行法治建设第一责任人职责情况的监督检查和考核评价，督促企业主要负责人履职尽责，把法治建设作为本企业全局性、基础性工作进行规划部署，对工作中的重点难点问题亲自研究、亲自协调、亲自督办；要根据企业规模和业务需要，设立法律事务机构或者配备法律专业人员。分管领导、总法律顾问要加强统筹谋划和协调指导，组织开展督促检查和调查研究，采取得力措施解决重点难点问题。

形成各部门协同配合的工作格局。法律部门和法律人员负责各项法治工作任务的具体实施，要切实做好规章制度、重大决策和合同的法律审核工作，组织处理好诉讼、仲裁案件，组织开展知识产权维权、外聘律师管理、合规管理等工作。其他各部门要大力支持、积极配合法律部门的工作，同时做好各自负责领域的合规审核具体工作。

建立责任明确的法治工作机制。各企业要加快建立主要负责人负总责、分管领导具体抓、总法律顾问牵头推进、法律部门具体实施、各部门共同参与的法治工作机制。要通过检查考核促提升，尽快改变集团内部法治工作进展不平衡的问题，解决法律专业人员缺乏、法治工作基础薄弱的现状。

（二）全面夯实法治工作基础

加强法治人才队伍建设。高水平的法治工作机构和人才队伍，是提高法治工作质量的前提。要抓紧提出完善区域法律中心管理体制和工作机制的方案，所依托企业要真正把区域法律中心当成自己的一个职能部门，加强管理和指导，对法律人员在政治上关心、工作上支持。要加大法律专业人才引进和培养力度，全面开展法律顾问专业技术等级评审工作，继续探索实施法律人才“双轨制”，对新引进的专业人才，采用市场化的考核机制，适用新的市场化薪酬。

提高三大法律审核质量。经济合同、重大决策、规章制度三大法律审核，是事前防控法律风险的重要基础性工作。要通过完善制度、优化流程、加强信息化等手段，提高经济合同、重大决策、规章制度法律审核工作质量。要促进法律管理与经营管理深度融合，法律人员既要做好三大法律审核工作，也要适度参与相关业务工作，及时提供法律服务。

加快法律信息系统建设。要加快推进法律信息化系统的升级改造，通过信息化手段提高工作效率，优化工作流程，实时动态开展法律管理工作。集团法律管理业务要尽快实现在线处理、审核和督办，完成与ERP、公文处理系统、财务报销系统集成。要探索通过信息化建设，开展合同管理大数据挖掘工作，运用大数据技术，使合同管理更加精细化、精准化。

（三）完善规章制度体系

健全制度体系。依法治企要求企业既要遵守国家的法律法规和监管规定，也要遵守企业自己的规章制度。要适时开展规章制度立、改、废工作，建立健全科学合理的规章制度体系，实现“全部业务有制度可依，业务要求具体合理，工作流程清晰顺畅，责任主体明确可追，奖惩机制有效可行”的目标。

提高制度质量。起草、审查和审议规章制度草案，要严格执行新修订的《规章制度管理办法》，深入开展调查研究，全面科学论证，广泛征求意见，使规章制度符合国家法律法规，符合企业实际，解决实际问题，做到有用、管用、好用。要针对审计巡视中发现的问题，生产经营中暴露的问题，诉讼仲裁中反映的问题，以及因违法违规发生的风险事件，坚持举一反三、标本兼治，及时查找制度漏洞，抓紧修改完善。

维护制度严肃性。法治的核心要义是按制度规定办事。要坚持用制度管人、管事、管资产，狠抓规章制度的贯彻执行，着力解决有令不行，有禁不止，把规章制度当作摆设的问题。法律、纪检监察、审计等部门要加强对规章制度执行情况的监督检查，对违反规章制度的行为，要严肃查处、坚决问责、决不姑息。

（四）强化纠纷案件管理

加快消化存量。要继续大力推进诉讼案件“去存量、防增量”专项工作，积极与有关方面沟通协调，争取利用今年最后一个季度的有利时机，再推动办结一批存量案件，力争取得最有利的判决结果。集团法律部要结合第一责任人履职督察工作进行重点督察，并把督察结果纳入本年度绩效考核。

严格控制增量。要严格执行新修订的《法律纠纷案件管理办法》，集团内部成员企业之间发生的争议，应当自行协商解决，或者报请共同的上级单位调处或裁决；要进一步严肃重大案件报告、应对方案把关、外聘律师管理和监督指导等环节的工作纪律，保证重大案件的处理效果；发生重大法律纠纷案件的，各发案单位必须按规定及时上报集团总部，对于隐瞒不报的，要予以通报批评并扣减绩效考核分数。

（五）建立合规管理机制

强化合规管理。依法合规生产经营，是企业稳健发展的生命线。要认真落实习近平总书记、李克强总理等领导的指示精神，全面推进合规经营，树立“管业务就要管风险”的合规理念，抓紧出台集团的合规管理工作方案。要通过建立合规管理机构，完善制度流程，明确职责分工，制定行为规范，强化合规审查，加强教育培训，健全集团的合规管理体系。

做到程序合规。要坚持实体与程序并重的原则，进一步加强程序合规审查工作。要抓紧全面梳理相关管理制度，明确各项业务涉及的审批节点和流程，在合适的节点和流程上，规定负责合规审查的部门和责任人员，增强规范性，减少随意性。

严防海外风险。要针对境外业务重大事项、重点领域，抓紧制定专门的合规管理指引、国别风险防范指南等文件，提示“红线”和“底线”。要及时跟进有关国际规则、国家政策和法律的变化，及时更新有关制度文件，确保时效性和实效性。

（六）提升法治工作能力

抓好“关键少数”。建设法治中铝，领导干部是关键。要大力开展以各级领导干部为重点的法制宣传教育，不断创新教育培训方式，把集中学习研讨与个人自学结合起来，建立健全领导干部学法的长效机制。要分级分类开展精准普法，落实党委（党组）中心组集体学法制度，组织好集团部门和二级单位领导的集中专项培训，提升领导干部的法治素养。

加大培训力度。要建立健全业务人员和法律人员的法治教育培训制度，针对性地安排培训内容，加强对法律人员的专业知识技能和企业经营管理知识培训，加强对业务人员的法律知识和集团规章制度培训，提高各类人员的依法合规经营意识和能力。

加快建设法治中铝，任务艰巨、责任重大，让我们在习近平新时代中国特色社会主义思想指引下，同心协力、奋发进取，深入推进依法治企，为建设具有全球竞争力的世界一流企业，提供更加有力的法律支撑和法治保障！

亮好责任品牌

——在中铝集团第三届社会责任工作大会暨第二届降碳节上的讲话

集团党组书记、董事长　葛红林

（2018 年 6 月 20 日）

一、责任品牌是决胜未来的关键

习近平总书记强调，“只有富有爱心的财富才是真正有意义的财富，只有积极承担社会责任的企业才是最有竞争力和生命力的企业。”在高质量发展的征程上，集团要勇于担当，奋发有为，用世界一流企业的标准和要求，做强做优责任品牌大文章。

（一）责任就是竞争力

履行社会责任，既有利于提升企业的核心竞争力，也有利于展示企业负责任发展的新形象。特别在“道德消费”越来越流行的今天，有责任敢担当的企业，越来越被消费者和投资者青睐。人们更愿意选择利用可再生能源的产品、低碳产品、环保节能产品。据专业机构调查，我国 94% 的受访者愿意以更高的价格购买环保产品，68% 的被调查消费者表示，因为企业在履行社会责任方面的声誉而购买其产品或服务。

集团要在新一轮国际竞争中决胜未来，必须始终践行“点石成金，造福人类”的中铝责任理念、“报效国家、回报股东、成就员工、惠泽客户、造福社会、珍爱环境”的中铝价值观，走差异化、高端化和高品质的道路，让责任品牌成为集团参与国际市场竞争的“金钥匙”。

（二）品牌就是影响力

纵观国际知名品牌的发展历程，责任品牌是灵魂。目前，全球 90% 以上的名牌归属于工业发达国家和亚太新兴工业国家或地区，80% 的市场已被 20% 的著名品牌垄断。而我国大多数企业由于缺乏品牌支撑，只能在全球产业链的低端辛苦地“做嫁衣”。

中铝集团作为我国有色金属行业的排头兵，国内最大的有色金属产品供应商，要在加快推进国际知名品牌建设的同时，带动关联产业中的成熟产品、技术和标准走出国门、走向世界，充分发挥好央企的社会优势和行业影响力，树立良好的履责形象，为打造中国品牌发挥积极的作用。

（三）一流企业需要一流责任品牌

国际知名企业的经验告诉我们，没有一流责任品牌，就不可能真正成为世界一流企业。世界一流企业必须是具有全球竞争力的企业航母，必须是在重要的关键领域或者行业中，长期持续保持全球领先的市场竞争力、综合实力和行业影响力，并获得全球业界一致性认可的企业。集团已经开启建设具有全球竞争力的世界一流企业的新征程，确立了“两步走”的战略安排，我们必须厚植文化沃土，用责任涵养品牌，培育出一系列有中铝特色、有品牌价值、有文化底蕴的“金字招牌”，让中铝责任品牌成为创建世界一流企业的新名片。

二、责任品牌建设要找准切入点

在高质量发展的新阶段，集团上下要突出抓好品质筑基、诚信为本、文化塑魂三个切入点，努力打造有竞争力的责任品牌。

（一）坚持品质筑基

品质是企业的DNA，是支持企业生命与灵魂的精神力量，它是产品形成过程和售后服务所达到的品位等级及产品质量等级的综合反映。

我们要主动与世界一流企业对标，不断提升现有装备和技术水平，下大力气多出技术含量高、品质性能优、市场认可度高的好产品。要加强全员、全过程、全方位、全寿命周期的质量管理，规范生产流程，细化管理标准，提升产品质量，生产出经得起客户挑剔的产品。要强化技术攻关，加快培育一批关键核心技术，培养一批有较强竞争力的高新技术产业和战略性新兴产业，提升产品国际话语权，努力打造一流品牌。

（二）坚持诚信为本

诚信不是说出来的，而是做出来的。走诚信之路，企业才能基业长青，以下两个典型案例就是最好的例证。一个是海尔“砸冰箱”的故事，虽然过去了30多年，还是经常被人提起，海尔砸出了“零缺陷”的全员质量意识，拿到了中国冰箱行业的第一枚质量金牌。另一个是“三鹿问题奶粉事件”，一个苦心经营几十年的国际知名企业，却因产品质量引发的诚信危机走向破产。

我们要建设具有全球竞争力的世界一流企业，就必须坚持诚信至上、履约践诺，擦亮企业的诚信“名片”，靠信誉打造品牌，占领市场，赢得发展优势。

（三）坚持文化塑魂

责任品牌建设同样需要文化来塑魂。我们要不断完善品牌架构，整合集团及所属企业的品牌资源，在完善品牌理念体系、形象体系、传播体系、管理体系等方面做文章，让品牌文化更加有力度、有厚度、有温度，让消费者形成牢固的“中铝品牌”记忆。要加强舆情监测，建立品牌危机预警机制、风险规避机制和紧急事件应对机制，有效维护品牌声誉，提升品牌危机处置水平。要着力解决责任品牌建设缺乏系统规划，文化支撑力弱等问题，用好社会责任报告和降碳报告两个平台，总结推广责任实践案例，提升集团责任品牌建设软实力。

三、责任品牌建设要亮好“五张牌”

责任品牌是干出来的。我们要以习近平新时代中国特色社会主义思想为指导，深入贯彻创新、协调、绿色、开放、共享五大理念，上下协同，万众一心，合力打好“五张牌”，唱响新时代中铝责任品牌。

（一）技术创新牌

技术创新是品牌建设的基础。一项核心技术可以救活一个产业，甚至改变整个行业。没有自主品牌作支撑，没有“杀手锏”技术和产品，我们就只能在全球产业链的低端徘徊。

要瞄准国际一流水平，以创新驱动战略为支点，将创新基因融入品牌建设，强化技术攻关，在核心领域掌握一批“杀手锏”技术，制造出更多的“拳头产品”，打造自主品牌，推动中铝制造向“微笑曲线”高端攀升，实现从提供原材料向生产终端产品转变，在全球竞争中下好先手棋。

（二）生态责任牌

集团的行业属性决定了我们的劳动对象是自然资源，无论是在国内发展，还是“走出去”，都要坚定不移地走生态优先、绿色发展的路径，打好“生态责任牌”。

要着力建设“生态中铝”，持续开展联合降碳行动。今年全国低碳日，中铝集团举办第二届降碳节，号召全产业链战略合作伙伴、供应商参与降碳联合行动。今后，我们每年都举办中铝降碳节。不仅要自己行动，还要倡议更多的企业加入我们的行动中，引领行业低碳绿色发展，助力“美丽中国”建设。要紧紧抓住第三次能源革命的历史性契机，做强做优中铝环保节能集团，让环保节能产业成为推动集团创新发展的重要载体。

（三）诚信质量牌

参与全球竞争，比的不仅仅是技术、资金、人才，更重要的是诚信和质量。

要大力推进“诚信中铝”建设，把“质量就是企业生命”的理念落实到行动中，坚持问题导向，用问题清单的办法，瞄着问题去，追着问题走，在解决问题中不断前进，用高质量的产品和服务，让客户满意，让市场认可。要坚持诚信、合规运营，恪守商业道德，打造责任价值链，与利益相关方互利共赢，实现共同发展。

（四）平安和谐牌

平安和谐的发展环境，是企业持续健康发展的根本保障。我们要打好“组合拳”，推动“平安中铝”“和谐中铝”建设。

“平安中铝”建设要弘扬“生命至上、安全第一”的理念，树立“安全是效益、员工是财富”的安全观，直面生产经营中重点、难点问题，以精准安全管理体系工程、安全风险管控工程等十大工程建设为载体，打造具有中铝特色的安全管理体系。

“和谐中铝”建设要强化业务板块的产业协同，打造命运共同体。要坚持以人为本，营造干部与员工和谐相处、软实力与硬实力共同提高的良好氛围。要把“和谐中铝”建设延伸到供应链，建立覆盖全产业链的“共赢”战略联盟。要加大与其他央企的沟通协作，多维度开展战略合作，结出更多的合作硕果。

（五）公益形象牌

扶贫攻坚是国家的“三大攻坚战”之一。集团和所属企业已经做了大量的工作，其中云铜的扶贫工作多次得到国务院国资委和云南省委、省政府的表彰。我们要深入学习贯彻习近平总书记精准扶贫的重要理念，在实现集团自身发展的同时，积极参与援青援藏、希望工程、定点帮扶、赈灾救济等社会公益事业，唱响集团“同心缕”公益品牌。

凡是承担脱贫攻坚任务的单位，派出的驻村队员，都要认真贯彻“六个精准”的要求，在推进产业扶贫、就业扶贫、教育扶贫、生态扶贫等工作中多出好成效、好经验，充分展示中铝集团负责任发展的新形象。

今后十年乃至更长的时期，全球经济将进入品牌竞争时代。我们要紧紧抓住我国经济高质量发展的历史机遇，亮好责任品牌，提升核心竞争力，谱写新时代中国梦中铝新篇章。

再接再厉　持续提升
推动社会责任工作再上新台阶

——中铝集团第三届社会责任工作大会工作报告

集团党组副书记、总经理　余德辉

（2018年6月20日）

一、三年来的进展与成效

2015年以来，在集团党组的坚强领导下，我们贯彻落实国务院国资委关于加强中央企业社会责任建设的部署要求，围绕完善社会责任管理体系，创新履责实践，树立了央企负责任的良好企业形象，取得了显著成效。

（一）目标任务更加明确

坚持顶层设计，着眼长远，统筹谋划，加强组织领导。编制印发了2016—2020年《社会责任工作专项规划》，规划确定的提升社会责任管理水平、推进社会责任实践试点、加强履责能力建设的三大任务，以及六个重点项目和阶段性目标，在集团、板块和实体企业得到了认真贯彻落实。

集团每年根据年度工作会议部署要求，制定社会责任工作要点和实施计划，分解重点任务。调整完善社会责任工作委员会及办事机构，板块和试点企业都建立了社会责任工作领导机构。目前，已形成1200人的专兼职社会责任工作队伍，健全了“齐抓共管，分工明确”的社会责任工作网络。强化履责能力建设，组织集团全级次企业视频培训会议3次，现场培训900人次，28名社会责任工作骨干参加了外部培训，6名专兼职人员获得“首席责任官”证书。

云铜集团制定了《十三五社会责任专项规划》，明确了社会责任管理的工作目标和重点任务，通过年度工作要点，落实到管理实践中。广西分公司确立了“14431”的责任工作主线，树立一个理念，构建理念体系、组织体系、制度体系、形象体系，实施煤电铝一体化、绿色矿山、节能减排、碳减排交易四大责任项目，实现经济、环境、社会三个方面的责任绩效，并制定年度工作计划并推动实施，在责任管理上始终做到脚步不停、频道不换、做法更实。

（二）管理体系更加完善

在制定实施《中铝集团社会责任管理模块和负面清单》的基础上，以融入运营、提升管理为核心，坚持每年更新责任指标，下发各板块和企业实施，年中进行培训、调研、交流、推进，年末进行总结评估，发布评估报告，形成了持续改进的闭环管理。三年来，社会责任管理模块和负面清单覆盖面由集团各部门扩展到铝、铜、稀有稀土、工程技术等板块，责任指标更加精准，履责实践亮点突出，各单位履责意识更加强化，集团责任品牌影响力获得了有效提升。其中,《将社会责任融入企业运营的管理创新》获2016年中国有色金属工业企业管理现代化成果一等奖。

中国铜业建立了社会责任管理全流程的10个管理模块，制定了87条负面清单，印发《社会责任制度汇编》，率先出台社会责任工作考评管理办法，社会责任工作占5%的绩效考核权重。中铝国际组织本部11个部门完成了190条责任指标和负面清单的运行和评估工作，全面运行社会责任管理模块和负面清单。宁夏能源、中铝国贸、中铝物流、广西分公司等试点企业，根据试点主题编制了社会责任管理模块和负面清单。

责任管理体系的范围逐步拓展到公益品牌建设领域。确定了公益品牌名称和标识，印发了《关于加强中铝集团公益品牌建设与管理的指导意见》，建立健全了集团公益品牌培育、管理、保护和发展的体制机制，为扩大责任品牌形象的传播和宣传打下了基础。

（三）试点引路更加深入

坚持整体推进、重点突破的工作思路，通过试点探索、积累经验、有序推进的方式，将管理模块和负面清单融入日常经营管理中，试点企业从2015年的8家增加到2018年的17家，首次以视频会形式启动了海外社会责任实践试点，试点主题由单一领域覆盖到社会责任管理模块的五大领域，试点范围覆盖集团铝、铜、稀有稀土、工程技术、铝加工等板块及在建项目。

形成了社会责任融入管理的“五步法”，指导试点企业通过“形成理念、确定指标、界定主体、完善制度、建立模块”的五个步骤，推进社会责任管理和实践。截至2017年底，已有15家试点企业按照“五步法”开展社会责任工作。中铝国贸实施了以“阳光采购、诚信经营”为核心理念的供应链社会责任管理模块，积极践行“乐于合作、易于交往”的经营理念，通过“串项链”延伸服务链条，帮助企业降本增效，达到了多方共享共赢的效果。西南铝形成了“‘铝’行责任，强国利民”的社会责任核心理念，建立了特色社会责任指标体系，围绕军工客户关注的质量、交货期、服务等焦点问题，强化内部管理，持续改进，提升了客户信心和忠诚度。

集团持续开展社会责任实践十大优秀案例评选活动，累计评选出优秀案例50篇。获选全球契约中国网络“中国十大绿色技术创新成果”1篇，获选联合国全球契约“实现可持续发展目标先锋企业”3篇，入选《中国企业社会责任年鉴》1篇，入选《中国企业应对气候变化自主贡献研究报告》2篇。完成了国务院国资委“中央企业生物多样性保护”重大社会科学课题研究。

（四）责任沟通更加充分

坚持发布年度社会责任报告，集团已连续发布13份年度社会责任报告，向社会和利益相关方展示集团履行社会责任的理念、绩效、措施和典型案例。报告自2015年起，连续四年荣获专业机构五星级最高评级，连续三次荣获金蜜蜂优秀社会责任报告长青奖。其中，云铜集团社会责任报告荣获2017金蜜蜂“社区责任信息披露奖”。

集团主要领导在中国国际矿业大会、中国矿业全产业链大会、中国国际铝业周等行业重要会议上交流演讲，围绕全球铝工业的可持续发展，介绍集团在履责方面的理念和举措，倡导行业同伴、供应链合作伙伴，共同践行五大新发展理念，引导行业平稳有序发展。接受求是杂志、新华社等主流媒体采访，展示了集团在新时代坚持履行央企经济、政治、社会责任的目标和愿景。

组织中铝国际、中铝秘鲁矿业完成国资委《中央企业海外社会责任研究》调查问卷，参加了由荷兰外交部主办的第10次中欧人权对话，向欧方介绍了集团保护人权的经验。广西分公司主动了解出口氧化铝客户需求，邀请第三方机构进行社会责任评估，60多项测评指标均符合要求，得到客户肯定。广西稀土在各矿区设立了社区关系代表，打造“亲朋式”的和谐企地关系，受到了地方政府和社区民众的好评。

（五）履责创效更加突出

中国加入《巴黎气候变化协定》后，集团结合行业特点，创新开展“中铝联合降碳行动”，举办首届中铝降碳节，与合作伙伴共同发起《联合降碳倡议书》，发布年度《中铝降碳报告》，颁发“中铝降碳十大优秀案例”和“中铝降碳好新闻”奖。“中铝联合降碳行动”不仅在集团总部、板块和实体企业开展，还联合供应链合作伙伴、社会公众共同参与，倡导绿色发展和绿色生活方式，国务院国资委综合局、国家发改委气候司领导参加了首届“中铝降碳节”仪式，联合降碳行动受到了多方关注和赞扬。

宁夏能源积极进行碳排放核查及碳资产项目开发，使社会责任工作与企业生产经营实现全方位有机对接，碳资产交易收益约1.09亿元。中铝秘鲁矿业社区搬迁项目97.5%的原住民完成搬迁，得到秘鲁政府和当地社区的好评，项目实现了正式投产商业化运营，2017年度实现利润1.31亿美元，得到了习近平总书记的充分肯定,《人民日报》作了专题报道。

发挥央企作用，在援青援藏和定点扶贫、企业对口帮扶工作中，主动担责。其中，累计投入援青援藏和扶贫资金5890万元。连续两年被中国企业公益事业发展组委会授予扶贫公益勋章。

经过三年的不懈努力，集团的社会责任工作形成了较为完整的管理体系，摸索出了适应企业实际的社会责任实践模式。2017年，集团社会责任发展指数居中国企业第十二位，金属行业第一。总结三年来的工作成效，我们主要得益于：

一是始终把应用国际标准作为履责先导。我们率先开展了ISO 26000社会责任国际标准应用研究，落实国务院国资委关于中央企业开展管理提升模块建设要求，主动应用国际标准，探索构建了社会责任管理模块和负面清单，明确了集团履行社会责任的五大领域，建立了社会责任管理体系，夯实了社会责任管理实践的基础。

二是始终把融入运营管理作为工作基础。按照国务院国资委《关于央企履行社会责任的指导意见》，梳理集团成立以来履行社会责任的工作实践，坚持做到同步融入组织体系、融入管理职责、融入制度体系、融入绩效评估，使社会责任真正融入了企业的运营管理。

三是始终把典型引路作为实践路径。坚持试点先行，以点带面，紧扣业务特点，抓住突出问题和薄弱环节，着眼企业可持续发展，形成了“复垦还地，造福社区”“欲得采矿许可，先获社会许可”“开发清洁能源，助推绿色发展”等有特色、可复制的履责模式。

四是始终把明确责任作为落实的关键。社会责任管理模块的建设和运行，界定了社会责任是什么、谁来做、怎么做、做到什么标准，责任主体和责任指标更加明确，管理职责更加清晰，管理流程规范有序，便于企业落实到位，有效地提升了执行力。

我们取得的工作进展和成效，离不开上级领导和国家有关部委的关心和帮助，离不开各级组织的重视和推动，离不开各利益相关方的理解和支持，更离不开广大干部员工，特别是专、兼职人员的辛勤付出。我代表集团向大家表示衷心的感谢！

三年来，集团有关部门和试点企业，在社会责任工作方面作出了积极贡献。本届大会将表彰8家先进单位和27位先进个人，8家企业进行座谈交流。希望各板块、各企业学习他们的先进经验，结合实际应用到本企业，进一步提高经营管理水平，树立良好企业形象。

同时，我们必须清醒地认识到，尽管我们在社会责任工作方面取得了明显成效，但对标先进，仍然有不少差距。

一是融入管理不够平衡。社会责任管理模块和负面清单只是在集团部门、部分板块和企业运行，还没有达到普及、推广和提高的工作要求。有的板块推进快，有的板块推进慢，有的企业标准高，有的企业相对粗放，都在一定程度上影响了履责的效果。

二是责任品牌不够响亮。集团内部履责实践有声有色，但对外传播不够广泛，将责任影响力转化为品牌软实力的能力有待提高。亟需创新与利益相关方的沟通方式和渠道，统筹规划集团在节能环保、公益活动、行业规范等方面的品牌传播工作。

三是安全环保履责短板日益凸显。国家对企业安全环保的标准更加严格，污染防治攻坚任务更加艰巨，有关企业的安全环保典型事例，暴露了集团在管理上的短板。亟待通过设施更新改造、管理精准细化，进一步履行好企业的社会责任。

针对上述短板和不足，我们要以问题为导向，完善和推进社会责任管理与实践。

二、下一步的工作和要求

中国特色社会主义已经进入了新时代，党的十九大作出了建设生态文明、推进诚信经营、加快法治建设等一系列重大部署，对企业履行社会责任具有重要的指导意义。

国务院国资委发布了《关于国有企业更好履行社会责任的指导意见》，要求国有企业，坚持以可持续发展为核心，坚持社会责任与企业改革发展相结合，坚持社会责任与企业运营相融合。到2020年，国有企业要形成更加成熟定型的社会责任管理体系，经济、社会、环境综合价值创造能力显著增强，形成一批引领行业履行社会责任、具有国际影响力、受人尊敬的优秀企业。

当前，集团开启了建设具有全球竞争力的世界一流企业新征程，今后一个时期，集团社会责任工作总体要求是：贯彻落实党中央、国务院的部署要求，按照集团“两步走”的战略目标，深化社会责任管理融合，扩大管理模块覆盖面，塑造责任品牌形象，强化履责能力建设，全面提高集团的可持续发展水平，努力建设责任中铝、诚信中铝、生态中铝、平安中铝、法治中铝、和谐中铝。重点工作任务是以下几个方面。

（一）明确目标，找准履责路径

企业履行社会责任，是当代社会发展的必然趋势，更是深化国企改革的重要内容。履行社会责任不是一时的想法，不是一段时间的任务，将社会责任意识不断融入发展战略中，是百年老店可持续发展的迫切要求。

我们要在未来三年，完成社会责任“十三五”专项规划任务，2018 年，实现社会责任管理模块和负面清单覆盖率 50% 以上，2020 年实现全覆盖，任务繁重，必须理清思路，明确路径。

要加大板块履责管理的力度。到 2019 年，各板块都要按照“五步法”，建立社会责任管理模块和负面清单，把责任指标融入板块专业运营管理之中，板块层面要强化对实体企业履责实践的指导、管理和考评。实体企业要具体落实板块确定的履责指标，在五大领域履行好社会责任的各项要求。

要做好再上台阶的顶层设计。到 2020 年，集团将要制定下一个社会责任五年专项规划，要按照一流企业的目标要求，提高工作目标，严格履责标准。各板块和实体企业，都要在总结“十三五”成果的基础上，拓展社会责任管理实践，在集团和板块的“十四五”发展战略规划当中，充分融入社会责任元素，让社会责任工作迈上更高台阶。

（二）把握重点，狠抓工作落实

要明确重点，抓主要矛盾，解决突出问题，带动履责实践不断深化。

一是实现社会责任与运营管理相结合。重点放在进一步完善社会责任制度体系和运行体系上，实现社会责任管理模块和负面清单的制度化，启动供应链社会责任管理，在国际化经营中加强社会责任管理体系建设。

二是实现责任实践与业务领域相结合。重点放在公司治理、员工权益、环境保护等利益相关方关注的领域，各板块和实体企业要结合业务特点，补短板、强弱项，按照“五步法”要求，厘清责任主体，把责任指标落到实处。

三是实现责任管理与能力提升相结合。重点放在提高专兼职人员的综合素质上，通过有针对性的专业培训，提高制度建设、流程管理、评估考核等技能，增强风险辨识和应急处置能力。集团要积极配合有关机构做好社会责任领域的课题研究，在专题研究报告中体现集团履责的成效。

（三）突出特色，助力改革发展

集团是我国有色金属行业的龙头企业，我们要突出履责过程中的行业特色，在绿色发展中，发挥引领作用。

一是深化联合降碳行动。在集团内部，要把生产降碳、管理降碳、科技降碳、生活降碳等措施落实到专业管理的各项工作要求中，实现清洁生产、节能减排，努力降低二氧化碳排放。在集团外部，要深化与联合降碳倡议合作伙伴的沟通联系，加大降碳领域的合作力度，力争使更多合作伙伴加入到倡议中。

二是加快生态文明建设。要在决策和管理中，坚持绿色发展、生态发展的理念，坚持采用无痕采矿技术，坚持矿山复垦，加大传统产业技术改造，减少固废排放，保护生物多样性，实现企业与自然的和谐发展。

三是加大海外履责力度。要积极履行好海外项目的社会责任，始终做到三个“善待”，善待资源、善待资源所在国、善待资源地民众。遵守当地法律，尊重文化和习俗，切实保护原住民权益，把保护人权落实到海外开发的决策和运营之中。

四是强化军品保供。要把确保国防军工项目研制作为集团履行政治责任和社会责任的重要任务，以创新为第一动力，加强军品和高端材料研发，提高军品成品率，不断满足国防和军队现代化建设需求。

（四）精准发力，做好扶贫攻坚

要从目标对象、工作举措、资源配置等方面进一步落实精准扶贫要求，精准发力、精准帮扶。

一是做好援青援藏工作。加大投入支持力度，助力贫困农户异地搬迁、基础设施建设等民生项目。确保察雅县有关易地扶贫搬迁安置工程、海晏县有关公益项目按期完工。加强产业扶贫，多渠道帮助贫困地区培养输送技术、资金、人才，推进经济合作开发项目，组织技能培训，培育特色经济，努力增强造血功能。

二是做好精准扶贫工作。集团定点扶贫工作要如期收尾，各实体企业要继续落实当地政府有关对口扶贫和结对帮扶任务，积极与当地政府在加强乡村振兴战略，开展产业扶贫项目等方面加强交流合作，做好扶贫项目建设，按期实现脱贫攻坚目标。

三是做好社区支持工作。要坚持量力而行的原则，支持所在社区的民生事业建设。实施好与地方政府达成的共建项目，常态化开展志愿服务活动，积极参加应急抢险救灾和捐助活动。

（五）强化沟通，打造责任品牌

要重点加强与利益相关方的沟通，优化集团负责任的企业形象，扩大履责理念和行动的传播范围，增强责任品牌美誉度，打造责任品牌建设软实力。

一是做好报告编制和发布。继续以社会责任年度报告为平台，向各利益相关方展示集团在关键领域履行社会责任的典型做法和绩效，创新社会责任报告传播模式，扩大传播范围，提高传播效率。上市公司要主动编制发布年度社会责任报告。鼓励试点企业编制发布社会责任报告。

二是做好案例总结和宣传。坚持每年评选优秀社会责任实践和降碳案例，总结提炼实践经验，树立履责典型，加强内部沟通，加快优秀实践的复制和推广。集团有关部门和板块，要积极参与案例的总结和宣传，拓宽优秀案例的宣传渠道，向更加多元化的社会平台推荐集团的履责实践。

三是做好品牌建设和传播。按照国务院国资委关于品牌建设的部署要求，加强品牌建设的规划和管理，增加社会责任日常信息披露频次，集团有关部门要协调配合，统筹规划公益项目，推动公益品牌传播，着力提高集团社会责任的知名度、美誉度，打造具有中铝特色的责任品牌。

进入新时代，我们不仅要做一家持续盈利的好企业，还要做一家受人尊重的优秀企业，更要加快成长为具有全球竞争力的世界一流有色金属企业。让我们在集团党组的坚强领导下，坚持责任融入，坚守责任底线，创新责任实践，践行“点石成金、造福人类”的社会责任核心理念，再接再厉，持续提升，积极推动社会责任工作再上新台阶。

2019

中国铝业集团有限公司年鉴

The Yearbook of Aluminum Corporation of China

【综述篇】

Overview

集团概述

一、基本概况

中国铝业集团有限公司（以下简称集团）成立于2001年，是国家授权的投资管理机构和控股公司、中央管理的国有重要骨干企业。主要从事矿产资源开发、有色金属冶炼加工、相关贸易及工程技术服务等业务，是全球最大的有色金属企业，氧化铝、电解铝产能均居全球第一，铜业综合实力居全国第一，铅锌锗综合实力亚洲第一、世界第四，稀土产业占据行业主导地位。

2018年，集团坚持改革创新转型升级总基调，全面从严治党，全面深化改革，全面精准管理，深化“加减乘除”，得到习近平总书记亲切勉励，消化历史因素后实现利润总额50.39亿元，同比增加29.89亿元，创2008年金融危机以来最好水平，全面完成国务院国资委考核目标。

截至2018年底，集团注册资本252亿元，资产总额6413亿元，从业人员12.5万人，所属526家企业分布在23个省、直辖市、自治区，拥有5家境内外上市公司。连续11年入选《财富》世界500强企业，2018年排名第222位。

2018年主要产品产量产能表

表1

序号	名称	单位	产量	产能
1	氧化铝	万吨	1833	2036
2	电解铝	万吨	574.7	718
3	铝加工材	万吨	178	215
4	自发电量		437.13亿千瓦时	装机容量610.23兆瓦
5	铜精矿	万吨	31.82	33
6	精炼铜	万吨	69.5	61
7	铜加工材	万吨	28.52	52.64
8	稀土矿	万吨	0.13	0.35
9	稀土分离产品	万吨	1.31	1.43
10	稀土磁材	万吨	0.16	0.3

说明：1. 电解铝和自发电量含广西华磊；2. 稀土分离产品产量剔除了代加工

二、管理团队

葛红林　党组书记、董事长

余德辉　党组副书记、董事、总经理

敖　宏　党组副书记、副总经理

张程忠　党组成员、副总经理

赵　钊　党组成员、党组纪检组组长

冯贵权　党组成员、副总经理

刘建平　党组成员、副总经理

卢东亮　党组成员、副总经理

叶国华　党组成员、总会计师

三、主要指标

2018 年，集团实现营业收入总额 3007 亿元，同比降低 4.86%。有色金属原矿产量 3755 万吨，同比增长 19.6%。氧化铝产量 1508.7 万吨，同比增长 5%；电解铝产量 440.8 万吨，同比增长 22.2%；铝加工材产量 178.5 万吨，同比增长 6.4%；精炼铜产量 68 万吨，同比增长 8.6%；铜加工材产量 28.5 万吨，同比降低 6.2%；稀土分离产品产量 1.62 万吨，同比增长 21.8%。

中国铝业集团有限公司主要经济指标

表 2

项目	2017 年	2018 年	同比增长 /%
资产总额 / 亿元	5313.37	6413.14	20.7
所有者权益 / 亿元	1952.28	2146.91	10.0
营业收入 / 亿元	3155.15	3002.00	−4.9
利润总额 / 亿元	20.5	50.39	145.8
净利润 / 亿元	0.0012	29.55	2462400.0
归属于母公司所有者的净利润 / 亿元	−28.97	7.46	—
技术开发投入 / 亿元	49.18	46.01	−6.4
利税总额 / 亿元	20.50	50.39	145.8
应缴税金总额 / 亿元	104.44	101.12	−3.2
全员劳动生产率 / 万元 / 人 · 年	31.45	28.56	−9.2
净资产收益率 /%（不含少数股东）	0	1.44	增加 1.44 个百分点
总资产报酬率 /%	2.81	2.91	增加 0.1 个百分点
国有资本保值增值率 /%	77.6	130.18	增加 52.58 个百分点

四、改革发展

对标世界一流、建设世界一流，大力实施重组整合，优化产业布局，深化供给侧结构性改革，行业影响力和全球有色金属领域话语权大幅增强。

整体改革有序推进。改革发展呈现良好势头，被纳入第三批国有资本投资公司试点，为加快有色金属行业整合重组、提高资本经营效率提供了平台。所属的西南铝和华中铜业被国务院国资委纳入“双百企业”。

行业重组实现突破。与云南省政府签署合作协议，重组云南冶金集团和亚洲储量最大的铅锌矿，集团氧化铝、电解铝产能分别达到 2000 万吨和 800 万吨，成为近年来全球有色金属行业最大规模重组，向实现“大有色”目标迈出了重要步伐。

发展战略更加完善。坚持“科学掌控上游，优化调整中游，跨越发展下游”的战略思路，成立了四大新兴产业平台公司，初步形成“4+4+4”的高质量产业发展新格局，即做强做优铝、铜、铅锌、稀有稀土四大核心产业，加快发展工程技术、工服物业、资本金融、贸易物流四大协同产业，积极培育环保节能、创新开发、海外发展、智能科技四大战略新兴产业。

资本经营亮点频现。实施了 149 亿美元的外汇债转永续债、注资 126 亿元的法治化市场化债转股等资本运作项目，集团资产负债率降低 19.6 个百分点，负债率降至 63.66%，在央企中降幅最大，大大降低了融资成本。通过所属的中铝股份、云铜股份增发和中铝国际从 H 股成功回归 A 股，获得市场资金 150 多亿元。

瘦身健体完成目标。毫不手软处置“僵尸企业”、治理特困企业（以下简称“处僵治困”），对竞争力不强的73万吨氧化铝产能实施阶段性弹性生产，关停52万吨电解铝和25万吨炭素生产线。全面完成47户“僵特企业”治理任务，亏损面降至9.8%。集团整体管理层级从7级压缩至4级，减少法人户数168户，超额完成国务院国资委下达的三年目标。累计分流安置员工24534人，完成三年目标的110.5%。瘦身健体、处僵治困的做法成效，在国家发展改革委、国资委有关会议上进行了经验交流。

历史包袱大幅减轻。积极消化历史因素，39户企业办社会职能全面剥离。共移交“三供一业”项目178项，完成率99.96%，走在央企前列。18个社区、39项市政设施全部移交地方政府管理，13个医疗机构、10个消防机构、27个教育机构完成分类改革。

五、重大项目

与集团海外铝土矿项目配套的广西华昇200万吨氧化铝项目开工，港口基地战略转型升级启动。东南铜业40万吨铜冶炼基地项目投运，赤峰云铜40万吨铜冶炼基地项目第一条线基本建成，铜产业集群化发展迈上新台阶。推进布局优化结构调整，普朗铜矿、牛苦头铅锌矿、华云一期、遵义铝业二期等一批2017年以来建成项目达产达标，发挥效益。广西华磊、华中铜业二期、中铝山东精细氧化铝等项目投产见效，山西中润、中铝瑞闽蓝园一期项目部分投产。

六、走向海外

积极融入国家“一带一路”倡议，开启了全球化布局、国际化经营新征程。与几内亚政府签署了博法项目矿业协议并获得采矿权，集团在海外第一个规模为1200万吨的铝土矿基地项目正式开工，成为海外战略实施的里程碑。秘鲁铜矿大力提产降本，当年实现利润14.98亿元，成为南美洲中资矿业公司中盈利额最高的企业。与金融机构签署了合作备忘录，西芒杜铁矿项目获得融资支持，为打造海外铁矿石基地提供了保障。

七、科技创新

科技驱动成效凸显。编制了科技发展专项规划、打造“杀手锏”技术方案，氧化铝工艺技术和装备制造能力达到世界领先，电解铝电耗和排放指标达到世界先进，自主创新关键技术世界领先。精细氧化铝品种、产销量不断扩大，产能达到全球第一，牢牢掌握了全球市场影响力和定价权。高纯铝生产用氧化铝、新一代电子信息用高强高导铜合金等实现进口替代。拥有有效专利5356件，高新企业82户，均居行业第一。

铝的应用扎实拓展。践行绿色发展理念，拓宽应用领域，制定了《汽车轻量化专项规划（2018—2025年）》。把握行业市场发展趋势，加快新能源汽车、海运装备等轻量化工作。加强对外合资合作，成立了汽车用铝合金实验室，组建了汽车轻量化科技公司，启动了汽车轻量化开闭件总成线建设，全铝车身获中国国际新材料产业博览会金奖。

八、党建工作

党建工作获得殊荣。集团强化党建工作实现起死回生扭亏脱困得到习近平总书记重要批示。在全国组织工作会议上作了经验发言，在全国国企改革座谈会上进行了书面交流，《人民日报》等中央媒体对集团党建工作经验进行了采访报道。集团政治地位和荣誉明显提升，有现任全国人大代表3名、全国政协委员3名，其中全国政协常委1名。

从严治党导向鲜明。严格落实“两个责任”，坚持把党组织研究讨论作为重大决策的前置程序，巩固了党组织在公司治理中的法定地位。党建工作融入中心服务大局，对实体企业和总部部门实施生产经营（绩效）与党建工作“双百分”制考核，强化了党政同责抓党建的工作导向、目标导向和价值导向。

干部管理持续加强。试行干部聘任制和契约化管理，市场化引进紧缺专业人才和职业经理人41人。坚持在扭亏为盈和减亏企业提任干部，3户企业因业绩下滑对领导班子正职进行了调整。选拔培养优秀年轻干部，提任及转任重要岗位70后正职4名、副职8名、总经理助理5名，引进外部70后人才3名。分层分类开展轮训，实现处级以上干部全覆盖。

反腐倡廉不断深化。在央企中首家出台了禁止与干部亲属所办企业发生业务往来的暂行规定，发布了第一批含85家企业的禁止交易名单。首次把业务板块、总部部门纳入巡视巡察范围，加强问题整改。建立了“一总部、三中心、若干独立支队”联合办案模式，坚持每季度召开警示教育大会，通报违规违纪案例和问责事例128起，形成了优化政治生态的长效机制。

九、履行社会责任

完善管理体系，印发了《2018年度社会责任工作要点》《社会责任管理模块和负面清单（修订版）》《社会责任管理2017年度评估报告》。在主要业务板块推进管理模块覆盖，开展了4次现场培训。举办第三届社会责任大会和2018年“降碳节”活动，表彰了8个先进单位、27名先进个人、10大优秀案例。连续13年发布社会责任报告、连续两年发布降碳报告，连续5年保持专业机构“五星级报告”最高评级，社会责任发展指数居中央企业第8、中国企业第10，社会责任报告获得“金蜜蜂2018企业社会责任报告·长青奖”,《大型中央企业基于管理模块和负面清单的社会责任管理》管理创新成果获第二届中国企业改革发展优秀成果一等奖。

深化履责实践。2018年，中铝集团认真贯彻落实中央关于对口援藏援青工作决策部署，创新援助模式，加大援助力度。援藏资金在原有1200万元基础上增加到2000万元，援青资金从350万元增加到550万元。2018年5月，成立集团扶贫攻坚和援疆援藏援青工作领导小组，强化援藏工作组织保障。年内中铝集团主要领导参加央企助力西藏脱贫攻坚会议，赴西藏昌都和青海海晏考察调研。中铝集团“十三五”期间规划援建西藏贫困地区4个新农村建设项目提前完成。继续实施“中铝·格桑花教育助学基金”，2018年资助西藏贫困师生238名，发放帮扶资金59.7万元。2018年集团干部职工结对帮扶231名青海省海晏县贫困学生，帮扶资金近50万元。投入100万元依托中铝集团下属山东铝业职业学院组织农牧民电商培训班和农牧家乐培训班两期，培养50余名新型电商和农牧家乐经营者，成为带动受援地群众共同致富的“领头雁”。2018年中铝集团在拉萨和昌都市分别举办就业招聘会，提供大学生就业岗位169个，农牧民就业岗位77个，工作岗位遍及内地多个省市。2018年底在青海省海晏县举办招聘会”，提供就业岗位190个，现场签订双向就业意向协议46人。

撰稿/王德国　马桂英

审核/杨燕青

综合协调与文档管理

一、重要会议和重大活动

2018 年，集团共组织召开各类大型会议 15 次。组织召开董事会 8 次、董事会专门委员会 10 次、党组会 49 次、党组专题会 20 次、总经理办公会 57 次、领导专题会 199 次，形成各类会议纪要 325 期。

集团组织战略合作签约活动 12 次；上级部委及有关省市领导重要调研或来访活动 9 次；中央企业、地方企业及民营企业领导人来访与会见活动 65 次；集团领导前往有关省、直辖市、自治区及中央企业拜访活动 42 次；集团主要领导开展各类工作调研活动 56 次。

2018 年，集团积极开展对外合作交流，积极服务国家总体外交。集团领导外事会见 60 余次，包括会见印度尼西亚国企部部长、蒙古国矿业与重工业部部长等外国政府代表，以及力拓集团、艾芬豪资本集团、俄罗斯铝业联合公司等同业公司高管来访。集团领导先后出席第二轮中国－欧盟工商领袖和前高官对话、第十一轮中美工商领袖和前高官对话、国际铝业协会理事会、中国国际铝业周等重要多边活动。集团领导出访 15 次。

做好因公出来访管理，2018 年审核办理因公出访团组 607 个，派出 2107 人次，较 2017 年团组数增加 6.5%，人次数降低 5%；邀请外国人员来华 52 批，120 人次。

二、政务督查及政务信息

持续加大督查力度，完善督查制度，修订下发《集团总部督查工作考核细则》，增强了督查考核的公正性、公平性和客观性；修订完善《集团总部督促检查标准化工作手册》，健全工作标准，优化工作流程，督查工作的规范化、程序化、标准化水平不断提高。

对集团工作会议工作报告和领导讲话，改革工作任务，董事长办公会议、总经理办公会、领导专题会议等重要会议决策事项，及时在督查系统上建账督查，有效促进了各项决策和重点工作的贯彻落实。2018 年共发起督查任务 834 件，截至年底办结 763 件，办结率 91.5%。

2018 年对外部董事到集团所属企业调研所提意见建议等 304 件领导批示件进行了专项督查，有效促进了批示和意见的落地。对集团 3197 件请示件进行了督查，截至年底办结 3042 件，办结率 95.2%。

2018 年，集团在中央企业信息工作报送考核中位列第 33 名，连续 9 年保持中央企业信息工作先进单位和有色行业信息工作第 1 名。在发改委重点联系企业信息工作报送中列第 1 名，在发改委信息工作考核中连续 7 年保持先进单位。全年共编发

《中铝信息》50 期,《信息快报》249 期，为集团领导和部门、单位提供了信息服务。

三、文档及保密管理

减少纸质文件印刷数量、提高公文运转效率工作取得初步成效。一是完善电子收发文系统，推广电子收发文。二是建立集团党组和主要板块党委发文流程。三是精减部门简报类及发文数量，配套建立部门发文、简报发文系统。全年减少 20% 纸质文件印量。审核集团发文 1000 余件，完成综合信息平台电子发文和纸质文件共 2300 余件。印发 2018 年档案工作要点，对集团全年档案工作提出要求。指导抚钛破产档案处置以及中铝国贸接收稀土集团档案等，得到国家档案局认可，作为先进经验进行交流。上报的《讲档案故事，让档案说话，变“死档案”为“活宝库”》，荣获国家档案局“全国企业档案工作管理创新优秀案例”优秀奖。

开展多种形式保密培训教育。一是组织集团总部员工赴国家保密教育基地保密轮训。二是组织新员工、借调、交流人员培训和考试。三是赴中铝资本等多家单位进行培训。四是在集团总部和各在京单位举办保密教育专题展览。五是强化集团信息系统基础建设。分别在集团联网计算机、集团涉密电脑安装定密和加密系统。与国家保密技术服务中心建立工作联系，保障了集团涉密文件销毁工作按时按需完成。

四、信访维稳

2018 年初，集团对矛盾纠纷和信访问题进行了全面深入排查摸底，坚持以问题为导向，适时采取走访、座谈等方式开展调研，对苗头性、倾向性信息广泛收集整理，共排查出信访突出问题 56 个，涉及企业 27 家，涉及人数 11245 人。其中企业改革改制方面的问题 8 个，劳动保障方面的问题 24 个，其他有关合同纠纷、农民工工资、工程款拖欠、拆迁补偿等问题 24 个。同时，对排查出的问题建立台账，逐一落实包案领导和工作人员，制定化解方案、稳控措施和应急预案。对可能越级上访的重点群体、重点人员，特别是农民工工资问题，逐人逐案落实到责任单位和包案领导，发现问题及时协调涉事单位，抓紧解决，切实把各类矛盾纠纷化解在萌芽状态。

2018 年，集团总部层面共受理员工群众来信来访来电 154 批件次 492 人次，总批件数同比减少 47.6%，人次同比增加 41.2%，进京上访共计 29 批次 64 人次，同比分别减少 64.5% 和 44.8%。接访率、来信来函受理率和信访事项受理率均达到 100%。在信访量高位运行的情况下，未出现重大群体事件，维护了集团大局稳定。

撰稿 / 凡青平

审核 / 张晓军

人力资源管理

一、人力资源管理改革

（一）打造过硬领导班子和干部队伍

干部教育突出政治建设和党性修养。落实党组“抓出过硬干部队伍”的要求，发挥中铝党校主阵地作用，加强干部思想政治建设，全年举办各类干部培训班48班次，培训干部3423人次。突出实干实效、关心关爱，出台了激励广大干部新时代新担当新作为的实施细则。组织开展了党组领导与劣化企业领导班子“五个过硬”谈心会。组织45户领导班子开展“一报告两评议”，完成439名领导干部个人有关事项填报和重点核查，全年谈话提醒、函询诫勉66人次，减少了漏报瞒报问题，增强了如实报告意识。

队伍建设突出责任担当和治企能力。加强制度建设，修订领导人员管理办法和干部选拔任用工作纪实办法。坚持好干部标准，全年完成90名党组管理干部的调整工作，其中提拔任用22人，交流45人，退出领导岗位15人。加强干部履职能力建设，从严管理干部，对37名领导人员进行任职试用期满考察，3名降职使用，1名调整工作岗位。配合中组部完成集团优秀年轻干部考察调研和人选报送工作。

（二）提升人力资源开发管理水平

集团人力资源共享平台建设持续推进，人力资源信息系统二期建设顺利完成，功能不断丰富，统一的业务和数据服务平台基本建成，上线员工达14.2万人。以中铝党校和中铝大学为主体的集团培训共享平台作用发挥越来越好，培训资源有效整合，培训力度显著增强，全年累计举办110个班次，培训9100人次。其中围绕集团“三大攻坚战”，培训车间主任3100人次、班组长2000人次。充分发挥人才招聘服务平台作用，围绕集团三大新兴产业平台建设及相关板块人才需要，全年市场化招聘人才41人。

（三）健全完善激励分配机制

制定《关于推进市场化引进人才薪酬激励工作的指导意见（试行）》，通过“协商谈判引入、薪酬市场对标、契约管理退出”方式，建立“市场化引进人才”激励约束机制。进一步完善科技人员激励政策，研究制定《所属科技型企业分红激励实施办法（试行）》，明确了分红激励的实施范围、激励方式、实施条件、实施程序等内容。结合平台公司聚焦新兴产业的特点，遵循岗位用工和薪酬激励市场化导向原则，研究制定了中铝环保、中铝开投和中铝海外的岗位设置和薪酬管理体系。

（四）推进人员分流安置

按照与国资委签订的2016—2018年“僵尸”及特困企业人员分流安置目标2.48万人及年度分

解计划，积极稳妥推进人员分流安置，制定了《关于处置僵尸企业和特困企业专项治理补助资金使用管理的规定》。截至2018年底累计分流安置2.45万人，完成三年人员分流安置原目标的98.9%（完成80%即符合国资委考核要求），完成调整后目标的110.5%。

（五）规范劳务派遣用工

集团制定了《关于进一步规范劳务派遣用工管理的指导意见》，提出规范劳务派遣用工管理的总体目标、年度目标、重点工作，细化"转、留、包、退"四项分类整改措施，指导板块、实体企业规范制定整改方案。截至2018年底，规范整改劳务派遣3828人，完成全年目标的112%。

二、绩效管理

持续完善利润总额考核挂钩机制。结合集团对利润总额目标分为确保目标与奋斗目标的考核要求，研究制定工资总额奖惩与考核目标挂钩机制，区分目标奖惩工资、利润奖惩工资并分类制定挂钩办法，纳入《集团2018年度考核方案》实施。

三、薪酬福利管理

（一）推行工资总额分配向骨干员工倾斜政策

按照"确定关键岗位、核定骨干员工、细化考核方案、强化薪酬激励、动态考核调整"原则，全面推行工资总额分配向骨干员工倾斜激励政策，2018年50家企业确定骨干员工1.98万人，专项激励1.66亿元。

（二）探索市场化工资总额分类管理机制

遵循"效率优先、兼顾公平"原则，在坚持"保障基数＋效益基数"的工资总额基数决定机制基础上，研究制定了中铝资本和中铝材料院"市场化"工资总额核定机制，增设激励工资总额单元，并与市场化创效挂钩，促进企业发展。

（三）建立企业年金制度

根据人力资源和社会保障部、国务院国资委关于企业年金制度的相关政策规定，积极推进集团年金制度建立，组织调查汇总320余户子企业、14.88万人基础信息，测算各类人员年金待遇近50万人次，《集团年金方案》和144家单位的《年金方案实施细则》完成国务院国资委、人社部的审核备案，实现年金制度建立当年启动当年完成。

四、人才开发与培训

高质量实施六大人才工程，加强核心人才队伍建设。推进管理人才"合金""锋刃""飞跃"计划，优选695名年轻干部，举办13期轮训班，实施长周期定制化干部培训锻炼。出台科技领军人才"钻石计划"、青年科技骨干"明星计划"，推动实施科技人才高端引领工程。实施高技能人才"工匠计划"，制定五级技师评聘工作指引和提高技术工人待遇的指导意见，49户企业制定了实施方案，首期聘任"五级技师"3389人，评选建立10个技能大师工作室，有力推动了高技能人才队伍建设。

撰稿／胡　瑛

审核／阚保勇

经济运行与财务管理

一、开拓创新，预算引领成绩突出

一是加强预算引领，围绕“价值创造”和“整体效应最大化”理念，进一步调整预算管控思路。月度经济活动分析突出“问题导向、重点突出、模板统一、闭环管理”。通过“财务双例会”工作制度，死守目标、按周紧盯，确保全面完成年度目标。

二是建立板块主要二级企业综合评价体系，对企业经营能力与资产质量综合排名并分析预警，加强偏差管理，督导板块均衡发展，大幅提升财务协同管控能力。

三是发挥考核指挥棒的作用，各项考核指标持续优化。2018 年，集团实现利润总额 50 亿元，连续三年完成集团奋斗目标，归母净利润由负转正，经营利润超百亿，连续四年超额完成国资委考核目标。

二、主动作为，价值创造成效显著

一是从落实党中央“三大攻坚战”部署的高度，加强债务风险管控，将全集团债务纳入监管体系，跟踪重点困难企业的债务风险，有效规避金融系统性风险。2018 年，集团（不含云冶）资产负债率为 63.9%。

二是坚持“安全、经济、高效”的资金管理理念，将降低财务费用作为挖潜的着力点。实现与主要金融机构总对总战略合作，与中国进出口银行、光大集团签订战略协议。通过价格谈判降低承销费用，节约财务费用 1390 万元。

三是主动出击，全面打开中铝集团融资新局面。全年向 10 余家金融机构进行路演与反向路演，推介集团经营业绩，中债资信将集团主体评级由 AA 调升至 AA+，大型投资者对投资中铝集团的信心逐步恢复。

四是做好境内外资金管理安排，持续密切关注国际市场和汇率走势，加强市场研判，采用远期换汇等手段，有效避免汇率波动损失。

三、夯实基础，信息质量明显提升

一是加强财务信息化成果应用，在 NC 核算系统上线的同时，全级次企业内推广使用合并报表系统，并形成了高效月报机制，财务决算与月报准确率大幅提升。2018 年财政部对集团 2017 年决算工作、快报工作给予了通报表扬，在央企中排名第 27 位，较上年进步了 18 位。

二是初步搭建了资金监控平台，实现了集团对 2000 万元以上大额资金的监控，为集团防范资金风险提供数据支持。

四、精准管理，业务质量不断优化

一是借助国资委产权管理系统上线，以产权登记数据为中心，串联起资产评估、进场交易等业务，做到管理信息全覆盖，进一步明确了集团在产权管理、资产评估、监督机制等方面的管理思路和要求。

二是梳理了3级以上近200家控股企业和150余家参股企业的基本信息和董监事名单，加强培训与考核，提高董、监事的履职能力。三是按照国资委进一步加强境外企业管理的要求，积极延伸和夯实境外企业财务管理工作，持续跟踪境外资产运营质量。

三是加强政策跟踪和业务管理，集团印发《税务动态》，编制下发《中国铝业集团有限公司会计核算手册》。

撰稿 / 于　立

审核 / 单淑兰

重大投资项目与管理

一、重大投资项目管理

（一）加强投资管理制度体系建设

制订（修订）了集团投资管理办法、固定资产投资管理办法、开发性投资项目管理暂行办法等4项管理制度，持续完善三级投资管理制度体系。通过举行投资管理专题培训班等，加强投资管理制度宣贯，推进制度落地，强化制度执行。

（二）转型升级结构调整重点项目按期推进

中铝宁能阿拉善左旗贺兰山200兆瓦风电项目位于内蒙古阿拉善盟南部、贺兰山西侧，建设规模为200兆瓦装机容量，总投资约14亿元。项目建成后有利于发挥内蒙古风能资源优势，促进中铝宁能新能源业务发展。

广西华昇新材料有限公司200万吨氧化铝项目位于广西防城港市港口区，建设规模为200万吨/年冶金级砂状氧化铝，总投资约58亿元。项目采用低温拜耳法工艺，2018年10月开工建设，预计于2020年6月前建成投产。项目建成后有利于优化集团氧化铝产业布局，成为集团首个沿海铝工业基地。

四川会理红泥坡铜矿采选工程项目位于四川省会理县绿水乡，建设规模为开采处理原矿198万吨/年，年产铜精矿含铜2.17万吨/年、钴硫精矿1.27万吨，服务年限20年，项目新增总投资16亿元。项目建成后将接替进入减产期的拉拉铜矿，提高凉山矿业铜精矿保障能力。

山西中铝华润有限公司吕梁轻合金循环产业基地项目（电解铝部分）建设规模为年产50万吨电解铝生产线，项目总投资约41亿元。2017年2月开工，2018年5月首批电解槽通电投产。

中铝宁能银星能源吴忠太阳山风电场项目建设规模为50兆瓦装机容量，项目总投资3.47亿元。2017年7月开工，2018年6月完成240小时试运行并网投运。

（三）建立重点项目情况通报机制

建立重点项目情况月度通报机制，将项目关键建设条件落实、工程节点完成、项目达产达标、竣工验收、合法合规清理整改情况等纳入集团监督管控范围，每月向集团有关部门、板块事业部和实体企业通报各专项工作进展和存在的主要问题，及时分析未落实原因，明确工作要求，督促整改。

（四）强化投资项目全过程管理

按期召开季度投资分析会和月度投资调度例会，以问题为导向，梳理重点项目进展情况，协调解决项目推进中的重点难点问题。建设项目里程碑节点控制系统上线运行，将13个重点项目96个关键节点纳入监控范围，加强项目实施过程监管。集团战略发展部联合有关板块事业部对东南铜业、拉拉铜矿落凼矿区等重点工程现场开展综合大检查。邀请有色质监总站对赤峰云铜、中铝瑞闽等项目进行专项检查，加强项目实施过程监管。

二、海外发展及项目进展

2018年，集团境外资产总额2035亿元，占总资产的32%，境外营业收入289亿元，占总营业收入的9.6%。

（一）秘鲁特罗莫克铜矿二期扩建项目

该项目计划总投资13.19亿美元，扩建后，矿石处理总能力为6205万吨/年，年产铜精矿含铜提高至30万吨（前6年）。2016年，APEC会议期间秘鲁政府与中铝集团签署了有关推进特罗莫克铜矿扩建项目协议。2018年6月，在秘鲁总统马丁·比斯卡拉和集团董事长葛红林见证下，二期扩建项目正式开工。项目建成后，可大幅降低集团铜矿山生产成本，提升项目整体竞争力，缓解国内铜精矿供应短缺局面。

（二）几内亚铝土矿项目

集团积极响应国家“一带一路”倡议，实施全球化发展布局，不断提升可持续发展能力。2016年，集团与几内亚政府、几内亚国家矿业公司签署合作开发几内亚Boffa铝土矿区块框架协议。2018年6月，集团所属中国铝业香港有限公司与几内亚政府签署Boffa项目矿业协议。2018年9月，项目正式开工，一期建设年产能1200万吨铝土矿，预计2019年底具备出矿条件。

（三）西芒杜铁矿项目

该项目位于几内亚东南部恩泽雷科雷地区。2011年，经国家有关部门批准，集团联合宝钢、中非基金等单位组成中方联合体，与力拓组建合资公司，并会同几内亚政府、国际金融公司（IFC）一起开发该项目。2016年，中铝铁矿与力拓签订《转股框架协议》，标志着中方在控股开发西芒杜项目上迈出历史性一步。2018年底，中铝、力拓和几内亚政府三方形成一致工作方案。

（四）刚果（金）40万吨粗铜冶炼项目

2017年3月，集团批复云铜集团与中国有色矿业集团有限公司在刚果（金）新设合资公司，建设年处理40万吨铜精矿（干）粗铜冶炼项目，共同开辟刚果（金）铜冶炼市场。2018年，批复项目初设，同时开工建设。

三、建设项目招投标管理

集团进一步巩固“一个服务平台，两级管理决策，三重监督管理”的招投标管控模式，深化招投标督察，规范招投标行为，堵塞管理漏洞。

（一）完善招投标管控制度体系建设

集团制定修订了招标投标管理和监督办法、建设项目招标投标问题线索移交管理细则等3项招投标管理制度，规范招投标管理，提升投资管理水平和投资收益，预防和遏制工程领域腐败问题。

（二）建设集团电子招投标平台

积极响应国家“互联网+”号召，以“先进、开放、共享”的基本思路和“风险防控、降本增效、阳光操作、高效规范”目标要求，高效率、高标准建设完成集团电子招投标平台，并于2018年6月上线运行。该平台打破了传统意义上的地域差别和空间限制，利用信息手段保障招投标过程制度化、集中化、规范化、透明化，营造了阳光、透明、公平、公正的招投标环境。

（三）创新招投标监督管理方式，强化督察成效

深入开展招投标督察，2018年向广西华昇、

赤峰云铜、中铝招标、中铝国际等集团批复的18个重点项目及企业派驻招投标督察专员组，开展驻场督察。同时，对集团招投标相关制度进行宣贯，帮助企业建立完善招投标制度及流程，从源头预防和减少问题发生。

撰稿 / 孙建勋

审核 / 高贵超

深化改革

一、入选国有资本投资公司试点企业

按照国有资本投资公司试点的定位，集团赴国投集团、中粮集团等央企学习调研，积极向国务院国资委上报申请成为第三批国有资本投资公司试点的报告。近年通过多次向国务院国资委汇报沟通，并在提升经营业绩、优化布局结构、转换经营机制等方面取得了明显成效，为申报国有资本投资公司试点企业奠定了基础。2018 年 12 月 14 日，国务院国资委印发《关于开展国有资本投资公司试点的通知》(国资发改革〔2018〕119 号)，中铝集团等 11 家中央企业成为第三批国有资本投资公司试点企业。

被纳入国有资本投资公司试点企业，是党中央、国务院对中铝集团近年来改革发展成效的充分肯定，体现了对集团的殷切希望，为集团更好地引领行业发展、落实国家战略、打造具有全球竞争力的世界一流企业、做强做优做大国资国企打造了平台，创造了条件。

二、制定《深化改革工作要点及任务台账》

集团按照中央深化国企改革的总体部署和国务院国资委的具体要求，加强改革的整体谋划设计。集团深化改革领导小组办公室坚持每年制定深化改革工作要点和任务台账，紧盯重点改革任务，深化推进落实，做到了全面发力、多点突破、扎实有序、纵深推进。2018 年，确定了深化管理改革创新、完善市场化经营机制、加快股权多元化改革、全面推进瘦身健体、优化国有资本布局结构、加强企业党的建设等 6 大类工作重点及 60 项具体工作任务，至年底完成 58 项，为改革创新转型升级提供了体制机制保障和重要动力。

三、实施国企改革“双百行动”

2018 年 2 月 26 日，国务院国资委召开国企改革“双百行动”企业遴选工作动员部署会议，决定实施国企改革“双百行动”，开展“双百企业”遴选工作。经研究，3 月 19 日，集团向国资委提交了《关于推荐申报“双百企业”的报告》(中铝研字〔2018〕144 号)，推荐西南铝业(集团)有限责任公司、中铝华中铜业有限公司申报“双百企业”。8 月 3 日，国资委印发《关于印发〈国企改革“双百行动”工作方案〉的通知》(国资发研究〔2018〕70 号)，集团推荐的两家企业入选“双百企业”。

入选后，集团向国资委上报了两家企业“双百行动”综合改革实施方案，同时加强组织领导，积极创造改革条件，开展调研指导，扎实推进两家企业综合改革方案和工作台账各项任务落地。

四、推进“瘦身健体”

（一）“三供一业”和剥离国有企业办社会职能

截至2018年底，集团全面完成国资委关于“三供一业”和剥离国有企业办社会职能的工作任务。

“三供一业”移交：“三供一业”分离正式协议签订率100%，移交完成率99%。

消防机构改革：下属10个企业消防机构的分类改革全面完成。其中，9个企业消防机构按照消防法第39条予以保留，1个消防机构交地方。

社区管理机构和市政设施移交：下属社区管理机构18个，市政设施39个，全部与地方达成移交协议，企业不再履行管理职能。

教育机构改革：关闭普通高等教育学历机构3个、幼儿教育机构1个，正式移交学前教育机构9个，达成移交意向6个。6个企业所办主要承担本企业和中铝集团内部培训的职业教育机构予以保留。长城铝业、九冶建设幼教机构尚未与所在地政府达成移交意见，因企业办园规模大，关闭将带来稳定风险，暂时予以保留。

医疗机构改革：15个医疗机构全部完成改革任务。其中，关闭撤销7个，移交地方3个，与国药集团合作2个，社会资本合作2个，改为内部门诊部1个。

厂办大集体改革：厂办大集体企业减少7户，从2015年57户降至9户。

（二）处僵治困

2018年底，全部完成处僵治困主体任务，47户“僵尸”特困企业2018年共盈利4.93亿元，同比增利4.42亿元，较2015年治理基期减亏（增利）50.08亿元。

（三）压减工作

2018年底，集团管理层级从7级压缩至4级，减少法人户数175户（超国资委要求64户），减少管理费用5.3亿元，减少人工成本5.27亿元。

五、开展混合所有制改革

下属企业积极开展混合所有制改革，截至2018年底，所属各级控股子企业中混合所有制企业（资本层面引入了非公资本的企业，其下属企业均统计为混合所有制企业）户数达252户，占比57.67%；混合所有制经济资产总额超过2767亿元，占集团资产的51.74%；销售收入超过2780亿元，占集团销售收入的88.42%。

撰稿／王德国　包湉湉

审核／杨燕青　李宜华

资本运营

一、兼并重组

（一）以中铝矿业国际股权增资中国铜业

2018年8月31日，中铝集团以持有中铝矿业国际100%股权（持有集团旗下核心资产秘鲁铜矿）对中国铜业有限公司增资，并完成了境内外股权变更手续，实现了做实中国铜业的战略目标，为集团与云南省政府合作奠定基础。

（二）整合云南冶金

集团与云南省人民政府开展全面战略合作，双方以中国铜业为平台整合云南铜、铝、铅锌相关企业和资产（代称C3项目），打造“两平台一基地”三个千亿级产业链。2018年12月29日，中铝集团取得云南冶金集团股份有限公司和云南金鼎锌业有限公司100%股权，标志项目取得决定性胜利。C3项目涉及千亿级资产整合，开创了中国有色史上最大并购项目，在资本市场引起较大积极反应，有力提升了集团在有色行业的影响力和话语权，成为“央地合作”的典范。

（三）炭素资产重组

2018年8月，集团所属炭素资产重组整合完成，将中铝资产所属赤壁长城炭素制品有限公司、包头市森都碳素有限公司、山东铝业有限公司炭素厂、平果铝业有限公司炭素厂股权、资产转让至中铝股份，涉及总资产20.22亿元，预焙阳极现有产能60万吨，在建产能40万吨。集团炭素资产重组有利于完善中铝股份产业链，发挥协同效应，降低经营成本，避免同业竞争、减少关联交易；有利于炭素企业环保技术整体升级，避免环保风险。

二、资本运作

（一）中铝国际成功回归A股

2018年8月31日，中铝国际发行的A股股票在上海证券交易所上市，募集资金总额10.21亿元，实现“A+H”两地上市，有助于中铝国际发挥两地市场各自的政策优势、协同发展，实现价值最大化。

（二）中铝股份市场化债转股

中铝股份126亿元市场化债转股项目成功落地，不仅增厚了上市公司股东权益，降低了集团资产负债率，更是有色金属行业首家成功实施市场化债转股的企业，成为央企市场化债转股典范与标杆。

（三）云铜股份非公开发行股票

在定增市场环境不利的情况下，通过不懈努力，2018年12月27日，云铜股份非公开发行A股股票，募集资金总额21.19亿元。

撰稿／包湉湉

审核／李宜华

科技创新

一、科技创新体系建设

（一）推进科技管理体制改革，激发科技创新活力

为深入实施创新驱动发展战略，进一步整合和高效配置科技创新资源，激发科技创新活力，依据国家科技体制机制改革相关政策，提出了深化科技管理体制机制改革方案建议。为进一步明确各层级在科技创新管理上的定位，完善科技研发体系，做实中央研究院，在改革科技项目运行管理制度、建立新的科研经费管理模式、加强科技创新考核、完善评价激励机制、优化科技创新环境等方面提出了具体实施意见。

（二）推动创新战略落地，培育发展新动能

完成“十三五”科技发展规划中期评估和三年滚动规划编制。“十三五”科技发展规划发布实施以来，32 项重点任务全部启动实施。

编制了集团建设具有全球竞争力的世界一流企业科技发展专项规划（2019—2035）。规划分为近期规划（2019—2020）、中期规划（2021—2025）和远期展望（2025—2035），深入分析了全球及国内宏观经济和行业发展现状，对标世界一流企业，结合打造企业“杀手锏”技术和产品，合理规划近期目标，科学布局中期目标，大胆设想远期目标，为集团科技发展提出创新性的思路和建议。

聚焦“杀手锏”技术。按照“培育一批、发展一批、持续巩固一批”的原则进行杀手锏技术和产品研发总体设计与布局，分步实施。梳理出 45 项杀手锏技术与产品，形成了初步工作方案，其中巩固发展领先技术 20 项，开发突破优势技术 15 项，着力培育未来技术 10 项。

（三）扩大科技项目“风险抵押”试点实施

在中铝股份继续推进科技项目“风险抵押 + 收益共享”试点实施。2018 年增加了“5N 高纯氧化铝产业化示范”“种分高白填料转型升级产业化”等 2 个项目。经过考核兑现，员工以总投资 4% 的风险抵押金，分享了新产品头两年销售收益的 1/7，年风险抵押收益大于 20%。

（四）组织开展国家高新技术企业认定

全年组织 33 家企业开展认定工作，公示 22 家。2018 年集团原有的 44 家高新技术企业享受政策减免税 2.11 亿元。随着云冶的加入，集团高新技术企业累计达 82 家。

（五）推进工信部双创示范平台建设

推荐的“中铝山东有限公司智能综合创新管理平台项目”和“中国铝工业卓越技术创新服务平台”被评为工信部 2018 年制造业“双创”（大众创

业、万众创新）平台试点示范项目。

（六）加强科技创新平台建设

根据集团与云南省战略合作协议，完成了中央研究院昆明分院的设立，重点建设4个中心和2个中试基地。

集团以副理事长单位身份参与组建中国稀有金属绿色制造技术创新战略联盟，积极与联盟内单位开展科技合作。

与上汽共同组建汽车用铝合金联合实验室，推动汽车轻量化铝合金新产品开发及应用技术进步，加快技术研究成果工业化应用步伐。

（七）提升企业技术创新能力

为监测和评价各技术创新主体的技术创新能力，集团开展了2018年技术创新能力评价，形成技术创新能力评价报告。

集中调研了中石油、中石化、国家电网、有研集团等8家央企集团科技管理工作，就技术创新体系建设、科研项目管理、科技创新激励机制等方面进行了交流学习。

二、专利申请与专利授权

2018年，集团新增专利申请978件，授权专利553件，累积申请专利12280件，累计拥有有效专利5337件。随着云冶的加入，集团累计申请专利数增至14712件，累计拥有有效专利增至6538件，在同行业中位居第一。

全年开展203项标准制定修订，其中国际标准2项、国家标准88项、行业标准67项、地方（团体）标准12项、企业标准34项。

三、科技研发与成果产业化应用

2018年集团开展科技项目1500余项，科技投入59亿元，荣获中国专利优秀奖1项、有色行业科技进步一等奖10项。

（一）资源与矿山领域

开展高硫铝土矿处理技术研究，开发出浮选脱硫和焙烧脱硫两种脱硫技术。在遵义铝业开展超高硫铝土矿浮选脱硫工业示范，处理超高硫铝土矿3万吨，精矿硫含量0.88%。

开展Toromocho铜矿选矿技术实验室验证和工业化应用优化研究，进一步提高铜精矿铜回收率，降低铜精矿氟含量，优化选矿生产指标，并为铜矿二期建设提供参考。

（二）氧化铝领域

完成了1.2吨/小时规模熟料干法烧结工艺试验，获得150吨合格熟料，熟料标溶氧化铝和氧化钠分别达到95%和96.5%以上，工艺节能30%以上。

在中铝山东有限公司开展高品质氧化铝技术开发与产业化应用。4月22日在西线生产出第一批氧化铝进口料替代品，5月17日产出第一批优质高品质氧化铝，累计生产高品质氧化铝12.04万吨，实现了进口替代。

（三）电解铝领域

“FHEST技术”在373台电解槽推广应用，平均吨铝节电400千瓦时以上。30台更低能耗电解槽经过1年正常期运行，平均直流电耗明显降低。智能打壳技术管控系统在山西华圣46台300千安电解槽上应用，预报准确率达到92%以上，该技术同时在云铝股份、包铝等企业推广。

（四）精细氧化铝领域

组织开展了DMO/MTO催化剂用一水软铝石及衍生产品、无压碳化硅陶瓷、碳热还原法制备氮化铝、特高压电气绝缘填料、种分高白填料转型升级、5N高纯氧化铝等技术和产品开发。建成年产特种一水软铝200吨试验线、年产无压碳化硅陶瓷制品30吨生产线；种分高白填料建成产业化示范线，实现提产1万吨，产品达到国际先进水平。建设铵盐法生产5N氧化铝产业化示范线、锂离子电池隔膜用陶瓷浆料3000吨/年产业化生产线等。

（五）铝铜新材料及加工领域

着眼未来，布局热冲压专用高强铝合金材料及应用技术、高速挤压技术开发及应用等2项前沿和首创性技术研究；立足开拓新市场，开展大客用铝锂合金型材、高速动车用地板、汽车用泡沫铝夹心板等14项引领性新产品研究；聚焦生产工艺关键问题，开展提高大规格铸锭的冶金质量、降低铝镁钪合金制造成本等6项质量和效率提升项目。

航空航天：开展了航空用超厚板疲劳性能提升关键技术，开发的某超厚板实现稳定供货，性能合格率由之前的50%提高到97%。中铝材料院残余应力控制技术项目在国际上首次研发了7050铝合金淬火预拉伸工艺残余应力快速预测软件，获得了软件著作权；东轻7050、2124批产工艺优化攻关基本完成，板材的轧制成品率提高4%～6%，原材料降本约800万元。

交通运输：中铝萨帕为四方股份开发的高速动车组用裙板，经测试，性能完全达到使用要求。开发出适合西南铝生产的汽车车身内板用5182铝合金专用工艺，产品已通过上海通用厂商和北美ACT实验室的性能评价检验。中铝材料院商用车型材项目基本完成，重点突破了车厢结构设计和大规格型材制备技术。

包装及新兴产业：中铝材料院薄型罐身料项目基本完成，开发出满足用户要求的0.25～0.26毫米薄型罐身用3104铝合金板材，产量突破2万吨。

铜及铜合金：电子用Cu-Cr-Ti合金项目在非真空条件下攻克了Cr、Ti、Si等易烧损、易氧化元素吸气这一行业难题，解决了铸锭的气孔缺陷，为高质量铸锭的生产提供了保障。

稀有稀土新材料：山东依诺威开发的高性能磁材50SH产品实现批量稳定生产，45UH开始批量投产。

（六）环保技术领域

铝电解废槽衬无害化技术在包头铝业示范成功并通过环评验收，在兰州、广西等地获得推广应用。

铝电解废阴极资源综合利用示范线11月份获得环保批复，并加紧施工建设。

赤泥堆场生态复垦技术完成赤泥土壤修复及盆栽种植实验，并扩大到大田修复、种植，实现了6种作物的正常生长，修复的赤泥土壤肥力达到土壤肥力旱地Ⅰ级标准。开展了3000平方米示范种植，植被绿化覆盖率>95%。

（七）智能制造技术领域

智能化精确出铝系统实现了操作人员在地面遥控进行出铝作业，单槽出铝精度控制在±20千克误差之内，降低了人为操作误差对电解槽正常运行的影响。

阳极导杆组全自动焊接系统完成电解槽阳极钢爪窄深间隙全截面自动焊接技术及专机开发，取得了接头强度提高50%以上、连接压降降低5～10毫伏以上的效果，显著降低了劳动强度。

氧化铝溶出/蒸发区域智能优化系统完成了蒸发区域过程智能优化控制系统在线检测仪器、电动设备等安装，进行仪器设备精确度的校正和智能控制系统调试。

数据服务平台正在招标建设；完成首批6家企业调研，并进行企业生产数据试采。

四、重点科技配套工作

抓项目，提升研制和保障能力。加强项目管理，完成了2个关键原材料试点项目的总体验收、2个大飞机专项子课题的预验收和总体验收、2个年度配套科研项目和3个固定资产项目验收工作，2个配套科研项目通过审计，完成了1个固定资产项目的初步设计评审和批复。

抓关键，突破一批核心技术。高纯镓项目实现了72项元素检测合格，进一步提升了集团在军工企业中的地位。西南铝超大规格模锻件作为第一批重大项目通过国家阶段评审。第三代大规格高强高淬透性铝锂合金氧化膜控制等关键技术和冶金质量精确控制等系列共性技术取得突破进展。2297铝锂合金厚板、7A85锻件、7050超厚板等已批量应用于型号生产。

抓重点，全面推进民机铝材国产化。民机铝材国产化率持续提升。大飞机铝材降本成效显著，7B50、2024、7050预拉伸板三年降本10%以上，完全可实现进口替代。集团与中国商飞持续开展全面对接，有力推进了大飞机项目进度。

五、节能工作

加快产业结构调整，加快淘汰落后产能、工艺技术和设备；实施“腾笼换鸟”战略，兼并重组，具备能源优势的地区产能陆续释放；强化科技进步和创新，推进产业结构绿色转型升级。

全年总能耗为2384.89万吨标准煤，同比上涨5.27%。主要由于主导产品产量增加，其中氧化铝、合格交库的铝锭、精炼铜同比分别增长3.70%、23.05%和8.56%。集团现价万元产值综合能耗为1.0749吨标准煤，同比基本持平。主要技术经济指标中，吨氧化铝综合能耗同比持平，铝锭综合交流电耗同比增长0.22%，铜加工材综合能耗同比降低4.42%。

六、质量管理

认真贯彻落实中共十九大“质量强国”战略和“质量第一”方针，树立“零缺陷”理念，制定了《质量奖奖励办法（试行）》，修订了《技术标准项目管理办法》。按照集团安全环保质量攻坚战实施意见，开展了3个方面9项质量标志性项目，实施了首届中铝质量奖的评选及奖励。集团获2018年中央企业全面质量管理知识竞赛“最佳组织企业”，6项QC成果获首届央企QC成果奖。

2018年国资委监事会跟踪的3项质量指标和集团管控的17项质量指标达标率均100%。2018年未发生B类及以上质量事件，C类质量事件数量同比降低41.9%，质量损失降低33.6%。

撰稿／夏　忠

审核／刘　伟

安全生产及环境保护

一、安全生产

建立了高标准并与国际接轨的 CAHSE 体系。2018 年，实施的精准安全管理体系工程、安全能力提升工程、安全风险管控工程、本质安全工程中的 12 个标志性项目全部完成年度目标。风险总值同比降低 23%；20 万工时损工率同比降低 21.1%；员工职业健康体检实检率 99.3%。

（一）精准安全管理体系工程

2018 年 5 月 29 日发布了具有中铝特色的《职业健康安全环保精准管理体系规范》（CHINALCO-HSE-01-2018）和《职业健康安全环保精准管理体系考评标准》（CHINALCO-HSE-02-2018），于 6 月 1 日正式实施。

有关板块事业部完成了 10 个现场和过程安全管理专业考评标准的制定，分别是金属非金属矿山、氧化铝、电解铝、工业施工、民用建筑、市政道路、非煤矿山施工、工程勘查、建筑加工制造、工业服务。

（二）安全能力提升工程

分层级安全培训深入开展。集团党组以安全为主题开展集中学习 3 次，其中于 9 月 25 日首次以党组中心组（扩大）学习暨集团安全培训大会方式，邀请中石油原副总经理沈殿成对中层以上领导进行安全管理经验培训，分享了中石油的安全文化和安全管理的成功实践。大力开展“安全、干净”班组竞赛。组织召开“安全、干净”班组竞赛经验交流会，对 2017 年评选出的 98 个“安全、干净”示范班组进行表彰。2018 年新增达标班组 4859 个。

（三）安全风险管控工程

按照重新、全面、科学的原则，制定了安全风险分级管控实施方案，出台了风险分级管控工作的技术新标准，自下而上，采用辨识评估新工具，全面启动并实施安全风险分级管控工作。

深化督察和隐患排查治理。集团职业健康安全环保督察组全年督察 52 家企业，发现 1079 项问题，其中，职业健康安全方面 726 项，环保方面 353 项。企业全年排查出安全隐患 15.79 万项，其中人的不安全行为 0.83 万项，整改率为 97.6%。全年开展应急演练 4153 次，75732 人次参加。

（四）本质安全工程

持续推进本质安全工程建设，2018 年所属企业安全生产治理费用累计投入 5.7 亿元。

全面推行物理隔离。各企业广泛推行门禁系统，实施人车分流、设备能量隔离。广西企业投入 2000 余万元全面开展物理隔离和上锁挂牌工作。

试点危险岗位“无人值守”。中州铝业段村－雷沟铝土矿建设通风机站无人值守监控系统，减少劳动定员24人；头顶库治理有序推进，在产的地下矿山全部安装了六大系统。推动机动车辆安全防护装备的配置，大多数企业的机动车均加装了安全带、倒车影像、消防器材，其中西南铜业、狮子山矿、滇中有色、易门铜业、赤峰云铜、迪庆矿业等6家企业1100多辆机动车全部加装。

二、环境保护

2018年，集团及所属企业未发生较大及以上突发环境事件；发生了1起广西稀土生态环境问题被媒体曝光的一般突发环境事件。SO_2排放量同比下降10.89%，NOx排放量同比下降10.75%，COD（化学需氧量）排放量同比下降5.80%，氨氮排放量同比下降2.06%；满足列入国资委第五任期减排考核指标（SO_2和NOx）的要求。

（一）危险废物无害化处置工程

为加强固体废物的管理，保障人体健康，维护生态安全，促进经济社会可持续发展，集团出台了《固体废物管理暂行规定》（中铝办字〔2018〕63号），各板块事业部及所属69家实体企业均完善了相关制度，并建立了企业危险废物清单。

电解铝大修渣无害化工作取得新进展。继2017年集团首条大修渣无害化生产线在包头铝业落地投产后，2018年3月5日，兰州分公司大修渣无害化生产线建成并投运。污泥减量化工作取得新成效。

（二）清洁工厂建设工程

2018年，累计投入40亿元用于环保提标改造或搬迁。

大气污染物超低排放新增“新成员”。在2016年底“2+26”城市区域企业火电锅炉实现超低排放的基础上，包头铝业1#锅炉，兴华科技1#、2#和3#锅炉以及山西华兴4#锅炉均已完成超低排放改造。在2018年排污费改环保税后，3家企业本年度缴纳的环保税总额较2017年缴纳的排污费降幅达近50%。

工业废水“零排放”新增“新企业”。不断深入推进工业废水“零排放”工作，截至2018年底，集团已有48家企业实现了工业废水“零排放”。年内新增兰州分公司、山东华宇、包铝自备电厂和宁夏能源六盘山热电厂等4家“零排放”企业。以兰州分公司工业废水“零排放”改造为例，改造后年度减少COD排放量690千克，预计节约水费7.5万元，少缴环保税5040元。

（三）绿色低碳示范工程

推动绿色发展。严把源头设计关，新建项目在可研阶段就对标国际一流，按最严格的标准进行设计，制定并落实最严格的管控措施。中国铜业宁德铜冶炼项目初期召开不同层级环保专题研讨会10余次，邀请国内外业内顶级专家和院士组织召开了环境风险防控能力提升专家论证会，对项目环境风险进行再辨识、再论证，进一步强化项目环境风险防控措施，升级改造环保设备设施，力争建成“全球铜冶炼环保示范企业”。开创性提出在冶炼企业厂界建设绿色隔离带的要求，把企业对周边环境的影响降至最低。本着减量化、资源化、无害化的原则，加快绿色技术研发应用的步伐。

深化低碳管理。在有色行业率先颁布碳资产管理暂行办法，明确了集团各级碳资产管理机构的职责和碳资产管理模式。

撰稿／赵寅宇

审核／张贵斌

市场营销

一、市场回顾与评述

（一）铝

1. 电解铝。2018 年，铝市场政策力度有限，呈现供需两弱格局，电解铝价格低迷，成本因素对铝市场起到了关键作用。亏损严重导致企业新建项目投产速度放缓，重启动力不足，特别是下半年部分经营压力大的企业主动减停产事件屡有发生，因而新增产能远低于市场预期，全年供应增速仅有 0.2%，创 10 年新低。同时需求疲软，内需主要因中国经济的下行压力，而外需则受到美国关税和双反的影响。除了对从中国直接进口的铝材和制成品征收高昂的双反税率之外，美国以国家安全为由对钢铝加征的进口关税也进一步拖累中国铝消费，全年需求增速创近 10 年新低。

2. 氧化铝。2018 年中国由氧化铝净进口国转为净出口国。美国对俄铝的制裁、海德鲁巴西 Alunorte 氧化铝厂减产以及美铝罢工等事件，导致海外供应出现短缺，海外氧化铝价格直线上升，4 月，澳大利亚离岸价涨至历史高位的 710 美元 / 吨，打开了中国氧化铝出口窗口，并对中国氧化铝价格形成正反馈。全年中国累计净出口量达到 60 多万吨。另外，因环保监察导致山西等地矿石供应出现问题，造成氧化铝供应出现短缺，为氧化铝价格提供了明显支撑，全年价格整体保持在较高水平。

（二）铜

2018 年铜原料市场分为 2 个阶段：7 月前铜精矿 TC 维持在 75 ～ 80 美元，较 2017 年 90 美元以上的价格下降了 10 多美元，铜冶炼利润受一定影响。7 月后，由于印度韦丹塔冶炼厂停产以及菲律宾帕萨冶炼厂减产，促使铜精矿 TC 加工费（精炼加工费）从 80 美元 / 吨上升至 90.5 美元左右。废铜累计进口 195 万实物吨，同比下降 35.6%。废铜的减少促使精铜消费量增加，导致国内外精铜库存下降超过 25 万吨。总体看，国内铜精矿市场由 2017 年过剩 12.3 万吨，转为 2018 年短缺 1.2 万吨。

2018 年精铜消费同比增长 3.1%，而供应量同比增长 6.7%，净进口量则大幅增加 8.1%（与国内价格长期高于国外有关）。由于铜冶炼产能的快速增加，铜产量增速高于消费增速。虽然进口废铜减少，但精铜进口量增加弥补了废铜的供应缺口，全年铜现货升贴水基本在 −150 ～ 150 元 / 吨之间。总体来看，2018 年国内精铜市场供应过剩 61 万吨。

（三）稀有稀土

1. 产品价格低位平稳运行，继续呈现结构性分化。2018 年，稀土价格延续低位运行态势，市场整体运行平稳。中国稀土行业协会发布的稀土价格指数从年初的 131.9 到年末的 132.8，年内最高为

147.6、最低为129.7，振幅13.8%，为近年来波动最小年份。相比2018年的铜铝等有色大宗产品价格波动，波动相对较小的，是近年来少有的现象，反映了稀土需求平稳增长、市场属性增加、政策影响弱化。

从各品种来看，受益于新能源汽车、节能电机、风电、智能制造等新兴产业对稀土永磁需求的增长，与之相关的镨、钕、铽、镝等价格出现4% ~ 6%的增长。其他元素出现结构性过剩，价格继续下滑，其中：镧铈钐钇价格降幅超过10%；氧化铕价格跌幅超过36%，主要是LED灯对荧光粉灯的替代率增加，氧化铕需求进一步减少所致。

稀土大集团企业上市公司中，除北方稀土依托其资源优势，收入增幅较大、利润小幅增长外，南方离子型矿的集团企业受制于资源短板，五矿稀土盈利不高，广晟有色、金龙稀土（厦门钨业）均出现一定亏损。

2. 稀土行业国际供应多元化格局加快形成。为应对稀土产品价格大幅波动的影响，降低对中国供应渠道的依赖，全球各国自2011年以来加大稀土资源开发，推动了全球稀土资源供应格局变化。澳大利亚、美国、缅甸的稀土资源项目和马来西亚稀土分离项目的陆续投产或扩产，全球稀土供应多元化格局加快形成。同时，受国内稀土行业治理整顿及更高生态环保要求的影响，南方稀土矿资源持续紧张，国内企业也加快了国际资源开发和利用的步伐。

3. 稀土产品出口量增趋缓、单价提升。海关统计数据显示，2018年稀土出口总量5.3万吨，同比增长3.6%；出口金额33.9亿元，同比增长20.2%。在国外项目扩产、国际经济增幅未明显加快的大背景下，我国稀土出口量高位稳定增长。业内人士判断，国际企业应该有商业储备和战略储备的考虑。

二、2018年营销业绩

（一）铝

全年，集团冶金氧化铝销售1597万吨（含华锦），同比增长4%（55万吨），产销率101%；精细氧化铝销售311万吨（含普通氢氧化铝），同比增长13%（37万吨）。金属镓销售134吨，同比增长27%（35.7吨）。

氧化铝外销均价（不含长单比例价）比三网均价高28元/吨；铝锭外销均价（含期货平仓损益，不含贸易量）比长江现货价高65元/吨。

电解铝产品销售414万吨，同比增加87万吨，产销率100%。电解铝合金化率38.4%，完成37%的全年计划。

采购锅炉煤1580万吨、冶金煤186万吨、石油焦83.7万吨、煅后焦70.2万吨、煤沥青29.1万吨、氟化铝6.7万吨、烧碱156.7万吨、纯碱36.8万吨、阳极95.4万吨。

锅炉煤累计采购价格跑赢中国电煤价格指数9.5%，烧碱跑赢市场价格4.3%。全年采购降本9.93亿元。

实体铝企业吨产品物流成本同口径同比降低2.05%，物流成本降低1.04亿元。

（二）铜

2018年，集团阴极铜销售69.5万吨，同比增长11.81%（7.34万吨），产销率100%；其中国内销售66.77万吨，平均升水18.62元/吨，比上海有色网全年年均升水高12.65元/吨；进料加工复出口销售2.73万吨，销售价格6608.99美元/吨。

2018全年原料外购71.6万金属吨，同比增长

7%（原料 5.1 万金属吨）。其中，铜精矿外购 66.34 金属吨，同比增长 28%（铜精矿 14.57 万金属吨）。

（三）稀有稀土

2018 年，中国稀有稀土积极开拓海外市场，尤其是日本市场。全年累计实现产品出口 513 吨。

三、主要举措

（一）加强市场研判，稳定产品价格，防范市场风险

铝：利用国外氧化铝供需失衡的窗口期，加大氧化铝出口力度，中铝国贸全年出口 33 万吨，有效调剂国内市场供求平衡关系，对国内氧化铝市场价格上行起到了支撑作用。与阿拉丁、安泰科、百川资讯等市场研究机构沟通，通过对氧化铝成本和供求关系的分析，借助各种媒体平台，积极向市场传播正能量，增强氧化铝企业挺价的信心。开展市场运作，在氧化铝下行到 2600 元 / 吨时果断出击，先后外采氧化铝 60 多万吨，及时调剂市场平衡关系，坚决遏制下滑趋势，增强了集团在市场中的话语权和影响力。参与港交所深圳前海交易所氧化铝现货交易，规范国内现货交易机制，为促进行业健康发展做出了积极贡献。

稀有稀土：关注稀有稀土市场动态，通过营销周例会、月例会及日常沟通，对稀土市场情况和走势进行分析和研判，把握政策方向，抓住政策机遇。结合稀土市场行情变化以及对公司实际状况的分析，有针对性的部署公司营销措施，预防营销风险，平衡好生产和销售。向市场波动要效益，强化横向对标，促进各单位相互交流，提升销售价格。

（二）加强销售管理，优化营销机制，提高盈利能力

铝：强化冶金级氧化铝质量管理，修订了《中铝股份冶金级氧化铝优质优价管理规定》，明确了不合格产品的惩罚措施，通过机制建设引领高质量发展，提升产品质量水平和市场竞争力。2018 年，集团冶金级氧化铝粒度等质量指标在国内处于最好水平。中铝山东高品质氧化铝替代进口氧化铝用于生产高精铝，取得了重大突破。包头铝业、山东华宇、青海分公司每月采购 1.6 万吨中铝山东高品质氧化铝用于替代进口氧化铝，年化收益达 1.3 亿元。将买断铝锭的运营机制逐步扩展到普通铝棒产品，探索实施了铝液买断模式，通过发挥中铝国贸市场和专业优势，扩大合金产品销售，提高了铝棒市场占有率。全年中铝国贸买断销售铝棒产品 30.9 万吨。推进电解铝合金化，优化合金产品结构，提升增盈增收能力。截至年底，加工费在 1000 元 / 吨以上的合金品种达 20 多个。按照“内部优先，外部例外”的原则，统筹计划安排和资源配置，提高内部配套率，内部协同效应得到进一步发挥。全年供应内部铝加工企业（西南铝、中铝瑞闽、东北轻、中铝萨帕）铝锭 39.6 万吨、合金产品 27.2 万吨，内部配套率达 80%。

铜：整合营销采购平台，保证冶炼厂顺利开展生产。中国铜业初步形成营销统采平台，内外联动拓展市场，不断开拓新的原料供应市场，为满负荷生产提供了强有力的保障。制定有效的铜精矿采购策略，灵活应对市场变化。定期分析供应商合同执行情况，确保优质供应商完成 2018 年度合同供应数量，力争有所增量；针对合同执行情况较差的客户，尽量使其缩小合同供货欠量。积极争取国家政策支持，分别与云南省商务厅、昆明市商务局等沟通，及时掌握相关政策并及时按规定提交资金申请资料，争取到“稳增长进出口奖励资金”和“中央外经贸发展专项资金”共计 1828.80 万元。

稀有稀土：优化调整中稀国贸业务管控模式，利用中稀国贸现有人员、“常盛营销”团队成员开展业务工作，将稀土金属等产品业务调整到中稀国贸，由中稀国贸统一协调贸易业务，统一进行市场运作，为中国稀有稀土的长远发展和实体企业的生产经营提供便利服务，提高营销创效能力和盈利能力。

（三）加强采购管理，实施多项举措，降低采购成本

铝：依托集团在冶金煤、锅炉煤、进口煤直供渠道建设上的实质进展，通过积极组织实施和不断完善煤炭采购统谈分签，在保供的同时抢抓采购时点，促进了采购降本。根据集团大宗原燃材料的采购特点，积极研究降本模式，加强管理、多措并举，实现较好降本效果。利用山东地区资源优势，及时为华兴铝业开通采购渠道并实施液碱调拨。利用陕西、内蒙古地区流通领域资源，增加液碱采购量，减少高价片碱采购，降低了成员企业采购成本。

铜：加强物加强年度合同签订比例，确保完成阴极铜全年产销率100%目标。国内销售，在华北、华东、华南及西南主要销售区域，以签订年度销售合同签订的方式确保稳定的销售渠道及销售量，全年年度销售合同签订比例达到85.5%，剩余国内销量通过抓市场机会，以零售方式进行销售；境外销售（进料加工复出口），全年签订合同比例95%以上，剩余部分根据境内外市场情况，以利润最优择机进行销售。全年合同执行率均实现100%执行。

（四）加强内部市场管理，规范交易行为，扩大品种规模

进一步规范内部供需双方的交易行为，内部交易品种有序扩大，交易规模稳步增加。全年更新内部市场交易产品和工业服务目录4次，并对部分信息进行了重新整理和更新。5月，规范絮凝剂产品由中铝资产统一供应。7月，召开中铝资产及其下属企业新增产品和工业服务协调会，在严格规范内部市场新增产品和工业服务的前提下，积极帮助内部供方企业做大做强。截至年底，集团内部市场交易目录共有22大类1796项，较2017年年末增加336项；集团内部市场交易金额达781.64亿元。其中，各板块内发生的内部市场交易金额576.82亿元，板块间发生的内部市场交易金额204.82亿元；中铝股份发生的内部市场交易金额431.35亿元，占比55.2%。

（五）精准风控管理，规范期货操作，防范经营风险

铝：修订了客户信用管理办法，完善信用管理体系，规范小额授信管理。全年合规受理企业追加授信申请7件，仅为2017年的25%，实现了在控制风险前提下最大限度满足企业业务需求，提高了信用管理的可操作性。强化企业信用管理工作，提高企业风控意识和管理质量。严格执行制度要求，规范期货操作，密切监督各单位最大持仓量，杜绝投机行为，有效防范和化解风险，完成套期保值目标。

铜：加强购销业务期货保值闭合，有效规避铜价波动带来的经营风险。根据原料采购及产品销售情况，严格进行购销闭合不留敞口。一是根据原料采购的作价方式及作价周期，对应产品销售的作价方式及周期，实现购销价格的有效对冲；二是部分原料及产品在作价方式及作价周期不匹配的情况下，运用境内外期货保值手段进行保值闭合操作。

稀有稀土：修订《中国稀有稀土股份有限公司客户信用管理办法》，逐步完善营销管理制度，规范营销管理工作。结合各单位月度信用风险管理报告，对信用风险问题进行分析，强化问题整改及信用风险管控。对客户信用风险管理不到位，下属企业授权不规范、信用风险管理制度执行不严格等问题，通过巡视问题整改，强化责任落实，各单位的信用风险管理意识逐渐提升。

（六）加强战略合作，落实合作项目，巩固合作关系

铝：牵头推动与招商局集团合作的豪华邮轮项目、与前海交易所合作的现货仓单交易项目、与上海期货交易所合作的氧化铝期货上市工作，均取得了阶段性成果。积极与重点供应商沟通，落实合作项目。加强与中国石油、中国石化的石油焦购销合作，与新疆中泰化学、宜宾天原集团的烧碱购销合作，与国家能源集团、榆神集团、陕煤、山煤、甘肃华亭等单位的煤炭购销合作，与蒙古国ETT的焦煤长期包销合作。推进与成都铁路局、武汉铁路局的沟通合作，启动了赤壁碳素物流服务对接工作；铝锭期货交割库增容项目已获批准；加强与港口合作，优质高效完成了外销氧化铝集港、装船等工作，在约定时间内完成了货物交付。

稀有稀土：推动与日本东洋电机合作，出口高端钕铁硼产品到东洋电机。推进与东洋电机在中国建立稀土永磁电机工厂。使用中铝依诺威的磁材以及配套使用中铝集团铝、铜板块生产的铝电机壳及铜产品等，促进稀土板块向应用产业发展的影响力。

撰稿 / 谢东辰　肖天勇　赵世伟

审核 / 景英仁　史文龙

矿产资源

一、矿业权基本情况

截至2018年底，集团及所属企业拥有及合作的矿业权共411处，其中探矿权226处、采矿权185处，按矿种铝土矿169处、铜矿55处、铅锌矿111处、稀有稀土4处、铁矿1处、煤炭6处、其他65处。

二、资源储量情况

矿业权保有资源/储量为：铝土矿304863万吨、铜3010万吨、铅锌4588万吨、稀土54644吨、铁矿石28.22亿吨、煤炭29亿吨、金214吨、银25167吨、钼329万吨、锗396吨、钛矿460万吨、镍9万吨、石灰石7321万吨。

三、主要矿产地

（一）主要铝土矿

广西。平果那豆铝矿1379万吨，平果太平铝矿3842万吨，平果县教美铝土矿3068万吨。

云南。文山天生桥－者五舍铝土矿4343万吨，文山大铁矿区铝土矿1875万吨，文山飞尺角铝土矿1065万吨。

贵州。猫场铝土矿9575万吨，燕龙林歹矿1052万吨，清镇麦坝铝土矿898万吨。

重庆。大佛岩铝土矿1668万吨，南川灰河铝土矿1504万吨，南川川洞湾铝土矿1339万吨，南川大土铝土矿1179万吨。

河南。渑池县段村铝土矿2920万吨，渑池雷沟铝土矿3641万吨，小关铝土矿4175万吨，新安县郁山铝土矿1949万吨，洛阳铝矿812万吨。

山西。兴县赵家焉矿区铝土矿3408万吨，兴县黄辉头矿区铝土矿1542万吨，兴县奥家湾铝土矿937万吨，兴县苏家吉铝土矿1304万吨，交口县铁金村铝土矿1172万吨，交口县西宋庄铝土矿1175万吨，孝义市柴场矿区铝土矿669万吨，孝义市相王矿区铝土矿1167万吨。

境外。几内亚博法铝土矿21亿吨，老挝色贡省达珍县一、二号矿区铝土矿3538万吨，印尼PT.ALUSENTOSA铝土矿4745万吨。

（二）主要铜多金属矿

西藏。改则县多龙荣那、拿若矿区：铜1197万吨、金116吨、银3097吨；昌都县昂青银多金属矿：银956吨、铅锌45万吨；尼木县白容岗讲铜矿：铜185万吨、钼16万吨。

云南。香格里拉县普朗铜金矿：铜317万吨、金43吨、钼14万吨、铅锌1万吨；大红山铜矿：铜53万吨、铁矿石6219万吨；羊拉铜矿：铜36万吨；大平掌铜矿：铜24万吨。

四川。会理县拉拉铜矿：铜 85 万吨。

境外。秘鲁 TOROMOCHO 铜矿：铜 931 万吨、钼 37 万吨、银 1.51 万吨。

（三）主要铅锌多金属矿

云南。兰坪铅锌矿：铅锌 859 万吨；昭通铅锌矿：铅锌 148 万吨；会泽县小菜园铅锌矿：铅锌 134 万吨、银 365 吨、锗 174 吨。

内蒙古。新巴尔虎右旗甲乌拉铅锌矿：铅锌 99 万吨；怡盛元查干铅锌矿：铅锌 54 万吨。

青海。格尔木市牛苦头矿：铅锌 98 万吨、铜 7 万吨、银 274 吨；玛多县抗得弄舍金多金属矿：金 40 吨、铅锌 87 万吨、银 779 吨、重晶石 342 万吨。

境外。加拿大塞尔温铅锌矿：铅锌 2688 万吨。

（四）主要稀有稀土矿

广西钟山－富川县花山矿区南矿段稀土矿 TREO 稀土量 4.7 万吨。

（五）主要铁矿

几内亚 Simandou 山脉 3 号和 4 号地块铁矿（几内亚西芒杜铁矿）：铁矿石 27.57 亿吨（品位 65.4%）。

（六）主要煤矿

宁夏。灵武积家井矿区银星一号矿区 10.37 亿吨不黏煤，固原银洞沟井田矿区 3.76 亿吨不黏煤和长焰煤，王洼煤田 10.49 亿吨长焰煤。

甘肃。正宁县罗川井田煤炭勘探 4.61 亿吨不黏煤。

撰稿／武玉海

审核／陈连红

管理提升

一、生产调度与协调

2018年，集团持续推进精准管理，坚持早调会制度和月度生产分析例会制度，坚持开展对标，强化生产过程管理，严格工艺纪律，及时发现和解决流程中存在的问题。

整体生产运行稳定。主要产品产量完成计划，产品结构逐步优化，高附加值产品比例提高；多项主要技术经济指标巩固优化，较好完成了年度计划。但氧化铝生产受矿石品质影响，矿耗、能耗等指标同比劣化；铜冶炼由于产品结构发生改变，火法冶炼铜产量占比增加，导致铜冶炼综合能耗同比有所升高。

主要产品产量同比增长。与2017年相比，全部氧化铝折合量增产3.7%，精细氧化铝增产13.7%，电解铝增产22.2%，铝合金产量增产14.3%，合金化率同口径提高4.37个百分点，自发电增发16.3%，煤炭增产7.9%，铜精矿增产13.8%，电解铜增产8.6%，铝加工材增产8.4%，稀土分离产品增产21.8%，铜加工材减产6%。

主要技术经济指标巩固优化。集团综合统计的11项主要技术经济指标中有4项同比优化，10项完成了年度计划。与2017年相比，氧化铝纯碱消耗降低4.06千克/吨，电解铝氟化盐消耗降低0.8千克/吨，铜冶炼总回收率、铝加工材综合成品率分别提高0.11个百分点和1个百分点，铝锭可比综合交流电耗降低21.73千瓦时/吨，电解铝可比氧化铝单耗同比降低1.8千克/吨。

二、生产领域业务外包专项管理

2018年，是集团规范生产领域业务外包管理的开局之年。一年来，集团从建立基础工作入手，重点围绕提高安全保障能力、提高专业化能力、降低业务外包费用支出（简称“两提一降”）开展工作，业务外包管理取得良好开端。

（一）以摸清家底为突破口，启动全面规范业务外包

集团将摸清家底作为工作的突破口。为准确掌握现状，首先对生产领域业务外包的内涵、特征进行了界定，并明确了业务外包与基本建设投资项目、劳务派遣的区分标准；二是明确了生产领域业务外包项目内容及分类标准，按照业务特点划分为“生产运行、辅助生产、生产清理、维护检修、矿山生产、物流、后勤服务、专业服务、其他”九类业务；三是组织相关板块、企业对2017年业务外包现状进行了两次系统梳理、统计，摸清了家底。集团共有5920项外包业务，合同总金额为99.2亿元，用工人数7.47万人，承包商2373家，其中外部承包商2072家。

（二）建章立制，夯实业务外包管理基础

印发了《生产领域业务外包管理办法（试行）》，明确了管理内容、管理职责、管理流程。制定了业务外包工作方案，将确保业务外包费用降低5亿元、力争10亿元目标分解落实到各板块，各板块进一步将目标层层分解，并纳入绩效考核体系，初步建立了自下而上的目标保证体系，压实了管理责任。

（三）宣贯督导，形成常态化过程管控机制

一是建立了宣贯、督导机制。根据集团业务外包刚起步的实际，成立了业务外包现场宣贯督导小组，开展“看合同、查管理、查现场”的“一看两查”活动，全年对企业现场宣贯、督导26次。

二是建立了月度管控机制。建立了业务外包合同信息跟踪标准模板和台账，实现了业务外包合同信息的月度跟踪管控，对合同签订进度异常的企业及时进行督导。

三是建立了季度总结分享机制。全年召开业务外包联席会4次，及时传达集团要求，通报工作进展及问题，布置、督导工作。择优汇编了38个降低业务外包合同金额实践案例并印发各企业借鉴。

（四）开展承包商评价，提升安全保障水平

全年组织开展了两轮生产领域业务外包承包商评价，压减外部承包商529个，压减30.01%。共评出167家不合格承包商，形成了集团生产领域业务外包不合格承包商清单，明确了不合格承包商三年内不允许参加集团生产领域业务外包项目的招投标活动及项目作业，对在集团各企业承揽业务的外部承包商产生了巨大震慑，为进一步规范承包商管理、严格承包商准入与淘汰奠定了基础。

（五）探索方法，努力降低业务外包费用

围绕集团党组确定的业务外包费用降低5亿元、力争10亿元目标，努力探索降低业务外包费用的有效路径，以“自主作业、精准生产管理、降低开口合同单价、降低闭口合同金额”为降低业务外包合同金额的主要手段，全年比2017年降低业务外包合同金额5.01亿元。

（六）提升专业协同，打造集团命运共同体

各板块、企业积极响应集团党组“提升集团全产业链竞争力，打造命运共同体”的要求，通过多种方式鼓励企业将外包转为内包，中铝物流、中铝能源制定了提升专业化、主业化能力工作方案，中铝资产探索承接更多工业服务业务的路径。2018年，集团内部企业承揽业务外包项目占比31.23%，同比提高1.08个百分点，内部企业提升专业化、主业化能力成效初显。

撰稿／李宏平

审核／高国平

内部审计与风险体系建设

一、内部审计

集团总部全年共完成经济责任审计、项目审计、专项审计调查等各类审计项目137个，审计资产总额1097亿元，审计发现问题868个，调整任期内损益13.53亿元，项目审计在项目单位已审减3.3亿元基础上审减3.56亿元，审减效益同比增长8.54%，建安审减率为6.51%，共提出审计建议320条，向纪检监察部门移交问题线索5条。

加强对各实体企业的监督和指导，各企业内审工作为改善和加强企业管理、提高经济效益做出了积极贡献。2018年集团所属企业共完成各类审计项目384个，审计资产总额502亿元，审计发现问题1634个，审计提出意见建议1142条。通过审计整改，建立健全管理制度437项，促进企业增收节支13.53亿元。

（一）经济责任审计

2018年共完成8个离任审计项目，按照制度规定做到了“逢离必审”。全年审计资产总额857.64亿元，发现各类问题235个，其他关注事项39个，审计发现问题金额180.93亿元，调整损益12.5亿元，共提出审计意见和建议86条。通过审计，促进企业提升管理水平、防范经营风险，并为干部考核与任免提供了重要参考。

主要措施：一是做好审计进点前准备工作。科学制定审计方案，审慎选择中介机构，严格进行进点前培训，加强审计组管理。提高审计方案针对性，重点突出、详略得当，确定审计重点内容、重点业务领域和业务环节，提高现场审计效率与效果。二是利用审计信息化系统，加强审计过程控制，严格执行审计底稿三级复核、底稿确认。三是通过建立逐级复核机制加大审计报告复核力度，确保审计依据充分、审计结论恰当。四是充分发挥审计服务职能，做到既指出审计问题，又提出针对性的审计意见，协助企业解决客观问题，助力企业完善管理、防范风险，促进国有资产保值增值。

（二）投资项目审计

加强和完善项目审计动态数据库管理，对所有在审项目的审计进度、审计结果、审计发现问题及整改情况等进行实时跟踪与汇总。2018年共审计投资项目125个，合计概算860.38亿元。发现工程招投标、合同管理、工程项目管理制等各类问题202条，按要求完成整改183条，整改率98%，建立健全制度35项，处理处罚96人次，挽回经济损失9416万元。通过对审计项目全过程进行系统的质量控制，从审计项目确立、审计方案制定、审计实施、审计结果报送以及审计整改工作全程跟踪控制，提高了审计质量和审计效率。

（三）专项审计

针对重点领域和关键环节的风险，积极开展专项审计和调查等“自选动作”。全年开展了中铝国际应收款项专项审计、中铝香港所属的香港写字楼租赁情况审计调查、兴华科技财务专项审计、信息化专项审计等4个专项审计和调查。审计资产总额164.1亿元，发现问题167个，其他关注事项5个，审计发现问题金额139.98亿元，调整损益1.03亿元，提出审计意见和建议32条。通过专项审计和调查，揭示了特定领域存在的风险，有针对性地提出了审计意见和建议。

（四）审计整改

贯彻“切实加强审计问题整改落实”要求，严格按照“制度未完善的不放过、资金未追回的不放过、责任未落实的不放过”的“三不放过”原则，建立问题整改台账，加强审计整改清单与“销号”管理，通过逐项审核整改报告、下达整改通知书、对整改不到位的企业书面提醒等多种方式，积极督促落实审计整改，2018年审计发现问题整改率达97.38%。通过审计整改，促使企业建立规范管理、规避风险的长效机制，促进企业规范运行、提升效益、持续发展。

二、风险管理

2018年，集团董事会确定健康安全环保风险、价格风险、现金流风险、竞争风险为重大风险，总经理办公会确定海外经营管控、逾期款清收等7个事项为重要风险事项。集团确定了风险管理策略，分解工作任务，同时强化风险监控与预警，开展专项风险检查，主动消除风险隐患，风险管控取得实效。安全环保风险方面，二氧化硫和氮氧化物的排放总量分别降低12.33%、9.62%。现金流风险方面，全年累计经营活动现金净流入同比增加21.94亿元。价格风险方面，铝锭和电解铜全年售价均高于市场价。竞争风险方面，铝锭、氧化铝完全成本低于行业平均水平，电解铝电耗和排放达到世界先进，铝加工10米锻环、大飞机板材等产品成功实现批量供货。重要风险事项管控方面，秘鲁矿业铜精矿含砷品位、含铜品位、综合回收率等指标持续优化，全年实现利润2.26亿美元；中铝国贸、中铝国际、云铜集团全年累计清回逾期款22.87亿元。

持续完善全面风险管理体系，完成16户企业全面风险管理体系推广工作，提升了整体风险防控能力。组织各部门、板块事业部及企业共200余人在中铝大学开展了为期5天的审计与风险管理业务集中培训，提升了各层级风险管理人员的风险意识和业务履职能力。集团风险管理信息系统上线试运行，规范了风险管理工作流程，提升了工作效率。

三、外部监督

全力配合国家审计署、国资委、监事会对集团的监督检查。一是在审计署对集团2017年度资产负债所有者权益和境外投资及境外国有资产管理使用情况进行专项审计调查中，集团统一部署迎检，做好沟通联络、资料收集、意见汇总反馈等工作，确保审计组需要了解的情况事事有着落、件件有回应，顺利完成审计工作，并报送了整改报告。二是对原监事会2017年集中重点检查和境外国有资产检查及2017年监督检查发现的问题进行整改，逐一制定整改计划，扎实推进整改，并向国资委报送了整改报告。三是持续督促问题清单整改，关注重点问题和关键指标的整改情况，按月分析并在集团月度例会上通报。截至2018年底，全集团17274个问题已完成整改89%。

四、投资项目后评价

为客观、系统总结分析项目决策、实施和投产运行全过程存在的问题和不足，根据集团领导要求，组织开展了中铝山西循环产业吕梁基地氧化铝项目后评价工作，发现了外部条件未落实等16项问题，提出建议11条。

具备自评价条件的18个项目的项目单位开展了项目自评价工作，集团审计部门对自评价报告进行了全面审查，提出了初步审查意见。

结合集团后评价工作的实际需要，修订印发《投资项目后评价管理办法》(中铝办字〔2018〕555号)，进一步扩充现行后评价项目范围，明确了归口管理、分级负责机制，规范项目后评价工作。

撰稿/卢凤娇　孙家超　娄　圆　温娟

审核/王允刚

廉政建设和反腐败工作

一、廉政建设

狠抓作风建设，政治生态持续净化。坚持每季度召开警示教育大会，坚决公开通报违纪违法典型案例，截至2018年底，集团累计召开警示会20次，累计通报案例642起。创新责任机制，形成了“六位一体”责任分解机制、多维度考核评价机制，持续压实了主体责任和监督责任。各级党委书记约谈873人次、纪委书记约谈913人次，对落实两个责任不力问责248人次。深化“四风”整治，集团党组与板块公司、实体企业开展“五个过硬”谈心会9次。修订了贯彻落实中央“八项规定”精神的实施意见，并每半年向国资委党委书面报告落实情况。对17家板块公司和实体企业负责人履职待遇、业务支出进行专项检查，优先查处通报违反中央“八项规定”精神问题26起。各板块、实体企业修订完善相关制度405项，重要时点开展监督检查331次，有效防止了“四风”问题的反弹回潮。

狠抓重点领域监督，治理效能持续优化。对22家单位开展了专项监督，发现形式主义官僚主义问题428个，提升企业治理效能方面的问题297个。板块公司、实体企业纪委监督非经营性房产问题整改，认真开展外部大额应收账款摸底。强化安全环保质量“三大攻坚战”的监督检查，因安全环保问题，给予14名党组管理干部纪律处分。提升专业监督，组建了招投标监督管理委员会，先后向6个重点项目和6家企业派驻招投标督查专员组全过程现场督察，共发现问题314项，完成整改233项。制定了禁止与干部亲属所办企业发生业务往来的暂行规定，公布了首批85家“禁止交易企业名单”。

狠抓权力规范运行，高压态势持续强化。紧盯权力运行的日常监控，结合案件查办、巡视巡察等发现的问题和漏洞，及时建立完善相关制度。加强干部管理权力运行管理，修订完善了集团党组管理的领导人员管理规定，坚持“凡提四必”、廉洁从业双签字、任前公示等程序，加强源头把关、过程把关。党组纪检组对258名党组管理的干部回复廉洁意见。健全并更新各级干部廉政档案9039份。落实纪委书记对班子成员“画像”，促进纪委书记对同级班子开展监督。板块公司、实体企业纪委书记从动议酝酿阶段就参与党委选人用人工作并实行全过程监督，为选人用人权规范运行提供了纪律保障。

狠抓自身建设，履职能力持续提升。落实党中央关于纪检监察体制改革部署，初步制定集团具体方案，进行了相关顶层设计。在境外企业设立纪工委。组织制定集团纪检监察系统信息化五年规划、纪检监察监督中心管理办法和“走读式”谈话安全工作实施办法等制度，进一步规范了纪律审查工作流程和要求。建立了纪委书记后备人选池，制定了纪检系统“以干代训”管理实施办法，建立了集团“以干代训”人才库。提名考察板块公司、实体企业纪委书记9名、副书记7名。组织监督中心全体人员的集结培训。

二、巡视工作

2018年，集团党组坚持坚持“发现问题、形成震慑，推动改革、促进发展”的巡视工作方针，落实中央巡视工作领导小组及中央巡视办公室部署要求，组织开展巡视巡察，切实发挥利剑作用，为集团经营改革发展提供了强力支撑。

增强“四个意识”，高度重视巡视巡察工作。2018年8月集团独立设置了巡视办公室，作为党组工作部门；明确了巡视办公室的工作职责、机构设置和人员编制。2018年集团党组根据中央新修订的巡视工作条例及中央巡视规划，编制印发了集团巡视五年规划；集团巡视办公室建立健全了相关制度，提高了巡视工作规范化水平。举办了集团第一期巡视巡察干部培训班，所属单位78名巡视巡察干部参加培训。

做到“两个维护”，实现新一轮“全覆盖”良好开局。2018年，集团党组对22家单位（部门）部署开展了常规巡视（两批）。巡视组坚持把“两个维护”作为政治巡视的根本任务，聚焦“六个围绕、一个加强”，结合集团“加强党的建设，抓好三项工程”“全面深化改革，加快三大变革”“安全环保质量三大攻坚战”及精准管理、转型升级等重大部署，紧紧抓住“关键少数”，切实提升了工作成效，为集团高质量完成新一轮巡视“全覆盖”打好了基础。

认真落实上级要求，组织开展专项巡视。为推动学习贯彻习近平总书记重要指示精神、排查形式主义官僚主义，剖析王晓琳违纪违法案件、对照集团党组实施方案开展自查自纠，落实中央巡视反馈问题整改自查自纠等3个方面工作，2018年10月，集团党组派出巡视组对22家单位（含板块公司、总部部门）开展了专项巡视。经各单位自查自纠和专项巡视，共发现形式主义官僚主义方面的问题428个、提升企业治理效能方面的问题297个、中央巡视反馈问题整改方面的问题188个。通过专项巡视和整改，进一步保障了中央和上级决策部署的贯彻落实。

强化巡视整改落实，推动巡视整改取得实效。2018年两轮巡视共发现问题911个，整改完成833个，整改完成率91.44%。被巡视单位清收应收账款32.34亿元（其中逾期应收账款16.93亿元），清理库存35.92亿元，收回违纪违规金额45.96万元；问责656人次，其中党纪处分16人、政务处分16人、组织处理15人。

拓展巡视对象范围，创新开展部门巡视。2018年，集团党组部署对6个总部部门开展了常规巡视，从贯彻落实中央要求、履行管控责任特别是纠正形式主义、官僚主义等6个方面，深入查找政治偏差；从关联部门、关联企业、关联岗位、关联业务着手，从系统性、垂直性、立体性上认真检查部门作用发挥情况。

推动企业开展巡察，为巡察全覆盖开好局谋好篇。2018年3月，集团党组印发了《中国铝业集团有限公司所属单位党委开展巡察工作的指导意见》。截至年底，43家企业对其所属211家单位从党建工作、干部作风、现场管理、安环质量管理、强基固本行动等方面开展了巡察工作，发现问题 4086 个，提出意见建议 1918 条，移交问题线索 100 条，发挥了为生产经营、改革发展保驾护航的积极作用。

三、案件查办

坚持反腐败无禁区、全覆盖、零容忍，适应形势要求，增设了东部监督中心。深化运用监督执纪“四种形态”，实现了宽严相济。在用好第一种形态上下功夫，“咬耳、扯袖、红脸、出汗”在党员干部教育监督管理中成为常态。在相关违纪违法问题查处中，对真诚悔错改错的情形，转换执纪形态，不断释放“回头是岸、回头有岸”强烈信号。

加强案件查办力量，巩固和强化了“一总部、四中心、若干独立支队”联合办案机制。坚持每周督办、每月通报办结情况，办案效率不断提高。积极与地方纪委监委和司法机关合作，形成了办案合力。有力削减存量，党组纪检组全年减少存量 190 件；有效遏制增量，新增问题线索同比减少 5%。全系统立案 135 件，给予党政纪处分 135 人次。全系统“四种形态”占比为 76.5%、16.7%、5.9%、0.9%。监督执纪由“惩治极少数”向“管住大多数”拓展。

紧盯权力运行的日常监控，出台了构建“不能腐”体制机制的推进意见。强化以案促改，结合案件查办、巡视巡察等发现的问题和漏洞，及时建立完善相关制度，不断织密织牢制度的笼子。全年共新建制度 1272 项，修订制度 1006 项，废止制度 429 项。

撰稿 / 赵立江　汤卫春

审核 / 董文貌

法律事务

一、重大经济事务决策法律服务

集团法律工作者积极参与集团兼并收购、改制清算、资本运作以及海外开发等重大项目，集团法律部全程负责或参与项目法律尽职调查、方案设计、项目谈判、法律文件起草等工作，在发挥服务保障基本职能的基础上发挥价值创造作用。2018年，法律部门完成了集团及下属28户全民所有制企业改制的公司章程修订和相关法律文件的审核，出具了法律意见书。集团法律部为60余个境内外重大项目全程提供法律服务，参与谈判、法律文件起草与审核、开展尽职调查、出具法律审核意见书。在“三供一业”移交过程中，法律部门主参与谈判和研究应对措施，确保有关资产交得清、移得稳，不留后遗症。

二、合同管理和规章制度法律审核

（一）合同审核与管理

集团强化合同基础管理，加强了对合同审核和修订，加强了对合同的风险事项审核，以实现合同商业目的作为审核重点，确保合同依法合规。全年，法律部共起草、审核或修订合同共1455份，经法律审核的合同没有出现重大风险和争议，为各业务部门提供了合同法律支撑。

（二）规章制度审核

进一步做好集团规章制度的法律审核，法律审核已全面嵌入规章制度的制订、修订过程中。2018年，结合集团规章制度管理实际需要，法律部公布最新的《中国铝业集团有限公司规章制度管理办法》，全年共审核各类规章制度154件，避免规章制度与法律法规冲突及侵犯损害企业和员工合法利益的情况，确保规章制度依法合规。

三、纠纷处理

全面加强法律纠纷案件管理，依法开展维权创效，防增量、去存量工作取得明显成效。2018年，集团修订《法律纠纷案件管理办法》，建立健全法律风险防范机制。全年集团及所属企业已裁决案件568件，其中胜诉案件422件，胜诉率74.3%，实际挽回和避免经济损失7.47亿元。

四、知识产权管理

进一步做好商标的注册、维护及授权使用工作，开展域名保护及软件等著作权保护工作；有效进行知识产权的维权工作，维护集团的合法权益。集团法律部门组织修订《中国铝业集团有限公司知识产权管理办法》，规范集团知识产权管理工作。

五、法治建设工作

2018 年，集团成立法治中铝建设领导小组，负责统一领导全集团的法治工作。首次开展法治建设第一责任人履职情况大范围专项检查工作，由集团总法律顾问和各区域法律中心总法律顾问带队，共检查 44 家所属企业法治工作，有重点、有目标、有针对性地对所检查出的问题提出整改意见。完善所属企法治建设工作的合规性。在国务院国资委开展的中央企业法治建设第一责任人履职情况检查评比中，被评为 A 级，得分名列第三。

大力推进总法律顾问制度建设。集团制定了《总法律顾问工作规则》，规定了总法律顾问的职权、履职具体程序和向国资委、集团总经理述职的机制，明确由集团法律部承担总法律顾问办公室的职责。建立了总法律顾问座谈会制度，交流工作经验和好的做法，研究讨论重要法治工作。

全面加强法治工作队伍建设。集团及所属企业的专职法律人员也从 76 人增加到了 133 人，其中持有法律顾问证书或者相关职业资格的人员从 58 人增加到 110 人，持证上岗率从 59% 上升到 82.7%，超过了国资委要求的 80%。集团所属各级企业遵循“有分管法律工作领导、有履行法律职能的工作机构、有专业法律合规人员”，初步建立了一支适应需要的法律工作队伍，2018 年集团共有 362 名法律人员，从上年仅占员工总数的 0.8‰提高到了 3‰。同时，加强法律人才培养使用力度，推荐人才到适合的岗位，初步解决了“高端人才引不进、专业人才留不住、基层单位流失率高”的问题。

六、制度建设管理

加强规章制度管理，发挥“内部的法”的规范引领作用。2018 年，集团修订了《规章制度管理办法》，明确了建立规章制度年度计划机制，按计划推进集团总部规章制度“立、改、废”工作。法律部门相继修订完善了规章制度、案件纠纷、外聘律师管理、授权管理等 12 个有关法律管理工作的规章制度，创新性地制定了《总法律顾问工作规则》，法律审核保障机制基本建立，法律管理更加精细化。对于应当经过法律审核而未审核或者审核未通过的文件，基本做到了“领导不签字、议题不上会、单位不用印、上级不受理”。集团总部建立了法律信息化管理系统，包括合同管理、案件纠纷管理、授权管理模块，同时建立了全集团的规章制度系统，适时动态维护，该系统已上传基本制度 1138 项、业务类制度 8438 项、实施细则 1179 项。

撰稿 / 丁　申

审核 / 梁鸣鸿

信息化建设与管理

一、重大信息化项目建设和应用取得新进展

（一）一批提升集团管控能力的信息化项目上线投用并持续深化应用

2018 年集团人力资源管理信息化系统、财务管控信息化平台实现集团总部、板块及企业的全覆盖，逐步扩大推广应用范围，提升了集团统一管控能力；启动实施集团安全生产环保与应急指挥平台和碳排放环保管理平台建设；集团 3002 运行监控中心，在加强板块生产经营精准管理的早调会功能方面日益发挥重要作用。集团电子招投标平台建成并上线投用，在降低工程项目成本方面取得良好成效；集团党建信息化管理系统实现移动端上线并得到深化应用；推进集团电子采购交易系统深化应用，完成中铝物资有限公司采购系统上线；推进集团主数据管理平台推广建设，实现集团主要应用系统的主数据互联互通和数据共享。

中铝股份 ERP 系统推广建设形成了 ERP 实施标准框架体系，推广实施 61 家企业全部上线运行，首次涉及了境外企业，按照境外会计准则配置实施，满足了企业多币种会计核算要求。中铝股份安全环保监测与应急救援平台建成投用以来，已覆盖中铝股份控股的 4 大煤矿，宁夏能源发电厂等 8 家铝生产企业的自备电厂。

（二）信息化对集团管控与生产经营业务的支撑作用不断加强

集团全景仿真视频会议系统、综合办公信息化平台、移动办公系统进行扩展建设，持续深化应用，会议系统、督办系统、互联网 + 行政事务平台上线运行，提升了集团及板块管理效率和服务能力。

2018 年新建成投用全景仿真视频会议系统 32 套，集团建成在用的企业全景仿真视频会议系统已达 80 多套，实现了从集团总部、板块到主要实体企业基本全覆盖。利用全景仿真视频会议系统，2018 年集团及板块本部共召开各类会议 1651 次，主会场人数 12778 人次，分会场人数 59596 人次。

（三）积极争取国家信息化政策资金支持取得成效

2018 年集团信息化管理部组织申报的“中国铝工业卓越技术创新服务平台”长沙院“有色金属矿山与重金属冶炼大数据集成研究与应用”和中铝山东有限公司“智能综合创新管理平台”入选国家工信部 2018 年大数据产业发展、2018 年制造业“双创”平台试点示范项目。

二、推进智能制造顶层设计和试点企业实施工作

2018 年集团完成了电解铝、氧化铝及矿山、铜冶炼智能制造顶层设计和实施方案，包头铝业、中铝瑞闽智能制造试点项目进入实施阶段；按照绿色化、标准化、智能化要求，完成了防城港氧化铝项目、文山水电项目智能工厂顶层设计标准；广西企业完成项目方案并具备启动实施条件。在推进智能制造工作中，遵循做好顶层规划设计、统一数据标准、统一功能模块、统一平台架构、实现互联互通、数据集成共享、高起点起步、先试点后推广原则，确保集团智能制造工作顺利推进。

三、集团整体网络安全防护能力得到提升

2018年集团制定修订了网络安全工作责任制、网络安全和信息化管理办法及网络安全事件应急预案，进一步明确并强化了网络安全责任；开发建设集团重要信息系统网络安全等级保护预警平台，并扩展到铝、铜、工程、铝加工等板块 9 家企业的网络安全监控管理，集团整体网络安全防护能力得到进一步提升，有力保障了国家重要活动和节假日期间集团网络安全及重要信息系统安全稳定运行，实现了集团网站和重要信息系统全年平稳运行。

2018 年集团顺利通过公安部的网络安全现场检查并获得肯定；集团密级标识与加密管理系统获得 2018 年国资委中央企业网络安全优秀解决方案奖；集团网络安全等保预警平台获得 2018 年国家信息安全通报中心央企网络安全与工业互联网优秀解决方案奖。

撰稿 / 刘滨声

审核 / 王　洪

党建和企业文化工作

一、推进党建工作高质量发展

（一）深入学习贯彻习近平总书记重要批示精神

2018年6月6日，习近平总书记在中央纪委关于中铝集团起死回生扭亏脱困的调研报告上作出重要批示。王沪宁、赵乐际等党和国家领导人也相继作出批示。习近平总书记的重要批示，充分体现了党中央对中铝集团、对中央企业的高度重视，对国企改革发展、加强党建工作的殷切期望，对中铝集团乃至央企、国企建设和发展都有很强的全局性、指导性。

集团党组第一时间召开党组中心组扩大会议，深刻领会批示精神的重要意义，迅速研究学习贯彻的具体措施。结合改革发展转型升级等工作，先后召开8次专题会、7次中心组（扩大）学习会，进行部署落实。在集团纪念建党九十七周年暨“两优一先”表彰大会、年中工作会、党建工作会上，组织广大干部员工深入学习贯彻落实习近平总书记重要批示精神，在集团掀起学习贯彻热潮。

7月4日、7月19日和10月10日，集团党组分别在全国组织工作会议、中央企业党建和反腐倡廉工作座谈会、习近平总书记全国国有企业党的建设工作会议重要讲话发表两周年学习座谈会上作了党建经验交流发言。中组部、国务院国资委组成调研组，到集团专题调研党建工作。中航工业、中国航油、中国宝武等兄弟央企到集团学习交流座谈。集团党组以此为契机，进一步总结经验，查找问题，对标先进，不断推动全面从严治党向基层延伸，增强党的组织优势、组织功能、组织力量，更好地发挥党建的法宝作用。

（二）持续强化党建和思想政治建设

1. 党的政治建设更加坚实。集团党组把学习贯彻习近平新时代中国特色社会主义思想作为首要政治任务，对党中央召开的重要会议、下发的重要文件、出台的重大决策，中纪委、中组部、国务院国资委党委的各项要求，党组中心组总是抓紧时间传达、抓紧时间研究贯彻落实，不断增强“两个维护”的政治自觉、思想自觉、行动自觉。集团党组理论学习中心组全年组织学习24次，所属企业党委中心组学习750余次，党员干部带头到基层宣讲、上专题党课3000余场次。历时4个多月，分4次专题开展“步入新时代、学习新思想、开启新征程、展现新作为、谱写新篇章”大讨论活动4000余次，征集意见建议1.2万余条，参与交流发言11.2万人次。深入推进党建思想政治工作研究，完成研究课题107个。扎实开展纪念建党97周年系列活动，隆重表彰“两优一先”。举办“不忘初心、牢记使命”

主题朗诵会和唱响新时代歌咏比赛，增强了广大党员的使命意识和担当意识。举行中央企业优秀共产党员李兆雄先进事迹报告会，激励党员干部勇于担当、开拓进取。推行特色主题党日，使广大党员的理想信念更加坚定，政治站位明显提高。

2. 党建责任层层压紧压实。认真贯彻习近平总书记关于用好考核评价指挥棒的重要论述，进一步深化“双百分”考核评价体系，推动向基层末端延伸，做到“双百分”考核全覆盖，严格按照考核内容、流程、标准进行考核，及时兑现企业领导班子薪酬，既报经济账，又报党建账，推动党建工作与生产经营深度融合。紧紧抓住责任制这个“牛鼻子”，制定《党建工作责任清单》，完善主体责任、一岗双责、党员责任“三张清单”。制定党务公开工作实施细则、标准化党支部管理办法等6项制度，进一步健全党建工作责任体系。创新“一岗双责”述职，将党建述职拓展到全体党员干部，基层党组织书记、纪委书记，实现党建责任层层压紧压实。

3. 党的基层组织力不断提升。认真贯彻落实习近平总书记关于基层党建的重要论述，聚精会神抓基层打基础，重点开展了“十个全面”工作。一是指导各单位全面修订完善了党委会议事规则、“三重一大”事项决策等有关制度，坚持每年召开一次党建工作会，每季度召开一次党建工作例会，每月组织一次党建重点工作检查，促进集团党组各项部署要求落到实处。二是全面推动党组织“应建必建”，督促新建企业、新建项目、混合所有制企业、境外企业等加快建立党组织，实现了党组织全覆盖，确保业务延伸到哪里、党的工作就覆盖到哪里、党员作用就发挥到哪里。三是全面推进党支部标准化建设，标准化支部达到80%以上。四是全面落实“两个1%”要求，各级党务部门编制不低于同级部门平均编制，专职党务干部总数不低于在岗职工人数1%，党组织工作经费不低于上年度职工工资总额1%，增强党务干部聚焦党建主业的能力。五是全面盘点失联党员规范管理和处置工作，进一步健全了防止党员失联有效机制。六是全面回顾和深入排查对中共十八大以来发展党员情况，规范了发展党员程序，进一步提高了发展党员质量。七是全面开展党费自查，组织各级党组织从党费收缴不规范、党费账户管理混乱、党费制度有待完善等八个方面进行自查自纠，进一步规范了党费收缴、使用和管理。八是全面培训新任党支部书记，在中铝党校举办2期基层党支部新任职党支部书记培训班，培训160余人次。九是全面加强了党员党性培养，6—11月，集团直属党委分9期组织集团总部及板块699名党员到中铝党校进行党员党性修养专题培训。十是全面开通了党建信息化系统，进一步提高集团党建工作信息化水平。

4. 党建与业务更加融合。一是创新“双百分”考核。党建工作和生产经营考核各为100分，互为系数，两项工作的考核结果相乘得出各企业年度考核结果。层层制定《党建工作责任清单》，完善主体责任、一岗双责、党员责任“三张清单”；抓实基层党组织书记、纪委书记述职述廉评议考核，书面述职做到年年全覆盖，现场述职三年（2016—2018）全覆盖，搭建起一套较完整的党建工作责任制考核评价体系。二是做精“两带两创”。广泛开展“党组织带党员创效、党员带群众创新”（简称“两带两创”）活动，搭建起党建工作与中心工作紧密融合的“路”与“桥”。广泛开展“三亮三比”活动，设立创效项目4525个，创新课题5685个，创造效益约20余亿元，形成了生产经营“挂牌出题”、党组织“揭榜破题”、党员“亮牌解题”、全员创新创效的良好氛围。三是办好季度“创新论坛”。坚持每季度举办一次“创新论坛”，每次设定一个主题，党组领导与干部员工面对面交流，广纳良策，搭建了集团创新发展的重要平台和有效载体。2018 年，围绕集中度、去内耗、去说谎去含糊、提升组织力之我见等四个主题，组织 32 人建言献策。四是开展标准化党支部创建。严格落实标准化党支部管理办法，制作党支部换届选举等工作流程及图解 20 个，全面推进标准化党支部建设工作，规范“三会一课”，统一“三本六盒一证”，实现信息台账标准化。“三本”即党支部工作记录本、党小组记录本和党员学习笔记本;“六盒”即组织管理资料盒、党员管理资料盒、组织生活资料盒、主题教育和实践资料盒、创先争优资料盒、群团文化资料盒;“一证”即党费证。推进“3+X”体系，即党员活动室、党支部宣传栏、党支部“微信群 + 其他工作”标准化，达到有场所、有设施、有标志、有党旗、有书报、有制度“六有”标准，形成既有规定动作、又体现各企业自身特色的党支部阵地建设工作体系。

二、推动群团工作稳步提升

（一）创新民主沟通渠道

召开集团一届一次职代会，征集职工代表提案 53 项，职工代表对提案办理的满意度为 96.76%，同比提高 4.9 个百分点。开展“金点子”“银点子”评选，坚持每季度围绕影响职工切身利益的问题及工会重点工作开展调研。形成了职工代表以提案方式集中提建议、全体职工提合理化建议、职工思想动态日常沟通“三位一体”的民主沟通渠道。

（二）搭建职工展示平台

召开庆祝五一国际劳动节大会暨职工创新成果发布会，发布一线职工创造的操作法、工器具、小窍门、金点子。选树 39 个集团级职工创新工作室，举办集团第二届创新创意大赛，开展中铝股份“出彩矿山人”选树活动，命名 100 个集团“安全、干净”示范班组，组织 4 次专业班组长综合管理技能培训比武，召开 2 次优秀班组管理法发布会。集团 1 人荣获第十四届中华技能大奖，2 人获全国五一劳动奖章，1 人获全国三八红旗手，2 个集体获全国工人先锋号，一批基层单位获 2016—2017 年度全国“安康杯”竞赛表彰。

（三）优化劳动竞赛指标

中铝股份劳动竞赛电解工区优化率达 63%，炭素焙烧工区全部优化，8 家氧化铝企业粒度指标得到优化，其中，氧化铝粒度、炭素焙烧天然气单耗、电解直流电耗 3 项指标再次刷新纪录。铝加工劳动竞赛激发了基层创造活力和员工劳动热情，促进了铝加工产品质量和生产运营效率的提升，其中成品率提高 78.03%，同比提高 0.63 个百分点。

（四）构建技能竞赛体系

举办了第十二届“中国铝业杯”全国有色金属行业职业技能竞赛、“中铝物流杯”职业技能竞赛（行业一类）、“中国铜业杯”有色金属行业班组长竞赛（行业一类）、“宁夏能源杯”电工竞赛（行业二类）和“中铝工匠赛”，形成了以国家赛为龙头、以行业赛为主体、以企业赛为支撑的技能竞赛管理体系。8 人被授予“全国技术能手”，43 人获“有色金属行业技术能手”称号。

（五）提升服务职工质量

组织艰苦岗位、偏远地区劳模进京体检，抓好女职工专项体检，依法参与安全生产事故调查处理。集团直属工会继续为职工办理公园联合年卡和电影卡，开展女职工培训和文体活动，组织跳长绳比赛和健步走，举办庆“六一”亲情开放日，抓好节日慰问和困难帮扶。组织各级工会在湖北省阳新县采购职工节日慰问品，消费扶贫总额达 138 万元，带动贫困户 400 多户。通过以奖代补、工作项目补助等方式将工会经费下沉到基层，提高配置效率。2017—2018 年度干部职工结对帮扶青海省海晏县贫困学生 211 人次，资助帮扶资金 27.9 万元。

（六）打造共青团工作品牌

集团团委部署开展新入职青年迎新服务，实现让新入职青年第一时间找到团组织、第一时间认识团委书记的“两个第一”的目标。各企业以“创新发展、青年担当”为主题，通过青年职业生涯导航、新型师带徒、创新工作站创建等途径发挥青年职工创新生力军作用，一批先进个人和集体受到表彰。1 个集体获“全国青年安全生产示范岗”，1 个集体获“全国五四红旗团支部”，陈丽芳获第 22 届“中国青年五四奖章”，2 万余青年职工观看了陈丽芳事迹分享会网络直播。举办第三期团干部培训班，选调企业团干部到集团团委挂职锻炼。西部、中部、西南和东部 4 个团组织协作区先后开展了技能竞赛、团干部培训、交流研讨等特色活动。

三、实施企业文化精准管理

实施企业文化建设“1234”项目，即坚持一条主线，以提升文化软实力为主线；明确两个目标，即培育优秀中铝文化、打造一流中铝品牌；聚焦三项任务，即做好文化培育、做好文化传播、做实品牌建设；强化四项措施，即强化组织保障机制、强化体系运行机制、强化文化激励机制、强化文化考评机制，为建设具有全球竞争力的世界一流企业提供精神动力和文化支撑。围绕集团年度中心工作，以“励精图治年”为主题，组织开展“安全环保季”“创新发展季”“示范引领季”“质量提升季”主题活动。严格标准条件，评选出集团第二批“最美中铝人”22 个、企业文化示范基地 18 个、优秀品牌故事 36 篇，其中 8 篇推荐参加国务院国资委“中央企业品牌故事大赛”。组织第三方品牌建设机构遴选，开展以规范着装和佩戴司徽为内容的员工形象建设，实施新建项目视觉应用审批前置及整改。

撰稿 / 李　哲

审核 / 毛世清

新闻与宣传

一、外宣工作及舆情监督

（一）围绕中心强化设置议题，不断提升舆论引导能力

坚持把握关键节点和重大事件，主动发声，掌握话语主动权。2018年在国内主流媒体主动策划刊登各类正面宣传稿件900余篇，为集团改革发展赢得了良好的外部声誉。

加强宣传集团改革发展成果。邀请主流中央媒体采访，把握一系列关键节点中，在中央媒体刊发了《全国政协委员葛红林：高质量发展必须坚持质量第一》《中铝集团总经理余德辉：引领有色金属行业绿色发展》等稿件，做好了中铝环保成立、集团与云南省政府签署合作协议、几内亚博法项目、特罗莫克铜矿二期扩建项目开工等重点工作的新闻发布工作。

（二）围绕沟通夯实媒体关系，着力构建和谐媒体生态

维护良好的媒体关系，推动宣传工作创新，完善了集团对外“大媒体”格局。2018年，共邀请《人民日报》、新华网等主流媒体和记者超过80人次开展交流，累计接受媒体采访70余次。

（三）围绕精准创新舆情管控，优化内外舆论环境

建立舆情监测分层分级监测体系，确保重点事件舆情及时发现、准确报告，对负面舆情实施24小时值班制度和零报告制度，强化了主动防御风险和科学处置事件的能力。先后妥善预防和化解了各类事件舆情10余起。

二、《中国铝业报》编发工作

坚持办好《中国铝业报》，打造集团媒体的核心平台。全年编辑出版98期，报社记者采访集团及国内外事件350余次，在河南省新闻出版局质量评比中获得“一级报纸”称号。

三、集团官网及新媒体建设与管理

围绕创新推动新媒体建设，全力推动全媒体融合。积极拓展网络及新媒体宣传阵地，形成《今日中铝》《中铝新闻》《舆情参考》和集团网站全媒体融合格局，打造集团新闻宣传矩阵。对内积极开展集团内部报道的多元化传播，对外积极传递集团信息，新媒体平台关注人数、阅读量和传播效果持续提升。通过在中央企业率先打造企业“中央厨房”，实现新闻舆论资源的高效整合，达到立体、交互的宣传效果。

撰稿／张琼文

审核／聂　震

社会责任管理与实践

2018年，集团社会责任工作取得了积极进展，成果显著。集团2018年度社会责任发展指数排名中央企业第8位、中国企业第10位，从2009年的29分发展到2018年的88.1分，位列国企十年发展指数第9，进入“责任十年　国企十佳”榜单，成为十年进步跨度最大的国有企业。集团还荣获中国社会责任百人论坛“绿色环保奖”，中国企业公益勋章峰会“环保公益勋章奖”，“最牛责任品牌十佳企业”等荣誉。《大型中央企业基于管理模块和负面清单的社会责任管理》管理创新成果获第二届中国企业改革发展优秀成果一等奖。

一、社会责任管理

（一）责任管理向板块覆盖步伐加快

印发了《2018年度社会责任工作要点》《社会责任管理模块和负面清单（修订版）》《社会责任管理2017年度评估报告》。在主要业务板块推进管理模块覆盖。

（二）责任沟通向纵深拓展

集团发布了年度社会责任报告和降碳报告，社会责任报告连续5年保持专业机构“五星级报告”最高评级，获得“金蜜蜂2018企业社会责任报告·长青奖”。向国资委报送《中铝集团坚持四个始终　推动社会责任管理工作》专报信息。参与国务院国资委《加强国有企业社会责任信息披露》《中央企业社会责任管理和实践》课题研究。在中央企业社会责任报告蓝皮书发布会上分享了集团在社会责任报告及管理创新方面的举措和成果。中铝国际、中矿国际、中铝香港完成了国资委《中央企业责任管理调查问卷》和《中央企业“一带一路”海外履责调查问卷》。中国铜业、中国稀有稀土、中国铝业广西分公司、云铜股份发布年度社会责任报告，中国铝业、中铝国际等按照上市公司要求主动披露社会责任信息。

（三）履责能力大幅提升

集团开展全级次企业社会责任培训及交流座谈，中国铜业、广西分公司、中铝广西稀土、西南铝、宁夏能源、包头铝业、中铝国际、中铝国贸共8个试点企业交流介绍了社会责任管理和实践的亮点和经验。集团社会工作人员赴西南铝、中国稀有稀土、中铝资产等企业和板块公司开展社会责任专项培训。中铝股份、中国稀有稀土、中铝资产社会责任分管负责人参加了社科院首席责任官的培训。举办第三届社会责任大会，表彰了8个先进单位、27名先进个人。

二、社会责任实践

（一）试点企业履责亮点频现

中铝国贸、中铝国际、中铝物流在围绕原有主题实践基础上，将责任范围扩展到社会责任管理的五大领域，责任范围覆盖到板块所属主要二级企业。中铝股份、中铝资产、中国稀有稀土按照“五步法”要求，启动了社会责任管理模块工作。西南铝、中铝国贸、中铝物流分别召开了工作推进会，修订完善本单位社会责任管理模块。中国铜业建立碳资产开发、管理、使用制度和激励机制，发起了《中国铜业2030降碳行动倡议》。

（二）联合降碳行动深入开展

集团和联合降碳伙伴单位，在理念、科技、管理、生产、生活降碳方面做出积极探索。与中远海运签订几内亚铝土矿运输合同，携手“一带一路”，共创央企合作新模式。与吉利新能源汽车共同开发轻量化全铝车身，第一台新能源英国伦敦出租车总装下线。与中国节能合作组织碳资产管理专项培训，在固废处理、合同能源管理方面开展广泛技术交流。与《可持续发展经济导刊》杂志社一同探讨践行联合国可持续发展目标的实践举措，成为“金蜜蜂2030企业社会责任2030倡议”发起单位。

2018年6月14日，集团举办了“第二届降碳节”活动。

（三）优秀实践案例打响中铝品牌

评选出《属地化用工，一举三得》等10个集团社会责任实践优秀案例，《大型高效阳极焙烧炉及系统控制节能技术》等10个集团降碳优秀案例。西南铝《全铝家居，美好生活伴“铝”》纳入联合国全球契约中国区“实现可持续发展目标先锋企业”。《倡导联合降碳，共筑生态文明》入选《中央企业社会责任蓝皮书（2018）》，《属地化用工，一举三赢》入选《中央企业海外社会责任蓝皮书（2018）》。

（四）精准扶贫助力脱贫攻坚

认真贯彻落实中央关于对口援藏援青工作决策部署，创新援助模式，加大援助力度。2018年起，援藏资金在原有1200万元基础上增加到2000万元，援青资金从350万元增加到550万元。

1.提高政治站位，加强组织领导。2018年5月，成立以集团党组书记、董事长为组长的集团扶贫攻坚和援疆援藏援青工作领导小组，强化援藏工作组织保障。集团主要领导参加央企助力西藏脱贫攻坚会议，赴西藏昌都和青海海晏考察调研。

2.聚焦民生领域，重点项目和教育扶贫同步推进。集团“十三五”期间规划援建的西藏贫困地区4个新农村建设项目提前完成。新建、改扩建30所学校教工之家，改善了办学条件；原计划2020年实施的藏区青少年体质检验检测中心项目于2018年10月封顶。继续实施“中铝·格桑花教育助学基金”，2018年，资助西藏贫困师生238名，发放帮扶资金59.7万元。集团干部职工结对帮扶231名青海省海晏县贫困学生，帮扶资金近50万元。投入100万元依托集团下属的山东铝业职业学院组织农牧民电商培训班和农牧家乐培训班两期，培养50余名新型电商和农牧家乐经营者，成为带动受援地群众共同致富的“领头雁”。加强就业援藏援青，2018年集团在拉萨和昌都市分别举办就业招聘会，提供大学生就业岗位169个，农牧民就业岗位77个，工作岗位遍及内地多个省市。在海晏县举办招聘会，提供就业岗位190个，现场签订双向就业意向协议46人。投入90万元订制120套铝合金办公组合家具，改善受援地基层党组织活动中心办公条件；与昌都市旅发委合作完成八宿县然乌湖景区铝合金栈道和观景台改造。

3.发挥人才优势，强化干部援青援藏。加强援青援藏干部人才队伍建设。援青技术人员在担任青海平安高精铝业有限公司副总经理期间，积极推动企业技术创新，新申报12项实用新型和发明专利，提升了受援企业的质量和技术管理水平。2018年援藏援青干部有3人得到提拔，2人被评为集团社会责任先进个人。

4. 签订服务协议，帮助青海省属企业脱困。受电解铝行业长期不景气影响，青海省投资集团下属3家企业生产经营出现较大困难，面临停产危机。中国铝业青海分公司创新援青扶贫模式，与青海省投资集团签订《经营管理服务协议》，发挥管理和技术优势，帮助企业摆脱困境，得到国务院国资委和青海省委省政府肯定。

5. 落实落细落小，支援云南省藏区精准扶贫。2018年，集团投入云南藏区扶贫资金702.08万元，主要用于继续开展教育扶贫、创新开展健康扶贫、完善贫困村基础设施、推进异地搬迁、培育运输产业等。中国铜业选派8名扶贫工作队员，委派1名总协调人到结对贫困乡羊拉乡驻村扶贫。驻村扶贫工作队员坚持每月走访贫困村、贫困户，全年走访410余人次，保障了贫困户信息数据库及时更新。

撰稿 / 韩　露　胡　瑛

审核 / 杨燕青　阚保勇

2019

中国铝业集团有限公司年鉴

The Yearbook of Aluminum Corporation of China

【企业篇】

Enterprises

中铝材料应用研究院有限公司

一、基本情况

中铝材料应用研究院有限公司（简称中铝材料院）成立于2017年3月24日，是中铝集团的全资子公司。中铝材料院注册资本10000万元，主要从事有色金属材料与应用技术的开发与服务等业务，是中铝集团按照中组部和国务院国资委要求，入驻北京未来科学城的15家央企人才基地之一。

2018年基本数据表

表1

资产总额/亿元	负债率/%	员工总数/人	平均年龄/岁	学历结构/人	
1.08	46.60	148	34	中专及以下	0
				大学专科	2
				大学本科	28
				硕士及以上	118

说明：含苏州分公司和中铝广州院，不含合资企业

二、组织机构

（一）领导班子

吴跃武　党委书记、总经理、执行董事

王京海　党委委员、副总经理

陆钦芳　党委副书记、纪委书记、副总经理

娄花芬　工会主席、副总经理

（二）机构设置

职能部门：综合部、人力资源部（党群工作部）、财务部、科技发展部、科研保障部。

研究所：轻合金材料研究所、铜合金材料研究所、应用技术研究所、仿真技术研究所。

中心：轻量化工程中心、试验检验中心。

分公司：中铝材料应用研究院有限公司苏州分公司。

托管单位：中铝广州有色金属应用研究院有限公司。

合资企业（股权占比为45%）：浙江中铝汽车轻量化科技有限公司。

三、经营管理

（一）逐步完善业务平台，充分发挥平台作用

企业技术服务平台。中铝材料院分别与东轻公司、中国铜业、云铝股份组建联合创新中心，与山

西新材料联合成立山西分院，以科技创新助推中铝集团实体企业转型升级、产品更新换代。走访调研实体企业30余家，解决实际问题20余项。

专项产品研发平台。大直径气瓶铝合金支架样件制作完成，通过权威机构性能验证；与西门子、澳柯玛签署样车试制协议，共同研发全铝机器人本体；斩获清源A00级车身开发项目，开展新能源全铝乘用车样车试制。

院士专家工作站。引进3位行业知名教授入站，开展20余次专题讲座。在各位院士、专家的带领下，相关科研项目得以稳步推进，产学研合作效果显现。

广州院市场调研平台。围绕“引领科研、引领市场、引领投资”战略方针，实地调研50多家企业，参加16次高端技术论坛，完成11项市场需求调研、19项专题调研、8项产品调研，为中铝集团创新平台搭建和业务开展提供市场情报支撑。

对外交流。与澳大利亚Clean TeQ公司合作开展铝钪合金研发，与丹麦技术大学、德国亚琛工业大学等开展技术交流，参加国际铝合金大会等50余项国内外各类会议，联合举办第六届中国铝工业科学技术发展大会，科技创新能力与国内外影响力显著提升。

（二）拓展试验检验业务，提升试验检验能力

试验检验收入达到683万元，外部收入255万元。推出“测试+分析+解决方案”服务模式。加入首都科技平台，与15家客户签署检测协议，建立稳定的客户群。开展重点分析测试技术研究，积极打造铝箔、压铸件、焊丝等专业铝材产品检测试验平台。

（三）强化能力建设，持续提升业务实力

加强科技前沿调研，对具有潜力的新产品新技术开展预先研究，自主立项21项，提升科技能力，增强技术储备。强化人才队伍建设和培养，引进人才51人，规模得到壮大，结构得到优化。持续优化科研平台，购置钣金成形试验机、滚边机器人、双向拉伸试验机、箔材拉伸机等大型试验检验设备，柔性焊接平台初步建成，轻量化平台研究能力提升。搭建阳极氧化、磷化－电泳、胶接工艺试验平台。完成5000余平方米试验车间改造。挤压仿真、结构设计等软件就位，高性能仿真计算平台初具雏形。搭建材料院官方网站、科研管理、实验室信息管理系统及数字图书馆。通过国家和中关村的高新技术企业资格认证。通过质量、环境和职业健康管理体系认证，稳步推进军工保密资质认证。完成学术报告厅改造，建设材料院展厅，彰显品牌形象与科研实力。

四、重大发展项目

搭建轻量化柔性焊接技术平台，轻量化技术研究能力显著提升。浙江中铝建设汽车零部件总成生产线。

重大项目情况表

表2

项目名称	设计规模	投资规模/万元	当年完成/万元	年内项目建设形象进度
轻量化柔性焊接平台	年开发样车10～20台	300	300	1台TIG焊机、4台CMT焊机及1台焊机机器人已到位，柔性焊接平台初具雏形
汽车零部件总成生产线项目	年产4万台	648	209	进入小批量生产阶段，项目尚未进行竣工验收

五、科技创新

2018年，中铝材料院获批工信部“国家新材料生产应用示范平台建设”项目1项、北京市重大科技专项3项、中铝科技基金项目8项、中铝启明星计划项目立项8项，签署横向合同31项，项目合同经费总额3184万元，同比增长55%。

持续加强基础研究，科技支撑作用凸显。航空铝合金耐蚀性技术助推西南铝2D12产品合格率由之前的不到20%提高至70%以上，确保军工材料保供。残余应力控制技术取得突破，开发数字化测试和表征系统，能够快速预测最终产品残余应力分布，在西南铝、东轻推广应用。板材成形性能精确表征与预测技术实现突破，建立能精确描述铝合金板材变形全过程的一体化模型，实现通过调控细观组织改善材料成形性能的目标，解决板材制耳率偏高、冲压开裂、成形性偏低等一系列问题。构建多维度表面质量综合评价体系，提出高表面质量板材的理想细观组织及调控要点，支撑3C用铝材系列产品的开发。显著改善华中铜C19400合金气泡缺陷问题，气泡缺陷导致平均损失率由8.12%降低至2.02%，5个月内减少成品损失约250吨。

强化应用研究，推动形成特色产品。高强高熔点挤压排材制备技术试制成功，获得装机应用，锁定军工材料供应；开发出0.245毫米厚的薄型罐身料，综合性能达到国际先进水平，实现产业化应用，进军海外市场；薄型罐盖用铝合金板材研发成果快速转化，产品销售累计超过10万吨；开发的软包装铝箔新产品各项性能接近进口产品，多家锂电池用户对试制品反馈良好；新型高强高导热铝合金新材料研发成功，在真空压铸通讯构件上实现产业化应用。

深化轻量化技术研究，“中铝汽车”品牌效应逐渐彰显。大力推动结构优化设计、仿真模拟、成形与连接工艺等方面的能力提升，具备系统开发铝合金零部件及关键总成的技术能力，在国内达到先进水平。推动完成吉利项目，实现49台样车的试制，尺寸合格率达到小批量产水平。北汽新能源轻量化项目开发成功，实现应用；开发的轻量化全铝客车白车身、全铝货箱完成路试，全铝挂车、厢式车轻量化车体和关键铝制零部件实现应用。

大力推进合金化工作。开发出ADT17改性合金等新产品10种、磷变质和低温熔铸技术等新技术4项，合金化技术创新直接推动合金销量6万吨以上，增效超5000万元，受到集团电解铝企业的充分肯定。

5个项目成果达到国际先进水平，2个项目成果达到国内领先水平。其中2个项目荣获2018年中国有色金属科学技术进步二等奖。参与编制国家标准16项，发布6项。

2018年科技创新数据表

表3

科技创新投入/万元	申请专利/件	授权专利/件	科技人员占比/%
1286.6	15	4	82.39

说明：科技创新投入数据为材料院研发费用支出，不含科研人员工资

七、深化改革

联合4家合作单位合资成立浙江中铝汽车轻量化科技有限公司，推进轻量化技术成果产业化，轻量化汽车开闭件总成线建设完成。获得天津清源项目与赛麟项目，签订量产合同额4800余万元。

开拓对外合作，与上汽集团成立汽车用铝合金联合实验室，与云南航天神州汽车、贵州长江汽车签署战略合作协议，共同研发汽车轻量化应用技术。与英国布鲁内尔大学成立联合实验室，与挪威科技大学、加拿大麦克马斯特大学签署战

略合作协议，被认定为“轻合金先进制造技术国际科技合作基地”。

构建岗位管理体系与薪酬激励机制，建立实施“五级工程师”与“五级主管”制度，拓宽员工职业发展通道；完善薪酬管理体系，实现薪酬激励向科研人员倾斜，增加“激励薪酬”和“单列工资”单元，健全工资总额决定机制。建立（实施）企业年金，进一步完善员工福利待遇。

推行科研项目积分制度与项目负责人制度，增强研发效率与组织活力。明确业务单元科研定位，聚焦研发方向，设立15个一级专业方向、13个研究室。

八、党建与企业文化建设

严格落实党组织研究讨论作为决策重大问题的前置程序。建立党建工作月季年推进机制，扎实开展“十个一系列”活动、“五新”大讨论、纪念建党97周年系列活动。两个青年创新工作站被评选为中铝集团职工创新工作室。推进“两学一做”学习教育常态化制度化，创新开展主题党日活动。组织党员到白洋淀革命老区、雄安新区、驻京某部队参观学习。中铝材料院党委与北京科技协作中心党委开展“党建引领　企地融合”共建活动。推进“两带两创”活动，设立“两带两创”项目23个，吉利工程项目被评为中铝集团“两带两创”优秀示范项目。加强组织建设，建立苏州分公司、广州院党支部。严格落实“四同步”“四对接”要求，积极开展标准化党支部建设。材料院2018年党建考核获得集团在京企业党委第1名。

层层落实“两个责任”，每季度召开党风廉政建设和反腐败工作会议。贯彻落实中央八项规定精神的实施细则，重大节日前后开展明察暗访。构建“不能腐”长效机制，建立《领导干部党风廉政建设活页夹》。开展履职待遇专项检查，强化日常监督。实现巡察全覆盖，发现问题31个，提出建议和意见30条。

召开第一次职工大会与团员大会，建立健全工会和团委组织。深入开展职工创新活动，举办员工迎新春联欢晚会、拓展训练等活动，增强凝聚力和向心力。成立企业文化建设推进委员会、精神文明建设领导小组，建立新闻宣传通讯员队伍，加强宣传报道，在《中国铝业报》《中国有色金属报》等媒体发表稿件23篇，中铝信息录用38条。

九、履行社会责任

组织治理方面，中铝材料院全面推进依法治企，加强法务管理，严格对规章制度、合同协议等进行法律审核，防控法律风险。开展宪法宣传和宪法教育，组织宪法培训，开展宪法知识竞赛，提升全体员工的宪法意识。

环境保护方面，重点开展汽车轻量化应用技术研究，打造“中铝汽车轻量化”品牌，汽车轻量化产品包括全铝车身、全铝货箱、铝合金发动机罩、铝制滑移门等铝合金零部件，全铝车身可实现减重30%～40%，大幅度减少能源消耗，降低碳排放。

员工权益方面，搭建培训培养和学术交流体系，制定实施多项培训制度，实施“师带徒”人才培养制度。邀请国内外知名专家开展科研学术讲座，组织中铝大讲堂，开展内部学术交流，派员参加多项国内外知名培训班，累计培训450余人次。

社会公益方面，中铝材料院结对帮扶青海省海北州海晏县困难学生1名，慰问密云区水峪村12户困难村民。中铝广州院开展献爱心捐款活动，捐款款项用于救助困难党员群众，用实际行动诠释无私奉献、互助互爱。

十、重要纪事

1月8日，中铝材料院与恩永（北京）科技股份有限公司、重庆元创汽车整线集成有限公司、台山市金桥汽车零部件制造有限公司合资成立浙江中铝汽车轻量化科技有限公司。

2月28日，中铝材料院与东北轻合金有限责任公司成立联合创新中心。

4月12日，中铝集团与上汽集团成立汽车用铝合金联合实验室。

5月22日，中铝材料院与挪威科技大学材料科学与工程学院签订技术创新国际合作协议。

6月2日，中铝材料院与中国铜业有限公司成立联合创新中心。

7月13日，中铝材料院召开工会第一次会员大会。

7月18日，中铝材料院与中铝山西新材料有限公司签署战略合作框架协议，中铝材料应用研究院山西分院揭牌成立。

8月14日，中铝材料院与英国布鲁内尔大学成立联合实验室。

8月16日，中铝材料院与云南铝业股份有限公司成立联合创新中心。

9月10日，中铝材料院通过国家高新技术企业认证。

9月13日，中铝材料院被授予“轻合金先进制造技术北京市国际合作基地”。

10月10日，中铝材料院与加拿大麦克马斯特大学签署战略合作协议。

撰稿／高学成

审核／王京海

中铝铁矿控股有限公司

一、基本情况

中铝铁矿控股有限公司（简称中铝铁矿）于2010年10月6日在香港正式注册，2011年11月，经国家发展改革委等部委批准，中铝集团（65%股权）联合宝钢集团（20%股权）、中非发展基金（10%股权）、中铁建（2.5%股权）、中港湾（2.5%股权），组建了中方联合体（中铝铁矿控股有限公司），参与矿山项目投资。2012年4月，中方联合体正式出资入股西芒杜项目，作为中方联合体西芒杜项目的投资平台，参与项目建设期的管理。

2018年基本数据表

表1

资产总额/亿元	负债率/%	员工总数/人	平均年龄/岁	学历结构/人	
152	8.72	14	38	大学本科	1
				硕士及以上	13

二、组织机构

（一）领导班子

鲍　宇　总裁

李　伟　副总裁

史大多　副总裁

（二）机构设置

部门：综合部、财务部、工程一部、工程二部。

三、经营管理

2018年，中铝铁矿围绕优化股权结构、落实基础设施投融资、压缩投资运营成本、优化项目方案、严控项目风险等，做好经营管理，完成了全年工作目标和任务。

（一）推动转股相关工作

2018年以来，中铝铁矿为推动控制权转换工作的实施，做了大量工作。一是优化股权结构，引进项目投资人。积极与宝武集团、紫金矿业等重点钢铁及矿业企业接洽、沟通，努力争取扩大钢铁企业在项目中的持股比例，优化中方在项目中的投资结构，以打造由钢铁企业主导的新中方联合体。二是想方设法与力拓及几内亚政府商谈，最大限度保持《转股框架协议》有效期延长，保持中方已获得的转股交易条件。

（二）寻求项目融资突破

继与多家金融机构取得联系、征得其对项目的理解和支持后，2018 年 2 月 22 日，中铝铁矿又推动了国家开发银行行长郑之杰率团赴几内亚对西芒杜项目进行专项考察。3 月 12 日，中铝铁矿与国开行企业局签署了《合作备忘录》。7 月 3 日中铝铁矿与中非基金签署《合作投资项目备忘录》。

（三）努力破解项目建设难题

2018 年，中铝铁矿技术团队探索了管道运输方案，研究了利比里亚线路方案，分析了重油发电的可行性，赴山钢调研塞拉利昂线路方案，赴鞍钢调研铁矿市场需求，赴中铁工等单位调研非洲亚吉铁路、蒙内铁路方案，并形成一系列报告和建议。

四、深化改革

（一）强化制度建设

为在海外投资和运营中更好掌握和遵守相关规范，不碰“红线”，中铝铁矿立足公司本部和海外项目管理实际，组织工程部有关人员对涉及海外投资的制度进行梳理，收集了国家层面和发改委、财政部、商务部等主管部门 20 多篇共计 15 万字有关海外管理的制度，形成《海外制度管理汇编》，在工作中严格按照制度检视工作流程，最大化防范风险。此外，狠抓规章制度的废、改、立工作，重点对已有制度进行了修订，根据实际情况总计修订、新立制度 20 项，为提升管控风险整体能力打下了良好基础。

（二）加强风险管控

积极学习贯彻国资委和集团的相关办法，逐项排查、梳理、整治项目潜在风险点，努力做到“早发现、早解决”，先后解决了外籍人员合同、资金使用监管、境外资产处置等一系列问题。为解决好小股东偿付义务，与小股东宝武集团、中铁建、中港湾进行了耐心细致的沟通，中铁建、中港湾原则同意通过股权质押方案解决该问题。此外，积极配合审计署专项审计工作，做好组织汇报，努力寻求国家支持。

五、党建与企业文化建设

中铝铁矿注重打造标准化支部，不断探索党建工作和业务工作紧密结合的新方式。深入贯彻学习中共十九大精神，加强政治引领，全年共召开 11 次党员大会、13 次支部委员会，开展学习活动近 30 次，发展预备党员 2 名。实现党建工作智能化，创建党建微信公众号，努力做到“小指尖、大党建”，全年实时推送《中铝铁矿综合周报》36 期。加强制度学习和系统化建设，党支部组织修订、新立制度 20 项。充分利用好共建共创机制，与外交部非洲司第三党支部建立了共建共创活动机制。

六、履行社会责任

2018 年，Simfer（合资公司）组织实施了多项农业支持项目以支持当地社区发展。组织了手工技艺、园艺等培训，以提高当地人员的工作技能。在周边村庄修建水井、鱼塘以及家禽养殖场等，促进了西芒杜项目周边社区的发展和人员生活水平的改善。开展了中小企业扶持计划，使当地中小企业能够更好地提供产品和服务。Simfer 向当地社区捐助预防疟疾等相关药品，向当地诊所捐助部分药品和医疗器械，以提高预防疟疾等疾病的能力。

七、重要纪事

2 月 22 日，国家开发银行行长郑之杰率团赴几内亚对西芒杜项目进行专项考察。

3 月 12 日，中铝铁矿与国开行企业局签署了《合作备忘录》。这是西芒杜项目在融资方面取得的重大突破。

7 月 3 日，中铝铁矿与中非基金签署《合作投资项目备忘录》。

10 月 9 日，中铝集团董事长葛红林和力拓首席执行官夏杰思在伦敦会晤，就西芒杜铁矿项目进行了双边会谈。

12 月 1 日，力拓－中铝－几内亚政府在巴黎召开三方高层会议，开创推动项目前进的新局面。

12 月 13 日，审计署长沙特派办对西芒杜项目进行了“回头看”，对“几内亚西芒杜项目可行性研究等前置调查工作情况”进行了审计取证工作。

撰稿 / 任尚清

审核 / 鲍　宇

中铝环保节能集团有限公司

一、基本情况

中铝环保节能集团有限公司（简称中铝环保）是中国铝业集团有限公司的全资子公司，于2018年3月在雄安新区注册成立，注册资本10亿元。

作为专业化环保节能产业平台公司，中铝环保主要业务领域为环保（水、气、固）、节能、资源再利用、生态修复、碳资产管理等。

二、组织机构

（一）领导班子

何怀兴　党委书记、执行董事

畅耀民　党委副书记、总裁

许敦歌　党委委员、纪委书记、副总裁

杜　心　党委委员、技术总监

刘万超　党委委员、技术总监

（二）机构设置

本部职能部门：党委纪委工作部（综合部）、财务部、企业发展部、安全生产部（项目管理部）。

本部业务部门：业务发展部、固废事业部。

控股管理企业：北京铝能清新环境技术有限公司、中铝长城检测技术有限公司、内蒙古丰融配售电有限公司、宁夏丰昊配售电有限公司。

三、生产经营情况

2018年是中铝环保的筹备组建之年。

（一）完成筹备组建

为认真贯彻落实中共十九大提出的“加快生态文明体制改革，建设美丽中国”的重大战略决策以及党中央关于建设雄安新区的重大战略部署，2018年初，集团作出了“打造环保节能平台，建设绿色中铝”的工作部署，并成立了以集团党组成员、副总经理张程忠为组长的中铝环保筹备工作组。历时3个月，在充分调研的基础上，制定了中铝环保组建实施方案，明确了企业定位、业务范围、发展目标、组织架构和管理机制等核心内容。3月21日，中铝环保在雄安新区顺利完成工商注册，成为集团在雄安新区成立的第一家企业。

（二）摸清家底

中铝环保在组建初期成立了氧化铝、电解铝和碳素、矿山、有色金属加工、重金属冶炼5个调研组，通过实地调研和问卷调研等方式，掌握集团环保节能现状，摸清污染物排放量、环保节能技术、环保标准执行等家底。针对集团环保节能问题，与175家外部单位开展了达200余次的技术对接、合作谈判，摸清了行业环保节能技术现状和发展趋势，明确了中铝环保自有技术研发方向。

（三）整合资源

中铝环保自成立之初，把供给侧能力端建设摆在突出位置，全力打造自有的环保节能专业化团队。重组铝能清新，具备了烟气治理领域的专业化技术和运营能力，迈出了国有企业混合所有制改革步伐。托管了中铝能源所属的内蒙古丰融和宁夏丰昊两家配售电公司，并完成了资产审计评估工作，培育中铝环保的节能业务和综合能源服务能力。重组长城检测公司，打造环保检测专业技术团队。先后与211家外部单位开展了商务交流和合作洽谈，掌握行业技术现状和发展趋势，了解不同类型环保公司的发展模式，为明确自身定位，确定战略发展方向提供依据。

到2018年底，中铝环保在热电锅炉、氧化铝、碳素和电解烟气超低排放，电解危废无害化处理，赤泥建材化利用，生态修复，新型煤制工业燃气，脱硫废水处理，循环水节能改造、节能电机以及环境监测检测等方面具备了开展业务的能力。

（四）业务开发

中铝环保主动与集团内外部客户沟通，倾听业主声音，了解项目需求，设立了24小时服务热线，建立了项目承接快速响应机制，业务开发取得成效。

一是电解铝危废处置布局方案基本成型。明确了碳渣、铝灰、大修渣的无害化及资源化处理技术路径，研究提出了《电解铝危废处置市场布局》，计划分区域打造6大危废处置基地，统筹解决集团内外电解铝企业危废处置问题。

二是烟气治理领域率先开局。承接了山西华兴锅炉超低排放改造EPC项目、广西分公司碳素脱硫改造委托服务项目等烟气治理项目，签署了广西华昇锅炉环保岛投资运营项目合作框架协议，全力推进山西中润和华江铝业电解烟气脱硫投资运营项目。

三是其他专业领域蓄势待发。资源及生态修复领域，与贵州铝厂就土壤修复EPC项目基本达成一致；山西华兴赤泥路基试验路段开始施工；参与了山东省赤泥路基地方标准编制工作，完成了有色金属工业协会团体标准立项。水务领域，承接了常州稀土废水处理委托服务项目，完成了中州铝业工业废水和生活污水处理站诊断分析，与山东铝业就脱硫废水处理EPC项目基本达成一致。节能及碳资产领域，完成了集团内3家典型企业的碳核查，获得了中铝集团的碳排放交易权，积极推进了循环水节能、工业照明节能等项目。

（五）内部管理

一是管理体制逐步健全。研究制定了投资决策类、综合管理类、人力资源管理类、财务管理类、项目管理类等规章制度近50项。建立了以解决问题为导向的执行董事办公会、总裁办公会、领导专题会、月度例会、周例会、周业务例会等会议制度。成立了绩效考评委员会、预算管理委员会、职业健康安全和环境委员会等机构。二是用人机制探索前行。突破老国企“大锅饭”陈旧机制，积极探索“能上能下、能进能出”的市场化选人用人模式，初步搭建形成了员工契约化管理的聘用与退出机制。对标环保行业薪酬激励办法，着力构建了业绩导向、价值导向的绩效考核和激励机制，初步实现了薪酬分配市场化、绩效化、差异化。三是发展规划逐步完善。基本明确了企业使命、愿景、价值观、发展目标和实现途径。

撰稿／胡剑波

审核／何怀兴

中铝海外发展有限公司

一、基本情况

中铝海外发展有限公司（简称中铝海外），英文全称 Chinalco Overseas Development Co.，Ltd，于 2018 年 6 月在广州市南沙区注册成立，注册资金 10 亿元，由中国铝业集团有限公司（简称中铝集团）和中国铝业股份有限公司（简称中铝股份）1∶1 等比例合资设立，系中铝集团二级平台公司。

2018 年基本数据表

表 1

资产总额 / 亿元	负债率 /%	员工总数 / 人	平均年龄 / 岁	学历结构 / 人	
1	0.34	27	43	中专及以下	1
				大学专科	4
				大学本科	17
				硕士及以上	5

二、组织机构

（一）领导班子

刘　敬　党委书记、纪委书记，董事长

赵振刚　党委副书记，总裁

杜小明　副总裁

瞿　波　副总裁

（二）机构设置

根据公司章程，中铝海外设董事会，董事 5 人，其中董事长 1 人；设监事会，监事 3 人，其中监事会主席 1 人。设总裁 1 名，副总裁若干名，财务总监 1 名。

职能部门：综合管理部、财务资本部、战略和业务发展部、法务风控部。

自 2018 年 9 月份受中铝集团和中铝股份委托开展博法铝土矿项目建设后立即成立了中铝海外几内亚项目部，健全项目部管理架构和组织机构，设立 7 个部门，即安全环保（社区）部、工程部、计划合同部、商务部、综合部、人力资源部，财务部。

三、生产经营

（一）资产情况

截至2018年12月31日，中铝海外资产和负债主要构成如下。

主要指标表

表2

项目	金额/万元	项目	金额/万元
货币资金	9795	应交税费	33
应收账款	235	实收资本	10000
固定资产	11.96	未分配利润	25.77
资产合计	10062.4	负债和权益合计	10062.4

（二）经济效益情况

2018年，中铝海外确认营业收入235.29万元，系对中国铝业几内亚有限公司提供商务辅助服务收入，占企业主营业务收入比例100%；实现利润总额38.17万元；净利润28.63万元。

2018年，中铝海外营业总成本197.11万元，包括确认管理费用224万元，财务费用–26.97万元。

2018年，中铝海外确认当期所得税费用9.5万元。对中国铝业几内亚有限公司提供商务辅助服务，为出口应税服务免税项目。

四、重大发展项目

2018年根据中铝海外的定位和业务边界，按照“五个一”的要求全力推进海外中铝建设的选点布局和项目跟踪研究工作。全年跟踪研究项目8个，项目覆盖铝土矿、氧化铝及电解铝全产业链，项目区域位于全球各大洲，集中在资源及能源丰富地区，包括几内亚氧化铝项目、蒙古煤电铝网一体化项目、老挝一体化项目、印尼氧化铝项目、加纳铝土矿项目、厄瓜多尔水电铝项目、刚果金英加水电铝项目、阿塞拜疆电解铝项目以及与美铝合作项目等。

编制博法铝土矿项目环境影响评价报告，获得几环保部批复，2018年8月3日，环保批复延期至2019年8月2日。

五、企业管理

加强人才队伍建设，创新用人机制，实现“中铝人才国际化、市场人才中铝化”。一是形成30人左右的海外项目前期开发和投融资团队。二是形成数十人的海外项目核心骨干管理团队（项目建设核心骨干管理团队）。

以几内亚项目开发建设为蓝本，搭建海外项目开发建设全流程管理体系和标准文件体系。中铝海外按定位，对标国际知名企业如HATCH、WorleyParsons等，建立项目立项、前期研究、投资融资、施工管理、安全、培训和项目运营等方面的完整管理体系和标准文件体系，并编制范本。

加强海外项目信息和资源管理，建立两大数据库。一是构建海外项目信息数据库，搜集获取专业的信息数据，梳理矿产资源禀赋、分布特点、投资环境等有关信息，分类别、分区域、分阶段建立对应矿种的海外项目信息数据库。二是建立海外项目优质资源数据库，实行动态管理。

六、党建与企业文化建设

2018年，中铝海外成立5个多月的时间里，开展了5次党员的集中学习活动，参加学习党员38人次。

根据中铝海外的职责定位和工作迫切需要，筹备组建党委纪委，年内召开了2次筹备会议。

七、履行社会责任

根据国际金融法则和几内亚相关环境法规要求，先后编制了《中铝几内亚空气质量管理方案》《中铝几内亚噪声管理方案》等制度，对施工现场、后续生产经营的环境管理做出明确规定；按照项目环评批复意见，编制完成了《环境与社区管理方案》；及时办理各项环境许可手续，按时缴纳清表税，在咨询内外部律师后，商定以扰动作物区域为缴纳清表税的基准，驳回了几环境部发出的以征地面积为清表税的计费方式，维护了企业利益。

八、重要纪事

6 月 26 日，中铝海外发展有限公司在中国自由贸易试验区（广东）南沙片区注册。

6 月 28 日，中铝海外发展有限公司正式揭牌。

8 月 31 日，中铝几内亚 Boffa 铝土矿项目矿业协议正式生效。

10 月 15 日，中铝海外几内亚博法项目部部分员工入驻南沙办公。

10 月 28 日，中铝海外负责建设的中国铝业几内亚博法铝土矿项目正式开工建设。

撰稿 / 李　菁

审核 / 瞿　波

中铝创新开发投资有限公司

一、基本情况

中铝创新开发投资有限公司（简称中铝开投，英文缩写 CHINALCODI），2018 年 5 月成立。经营范围包括：投资兴办实业，股权投资，资产管理、投资管理，投资咨询、企业管理咨询，技术开发、技术咨询、技术服务，经营进出口业务等。

中铝开投是中铝集团创新开发新兴产业、高端产业、前沿产业的投资和运营平台。中铝开投采用整合多元化的资本运作手段及市场化机制，直接投资、基金投资双驱并进，谋求全产业链生态圈合作机会，实现材料高端化、产品终端化、业务国际化，助推中铝集团产业转型、升级、跨越。

2018 年基本数据表

表 1

资产总额 / 亿元	负债率 /%	员工总数 / 人	平均年龄 / 岁	学历结构 / 人	
5.01	0.23	18	36.5	大学本科	7
				硕士及以上	11

二、组织机构

（一）领导班子

李谢华　执行董事、总裁

冯修青　副总裁

王　闯　财务总监

（二）机构设置

部门：综合管理部、财务金融管理部、法务（风控）部、投资一部、投资二部。

子公司：中铝跨越产业基金管理有限公司、深圳开投美巢家居有限公司。

三、生产经营

2018 年是中铝开投的组建年、起步年。中铝开投获得国家和深圳市批文，取得营业执照。并已储备多家央企国企下属公司及有央企和政府资源的社会资本作为意向投资者，与数家知名投资机构建立合作关系。结合实际，创新基金筹集策略，推出了“自主发起基金；通过项目投资发起地方产业基金；与合作方新设管理公司，发起募集基金；并购存续基金管理公司，认购原有基金”四式“组合拳”，资金杠杆作用初步显现。

主要指标表

表 2

指标名称	2018 年	同比增长 /%
利润额 / 亿元	0.008	—
纳税额 / 亿元	0.002	—

说明：中铝开投 2018 年成立

四、企业管理

2018 年，中铝开投以“每个人都是利润贡献者”的经营理念为指导，编制实施了党建、综合行政管理、财务管理、投资管理、风险管理、基金管理 6 大类 28 项规章制度。

编制形成了企业 2018—2020 年发展规划。

建立分级储备、滚动实施、高效落地、强效激励、基金配套的项目投资与储备、基金募集与管理机制。

实施项目组激励和项目跟投制度，使绩效管理由管控到赋能转变。

五、重大发展项目

中铝开投紧紧把握集团赋予的“中铝改革创新的试验田、转型升级的助推器、高新产业的孵化机、前沿发展的领跑者、提升市值的动力源”的定位，创新机制搭建团队，融入市场推动项目，2018 年 10 月，通过了铝家居项目、铝挂车项目、铝空气电池项目、有色电商平台项目等四个项目的立项报告。各项目进展如下。

1. 铝制家居项目：启动了中铝“绿萝美巢”家居品牌商标注册。开投美巢家居有限公司组建运营，策划推动了大连、东莞、重庆三地生产基地模式，完成了北京样板房（中铝资本新租办公楼）、深圳工装样板房（开投新办公场所）、上海样板房装修效果图设计，中铝首个面向 C 端的绿色环保家居品牌初步形成。

2. 铝挂车轻量化项目：按照“强合作、强产品、强布局”的思路，寻求与全球领先的工业物流集团、国内产品应用端的领先企业开展业务合作，致力于实现铝挂车运输领域的研发、生产、销售、运营一体化布局。2018 年，与普洛斯集团、普洛斯集团的产业投资平台隐山资本，普洛斯关联方、全国物流领域最大的智慧型车联网服务商和专业物流数据服务商、物联网科技独角兽公司 G7（北京汇通天下物联科技有限公司）就合作框架协议达成一致。

3. 有色产业互联网项目：项目目标是建设覆盖全产业链的电子商务集成服务平台。2018 年项目组建方案基本成型；与京东物流集团达成合作意向，双方将围绕大宗材料销售、工业设备采购销售与租赁、产业物流服务、供应链金融服务等核心业务，联合打造有色金属领域的综合性商流物流一体化供应链平台；与深圳市隆顺金属材料有限公司达成合作意向，就上线方案达成一致。

4. 铝空气电池项目：与中科院宁波材料所、石墨烯创新中心签订合作备忘录，完成了对合作方石墨烯创新中心、重庆甲骨能时公司的法律尽调，双方拟定了《发起人协议》。

围绕上述项目，中铝开投与 70 余家国内或国际细分领域领先企业和机构进行了 200 余次的商务洽谈，取得了较好效果。

六、党建与企业文化建设

2018 年下半年，中铝开投筹备成立党委、纪委。在筹备过程中，积极组织开展党的组织生活，定期组织党员学习、讲党课、党员大讨论，积极探索在资本市场化运作中、在投资参股企业中如何加强党的建设、巩固党的领导。

中铝开投精心谋划品牌体系及宣传策略，启动了中铝开投和“中铝·绿萝美巢”铝制家居品牌的商标注册，以及企业和品牌 VI 视觉识别设计手册；设立了中铝开投微信公众号，适时发文宣传，着力打造特色产业体系、名牌商标。中铝开投立足深圳、面向国内，通过市场化竞聘吸纳 12 名市场型高端人才。搭建起以市场型人才为骨干的业务团队。在推动公司运转、项目孵化过程中，注重用央企的理念、文化熏陶感染团队成员。

七、重要纪事

1 月 9 日，中铝开投筹备组成立，集团党组成员、副总经理刘祥民担任筹备组组长，许波、李谢华担任筹备组副组长。

4 月 22 日，中铝集团召开党组会、总经理办公会（第 21 次 2-2 号），研究批准了中铝创新开发投资有限公司组建实施方案；原则同意公司章程，注册地位于深圳市南山区。

5 月 9 日，中铝集团党组副书记、总经理余德辉在深圳会见深圳市委副书记、市长陈如桂，双方就中铝创新开发投资有限公司落户深圳等事宜进行了会谈。

5 月 18 日，中铝创新开发投资有限公司正式注册成立。

5 月 25 日，中铝创新开发投资有限公司在中铝集团总部举行成立揭牌仪式。

10 月 15 日，铝挂车项目、铝家居项目、铝空气电池项目、有色电商平台项目正式通过项目立项。

12 月 26 日，中铝开投第一家全资子公司深圳绿萝美巢家居有限公司在深圳成立。

撰稿 / 苗高炜

中国铝业股份有限公司

一、基本情况

中国铝业股份有限公司（简称中铝股份）成立于 2001 年 9 月 10 日，是中国铝业集团有限公司的控股子公司，综合实力位居全球前列，主营业务包括铝土矿资源勘探和开采，氧化铝、原铝、铝合金产品的生产和销售以及相关领域的技术开发、技术服务，发电业务，煤炭资源勘探、开采和经营，贸易，赤泥综合利用产品的研发、生产和销售等。中铝股份股票分别在香港联合交易所（股票代码：2600）、纽约证券交易所（股票代码：ACH）和上海证券交易所（股票代码：601600）三地挂牌上市，其中 A 股被美国明晟纳入中国 A 股在岸指数，H 股被香港恒生纳入中国企业指数。

截至 2018 年 12 月 31 日，中铝股份总股本为 149.04 亿股，其中 A 股股东持股 109.6 亿股，占比 73.54%，H 股股东持股 39.44 亿股，占比 26.46%。中铝股份单一最大的股东为中铝集团，中铝集团直接持有中铝股份 33.89% 的股权，并连同其附属公司合计持有中铝股份 36.62% 的股权。

2018 年基本数据表

表 1

资产总额 / 亿元	负债率 /%	员工总数 / 人	平均年龄 / 岁	学历结构 / 人	
2008.76	66.31	65211	42	中专及以下	39452
				大学专科	14836
				大学本科	10310
				硕士	577
				博士及以上	36

二、组织机构

（一）领导班子

余德辉　董事长、执行董事

敖　宏　非执行董事

党委书记、总裁（2018 年 2 月离任）

刘才明　非执行董事（2018 年 5 月离任）

卢东亮　执行董事

党委书记、总裁（2018 年 2 月起任）

蒋英刚　执行董事
　　　　党委副书记、纪委书记、高级副总裁（2018年6月起任）
朱润洲　执行董事（2018年12月起任）
　　　　副总裁（2018年5月起任）
许　波　副总裁（2018年6月离任）
张占魁　财务总监、董事会秘书
冷正旭　副总裁（2018年10月离任）
田　永　副总裁（2018年6月起任）
刘祥民　监事会主席（2018年12月离任）
叶国华　监事会主席（2018年12月起任）

（二）机构设置

本部部门：总裁办公室（党委（纪委）办公室）、人力资源部、财务部（董事会办公室）、科技管理部、投资管理部、企业管理部、营销采购部、内审部、企业文化部、监察部、法律部、信息化管理部、安全环保健康部（煤电安全监察局）。

分公司：中国铝业广西分公司、中国铝业重庆分公司、中国铝业贵州分公司、中国铝业青海分公司、中国铝业连城分公司、中国铝业兰州分公司。

全资子公司：中铝山东有限公司、山东山铝电子技术有限公司、中铝矿业有限公司、中铝中州铝业有限公司、中铝中州矿业有限公司、山西中铝华北矿业有限公司、山西华兴铝业有限公司、包头铝业有限公司、中铝内蒙古资源开发有限公司、抚顺铝业有限公司、中铝（上海）有限公司、中铝物资有限公司、中铝能源有限公司、中铝物流集团有限公司、中国铝业郑州有色金属研究院有限公司、中铝广西投资发展有限公司、中铝（云南）华江铝业有限公司、中国铝业香港有限公司、中铝国际贸易有限公司、中铝国际贸易集团有限公司。

控股子公司：中铝山西新材料有限公司、遵义铝业股份有限公司、中铝集团山西交口兴华科技股份有限公司、中铝宁夏能源集团有限公司、贵州华锦铝业有限公司、山东华宇合金材料有限公司、甘肃华鹭铝业有限公司、山西华圣铝业有限公司、山西中铝华润有限公司、贵州华仁新材料有限公司、中铝青海铝电有限公司、甘肃华阳矿业开发有限责任公司、中铝山西吕梁矿业有限公司、广西华昇新材料有限公司、中铝南海合金有限公司。

三、生产经营

2018年，中铝股份按照“低成本、高质量、机制优、效益好”的工作思路，坚持成本领先战略，强弱项、补短板、增实力、树品牌，不断提高竞争力和盈利能力，转型升级进入新阶段，经营管理开创了新局面。

博法项目成功签约，获取铝土矿资源17.5亿吨；博法矿山项目、广西华昇200万吨氧化铝项目同步开工。

市场化债转股获得中国证监会无条件批复，成功落地。

管理改革激发内生动力。整合炭素业务实行专业化管理，完成遵义企业合并重组，完成山西华兴和山西中润一体化整合。中铝山东、青海分公司、中铝国贸三家试点企业全面深化改革。

启动第二轮加减乘除。抚顺铝业炭素项目快建快投，重庆分公司资产租赁协议开始履行，连城分公司、山西华圣、山东华宇、山西新材料等企业部分电解铝生产线实行弹性生产。

中铝国贸总部搬迁上海、中铝国际贸易集团挂牌成立、中铝物流内部整合全覆盖、中铝物资独立运行，三大经营平台被列入中铝集团四大协作产业。

高品质氧化铝攻关成功。70%以上的指标优于进口产品，实现进口替代；做优中高端产品，精细氧化铝、合金化专项创效3.5亿元。

冶金级氧化铝实现出口。中铝山东、广西分公司先后出口氧化铝，成功抢滩国外市场，实现了冶金级氧化铝从进口国到出口国的历史性转变。

抢先部署铝行业绿色发展。实质性推进华江铝业文山项目，战略性布局云南绿色水电铝基地，在铝行业绿色发展中走在前列。

主要指标表

表2

指标名称	2017年	2018年	同比增长/%
工业总产值/亿元	1012.84	972.49	−3.98
销售收入/亿元	1810.2	1802.4	−0.43
利润额/亿元	30.49	24.3	−20.3
所有者权益/亿元	657.43	676.69	2.93
纳税额/亿元	62.95	59.72	−5.13
净资产收益率/%	3.90	2.41	−1.49
人身伤亡事故/起	9（包括承包商4起）	4（包括承包商2起）	−55.56
工亡人数/人	9（包括承包商4人）	4（包括承包商2人）	−55.56
重伤人数/人	—	3	—
轻伤人数/人	—	42	—

四、板块建设

（一）党建工作

坚持把党的全面领导，修订完善决策权限管理办法、“三重一大”决策制度，严格执行党组织研究前置程序，推动混合所有制企业党建进章程，把党的领导融入到了公司治理各环节。做实党建与经营“双百分”考核，督办落实纳入党建考核体系，推动党建与经营管理深度融合。开展标准化党支部建设，强化党员教育培训，运用“互联网＋党建”培训新模式，实现党员教育培训全覆盖。

（二）运营管理

2018年，中铝股份坚持成本领先战略，深挖潜力，降低成本，成本竞争力进一步提升；开展“265218”专项行动，强力规范业务外包管理，持续优化现场管理，大力推进设备管理新模式。坚持“要好铝，找中铝”理念，深入推进质量攻坚战，6项质量目标全面达标；坚持对内降本、对外创效，经营平台市场影响力进一步扩大。

（三）重大项目

转型升级取得阶段性成果，全年开工新建氧化铝产能200万吨、炭素产能35万吨、发电装机200兆瓦，建成电解铝产能43万吨、炭素产能32万吨、发电装机400兆瓦。贵州华仁全面建成投用，山西中润通电投产，内蒙古华云二期电解槽全部启动，广西华磊3台机组并网发电、电解铝全面投产。山西新材料28万吨炭素项目基本建成，山西华圣4万吨阳极项目顺利投产，抚顺铝业35万吨阳极项目煅烧及焙烧系统开始试生产。

（四）安全环保

安全环保管理重心下沉，实行穿透管理。强化安全环保监管，组建安全健康环保部，在所属企业全部设立安全总监；开展三轮次安全环保督查，建立环保“零报告”制度；开展全方位精准化培训、加大事故追责问责力度，强化承包商安全管控，加大安全环保项目整治，进一步夯实管理基础。

五、重要纪事

1月21日，中铝股份召开2018年工作会议。

3月27日，中铝股份召开炭素企业整合动员视频会，宣布中铝集团关于中铝资产炭素企业划归中铝股份托管的决定。

5月9日，中铝股份与内蒙古巴彦淖尔市签订全面战略合作框架协议。

6 月 8 日（几内亚当地时间），中铝股份所属的中铝香港公司与几内亚政府在几内亚首都科纳克里签署 Boffa 项目矿业协议。

6 月 13 日，中铝股份与重庆市南川区人民政府及重庆市博赛矿业（集团）有限公司签署产业合作协议。

6 月 26 日，中铝股份召开 2017 年度股东大会。

7 月 15 日，中铝股份召开 2018 年年中工作会议。

8 月 27 日，中国上市公司协会党委书记、执行副会长宋丽萍一行到中铝股份调研。

9 月 17 日，中铝股份召开 2018 年第一次临时股东大会、2018 年第一次 A 股类别股东会及 2018 年第一次 H 股类别股东会审议通过了发行股份购买资产暨关联交易相关议案。

10 月 28 日（几内亚当地时间），中铝股份首个海外大型铝项目——几内亚 Boffa 铝土矿项目在几内亚博法市举行开工奠基仪式。

11 月 20 日，中铝股份总裁卢东亮会见印度尼西亚 INALUM 公司管理董事奥格基·阿克莫德·科萨希和 ANTAM 公司董事长阿里·普拉博沃·阿里约特乔。

11 月 22 日，中铝股份董事长余德辉会见内蒙古自治区鄂尔多斯市委书记牛俊雁、内蒙古自治区经信委主任李仲开一行。

12 月 10 日，中铝股份总裁卢东亮会见 CRU 首席经济学家胡玛拉·萨莱赫。

12 月 11 日，中铝股份召开 2018 年第二次临时股东大会。

12 月 14 日，中铝股份与中铝环保节能有限公司、北京清新环境技术股份有限公司签署关于增资北京铝能清新环境技术有限公司的合作协议。

12 月 23 日，中铝股份托管的中铝国际贸易集团有限公司揭牌仪式在浦东新区上海中铝大厦举行。

撰稿 / 乔晨阳

审核 / 魏青贵

中国铝业贵州分公司

一、基本情况

中国铝业贵州分公司（简称贵州分公司）是中国铝业股份有限公司在贵州的分支机构，所在地为贵阳市白云区。

主营业务为铝土矿、石灰石矿的勘探、开采，电解铝及部分加工产品，碳素制品及相关有色金属产品的生产和销售。

2018 年基本数据表

表 1

主要产品产能	资产总额 / 亿元	负债率 /%	员工总数 / 人	平均年龄 / 岁	学历结构 / 人	
电解铝 40 万吨 / 年	56.42	100	2259	45	中专及以下	1430
					大学专科	571
碳素阳极制品 25 万吨 / 年					大学本科	254
铝土矿 225 万吨 / 年					硕士及以上	4

二、组织机构

（一）领导班子

陈　刚　党委书记

　　　　副总经理（2018 年 10 月起主持行政全面工作）

路增进　副总经理（2018 年 10 月调出）

周双林　纪委书记

赵　坤　副总经理

杨孟刚　副总经理

蒋凤贵　财务总监

黎　云　高级专务（2018 年 11 月内退）

杨建华　总经理助理

王　洋　总经理助理

（二）机构设置

职能部室：总经理办公室、人力资源部、项目工程部、财务部、安全环保部、矿产资源部、企业管理部（持续优化部）、资产处置办公室、营销中心。

二级单位：矿业公司、电解铝厂、碳素事业部、动力厂、技术研发中心（分析测试中心）。

三、生产经营

2018年，贵州分公司实现利润2785万元，超额完成中国铝业股份有限公司下达的全年利润2000万元的任务目标。

主要指标表

表2

指标名称		2017年	2018年	同比增长/%
主要产品产量	1. 电解铝 / 万吨	28.21	3.60	−87.23
	2. 碳素制品 / 万吨	25.52	12.05	−52.78
	3. 铝土矿 / 万吨	142.93	180.14	26.03
工业产值 / 亿元		45.19	16.22	−64.09
销售收入 / 亿元		46.78	18.09	−61.33
利润额 / 亿元		0.089	−0.9	−1111.24
纳税额 / 亿元		1.68	2.32	38.1
人身伤亡事故 / 起		0	1	—
工亡人数 / 人		0	0	—
重伤人数 / 人		0	0	—
轻伤人数 / 人		0	1	—

矿业公司采矿量及销售矿量均创历史新高，全年实现采矿180万吨，销售矿石217.5万吨。矿业公司实现利润10007万元，历史性突破亿元大关，同比增长73%。

随着电解铝"退城进园"项目的通电投产，经请示中国铝业股份有限公司批复同意，2017年11月15日和11月21日，2018年1月11日，中国铝业贵州分公司存量系统电解铝产能永久性退出生产。为确保如期实现政府收储土地的交付，2018年5月27日，碳素阴极生产线永久性退出生产。9月26日，碳素阳极生产线永久性停产退出。9月24日，大扁锭生产线退出生产；10月11日，小扁锭生产线退出；12月12日，合金棒生产线退出。

四、重大发展项目

轻合金新材料"退城进园"合金铝项目。2018年1月按照总部要求，合金铝项目暂缓建设，进行项目方案的优化。9月初按照总部领导提出的合金铝项目复工的要求，中国铝业贵州分公司与中色科技重新编制了产能34.8万吨的项目方案。9月底，经中国铝业股份有限公司总裁办公会议同意，4.2万吨合金棒生产线率先复工建设。11月20日，合金铝项目方案通过中铝总部组织的专家审查。

清镇坛罐窑矿段开采工程二期项目。7月31日，总部批复坛罐窑矿段开采工程二期项目（15万吨/年）立项；9月13日通过专家评审；11月6日经总部总裁办公会讨论通过，11月30日获得中国铝业股份有限公司可研并开工的批复。

重大项目情况表

表3

项目名称	设计规模/万吨	投资规模/万元	当年完成投资额/万元	年内项目建设形象进度
轻合金新材料"退城进园"合金化项目	34.8	58589	0	11月20日，合金铝项目方案通过中铝总部组织的专家审查
清镇坛罐窑矿段开采工程二期项目	15	4993	0	11月30日获得中国铝业股份有限公司可研并开工的批复

五、企业管理

《问题清单》专项整改工作。在2017年度问题梳理的基础上，对中国铝业贵州分公司梳理发现的94个问题持续进行整改，2018年整改完成92个，

2个问题正在整改中。24个重点问题整改决议指标已整改完成23个，1个指标正在整改中。

审计监督检查和风险控制。加强事中控制审计，开展合同专项巡察。梳理中国铝业贵州分公司2018年固定资产投资项目并提出38个审计项目。全面梳理中国铝业贵州分公司规章制度，全年废改立规章制度43个。持续完善风险数据库，形成当前业务适用的风险事件224条。针对评价出的重大风险分别制定管理策略、风险监控指标及预警区间。

业务外包清理和承包商安全管控专项行动。2018年，中国铝业贵州分公司业务外包费用比2017年降低11633万元。

安全环保。中国铝业贵州分公司以"十条禁令"和"危废管理"为切入点，制订和下发了安全环保大整改攻坚战重点工作一览表，共梳理出13个安全标志性项目及10个环保标志性项目；形成安全环保问题清单，共清查出77项安全问题、10项环保问题，安全问题已全部完成整改，环保问题有1项正在整改中。全年完成危险作业审批512项。开展全员安全教育培训，完成培训15034人次。2月，中国铝业贵州分公司、贵州铝厂、贵州华仁新材料有限公司、贵州华锦铝业公司4家单位113名安全生产主要负责人，参加了贵州省安监局在中铝贵州企业组织的新年第一期危险化学品生产单位主要负责人、金属非金属矿山（地下矿山）主要负责人资格证网上考试。

质量及矿山建设。7月份顺利通过中国船级社对中国铝业贵州分公司的年度监督审核。9月接受中国铝业股份有限公司对质量攻坚战情况调研，达到良好水平。12月5日，猫场铝矿模范矿山创建通过中国铝业股份有限公司检查验收，成为继麦坝铝矿之后又一个模范矿山。

六、科技创新

科研项目方面，2018年中国铝业贵州分公司组织了《猫铝场矿地下开采顶板安全控制综合技术研究》《铝电解槽内衬用新型碳/碳复合材料整体成型应用研究》两个重大专项项目，均取得阶段性成果。申报了《复杂条件下麦坝铝矿矿柱资源安全高效回采技术研究》和《猫场铝矿采空区治理与地表沉陷控制技术研究》两个自主研发项目，已获批立项并完成前期准备工作。技术标准方面，2018年完成《铝电解用优质预焙阳极》报批稿并按项目进度要求完成相关工作。产学研合作创新方面，与贵阳铝镁设计院、长沙有色冶金设计院、北京矿冶科技集团和昆明理工大学等4家单位就4个科研项目开展了合作研究。

2018年科技创新数据表

表4

科技创新投入/万元	申请专利/件	授权专利/件	科技人员占比/%
397.86	0	0	2.26

七、深化改革

开展优化员工配置工作。共计311名员工办理内部退养，81名员工办理协商解除劳动关系，向贵州华仁分流安置员工190人、贵州华锦40人、遵义铝业8人。

优化调整职能管理机构，将生产运营中心并入企业管理部。根据业务变化，对营销中心人员进行优化调整，部分业务职能下放到事业部，并将相关业务人员充实到事业部和矿业公司。按照总部成立贵州区域法律中心的部署，实现中国铝业贵州分公司法律事务管理职能向贵州区域法律中心的移交和业务的有序衔接。

八、党建与企业文化建设

开展学习宣传贯彻中共十九大精神“十个一”系列活动，推进“两带两创”主题竞赛。深入开展“五新”大讨论、践行“四个前列”活动，抓好形势任务宣讲以及贵铝建厂60周年宣传活动。

制定2018年党风和反腐倡廉建设责任分解方案及工作实施意见；根据中国铝业集团有限公司工作要求，扎实推进“不能腐”体制机制建设，全年中国铝业贵州分公司共新建制度和标准24个、修订26个、废止17个，梳理廉洁风险点90个。

举办“不忘初心 牢记使命 以转型升级新业绩向建党97周年献礼”主题演讲比赛，参加贵州省举办的“牢记嘱托感恩奋进——贵州省贯彻中共十九大精神知识竞赛”活动。举办“我与QC共成长”为主题的QC故事演讲比赛。举办2018年职工合唱比赛，共有13支代表队、800余名职工参加。

九、履行社会责任

2018年，共受理信访事项72起，接待来访群众89批次249人次。

以精准帮扶温暖职工，全年共计帮扶1319人次，发放帮扶金86.8万元。

2018年，中铝贵州企业通过“金秋助学”活动帮扶困难职工子女47人，共发放助学金14.09万元。

十、重要纪事

1月5日，中铝贵州企业召开安全环保质量全面大整改攻坚战动员大会。

1月15日，随着最后一批电解槽拉闸停槽，中国铝业贵州分公司电解四系列288台电解槽实现安全有序停槽，产能全部关停退出。

1月26日，中国铝业贵州分公司四届二次职工代表大会召开。

1月，中国铝业贵州分公司成功研发新产品ZL111合金锭。新产品ZL111合金锭主要用于发动机零部件，该合金化产品的开发成功，标志中国铝业贵州分公司合金化产品向汽车用铝合金又迈出一步。

2月1日，中铝贵州企业微信公众号“贵铝”正式开通。

2月5日，贵州省总工会、贵州省慈善总会2018年送温暖活动启动仪式在贵铝举行。

2月28日，中铝贵州企业召开党建思想政治工作会。

2月，中国铝业贵州分公司猫场铝矿炸药库正式投入使用，结束了火工材料依赖爆破公司配送的历史。

3月，中国铝业贵州分公司猫场铝矿矿石单日产量为3472.9吨；完成矿石产量6.2万吨，为计划的103.33%；实现矿石销量10.65万吨，为计划的190%。当月产销量均创建矿以来新高，达到历史最好水平。

4月，中国铝业贵州分公司矿业公司举行与昆明理工大学国土资源工程学院校企联合实习实训基地揭牌仪式。

4月，中铝贵州地区矿山系统务虚会在中国铝业贵州分公司矿业公司举行。

6月5日，中国铝业贵州分公司与清镇市人民政府在麦坝铝矿联合开展模拟井下涌水快速异常增大紧急情况的防洪防汛应急演练。

7月11—14日，中国船级社对贵州分公司的质量、安全、环保三大体系涉及的精铝、铝合金及制品、碳素制品生产及销售等方面进行了审核。

7月24—25日，中铝集团党组成员、副总经理冯贵权到中铝贵州企业调研指导工作。

8月18日，纪念贵州铝厂建厂60周年座谈会举行。中铝集团党组书记、董事长葛红林出席座谈会，充分肯定了贵铝60年来取得的成绩和作出的贡献，对贵铝未来的发展，提出了“再造新贵铝，再创新辉煌”的新目标，以及在“全面从严治党、深化改革创新、全面精准管理、第二轮加减乘除”等四个方面走在中铝集团前列的期望和要求。

8月20—21日，中铝集团党组成员、副总经理刘建平到中铝贵州企业、贵州华仁新材料公司、贵州华锦铝业公司，对安全环保工作进行现场调研。

9月26日，中国铝业贵州分公司碳素生产线在运行近40年、累计生产527.15万吨阴阳极碳素产品后，永久性停产退出。

10月1日，国家安全生产应急救援指挥中心综合部办公室主任苏宁一行，到贵州分公司猫场铝矿检查指导工作。

10月12日，贵州省国土资源厅党组书记、厅长周文一行到中铝贵州企业调研矿产资源配置情况。

11月15日，中铝集团党组成员、总会计师叶国华到中铝贵州企业调研。

12月19日，中铝贵州企业2018年优化员工配置、人员分流安置工作实施方案经贵州铝厂有限责任公司一届一次、中国铝业贵州分公司四届二次职代会第一次主席团、团组长联席（扩大）会议审议通过。

12月25日，中国铝业贵州分公司猫场矿0～24线地下开采工程项目顺利通过竣工验收评审。

撰稿 / 施慧芸

审核 / 陈　刚

中国铝业广西分公司

一、基本情况

中国铝业股份有限公司广西分公司（简称广西分公司）是中国铝业股份有限公司的成员企业，位于广西壮族自治区百色市平果县境内，其前身是成立于1987年的平果铝业公司。2002年中国铝业上市，将平果铝业公司生产经营性资产分离出来组建中国铝业广西分公司，存续部分为平果铝业有限公司，由广西分公司托管。

广西分公司主营业务范围：铝土矿、氢氧化铝、氧化铝、铁精矿、炭素制品及有关金属产品的生产与销售。

2018年基本数据表

表1

主要产品产能	资产总额/亿元	负债率/%	员工总数/人	平均年龄/岁	学历结构/人	
氧化铝248万吨/年	65.52	19.71	2943	43.37	中专及以下	1421
铁精矿70万吨/年					大学专科	546
金属镓40万吨/年					大学本科	492
炭素制品13万吨/年					硕士及以上	34

二、组织机构

（一）领导班子

黄卫平　党委书记、总经理

陈广展　党委副书记（2018年12月29日任职）常务副总经理

胡玉波　副总经理（2018年8月28日任职）

丁　波　财务总监

陈申贵　纪委书记

赵　平　副总经理

熊　林　副总经理

（二）机构设置

管理部门：综合部、党委工作部、工会工作部、纪检监察部、审计部、人力资源部、财务部、安全环保部、企业管理部、生产技术部（质量管理部）、装备能源部、营销采购部。

二级单位：矿业公司、氧化铝厂、热电厂、炭素厂。

三、生产经营

2018年，广西分公司在生产经营中全面推行精准管理、精细操作，实现利润17.03亿元，继续保持投产以来年年盈利。

主要指标表

表2

指标名称		2017年	2018年	同比增长/%
主要产品产量	1. 氧化铝/万吨	254.86	254.24	−0.24
	2. 铁精矿/万吨	71.68	66.95	−6.59
	3. 金属镓/万吨	56.52	48.72	−13.80
工业产值/亿元		62.04	66.89	7.82
销售收入/亿元		64.65	67.39	4.24
利润额/亿元		17.10	17.03	−0.40
纳税额/亿元		9.92	10.84	9.27
人身伤亡事故/起		1	0	—
工亡人数/人		1	0	—
重伤人数/人		0	0	—
轻伤人数/人		0	0	—

四、重大发展项目

2018年，广西分公司切实把控项目质量、安全、进度，顺利建成三期排泥库扩容技改工程项目、那茂码头一期工程项目，提升了企业转型升级活力。

重大项目情况表

表3

项目名称	设计规模/万吨	投资规模/万元	当年完成投资额/万元	年内项目建设形象进度
三期排泥库扩容技改工程	增加排泥库有效库容 3552×10^4 立方米	35316	7376	9月20日完成项目收尾及交工验收

续表3

项目名称	设计规模/万吨	投资规模/万元	当年完成投资额/万元	年内项目建设形象进度
中国铝业广西分公司配套华磊项目技改工程	年均由华磊供蒸汽量511.803万吨；年均由华磊供电量8.68亿千瓦时	14350	2018	9月份完工
平果铝业公司那茂码头项目	设计吞吐量310万吨/年	16861	4635	9月20日完工

五、企业管理

深入推进质量管理五大工程，提档升级质量制度111个；全年未发生轻伤及以上事故，未发生重大环保事件，荣获国家“绿色工厂”称号。

持续推进现场精准管理，全年总结形成98项管理标准，高分通过中铝集团现场管理评价复查，保持“先进水平+”，位列中铝集团第一。全流程统筹推进“跑冒滴漏”综合治理和消灭设备“非停”，全年“跑冒滴漏”治理完成率99.9%，主要流程和设备“非停”同比大幅减少。

六、科技创新

2018年，广西分公司科技研发在研项目共14项，其中总部专项项目2项，总部批复自主研发备案立项项目9项，企业自主开展项目3项。建立了“浙江大学－中国铝业广西分公司联合研发中心”和“广西博士后创新实践基地”两个研发平台。

2018年科技创新数据表

表4

科技创新投入/万元	申请专利/件	授权专利/件	科技人员占比/%
767.2	13	9	3.4

七、深化改革

2018年，广西分公司全面完成了物业、消防、市政、供水、供电剥离移交工作；正式签订了平果铝医院、平果铝幼儿园剥离移交协议，剥离企业办社会职能工作全面完成。

八、党建与企业文化建设

2018年，广西分公司深入学习贯彻习近平新时代中国特色社会主义思想，严格落实“双百分”考核机制，深入推进“两带两创”“三亮三比”等活动，推动党建与生产经营深度融合；加强基层组织建设，规范组织设置、组织生活、工作机制等创建标准，确保基层党组织不断夯实。深入推进党风廉政建设，保持反腐败高压态势；严格监督执纪问责，教育引导党员干部做到守纪律、讲规矩、明底线，真正做到廉洁从业。

九、履行社会责任

2018年，广西分公司积极履行社会责任，全方位开展环境治理，控制SO_2、NO_x、烟尘等主要污染物达标排放；积极推进环保项目建设，工业废水、生活污水零排放；积极建设绿色矿山，矿山复垦面积超过2200亩。实施精准扶贫，投入帮扶资金40多万元用于地方扶贫工作；投入3500多万元改善提升社区、周边村屯道路设施，提升周边居民及职工工作生活品质。

十、重要纪事

2月7日，中铝股份驻桂企业六届二次职工代表大会在平果铝工人文化宫隆重召开。

3月14日，广西分公司与桂林理工大学签署产学研合作框架协议。

4月2日，平果铝业那茂码头首航仪式在码头一期工程现场举行。

4月28日，广西分公司与浙江大学浙江加州国际纳米技术研究院签订产学研合作框架协议。

9月8日，中铝集团党组成员、党组纪检组组长赵钊到广西分公司调研。

9月10日，中铝股份驻桂企业“民生工程”——霞光大道通车仪式隆重举行。

9月12日，第15届中国—东盟博览会在广西南宁国际会展中心开幕，中铝集团应邀参展，广西分公司负责后勤保障和宣传报道工作。

10月11日，广西分公司和平果铝业2018年质量、环境、职业健康安全三大管理体系通过第三方审核。

10月23日，广西分公司通过中铝股份物理隔离示范企业（氧化铝）现场验收。

11月15日下午，中铝集团党组成员、副总经理张程忠到广西分公司调研。

撰稿 / 舒　诚

审核 / 钟　声

中国铝业青海分公司

一、基本情况

中国铝业股份有限公司青海分公司（简称青海分公司）位于青海省西宁市宁张公路28公里处，其前身为原青海铝厂，是国家“七五”“八五”期间重点项目。1985年4月动工新建，1987年12月投产。

青海分公司主要产品有重熔用铝锭、铝及铝合金扁锭、铸轧卷、铝电解用预焙阳极炭块等。主导产品“海湖”牌重熔用铝锭于1995年在伦敦金属交易所注册。

2018年基本数据表

表1

主要产品产能	资产总额/亿元	负债率/%	员工总数/人	平均年龄/岁	学历结构/人	
1. 铝锭40万吨/年	30.42	74.84	2352	43	中专及以下	1161
2. 扁锭10万吨/年					大学专科	770
3. 铸轧卷10万吨/年					大学本科	412
4. 阳极21万吨/年					硕士及以上	9
5. 阴极2.3万吨/年						

二、组织机构

（一）领导班子

星占雄　党委书记、总经理

李惟扬　党委副书记、工会主席

尤祥胜　副总经理

张小刚　财务总监

张德智　纪委书记

陈有财　副总经理

衡茂林　副总经理（12月4日任职）

（二）机构设置

职能部门：人力资源综合部、财务部、营销采购部、企业管理部、装备能源部、党群工作部（团委）、纪检监察（审计）部、工会。

二级单位：安全环保中心、质量物资管控中心、电解厂、铸造厂、炭素厂、阴极事业部、动力厂、机修公司、青海中铝铝板带有限公司。

三、生产经营

2018 年，青海分公司铝锭考核完全成本较总部下达的考核成本指标降低 121 元 / 吨，节约额在中铝内部电解铝企业中排名前列，跨入全国电解铝行业成本的前 45%。

2018 年，青海分公司合金化率已达到 71%，较 2017 年底提升了 30 个百分点。高附加值合金订单占全年订单总量的 67%。

阴极生产彻底扭转了长期亏损的局面，生产出达到行业标准的冷捣糊，具备了阴极产品完全配套能力。

主要生产指标表

表 2

指标名称		2017 年	2018 年	同比增长 /%
主要产品产量	铝锭产量 / 万吨	2.51	4.88	94.47
	外销铝液量 / 万吨	29.85	25.28	−15.31
	扁锭产量 / 万吨	7.79	10.23	31.32
	铸轧卷产量 / 万吨	7.71	7.98	3.5
	阳极产品产量 / 万吨	19.19	19.57	1.98
	阴极产品产量 / 万吨	0.70	1.12	60
工业产值 / 亿元		48.97	47.04	−3.94
销售收入 / 亿元		50.43	50.89	0.91
利润额 / 亿元		0.49	−0.05	−110.20
纳税额 / 亿元		1.01	1.86	84.16
净资产收益率 /%		9.1	−16.14	−75.24
产值劳动生产率 / 千元・人		2160	2000	−7
人身伤亡事故 / 起		0	0	—
工亡人数 / 人		0	0	—
重伤人数 / 人		0	0	—
轻伤人数 / 人		0	0	—

四、企业管理

合规运营。规范规章制度、经济合同和重要事项的法律审核程序，基本实现法律审核三个 100%，新建、修订规章制度 89 项。

开展查漏治漏。全年节约水费 57 万元，财务费用比计划降低 200 万元，实现采购降本 3420 万元。

强化安全管理。全面开展风险分级管控工作，完成标准与作业文件清单、上牌挂锁清单等 1367 项。全年共排查并整改隐患 3027 项，查处各类问题 286 项，处理违章违规 26 人次。实现了安全生产六个为零，顺利通过中铝股份审核验收，被授予风险分级管控示范单位和安全管理示范企业。

抓好环保工作。完成了污泥防雨棚、厂区雨污分流等项目，积极推进炭素厂、阴极事业部皮带输送机加装密封罩、电解厂电解质破碎项目、回转窑脱硫项目和一期成型净化系统改造。进一步规范了危废处置、水污染防治、大气污染放置等管理，实现了达标排放。安全环保工作顺利通过了国家对青海省的环保督查、安全巡查。

五、科技创新

截至 2018 年底，青海分公司有效专利 120 件，其中发明专利 53 件，实用新型专利 64 件。

2018 年科技创新数据表

表 3

科技创新投入 / 万元	申请专利 / 件	授权专利 / 件	科技人员占比 /%
1.98	0	3	46

六、深化改革

2018 年，青海分公司被中铝股份列入管理改革试点单位。

推动动力变革，打造机制优的运行体系。创新绩效考核模式，实现了收入能高能低。以年轻化为方向选拔人才，完善了管理人员的梯队建设。加大对技术人才的选拔考核力度，对年度考核不合格的低聘或解聘相关职务，完善了技术人才队伍管理体系。

推动效率变革，巩固低成本竞争优势。持续优化机构设置；牢固树立成本控制意识。

推动质量变革，优化产品结构，提升产品质量，提高工作质量。

七、党建及企业文化

青海分公司党委紧紧围绕企业改革发展、生产经营、民生改善等中心工作，严格执行“三重一大”事项决策程序，创新“行政党建双百分”考核模式，形成了党政一体化格局。创新政工例会会议模式，把政工例会开在基层；严格落实党管干部的原则，狠抓作风建设，党员干部监督管理延伸到“八小时以外”。

各级党组织认真落实“两学一做”学习教育常态化制度化、“三会一课”等制度要求，强化思想教育。持续开展纪检监察干部接地气巡察工作，推进全面从严治党向基层延伸。

八、社会责任

2018 年，青海分公司全面落实“以员工为中心”的发展思想。通过发放一次性奖励、普涨一档工资、提高夜班及班组长津贴、调整保健和误餐费补助标准、增设安全岗位津贴等一系列惠民政策，为员工增收。首次建立企业年金制度，实现了补充养老保险的从无到有，提高全员福祉。拓展培训范围从一线单位扩大到全体员工，增强员工的归属感。为职工进行职业健康、特殊工种、职业病等类型的免费体检。做好帮扶困难职工的工作，完善困难职工电子档案并发放救助金。

九、重要纪事

1 月 24 日，青海分公司党委书记、总经理星占雄当选全国政协委员。

1 月 30 日，中华全国总工会副主席、书记处书记江广平一行到青海分公司开展节前慰问。

2 月 2 日，青海分公司召开第六届第四次职工代表大会。

2 月 2 日，青海分公司被青海省人民政府授予“工业经济运行突出贡献奖”。

5 月 16 日，铝板带公司成功浇铸首批铝制托盘。

6 月 20 日，西宁市委副书记、市长张晓容到青海分公司调研。

6 月 25 日，原第一电解厂、第二电解厂合并成立电解厂。

7 月 26 日，青海省委常委、省总工会主席马吉孝为青海分公司生产一线员工送清凉，并开展群团工作座谈调研。

8 月，青海分公司荣获“2015—2017 年度青海省第八届优秀企业”称号。

9 月 12 日，青海分公司在青海省第十七届运动会暨第二届全民健身大会上取得 4 金、7 银、2 铜的好成绩，并获得“体育道德风尚奖”。

9 月 26 日，青海分公司荣获“第十一届全国设备管理优秀单位”称号，尤祥胜荣获“第七届全国设备管理优秀工作者”称号。

10 月 10 日，铸造厂成功生产 5052S 扁锭新产品。

10 月 24 日，由青海省总工会主办的青海省第十四届职工职业技能大赛暨全省电解铝行业职工职业技能竞赛在青海分公司举行。

10 月，青海分公司入围“2018 年度青海省企业 50 强”，连续 14 次获此殊荣。

11 月 26 日，由中铝集团工会主办，有色金属行业职业技能鉴定指导中心承办的第十四届中铝工匠赛铝及铝合金熔铸工竞赛（青海赛区）在青海分公司举行。

11 月 30 日，青海分公司与青海大学共同组建的“高原绿色铝开发实验室”揭牌。

12 月 21 日，青海分公司被评为青海省企业民主管理工作先进单位。

12 月 26 日，中铝集团党组成员、副总经理，中铝股份党委书记、总裁卢东亮，中铝股份党委副书记、纪委书记、高级副总裁蒋英刚到青海分公司调研。

撰稿 / 韩　涛

审核 / 姜良杰

中国铝业重庆分公司

一、基本情况

中国铝业股份有限公司重庆分公司（简称重庆分公司）于2006年7月7日注册成立，生产规模为年产80万吨冶金级砂状氧化铝。2014年7月，重庆分公司氧化铝生产线停产，实施脱困改革。2018年6月，与重庆市南川区政府签订产业合作协议，实施租赁合作经营。

2018年基本数据表

表1

主要产品产能	资产总额/亿元	负债率/%	员工总数/人	平均年龄/岁	学历结构/人	
氧化铝80万吨/年	26.94	98	89	47	中专及以下	49
					大学专科	26
					大学本科	12
					硕士及以上	2

二、组织机构

（一）领导班子

芦　东　党委书记、总经理

杨世德　党委副书记、副总经理、工会主席

邵伟生　纪委书记、副总经理

（二）机构设置

财务组、综合（安全环保）组、资产维保组。

三、生产经营

2018年，重庆分公司坚持改革创新转型升级工作总基调，全力以赴推进合作经营、机构改革、人员安置、降本增效和安全环保质量“三大攻坚战”等各项工作，全年完成控亏1.89亿元，较年初确定的控亏2.44亿元年度考核目标，减亏0.55亿元，基本完成全年各项目标任务。

稳步推进租赁合作经营谈判，经过多轮斡旋谈判，2018年6月13日，与重庆市南川区人民政府及重庆市博赛矿业（集团）有限公司签署产业合作协议，标志着盘活重庆分公司80万吨氧化铝项目迈出实质性一步，于7月中旬顺利完成标的资产移交，开展了两级安全环保专题培训和操作技能培训，实现安全平稳无缝交接，并积极配合有序推进生产线复产工作。

主要指标表

表 2

指标名称		2017 年	2018 年
主要产品产量	1. 氧化铝 / 万吨	0	0
工业产值 / 亿元		0	0
销售收入 / 亿元		0.66	1.15
利润额 / 亿元		−5.34	−1.89
纳税额 / 亿元		0.11	0.17
产值劳动生产率 / 千元・人		0	0
人身伤亡事故 / 起		0	0
工亡人数 / 人		0	0
重伤人数 / 人		0	0
轻伤人数 / 人		0	0

说明：重庆分公司氧化铝生产线停产，指标没有可比性

四、重大发展项目

2018 年，重庆分公司无新增重大发展项目。

五、企业管理

重庆分公司强化“大安全”工作理念，层层压实安全责任，制定《重庆分公司安全环保质量“三大攻坚战”实施方案》，推进安全环保质量“全面大动员、全面大清查、全面大整改”“三大攻坚战”，持之以恒地开展好安全环保质量隐患问题清单梳理、整改工作。将月度安全检查与专项检查相结合，全面深入排查整治各类隐患，加强对赤泥坝、矿山、放射源等重点危险区域的安全管理。

强化租赁经营合作后的安全管控。与合作方签订了《资产租赁安全生产管理协议协议》、《资产租赁环保管理协议》，编制了《安全环保监管管理办法（试行）》，并建立和完善对合作方的多层级的安全环保检查、告知、通报程序，自 9 月起，正式组织实施每周安全环保监督检查，督促合作方落实安全环保责任。

全力推进矿山“强责任、严管控、全面提升矿山现场管理质量”专项行动。全面梳理矿山矿权和现场管理存在的问题，编制了专项检查清单，制定了《重庆分公司“强责任、严管控、全面提升矿山现场管理质量”专项行动方案》，按照“优先转、稳定留、兼顾退”的总体要求，编制了《重庆分公司矿权“留、退、转”方案》，按照“一矿一策、制定措施、有序推进”的原则，稳步推进与地方政府、合作方的沟通协调。

综合运用“加减乘除”法，持之以恒抓实抓细降本增效，加强费用支出管控，全年降本 160 余万元，积极争取政府优惠政策，取得税费减免 1400 余万元，积极争取合作单位支持，债务豁免 161 万元，多措并举应对法律诉讼及潜在纠纷，避免经济损失约 1 亿元，为重庆分公司扭亏脱困提供支持。

六、科技创新

2018 年度，重庆分公司配合重庆市科委完成了重庆市 121 科技支撑项目结题验收。对 10 项专利缴纳了维护年费 1.4 万元。

2018 年科技创新数据表

表 3

科技创新投入 / 万元	申请专利 / 件	授权专利 / 件	科技人员占比 /%
1.4	0	0	3

七、深化改革

坚持以合作协议为遵循，按照“改革创新、精简高效、有效监督、责权对等”的原则，突出资产监督管理重点，编制了组织机构改革方案，

并全面梳理重庆分公司管理清单，对监督管理流程进行了再造，制定了新的岗位职责和考核办法，层层传导落实，确保各项工作的顺利开展。扎实推进绩效改革，将“党建、经营双百分考核”落实到党支部、落实到每一名党员、落实到全体员工，创新绩效考核的激励与约束机制，实施全员绩效考核责任制。强化管控创新改革，以资产监管、安全环保监管和矿山监管为重点，建立起周、月、季、年的综合检查制度，强化与地方政府的沟通协调，落实递进式综合督导机制，确保租赁合作经营工作的顺利进行。

充分发挥集团和地方政府两个平台，2018 年，重庆分公司转移盘活闲置物资 4566 万元，盘活土地仓库等闲置资产创收 91 万元，对外销售种分槽母液、精矿等物资收入 396 万元。

八、党建与企业文化建设

深入学习贯彻习近平新时代中国特色社会主义思想和中共十九大精神，全面落实新时代党的建设总要求，坚持和加强党对国有企业的全面领导，巩固深化全国国企党建工作会议成果，以党章为根本遵循，以党的政治建设为统领，以党建质量提升为目标，以落实党建工作责任制、党风廉政建设和反腐败工作主体责任为抓手，充分发挥党建工作优势，有力地推动了安全环保消防稳定、国有资产维护保全、企业租赁转型发展、人员稳妥分流安置、闲置资产盘活利用、库存物资转移调拨、法律诉讼维权减损等各项工作，为企业扭亏脱困转型发展提供了坚强的政治、思想和组织保证。

九、履行社会责任

深化“两带两创”活动和“1+1+N”党员网格化服务专项活动，全年共稳妥分流安置员工 365 人，全面稳定地实现了富余员工的分流安置工作；落实“送温暖”工程，慰问困难职工 2 人，发放慰问金 2500 元。

十、重要纪事

1 月 25 日，重庆分公司召开第二届一次职工代表大会、2018 年工作会议暨安全环保质量攻坚战誓师动员会议。

1 月 25 日，重庆分公司召开 2018 年党建工作会议暨党风廉政建设和反腐败工作会议。

4 月 23 日，重庆分公司召开 2018 年党建工作总结培训落实会议暨人员分流安置推进会议。

6 月 13 日，重庆分公司与南川区人民政府、重庆市博赛矿业（集团）有限公司签署产业合作协议。

7 月 13 日，重庆分公司顺利完成租赁合作经营标的资产移交工作。

7 月 19 日，重庆分公司召开 2018 年年中工作会议。

10 月 13—19 日，赴井冈山参加江西省委党校“奋进新征程、担当新作为”党性教育培训班。

10 月 23 日，赴遵义会址组织开展“不忘初心、牢记使命”党性教育活动。

撰稿 / 王　震

审核 / 芦　东

中国铝业连城分公司

一、基本情况

中国铝业股份有限公司连城分公司（简称连城分公司）位于甘肃省兰州市永登县河桥镇境内，前身为兰州连城铝厂，1966 年筹建，1974 年投产。主要从事铝冶炼、铝及铝合金产品加工、炭素制品加工、销售等业务。

2018 年基本数据表

表 1

主要产品产能	资产总额 / 亿元	负债率 /%	员工总数 / 人	平均年龄 / 岁	学历结构 / 人	
1. 电解铝 54 万吨 / 年 2. 炭素制品 35 万吨 / 年 3. 合金铸锭 31 万吨 / 年	39.11	54.44	2211	40	中专及以下	1440
					大学专科	422
					大学本科	333
					硕士及以上	16

二、组织机构

（一）领导班子

何文建　总经理

　　　　党委书记（2018 年 2 月任职）

朱永松　党委书记（2018 年 2 月调离）

张得教　副总经理（2018 年 4 月 18 日任职）

罗天元　纪委书记

张维民　副总经理（2018 年 3 月 12 日任职）

张生凯　副总经理（2018 年 4 月 18 日任职）

王　群　副总经理（2018 年 4 月 12 日调离）

（二）机构设置

管理部室：人事行政部、党群（纪检）工作部、财务部、企管发展部、安全环保健康部、装备能源部。

业务中心：生产运行中心、营销采购中心、质量检验中心、综合服务中心。

生产单位：电解一厂、电解二厂、炭素一厂、炭素二厂、熔铸厂、动力厂、检修厂。

托管企业：兰州连城铝业有限责任公司。

三、生产经营

2018 年，连城分公司各项经济技术指标稳中有升，其中电流效率完成90.27%，同比提高0.08%；电解铝综合交流电耗完成13465.57千瓦时/吨铝，同比降低161.49千瓦时/吨铝，氧化铝单耗完成1905千克/吨铝，同比降低9.45千克/吨铝；氟盐单耗完成17.94千克/吨铝，同比降低2.03千克/吨铝；阳极毛耗完成479.32千克/吨铝，同比降低9.64千克/吨铝。

受原材料及能源价格过高等不利因素影响，连城分公司于2018年7月18日，开始对500千安电解系列三区120台电解槽实施弹性生产，至8月18日共停产产能13万吨。

11月6日，兰州供电公司对连城分公司500千安电解系统采取去负荷不恢复限电措施，至11月27日500千安电解系列288台电解槽全部退出生产，共停产产能38.8万吨。

主要生产经营指标表

表2

指标名称		2017年	2018年	同比增长/%
主要产品产量	1. 铝产品/万吨	51.44	43.82	−14.81
	2. 炭素制品/万吨	31.26	24.33	−22.17
工业产值/亿元		63.12	55.16	−12.61
销售收入/亿元		65.43	55.2	−15.64
利润额/亿元		0.02	−3.37	−169.5
纳税额/亿元		1.49	0.72	−51.68
净资产收益率/%		−0.19	−18.95	—
产值劳动生产率/千元·人		2919.52	2973.32	—
人身伤亡事故/起		5	2	−60
工亡人数/人		1	0	—
重伤人数/人		0	0	—
轻伤人数/人		4	2	−50

四、企业管理

建设具有连铝特色的“四梁八柱”安全管理体系，制定了安全大厦建设方案。以安全生产“十条禁令”“危废管理”为切入点推进安全和环保攻坚。将风险分级管控作为安全管理的基础性工作重点推进，系统辨识评估风险，实施31项物理隔离项目，辨识安全风险4306项，危险作业118项、上锁挂牌1374处。建立对各层级安全绩效的监控机制，对安全履职考核机制进行了改进完善；建立“一人一档”的安全教育档案和各岗位应知应会考题库，认真开展新进、转岗人员的三级安全教育和相关方人员入厂教育；把相关方纳入安全管理体系，在与承包商的商务合同中设置了安全环保审核环节，将承包商安全管理能力做为中标的前置条件。

建立了四级“河长”责任制环保管理体系，加强无组织排放和小散乱污治理，坚持排查环保隐患，共排查和整改环保重点问题183项，“小散乱污”问题461项。

紧贴电解、炭素、熔铸等生产实际，从质量问题整改、质量制度提档升级、操作标准提档升级、操作行为提档升级、设备提档升级、质量事件管控六个方面夯实质量管理基础，在中国铝业股份有限公司质量攻坚战评价中，连城分公司8个二级单位达到“良好”水平。

五、重大发展项目

八家庄渣场环境风险控制工程。该项目主要对八家庄旧渣场进行防渗处理、加固及整治等。项目于2018年2月8日立项，北京中地泓科环境科技有限公司于年初开展了该渣场的环境调查与评估工作，5月10日完成评审。9月19日兰州市环保局组织专家对该项目可行性研究报告进行审查。11月8日开工建设。

六、科技创新

2018年，连城分公司申请专利36件，其中发明专利9件；授权专利27件。17项科技成果获甘肃省有色金属冶金协会科技进步奖，获奖11项，其中一等奖3项、二等奖4项、三等奖4项；1项科技成果荣获第十一届甘肃省职工优秀技术创新成果三等奖。

首创电解铝企业装备智能运维平台，该平台获得经中华人民共和国工业和信息化部授权的中国船级社颁发的“两化融合管理体系评定证书”，还获得中国铝业集团有限公司第二届创新创意大赛商业领域实用创意类别一等奖。

利用高校科研资源，合作实施铝锭在线计量打标系统，实现了铝锭垛在线计量及在线激光打标，减少了铝锭下线叉车转运流程；实施电解精准出铝系统，铝水平更加趋于稳定，推进平稳管控电解槽工艺，减少了电解槽效应，延长电解槽使用寿命。

同中铝材料应用研究院苏州分院合作，开发高附加值合金产品，丰富产品结构。成功试制了多种规格的高铁、偏高铁大合金锭产品，质量得到客户肯定，为延伸合金产业链、进入高端合金领域迈出了坚实的步伐。

2018年科技创新数据表

表3

科技创新投入/亿元	申请专利/件	授权专利/件	科技人员占比/%
0.27	36	27	7

七、深化改革

优化内部资源配置，推进电解铝液合金化，成立60吨扁锭线生产事业部，2018年扁锭产量完成10.08万吨，同比提高17.73%。

八、党建与企业文化建设

修改完善了连城分公司党建双百分考核方案和细则，安排部署党建质量提升的“十项重点工作”；连城分公司党委与各二级单位党总支、直属党支部书记签订党建工作目标责任书和党风廉政建设责任书，全面压实从严治党主体责任；严抓党委中心组学习、“三会一课”、主题党日、党员承诺践诺评诺、创岗建区、双培双带、民主生活会、组织生活会、民主评议党员、支部书记抓党建述职评议等基础工作。

开展党纪党规、廉洁自律、正反面典型等教育活动，增强教育效果；加强对选人用人的监督，更新30名中层正职干部廉政档案，新建141名主管级以上干部廉政档案。

开展治理企业管理和文化陋习活动，征集文化陋习600余条，按集中度对照前五种陋习开展画像治理；创建劳模创新工作室，完成创新成果10项，其中以甘肃省劳动模范陈荣命名的“陈荣劳模创新工作室”2018年被命名为中铝集团“职工创新工作室”及第三批“甘肃省冶金机械行业示范性劳模创新工作室”，以中铝股份优秀员工、连城分公司劳动模范张祥命名的“张祥劳模创新工作室”被兰州市总工会命名并挂牌。

九、履行社会责任

实行舆情、信息、生产、安全环保零报告，确保职工队伍稳定。

开展困难职工帮扶活动，发放两节“送温暖”、日常救助、金秋助学、互助医疗等困难帮扶资金 51.97 万元，帮扶职工 300 余人，发放抚恤金 106.4 万元。

开展精准扶贫工作，出资 12 万元对渭源县精准扶贫建档立卡户的 40 人进行装载机、挖掘机等技能培训。

十、重要纪事

1 月，连城分公司召开安全、环保和质量大整改攻坚战动员会，拉开“三大攻坚战”专项行动的帷幕。

1 月 27 日，连城分公司召开第二届三次职工代表大会。

2 月 14 日，在连城分公司干部大会上，宣布中铝集团党组《关于何文建朱永松同志职务任免的通知》（中铝任字〔2018〕31 号），任命何文建兼任连城分公司党委书记；朱永松不再担任连城分公司党委书记职务，调出。宣布中国铝业股份有限公司党委《关于朱永松同志免职的通知》（中铝股份任字〔2018〕15 号），朱永松不再担任连城分公司工会主席职务。

3 月 12 日，中国铝业股份有限公司党委下发《关于张维民职务聘任的通知》（中铝股份任字〔2018〕25 号），聘任张维民为连城分公司副总经理。

4 月 10 日，中国铝业股份有限公司党委下发《关于张得教等职务聘任解聘的通知》（中铝股份任字〔2018〕40 号），聘任张得教、张生凯为连城分公司副总经理，同时解聘王群副总经理职务，调出。

7 月 18 日，连城分公司 500 千安电解三区开始实施弹性生产。

9 月 10 日，连城分公司开展对照“四个坏习惯”漫画，治理陋习、转变工作作风专项活动。

9 月 21 日，北京市第一中级人民法院对连城分公司与靖远二电供用电合同纠纷案作出（2018）京 01 民初 24 号民事判决。

11 月 6 日，兰州供电公司采取去负荷不恢复限电措施，连城分公司被迫继续停槽减少负荷。11 月 27 日 500 千安电解系列 288 台电解槽全部退出生产。

11 月 8 日，开工建设八家庄渣场环境风险控制工程。

11 月 21 日，甘肃省高级人民法院就兰州供电公司起诉连城分公司电费诉讼正式开庭审理。12 月 29 日经甘肃省高级人民法院审理调节，连城分公司与兰州供电公司双方达成和解协议。

12 月 12 日，连城分公司制定发布《500 千安系列弹性生产期间规范管理白皮书》。

撰稿 / 王冬生

审核 / 康会林

包头铝业有限公司

一、基本情况

包头铝业有限公司，简称“包头铝业”，前身是包头铝厂，始建于1958年，是国家“一五”规划建设的国内第二家电解铝企业，是内蒙古自治区第一家电解铝企业；1998年底改制为包头铝业（集团）有限责任公司；2007年12月26日，中国铝业股份有限公司以换股吸收合并的方式将包头铝业吸纳为全资子公司。

包头铝业厂址：内蒙古自治区包头市东河区毛其来。

包头铝业主营业务：（许可经营项目）电力生产、电力供应；（一般经营项目）铝、铝合金及其加工产品、高纯铝、热能、炭素制品的生产销售。

2018年基本数据表

表1

主要产品产能	资产总额/亿元	负债率/%	员工总数/人	平均年龄/岁	学历结构/人	
1. 电解铝产能130万吨/年	196（含内蒙古华云）	50.6	在岗职工4903（含内蒙古华云）	43	中专及以下	2286
2. 碳素制品产能12万吨/年					大学专科	1063
					大学本科	1546
3. 高纯铝产能4万吨/年					硕士及以上	8
4. 发电机组装机容量171万千瓦						

二、组织机构

（一）领导班子

田明生　党委书记、执行董事

韩效义　党委副书记、总经理

石长存　党委副书记

乔元刚　财务总监

许　晶　副总经理

王际清　纪委书记

高宝堂　副总经理

（二）机构设置

机关处室：人力资源行政部、发展规划部、财务部、华云财务部、安全环保健康部、党群工作部、纪检监察（审计）部、装备能源部、生产指挥

保障中心、营销中心、华云合金铝项目部

二级单位：热电厂、电解二厂、电解三厂、电解四厂、华云电解一厂、华云电解二厂、高纯铝厂、熔铸中心、炭素厂、修理厂、动力厂、轻金属材料厂、后勤服务中心、科技开发公司、建安公司

三、生产经营

坚持以提高发展质量和效益为中心，紧盯全年成本利润指标，精心制定、严格落实年度生产经营工作方案，切实把以日保旬、以旬保月、以月保季、以季保年的过程控制理念贯穿到生产运营管理的全过程，推动优化指标、降本增效、挖潜增盈的措施办法落地，确保了全年任务指标的顺利完成。2018 年，包头铝业生产铝产品 123.42 万吨，同比增加 51.83%；完成供电量 101.57 亿 kWh，同比增加 73.48%；实现主营业务收入 154.67 亿元，同比增长 48.45%，实现利润 9.89 亿元（实现考核利润 10 亿元），同比增长 12%，其中，内蒙古华云实现主营业务收入 81 亿元，实现利润 4.96 亿元；包头铝业资产总额达到 174.26 亿元，同比增长 6.77%。公司产品产量、营业收入、利润总额均创历史新高，为下一步谋求质量更高、水平更高的发展奠定了坚实的规模基础。

主要指标表

表 2

指标名称		2018 年
主要产品产量	1. 铝系列产品 / 万吨	123.42
	2. 炭素制品 / 万吨	59.98
	3./ 万吨	
	4./ 万吨	
工业产值 / 亿元		152.21
销售收入 / 亿元		154.67

续表 2

指标名称	2018 年
利润额 / 亿元	9.89
纳税额 / 亿元	5.08
净资产收益率 /%	11.76
产值劳动生产率 / 千元 / 人	2607
人身伤亡事故 / 起	0
工亡人数 / 人	0
重伤人数 / 人	0
轻伤人数 / 人	0

四、重大发展项目

积极推动华云二期一步项目三段 88 台槽于 8 月成功投产，产业转移成效初步显现。紧抓高纯铝产销两旺的良好市场机遇，充分发挥包铝在项目建设方面的经验优势，快速推进 2 万吨高纯铝扩产项目建设，仅用 5 个月时间全部建成，全年实现效益 1400 万。

重大项目情况表

表 3

项目名称	设计规模 / 万吨	投资规模 / 万元	当年完成投资额 / 万元	年内项目建设形象进度
2 万吨高纯铝项目	2	17178.4	17178.4	建成投产
华云二期一步三段	9.3	—	—	投产

五、企业管理

一流企业创建顺利推进。7 月份，全面启动了包铝创建一流企业行动，完成了一流企业创建实施方案，通过深入研究、反复论证，梳理出了一流企业创建的“一流的现场，一流的效益，一流的管

理，一流的队伍”4个一级要素、形成了“现场、效益、指标、成本、利润、薪酬、机制、专业管理、企业形象、队伍建设”等40个二级要素目标，在此基础上，进一步细化分解并形成了228个三级要素，形成了公司一流企业建设方案，为确保把行动计划中确定的各项工作目标和任务责任到位、落实到位，同时把一流企业建设行动计划有机融入2019—2021年绩效考核体系中，按照一流企业要素及其评价标准、分值，对每一个三级要素进行考评，给出总分。

贯彻落实国有企业党建会议关于建设具有“中国特色”现代国有企业制度的要求，围绕企业发展的重点领域和关键环节，下大力气开展公司制度的废、改、立，使公司制度体系更加符合实际、更富管控效力、运行更加规范。根据需要，对工服公司、熔铸中心、轻金属材料、高纯铝厂进行调整，成立修理厂、组建合金事业部和高纯铝事业部，组织架构和管控模式更加适应建设一流企业战略目标的需要。

六、科技创新

从自主项目研发、知识产权提升、科技成果转化等方面切入，实施下沉式管理，加大科研投入，加快推进“电解槽多位一体核心控制系统研制开发”“出铝精确计量系统推广应用”“智能打壳下料装置”“入厂物资和原铝液无人值守计量”等智能制造项目实施应用，提升了企业电解铝智能化技术水平和装备水平。

积极开展“节能型阳极组”等技术应用推广，在阳极节能技术方面取得了突破性进展。

2018年科技创新数据表

表4

科技创新投入/万元	申请专利/件	授权专利/件	科技人员占比/%
33578.68	3	3	24.38

七、深化改革

根据国务院国有大型企业监事会的监管要求及中铝总部企业供给侧结构性改革工作部署，包铝快速响应，认真领会“三去一降一补”的主要内容和精神，制定“去产能、去库存、去杠杆、降成本、补短板”具体措施，通过对存货实施定额管理去库存；通过严控费用支出、剥离企业办社会等职能降成本；通过延伸产业链、与先进企业合资合作增效益。开展“问题梳理”的专项工作，形成问题清单及整改决议。按照“消除浪费、创造价值、持续改进”的理念，突出重点，扎实开展流程改善工作。狠抓企业管理的薄弱环节，认真梳理现有管理活动和业务流程；进一步修订和完善各项规章制度、工作标准，提高制度的完整性、科学性和可操作性。

八、党建与企业文化建设

全面落实国企党建重点任务，以提升组织力为重点，总结固化形成了新时期公司“1441”党建工作长效机制和“12311”标准化工作模式，修订完善党委规章制度，编印《支部学习专刊》，全面推广党员积分管理和党员“政治生日”活动，深入开展“两带两创”活动，把党建与生产经营紧密融合，互相促进、共同提高。

努力提升企业文化软实力。成功通过中央文明委复查验收，继续保留“全国文明单位”荣誉称号，成为中铝集团旗下唯一一家连续五次获得该殊荣的企业。在积极推进中铝集团企业文化“四统一”的同时，创新开展了“安全环保健康、成本、质量、诚信、廉洁”五大专项文化建设，进一步丰富了企业文化的内涵。在此基础上，凝练出“积极、求己、至善”十大工作理念，为建设一流企业提供了文化理念支撑。《新时代新征程十大工作理念在包铝的实践》荣获中铝股份第11期“创新在线”第一名。

九、履行社会责任

以“包容共享，铝惠八方”社会责任理念为指导，扎实推进与固阳县西斗铺镇红泥井村和兴安盟阿尔山市的扶贫攻坚工作，投入专项经费近20万元大力开展资金、教育、就业等多种形式的精准扶贫，受到对口帮扶单位的高度赞誉。荣获中铝集团“2015-2017年度社会责任工作先进集体”称号，两个案例荣获“2017年度社会责任实践十大优秀案例”。

坚持为员工办好事、做实事、解难事，以庆祝建厂60周年为契机，投资370多万完成两个广场的修建改造工作。坚持开展“送温暖”和帮扶慰问活动，全年发放各类慰问金、救助金150多万元。

十、重要纪事

6月21日，国内15家投资机构的分析师到包头铝业进行“走进中国铝业”实地考察活动。

7月9日，包头铝业召开建设一流企业启动动员会。

7月10日，由中油中铝公司建设管理的第一座加油站——包铝加油站正式建成投运，标志着中国铝业和中国石油的合作取得积极成果、迈进新的阶段。

7月17日，包头铝业召开2018年社会责任工作推进会。进一步贯彻落实中铝集团第三届社会责任大会精神，推动包铝社会责任工作深入开展，做好“包容共享，铝惠八方”社会责任品牌。

7月28日，中铝集团第十四次电解铝合金化工作现场会在包头铝业召开。

8月6日，包头铝业推动中国铝业股份有限公司与淮南矿业（集团）有限责任公司在呼和浩特签署战略合作协议。

8月21日，华云电解二厂后88台电解槽正式开始启动，标志着华云电解二厂进入全面投产运行阶段。

8月22—23日，中铝集团总经理、党组副书记余德辉调研中铝包头企业。

9月8日，包头铝业举办建厂60周年纪念活动。中铝集团党组副书记、副总经理敖宏，中铝集团党组成员、副总经理，中铝股份党委书记、总裁卢东亮参观了包铝纪念建厂60周年专题展览和新老照片展。

11月22日，包头铝业第56次党委会讨论通过了《包头铝业“积极、求己、至善”十大工作理念学习宣贯实施方案》，正式在全体员工中宣传推广、贯彻落实。这是包铝企业文化建设的重要成果。

撰稿／赵　伟

审核／李　靖

抚顺铝业有限公司

一、基本情况

抚顺铝业有限公司（简称抚顺铝业）成立于2006年1月，由原抚顺铝厂资产重组而成，3月被收购成为中国铝业全资子公司。主要经营炭素产品和铝合金产品。

2018年基本数据表

表1

主要产品产能	资产总额/亿元	负债率/%	员工总数/人	平均年龄/岁	学历结构/人	
预焙阳极18万吨/年	21.03	60.74	1404（其中在岗917人）	41	中专及以下	674
铝合金5000吨/年					大学专科	159
					大学本科	81
					硕士及以上	3

二、组织机构

（一）领导班子

蒲　铭　执行董事、党委书记
　　　　总经理（2018年4月任）

任海军　副总经理
　　　　工会主席（2018年7月任）

张克宁　财务总监

王　群　副总经理（2018年4月任）

郑保义　纪委书记

刘禹明　高级专务（2018年4月任）

（二）机构设置

职能部门：党群纪检部、安环保障部、经营发展部、财务部、炭素一厂、炭素二厂。

三、生产经营

2018年，抚顺铝业管理改革持续深化，项目建设快速推进，炭素质量稳步提升、产品结构持续优化，闲置资产增效盘活，形成了生产经营与改革发展齐头并进的良好态势，取得了自2012年以来的首次全面盈利。

主要指标表

表 2

指标名称		2017 年	2018 年	同比增长 /%
主要产品产量	1. 煅后焦 / 万吨	10.61	10.09	−4.9
	2. 生块 / 万吨	19.52	13.77	−29.5
	3. 焙烧块 / 万吨	16.29	11.74	−27.9
	4. 合金 / 万吨	0.29	0.32	10.3
工业产值 / 亿元		6.17	4.40	−28.7
销售收入 / 亿元		6.27	4.94	−21.2
利润额 / 亿元		−2.16	−0.02	99.1
纳税额 / 亿元		0.0623	0.06	−3.7
人身伤亡事故 / 起		5	5	持平
工亡人数 / 人		1	0	—
重伤人数 / 人		0	0	—
轻伤人数 / 人		4	5	—

四、重大发展项目

2018 年 4 月 3 日，新炭素项目正式开工，通过采用自主管理建设方式。新项目首台煅烧炉及焙烧炉第一个火焰系统点火，分别比计划提前了 14 天和 28 天。

重大项目情况表

表 3

项目名称	设计规模	投资规模 / 亿元	当年完成投资额 / 万元	年内项目建设形象进度
预焙阳极项目	年产 35 万吨商品阳极	8.21	51614	原料转运站、煅烧车间、焙烧厂房及炭块库厂房土建完成，生阳极封顶

五、企业管理

推行管理效果与薪酬挂钩制度，企业高管及中层干部全部交纳风险抵押金。通过谈心谈话等方式，面对面交流情况，一对一点评，层层传导压力；通过纪律处分、诫勉谈话、通报批评、责令检查、扣罚绩效工资等问责处理方式持续强化执行力。企业班子成员多次到一线现场办公，解决问题、矛盾、隐患，整改解决率 90% 以上。

2018 年，抚顺铝业成立了单独的质量技术模块，召开质量誓师大会，进一步完善优化三大体系建设。顺利通过了第三方体系验收。制定技术质量提升计划，重点围绕设备检修、工艺操作、原料分析、质量考核等四个方面，开展了 40 余项关键举措，与炭素一厂研究提出了 88+4 条提质降耗措施和高品质阳极生产方案，制定了《成型工区生碎、残极使用制度》等 20 余项生产制度，修订补充调整各类操作规程 85 项，并不断优化固化成果。全年原材料单耗均控制在目标值以下，炭素阳极成本相比年初降低了 370 元 / 吨。2018 年底完成一级品率 53%，较年初提升 32.2%，二级品以上率 96%，较年初提升 13.5%，完成了总部下达的质量目标。

2018 年，抚顺铝业开展了安全环保质量“全面大整改”攻坚战，获得“中铝集团安全生产月先进组织单位”。

2018 年，抚顺铝业修订、新增各项规章制度，全年完成行政管理制度废改立 65 项。加强了依法治企，加强合同管理工作，全年生产经营法律诉讼事件为零。成立巡察办公室对炭素生产管理、炭素新项目、闲置资产处理，安全环保等各项工作执行情况，进行专项巡察、督查，同时加强夜间作业、设备管理和劳动纪律的检查，促进了问题的整改和执行力的提升，通过巡察共发现问题 487 个，已整改问题 468 个，给相关单位提出意见和建议 45 条。

六、科技创新

2018年，抚顺铝业修订了《科技管理制度》《技术管理制度汇编》，完善了科技创新管理和奖励制度。

以合金底锭代替木质托盘，每年节约合金锭包装费用42万元，同时节省木材7吨，有较大经济环保效益，获得了中铝集团“金点子”。

完成了413Z.1铝合金光谱分析用标准样品的研制工作，并于11月通过了国家标准化委员会有色分会的审评。至此企业已有413Z.1、ADC12两项标准样品通过评审，年收益达24万元。同时开启360Z.6铝合金光谱分析用标准样品的研制工作。

完成了煅烧炉火道温度辅助控制系统试验，该系统可避免因人工调温不及时造成的火道温度过高，有效保护火道。

研发煅烧炉火道在线修复技术，实现不停炉对火道破损进行修补，可延长煅烧炉使用寿命。

与郑研院合作开展炭素提质降本技术合作项目，项目对炭素一厂焙烧炉进行系统全面的测试。

七、深化改革

实行了“大部制”改革。2018年4月，抚顺铝业将原来12个部室（二级单位）压减为6个，划小了管理单元，企业领导班子成员全部兼任压减后的部门负责人，将生产、安环、设备、质量、技术等主要力量和资源整合压实到炭素生产单位，消除了机构臃肿，使工作直达责任人，执行力与效率均有明显提升。

试行了内部团队风险抵押承包。合金模块实行的内部承包取得初步成功，全年实现盈利87万元，盘活了闲置的合金生产线，成功研制出了新型加热保温包、铝锰中间合金、光谱铝合金标样等设备产品，实现了合金多元化发展的良好开端。

深化三支队伍建设，通过民主推荐、组织考察，新提拔任用中层正职5名，中层副职2名。同时4名中层管理人员退出行政领导岗位；39名专业技术人员通过了职称聘任。通过开展“五级技师”评审，44人通过一级、二级、三级技师评定。

八、党建与企业文化建设

2018年，抚顺铝业党委不断强化党建工作在转型过程中的引领作用，紧紧围绕扭亏脱困、转型升级和“三大攻坚战”等中心工作，全面实施标准化党支部达标创建工作，扎实开展“党组织带党员创效，党员带群众创新”的集团党建品牌工程专项活动。全年抚顺铝业标准化党支部达标创建一星级以上率100%，四星级标准化党支部3个；评选出“两带两创”优秀项目成果12项，创效收益3000余万元，创新带动自主开展安全隐患排查和治理近千项。

抚顺铝业工会开展“我为提质增效献一策金点子银点子”征集活动，评审、总结、审报“金点子、银点子”合理化建议项目20余项，其中“合金底锭替代木质托盘建议”荣获中铝集团“2018年度金点子”奖项，《优化工艺缺陷解决糊料降温问题》荣获2018年国资委职工技术创新成果二等奖；建成了厂史展厅，举办了重获新生70周年系列庆祝活动。开展员工“徒步走”“拔河”“登山比赛”等文体活动，丰富了员工业余文化生活。

九、履行社会责任

实现员工增收。2018年，抚顺铝业员工平均收入较2017年提升了20.9%。

开展困难帮扶救助。2018 年救助困难劳模、困难党员、困难员工共计 90 余人次，累计发送慰问金 8 余万元；实行免费午餐；开展“金秋助学”活动，资助 27 名员工子女在校大学生，资助金额总计 2.56 万元；开展了送清凉、送健康及征集和员工意见（诉求）征询活动；为 70 户员工家庭送去家属病逝慰问金 3.5 万元。

开展和组织青年代表座谈，选派出优秀青年干部和班组长参加各种脱产培训和业务培训工作。

选拔出 12 名优秀选手参加了“中铝物流杯”“宁夏能源杯”和第十二届“中铝杯”有色金属行业职业技能竞赛，8 名选手分别荣获“物流杯”“中铝杯”优秀选手奖。

十、重要纪事

2 月 27 日，中国铝业股份有限公司副总裁蒋英刚在抚顺铝业主持召开中铝集团炭素第九次专题会议。

3 月 20 日，辽宁省副省长王明玉，抚顺市市长杨维、副市长王金华等省市领导到抚顺铝业开展安全生产检查。

4 月 2 日，蒲铭被聘任为抚顺铝业有限公司总经理，王群被聘任为抚顺铝业有限公司副总经理，刘禹明被聘任为抚顺铝业有限公司高级专务。

4 月 3 日，抚顺铝业有限公司转型升级项目开工。中铝集团党组书记、董事长葛红林，中铝集团党组成员、副总经理卢东亮，中国铝业副总裁冷正旭，抚顺市市长杨维、副市长王金华等参加开工仪式。

5 月 30 日，抚顺市市长杨维、副市长王金华到抚顺铝业召开现场办公会。

6 月 15 日，中铝集团党组成员、副总经理卢东亮到抚顺铝业检查指导工作，并与抚顺铝业领导班子及中层以上管理人员座谈。

7 月 27 日，中铝集团党组书记、董事长葛红林到抚顺铝业调研。

9 月 9 日，中铝集团、东软集团、抚顺市人民政府共建大数据小镇合作备忘录签署仪式在抚顺铝业有限公司举行，中铝集团党组书记、董事长葛红林出席仪式。

11 月 2 日，抚顺市委书记来鹤到抚顺铝业调研。

11 月 8 日，抚顺铝业新炭素项目煅烧 2 号炉顺利点火投运，中铝集团党组成员、副总经理张程忠，中国铝业党委副书记、纪委书记、高级副总裁蒋英刚，抚顺市委副书记、市长杨维等参加仪式并参加座谈。

撰稿 / 田　野

审核 / 刘广军

中铝国际贸易集团有限公司

一、基本情况

中铝国际贸易集团有限公司（简称中铝国贸集团）由原中铝国际贸易有限公司和中铝（上海）有限公司组成，于2018年12月18日在中国（上海）自由贸易试验区注册，注册资本金10.3亿元。中铝国贸集团是中国铝业唯一的对外贸易窗口，是具有法人资格，拥有进出口经营权的经济实体。

经营范围：金属材料及制品、煤炭、建筑材料、电子设备、空调设备、汽车配件、五金交电、日用百货、针纺织品、木材、钢材、电子产品、通信设备（除卫星电视广播地面接收设施）、化工原料（除危险化学品、监控化学品、烟花爆竹、民用爆炸物品、易制毒化学品）、汽车的销售，从事货物及技术的进出口业务，经济信息咨询服务、企业管理咨询。

中铝国际贸易有限公司（简称中铝国贸）于2001年4月18日在北京注册成立，注册资金1亿元。2005年1月注册资金增至2亿元。2011年12月注册资金增至15亿元。2014年9月注册资金增至17.31亿元。2018年9月，中铝国贸本部迁至上海。2018年12月，业务转入中铝国贸集团。

中铝（上海）有限公司（简称中铝上海）于2014年4月1日在上海注册成立，注册资金9.683亿元。2017年4月与中铝国贸实行“一个机构、两块牌子”。2018年12月，业务转入中铝国贸集团。

2018年基本数据表

表1

资产总额/亿元	负债率/%	员工总数/人	平均年龄/岁	学历结构/人	
135.25	61.3	365	38.7	中专及以下	24
				大学专科	63
				大学本科	213
				硕士及以上	65

二、组织机构

（一）领导班子

赵晋华　党委书记、董事长、总经理（2018年11月起）

董克恭　党委委员、财务总监

刘　波　党委委员、纪委书记（2018年2月起）

申兰江　党委委员、副总经理

黄　力　党委委员、副总经理

李广飞　党委委员、副总经理

（二）**机构设置**

职能部门：办公室（安全环保健康部）、人力资源部（党群工作部）、纪检监察部、审计部、财务部、法律部、运营管理部、期货部。

业务中心：氧化铝业务中心、电解铝业务中心、能源业务中心、非铝金属业务中心、原料业务中心、国际业务中心、结构化交易中心、资产经营中心、项目经营中心。

中铝国贸集团控股且实质运营企业：中铝新材料有限公司、中铝佛山国际贸易有限公司、中铝国贸佛山投资有限公司、中铝国贸重庆分公司、中铝青岛国际贸易有限公司、中铝河南国际贸易有限公司、中铝青海西部国际贸易有限公司、中铝国贸香港有限公司、中铝内蒙古国贸有限公司、中铝南海合金铝业有限公司。

参股但不并表企业：招商物产（天津）有限公司、中铝淄博国际贸易有限公司、中衡协力投资有限公司。

进入注销程序企业：上海中铝凯林铝业有限公司。

三、生产经营

氧化铝方面，中铝国贸集团于2018年5月19日发出了第一船出口氧化铝，实现了中国冶金级氧化铝从进口向出口的历史性转变。全年销售氧化铝1040万吨，其中对外销售594万吨。电解铝方面，组建了华东、华南、北方、中西部等驻点营销队伍，全年合金销售44万吨，销售铝锭239万吨，完成铝锭保供量35万吨。原料方面，全年采购总量460万吨，累计降本2.49亿元。累计完成内供煤528万吨，直接降本2500余万元。中铝新材料有限公司于4月份挂牌以后，发挥平台优势，促进企业间合作，全年销售精细氧化铝96万吨。能源方面，获批设立焦炭焦煤交割仓库，全年进口焦煤330万吨，销售铁矿石139万吨。非铝金属方面，全年累计销售锌锭103万吨。国际业务方面，全年精细氧化铝出口35万吨，进口铝土矿984万吨。期货部完成国内首单锌锭标准仓单线上交易、中铝首单LME锌锭跨期交易。结构化交易中心采用BP神经网络法预测的2018年沪铝主力合约均价与实际值的差距仅在1%左右。资产经营中心围绕资产保值增值开展经营，中铝大厦入住及签约企业达到19家，获取租金收益4700余万元。项目经营中心推进中铝广场项目建设，9月30日实现主楼结构平面正负零，截至年底完成了主体工程6万平方米的工程量。

主要指标表

表2

指标名称		2017年	2018年	同比增长/%
主要产品产量	1. 氧化铝/万吨	1018	1093	7.4
	2. 铝产品/万吨	221	280	26.7
	3. 焦煤/万吨	275	319	16.0
	4. 铜铅锌/万吨	112	137	22.3
销售收入/亿元		1447	1477	2.1
利润额/亿元		6.22	7.09	14.0
纳税额/亿元		4.74	4.82	1.5
净资产收益率/%		10.6	11.4	—

四、企业管理

坚持“不新增风险、不丢失权益、不放弃责任”的“三不原则”，清理债权债务，全年挽回和避免经济损失2.23亿元。

持续推进三大变革。聚焦“业务为王”，对业务中心充分赋能放权，匹配用人权、分配权，绩效分配“三倾斜”，业务单元增人不增资、减人不减资。对结构化交易、铝合金、炭素等专业人才进行市场化配置、完全契约化管理。落实人才培养“锋刃计划”“飞跃计划”，实施特色“翱翔计划”。

建立财务共享中心，推进结算单据的统一化、结算流程的标准化。截至 2018 年底，完成了全部分子公司“收、付、采、销”四大基本业务的上线工作。

成立法治建设工作领导小组。出台了《经济合同签订规范指引》，全年审核合同及其附件 6617 份。信用风险管理推进了日监控、月汇总、重大风险适时预警“三结合”，全年累计受理业务授信申请 241 项，实际通过审批并完成备案 202 项总计 88 亿元。对 1 家子公司开展了离任审计，对 2 家子公司开展了专项审计。仓储风险管理继续压缩第三方仓储单位数量，对电解铝第三方仓库启动了“统谈分签”模式。全面推广社会责任管理，三大管理体系再次通过专家审核。全年梳理全级次问题 564 个，签署重点问题整改决议 80 份，整改责任书、承诺书各 52 份，制定非重点问题整改措施 348 项，截至年底完成整改率 96%。

出台了员工安全手册，全年开展专项安全检查 3 次、消防培训及应急演练 9 次，内部安全培训及考试 13 次。实现全年安全环保无事故。

五、深化改革

推进上海贸易总部建设实施方案和整体搬迁推进计划，2018 年 9 月 17 日决策中心从北京迁至上海，到 10 月 28 日，所有搬迁人员全部迁至上海。12 月 18 日，中铝国贸集团在中国（上海）自由贸易试验区完成工商注册。12 月 23 日，中铝国贸集团在上海中铝大厦举行揭牌仪式。中铝集团党组书记、董事长葛红林，上海市政府党组成员、副市长吴清，中铝集团党组副书记、总经理余德辉，党组成员、副总经理、中铝股份总裁卢东亮，党组成员、总会计师叶国华，上海市政府副秘书长、市经济和信息化委员会主任陈鸣波共同为中铝国贸集团揭牌。余德辉、陈鸣波分别代表上海市政府和中铝集团致辞。上海市市场监督管理局局长陈学军向中铝国贸集团法定代表人赵晋华颁发营业执照。

六、党建与企业文化建设

中铝国贸集团把政治建设摆在首位，层层签订党建工作目标责任书，细化双百分考核细则，推进标准化党支部建设，实现“两带两创”全覆盖，共设立创效项目或课题 52 个，开展成果发布会 1 次。为 4 名调入、14 名调出党员办理了组织关系接转手续，新发展党员 4 名，2 名预备党员按期转正。推进“两学一做”学习教育常态化制度化，全年开展了 12 次党委中心组理论学习、4 次专题研讨、2 次成果交流。细化分解落实党风廉政建设和反腐败责任，与基层党支部书记签订党建目标责任书。出台《关于运用监督执纪“第一种形态”开展谈话工作的暂行办法》。印发《违纪违规典型案例选编》，配合集团第五巡视组开展政治巡视，针对反馈的 5 大类 38 项问题 132 个具体问题点制定整改方案，完成整改任务。内蒙古国贸团支部荣获全国“五四”红旗团支部称号，青岛国贸入选中铝集团第二批企业文化示范基地。

七、履行社会责任

以搬迁上海为契机，全面推行社会责任融入管理。5 月获得中铝集团 2015—2017 年社会责任工作先进单位荣誉称号。11 月中铝集团研究室到公司调研指导社会责任管理工作。

八、重要纪事

2 月 9 日，中铝集团党组副书记、总经理余德辉出席中铝国贸 2017 年度党委领导班子民主生活会。

5 月 19 日，中铝国贸第一船（BUNUN GLORY）散装冶金级氧化铝在烟台港出海，实现了中国冶金级氧化铝从进口国到出口国的历史性转变。

9 月 17 日，中铝国贸决策中心转移上海，财务共享中心揭牌。

10 月 19 日，中铝国贸获得前海联合交易中心上线开业首单交易。

11 月 8 日，在首届中国国际进口博览会上，中铝国贸承办了中蒙矿业论坛。

11 月 10 日，赵晋华任中铝国贸党委书记、董事长、总经理，原党委书记、董事长曾庆猛，党委副书记、总经理杨家骅调出。

11 月 29 日，中铝集团党组副书记、总经理余德辉，中铝集团党组成员、副总经理、中铝股份总裁卢东亮出席中铝国贸中铝上海 2018 年管理改革务虚会。

12 月 7 日，国务院参事、中国有色金属工业协会会长陈全训到中铝国贸调研。

12 月 18 日，中铝国贸集团完成工商更名注册。

12 月 23 日，中铝国贸集团揭牌仪式在浦东新区上海中铝大厦举行。

撰稿 / 盖志云

审核 / 赵晋华

中国铝业香港有限公司

一、基本情况

中国铝业香港有限公司（简称中铝香港）是中国铝业股份有限公司（简称中铝股份）于2005年3月在香港设立的全资子公司。

中铝香港作为中铝股份海外战略的执行机构，是中铝股份唯一的海外投融资平台，负责中铝股份海外开发和并购项目的实施以及海外机构（公司）的日常管理。

2018年基本数据表

表1

资产总额/亿元	负债率/%	员工总数/人	平均年龄/岁	学历结构/人	
13.15	53.56	12	38	大学本科	2
				硕士及以上	10

二、组织机构

（一）领导班子

杜小明　董事长、党委书记、总裁

刘福兴　副总裁

孙　波　副总裁

（二）机构设置

本部机构：综合部、人力资源部（党群工作部）、财务部、项目一部、项目二部、业务发展部。

全资SPV子公司：中铝香港东南亚发展有限公司、蓝天资源（印尼）有限公司、博法港口投资有限公司、中国铝业新加坡有限公司、中国铝业能源控股有限公司、中铝香港投资有限公司。

控股实体企业：中国铝业几内港口有限公司、中国铝业几内亚有限公司、Lao Service Minging Co.Ltd.（以下简称老挝合资公司）、PT.Nusapati Prima（以下简称印尼合资公司）。

三、生产经营

2018年，中铝香港累计进口铝土矿54船，矿量合计约443.3万干吨，保障了中铝股份内部氧化铝企业用矿需求。扣除相关财务费用后，实现利润563万元。

主要指标表

表 2

指标名称	2017 年	2018 年	同比增长 /%
销售收入 / 亿元	9.94	13.02	30.99
利润额 / 亿元	0.87	−3.04	−449.43
纳税额 / 亿元	0	0	—
人身伤亡事故 / 起	0	0	—
工亡人数 / 人	0	0	—
重伤人数 / 人	0	0	—
轻伤人数 / 人	0	0	—

四、重大发展项目

2018 年，中铝香港几内亚博法铝土矿项目稳步推进，先后完成了矿山项目初步设计和配套港口项目初步设计工作；开展现场 RAP 工作，并完成项目建设前期所需全部占地征用工作；通过公开招标完成项目主要工程施工招标，委托施工单位进场并开展项目建设前期工作；办理完成项目开工的 12 项许可证（全部 23 项）。

2018 年 6 月 8 日，经过近 9 轮谈判，中铝香港几内亚博法铝土矿项目《矿业协议》正式签订，8 月 16 日，中铝香港在几内亚注册成立的中铝几内亚有限公司获得了博法南、北两块采矿权，获得铝土矿资源约 24 亿吨。8 月 16 日，取得了国家发改委关于该项目的《境外项目投资备案书》。9 月 29 日，取得了商务部印发的中国铝业几内亚有限公司投资证书。11 月 5 日，取得几内亚总统签发的 PIN（国家利益项目）法令。11 月 6 日，取得了商务部印发的中国铝业几内亚港口有限公司投资证书。

完成驳运和海运招标，项目海运合同基准油价为 310 美元 / 吨，海运费 17.1 美元 / 吨，驳运海运合计 22 美元 / 吨，并于 2018 年 9 月 29 日与中远海运签署了运输合同。

重大项目情况表

表 3

项目名称	设计规模 / 万吨	投资规模 / 亿美元	当年完成投资额 / 万美元	年内建设项目形象进度
几内亚博法（Boffa）铝土矿项目及配套港口项目	1200	5.7（约人民币 40 亿元）	739.46（约合人民币 4831.8 万元）	开工建设，完成场平工程

五、企业管理

2018 年，中铝香港进一步完善风险管理机构、职能、人员和管理流程，做实风险管理工作组织及人员保障。通过修订《中铝香港全面风险管理暂行办法》《中铝香港"三重一大"决策制度实施细则》等制度推进风险管理工作的制度化和常态化。尤其是对于涉及安全环保、海外项目、招投标等易发生较大损失的经营工作，严格按照《中铝香港"三重一大"决策制度实施细则》的相关规定，坚持集体决策，提高决策水平，防范决策风险。开展了合同专项检查、印尼合资公司、老挝合资公司年度巡查、印尼合资公司税务专项检查等多项风险检查工作。

2018 年 10 月，中铝几内亚现场宋波、鄢春等员工接连被诊断为登革热，中铝香港本部和现场工作组立即启动医疗卫生应急机制，严防病情扩散。患病员工已全部恢复健康并返回工作岗位。

2018 年，中铝香港依据中铝香港风险评价标准逐个进行风险评价，共识别风险点 72 个，其中重大风险点 3 个，分别为汇率、项目开发与立项风险和人员健康风险。针对这三项重大风险，中铝香港进行了全面分析，制定了切实有效的管理策略和解决方案，并根据实际情况及时进行调整。每月按时向内审部报送重大风险监控报告和报表。2018年中铝香港在安全环保方面未出现任何事故。

2018年中铝香港共制定、修订制度24项，涵盖党建、纪检、人事、贸易、财务、投资、会议、合同等业务领域。

中铝香港采取多种方式努力盘活资产。一是采用内贸方式。印尼合资公司利用印尼政府有条件放开铝土矿出口的政策，积极研究合资公司所属矿山的内贸模式，与一家公司达成了合作意向；二是进一步研究申请铝土矿出口配额的可能性。2018年10月，中铝股份与印尼国企联合体就合作建设氧化铝厂达成原则一致，双方签署了《合作框架协议》。

六、深化改革

根据中铝集团党组、中铝股份党委关于建设海外平台的战略设想。2018年7月，中铝香港与中铝海外实施业务重组。将中铝香港的海外项目前期研究职能以及人员划转至海外平台。中铝香港全部用工减少至原来的一半。

改革后的中铝香港定位是：作为中铝股份境外投资、融资平台，负责承担境外项目出资和境外融资的平台功能的SPV公司管理，对境外出资企业的投资和运营合规性和效率进行监督管理，处理历史遗留问题等。

七、党建工作

2018年，中铝香港党委、纪委全面贯彻落实中共十九大精神和习近平新时代中国特色社会主义思想、中央纪委全会精神，落实中铝集团党组和中铝股份党委纪委的工作部署，在转型升级深化改革中发挥党委的政治核心作用，凝心聚力，平稳推进，确保核心团队和骨干人员没有流失；通过修订董事会议事规则，把党建牢牢嵌入境外企业法人治理结构中，切实做好党委会议作为重大决策的前置程序；持续将“两学一做”学习教育常态化，全年共组织中心组集中学习14次，警示教育5次；进一步完善了“不能腐”体系建设制，全年制修订党风廉政建设和反腐败工作制度24项，圆满完成了党建和党风廉政建设年度重点工作目标。

八、履行社会责任

（一）环境保护

按照项目环评批复意见，编制完成了几内亚项目《环境与社区管理方案》，2018年8月参加了几内亚政府组织的环评展期。通过设计变更增加重油电站除尘、脱硝等环保系统。

（二）参与社区发展和公益事业

中铝几内亚为附近社区修复道路和桥梁，方便群众出行，提高当地社区基础设施水平；进行开斋节慰问，向当地社区和足球队捐赠物资和食品。

印尼合资公司依法合规维护当地员工权益，高标准为全体员工购买了医疗、养老等多个保险，以保障员工利益。

认真执行矿区环境保护措施，最大限度地降低历史采矿作业对周边环境的影响。

九、重要纪事

6月8日，中铝香港几内亚博法铝土矿项目《矿业协议》正式签订。

7月，中铝香港与中铝海外实施业务重组。

8月16日，中铝香港在几内亚注册成立的中铝几内亚有限公司获得博法南、北两块采矿权，获得铝土矿资源约24亿吨。同日取得了国家发改委关于该项目的《境外项目投资备案书》。

9月29日，取得商务部印发的中国铝业几内亚有限公司投资证书。

10月28日，几内亚博法铝土矿项目举行开工典礼。

11月5日，取得几内亚总统签发的PIN（国家利益项目）法令。

11月6日，取得商务部印发的中国铝业几内亚港口有限公司投资证书。

撰稿／陈美蓉

审核／刘福兴

中铝能源有限公司

一、基本情况

中铝能源有限公司（简称中铝能源）是中国铝业集团有限公司（简称中铝集团）在宁夏以外地区的能源产业主要投资、管理、运营平台和利润中心，是中铝股份全资子公司，于2011年7月在北京成立，注册资本8.19亿元。

2018年基本数据表

表1

资产总额/亿元	负债率/%	员工总数/人	平均年龄/岁	学历结构/人	
18.69	62.96	363	41	中专及以下	46
				大学专科	139
				大学本科	150
				硕士及以上	28

二、组织机构

(一) 领导班子

何怀兴　执行董事

师青春　党委书记、总经理（2018年8月任职）

杨思光　纪委书记、副总经理

张凤琴　财务总监

(二) 机构设置

本部部门：综合管理部（人力资源部、党委纪委工作部）、财务资产部、业务发展部、企业管理部（安全环保部）。

全资子公司：中铝贵州矿业有限公司、中铝遵义矿业有限公司、山西华禹能源投资有限公司。

控股子公司：宁夏银仪电力工程有限公司、内蒙古丰融配售电有限公司、宁夏丰昊配售电有限公司、中铝新疆铝电有限公司。

托管企业：甘肃华阳矿业开发有限责任公司、山西介休鑫峪沟煤业有限公司、青海能源发展（集团）有限责任公司。

电厂建设项目部：中铝能源有限公司内蒙古华云项目部、中铝能源有限公司广西华磊项目部。

三、生产经营

2018年，中铝能源加强市场开拓，压缩成本费用，严控经营风险，扩大服务贸易，积极布局新业务，顺利完成全年各项目标任务。全年实现经营利润 3234 万元，完成年度利润目标的 161.7%。

（一）涉煤企业

2018 年，中铝能源所属涉煤企业和受中铝股份委托管理的参股涉煤企业共有 27 座煤矿，其中：控股煤矿项目 1 个，属于项目前期，控股煤炭资源量 4.6 亿吨，设计产能 300 万吨 / 年；参股煤矿 26 个，参股煤炭资源量 37.93 亿吨，设计产能 1516 万吨 / 年，2018 年参股煤矿实际产量 907.35 万吨。

（二）电力专业技术服务

内蒙古华云项目 3 号机组汽轮机实现冲转一次成功，各项指标达到优良等级。广西华磊项目周密策划、精心组织、严格管理，1 号、3 号、2 号机组分别于 2018 年 6 月 25 日、8 月 30 日和 10 月 23 日成功通过“168 小时”试运行。

（三）配售电业务

积极指导所属企业开展配售电业务，成功实现跨区发电权交易，全年完成售电量 18.54 亿千瓦时，完成年度目标的 185.4%。内蒙古丰融增量配电网项目获得包头铝业工业园区增量配电试点项目发展规划批复；完成供电区域划分方案，上报包头市发改委待批；开展可研编制前期的相关工作。

（四）电力检修运维业务

发挥中铝集团电力检修运维平台作用，大力开拓中铝集团内、外部市场，银仪公司全年共签订各类合同 92 项，合同总额为 1.04 亿元，其中外部市场 1008.29 万元，外部市场占比 10%。

主要指标表

表 2

指标名称	2017 年	2018 年	同比增长 /%
工业产值 / 亿元	4.38	5.61	−21.92
销售收入 / 亿元	6.41	7.21	−11.09
利润额 / 亿元	−2.71	−2.53	−7.11

续表 2

指标名称	2017 年	2018 年	同比增长 /%
纳税额 / 亿元	0.32	0.15	113.33
人身伤亡事故 / 起	0	0	—
工亡人数 / 人	0	0	—
重伤人数 / 人	0	0	—
轻伤人数 / 人	0	0	—

四、企业管理

2018 年，中铝能源强化企业内部管理，参股涉煤企业未发生人身伤害事故，内蒙古华云、广西华磊两项目部质量安全环保可控在控。

强化与涉煤生产企业控股方沟通协调，规范过程管理，提供技术指导，进一步扩大煤炭产量；同时，抓住煤炭生产企业有较好收益的有利时机，加大历史欠款清收和企业分红分配力度，收到参股企业分红 1000 万元。督导山西华禹积极与薛虎沟煤业沟通，确定服务费计提金额，全年收到薛虎沟煤业服务费 412 万元。

牢固树立服务意识，强化工期、质量、安全控制，优化工程建设组织，全面提升服务业主能力，机组在工程建设中整体受控，工程建设过程无质量、安全事故发生。

开拓市场，加强贸易信用管理及“两金”定额管理，科学确定“两金”定额，确保正常开展交易及完成“两金”控制目标。全年实现贸易收入 5.49 亿元，实现毛利 1788 万元。

五、深化改革

（一）陈欠清收找突破

全力追讨欠款，2018 年累计清收 4750 万元。贵州矿业完成历史陈欠清收 1660 万元。山西华禹加大对万杰煤矿借款的回收力度，全年收回2400万元。利用法律武器打破鑫峪沟煤业担保代偿和委贷僵局，最高人民法院将地方法院列为督办对象，为下一步通过地方法院协调督促其履行还款计划发挥了积极作用；经过与鑫峪沟煤业多次艰苦沟通协商，2018年共回收欠款690万元。

（二）维权控损抓落实

综合运用法律手段保护企业合法权益，与公安、税务等部门多方沟通协调，设法解决历史遗留问题，挽回损失；会同中铝集团法律部以中铝集团名义向最高人民法院发函恳请对鑫峪沟案予以督办，最终列为最高人民法院在山西省三个督办案件之一，担保代偿工作申请强制执行，争得主动权。全面提升风险管控水平，关口前移，发挥风险管控对业务工作的保障作用。完成问题清单、巡视以及审计问题的整改工作，推进鑫峪沟资产保全工作，抵押物金额23.79亿元，覆盖所有债权，同时加强对现场资产的看护，确保抵押资产安全。

六、党建与企业文化建设

2018年，中铝能源党委严格按照加强党的领导与完善公司治理相统一的要求，加强党的建设。

按照《中铝能源2018年度党委工作计划及要点》及《中铝能源纪委2018年重点工作任务分解》的105项工作安排，开展党建及党风廉政建设工作，坚持年有计划、月有安排、周有落实。一是强化党建考核评价，年初中铝能源党委与所属9家企业党组织签订的《2018年党建工作目标责任书》。二是明确党委会前置研究程序，严格执行“三重一大”决策程序，全年累计召开党委（扩大）会21次，共审议87项议题。三是规范制度建设，制定修订《“三重一大”制度实施细则》等20余项党建、纪检工作制度。四是坚持开展政治理论学习，全年开展党委中心组集中学习13次、全级次集中学习140余次，组织全体党员领导干部参与十九大轮训、党员党性修养等培训128人次。五是创新开展宣传教育工作，创办《中铝能源党建与思想政治教育工作动态》《中铝能源纪检监察工作信息》，宣传所属各单位党建工作亮点，挖掘基层党建工作新举措。六是配合好中铝集团各项巡视巡察工作，开展专项检查工作，提出整改及防止反弹措施66条。七是落实党建目标责任制考核，对所属企业党组织党建工作进行考核评价，实行党建与业绩双百分考核。八是结合各党组织实际开展特色党日活动，先后组织党员参观抗日战争纪念馆等红色教育基地，组织开展七一优秀党员表彰等活动。

七、重要纪事

1月，中铝能源2018年工作会、党建工作会暨年度述职会在京召开。

3月，马晓中不再担任中铝能源副总经理职务。

7月，中铝能源2018年年中工作会、党建工作会暨安全警示教育大会工作在京召开。

8月，何怀兴不再担任中铝能源党委书记、总经理，师青春担任中铝能源党委书记、总经理。

11月，鑫峪沟案被列为最高人民法院在山西省三个督办案件之一，担保代偿工作申请强制执行。

11月，丰融、丰昊管理权移交至中铝环保。

12月，中铝能源建立企业年金制度。

撰稿 / 王文彦

审核 / 师青春

中铝物流集团有限公司

一、基本情况

中铝物流集团有限公司（简称中铝物流）前身中铝国贸北京（货运）有限公司，于 2014 年 10 月组建；2015 年由中铝股份和中铝国贸共同出资整合成立中铝物流，股权比例分别为 81.87% 和 18.13%，注册资金 5000 万元；2016 年 3 月，中铝物流从中铝国贸分立运行；2017 年 6 月，中铝国贸撤出全部股金，中铝物流成为一人独资公司。

2017 年基本数据表

表 1

资产总额 / 亿元	负债率 /%	员工总数 / 人	平均年龄 / 岁	学历结构 / 人	
20.46	48.45	2333	44	中专及以下	1447
				大学专科	546
				大学本科	338
				硕士	26
				博士及以上	2

二、组织机构

（一）领导班子

刘为胜　党委书记、董事长、纪委书记（2018 年 1 月任职；2018 年 12 月离职）

陈绚柱　副总经理（正职级）（2018 年 1 月任职；2018 年 12 月离职）

闫晓军　副总经理、工会主席（2018 年 1 月任职；2018 年 12 月离职）

董光辉　副总经理（2018 年 1 月任职；2018 年 12 月离职）

于　华　副总经理（2018 年 1 月任职；2018 年 12 月离职）

陶甫伦　财务总监（2018 年 1 月任职；2018 年 12 月离职）

（二）部门设置

本部部门：党群工作部（纪委办公室）、综合部、财务部、风险控制部、安全环保健康部、物流运营业务中心、海外物流业务中心、供应链物流业务中心、物流开发业务中心、信息调度指挥中心。

分公司：中铝物流集团有限公司山东分公司、中铝物流集团有限公司贵州分公司、中铝物流集团内蒙古有限公司吕梁分公司、中铝物流集团甘肃有限公司连城分公司、中铝物流集团有限公司新疆分公司。

子公司：中铝物流集团内蒙古有限公司、中铝物流集团中州有限公司、中铝物流集团东南亚国际陆港有限公司、中铝物流集团中部国际陆港有限公司、中铝物流集团西北国际陆港有限公司、中铝物流集团甘肃有限公司中铝物流集团黑龙江东轻有限公司、中铝物流集团临沂有限公司、河南中铝国储能源有限公司。

合资公司：中油中铝（北京）石油化工有限公司。

托管单位：重庆西南铝运输有限公司、中铝山西新材料有限公司物流运输事业部。

三、生产经营

2018 年完成物流作业量 6446 万吨，较上年同期增加 1401 万吨。物流降本成效突出，2018 年累计为实体企业降低物流费用 1.073 亿元，降幅达到 2.05%。

主要生产经营指标表

表 2

指标名称		2017 年	2018 年	同比增长 /%
主要产品产量	1. 氧化铝发运 / 万吨	857	841	−1
	2. 电解铝发运 / 万吨	113	240	112
销售收入 / 亿元		64.9	63.42	−2
利润额 / 亿元		0.75	0.99	32
纳税额 / 亿元		0.73	0.83	13.7
净资产收益率 /%		6	7	—
死亡人数 / 人		0	0	—
重负人数 / 人		0	1	100
轻负人数 / 人		0	0	—

四、企业管理

认真落实中铝集团《关于开展现场管理标准化建设实施意见》和《质量提升行动指导意见》，通过建章立制、规范现场、对标提升，全年共有 6 个车间、10 个班组分别通过了标准化车间和班组达标验收。

以风控体系建设为契机，形成了《风控手册》等 12 项建设成果。全年共完成 6 个投资项目的竣工结算和决算审计，审减效益 126 万元。全年完成问题整改 530 项，超额完成任务目标，其中，规章制度“废、改、立”544 项。

五、重大发展项目

2018 年中铝股份批复中铝物流固定资产投资计划总额为 11682 万元。其中：续建类项目投资 2570 万元；新开基建技改类项目投资 4560 万元；自主决策类投资 4552 万元。东南亚陆港华磊物流服务配套投资项目等 5 个续建项目全部完成投资建设，投资收益率分别达到 28.6%、18.3%、14.6%，均达到预期目标；新批复基建技改类项目中州物流储煤场棚化项目因环保及市场条件发生变化项目取消，中铝国储昆仑路加油站项目 9 月完成工程建设，铁路专用线安全改造项目已完成可研；自主决策项目获批 4552 万元，主要用于中部陆港铁路信号微机连锁升级改造、山东物流集装箱场站建设和车辆购置更新 3 各项目，截至 2018 年底，已完成 2400 万元的投资计划。

六、深化改革

全力推进管理改革创新，实施以结果为导向的新绩效激励。根据分（子）公司规模、效益以及管理责任，实现对各单位主要负责人的多维度考核。先行先试，紧随中铝股份 3 家改革试点单位，在山东物流和西北陆港同步推进管理改革。

七、党建和企业文化工作

2018 年标准化党支部建设达标率实现 100%，

中部陆港宁能六盘山党支部针对异地创业，首创了“身影工作法”，作为经典案例，在国资委《中央企业党建工作简报》刊登，并得到中央领导同志的批示肯定。制定了《中铝物流集团党委巡察工作实施细则》，成立两个巡察工作组，完成了对10个分（子）公司首轮政治巡察，接受了中铝集团党组第五巡视组的政治巡视。

2018年，中铝物流工会会同中国有色金属工业协会，举办了有色金属行业第一届“中铝物流杯”物流运输类职业技能竞赛。

八、重要纪事

2月2日，中铝物流召开一届一次职代会暨2018年工作会，中铝集团党组成员、副总经理，中国铝业党委副书记、高级副总裁、纪委书记卢东亮等出席会议。

6月4日，中铝物流集团有限公司新疆分公司注册成立，7月并表运行。

7月24日，中铝集团党组书记、董事长葛红林在中铝物流党委书记、执行董事刘为胜的陪同下前往中国铁路乌鲁木齐局，拜会了乌局党委书记、董事长张海涛和总经理陈敏。

7月27日，中铝集团党组成员、副总经理，中铝股份党委书记、总裁卢东亮到中油中铝包铝加油站调研。

7月29日，中铝物流召开2018年年中工作会议暨党建专题会议，中铝集团党组书记、董事长葛红林，中铝集团党组成员、副总经理卢东亮，中铝股份党委副书记、纪委书记、高级副总裁蒋英刚出席会议。

8月9日，中铝物流集团临沂有限公司注册成立，8月份并表运行。

8月29日，中铝集团党组第五巡视组在中铝物流召开巡视工作动员会，开启了对中铝物流首轮政治巡视工作。

9月20日，中铝物流与中国铁路成都局签署战略合作协议，中铝集团党组书记、董事长葛红林，成都铁路局局长、党委副书记、董事长宋修德出席签署仪式并讲话。

9月21日，中铝物流与中铝西南铝签订重庆西南铝运输公司托管协议。

10月20日，中铝物流召开三季度经济活动分析会暨物流创新论坛，中铝集团党组成员、副总经理，中铝股份党委书记、总裁卢东亮到会并讲话。

10月26日，中部陆港铝锭期货交割库通过上交所增容审批，交割库容由2万吨增至5万吨。

10月26日，中铝物流集团黑龙江东轻有限公司并购完成并注册成立，10月并表运行。

10月31日，中国妇女第十二次全国代表大会在京召开，中铝物流员工李波荣选中国妇女十二大代表。

11月13日，2018年中国铝业物流创新发展论坛在昆明举行。

12月28日，中铝物流与山西新材料签订《物流业务托管过渡期框架协议》，将山西新材料物流业务正式纳入中铝物流管理体系。

撰稿 / 陈新彦

审核 / 梁山峤

中铝山东有限公司

一、基本情况

中铝山东有限公司（简称中铝山东）位于山东省淄博市张店区，于1954年7月1日建成投产。2015年改制为中铝山东有限公司，是中国铝业股份有限公司全资子公司。主要产品有氧化铝、精细氧化铝。

中铝山东有限公司2018年基本数据表

表1

主要产品产能	资产总额/亿元	负债率/%	员工总数/人	平均年龄/岁	学历结构/人	
氧化铝：240万吨/年	79.23	34.38	4160	45	高中（技校）及以下	2451
					大学专科	1008
精细氧化铝：97万吨/年					大学本科	612
					硕士及以上	89

二、组织机构

（一）领导班子

张正基　执行董事

张占明　总经理（2018年10月任职）

蒋　涛　总经理（2018年10月解聘）

沈山峰　财务总监

董晓辉　副总经理

（二）机构设置

与山东铝业合署办公部室：总经理办公室、党委工作部、人力资源部、纪检监察审计部、工会（团委）。

专业管理部室：财务部、生产管理部、投资管理部、安全环保部。

二级单位：氧化铝厂、第二氧化铝厂、热电厂、动力厂、矿业公司、研究院、工业服务中心、炭素厂、营销中心、资源综合利用中心、海外资源开发中心、功能材料厂。

子公司：中铝山东新材料有限公司、中铝（阳泉）矿业有限公司、山东山铝电子技术有限公司、中铝青岛轻金属有限公司。

三、生产经营

2018 年，氧化铝、精细氧化铝产量分别完成 240 万吨、97 万吨均为历史新高；氧化铝全口径完全成本完成 1995 元 / 吨，低于总部考核目标 29 元 / 吨，热电厂、煤气站优化生产运行，助力氧化铝降本增效 1 亿元以上。

合金铝板块“四厂联动”、稳步向好，构建了互为市场、资源共享的利益共同体，型材产品利润创十年来最好水平，再生铝 5 条线首次实现规模化生产。环保产业开拓进取，拜耳法赤泥成功用于高速路基建设和净水剂生产，攻克了雄安铝灰绿色资源化利用技术，树立了企业绿色发展新形象。

以效益最大化为目标，动态调整产品结构和销售策略，全年分别销售精细氧化铝和氢铝 85.8 万吨、77.3 万吨，同比增长 5.6%、10.2%。进口矿石采购价格保持稳中有降，全年供矿价格较 2017 年下降 24.44 元 / 干吨，降本超过 1.5 亿元。抓住国际市场空档期，携产品质量优势进军海外，氧化铝累计出口 20.8 万吨，实现了国内氧化铝出口“零”突破。

主要指标表

表 2

指标名称	2017 年	2018 年	同比增长 /%
氧化铝产量 / 万吨	242	240	−0.82
精细氧化铝产量 / 万吨	87	97	11.49
工业产值 / 亿元	78.42	92.18	39.04
销售收入 / 亿元	84.02	93.91	11.77
利润额 / 亿元	4.12	7.45	80.89
纳税额 / 亿元	46.33	51.99	12.22
人身伤亡事故 / 起	0	0	—
工亡人数 / 人	0	0	—

续表 2

指标名称	2017 年	2018 年	同比增长 /%
重伤人数 / 人	0	0	—
轻伤人数 / 人	18	4	−85.71

四、重大发展项目

重大项目情况表

表 3

项目名称	设计规模	投资规模 / 万元	当年完成 / 万元	年内项目建设形象进度
10 万吨板状刚玉项目一期	新建板状刚玉生产线的建设规模为 10 万吨 / 年。分两期建设，其中，一期年产能 5 万吨，二期年产能 5 万吨	12096	9296	建成投运
10 万吨精细分子筛项目一期	10 万吨 / 年精细分子筛生产线，分两期建设，一期年产 5 万吨，二期年产 5 万吨	10541	8731	建成投运
15 万吨环保吸附新材料项目一期	固体聚氯化铝 15 万吨 / 年，分两期建设，一期 7.5 万吨	12438	11861	建成投运
大气污染综合治理项目（高温窑收尘脱硝）	高温窑烟气除尘脱销改造；土建工程	2027.47	2027.47	建成投运
微粉氢铝生产线技术改造项目	根据市场需求和未来发展预测，本项目的微粉氢氧化铝的建设规模为 4 万吨 / 年，包括 5 个牌号，根据市场需求组织生产	18222	2700	完成总工程量的 15%

五、企业管理

加强安全知识技能培训，建立了安全实景体验区，累计培训各级员工6.3万余人次。强化风险分级管控，辨识各类风险2404项。

2018年中铝山东被中铝股份授予承包商安全管控示范企业和安全管理示范企业，新材料公司、氧化铝厂、第二氧化铝厂顺利通过淄博市环保局评估验收，被评为山东省绿色工厂。

把打赢高品质氧化铝攻坚战当作生命工程，经过五个月的攻坚，氧化铝中的镓由80ppm降到了36ppm、氧化钠由0.48%降到了0.28%、氧化铝粒度−45μ由20%降到了12%。累计向包铝供货7.5万吨，年可为中铝集团创效1亿元以上。

通过法律手段成功解决了山铝电子股权问题。

六、科技创新

2018年，中铝山东在事关企业发展的关键技术方面取得重大突破。特种拟薄水产品打破国外垄断，成功出口欧美市场；PVC专用沸石成功产业化，成为全球唯一规模化生产该产品的企业。精细氧化铝产业化技术获有色行业协会科技进步一等奖。烧结法流程成功使用外矿进行生产，为规避国内矿恶性竞争提供了保障。中铝山东、新材料公司通过了高新技术企业认定审核。智能综合创新管理平台入选工信部制造业“双创”平台试点示范项目。

2018年科技创新数据表

表4

科技创新投入/万元	申请专利/件	授权专利/件	科技人员占比/%
31619.24	15	11	12.3

七、深化改革

对10个短平快项目实行风险抵押。启动职工住房改革工作。按照当地住房改革时的政策，为职工办理房产证，满足职工群众的合理诉求。启动职业经理人制度试点工作。3月13日的启动会上，确定机电科技、青铝宾馆、银光服装厂、润溪水厂4家单位先行先试，探索企业新的转型发展之路。

八、党建与企业文化

推进“两学一做”学习教育常态化制度化，学习贯彻习近平新时代中国特色社会主义思想，实现科级以上干部十九大精神轮训全覆盖。

修订完善议事规则，全面落实党委研究讨论前置程序，审议“三重一大”项目340项。

深化健全“双百分”考核月、季、年推进机制，细化24大项98小项指标。

确定“两带两创”项目474个，创效1.5亿元；延伸党建触角，与7家党委（党总支）、25家党支部结对共建，以“大党建”搭起协同发展“大舞台”。

九、履行社会责任

2018年，中铝山东投资近1.45亿元完成了熟料窑超低排放改造等一系列重大环保项目，二氧化硫、氮氧化物、颗粒物分别减排151吨、621吨、395吨，完成节能量5.2万吨标准煤。

让员工共享企业发展成果，2018年中铝山东员工收入增长15%以上，三年累计增长达到50%。建立企业年金计划。

十、重要纪事

1月12日，国家工信部工业文化发展中心副主任孙星一行2人，对中铝山东工业遗产进行专题调研。

2月11日，中铝中央研究院山东分技术中心签约暨揭牌仪式在淄博高新区火炬大厦举行。

3月18日，中铝齐鲁工业园一期暨淄博生态铝业小镇举行开工仪式。

3月13日，职业经理人制度试点工作启动。

4月2日，中铝山东有限公司、山东铝业有限公司被评为“2017年山东省优等信誉等级企业”荣誉称号。中铝山东有限公司执行董事、山东铝业有限公司党委书记、总经理张正基获“2017年度山东省诚信企业经营者”称号。

4月30日，成功签订第一笔3万吨冶金级氧化铝出口订单，打破了中国氧化铝“只进不出”的历史，中铝集团迈出了氧化铝开拓海外市场关键一步。

5月11日，淄博市委组织淄博日报社、淄博晚报社、淄博电视台、淄博电台、《鲁中晨报》、淄博新闻网、淄博聊斋网7大媒体的记者到中铝山东实地采访新旧动能转换工作。

9月21日，中铝山东企业在文化中心二楼召开职工住房改革工作启动会。

10月12日，中铝山东企业召开干部大会，宣布中国铝业集团有限公司党组和中国铝业股份有限公司党委关于调整山东企业领导班子的决定，张占明任中铝山东有限公司总经理、山东铝业有限公司党委副书记。

撰稿／刘绪睿

审核／张华军

中铝矿业有限公司

一、基本情况

中铝矿业有限公司（简称中铝矿业）始建于1958年，前身是我国第二个五年计划时期建设的郑州铝厂，1992年组建为中国长城铝业公司，2002年1月，重组长城铝业氧化铝和电解铝板块资产，成立河南分公司。2010年河南分公司托管中铝矿业。2017年12月完成中铝矿业与河南分公司资产重组，成立新的中铝矿业有限公司。

中铝矿业拥有铝土矿资源保有储量1.6亿吨。主要产品有氧化铝及其多品种、碳阳极、金属镓及其深加工产品。

2018年基本数据表

表1

主要产品产能	资产总额/亿元	负债率/%	员工总数/人	平均年龄/岁	学历结构/人	
氧化铝196万吨/年	95.78	31.45	3446	44	中专及以下	3968
金属镓40吨/年					大学专科	1417
碳素制品12万吨/年					大学本科	981
铝土矿400万吨/年					硕士及以上	50
自发电15亿千瓦时						

二、组织机构

(一) 领导班子

程运材　中国长城铝业有限公司党委书记、中铝矿业有限公司董事长（2018年12月任职）

李国乾　中铝矿业有限公司总经理、中国长城铝业有限公司党委副书记

孙玉和　中国长城铝业有限公司党委副书记、工会主席（2018年3月任职）

李忠良　中国长城铝业有限公司纪委书记

王东升　中铝矿业有限公司财务总监

高纯生　中铝矿业有限公司副总经理

申子伟　中铝矿业有限公司副总经理

说明：中国长城铝业有限公司党委书记、中铝矿业有限公司董事长董建雄于2018年12月调

离。中铝矿业有限公司副总经理毕效革于2018年8月调离

（二）机构设置

五个部室：总经理办公室、人力资源部、财务部、安全环保部、投资发展部。

三个中心：生产指挥保障中心、营销中心、矿业中心。

三个分厂：氧化铝厂、热电厂、碳素厂。

一家子公司：赤壁长城炭素制品有限公司。

五座矿山：洛阳矿、渑池矿、小关矿、巩义矿、登封矿。

三、生产经营

2018年，中铝矿业深入落实“主业做精、长城做强、打造两个园区”的发展战略，生产经营整体保持安全连续运行，全面完成了高纯镓研发阶段性目标、丰收项目收尾、碳素收购等重点工作。全年累计盈利1.15亿元，经营性盈利2.54亿元。

主要指标表

表2

指标名称		2017年	2018年	同比增长/%
主要产品产量	1. 氧化铝/万吨	171.3	181	5.66
	2. 金属镓/吨	15.62	45.8	193.2
	3. 碳素制品/万吨	12.1	8.75	−27.7
工业产值/亿元		42.05	45.4	7.9
销售收入/亿元		64.77	52.7	−18.5
利润额/亿元		0.62	0.65	4.8
纳税额/亿元		3.95	2.9	−26.5
净资产收益率/%		0.55	0.46	−16.3
产值劳动生产率/千元·人		1533	1317	—
人身伤亡事故/起		0	0	—
工亡人数/人		0	0	—
重伤人数/人		0	0	—
轻伤人数/人		0	0	—

四、重大发展项目

重大项目情况表

表3

项目名称	设计规模	投资规模/万元	当年完成/万元	年内项目建设形象进度
扩产10万吨/年预焙阳极项目	年产10万吨/年预焙阳极	19529.01	8400	完成煅烧炉建造、焙烧炉厂房基础建设

五、企业管理

中铝矿业内抓管理减非停、降消耗，外争效益跑市场、要政策，精准管理取得显著成效。一是贯彻落实中铝集团及中铝股份安全环保质量攻坚战誓师大会精神，制定方案并打好“三大攻坚战”，全年实现零污染、零伤害、零事故。二是持续推进“精准管理、精确调整、精细操作”，建立“设备计划+状态检修”模式，加大技术板块现场攻关力度，实现生产平稳运行。三是坚持“跑赢市场、跑赢对手、跑出效益”，全年降本增利完成7264万元。四是精准制定并实施“一矿一策一鞭”方案，扎实开展矿山提质增效工作，完成自采矿产量215万吨，供矿量352.6万吨。

六、科技创新

2018年科技创新数据表

表4

科技创新投入/万元	申请专利/件	授权专利/件	科技人员占比/%
401.4	23	5	0.6

七、深化改革

2018年，中铝矿业坚持深化内部改革和创新

驱动，加快形成促进创新的体制架构步伐。完成首批首席技师和特级技师选聘工作，引进煤气炉、矿山地采等专业人才5名，提高薪酬待遇增加了招聘吸引力。

八、党建与企业文化建设

2018年，中铝矿业深入学习贯彻习近平新时代中国特色社会主义思想和党的十九大精神，坚持党委把方向、管大局、保落实，筑牢了改革发展的“根”与“魂”。党建经营实现有效融合，落实“双百分”考核，开展“五新大讨论”和“两带两创”活动。开展常态化警示教育活动，建立“不能腐”制度258项，问责处理50人。

开展纪念建厂60周年系列活动。推进“五比两争”安全干净班组创建活动，2个班组荣获中铝集团“安全、干净”示范班组称号。

九、履行社会责任

一是加强帮扶工作精准化，2018年累计救助困难职工491人次，开展“金秋助学”活动，帮助困难职工子女89人。二是召开职工代表大会，保障员工的合法权益。三是环境治理矿山复垦及环境治理取得新成效，全年治理复垦土地2480亩，植树15万棵。四是重视信访维稳工作，及时化解矛盾纠纷。

十、重要纪事

1月31日，中国长城铝业有限公司暨中铝矿业有限公司第一届职工代表大会第一次会议胜利召开。

2月22日，中铝矿业成立12个专项工作组，重点解决专线工作中的突出问题。

3月13日，中铝矿业与河南省三门峡市陕州区人民政府签订战略合作框架协议。

4月1—2日，中铝集团党组副书记、总经理，中国铝业董事长余德辉一行到中铝郑州企业调研。

9月10日，中铝矿业召开2018年全员设备管理现场会，全面建立经济型状态预知维修管理模式。

12月6日，中铝矿业召开2019年发展思路研讨会。

撰稿 / 王超锋

审核 / 张鹏飞

中铝物资有限公司

一、基本情况

中铝物资有限公司（简称中铝物资）是中国铝业股份有限公司全资子公司，于2018年6月26日在天津自贸试验区注册成立，注册资本10亿元；2018年10月1日开始试运营。

中铝物资业务范围涵盖纯碱、液碱、烧碱、氟化盐、石油焦、煤沥青、碳素制品等大宗原料，煤炭、油料等能源产品，钢材、耐火材料、化工等辅助材料，以及各类备品备件的集中采购，第三方自营业务以及相关产品的套期保值业务，电子商务平台的建设、运维和优化升级等。

2018年中铝物资有限公司基本数据表

表1

资产总额/亿元	负债率/%	员工总数/人	平均年龄/岁	学历结构/人	
8.3	39.75	31	38	大学专科	1
				大学本科	13
				硕士及以上	17

二、组织机构

（一）领导班子

杨家骍　党委书记、执行董事、总裁

于　华　副总裁

罗德才　副总裁

张小伟　副总裁

（二）机构设置

职能部门：综合服务部、财务计划部。

业务中心：原料业务中心、能源业务中心、材料业务中心、备品备件业务中心、电子商务运维中心。

全资子公司：中铝物资供销有限公司。

三、生产经营

2018年，中铝物资取得特殊品种经营许可，完成工商税务审批手续；试运营3个月，原料和能源业务单元实现采购降本超过3亿元。

全年实现营业收入13.4亿元，实现利润2200万元。

四、企业管理

2018 年，中铝物资制订并颁布了 29 项规章制度；探索了符合企业自身发展的业务模式，运作思路基本成型。

五、深化改革

中铝物资创新施行大部制，将行政、人力、党群、纪检、商情、风控、法务、审计、供应商管理、档案管理等工作职能纳入综合服务部，将财务管理、税务筹划、资金管理、业务结算、经营计划、统计等工作职能纳入财务计划部。

六、重要纪事

6 月 26 日，中铝物资在天津自贸试验区注册成立。

6 月 28 日，中铝物资成立揭牌仪式在中铝集团总部举行。

11 月 12 日，由中铝物资承办的中国铝业 2018 年重点供应商市场研讨会在云南昆明召开。

12 月 8 日，中铝物资与新疆中泰化学股份有限公司签订大宗原料和产品的战略合作协议。

12 月 18 日，中铝物资与天原集团战略合作协议签约仪式在宜宾举行。

12 月 30 日，中铝物资召开 2018 年管理改革务虚会。

撰稿 / 康正龙

兰州铝业有限公司

一、基本情况

兰州铝业有限公司（简称兰州铝业）的前身是兰州铝厂，始建于1958年，是新中国成立后国家“二五”期间在祖国大西北建设的第一家电解铝厂。1999年4月，兰州铝厂改制为兰州铝业股份有限公司；2005年1月，中国铝业股份有限公司与兰州铝厂签订股权转让协议，兰州铝业股份有限公司成为中国铝业的控股子公司；2007年4月，实施股权分置改革，换股吸收合并，成为中国铝业的分公司。

2018年12月，根据深化管理改革需要，完成“分转子”改制，成立兰州铝业有限公司，成为中国铝业股份有限公司的全资子公司。

兰州铝业主营业务为铝冶炼，铝加工产品、碳素制品的生产、销售，发电。

2018年基本数据表

表1

主要产品产能	资产总额/亿元	负债率/%	员工总数/人	平均年龄/岁	学历结构/人	
1. 电解铝：43万吨/年	56.31	39.68	1932	40	中专及以下	1289
2. 发电装机：90万千瓦/年					大学专科	409
					大学本科	212
3. 炭素制品：23万吨/年					硕士及以上	22

二、组织机构

（一）领导班子

孙波涛　党委书记、总经理

周新哲　党委副书记、工会主席

肖伟峰　党委委员、副总经理

徐文胜　党委委员、副总经理

王　理　副总经理（2018年8月15日任职）

徐　薇　总经理助理

马雅丽　总经理助理

张得教　党委委员、副总经理（2018年4月19日调出）

司建宏　纪委书记（2018年11月2日调出）

（二）机构设置

职能部室：办公室、人力资源部、财务部、安全环保健康部、发展规划部、党委工作部。

二级单位：生产运营中心、营销采购中心、装备能源管理中心、质检信息中心、行政服务中心、电解一厂、电解二厂、自备电厂、炭素厂、动力厂、机修厂、铝合金事业部。

三、生产经营

2018 年，兰州铝业紧紧围绕扭亏脱困转型升级的工作主线，坚持问题导向，推进强基固本，找差距补短板，在困境中谋发展，取得了阶段性成效。

主要指标表

表 2

指标名称		2017 年	2018 年	同比增长 /%
主要产品产量	1. 电解铝 / 万吨	39.1	39.9	2.05
	2. 发电量 / 亿千瓦时	38.43	36.35	−5.41
	3. 炭素制品 / 万吨	24.94	24.40	−2.17
工业产值 / 亿元		47.8	49.90	4.39
销售收入 / 亿元		47.55	48.57	2.1
利润额 / 亿元		−0.43	1.43	130
纳税额 / 亿元		1.4	1.14	−22.8
人身伤亡事故 / 起		0	0	—
工亡人数 / 人		0	0	—
重伤人数 / 人		0	0	—
轻伤人数 / 人		0	0	—

四、重大发展项目

2018 年，兰州铝业组织实施了“铝电解大修渣无害化处理项目”“自备电厂脱硫废水零排放工程项目”“工业铝合金棒材开发项目”等 11 个项目，全年资本性支出合计 1.338 亿元，在推进企业环境保护、节能减排和降本增效等方面发挥了重要作用。

1000 万元以上重大项目情况表

表 3

项目名称	设计规模	投资规模 / 万元	当年完成投资额 / 万元	年内项目建设形象进度
铝电解大修渣无害化项目	年处理铝电解大修渣 10000 吨	2792	2792	2018 年 3 月项目投入运行
自备电厂脱硫废水零排放项目	脱硫废水处理能力 6 吨 / 小时	1791	1791	2018 年 4 月项目投入运行

五、企业管理

（一）按照质量安全环保三大体系和职业健康管理体系的要求，兰州铝业加强对管理过程和活动的管控，体系方针得到了较好贯彻执行。2018 年 4 月 17—19 日开展了质量管理体系内部审核，6 月 18 日召开了年度质量管理体系管理评审，7 月 24 日至 27 日顺利通过了中国船级社质量认证中心监督审核。

开展“强基固本”行动。2018 年，兰州铝业以“质量攻坚战”为抓手分别从质量指标提档升级、质量制度提档升级、操作标准提档升级、设备提档升级、操作行为提档升级（操作 100 分）和质量攻关 6 个方面，健全了质量管理制度和标准，质量问题整改率达到 100%。兰州铝业在中铝集团质量攻坚战验收时获得“良好”的评价。

开展生产领域业务外包承包商安全管控。制定了承包商安全管理标准，将承包商纳入内部安全生产管理体系，对承包商安全生产工作进行统一协调和管理，强化承包商安全生产监督检查，集中开展了多期承包商安全及业务培训、承包商车辆专项检查清理、外包业务现场安全检查等专项工作。以“两提一降”为工作目标，全面梳理、整顿业务外包工作。

完善管理标准体系文件。2018 年继续开展了制度“废改立”工作和对部分“试行”“暂行”的管理制度进行修订，全年共完成管理制度废改立 71 个，其中新增 2 个，废止 14 个，修订 55 个。

六、科技创新

开展“FHEST 技术推广项目”并获得资金支持 4150 万元，为兰州分公司大修槽计划的完成提供了资金保障；“智能化精确出铝系统开发与产业化示范项目”于 2018 年 10 月完成内部验收并通过中铝科技部组织的专家验收工作；“电解铝槽阳极测高更换系统的应用与研究”项目于 12 月完成联机调试；“1 号、2 号炉磨煤机分离器改造”项目，12 月 18 日完成项目验收。

截至 2018 年底，兰州铝业有效授权专利 14 项，其中，发明专利 11 项，实用新型专利 3 项。“新型稳流保温铝电解槽节能技术试验与应用”荣获甘肃省职工优秀技术创新成果三等奖。

2018 年科技创新数据表

表 4

科技创新投入 / 万元	申请专利 / 件	授权专利 / 件	科技人员占比 /%
4425.8	0	1	6.9

七、深化改革

兰州铝业存续企业积极争取国家和中铝集团政策支持，有序推进“三供一业”移交改造，按期完成了企业办社会职能的剥离。

根据中铝集团深化管理改革的统一部署，完成“分转子”改制。

八、党建与企业文化建设

2018 年，兰州铝业制定《标准党支部创建实施方案》《党组织班子成员谈心谈话管理办法》《主题党日管理办法》，夯实了党建工作基础。

坚持中铝集团企业文化“四统一”原则，开展中铝集团企业精神、核心价值观、企业愿景和“品牌建设”等企业文化教育，员工教育 100% 全覆盖。坚持企业文化与生产经营的融合发展，积极推进责任、安全、质量、廉洁、创新、学习、成本等专项文化建设，充分挖掘兰州铝业 60 年的文化积淀，总结提炼“成就员工就是成就企业”等特色文化，传播正能量，消除短板，转变习惯，为转型发展提供强大精神动力和文化支撑。发布了青年歌舞 MV《最美的期待》。

2018 年，兰州铝业员工合唱队荣获兰州市学习宣传贯彻中共十九大精神暨纪念改革开放四十周年职工合唱大赛第一名；兰州分公司女职工表演的群舞《多嘎多耶》荣获了西固区委区政府主办的西固之夏群众文艺汇演集体表演一等奖。

九、履行社会责任

全面实施帮扶中心保障计划，全年帮扶救助因病、意外伤害、子女就学等困难员工 423 人次。

继续深化“安全干净班组”创建活动，为一线员工营造良好的工作和休息环境，其中 132 家班组中有 87 家班组创建为“安全、干净”班组。坚持高温季节为一线员工送防暑降温饮品，积极应对高温酷暑。

积极推进对口精准扶贫工作，2018 年在甘肃省白银市靖远县兴隆乡大庙村，开展了黄河渡船维修、扩大农产品销售等工作。

十、重要纪事

1月9日，利旧改造项目——铝合金生产线投产，企业新增8万吨铝合金生产能力。

1月11日，中铝集团党组成员刘祥民到兰州分公司，参加甘肃省环保厅召开的大修渣环境问题现场督办会议。

4月19日，张得教不再担任兰州分公司党委委员、副总经理职务。

5月20日，中铝集团党组成员、副总经理，中铝股份总裁卢东亮到兰州分公司调研。

6月15日，甘肃省副省长李斌到兰州分公司调研环保等工作。

8月2日，兰州分公司遭遇30年一遇暴雨山洪灾害，企业上下众志成城救灾防灾，迅速恢复生产，未造成重大损失。

8月15日，王理任兰州分公司副总经理。

9月19日，兰州分公司喜迎建厂60周年，中铝集团党组书记、董事长葛红林出席兰铝建厂60周年座谈会并就企业转型发展提出要求。中铝集团党组成员、副总经理，中铝股份党委书记、总裁卢东亮等陪同出席纪念活动。

11月2日，司建宏不再担任兰州分公司纪委书记。

撰稿／于姝雅

审核／冯康虎

中国铝业郑州有色金属研究院有限公司

一、基本情况

中国铝业郑州有色金属研究院有限公司（简称郑州研究院）地处河南省郑州市上街区，前身是始建于1965年的郑州轻金属研究所。2001年3月进入中国铝业公司，12月主体随中国铝业上市，定名为中国铝业股份有限公司郑州研究院，存续部分沿用原名称郑州轻金属研究院。2015年，上市部分由分公司体制改为子公司体制，更名为中国铝业郑州有色金属研究院有限公司。

主营业务包括：有色金属、炭素产品的设计、研制、开发及相关技术服务；轻金属材料质量监督检验、化学分析。

2018年基本数据表

表1

主要产品产能	资产总额/亿元	负债率/%	员工总数/人	学历结构/人	
精细氧化铝：4.6万吨/年	5.04	50	662	中专及以下	114
铝合金：0.3万吨/年				大学专科	68
				大学本科	232
防渗料：2万吨/年				硕士及以上	143

二、组织机构

（一）领导班子

樊大林　执行董事兼党委书记

史志荣　总经理兼党委副书记

王福武　纪委书记

王　煊　副总经理

陈开斌　副总经理（2018年4月24日任职）

（二）机构设置

职能部室：综合办公室、人力资源部、财务部、科技管理部、企业管理部、安全环保部、纪检监察部（审计部）、党群工作部。

二级单位：氧化铝研究所、铝电解研究所、炭素研究所、资源综合利用研究所、设备与自动化研究所、特种氧化铝研究所、镁冶炼技术与装备研究所、环境工程技术研究所、质检中心、营销中心、研发条件中心、沁阳高温氧化铝材料厂、氧化铝功能材料厂、精细氧化铝材料厂、郑州海赛高技术陶瓷有限责任公司、河南华慧有色工程设计有限公司、郑州轻研合金科技有限公司。

三、生产经营

2018 年，郑州研究院全面完成各项任务指标。在做好对内技术服务的同时，全力开拓外部市场，全年研发及技术服务收入实现 2.98 亿元，与 2017 年基本持平，实现内部考核利润 5099 万元，同比增长 27%，利润率显著提升。产业板块加快转型升级，产业结构调整取得新成效，全年实现产销量 85773 吨，实现收入 2.4 亿元；工程板块充分发挥院科技成果转化平台作用，全年实现收入 8589 万元，新签订合同 72 项，合同额近 1.2 亿元，首次突破亿元大关，实现内部考核利润 826 万元。

主要指标表

表 2

指标名称		2017 年	2018 年	同比增长 /%
主要产品产量	1. 精细氧化铝 / 万吨	4.16	6.87	65.1
	2. 铝合金及制品 / 万吨	0.25	0.17	32
	3. 防渗料 / 万吨	3.84	2.00	−48
工业产值 / 亿元		2.80	3.30	17.9
销售收入 / 亿元		5.81	6.20	6.9
利润额 / 亿元		0.23	0.30	30
纳税额 / 亿元		0.31	0.30	−3.2
人身伤亡事故 / 起		0	0	—
工亡人数 / 人		0	0	—
重伤人数 / 人		0	0	—
轻伤人数 / 人		0	0	—

四、重大发展项目

2018 年，郑州研究院完成在建项目 3 个，总建设投资 1693.9 万元，其中，安全环保项目 1 个，建设投资 1197 万元；技改项目 2 个，建设投资 496.9 万元。

重大项目情况表

表 3

项目名称	投资规模 / 万元	当年完成投资额 / 万元	年内项目建设形象进度
低钠 α－提质改造项目	217.3	216.9	建成
郑研院科技孵化园安全环保综合改造项目	1203.6	1197	建成
年产 5000 吨脱硫脱硝生产线建设	280.41	280	建成

五、企业管理

推进实施精准管理体系、质量提档升级等 10 项工程，完成 24 项标志性项目、28 项重点问题整改，制订、修订 50 多项管理制度，完善了安全环保工作考核办法。构建风险分组管控和隐患排查治理双重预防机制，辨识风险 1628 项，排查治理隐患 180 多项，投入 1800 多万元提升现场安全环保本质化水平，构建风险分级管控和隐患排查治理双重预防机制，实现了安全、环境、质量事故为“零”的目标。

“温室气体自愿减排交易项目审定与核证机构”参加完成中州铝业、包头铝业、宁夏能源的碳盘查工作，顺利完成山西重点企业 2016 年、2017 年碳排放核查。中铝股份卓越技术中心完成一期建设，获批工信部 2018 年度制造业“双创”示范项目。

六、科技创新

全年共开展研发项目 79 项，申报成功国家项目 1 项；获专利授权 14 项，其中发明专利 7 项；发布实施 8 项国家标准、公司标准 4 项；5 项科技成果通过中国有色金属工业协会专家评估，均达到国际领先水平；6 项科技成果获中国有色金属工业科技进步奖。在铝土矿及氧化铝领域，提高拜耳法晶种分解率技术研究完成实验室研究，可使分解过程的总体分解率从 45% ~ 55% 提高到 70% 以上；基于新型连续阳极的铝电解新工艺研究，已进入现场冷态试验及工业试验的关键阶段，申请发明专利 6 项。

2018 年科技创新数据表

表 4

科技创新投入 / 万元	申请专利 / 件	授权专利 / 件	科技人员占比 /%
6675	25	7	51

七、深化改革

对标同行先进，对全院业务进行了梳理，重新定岗定编。进一步深化职工岗位工资考核晋（降）档机制、五级工程师考核评价体系和激励机制、新入职高校毕业生工资待遇保障机制。推动轻金属材料厂与营销中心的业务管理改革，将轻金属材料厂并入营销中心；对招标业务进一步进行规范，由企业管理部划入综合办公室进行管理。深化收入分配制度改革，真正做到突出价值创造。

八、党建与企业文化建设

郑州研究院党委持续开展“两学一做”学习教育活动。2018 年，45 人参加了学习十九大精神轮训班，200 多名党员参加了“万名党员进党校”培训；院党委委员和基层党组织书记讲党课 60 余人次；举办“不忘初心、牢记使命”主题朗诵比赛；各基层党组织开展主题党日活动 154 次。

召开了中国铝业郑州研究院第一次党代会，确定了今后五年郑州研究院高质量发展的战略目标和党建工作的阶段性任务，选出了新一届院党委领导班子和纪委领导班子。16 个党支部开展了标准化党支部创建工作，14 个党支部达到三星级以上标准。抓细抓实“双百分”考核，对基层党组织进行月检查，季考核，年统算。

郑州研究院工会坚持实施温暖行动，慰问伤病员工 60 多人次；承办了中铝集团第二届创新创意大赛中部片区复赛，获优秀组织奖；在“随立功随记功”活动中，12 个先进集体和 14 名先进个人受到了记功表彰。院团委开展了第一届先进青年和优秀团干部的评选活动，5 名青年和 2 名团干部受到表彰，组建了 31 人的青年志愿者服务队。

2018 年共发稿 591 篇，同比增长 11%，在省市级媒体上发稿 57 篇，其中在“共产党员网”发表文章 12 篇，实现了在全国性网站上宣传“零”的突破。在《中铝信息》发表 78 篇，在中铝集团 112 家实体企业信息工作排名上升至第 2 位。

九、履行社会责任

2018 年“FHEST 技术”计划推广 500 台，已有 216 台进入正常生产期。包头铝业 1 万吨铝电解废槽衬无害化示范线通过环保验收，仅用 100 天使兰州分公司铝电解大修渣无害化处置项目达产达标，加上包铝示范线，共处理大修渣约 17000 吨，实现吨降低 3500 元处置费及 1000 元环保税，节约环保支出 7650 万元。在抚顺铝业推广炭素煅烧炉烟气脱硫技术，SO_2 排放浓度由 3000 毫克 / 立方米降低至 100 毫克 / 立方米以下，达到当地环保要求，避免企业因二氧化硫超标造成停产损失。干法非催化还原脱硝技术，在中州铝业 2# 焙烧炉应用

实现了 NO_x 排放浓度由 180 毫克 / 立方米降至 75 毫克 / 立方米以下，达到当地环保要求，避免企业因氮氧化物超标造成停产损失。

十、重要纪事

2 月 3—4 日，郑州研究院召开一届一次职工代表大会暨 2018 年工作会议、党建及党风廉政建设工作会议。

5 月 24—25 日，郑州研究院承办中国铝业集团有限公司 2018 年技术标准项目立项评审会。

7 月 14 日，郑州研究院召开河南省有色金属铸锻工业技术研讨会。

10 月 17 日，郑州研究院召开第一次党代会。

5 月 14 日，国家市场监督管理总局、国家标准化管理委员会发布 2018 年第 6 号国家标准公告。其中，郑州研究院主持起草的 7 项国家标准获批发布。

8 月 15 日，郑州研究院中标山西省碳排放核查项目。

8 月 31 日，中国有色金属工业协会在郑州研究院组织召开科技成果评价会，郑州研究院“铝电解大修渣无害化处理技术开发及工业应用”等四项科技成果参评。

10 月 16 日，中国铝业集团有限公司党组副书记、副总经理敖宏一行到郑州研究院调研。

撰稿 / 吴　赛

审核 / 涂　键

中铝中州铝业有限公司

一、基本情况

中铝中州铝业有限公司（以下简称中州铝业）是中国铝业股份有限公司（以下简称中铝股份）的子公司，位于河南省焦作市修武县境内，是国家首批循环经济试点企业。

中州铝业前身为原中州铝厂，1987年开工建设，1993年建成投产。2001年底，根据中国铝业境外上市需要，改制分立为中州分公司和中州铝厂。2009年5月，根据发展需要，中州分公司和中州铝厂合并重组，原中州铝厂由中州分公司代管，中州铝建、鑫诚监理由中州分公司托管。2010年6月，中国铝业公司对中铝矿业有限公司实施分立重组，新设中铝中州矿业有限公司，由中州分公司托管。2015年3月29日，为积极实施改革重组，中州分公司完成“分转子”工作，正式成立中铝中州铝业有限公司。

2018年基本数据表

表1

主要产品产能	资产总额/亿元	负债率/%	员工总数/人	平均年龄/岁	学历结构/人	
冶金级氧化铝：210.295万吨/年	80.37	26	4253	42.7	中专及以下	2056
					大学专科	1108
非冶金级氧化铝：42.7万吨/年					大学本科	1043
					硕士及以上	46

二、组织机构

（一）领导班子

蒋　涛　党委书记、执行董事（2018年10月10日任职）

张建业　党委副书记、总经理（2018年11月14日任职）

姜小凯　党委委员、副总经理

牟学民　党委委员、副总经理

张和平　党委委员、纪委书记

郭庆山　副总经理（2018年10月10日任职）

张学志　党委委员、财务总监

付通顺　党委委员、副总经理

（二）机构设置

职能部门：党委办公室（总经理办公室、信访维稳办公室）、人力资源部、财务部、计划经营部、安全环保健康部、纪检监察部（审计部）、党委工作部（工会共青团工作部）、购矿部。

二级单位：生产管理中心、生产保障中心、第二氧化铝厂、能源管理中心、质量管控中心、资源管理站、营销采购中心、投资管理部。

全资子公司：中铝中州新材料科技有限公司。

托管单位：中铝中州矿业有限公司、山西中铝华北矿业有限公司。

中铝中州铝业有限公司与河南中州铝厂有限公司实行一体化管理。

三、生产经营

2018 年，中州铝业全级次企业持续保持盈利。

主要指标表

表 2

指标名称		2017 年	2018 年	同比增长 /%
主要产品产量	冶金级氧化铝：210.295/ 万吨	192.99	191.32	−0.86
	非冶金级氧化铝：42.7/ 万吨	58.18	63.72	9.52
工业产值 / 亿元		57.36	64.22	11.96
销售收入 / 亿元		58.31	62.43	7.07
利润额 / 亿元		2.44	1.63	−33.29
纳税额 / 亿元		4.32	2.38	−44.90
人身伤亡事故 / 起		2	2	—
工亡人数 / 人		0	0	—
重伤人数 / 人		0	0	—
轻伤人数 / 人		2	2	—

四、重大发展项目

中州铝业 2018 年资本性支出计划 22962 万元，实际完成 20202 万元。其中 5000 万元以上项目 3 个，资本性支出计划 12638 万元，完成 10534 万元；5000 万元以下项目 18 个，资本性支出计划 10324 万元，实际完成 9668 万元。

重大项目情况表

表 3

项目名称	设计规模 / 万吨	投资规模 / 万元	当年完成	年内项目建设形象进度
降低工艺能耗提质增效项目		15927	704	建成投用
大南爻尾矿库项目	有效库容为 2724 万立方米	34707	2462	压滤系统和 A 库区投用；2# 副坝筑坝至第六层
熟料窑除尘改造项目		8879	7369	4 台熟料窑改造均完成
热电厂煤均化库封闭项目		2349	1635	煤棚封闭结束，皮带安装完毕
4# 焙烧炉烟气超低排放改造项目		1590	885	建成投用
5# 焙烧炉节能技改项目	年产 5 万吨高温 α 氧化铝	2828	310	建成投用

五、企业管理

从单一国内矿组织生产转为国内矿 + 进口矿组织生产，全年 42 项主要经济技术指标同比优化 26 项，优化率 61.9%，累计降本超 2 亿元。全年国内矿、进口矿分别完成 457 万吨、117 万吨，其中国内自采矿完成 162 万吨，自采比例同比提高 10.72%。

重新修订了一岗双责责任清单 2189 份，层层签订安全生产承诺书 4476 份，开展各类现场处置方案应急演练 300 余次。开展了 CAHSE 精准管理体系建设对标清查，建成门禁管理系统，实施了风险分级管控工程建设工作。完成 4#、5#、6# 熟料窑收尘和 4# 焙烧炉特别排放限值改造等项目，粉尘、氮氧化物同比分别降低 34.8%、14.57%。

强化重点过程指标监控和分解制度标准化建设，冶金级氧化铝 -325 筛下含量完成 14.66%，同比下降 13.86%；种分分解率连续 10 个月达到 50% 以上，荣获中铝股份专项劳动竞赛“质量优化奖”和“分解率优胜奖”。

六、科技创新

全年申请专利 4 项，其中发明专利 1 项，13 项专利技术得到授权，2 项自主研发成果已进入工业化实施阶段。中州铝业华诚科技入选“国家级科技型中小企业”库，被认定为“焦作氧化铝生产技术及精细化工工程技术研究中心”；中州铝业九力科技荣获“河南省中小型科技型企业”称号。

2018 年科技创新数据表

表 4

科技创新投入/万元	申请专利/件	授权专利/件	科技人员占比/%
2088.9	4	1	10.64

七、深化改革

大力度推动管理改革。2018 年 19 名中层干部改任专务，退出领导岗位。实现人员分流 165 人。大力培养年轻干部，现有中层干部 76 人，20 世纪 70 年代及以后干部占比 50%，80 年代及以后干部占比 15.79%。

发挥绩效考核的引导激励作用。建立了非铝产品销售、优惠政策争取激励机制，制定了国内矿供矿奖惩办法。

规范业务外包。清退劳务人员 559 人，实现降本 5068 万元。

全年与 8 家企业签署入园协议，4 家企业投入生产运营。厂外道路、“三供一业”、医疗改革及幼儿教育剥离工作全面收尾展。

八、党建与企业文化建设

坚持党建引领，以深入宣传贯彻习近平新时代中国特色社会主义思想和党的十九大精神为主线，开展党委理论中心组集中学习 12 次，其中扩大学习 4 次；“两带两创”活动立项 146 项，表彰优秀成果 12 个，累计创效 3000 余万元；开展“不忘初心、牢记使命”主题朗诵会，深化“五星党支部”创建、“三亮三比”活动，推动党建与生产经营深度融合；聚焦“再造新中州、再创新辉煌”推进“五新”大讨论，集中学习、座谈交流、督导调研 360 余次，征集意见建议 726 条；扎实推进标准化党支部创建，全年创建达标率 88%。

强化监督执纪力量，成立三个政治巡察组，开展了政治巡察与“招投标”“厂中厂”专项巡察，226 项问题点均定时、定人、定量，销号整改。紧抓执纪问责，34 件信访接办分类处置，初核 18 件，办结 6 件；问责处理各层级干部员工 63 人，其中党政纪处分 24 人次，通报批评、谈话提醒 24 人次，从严治党氛围愈加浓厚。

九、履行社会责任

为贯彻落实国务院《大气污染防治行动计划》《河南省蓝天工程行动计划》等国家及地方相关要求，改造后的 4# ~ 7# 熟料窑、4# 焙烧炉颗粒物排放浓度均达到《铝工业污染物排放标准》（GB 25465—2010）修改单中熟料窑、焙烧炉的排放标准（颗粒物排放浓度不高于 10 毫克 / 立方米）。

贯彻中铝集团环境保护理念及方针，向周边居民与职工宣传环境保护知识，在厂区主干道路、厂内显著位置设置条幅，张贴宣传标语，宣传环境保护工作的重要性，不断增强生态环境保护意识。

坚持关爱员工，慰问帮扶大病困难职工74户，发放慰问金、救助金累计23.23万元。关爱社会弱势群体，结合生产特点，提供力所能及的岗位给予社会残疾人士上岗再就业的机会，残疾人员保障工作再上台阶。

丰富员工生活，组织职工运动会，开展10余项文体活动；开展“夏送清凉”活动，为基层职工发放防暑降温费10.5万元。

维护女职工合法权益，积极落实2018年新出台的《河南省女职工劳动保护特别规定》；进行十佳巾帼标兵评选活动，选树学习榜样。

十、重要纪事

4月13日，中铝物流集团中州有限公司与中铁国际多式联运公司郑州分公司签署战略合作框架协议。

6月20日，中州铝业4#焙烧炉烟气超低排放改造项目投用。

7月10日，段村—雷沟铝土矿采矿工程段村2#罐笼井系统工程被评定为2016—2017年度中国有色金属工业（部级）优质工程。

7月18日，中州铝业召开2018年年中工作会议。

7月25日，中州铝业煤气站和石灰炉筛下粉煤综合利用项目投产使用。

9月7日，中铝股份组织召开中州铝业干部大会，调整中州铝业领导班子。会议宣布成立以中铝股份副总裁冷正旭为组长的中州铝业工作组，副组长蒋涛、张建业，成员姜小凯、牟学民、张和平、郭庆山、张学志、付通顺；张元坤和张占明调出另有任用。

10月30日，中铝集团党组书记、董事长葛红林到中州铝业调研。

11月30日，酒钢集团牙买加氧化铝培训结业典礼在中州铝业举行。

12月4日，印尼国有矿商安塔姆（Antam）集团金属矿产板块副总裁Ismail、铝土矿业公司市场总监Setio，日本双日集团高级材料部总经理高成等到访中州铝业，沟通交流铝土矿质量和技术应用。

12月31日，中州铝业“三供一业”分离移交工作全部完成。

撰稿／姚　帅
审核／宋士勇

山西华兴铝业有限公司

一、基本情况

山西华兴铝业有限公司（简称山西华兴）位于山西省吕梁市兴县瓦塘镇，2010年7月，由中国铝业股份有限公司（简称中铝股份）在兴县注册成立。中铝股份、中国铝业香港有限公司股权比例为6∶4，双方股东共为山西华兴注册资本金18.5亿元人民币。经营范围包括铝及相关矿产品、冶炼产品、加工产品、碳素产品及相关有色金属的生产、销售；机械制备制造；相关技术开发、技术服务。

2018年基本数据表

表1

主要产品产能	资产总额/亿元	负债率/%	员工总数/人	平均年龄/岁	学历结构/人	
氧化铝180万吨/年	69.72	69.68	891	36	中专及以下	205
					大学专科	388
					大学本科	273
					硕士及以上	25

二、组织机构

（一）领导班子

冀树军　董事、董事长、党委书记（2018年10月11日任党委书记，11月15日任董事、董事长）

范光生　总经理、党委副书记（2018年10月15日任职）

马文德　财务总监

梁大伟　副总经理

吴东红　纪委书记（2018年12月14日任职）

闫建伟　副总经理

吴红应　副总经理（2018年11月26日任职）

说明：9月11日，党委副书记、董事、总经理邓建杰调离；8月28日副总经理胡玉波调离；12月14日，纪委书记李星泽调离

（二）机构设置

职能部门：为综合管理部、人力资源部、华

兴计划财务部、中润计划财务部、党群工作部（工会工作部）、纪检监察部（审计部）、安全环保健康部。

管运一体单位：工程装备部、质量计量部、营销采购部。

生产运营单位：氧化铝生产部、氧化铝热电动力部、矿产资源部。

三、生产经营

2018 年，山西华兴坚持对标先进、降本增效的工作主线，克服矿石短缺、碳碱偏高、生产波动、设备事故、特大洪水等困难，全年生产氧化铝 187.73 万吨，实现利润 1798.6 万元。

主要指标表

表 2

指标名称		2017 年	2018 年	同比增长 /%
主要产品产量	冶金级氧化铝 180/ 万吨	198.69	187.73	−5.52
工业产值 / 亿元		49.29	44.72	−9.27
销售收入 / 亿元		46.76	45.45	−2.8
利润额 / 亿元		3.73	0.13	−96.51
纳税额 / 亿元		4.32	1.64	−62.04
人身伤亡事故 / 起		0	0	—
工亡人数 / 人		0	0	—
重伤人数 / 人		0	0	—
轻伤人数 / 人		0	0	—

四、重大发展项目

2018 年，山西华兴实施了生产补短板和环保提升项目，完成投资 22248 万元。

重大项目情况表

表 3

项目名称	设计规模	投资规模 / 万元	当年完成 / 万元	年内项目建设形象进度
中国铝业兴县氧化铝项目赤泥堆场扩容改造工程	项目实施后增加库容 1515 万立方米，增加服务年限 5.5 年	11531	4535	筑坝铺膜完成 5000 平方米
一期热电站锅炉烟囱防腐项目		2354	679	9 月份已完工投运
二期增建种分槽项目		2945	1300	已完工投运
燃煤锅炉超低排放改造项目		6430	4050	已完工投运
一期灰渣堆场扩容改造项目	项目实施后可增加库容 282.91 万立方米，增加服务年限 4.92 年	5706	2100	筑坝完成 30000 立方米，铺膜完成 15000 平方米，排水系统完成新增井基础及 60 米涵管
原料均化库封闭项目		6300	5800	已完工投运
新建职工宿舍项目		11120	199	立项、可研、初设已批复

五、企业管理

山西华兴推动生产流程改造，严格管控系统碳碱，生产被动局面逐步扭转。强化安全环保管理，优化安全环保机构设置，推动“安全、干净”班组竞赛、安全风险分级管控和三大管理体系认证，形成了安全环保标准化管理体系，实现了零工亡、零污染、职业病发病率为零的目标，“三大攻坚战”初见成效。

六、科技创新

2018 年，山西华兴科技研发项目共计 4 项，

"氧化铝溶出区域智能优化控制系统技术开发与应用""氧化铝蒸发区域智能优化控制系统技术开发与应用"完成现场设备加装;"不同矿类矿石的高压溶出试验""外排赤泥脱钠试验研究"加快推进。

七、深化改革

根据中铝集团战略部署，2018 年 11 月 28 日，山西华兴、山西中润实施党委"一体化"运营管理，并开展机构重组改革，山西华兴保留财务部门和三个成本中心，其余服务保障部门完全整合，干部实现交叉任职，业务管理深度融合，实现了"一体化"运作，协同效应明显。

2018 年，山西华兴全面清理外包业务，实现了向自主检修平稳过渡。

八、党建与企业文化建设

山西华兴党委深入学习习近平新时代中国特色社会主义思想，开展党建思想政治研究、"五新"大讨论和"十三个一"系列活动，严格落实"三重一大"制度，充分发挥了党委领导核心作用。层层签订党建目标责任书，规范党内政治生活，推进标准化党支部创建，做实"两带两创"活动品牌。持续优化干部梯队结构，着力培养年轻后备干部，开展"导师带徒"和四值竞赛。通过形势任务宣讲、思想状况分析及文艺汇演、升国旗仪式等活动，凝聚干部员工干事创业热情。

九、履行社会责任

职工帮扶：形成了"春送岗位、夏送清凉、金秋助学、冬送温暖"和"生日送祝福"的帮扶机制。深入融入老区精准扶贫，成立 5 个驻村帮扶工作队。

十、重要纪事

3 月 8 日，山西华兴召开三届四次董事会暨三届四次监事会。

3 月 13 日，中铝集团党组成员、副总经理刘建平到山西华兴开展安全环保检查。

6 月 7 日，山西省委常委、统战部部长徐广国到山西华兴调研。

7 月 4 日，山西省副省长贺天才到山西华兴奥家湾 1# 矿调研。

8 月 11 日，山西华兴遭受特大暴雨灾害，三条生产线被迫停产。经过全力抢险自救，8 月 15 日全面恢复生产。

10 月 18 日，中铝集团党组副书记、总经理余德辉到山西华兴调研。

11 月 27 日，山西华兴、山西中润召开干部大会，宣布两公司党委一体化运行后的组织机构、单位职责和中层干部任职决定。

12 月 14 日，中铝集团党组成员、党组纪检组组长赵钊到山西华兴调研。

12 月 14 日，山西华兴召开四届一次董事会，通过了新公司章程，选举了第四届董监事会成员、董事会主席、监事会主席及其他高管人员。

撰稿 / 韩　冬

审核 / 郭　强

中铝宁夏能源集团有限公司

一、基本情况

中铝宁夏能源集团有限公司（简称宁夏能源）成立于2003年6月，前身为宁夏发电集团，2013年2月由中铝集团战略重组。

宁夏能源是以煤炭、火力发电、风力发电、光伏发电、供热、新能源装备制造、新能源发电设备检修检测、物流等为主要业务，集传统能源与新能源于一体的大型综合能源企业。

截至2018年底，宁夏能源有分子公司27家，控股的宁夏银星能源股份有限公司为A股上市公司（股票代码：000862）。

2018年基本数据表

表1

主要产品产能	资产总额/亿元	员工总数/人	平均年龄/岁	学历结构/人	
1. 火力发电：519万千瓦/年	327	5666	36	中专及以下	2722
2. 风力发电：140万千瓦/年				大学专科	1346
3. 光伏发电：20万千瓦/年				大学本科	1536
4. 煤炭产能：1000万吨/年				硕士及以上	62

二、组织机构

（一）领导班子

柴永成　党委书记、董事长（2018年7月始任）

朱润洲　党委书记、董事长（2018年7月离任）

李建国　党委副书记、总经理

张　举　党委副书记、工会主席

郑高升　党委委员、副总经理

高　原　党委委员、副总经理

赵丽华　党委委员、纪委书记

马桂玲　党委委员、财务总监

范天元　党委委员、副总经理、总工程师

（二）机构设置

机关处室：办公室（董事会办公室）、计划发展部、市场营销部、人力资源部、财务管理部、生产技术部、安全环保部、科技与信息化管理部、法律股权部、党委工作部、纪检监察部（监事会办公室）、审计部。

分公司：马莲台发电厂、六盘山热电厂、太阳山光伏发电厂、红寺堡光伏发电厂、固原光伏发电厂、淄博分公司。

全资公司：宁夏王洼煤业有限公司、宁夏六盘山铁路有限公司、宁夏新能源研究院（有限公司）。

控股公司：宁夏银星发电有限责任公司、宁夏宁东供热有限公司、宁夏宁电物流有限公司、宁夏银星能源股份有限公司（为控股上市公司）、宁夏银星煤业有限公司、中卫宁电新能源有限公司、宁夏意科太阳能发电有限公司。

三、生产经营

2018 年，宁夏能源煤炭产量、风电发电量、光伏发电量同比分别增加 8.1%、11.6%、5.3%，营业收入创历史最好水平，利润创 5 年来最好业绩。煤炭产业利润增长 21.8%，光伏发电产业利润增长 10.8%，风力发电产业同比增利 1.56 亿元，银星电厂盈利水平位居全区统调电厂第一名，银星能源实现利润 6400 万元，成功扭亏为盈。

主要指标表

表 2

指标名称		2017 年	2018 年	同比增长 /%
主要产品产量	1. 原煤产量 / 万吨	999	1081	8.21
	2. 发电量 / 亿千瓦时	158.59	159	0.25
工业产值 / 亿元		56.67	59.97	5.82
销售收入 / 亿元		56.24	67.14	19.38
利润额 / 亿元		3.05	5.24	71.80
纳税额 / 亿元		8.43	8.22	−2.49
人身伤亡事故 / 起		1	4	300
工亡人数 / 人		0	2	—
重伤人数 / 人		0	0	—
轻伤人数 / 人		1	2	100

四、重大发展项目

2018 年计划投资 11.06 亿元，实际完成投资 12.05 亿元，完成年度计划的 109%。2 月 5 日银星一井 400 万吨 / 年项目取得国土资源部颁发的采矿许可证，年底完成竣工验收，实现合法合规生产；王洼煤矿 600 万吨 / 年改扩建项目完成产能置换，具备竣工验收条件。太阳山六期 5 万千瓦风电项目 4 月 17 日并网发电，成为宁夏解除红色预警后首个并网风电项目。

重大项目情况表

表 3

项目名称	设计规模	投资规模 / 万元	当年完成投资额 / 万元	年内项目建设形象进度
王洼煤矿 600 万吨改扩建项目	600 万吨	195859	36820	矿井主体、地面主要工程及配套安全设施建设完成，首采工作面进入试生产
银星一井 400 万吨项目	400 万吨	245600	9367	选煤厂 6 月正式开工，主要分项工程、主工艺系统设备、初步完成
太阳山风电场 50 兆瓦项目	50 兆瓦	34668	1512	4 月全部并网发电
阿左旗贺兰山 200 兆瓦风电项目	200 兆瓦	144600	24137	10 月 30 日正式开工建设，完成 3 台风机吊装

五、企业管理

安全攻坚战。全员签订安全责任书和安全“一岗双责”责任清单，全员 30% 绩效工资与安全履责过程、安全绩效挂钩。推进 CAHSE 精准管理体系建设，在中铝股份 2018 年度 CAHSE 考评中获“铂金”等级。组织安全专项检查 7 次，查出问题 836 条，完成整改 776 条，整改率达到 93%。

环保攻坚战。全年投入资金近 3 亿元，建设环保项目，银洞沟煤矿、王洼二矿、银星一井供暖改造系统建成；六盘山热电厂、银星电厂全封闭煤场投运；4对矿井生活水、矿井水全部实现达标排放；王洼二矿、银星一井矸石场建成；“银洞沟煤矿矿井水外排”和“王洼煤业生产过程中扬尘污染”等问题顺利通过中央环保督查组“回头看”。

质量攻坚战。2018年火电机组非停次数较2017年下降5次，六盘山热电厂全年实现零非停。风力发电产业狠抓设备检修维护，增发电量1.26亿千瓦时，增加效益5400万元。光伏发电产业强化精准消缺提升光伏组件发电效率，增发电量64万千瓦时。

专项工作。问题清单660项问题整改完成618项。35件存量诉讼案件办结19件，挽回经济损失1069万元。中铝集团巡视提出的7项问题完成6项。安全环保质量“三大攻坚战”101项任务完成90项。不断巩固，全年收回逾期应收账款1.01亿元、新能源电价补贴4.6亿元，实行库存额度动态管控，“两金”压降圆满完成中铝股份考核目标。实行生产费用定额标准，火电企业平均综合供电煤耗同比下降4.06克/千瓦时，煤炭吨煤完全成本同比下降5.63元/吨。推进生产领域业务外包压减工作，压减承包商数量36%。。

六、科技创新

六盘山热电厂#1机组完成高背压技术改造，单机供电煤耗同比降低26.71克/千瓦时，预计增效1676万元/年。新能源研究院创建成为宁夏回族自治区科技型中小企业。

2018年科技创新数据表

表4

科技创新投入/万元	申请专利/件	授权专利/件	科技人员占比/%
8830.94	11	8	5.04

七、深化改革

管控模式优化。建立生产经营周例会制度、财务总监委派制。压减青铜峡宁电风光公司和综合服务公司。

参股火电企业股权处置。华能宁夏公司40%股权成功挂牌转让，华电中宁发电公司50%股权、大唐大坝发电公司50%股权转让在上海联合产权交易所挂牌。

内部产业整合。陕西朱庄、冯地坑等20万千瓦风电装机权益容量全部装入银星能源。

资产盘活。宁光电工厂土地补偿款清收完成，实现收益2300余万元。银星能源与东方风电合作，实现对库存风电设备零部件的销售和厂房租赁。王洼煤业“三供一业”整体移交完成。黄河东路663号办公大楼空置房产全部出租。

八、党建与企业文化建设

2018年，宁夏能源开展6个工种的岗位技能竞赛、征集“五小创新”优秀项目、“金银点子”提案、合理化建议等活动，产生经济效益6970余万元。

组织召开第一次团代会，选举产生了新一届共青团委员会。深化“青字号”品牌创建，承办“宁夏能源杯”中铝集团电建设备检修技术比武，荣获中铝级以上多项荣誉。

结合“标准化、创一流”工作，全系统、全方位将企业文化理念融入企业规范标准，对生产现场、办公场所、企业外观形象进行标准化规范建设。

九、履行社会责任

开展“节能环保和碳资产开发”试点工作和降炭工作。

帮扶困难职工 74 人，发放帮扶金 11.9 万元。

宁夏能源对口帮扶宁夏固原西吉县王民乡姚坡村、下赵村、小湾村、周康村，王洼煤业外派干部驻固原市彭阳县白阳镇陡坡村扶贫帮扶工作。

十、重要纪事

2 月 5 日，银星一井 400 万吨 / 年项目取得国土资源部颁发的采矿许可证，12 月 22 日完成竣工验收，实现合法合规生产。

4 月 17 日，太阳山六期 5 万千瓦风电项目并网发电。

5 月 11 日，中铝大学宁夏分校、宁夏能源培训中心、宁夏能源国家职业技能鉴定所挂牌成立。

7 月 9 日，宁夏能源召开干部大会，中铝集团党组成员、副总经理卢东亮主持会议并宣布柴永成任宁夏能源党委书记、董事长。中铝集团党组副书记、副总经理敖宏出席会议并讲话。

9 月 14 日，中铝集团党组副书记、总经理余德辉一行调研宁夏能源，期间与宁夏回族自治区党委书记、人大常委会主任石泰峰举行了会谈。中铝集团党组成员、总会计师叶国华参加调研和会谈。

10 月 30 日，宁夏能源内蒙古阿左旗 20 万千瓦风电项目开工建设。

撰稿 / 李传名

中铝山西新材料有限公司

一、基本情况

中铝山西新材料有限公司由中国铝业股份有限公司山西分公司（以下简称山西分公司）和山西华泽铝电有限公司（以下简称华泽公司）合并重组而成，是山西省第一家拥有“矿山—氧化铝—电解铝—铝加工”并配套自备发电机组的完整铝产业链的大型企业。

2017 年 8 月 8 日，山西分公司和华泽公司进行合并重组，以山西分公司经评估后的全部资产和负债的净额对华泽公司进行增资，重组完成后，华泽公司更名为中铝山西新材料有限公司（以下简称山西新材料）。

2018 年基本数据表

表 1

主要产品产能	资产总额 / 亿元	负债率 /%	员工总数 / 人	平均年龄 / 岁	学历结构 / 人	
氧化铝 250 万吨 / 年	119.91	72.18	5318	42.48	中专及以下	3360
电解铝 42 万吨 / 年					大学专科	1141
铝合金棒 10 万吨 / 年					大学本科	783
阳极炭素 21 万吨 / 年					硕士及以上	34

二、组织机构

（一）领导班子

郭威立　党委书记、董事长

伍祚明　总经理、党委副书记

袁欣富　党委副书记、工会主席

孙安稳　财务总监

席东昌　副总经理

贾立群　纪委书记

王素刚　副总经理

蔺迎征　副总经理

尚生荣　副总经理

张瑞忠　副总经理

（二）机构设置

职能部室：办公室（招标办公室）、人力资源部、计划财务部、投资发展部、安全环保健康部、矿产资源部、党委工作部（工会工作部）、纪检监察部（审计部）。

管理中心：生产运行中心、装备能源中心、营销中心、质检仓储中心、技术研发中心（能源环境监测中心）、后勤服务中心。

二级单位：第一氧化铝厂、第二氧化铝厂、热电分厂、矿业公司、电解一厂、电解二厂、炭素厂、石灰石矿、精细氧化铝公司、铸造厂、动力厂、物流运输公司、河津市华泽建安有限公司。

托管单位：中铝太岳矿业有限公司、山西中铝太岳新材料有限公司、山西华谊矿业有限公司。

三、生产经营

2018 年，山西新材料控亏 2.64 亿元，同比减亏 1.96 亿元，完成国务院国资委下达的“处僵治困”目标。全年实现营业收入 87.76 亿元，冶金氧化铝产量 212.94 万吨，精细氧化铝产量 1.79 万吨，铝产品产量 43.14 万吨（其中自产铝合金产量 14.68 万吨，合金化率 34%），炭素产量 21.99 万吨。氧化铝完全成本 2536 元 / 吨，同口径同比降低 118 元 / 吨；电解铝完全成本 12518 元 / 吨，同口径同比降低 48 元 / 吨。

主要指标表

表 2

指标名称		2017 年	2018 年	同比增长 /%
主要产品产量	1. 氧化铝 / 万吨	184.60	212.91	15.33
	2. 电解铝 / 万吨	43.67	43.14	−1.21
工业产值 / 亿元		84.10	88.24	4.92
销售收入 / 亿元		80.90	87.79	8.51
利润额 / 亿元		−4.60	−2.64	42.60
纳税额 / 亿元		3.15	4.66	47.93
净资产收益率 /%		−13.32	−7.9	40.69
产值劳动生产率 / 千元・人		1805.46	1703	−5.67
人身伤亡事故 / 起		1	0	—
工亡人数 / 人		1	0	—
重伤人数 / 人		0	0	—
轻伤人数 / 人		0	0	—

四、重大发展项目

2018 年在建重大项目 5 项，当年完成投资 30590 万元。

重大项目情况表

表 3

项目名称	设计规模	投资规模 / 万元	当年完成投资额 / 万元	年内项目建设
氧化铝厂区生产废水治理及雨水排放改造完善项目		2236	1450	完工投用
第一氧化铝厂熟料窑收尘改造项目（4#、5# 熟料窑）		4172	2890	5# 窑已改造完成，4# 窑在改造中
赤坭堆场扩建	赤泥堆场库容 2087 万立方米	33228	0	土地调规、湿地保护补偿等行政审批手续基本办理妥当。
炭素系统挖潜创效项目	年产 28 万吨阳极	36616	26105	完成

五、企业管理

2018 年，山西新材料建立各级风险分级四色图管理体系，实现现场可视化公示；规范有限空间、动火、吊装、高处、爆破等九项危险作业分级许可的安全防范措施；启动风险分级管控工程建设，形成 463 个三级以上风险因素清单，制定完善重大风险、较大风险的风险管控措施或方案；组织石灰石矿云中寺排土场滑坡事故、锅炉爆炸等应急演练 37 次，838 人次参与；严格承包商“七步法”“五必须”要求，定期检查 28 次整治问题 1032 项，专项检查 14 次整治问题 180 项，培训教育承包商人员 1512 人次。

2018 年，山西新材料重伤以上事故为零，风险总值同比降低 21.5%。危险废物处置 6100 余吨，合规率100%；较大及以上突发环境事件为0。通过国军标GJB 9001C-2017武器装备质量管理体系认证和IATF16949体系年度监督审核。

六、科技创新

加强对外技术合作交流，与郑州研究院合作开展了FHEST（电解槽新型稳流保温节能）技术推广应用，项目总投入6325万元，应用该技术使电解吨铝直流电耗降低至12400千瓦时以下，节电效益显著；与中铝国际合作开展了二组份烧成工业试验，关键技术指标良好；与中铝材料应用研究院有限公司苏州分公司签订了“压铸生产能力建设及合金新产品技术服务”，奠定了企业在高附加值铝合金产品方面的快速开发能力。企业自主研发项目“高效澄清剂研究”，以新型澄清剂解决烧结法粗液浮游物高影响拜耳法生产的“疑难杂症”，开展澄清剂工业试验，取得烧结法粗液浮游物0.95克/升的较好水平。

技术研发中心通过山西省“省级企业技术中心”认定，电解铝化验分析通过了“中国合格评定国家认可委员会CNAS认定”。8项专利获得国家知识产权局受理，5项专利获得授权。

2018年科技创新数据表

表4

科技创新投入/万元	申请专利/件	授权专利/件	科技人员占比/%
5306.4	8	5	1.8

七、深化改革

深化管理改革。以运输部、精细氧化铝公司、石灰石矿、华泽建安、铸造厂、炭素厂六个单位为试点，探索推行了事业部制管理，以“活力增强、效率提升、风险可控、效益最大化”为目标，以利润为中心，对事业部实行相对独立的经营核算。

整合物流资源。由物流运输事业部集中统一管理，形成采购物流、内部物流、销售物流、仓储配送“四合一”的物流运输业务格局。

压缩管理层级。完成了山西华泰炭素有限责任公司、山西铝厂碳素厂（托管单位）、山西孝义铝矿有限公司、河津市华泽建安有限公司等4家法人户数压减工作。

联合中铝材料应用研究院挂牌成立了中铝材料应用研究院山西分院，组建了高端铸造铝合金、高端变形铝合金、铝合金精密压铸技术三个研发中心。

八、党建与企业文化建设

2018年，山西新材料党建工作排名进入中铝集团第一梯队。

山西新材料党委严格落实从严治党要求，狠抓党风廉政建设，积极构建不敢腐、不能腐、不想腐的长效机制。制定了《2018—2022年巡察工作规划》《巡察工作实施办法》。组织对生产清理、营销采购、检修维修和大宗原材料进厂等4项业务开展专项巡察，对2个二级党组织开展政治巡察，发现整改问题419个，完善管理制度49项。

山西新材料党委认真落实党管干部原则，抓住关键少数，出台《强化管理扭亏脱困二十项规定》，将产量、质量、成本、消耗、党建等20项主要指标与中层干部考核挂钩，严格执行“首次通报、两次警告、三次黄牌、四次免职”的刚性措施，倒逼干部“四再一好”，全年问责90余人次。

九、履行社会责任

支持和带动地方经济社会发展。山西新材料下属的古县铝矿建设坚持“边开采、边回填、边复垦、边绿化”工作方法，使贫瘠的荒地变成了整齐的梯田，形成了新型农林产业经济区，逐步实现转型发展、绿色发展、高质量发展，为驻地村镇带来生态红利。截至目前，古县铝矿开采面积2503亩，已复垦治理面积2435亩，正在复垦、绿化面积68亩，实现了应复尽复。

合作方古鑫矿业实施驴业养殖复垦扶贫项目，采取“古鑫矿业+合作社（村集体）+贫困户（农户）”的办法，鼓励贫困户或农户代养肉驴。已形成200亩建场用地、4间1000平方米的标准化驴舍、1间2000平方米饲草棚、1个3000平方米青贮池、2万平方米活动场所及配种间、无菌实验室、消毒室、封闭式堆粪池、无害化处理池等养殖科学、设施完善的驴养殖复垦扶贫基地。

通过矿山开采用地补偿和参与矿石生产、运输等相关业务，带动附近农民就业脱贫49户127人。2018年，古鑫矿业对贷款入股的贫困户进行了首批分红发放，受益贫困户100户315人。

古县矿“采铝—复绿—养驴—促旅”循环产业发展新思路，尤其是驴业养殖复垦扶贫项目，得到地方党政的充分肯定和大力支持。2018年10月，湖南省农业厅领导带队到山西省交叉检查精准扶贫工作，认为古县矿循环产业发展新模式及驴业养殖复垦扶贫项目社会效益、经济效益突出，具有可复制性和推广意义，并反馈给山西省委，得到省委主要领导高度关注。

十、重要纪事

1月27日，山西新材料承办中铝集团电解铝合金化年度工作总结现场会。

1月30日，山西新材料召开2018年党委工作会议暨一届一次职工（会员）代表大会。

2月2日，中铝集团召开仿真视频会宣布：郭威立担任山西新材料董事长、党委书记。

4月13日，中铝股份党委决定伍祚明任山西新材料董事、总经理、党委副书记。

7月5日，中铝集团党组副书记、总经理余德辉一行到山西新材料调研。

7月18日，中铝材料研究院山西分院挂牌成立。

7月31日，山西新材料作为发起单位，联合区域10余家铝企业成立了河津市铝工业产业技术创新战略联盟。

10月22日，山西新材料举行28万吨炭素挖潜增效项目点火启动仪式。

11月16日，中国铝业股份有限公司规范业务外包现场会在山西新材料召开。

12月12日，山西新材料顺利通过国军标质量管理体系认证。

撰稿／王成军

遵义铝业股份有限公司

一、基本情况

遵义铝业股份有限公司（简称遵义铝业），是由中国铝业股份有限公司控股的铝土矿、氧化铝、电解铝生产企业，位于历史名城遵义市播州区。

遵义铝业前身为遵义铝厂。2018 年 6 月 30 日，遵义铝业吸收合并中国铝业遵义氧化铝有限公司，成立（新）遵义铝业股份有限公司，成为从铝土矿—氧化铝（含金属镓）—电解铝—铝合金的一体化产业基地。

2018 年基本数据表

表 1

主要产品产能	资产总额 / 亿元	负债率 /%	员工总数 / 人	平均年龄 / 岁	学历结构 / 人	
氧化铝 111 万吨 / 年	68.884	70.06	2183	38.9	硕士研究生	4
金属镓 46 吨 / 年					本科	276
铝锭（铝液）40.29 万吨 / 年					大专	424
铝合金 5.94 万吨 / 年					中专及以下	1479

二、组织机构

（一）领导班子

朱守河　党委书记、董事长

谢青松　党委副书记、总经理

薛亮民　高级专务

邹善能　纪委书记

张立强　副总经理

何　飞　副总经理

林　青　副总经理

陈　静　副总经理

李其贵　副总经理

（二）机构设置

机关部室：办公室、党群工作部、纪检监察（审计）部、人力资源部、财务部、企业管理部、安全环保健康部、投资管理部。

二级生产单位：装备保障中心、分析计控中心、矿产公司、营销中心、氧化铝厂、热电厂、电解一厂、电解二厂、电解三厂、动力厂、阳极组装厂、合金厂。

三、生产经营

2018年，遵义铝业通过实施提产降耗等措施，氧化铝、电解铝产量达历史新高，氧化铝、电解铝完全成本和利润总额位列中铝氧化铝、电解铝企业前列。

主要指标表

表2

指标名称	2017年	2018年	同比增长/%
氧化铝/万吨	0	111	100
金属镓/吨	0	41	100
铝锭（铝液）/万吨	33	40.29	22
工业产值/万元	423791.06	741696.81	75
销售收入/万元	413371.01	579435.45	40
利润额/万元	20170.36	31290.11	55
纳税额/万元	1710.37	25257.05	1377
净资产收益率/%	−49.83	14.55	—
产值劳动生产率/万元	260	340	—

四、企业管理

2018年，遵义铝业修订51项管理制度，累计实施一级危险作业182项，查处承包商6起违反十条禁令的行为，整治承包商安全隐患356项；通过了中铝集团CAHSE体系验收审核，接受集团、股份安全督查4次，完成督查问题整改119项，整改率100%。

2018年，遵义铝业氧化铝二级品、一级品以上率均达到100%，氧化铝−45微米粒度累计值14.2%，达历史最优水平，氧化铝磨损指数29.7%，获得中铝股份氧化铝质量劳动竞赛三等奖。通过技术改造及精益生产，累计生产99.85%铝近3400吨。

五、科技创新

2018年，遵义铝业科技研发项目共有6个中铝重大科技专项，5个自主研发项目。

推进电解槽FHEST技术，已经累计推广了54台，吨铝平均节电在450千瓦时以上。

遵义铝业参与的国家标准《铝电解系列不停电停开槽设计规范》获得了中国有色金属工业科学技术一等奖。

遵义铝业参与中铝科技部关于《铝电解槽内衬用碳/碳复合材料整体成型应用研究》，并开展工业试验等相关工作。

遵义铝业《湿法氧化脱硫脱碳优化升级研究》和《阳极导杆组自动焊接技术应用示范》项目通过专家论证。

六、深化改革

5月18日，引入遵义市地方投资平台公司（遵义苟江投资建设有限责任公司）入股遵义铝业，进一步优化了负债结构。6月30日，遵义铝业与中国铝业遵义氧化铝有限公司合并重组，并于7月1日举行（新）遵义铝业股份有限公司揭牌仪式，实现了产业集约、企业抱拳，形成从“矿山—氧化铝—电解铝—合金化”的完整产业链，企业内部协同力、凝聚力、发展合力进一步增强。

2018年，遵义铝业与中国铝业遵义氧化铝有限公司完成合并重组，并尽快调整机构及人员，形成了完整的一体化的运营机制，标志着遵义铝业进入了一个崭新的发展历史时期。企业资产负债率降至70.06%。

提升绩效考核“指挥棒”作用，建立主要绩效指标与员工薪酬直接对应的考核方式，树立了“挣工资而不是分工资”的绩效考核理念。

七、党建与企业文化建设

2018年，遵义铝业坚持党建引领，深入抓好“两学一做”学习教育、党支部标准化建设、“两带两创”活动、“五新”大讨论等党建工作，持续推进党建“双百分”考核，开创了党建工作新局面。合并重组后设置14个基层党组织，修订《“三重一大”决策制度》等17项规章制度。

开展军事化训练，参加中铝党校学习培训和长征主题拓展培训等，加强干部队伍组织建设。

八、社会责任

遵义铝业积极响应省市区党委政府精准扶贫战略，派出优秀干部到播州区尚嵇镇、乐山镇有关村委任第一书记，参与遵义市举办的“十运会”及春晖行动助学活动。通过定期采购定点扶贫村农副产品，形成企业带动镇村经济的长效合作模式。

遵义铝业在完成全年目标任务的同时，实现了员工平均工资增长10%的目标。

遵义铝业积极开展教育培训工作，依托中铝大学和集团培训计划，积极开展各类外出培训，累计140余人次；持续开展遵铝大讲堂，定期组织中层干部及管理骨干进行讲课培训，累计完成13项课程。

九、重要纪事

1月25日，遵义铝业召开十届三次职工代表大会暨2018年工作会议。

2月3日，遵义铝业第一批铝合金圆棒生产线负荷试车取得圆满成功，合金化产品实现零突破。

4月28日，遵义铝业完成了政府平台公司——遵义苟江投资建设有限责任公司2亿元增资扩股工作。

5月11日，遵义铝业召开第二十二次股东大会暨二届十七次董事会，研究通过了关于与遵义氧化铝实施合并重组的议案。

6月26日，遵义铝业召开第二十三次股东会暨三届一次董事会，会议确定新一届董事会，选举产生新一任董事长，并讨论通过了遵义铝业吸收合并遵义氧化铝的议案。

7月1日，(新)遵义铝业股份有限公司揭牌。

7月26日，召开干部大会，宣布(新)遵义铝业股份有限公司组织机构设置和干部调整有关事宜。

8月22日，中铝集团党组成员、副总经理刘建平到遵义铝业检查调研工作。

11月16日，贵州省委常委、遵义市委书记龙长春到遵义铝业调研。

11月29日，中铝集团外部董事张富生、邓志雄、彭辰一行到遵义铝业调研。

撰稿／胡继昌

审核／马　科

贵州华锦铝业有限公司

一、基本情况

贵州华锦铝业有限公司（简称贵州华锦）是中国铝业股份有限公司与杭州锦江集团有限公司于2014年7月18日出资注册的合资公司。注册资本金为10亿元，其中中国铝业持有华锦铝业60%的股权，杭州锦江持有华锦铝业40%的股权。经营范围主要包括：铝土矿产品、铝冶炼产品及相关金属，铝加工产品销售；碳素制品销售；铝工业废弃物（赤泥、粉煤灰）销售；相关技术开发、技术服务等业务。

2018年基本数据表

表1

主要产品产能	资产总额/亿元	负债率/%	员工总数/人	平均年龄/岁	学历结构/人	
氧化铝：160万吨/年	—	—	800	36.88	中专及以下	495
					大学专科	182
					大学本科	120
					硕士及以上	3

二、组织机构

（一）领导班子

张建阳　总经理

项　阳　副总经理

何　斌　副总经理

蒋凤贵　财务总监

王文志　总工程师

（二）机构设置

职能部门：生产管控中心、热电运行部、设备保障中心、技术部、质量检查部、工程部、财务部、商务部、综合部、人力资源部、稽核审计部、安全环保部。

三、生产经营情况

主要生产经营指标表

表 2

指标名称		2017 年	2018 年	同比增长 /%
主要产品产量	1. 氧化铝 / 万吨	160.08	151.44	−5.39
工业产值 / 亿元		41.21	42.45	3.0
销售收入 / 亿元		41.23	40.19	−2.52
利润额 / 亿元		11.48	8.88	−22.65
纳税额 / 亿元		3.53	3.65	3.40
净资产收益率 /%		58.98	38.01	—
产值劳动生产率 / 千元・人		5177.56	5151.93	—
十万人死亡率		—	—	—
千人负伤率 /‰		—	—	—

四、企业管理

安全环保管理。实行谁主管谁负责的直线安全环保管理模式，全面落实安全环保主体责任。2018 年，企业自身未发生轻伤以上生产安全事故和突发环境事件，安全环保风险可控，安全环保形势基本稳定。

质量管理。2018 年制定质量管理制度主要有《进厂铝土矿检验规程》《进厂石灰检验规程》《石灰生过烧操作规程》《进厂煤气煤检验规程》《进厂锅炉煤检验规程》《进厂液碱、片碱检验规程》《生产现场管理办法》《贵州华锦工艺事故管理办法》《原始记录和台账管理制度》《交接班管理制度》《生产运行管理制度》《工艺纪律检查考核管理制度》《华锦铝业工艺技术指标考核管理办法》《异常指标管理办法》《原材料样品留样管理制度》《关于大宗原材料及时报出的管理制度》《技术改造管理办法》等。

五、重大发展项目

清镇氧化铝项目是贵州省人民政府与中国铝业公司共同打造的清镇千亿级生态铝工业基地的重点工程，是贵州省工业强省的重大战略部署。是中国铝业公司在贵州省退城进园发展战略的第一个试点项目，对老工业区转型升级发展具有示范作用。清镇氧化铝项目总体设计规模为 320 万吨 / 年，规划为两期建设。第一期 160 万吨中国铝业公司批复的项目总投资 39.7 亿元，两个股东方要求的控制项目建设投资 36 亿元，建设两条年产 80 万吨拜耳法生产线。

六、党建工作

进一步推动企业党建工作标准化、制度化、科学化建设，全面提升党组织组织力。积极组织开展党员的缴纳党费，开展了民主评议党员活动，组织对党员领导干部的民主测评；以中央查处的典型案例，中铝集团警示教育大会通报的干部违规违纪违法案例作为民主生活会的反面教材，加强对党员干部的党风廉政教育；组织关键岗位的人员开展廉洁从业教育培训，签订廉洁从业承诺书；开展“坚定信念，对党忠诚”主题教育活动，组织全体党员观看《厉害了，我的国！》。

七、履行社会责任

2018 年，贵州华锦党委走访困难职工，对企业困难职工群众进行摸底调查，并在春节前夕发放了慰问金。

撰稿 / 吴宏樟

审核 / 姜文卓

甘肃华鹭铝业有限公司

一、基本情况

甘肃华鹭铝业有限公司（简称甘肃华鹭）位于黄河上游的甘肃省白银市，是国家“七五”重点建设工程，前身是白银铝厂，始建于1986年。2006年8月成为中国铝业股份有限公司的控股子公司。

主要经营业务：金属材料加工，炭素产品生产销售。

2018年基本数据表

表1

主要产品产能	资产总额/亿元	负债率/%	员工总数/人	平均年龄/岁	学历结构/人	
煅后焦11.4万吨/年	15.09	81.64	1238	47.6	中专及以下	920
阳极块1.7万吨/年					大学专科	191
					大学本科	116
					硕士及以上	11

二、组织机构

（一）领导班子

杨永亮　董事长、党委书记

谢叶明　总经理、党委副书记

王　欣　副总经理、工会主席

王强华　副总经理

杨　杰　纪委书记（2018年11月2日离职）

（二）机构设置

机关处室：党群行政部、企业管理部、建设发展部。

二级单位：生产运营中心、白银华鹭工业服务有限公司。

三、生产经营

2018年，企业坚持把达产达标作为工作重心，强化生产组织和过程控制，达产达标取得阶段性成果。加大经营运作力度，灵活调整销售策略，开辟了新的阳极市场。挖掘采购降本潜力，强化物资供应的均衡性管理，努力实现保供和降本。

主要指标表

表 2

指标名称		2017 年	2018 年	同比增长 /%
主要产品产量	煅后焦 / 万吨	3.40	11.36	234
	合金产品 / 万吨	1.71	0	−100
	阳极块 / 万吨	0	1.66	-
工业产值 / 亿元		3.29	4.01	21.99
销售收入 / 亿元		2.89	3.10	7
利润额 / 亿元		−1.32	−1.03	−22
纳税额 / 万元		0.18	0.20	11
人身伤亡事故 / 起		0	5	—
工亡人数 / 人		0	0	—
重伤人数 / 人		0	1	—
轻伤人数 / 人		0	4	—

四、重大发展项目

2018 年，甘肃华鹭坚持把项目建设放在重要位置，紧盯炭素项目收尾阶段的施工管理，完成了部分环保项目、道路、周边填平夯实等收尾工程建设以及项目消缺和问题整改，余热发电机组并网发电成功，制糊成型系统投入生产，年度完成投资 1.13 亿元；实施自主决策项目 15 个，完成投资 2103 万元。

重大项目情况表

表 3

项目名称	设计规模 / 万吨	投资规模 / 万元	当年完成投资额 / 万元	年内项目建设形象进度
炭素系统整体搬迁项目	15	29698	11300	完成了部分环保项目、道路、周边填平夯实等收尾工程建设，工程全面投运。

五、企业管理

2018 年，甘肃华鹭逐步恢复和重建企业适应市场竞争的经营管理制度和工作流程，在停产两年后基本恢复正常生产经营活动，整章建制，修订、完善、新建各类管理制度 49 项。在融资环境十分严峻的情况下，克服各种困难完成 11.4 亿元贷款接续。完成 155 千安电解资产处置，实现收益 2456 万元；完成 210 千安电解资产挂牌交易和处置，实现收益 3158 万元。全年各类废旧物资处理盘活资金 1470 万元。

六、深化改革

2018 年，甘肃华鹭加大改革力度，调整组织机构，将原来 14 个二级单位整合为 5 个，并由公司领导兼任二级单位一把手，实现管理聚焦主业和管控运行一体化。机关处室由 5 个减少至 3 个，二级单位由 7 个减少至 2 个。

坚持优胜劣汰、动态管理，以公开竞聘和“工作作风、精神状态”专项考核评价方式完成对中基层干部调整。多措并举分流安置员工，实施低成本过渡性离岗政策 184 人，减少人工成本 532 万元。年度办理内退 88 人，协议解除合同 12 人。

七、党建和企业文化建设

2018 年，甘肃华鹭深入学习贯彻中共十九大精神和习近平新时代中国特色社会主义思想，围绕中心工作，突出党建引领，坚持构建大党建格局，健全了各二级三级党组织。制定出台了《领导干部党建工作责任考核办法》，全面落实党建季度考核机制。召开以“转变工作作风”为内容的两级领导班子专题民主生活会，开展中层干部“精神状态、工作作风”专项考核评价和中基层干部“基本素质专项评价”。

企业确定 2018 年为“党建基础建设年”，制定并推行了“十三抓”党建工作措施，实施党群工作季度考核办法，压实了各级干部党建责任，形成了大党建工作格局。组织修订完善党建管理制度30余项，编辑印发《党建工作制度汇编》和《标准化党支部工作手册》，建立“固定党日”制度，开展党员“三亮三比”活动，组织了企业党务工作人员基本业务知识培训。

八、履行社会责任

2018年，甘肃华鹭自觉遵守环境保护、资源节约和安全生产、职工权益保护、市场经济秩序等法律法规，推动企业生产经营工作正常化，实现环保事件为零目标。积极参与地方政府精准扶贫攻坚战，与农户合作实施产业扶贫，实现炕枣销售1万公斤目标。筹集资金13100元开展了分户慰问工作。继续邀请社会爱心人士驻村义诊，服务村民近300人。

九、重要纪事

2月12日，甘肃华鹭召开四届一次职代会，回顾总结2017年工作，安排部署2018年主要任务。

3月20日，中铝集团党组成员、副总经理，中铝股份党委书记、总裁卢东亮在甘肃省白银市与白银市委书记苏君，市委副书记、市长张旭晨举行会谈，沟通推进甘肃华鹭铝业有限公司“出城入园”及转型发展工作。

5月11日，中铝集团党组成员、副总经理，中铝股份党委书记、总裁卢东亮在甘肃省白银市与白银有色集团股份有限公司董事长廖明沟通推进甘肃华鹭铝业有限公司“出城入园”及转型发展工作。

7月25日，甘肃华鹭召开2017年度股东会、三届五次董事会和二届二次监事会，审议表决了相关会议议案。

2018年，企业生产煅后焦11.4万吨、成型块3万吨、自制焙烧块1.7万吨、代焙块2.16万吨，自发电145万千瓦时，累计亏损1.03亿元，较上年同期减亏0.29亿元。

撰稿 / 郑启瑾

审核 / 杨永亮

广西华昇新材料有限公司

一、基本情况

广西华昇新材料有限公司（简称广西华昇）位于广西壮族自治区防城港市港口区企沙大道12公里处防城港经济技术开发区。于2017年6月30日注册，初始注册资本为1亿元。股权结构为中国铝业股份有限公司持股51%，广西投资集团有限公司持股13%，广西北部湾投资集团有限公司持股13%，广西北部湾国际港务集团有限公司持股13%，防城港市港工基础设施建设开发投资有限责任公司持股10%。

广西华昇经营范围主要包括石灰石矿、氢氧化铝、氧化铝、铝锭、铝合金、碳素制品及相关有色金属产品的生产与销售。

二、组织机构

（一）领导班子

程运材　董事长、党委书记（2018年10月23日离任）

董建雄　董事长、党委书记（2018年10月23日任职）

王顺祥　总经理

林伟强　副总经理

吴寿生　副总经理

唐　庆　财务总监

（二）机构设置

职能部门：综合部、财务部、安全环保健康部、工程部、商务部、生产准备部。

三、重大发展项目

广西华昇氧化铝及配套项目于2017年6月7日在防城港市发展和改革委员会备案，总体规划年产冶金级氧化铝400万吨、铝水80万吨及相应规模的供热设施。项目采用总体规划分期建设的建设模式，先期开展建设广西华昇200万吨氧化铝项目，利用中铝集团在几内亚的铝土矿资源，建设规模为年产冶金级氧化铝200万吨，采用低温拜耳法生产工艺，按“标准化、生态化、智能化”要求建设2条100万吨/年氧化铝生产线。2018年9月16日，中铝集团批复项目可行性研究报告，2018年10月31日，中铝股份批复项目初步设计并开工，项目总投资概算59.21亿元，工期20个月。

重大项目情况表

表 11

项目名称	设计规模/万吨·年	投资规模/亿元	当年完成/亿元	年内项目建设形象进度
200 万吨氧化铝项目	200	59.2	41.5	主厂区场平和详勘全部完成并验收移交；桩基工程、道路围墙、地下管网等进场施工；施工用电、用水、污水、排洪及大临区建设全面铺开

四、企业管理

2018 年，广西华昇围绕“落实建设条件，优质、高效建设项目”两大目标，坚定执行中铝集团沿海战略，实现了项目从前期工作到实质性建设的关键转变。

广西华昇整合内部人力资源，4 次调整落实领导和部门负责人分工，明确职责、压实责任，加大对股东内部及与政府间的协调力度。

印发《关于对外部条件落实情况进行督办的通知》，每周通报督导土地、码头、天然气、石灰石、供水、资金、税务等条件的对接协调、跟踪落实情况。

认真策划项目管理，实施业主自我管理模式，对工程的质量、安全、进度和投资实行业主自主管理。重点对场平施工、详勘作业、道路围墙和地下主管网、大临施工等主厂区施工队伍加强管理。坚持例会制度，保障现场施工问题当天得到解决。开展现场巡查，及时发现和处理安全质量问题。保持沟通交流，通畅信息传递、协调资源配置、引导步调一致。开展投资分析，及时发现和解决控制投资方面出现的问题。

围绕招投标、合同管理、安全管理、项目建设、财务管理等方面制订内部管理制度，规范各项管理工作。

五、党建与企业文化建设

广西华昇高度重视党的建设，充分用好临时党支部这块阵地，加强“三会一课”，开展政治理论学习，开展廉洁从业警示教育。坚持临时党支部研究重大决策，提高决策的民主性和科学性。坚持用案例教育警示党员干部，构筑拒腐防变的思想防线。所有党员参加了十九大精神学习培训。支部委员、班子成员带头讲党课。

组织“五新”大讨论，开展“铝宝钢”内涵、建设“六大工程”、实现“六个一流”的主题讨论，用共同价值观教育引导职工，凝聚职工智慧，谋划企业未来。

六、履行社会责任

引入低碳环保、绿色生产制造以及实现可持续发展的理念，吸纳采用了行业最先进的环保技术，致力于减少温室气体排放量，创建更洁净的工作环境。坚持企业生产与生态环境的和谐发展，建立花园式生态工厂，做中国最受尊敬的企业。

七、重要纪事

1 月 13 日，广西壮族自治区党委书记彭清华深入广西华昇项目现场调研。

5 月 30 日，广西壮族自治区环保厅批复广西华昇氧化铝及配套项目（氧化铝部分）环评报告。

6 月 5 日，广西壮族自治区主席陈武、自治区政协副主席陈刚到广西华昇项目现场调研。

6 月 12 日，广西壮族自治区发展改革委批复氧化铝及配套项目（氧化铝部分）能评报告。

6 月24 日，中铝集团外部董事张富生、邓志雄、张元荣、彭辰到广西华昇项目现场调研。

8 月 1 日，中铝股份党委委员、财务总监张占魁，中铝股份党委委员、副总裁朱润洲一行 7 人，在南宁与广西壮族自治区常务副主席秦如培、发展改革委主任刘洪武就项目开工前需政府协调事项进行会谈。

9 月 12 日，中铝集团党组成员、副总经理，中铝股份党委书记、总裁卢东亮在广西南宁参加第十五届中国—东盟博览会开幕式期间，到广西华昇 200 万吨氧化铝项目现场考察调研。

9 月 16 日，中铝集团批复广西华昇 200 万吨氧化铝项目可行性研究报告（中铝发字〔2018〕538 号）。

9 月 21 日，在自治区政府协调下，广西华昇与柳州钢铁集团签订码头 4# 泊位使用的《合作协议》。

9 月 28 日，广西壮族自治区人民政府在广西华昇 200 万吨氧化铝项目现场举行广西生态铝工业基地防城港项目开工暨全区重大产业项目集中开工仪式，中铝集团党组书记、董事长葛红林，广西壮族自治区人民政府副主席费志荣、政协副主席陈刚，中铝集团党组成员、副总经理，中铝股份党委书记、总裁卢东亮，防城港市委书记李延强、常务副市长唐铁昂出席开工仪式。

10 月 31 日，中国铝业股份有限公司下达《关于广西华昇 200 万吨氧化铝项目初步设计并开工的批复》（中铝股份投字〔2018〕715 号），同意广西华昇 200 万吨氧化铝项目初步设计，并同意该项目开工。

12 月 24 日，广西壮族自治区政协副主席陈刚到广西华昇项目现场调研，广西华昇主要领导汇报了项目建设进展情况和需自治区层面协调解决的问题。

撰稿 / 曾义明

审核 / 罗国华

山西华圣铝业有限公司

一、基本情况

山西华圣铝业有限公司（简称山西华圣）是中国铝业股份有限公司与山西昇运有色金属有限公司（原为山西关铝股份有限公司）合资组建的大型电解铝企业。2006 年 3 月 7 日正式注册成立，双方出资比例为 51∶49，注册资本总额为 10 亿元。山西华圣电解铝和炭素生产线分别采用 300 千安大型预焙槽电解技术和预焙阳极焙烧技术。

山西华圣地处山西省永济市，坐落在城东 6 公里处永济市循环经济园铝深加工区，地理位置优越，铁路、公路交通便利。

2018 年山西华圣铝业有限公司基本数据表

表 1

主要产品产能	资产总额 / 亿元	负债率 /%	员工总数 / 人	平均年龄 / 岁	学历结构 / 人	
电解铝：22 万吨 / 年	20.9	57	1508	39	中专及以下	1110
阳极碳素产品：10 万吨 / 年					大学专科	259
					大学本科	138
					硕士及以上	1

二、组织机构

（一）领导班子

张俊仓　党委书记、董事长

闫国刚　财务总监

徐卫东　副总经理、工会主席

贾喜文　副总经理（2018 年 4 月 13 日任职）

金占平　纪委书记

（二）机构设置

机关处室：总经理办公室（后勤保障部）、人力资源部、财务部、计划发展部、党群工作部、纪检监察部（审计部）。

二级单位：生产运营中心（安全环保健康部）、营销采购中心、电解厂、炭素厂、物资配送中心、运行维护中心。

三、生产经营

2018 年，山西华圣克服电解铝市场持续低迷、原燃料价格居高不下的双重压力，攻坚克难不放弃，在外部环境极其艰难的情况下，主要产品产量和质量超计划目标，主要经济技术指标居中铝股份同类型企业前列。

主要指标表

表 2

指标名称		2017 年	2018 年	同比增长 /%
主要产品产量	1. 电解铝 / 万吨	22.48	22.54	0.27
	2. 预焙块 / 万吨	8.31	9.47	13.9
工业产值 / 亿元		28.84	27.49	−4.68
销售收入 / 亿元		27.66	28.65	3.57
利润额 / 亿元		0.47	−0.51	−208
纳税额 / 亿元		0.7	0.3	−57
人身伤亡事故 / 起		0	0	—
工亡人数 / 人		0	0	—
重伤人数 / 人		0	0	—
轻伤人数 / 人		0	0	—

四、重大发展项目

2018 年 3 月 30 日，4 万吨填平补齐项目焙烧炉点火烘炉一次性成功。

2018 年山西华圣铝业有限公司重大项目情况表

表 3

项目名称	设计规模 / 万吨	投资规模 / 万元	当年完成投资额 / 万元	年内项目建设形象进度
碳素系统挖潜增效填平补齐项目	4	4200	4154	建成投产

五、企业管理

实施安全风险分级管控，推进 CAHSE 体系建设，实现了安全无事故，环保零事件，质量无次品的目标。将承包商安全管理纳入管理体系，实现安全管理全覆盖。各层级开展隐患排查 1128 项，完成整改 1126 项。建立健全职业病防护用品发放使用台账，细化危废管理要求，完善在线监测设施，降低废气排放，强化环境整治。围绕产品质量提升，开展提档升级操作标准和“操作 100 分”达标活动，梳理规程 145 项，铝锭 99.70 以上率 100%，炭素综合合格率 99.76%，焙烧块一级品率 83%，焙烧块二级品以上率 100%。

认真落实主要负责人法制建设第一责任人要求，将普法宣传和法治培训纳入中心组学习内容。开展制度及合同穿透式检查，抽检制度 22 项，发现问题 12 项，抽查合同 1 次，发现问题 1 项，出具法律意见书 1 份，合同审查、规章制度和重大决策三项法律审核率达到 100%。

持续巩固模范工厂创建成果，强化模块推广应用，现场环境持续优化，综合评价 3.8 分，达到“先进”水平。

六、科技创新

开展电解铝、炭素技术攻关项目，实施开槽阳极试验、中缝防氧化试验，改善高锂盐电解质体系，电耗降低约 93 千瓦时 / 吨铝，阳极一级品率同比提高 2%。授权专利 4 项，新申请专利 2 项。

2018 年科技创新数据表

表 4

科技创新投入 / 万元	申请专利 / 件	授权专利 / 件	科技人员占比 /%
65	2	4	3

七、深化改革

实施正向激励，激发员工干劲。电解厂电解二车间四（2）区推行“周清卡、日清卡、积分卡”管记方式，定期开展换极比武、炉面整形等各类“劳动竞赛”活动，工区综合指标在中铝股份劳动竞赛排名第七，工区员工收入同比增长18%。炭素厂成型车间推行班组自评和职能考核相结合的“3E”管记评价方式，开展球磨工、成型工技术比武活动，生块产量同比增加1.3万吨，综合评价得分排名炭素第一，员工收入同比增长6%。运行维护中心推行检修业务定额定量管理，采取总量承包、计件计量方式，日事日结，实现了由“要我干”到“我要干”的根本转变。

八、党建与企业文化建设

认真学习宣传贯彻习近平新时代中国特色社会主义思想和中共十九大精神，企业两级班子成员在联系点讲党课36场次，基层党支部书记在本支部讲党课24场次。层层签订党建工作目标责任书、制定党建“一岗双责”责任清单和党员责任清单，开展党组织书记述职评议考核，建立党建信息化系统。开展“标准化党支部”创建活动，8个基层党支部被授予标准化党支部称号。深化“两带两创”活动，设立“两带两创”项目87个，实现效益3904.33万元；开展“党员安全监督岗”活动，全年处理问题8148个。

全年编印《华圣铝业》报17期，刊发500余篇通讯、信息及图片，在《中国铝业报》《中国有色金属报》等外部媒体刊登稿件50余篇，发布企业《文化手册》之五“我的安全谁做主”手册，形成了“五新大讨论”成果集。

九、履行社会责任

关心帮助困难员工，将18名困难员工纳入全国总工会帮扶工作管理系统，为两名困难员工争取3000元帮扶资金，为两名困难员工子女争取1万元金秋助学资金。组织员工参加运城市大病医疗互助工程，为6名员工申领大病医疗互助保险金41124元。组织开展为电解厂员工张攀峰献爱心捐款活动。创新开展了班组长能力提升培训，由“传统的授课式培训”变为“融入角色扮演、案例研讨等互动式培训”，由“传统的结业考试”变为“成果转化会”。印发五级技师方案，选聘五级技师120名，员工职业通道更加完善。克服资金和成本压力，建立企业年金制度，增加员工福祉。

十、重要纪事

1月31日，中铝集团董事长葛红林发贺电，祝贺电解厂电解一车间高丙伟当选为山西省十三届全国人民代表大会代表。中铝集团总经理余德辉邀请其在“全国两会”结束后参加中铝集团座谈会。

3月30日，炭素挖潜增效填平补齐四万吨项目点火烘炉。

6月25日，山西华圣召开二届一次董事会、2017年度监事会和2017年度股东会。

12月19日，山西华圣与浦发银行运城分行举行党建共建暨战略合作签约仪式。

撰稿／武世杰

审核／姚向红

山东华宇合金材料有限公司

一、基本情况

山东华宇合金材料有限公司（简称山东华宇）地处山东省临沂市罗庄区江泉工业园，占地面积1060亩。2006年6月，由中国铝业股份有限公司和山东华盛江泉集团有限公司以55%和45%的股权比例，共同出资成立。

受区域环保、能源结构限制、电价成本居高不下、资金链断裂等因素影响，2018年11月开始，山东华宇为保证双方股东权益及员工利益，选择及时止损的方式，陆续将电解铝全部关停，炭素厂、铝加工事业部停产，全面进入转型升级阶段。

2018年基本数据表

表1

主要产品产能	资产总额/亿元	负债率/%	员工总数/人	平均年龄/岁	学历结构/人	
1. 电解铝20万吨/年	36.76	57.82	1729	37	中专及以下	1194
2. 发电33亿千瓦时/年					大学专科	351
3. 炭素11万吨/年					大学本科	182
4. 煅后焦30万吨/年					硕士及以上	2

二、组织机构

（一）领导班子

高喜柱　党委书记、董事长

刘金星　党委副书记、纪委书记、工会主席、副总经理

李志强　党委委员、副总经理

王际海　党委委员、副总经理

（二）机构设置

职能部室：综合办公室、党群工作部、财务部、纪检监察（审计）部、安全环保健康部、营销部、装备项目部。

二级单位：生产指挥保障中心、电解铝厂、铝加工事业部、炭素厂、热电厂、工业服务公司。

子公司：山东沂兴炭素新材料有限公司。

三、生产经营

主要指标表

表 2

指标名称		2017 年	2018 年	同比增长 /%
主要产品产量	1. 原铝液 / 万吨	2.563	1.732	−32.42
	2. 铝合金 / 万吨	18.518	17.724	−4.29
工业产值 / 亿元		28.82	29.85	−1.03
销售收入 / 亿元		29	30.05	−1.05
利润额 / 亿元		0.26	−3.88	−4.14
纳税额 / 亿元		0.78	0.33	−0.45
人身伤亡事故 / 起		0	0	—
工亡人数 / 人		0	0	—
重伤人数 / 人		0	0	—
轻伤人数 / 人		0	0	—

四、重大发展项目

山东华宇 2018 年组织实施中铝股份批复项目 2 个，总投资 10955 万元。

普铝和铸锭合金生产线改造项目于 2018 年 6 月 4 日由中铝股份投字〔2018〕329 号文件批复项目开工。

电解铝厂、炭素厂环保备案升级改造项目于 2018 年 5 月 8 日由中铝股份投字〔2018〕278 号文件批复可研及开工。

重大项目情况表

表 3

项目名称	设计规模	投资规模 / 万元	当年完成 / 万元	年内项目建设形象进度
普铝和铸锭合金生产线改造项目	年产铝及铝合金铸锭 4 万吨	2097	1971.18	完成项目总进度 95%
电解铝厂、炭素厂环保备案升级改造项目	—	8858	8858	完成项目总进度 100%

五、企业管理

2018 年，山东华宇取得了中国船级社 ISO 9001 质量管理体系、GB/T 18001 职业健康安全管理体系、GB/T 14001 环境管理体系认证证书，多种合金产品通过汽车行业 TS 16949 认证，GJB 9001C—2017 质量管理体系，GBT 23331—2012 能源管理体系认证。

安全方面。2018 年 8 月，山东华宇顺利通过省级“双体系”验收。推进电解铝行业的物理隔离示范企业创建，从员工意识、信息化建设、设备安全本质入手，初步形成人员安全意识隔离、信息化智能隔离、生产现场人机隔离，并顺利通过中铝股份物理隔离示范企业验收。2018 年 12 月中铝股份对山东华宇 CAHSE 体系运行情况进行审核，评定为“铂金”级，获得中铝股份安全环保“精准管理体系示范企业”称号。

环保方面。按照总部《关于进行企业重点环保隐患再排查的通知》要求，山东华宇开展专项排查工作，系统排查梳理危险废物及环保问题。

质量方面。强化基础管理，提升全员质量意识。本年度梳理质量问题 10 项，截至 2018 年底已经整改完成 10 项。通过问题整改，解决了质量目标管控、物资使用管理、多体系布局等问题，质量管控逐步完善。

六、科技创新

山东华宇与中铝科学院、西安热工研究院、中铝郑州研究院、贵阳镁铝设计研究院、山东大学、中铝材料应用研究院、苏州大学等多家科研单位合作，开发成功 A356 合金产品、ACD12 合金产品、ZL108 小合金产品，截至 2018 年底取得国家技术专利 14 项。

2018 年科技创新数据表

表 4

科技创新投入 / 万元	申请专利 / 件	授权专利 / 件	科技人员占比 /%
9241.5	4	1	11.7

七、深化改革

山东华宇子公司沂兴炭素本着“机构扁平、管理垂直、精简高效”的原则，压缩机关部门数量，减少机关人员，充实生产一线力量。机关只保留综合组和财务组两个部门，机关管理人员共 12 人；取消原车间级管理层，设立 3 个工段，压减后的机关管理人员全部充实到 3 个工段。

山东华宇优化整合生产调度系统，调度人员由过去的 24 人减少为 16 人。

4 月，炭素厂在阳极组装区域进行管理改革试点工作，试点推行计件工资改革，人员配置由 92 人减至 72 人，推行扁平化管理改革，减少工段长 5 人。

7 月，为便于集约管理和扁平化管理，不再单独设置检修公司，撤销二级单位建制，整体并入热电厂。

八、党建与企业文化建设

贯彻“党管干部、党管人才”原则，修订了《山东华宇合金材料有限公司干部管理办法》等制度。

印发了党员发展工作中长期规划，建立党员信息库和党员管理台账，规范了流动党员管理、党员关系转接，用好三个党员管理信息化系统，将党组织、党员信息全部纳入“灯塔—党建在线”，做到“一网覆盖、同网管理”。

持续开展“党员大讲堂”活动，进一步加强干部队伍建设，通过活动创新、典型引领、经验分享，提升广大干部职工的政治理论水平和业务能力。

认真开展“两学一做”学习教育等活动，坚持以“四清”政治生态为目标，弘扬“十不许四远离”廉政文化。企业党委成立了巡察组，开展了二级单位政治巡察工作，进行“体检开药”。

山东华宇工会制定系列劳动竞赛活动方案，全面调动一线职工参与劳动竞赛的积极性，实现相关岗位职工参与率达到 100%。在各重要时节，组织开展夏送清凉、冬送温暖、困难帮扶、万人助学、“粽牵一线”等群众活动。

山东华宇定期编辑出版《求索》内刊，创办企业宣传栏和创办“走进华宇”微信公众号，建立企业文化交流群。职工文化中心投入运营。

九、履行社会责任

2018 年，山东华宇制定了《能源标准化管理工作手册》，通过中国船级社能源管理体系审核，获得 2017 年度“临沂市节能突出贡献企业”荣誉称号并获得奖金 10 万元。

山东华宇依据国家和山东省有关污染物排放管理规定，通过环保设施的建设和提升改造，实现了污染物的达标排放。

2018 年，山东华宇工会建立健全信访维稳工作制度，完善信访流程，明确管理责任，做到有制度可依，更好地维护职工合法权益及企业的正常经营秩序。

2018 年，山东华宇荣获临沂市 2017 年度安全生产工作“先进企业”及罗庄区罗庄街道 2017 年度“龙榜”企业荣誉称号。企业工会、团委组织开展了“扶贫助学阳光行”和“和谐罗庄.万人助学”活动，两次共计捐助善款40442.11元，参与捐款职工1900人。机关党总支党员捐款26050元、热电厂党总支党员捐款39358元，用于帮助重病和特困职工。党员干部、青年志愿者、巾帼志愿者服务队约360余人次到周边敬老院、社区、公园开展志愿活动。

十、重要纪事

4月10日，取得IATF 16949质量管理体系认证证书。

7月10日，通过GJB 9001C武器装备质量管理体系审核认证。

11月9日，通过AS9 100D航空航天质量管理体系审核认证。

11月10日，两项专利获得国家知识产权局授权。

11月27日，通过ISO/T S22163轨道交通管理体系审核认证。

撰稿/刘　欢

审核/侯艳伟

中铝集团山西交口兴华科技股份有限公司

一、基本情况

中铝集团山西交口兴华科技股份有限公司（简称兴华科技）位于山西省吕梁市交口县温泉工业园区。主营业务：双五氢氧化铝、干氢氧化铝、普通氢氧化铝、氧化铝产品的生产与销售、普通道路货物运输。股权结构：中国有色集团晋铝耐材有限公司占股份34%、中国铝业股份有限公司占股份33%、中铝山东有限公司占股份33%。

2018 年基本数据表

表 1

主要产品产能	资产总额 / 亿元	负债率 /%	员工总数 / 人	平均年龄 / 岁	学历结构 / 人	
氧化铝 90 万吨 / 年	24.9	78.2	481	43	中专及以下	257
					大学专科	165
					大学本科	56
					硕士及以上	3

二、组织机构

（一）领导班子

王辛成　董事长（2018 年 2 月 9 日任职）

张　强　总经理

郭印权　纪委书记（2018 年 8 月 13 日任职）、副总经理

郭　军　财务总监

说明：杜兴家为企业法人，2 月 9 日变更后的董事会成员为王辛成、杜兴家、郭如海、马达卡、沈山峰

（二）机构设置

六部：综合管理部、安全环保健康部、技术研发部、工程项目部、财务部、党群工作部。

两中心：生产运行中心、营销中心。

三、生产经营

2018 年，兴华科技实产氧化铝完成 90 万吨，同比增长 38.8%。商品完成 90.12 万吨，同比增长 39%；氧化铝含税销售价格 2974 元 / 吨，氢氧化铝含税销售价格 1872 元 / 吨，均高于中铝其他企业；全年实现营业收入 23.27 亿元，同比增长 3%。

主要指标表

表 2

指标名称		2017 年	2018 年	同比增长 /%
主要产品产量	氧化铝 / 万吨	55.52	89.37	60.97
工业产值 / 亿元		14.31	22.96	60.45
销售收入 / 亿元		14.02	22.62	61.34
利润额 / 亿元		2.47	0.0798	−96.77
纳税额 / 亿元		0.69	0.57	−17.39
人身伤亡事故 / 起		0	0	—
工亡人数 / 人		0	0	—
重伤人数 / 人		0	0	—
轻伤人数 / 人		0	0	—

四、企业管理

2018 年，兴华科技保持了安全环保事故为零的良好态势。

建立健全《安全生产管理制度》《安全生产责任制度》《特种作业人员管理制度》《承包商安全管理制度》《员工安全培训制度》《危险化学品管理制度》《环保设施运行管理办法》《安全生产行为规范及考核办法》等 39 项规章制度和岗位安全规程。

加强对排放口的监管密度，定期联系有检测资质机构进行排放检测确保环保设施规范化运行，避免突发冒尘而造成产品浪费和污染环境事故。

强化与地方政府部门协调，土地使用手续和安评、环评、消防、能评手续已办理完毕，三同时和职业健康评价通过验收，办理完结赤泥库安全生产许可证，全年无重大环保事件发生。

五、重大发展项目

完成了“年产 5 万吨亚白氢氧化铝新材料科技术”和“低品位铝土矿选矿及提取金属镓等项目”可研报告。

六、科技创新

全年向国家专利局共申报实用新型专利 9 项，获得 7 项专利授权，截至 2018 年底，兴华科技共向国家专利局申报专利 21 项，其中 9 项新型技术专利通过审批。

2018 年科技创新数据表

表 3

科技创新投入 / 万元	申请专利 / 件	授权专利 / 件	科技人员占比 /%
354.08	9	7	11.64

七、深化改革

2018 年兴华科技完善了三级“组织绩效考核”和员工“个人绩效考核”制度，建立健全了两级督办机制，形成了管理闭环。4 月份，对中层干部实行了公开竞聘上岗，形成干部能上能下机制。

八、党建与企业文化建设

2018 年兴华科技党委主动融入生产经营中心，积极探索混合所有制企业党建工作新路径。一是组建新的两委班子，政治核心作用得到了体现；二是制定“三重一大”等党内议事制度，依规决策实现了风险管控；三是充实党建活动阵地，党员组织生活活动向常态化迈出了新步伐；四是注重组织发展工作，全年确定 7 名入党积极分子，吸纳 4 名新党员；五是搭建创新创效平台，党员带职工开展“专利”和“五小”申报，全年累计申报 18 件。

4 月 25 日，兴华科技参加铝工业园区“道尔杯”春季篮球邀请赛获第一名。6 月 6 日，举办了安全活动月文艺汇演。

九、重要纪事

2月9日，2018年第一次股东会决议选举变更兴华科技董事，变更后董事会成员：王辛成、杜兴家、郭如海、马达卡、沈山峰，王辛成任董事长。

3月23日，3# 锅炉点火启动。

3月30日，兴华科技召开一届一次职代会。

8月13日，兴华科技召开党委、纪委班子选举党员大会，大会采取差额选举的办法，选举产生了纪委委员，由郭印权、郭军、杨玉文、苏迎泽、杜有元5人组成。同日，召开第一次全委会，选举郭印权为纪委书记。

11月15日，兴华科技获2018年山西省制造业100强、2018年山西省100强企业荣誉称号。

撰稿 / 任秋梅

山西中铝华润有限公司

一、基本情况

山西中铝华润有限公司（简称山西中润）成立于2015年11月19日，是中铝股份、西山煤电、晋能电力和华润电力工程按照4∶2∶2∶2股权比例组建的铝电一体化企业。规划建设100万吨轻合金项目和3×660兆瓦自备电厂。一期43.2万吨轻合金项目建设内容为节能型电解槽368台，4套干法电解烟气净化系统，配套阳极组装和铸造车间，辅助生产及公用设施，于2018年5月18日投产启动，至同年11月全部建成。

经营范围：电力、热力项目建设和运营；局域电网建设和运营；铁路专用线建设和运营；粉煤灰综合利用项目建设和运营；生产和销售铝、铝合金、炭素相关制品；加工和销售煤炭；销售仪器仪表、机械设备及零配件；从事技术进出口业务。

2018年基本数据表

表1

主要产品产能	资产总额/亿元	负债率/%	员工总数/人	平均年龄/岁	学历结构/人	
铝锭43.2万吨/年	40.27	75.72	735	38	中专及以下	492
					大学专科	146
					大学本科	89
					硕士及以上	8

二、组织机构

（一）领导班子

冀树军　党委书记、董事长

卯志强　党委副书记、总经理（2018年10月始任）

张　杰　财务总监

赵　岩　副总经理

许吉斌　副总经理

陈廷贵　副总经理（2018年11月始任）

说明：2018年10月，党委副书记、总经理许峰调出

（二）机构设置

职能部门：综合管理部、人力资源部、中润计划财务部、党群工作部（工会工作部）、纪检监察部（审计部）、安全环保健康部、电力管理部。

管运一体单位：工程装备部、质量计量部、营销采购部。

生产运营单位：电解铝生产部。

三、生产经营

2018年，山西中润生产铝锭5.35万吨，实现销售收入6.24亿元，产值劳动生产率达到94.93万元/人，取得了较好的生产经营业绩。

主要指标表

表2

指标名称		2017年	2018年
主要产品产量	铝锭/万吨		5.35
工业产值/亿元		6.59	22.96
销售收入/亿元		6.24	22.62
利润额/亿元		0.0082	0.0798
纳税额/亿元		0.0225	0.1416
净资产收益率/%		−3.08	0.084
产值劳动生产率/千元·人		0	949.33
人身伤亡事故/起		0	0
工亡人数/人		0	0
重伤人数/人		0	0
轻伤人数/人		0	0

说明：2018年5月山西华润一期项目投运，2017年处于建设期，表内数据无可比性

四、重大发展项目

重大项目情况表

表3

项目名称	设计规模/万吨	投资规模/亿元	当年完成投资额/亿元	年内项目建设形象进度
吕梁轻合金循环产业基地项目轻合金部分	43.2	41	15.5	项目全面建成。一、八区共92台电解槽投产

五、企业管理

落实项目建设安全施工管理体系，强化对承包商的管理，建立了安全例会制度和施工班组早会制度。开展三级安全教育，创建“安全、干净”班组。全面启动职业健康安全、环境管理体系建设，形成了山西中润职业健康安全、环境管理手册和程序文件。

以“十条禁令”为切入点，强化违章行为的查处与生产现场隐患的排查治理，全年查处并消除各类安全隐患546项。完成了排污许可证申领工作，全年工业废水和生活污水均实现零排放，大气污染物排放浓度和总量控制在排污许可范围内，未发生环境污染事件。

创新采购管理，形成了优先网购、其次直购、再次招投标、最后比价的运作模式。网购的采购成本较线下采购降低7%，周期缩短5～7天，运行更加规范。加强与金融机构沟通，多方位落实融资渠道，缓解资金压力。发挥企业微信作用，建立快捷办公平台。

六、深化改革

2018年10月，按照中铝集团党组、中铝股份党委的决策部署，山西华兴、山西中润着手实施一体化管理改革，山西中润党建工作由山西华兴党委统一管理，两公司二级机构合并重组，山西中润8个二级单位与山西华兴12个二级单位合并重组为15个二级单位，形成了对外两个法人单位，对内一体化运行的管理机制。通过管理改革，突出了成本中心的重要作用，除成本中心外的部门定位为服务与支持部门。

七、党建与企业文化建设

山西中润开展“智慧党建”教育活动，持续推进标准化党支部创建。开展“两带两创”活动，用项目化管理手段推进活动落地见效。开展“师带徒”专项活动，20对师徒代表签订了培养协议书。推荐青年职工参加“中国铝业杯”职业技能竞赛，荣获团体优秀奖。参加2018年中铝集团“不忘初心，牢记使命”主题朗诵比赛西北片区复赛，荣获二等奖。

八、履行社会责任

山西中润积极履行社会责任，结对帮扶5个贫困村，2月8日至11日，山西中润走访挂钩帮扶贫困村，为龙耳会村、杨家焉村、兴汉村及风头村的困难群众送去温暖和祝福。。搭建帮扶救助平台，为企业困难职工、困难党员排忧解难。坚持冬送温暖、夏送清凉，传统节日走访慰问岗位员工。组织文艺汇演、体育活动、革命传统教育，提升员工企业归属感与文化认同感。

九、重要纪事

2月1日，山西中润召开2018年工作会议。

5月6日，山西省副省长陈永奇到山西中润调研，就有关问题和干部员工进行了现场沟通交流。

5月23日，山西中润召开一期轻合金项目通电投产仪式。山西省人民政府副省长王一新，中铝集团党组书记、董事长葛红林，吕梁市市长王立伟，晋能集团董事长王启瑞，中铝集团党组成员、副总经理卢东亮等领导出席仪式。

6月6日10时30分，带有中铝LOGO和“ZR”标志的山西中润首块铝锭成功下线。

8月27日，山西省召开推进转型项目建设现场会，山西省政协副主席、吕梁市委书记李正印在吕梁分会场山西中润铸造工区汇报了中润项目基本情况、建设规模及投产后收益等情况。

10月16日，山西华兴、山西中润召开干部大会。中铝集团党组和中铝股份党委对山西华兴、山西中润管理模式和企业领导班子进行了调整。中铝集团党组成员、副总经理，中铝股份党委书记、执行董事、总裁卢东亮以视频方式出席会议并讲话。

11月18日，中铝集团党组副书记、总经理余德辉一行到山西中润调研。

11月27日，山西华兴、山西中润召开干部大会，实施管理改革创新，对组织机构进行了优化。

撰稿 / 孟晓峰

云南铝业股份有限公司

一、基本情况

云南铝业股份有限公司（简称云铝股份），位于云南省昆明市呈贡区七甸街道，主营业务为铝土矿开采、氧化铝生产、铝冶炼、铝加工及铝用炭素生产。1998年云铝股份改制，在深圳证券交易所上市，股票代码000807。

通讯地址：云南省昆明市呈贡区七甸街道云南铝业股份有限公司。

2018年基本数据表

表1

主要产品产能	资产总额/亿元	负债率/%	员工总数/人	平均年龄/岁	学历结构/人	
氧化铝140万吨/年	375.21	75.43	12478	33.5	中专及以下	5706
阳极炭素60万吨/年					大学专科	4490
电解铝170万吨/年					大学本科	2222
铝合金和铝加工80万吨/年					硕士及以上	60

二、组织机构

（一）领导班子

陈德斌　总经理、党委副书记

焦　云　党委书记、副总经理

苏其军　副总经理

宁德纲　副总经理

杨叶伟　副总经理

王　琳　党委副书记

唐正忠　总会计师

徐宏亮　工会主席

刘　刚　纪委书记

彭　轶　副总经理

周　飞　副总经理

饶　罡　董事会秘书

（二）机构设置

1. 职能部门：

财务中心、生产运营部、安全环保部、组织人力资源部、党政办公室、产业发展和资源管理部、国贸经营部、科技及信息管理部、企业文化部、团委、纪检监察审计部、资本运营部、工程管理部、保卫部、综合管理部、工会、云铝学校

2. 二级单位：

云铝文山、云铝润鑫、云铝涌鑫、云铝泽鑫、云铝溍鑫、云铝海鑫、云铝溢鑫、云铝阳宗海、云铝源鑫、云铝浩鑫、云铝汇鑫、云铝绿源、云铝物流、云铝国际、云南亚能碳资产、云铝沥鑫、云铝泓鑫、云铝润迈、云铝创能、云铝阳宗海加工、云铝阳宗海炭素、云铝科技、云铝资源、云铝沣鑫

三、生产经营

2018 年，云铝股份合金化率升至 70%。铸造铝合金 A356 市场占有率达到 25%，继续保持国内第一品牌地位；与国内主要汽车零部件厂家保持密切合作关系，通过了全球主流车厂（德系、美系、日系、韩系）的体系认证，成为合格的供应厂商。

主要指标表

表 2

指标名称		2017 年	2018 年	同比增长 /%
主要产品产量	1. 原铝 / 万吨	137.22	161.06	17.37
	2. 铝加工材 / 万吨	61.91	73.03	17.96
	3. 炭素制品 / 万吨	52.65	61.4	16.62
工业产值 / 亿元		218.97	272.84	24.6
销售收入 / 亿元		221.3	216.89	−2
利润额 / 亿元		8.02	−17.98	−324.16
纳税额 / 亿元		5.75	6.98	21.39
人身伤亡事故 / 起		1	2	100
工亡人数 / 人		1	3	200
重伤人数 / 人		0	1	100
轻伤人数 / 人		9	4	−55.56

四、重大发展项目

2018 年，云铝股份重点实施投资项目 9 个。

云铝股份重大项目建设情况表

表 3

序号	项目名称	设计规模 / 万吨	投资规模 / 万元	当年完成投资额 / 万元	年内项目建设形象进度
1	鲁甸 6.5 级地震灾后恢复重建水电铝项目	70	615449	134900	一期电解车间一段、二段建设完成（一段实现通电），三段建设完成 40%，公辅设施完成 85%。项目一期总工程量完成约 73%。
2	绿色低碳水电铝加工一体化鹤庆项目（一期）	21.04	264839	160000	电解车间完成进度 98%（第一段），变电整流系统完成 99%，总图施工完成 86%。
3	高精超薄铝箔项目	3.6（铝箔）、6（铸轧卷）	112253	6776	铸轧车间及铝箔车间等新建部分投运；搬迁 5# 轧机、2# 合卷机、2# 轧辊磨床完成调试；轧制油精馏系统土建完成。
4	3.5 万吨 / 年新能源动力电池用铝箔项目	3.5	49710	8220	精整车间完成 65%；轧制车间 1#、2#、3# 轧机和合卷机等主体设备基础施工完成。
5	60 万吨 / 年阳极炭素项目二期工程	35	106061	49940	煅烧及高楼部基础施工及焙烧车间主体完成。
6	炭素新材料项目	2（阴极）	27898	21974	原料转运站建设完成；电煅烧进行主体施工；成型与机加工开展基础施工。
7	14kt/a 交通及航空用高端铝合金焊材新技术开发项目（一期）	0.7	11260	4010	项目厂房改造、土建工程全部完成，第一阶段 8 月投产。
8	年产 10 万吨航空及交通用材铸造生产线项目	10	22781	8015	完成工程占总工程 70%。
9	年产 15 万吨中高端铝合金新材料项目	15	35329	5771	标准化厂房孔桩地基完成，钢结构制作、承台施工均完成 20%。

五、企业管理

2018年，云铝股份全面推行“专业化+片区化+互补化（AB角）”的安全环保管理模式，开展质量专项改进，三大管理体系有效运行。

一是导入中铝集团职业健康安全环保精准管理体系，推进风险分级评定及管控考核。年内开展了重大隐患排查治理工作，实施了危险废物资源化利用工程。云铝文山列纳入2018年第一批安全生产守信联合激励“41家红名单”，云铝泽鑫取得二级安全生产标准化证书和牌匾，云铝源鑫通过二级安全生产标准化现场评审，实现了板块内实体企业安全标准化建设全覆盖、全达标。

二是开展质量改进专项行动，在技术经济质量指标上“对标先进，降本增效”。2018年A356铸造铝合金成品率达到99%以上，继续保持行业领先地位，多个产品取得中国质量认证中心认证的产品碳足迹证书，3个QC成果获得云南省优秀质量管理小组称号。

六、科技创新

2018年，云铝股份以自主创新能力建设为重点，加大技术攻关力度，着力新材料、新产品开发，创新平台建设取得新进展。

一是平台建设取得新突破。依托“云南省铝合金材料及应用工程技术研究中心”，与10余家单位进行研发项目合作，初步具备了材料研究、工艺设计开发和产品小批量试制能力。

二是技术攻关取得新突破。承担各级政府科技计划项目14项，获得各级财政平台及研发专项资金支持5600余万元，参与制定国家标准1项，行业标准3项。

三是铝合金新材料新产品开发取得新突破。纯铝焊丝、5356铝合金焊丝、大截面铝合金圆棒等多项产品投入试用，手机背板用铝合金圆棒通过欧盟（ROHS）认证，开发出了新能源动力电池铝箔、药箔、食品包装箔等系列新产品。

四是环保技术取得新突破。完成3套电解铝烟气净化系统蜗壳升级改造（除氟），提高氟化物等原材料的回收利用率，电解铝吨铝氟化铝单耗降到16千克以下。首次成功应用电絮凝方式进行电解铝厂初期雨水及污水脱氟处理，实现污水含氟量小于1毫克/升。铝灰处理、铝电解槽危废无害化处置和资源综合利用等技术研发完成工程化应用实施。

2018年科技创新数据表

表4

科技创新投入/万元	申请专利/件	授权专利/件	科技人员占比/%
78582	106	68	9.12

七、深化改革

2018年，云铝股份以市场化思维，深化企业改革。

一是整合业务，加快铁路物流市场化。积极与省内外优秀物流企业合作，开展定制化仓储物流、多式联运、跨国跨境特种货物等业务，在主营业务之外逐步开拓新的利润增长点。

二是盘活存量，对低效闲置土地和非经营性资产进行梳理处置。云铝小区4间车库资产处置并取得收益约100万元，协调产权交易相关中介机构开展银水湾小区491个地下车位及培训中心产权办理。

三是压缩管理层级，加强冗员调剂。以云铝海鑫为试点，形成“公司—部门—班组”三级管理模式，压缩管理层级。结合行业工效水平和企业实际生产任务量，完成本部职能部门及所属各企业核岗定编工作，并实行动态化管理。2018 年为新项目实施内部统一调剂员工 192 人，接纳冶金集团内部优化人力资源 911 人。

四是改革薪酬分配体系，创新绩效考核模式。在定员基础上，工资总额实施减人不减薪，增人不增薪。区分设置考核指标类别、权重分配及结果运用，增加部门专业管理类指标考核，并进一步扩大内部市场化考核模式的应用范围。

八、党建与企业文化建设

一是加强对党建工作的统筹谋划，层层细化分解落实各项目标任务。每季度开展党建工作督导，促进党建工作责任落实。持续推进“两学一做”学习教育常态化制度化，开展多形式党建课题调研，党支部规范化建设达标创建和“三项品牌”创建，打造党建示范阵地，发挥基层党组织的战斗堡垒作用和党员的先锋模范作用。

二是强化宣传引导，运用《云铝报》、云铝股份微信公众号多方式宣传党和国家方针、政策；做好党委中心组学习研讨、党员集中脱产培训和“三会一课”；通过会议、宣讲等形式，开展 800 余场员工形势任务教育。

三是开展青工技术技能大赛、青年电气技术提升班等竞赛活动和专项技术培训，开展各式文体娱乐活动。

四是按照“四统一”要求，导入中铝集团视觉识别体系，建立起具有云铝特色的安全文化和廉洁文化。

九、履行社会责任

一是严格执行证监会、深交所等机构的监管要求，规范做好“三会”筹备、召集召开、信息披露等工作，做好对参股企业委派董事、监事，确保对投资的有效控制。

二是坚持以人为本，全面促进员工成才成长。全年开展培训 775 个班次，培训 33554 人次。按时足额为职工缴纳五险两金等费用，提供劳动防护用品，对从事有职业危害作业的员工定期进行体检。改革薪酬分配制度，增加职工收入，提高职工的获得感和幸福感。

三是响应国家安全、环保、节能等要求，向供应商传递绿色理念，严控采购物资验收标准，较好地履行了安全、环保、节能的社会责任。

四是坚持“源头预防、过程控制、末端治理”的管控原则，开展污染整治及生态环境保护工作，力发展循环经济。

五是投身地方经济社会发展和脱贫攻坚工作。加快实施位于国家重点扶贫地区的鲁甸 6.5 级地震灾后恢复重建 70 万吨 / 年水电铝、绿色低碳水电铝加工一体化鹤庆项目、文山年产 60 万吨氧化铝技术升级提产增效项目等项目建设，带动当地经济社会发展和贫困人口的就业。通过优先吸纳建档立卡贫困户家庭人员就业，以“企业用工 + 贫困户就业”的精准扶贫模式，为当地解决了贫困家庭人员就业难题。

十、重要纪事

3 月 16 日，云南省副省长董华一行到云铝溢鑫公司项目现场进行调研。

4 月 11 日，“云铝牌”电工圆铝杆、铝及铝合金板带材产品通过复评，再获“云南名牌产品”称号。

5 月 10—12 日，云铝股份到上海参展首届中国自主品牌博览会。

5 月 11 日，云南省委副书记李秀领一行到云铝海鑫公司调研鲁甸 6.5 级地震灾后恢复重建水电铝项目建设情况。

6 月 15 日，老挝副总理宋赛·西潘敦和夫人万达拉·西潘敦一行 20 人到云铝股份参观考察。

6 月 19 日，云铝股份荣获 2017 年全国电解铝行业能效“领跑者”荣誉称号。

7 月 20—21 日，中铝集团党组书记、董事长葛红林到云铝溢鑫、云铝涌鑫公司、云铝文山进行调研。

8 月 13 日，云铝海鑫公司“鲁甸 6.5 级地震灾后恢复重建 70 万吨水电铝项目”生产出首批合格铝锭产品。

8 月 15 日，云铝股份通过国家工信部工业产品生态（绿色）设计示范企业验收评审。

12 月 2 日，在中国工业产品生态（绿色）设计与制造年上，云铝股份被列入“2018 年绿色增长型企业”。

撰稿 / 杨　扬

审核 / 焦　云

中国铜业有限公司

一、基本情况

中国铜业有限公司（简称中国铜业）成立于2008年8月，注册资本金32.35亿元，是中铝集团的全资子公司。中国铜业是一家以铜铅锌为主，集资源勘探、采选、冶炼、加工、科技制造、金融投资、国际贸易、资产管理为一体的国际化大型中央企业，铜业综合实力位居全国第一，铅锌金属产量、铅锌精炼产量和锗产量均位居全国第一。

2016年3月，中国铜业工商注册地址从北京迁往云南昆明。2018年12月，经云南省政府和国务院国资委批复同意，云南冶金集团股份有限公司（下称云冶集团）股权正式划转中国铜业，形成“新中铜”；12月27日，中铝集团与云南省签订《增资扩股协议》后，中国铜业股权结构为中铝集团持股69.32%，云南省能源投资集团有限公司持股7.38%，云南云投创新投资中心（有限合伙）持股5.53%，云南省工业投资控股集团有限责任公司持股5.28%，云南省国资委持股3.68%，昆明和泽投资中心（有限合伙）持股3.60%，兰坪县财政局持股2.87%，怒江州国有资产经营有限责任公司持股2.35%。

截至2018年12月末，中国铜业全级次企业202户，拥有3家A股上市公司和一家老挝上市公司（老挝水泥公众公司），其中云铜股份（股票代码：000878）和云铝股份（股票代码：000807）在深交所上市，驰宏锌锗（股票代码：600497）在上交所上市。

2018年基本数据表

表1

主要产品产能	资产总额/亿元	负债率/%	员工总数/人	平均年龄/岁	学历结构/人	
精矿含铜35万吨/年	1988.96	73.74	44508	38	中专及以下	21646
精矿含铅锌43.58万吨/年					大学专科	9106
电解铜128万吨/年					大学本科	8390
铅锌冶炼93万吨/年					硕士	890
铜加工材56万吨/年					博士及以上	45
氧化铝140万吨/年						
电解铝140万吨/年						

二、组织机构

（一）领导班子

刘建平　董事长（兼）

武建强　董事、总裁、党委副书记

施维勤　董事、党委书记、高级副总裁、工会主席

栾书伟　董事、党委常委、高级副总裁

马惠智　董事、党委常委、高级副总裁

田永忠　党委常委

刘跃伟　高级副总裁

张晓光　副总裁

刘洪均　副总裁、安全总监

陈　琳　监事、党委常委、纪委书记

张士国　党委常委、财务总监

姚志华　党委常委、副总裁

王明星　副总裁（2018 年 1 月退休）

王　冲　党委常委、副总裁

黄善富　高级专务（2018 年 6 月起）

（二）机构设置

1. 原中国铜业机构设置。截至 2018 年底，原中国铜业下设综合管理部、人力资源部、财务资产部、投资管理部、营销管理部、企业管理部、安全环保健康部、党群工作部（工会工作部、机关党委、公司团委）、纪检监察部（巡察办公室）、审计部、科技管理部、法律部、矿产资源部、信息管理部、瘦身健体办公室、清欠办公室等 16 个部门。

二级单位：云南铜业股份有限公司、中铝矿业国际、中铝秘鲁矿业公司、中铝矿产资源有限公司、中铝洛阳铜业有限公司、中铝上海铜业有限公司、中铝华中铜业有限公司、中铝洛阳铜加工有限公司、中铜国际贸易有限公司、凉山矿业股份有限公司、云南云铜锌业股份有限公司、青海鸿鑫矿业有限公司、中铝昆明铜业有限公司、云南铜业房地产开发有限公司、云南铜业科技发展股份有限公司、云南铜业矿产资源勘查开发有限公司（拉萨天利有限公司）、云南铜业（集团）钛业有限公司、云港金属有限公司、中国云南国际经济技术合作公司、云晨期货有限责任公司、广东清远云铜有色金属有限公司。

2. 原云南冶金机构设置。截至 2018 年底，原云南冶金下设行政办公室、财会部、资本运营管控中心、产业规划与合作部、安全环保管控中心、能源管控中心、法律服务中心、自动化与信息化管控中心、生产调度中心、机关事务管理服务中心、阳光营销管控中心、矿产资源管控中心等 12 个部门。

全资单位：云南冶金集团第一分公司、云南冶金集团技术中心、云南冶金集团投资有限公司、云南会泽铅锌矿、昆明冶金研究院、云南省黄金工业公司、云南冶金集团慧能能源有限公司、云南冶金集团金水资产经营有限公司、云南冶金建设工程质量检测中心。

控股单位：云南永昌硅业股份有限公司、云南冶金集团财务有限公司、云南文山斗南锰业股份有限公司、驰宏国际矿业股份有限公司、云南冶金云芯硅材股份有限公司、云南冶金集团进出口物流股份公司、昆明有色冶金设计研究院股份公司、云南冶金昆明重工有限公司、云南驰宏锌锗股份有限公司、云南铝业股份有限公司、云南冶金资源股份有限公司、云南冶金仁达信息科技产业公司。

参股单位有：云南铜业（集团）有限公司、云南省能源投资集团有限公司、云南云铝润鑫铝业有限公司、云南云铝涌鑫铝业有限公司、云南省工业投资控股集团有限公司、云南金鼎锌业有限公司、

诚泰财产保险股份有限公司、云南云铝沥鑫铝业有限公司、云南云铝泓鑫铝业有限公司、云南黄金有限责任公司、云南北方奥雷德光电科技股份有限公司、云南黄金矿业集团股份有限公司、富滇银行股份有限公司、昆明攀昆大厦有限公司、玉溪云天化商贸有限公司。

直属事业单位：昆明冶金高等专科学校、云南冶金高级技工学校、云南省冶金医院。

三、生产经营

主要指标表

表2

指标名称	2017年	2018年	同比增长/%
工业总产值/亿元	651.43	1259.28	93.31
销售收入/亿元	841.47	1206.23	43.35
利润额/亿元	−1.17	−16.16	−1181.20
所有者权益/亿元	225.60	522.21	131.48
纳税额/亿元	15.98	43.58	172.72
净资产收益率/%	−2.01	−7.45	—
人身伤亡事故/起	112	57	−49.1
工亡人数/人	1	1	0
重伤人数/人	0	2	增加2人
轻伤人数/人	111	54	−51.4

四、板块建设

（一）运营管理

2018年，中国铜业共完成评估项目备案76项，其中当年业务备案完成36项；开展15项并购重组及增资项目，其中“雄鹰项目”历时近三年，顺利完成发行；协助中铝集团完成中国铜业与云冶集团的重组整合，并完成对云冶集团第一步47亿的现金注资和72.48亿元的股权增资；完成云铜股份非公开发行股票，并积极推进云铝股份非公开发行股票事宜；积极推进硅钛锰做实资产相关工作，为顺利转让新立钛业奠定基础。

（二）重大项目进展

2018年，中国铜业完成投资84.76亿元，完成计划率95.21%，新建项目、新增产能增加效益超过7亿元。普朗铜矿项目，总投资64.72亿元，建成投产，2018年产出铜精矿含铜3.6万吨；东南铜冶炼基地项目，总投资48.86亿元，2018年6月点火，生产电解铜1.19万吨；华中铜二期项目，总投资11.3亿元，2018年11月底建成；赤峰云铜搬迁改造项目，总投资56.11亿元，至2018年底第一条线土建工程基本完成；秘鲁铜矿二期扩建项目和刚果（金）LCS项目顺利开工建设。云冶集团全年完成固定资产投资55亿元，驰宏锌锗曲靖、会泽、呼伦贝尔等重点技改项目按计划推进。年内云冶集团暂缓7个项目，减少投资44.29亿元。

（三）安全环保

2018年，中国铜业本部层面基本形成安全环保管控体系，培育了5家示范厂矿，主要在产企业完成了非阻燃电缆更换；全年开展各类应急预案演练123次、事故警示教育181场，共3万余人次参与；开展专项督战及巡察，约谈所属企业生产业务和投资建设项目领域的承包商法人代表、项目及安全负责人584人次；发布2030节能降碳联合行动倡议，开展环保公益活动，减排二氧化硫252.91吨，工业废水、废气排放达标率均达100%，工业用水重复利用率为93.52%，固废处置合规率100%，环保问题整改计划完成率100%，A类、B类质量事件为零；发展绿色矿业、创建绿色矿山，累计矿山复垦面积6020.25亩、公益绿化面积1752.7亩，共有8家国家级“绿色矿山试点单位”；2项成果获央企 QC 小组成果发布二等奖，16 个 QC 小组获得国家级、省部级荣誉。

（四）其他工作亮点

深化改革方面。推进营销“一体化”整合，中铜国贸挂牌成立；完成 28 项“三供一业”分离移交项目，其中昆明冶专完成移交；全年处理历史问题涉及金额 139 亿元。

科技创新方面。全年科技投入 20 亿元以上，并以昆明冶金研究院及 5 个国家级科研平台、9 个省级创新平台为基础，设立中铝中央研究院昆明分院。

履行社会责任方面。中国铜业投入各项扶贫资金 1002.08 万元，实施扶贫项目 10 余项，挂包的规吾村 132 户及甲功村 1 户顺利搬迁；首次发布中国铜业年度《社会责任报告》《降碳报告》，并荣获“金蜜蜂 2018 优秀企业社会责任报告·环境责任信息披露奖”。

五、重要纪事

3 月 28 日，由中国有色集团与云铜集团共同投资建设的卢阿拉巴铜冶炼项目在刚果（金）科卢韦齐市厂区现场举行开工动员大会。

4 月 16 日，云南省委副书记、省长阮成发到易门铜业进行实地调研，云南省副省长陈舜陪同调研。

5 月 22 日，福建省委副书记、省长唐登杰带领省委、省政府工作检查组到中铝东南铜业 40 万吨铜冶炼项目现场开展工作检查。

5 月 27 日，中铝集团与云南省人民政府在云南省昆明市签署合作协议。根据协议，云南省政府拟将云南省国资委及下属企业所持有的云冶集团等股权纳入合作范围，中铝集团将其持有的中国铜业等股权纳入本次合作范围。

同日，中铝集团党组书记、董事长葛红林，党组副书记、总经理余德辉，党组副书记、副总经理敖宏，党组成员、副总经理刘建平、卢东亮一行到中国铜业调研。

6 月 1 日（秘鲁时间），秘鲁矿业特罗莫克铜矿二期扩建项目开工仪式在秘鲁利马总统府金色大厅举行。秘鲁总统马丁·比斯卡拉，中铝集团党组书记、董事长葛红林和中国驻秘鲁大使贾桂德出席并共同宣布项目开工。

6 月 5 日，中国有色金属工业协会党委书记、会长陈全训，工信部原材料司副司长余薇一行到华中铜业调研。

6 月 30 日，东南铜业有限公司宁德 40 万吨铜冶炼基地项目举行点火试车启动仪式。

11 月 13 日，云南冶金股权划转中国铜业签约仪式在昆明举行，标志着云南冶金正式加入中铝集团大家庭。

11 月 13 日，中铝中央研究院昆明分院昆明冶研院揭牌成立。

12 月 10 日，中铜国际贸易有限公司揭牌仪式在上海中铝大厦举行。

撰稿 / 卢中华

审核 / 华光平

云南铜业股份有限公司

一、基本情况

云南铜业股份有限公司为云南铜业（集团）有限公司控股的上市公司，前身为成立于 1958 年的云南冶炼厂，1998 年改制为股份制上市公司，更名为云南铜业股份有限公司，简称“云铜股份”，同年 6 月 2 日，在深圳证券交易所上市（股票代码 000878）。2008 年 11 月，中铝公司入主云铜集团，成为云铜股份实际控制人。2018 年 8 月，中国铜业与云铜集团完成“一体化”整合，中国铜业落户昆明，云铜股份成为中国铜业旗下重要的实体企业。云铜股份主要从事生产和销售铜精矿及其它有色金属矿产品、高纯阴极铜、工业硫酸、黄金、白银，并能综合回收金、银、铝、铋、锡、铂、钯等多种有色金属，业务覆盖铜业务主要产业链，近年来通过资源储备与产业布局，云铜股份已发展成为铜勘探、采选、冶炼、销售一体化的大型铜产业集团。

2018 年基本数据表

表 3

<table>
<tr><th>主要产品产能</th><th>资产总额 / 亿元</th><th>负债率 /%</th><th>员工总数 / 人</th><th>平均年龄 / 岁</th><th colspan="2">学历结构 / 人</th></tr>
<tr><td>1. 铜精矿含铜：11 万吨 / 年</td><td rowspan="6">372.64</td><td rowspan="6">70.19</td><td rowspan="6">13201</td><td rowspan="6">39</td><td rowspan="2">中专及以下</td><td rowspan="2">7435</td></tr>
<tr><td>2. 高纯阴极铜：61 万吨 / 年</td></tr>
<tr><td rowspan="2">3. 工业硫酸：222 万吨 / 年</td><td>大学专科</td><td>3197</td></tr>
<tr><td>大学本科</td><td>2364</td></tr>
<tr><td>4. 黄金：10 吨 / 年</td><td rowspan="2">硕士及以上</td><td rowspan="2">205</td></tr>
<tr><td>5. 白银：500 吨 / 年</td></tr>
</table>

二、组织机构

（一）领导班子

武建强　董事长、党委书记

田永忠　副董事长、总经理、党委副书记

黄云静　财务总监、党委委员

杨新国　副总经理

马震林　纪委书记

刘远照　党委副书记、工会主席

史谊峰　副总经理、党委委员

彭捍东　董事会秘书

（二）机构设置

机关部门：综合管理部、证券部、人力资源部、财务资产部、投资管理部、营销管理部、安全环保健康部、生产运行部、矿产资源部、党群工作部、纪检监察部、信息化管理中心、内审部、科技管理部、法律部。

其中：云铜股份矿产资源部履行中国铜业矿产资源管理职能，信息化管理中心履行中国铜业信息化管理职能。云铜股份内审部、科技管理部、法律部与中国铜业共享。

二级单位：西南铜业、赤峰云铜、滇中有色、易门铜业、玉溪矿业、楚雄矿冶、金沙矿业、迪庆矿业、狮子山矿、郝家河矿、思茅山水、云铜营销、检验检测、矿山研究院、玉溪飛亚、机械公司、云铜投资、红山球团、德钦鑫科、金辉矿业、思远投资、云铜家政、磨憨公司、云铜监督站。

三、生产经营

持续推进生产管理能力提升专项工程，矿山技术能力和现场管理水平得到明显提升，冶炼作业率达到97%以上，负荷率达到100.97%。

推进大宗物资集中采购，云铜股份议价能力、竞争能力、原料保障能力进一步增强。

加大与金融机构合作力度，充分发挥资金集中管理平台优势，节约融资成本1600万元，资金归集度实现48.59%。

主要指标表

表2

指标名称		2017年	2018年	同比增长/%
主要产品产量	1. 铜精矿含铜/吨	84303	110722	31.34
	2. 高纯阴极铜/万吨	62.61	68.02	8.64
	3. 黄金/公斤	10028	7800	−22.22
	4. 白银/吨	450.87	497	10.23
	5. 工业硫酸/万吨	193	256	32.64
工业产值/亿元		455.61	532.42	16.86
销售收入/亿元		570.07	474.30	−16.80
利润额/亿元		4.95	5.92	19.60
纳税额/亿元		9.49	11.53	21.50
人身伤亡事故/起		0	0	—
工亡人数/人		0	0	—
重伤人数/人		0	0	—
轻伤人数/人		39	14	−64.10

四、重大发展项目

固定资产投资完成22亿元，计划完成率为95.38%。东南铜业铜冶炼基地项目于6月30日点火启动，11月15日产出首批高纯阴极铜，全年完成阴极铜产量1.58万吨，硫酸产量19.42万吨。易门铜业底吹炉渣资源综合利用工程7月10日投料试生产，回收金属铜2971.47吨。

重大项目情况表

表3

项目名称	设计规模	投资规模	当年完成投资额	年内项目建设形象进度
东南铜业铜冶炼基地项目	阴极铜40万吨/年	48.86亿元	26.99亿元	项目全面进入投料试运行阶段
赤峰云铜环保升级搬迁改造项目	阴极铜40万吨/年	56.11亿元	21.27亿元	土建工程基本完成，正在进行设备调试
易门铜业底吹炉渣资源综合利用工程	850t/d选厂	6573万元	575万元	进入试生产阶段

五、企业管理

安全环保质量“三大攻坚战”按照网络计划稳

步推进，77 个标志性项目已验收结项 65 个，质量攻坚战标志性项目全部完成。全面完成中国铜业下达的减排任务和目标，主要污染物二氧化硫排放量与去年同比减少 18.6%，氮氧化物排放量同比减少 3.65%，氨氮排放量同比减少 70%，固废处置合规率 100%，突发环境污染事件为零。

六、科技创新

全年完成科技投入归集费用 11.33 亿元，实现科技创效 2.03 亿元，申报专利 35 件，授权 33 件。云铜股份开展的低品位复杂铜矿资源高效利用关键技术及应用项目荣获中国有色金属协会科技进步一等奖，复杂铜阳极泥高效综合回收关键技术及产业化获得云南省科技进步二等奖。

2018 年科技创新数据表

表 4

科技创新投入 / 亿元	申请专利 / 件	授权专利 / 件	科技人员占比 /%
11.33	35	33	10.15

七、深化改革

实施了玉溪矿业、楚雄矿冶管理层级压缩；“三供一业”和企业办社会职能移交工作全部完成；“处僵治困”工作按计划推进，迪庆矿业连续两年实现盈利；郝家河铜矿资产处置稳步推进；低效无效资产处置超额完成进度计划。

八、党建与企业文化建设

2018 年 1 月，云铜股份党委成立。坚持把党委会研究作为经理层重大决策的前置程序，坚持党建与业务工作融合洽接和“双百分”考核机制，层层压实党建责任制，深入开展“两带两创”活动。

九、履行社会责任

云铜股份所属各单位全年对外捐赠 133 万元，其中扶贫捐赠 75.4 万元。

云铜股份负责的迪庆州德钦县羊拉乡及甲功村、规吾村的 19 户贫困户精准脱贫任务提前完成。各所属企业按期完成当地政府下达的精准扶贫任务。

十、重要纪事

1 月 15 日，云铜股份党委、纪委成立。

1 月 31 日，中铝集团党组成员、副总经理，中国铜业董事长刘建平到云铜股份营销分公司调研。

4 月 2 日，云南铜业非公开发行股票申请通过中国证监会发行审核委员会审核，8 月 2 日取得证监会正式批复，12 月 27 日完成发行工作。

4 月 26 日，在浙江湖州召开的“第十五届全国白银订货会”上，云铜股份生产的“铁峰”牌银锭获“2018 年全国用户最喜爱 20 家白银品牌”。这是“铁峰”牌银锭连续 6 年获此殊荣。

6 月 30 日，东南铜业 40 万吨铜冶炼基地项目点火试车，8 月 30 日投料试生产，10 月 24 日顺利产出首批阳极铜，11 月 24 日产出阴极铜。

7 月 10 日，2018 年《财富》中国 500 强排行榜发布，云铜股份位列云南省上市公司首位。

12 月 27 日，云铜股份召开第一次党代会。

2018 年，云铜股份主产品铜精矿含铜、高纯阴极铜、工业硫酸等产量再创新高，盈利突破 10 亿元大关。

撰稿 / 靳记涛

审核 / 叶德生

中铝矿业国际

一、基本情况

中铝矿业国际（简称中矿国际）是中铝集团在境外进行收购、投资、发展及营运非铝有色金属矿产资源及项目的核心平台。中矿国际经营的主要资产为秘鲁特罗莫克项目。

中矿国际于 2003 年 4 月 24 日根据公司法在开曼群岛注册成立为豁免公司。

中矿国际通过秘鲁的全资附属公司中铝秘鲁矿业公司（Minera Chinalco Peru S.A. 下称秘鲁矿业）专注发展特罗莫克项目。MCP 于 2003 年 5 月 20 日于秘鲁利马注册成立，并于 2003 年 6 月 5 日以 Minera Peru Copper Syndicate S.A. 之名称在秘鲁公司公共注册处登记，该名称于 2005 年 5 月 17 日变更为 Minera Peru Copper S.A.，再于 2008 年 7 月 25 日变更为 Minera Chinalco Peru S.A.。

中矿（宁德）有限公司是中矿国际的附属全资子公司，成立于 2016 年 3 月 15 日，注册资金为 5000 万元，于 2018 年由中铝东南铜业有限公司进行托管。

2018 年基本数据表

表 1

资产总额 / 亿元	负债率 /%	员工总数 / 人	平均年龄 / 岁	学历结构 / 人	
384.95	71.38	1535	38	中专及以下	0
				专科	915
				本科	506
				硕士及以上	62

二、组织机构

（一）领导班子

栾书伟　总裁

王红绪　副总裁

唐丽萍　财务总监（2018 年 7 月起）

高立东　财务总监（2018 年 7 月止）

（二）机构设置

设行政部、财务部及国际市场部。

三、生产经营

2018 年，中矿国际累计完成铜精矿产量 102.6

万吨（含铜 20.77 万吨），超额完成总部下达的生产目标，销售量 102.9 万吨（含铜 20.4 万吨），实现销售收入 11.07 亿美元；铜选矿回收率 79.51%，铜精矿品位 20.25%；超额完成主要生产技术考核指标，铜回收率、铜精矿品位和铜精矿含铜量均超过年度计划，创造 2016 年以来的新高；实现利润约 2.41 亿美元，剔除资产减值损失后，完成了总部下达的利润奋斗目标；全年累计铜精矿含铜单位完全生产成本比考核目标降低了 473 美元 / 吨；资产负债率 68.05%，剔除资产减值损失、分红影响后资产负债率 61.68%，完成了 65% 的考核目标。

主要指标表（CMC 大合并口径）

表 2

指标名称	2017 年	2018 年	同比增长 /%
工业总产值 / 亿元	87.18	83.61	−4.09
销售收入 / 亿元	78.11	83.23	6.55
利润额 / 亿元	8.39	16.00	90.7
纳税额 / 亿元	5.92	5.63	−4.9
净资产收益率 /%	2.80	9.51	—
产值劳动生产率 / 千元 · 人	5.8	4.1	—
人身伤亡事故 / 起	0	0	—
工亡人数 / 人	0	0	—
重伤人数 / 人	0	0	—
轻伤人数 / 人	0	0	—

四、重大发展项目

2018 年，秘鲁矿业累计完成投资额 43377 万美元，包括特罗莫克一期项目的持续性投资、各部门资本化项目和技改优化项目和二期扩建项目。其中，特罗莫克二期扩建项目于 6 月 1 日对外正式宣布开工建设，截至 2018 年末已经完成顽石破碎机、半自磨机和球磨机的基础施工等，主要核心设备半自磨机、球磨机及其配套电机和主厂房钢结构完成制造，并逐步交货；尾矿管线移位于 2018 年 6 月 12 日竣工并投入生产；新增 2 台铜精选浮选柱项目于 2018 年 3 月 28 日正式建成并投入生产，比计划提前 5 天建设完成；前装机采购项目，于 2018 年 12 月上旬到货并投入生产；新增四台浮选机项目于 2018 年 5 月 31 日正式建成并投入生产；尾矿坝建设项目于 2018 年 3 月底完成阶段 II 的全部施工和阶段 III 年度进展计划，累计完成 1.05 亿美元，完成总投资计划的 90%；矿山排水项目完成从水池 C 到中心 PIKE 排水管道项目、CAJONCILLO 和 MOROCOCHA 的渠道和管道项目以及排水 4 期项目的设计等共 5 个排水项目，实际完成投资 284 万美元。

五、企业管理

2018 年，秘鲁矿业坚持开展安全生产大检查活动，推进实施 5S 现场管理活动，顺利通过秘鲁环境监管局 OSINERMIN 两次年检及 OHSAS 18001 认证。全年没有发生重大安全与环境事件，安全管理指标控制优于 2017 年。

加强内部管理，开展部分岗位 8×6 工作制的改革尝试，逐步完善 KPI 绩效考核管理制度，全年新建各种制度 15 项、流程 13 项、操作手册 105 项；优化采购模式，以及优化销售和仓储方式，加强商务条款谈判，并实施对标管理，实现降本增效。

六、科技创新

2018 年，秘鲁矿业共实施科研项目 14 项、技改项目 5 项，开展磨矿、浮选流程优化和浮选药剂试验等研究，并逐步完善科技管理制度。5 月 29 日，召开首次科技工作会议。

七、深化改革

2018年10月，秘鲁矿业委托普华永道开展组织架构优化设计工作。新的组织架构取消总管一级，组织架构更加扁平化。

八、党建与企业文化建设

5月22日，中国铜业党委正式批复成立秘鲁矿业党工委、纪工委。党工委批准成立两个支部，并按照标准党支部建设的要求，于8月分别选举产生支部支委，并批准成立党工委办公室，纪工委按照程序推选纪工委委员。秘鲁矿业进一步探索党建与海外企业管理的融合，完成党工委《议事规则》《“三会一课”制度》《党建工作责任制管理办法》等22项制度的建立。同时，制定《中铝秘鲁矿业公司党工委管理的干部管理办法（试行）》，明确中铝系统外中方员工和外方经理以上管理人员的聘用调整解聘须履行党工委前置程序，形成《员工职业道路发展规划》方案。

九、履行社会责任

2018年，中矿国际向海晏县捐赠扶贫资金70万元、阳新县55万元。

十、重要纪事

3月27日，秘鲁矿业两台浮选柱项目建成投产，5月29日四台浮选槽项目建成投产。

4月25日，秘鲁矿业在Tarma完成34公顷土地注册工作。

5月29日，秘鲁矿业在矿山召开首次科技工作会议。

6月1日，秘鲁矿业在秘鲁总统府举行二期扩建开工仪式并庆祝成立十周年。

11月15日，秘鲁矿业通过OHSAS 18001职业健康安全管理体系认证。

12月16日，2018年铜精矿含铜产量突破20万吨。

2018年，秘鲁矿业荣获中铝集团年度总经理特别奖。

2018年，秘鲁矿业荣获第二届中国有色金属工业境外资源开发战略功勋企业。

撰稿／徐　行

审核／董春竹

中铝矿产资源有限公司

一、基本情况

中铝矿产资源有限公司（简称中铝资源）成立于 2010 年 4 月。2017 年 1 月，中铝集团决定将中铝资源纳入中国铜业有限公司（下称中国铜业）管理。2018 年 8 月，中国铜业决定以中铝资源为平台整合云铜勘查和玉溪飛亚地质勘查类资产，并重新调整中铝资源战略定位。

截至 2018 年底，中铝资源股权结构为：中国铜业持股 92.43%，中国铝业持股 6.68%，中国稀有稀土持股 0.89%。注册资本金为 5.95 亿元。

经营范围：矿产地质调查、固体矿产勘查，地球物理勘查，地球化学勘查，地质勘探工程施工，工程地质勘查，地质测绘与工程测量，地质勘查技术咨询与服务，矿产资源的开发及矿产品经营，矿业咨询与技术服务。

2018 年基本数据表

表 1

资产总额 / 亿元	负债率 /%	员工总数 / 人	平均年龄 / 岁	学历结构 / 人	
13.97	56	43	43	中专及以下	8
				大学专科	6
				大学本科	18
				硕士及以上	11

二、组织机构

（一）领导班子

姚志华　董事长、党委书记（2018 年 9 月起）

武建强　董事长（至 2018 年 9 月）

沃拥军　党委委员、总经理（2018 年 9 月起）

王东生　总经理（至 2018 年 2 月）

王　强　党委书记、副总经理、纪委书记、工会主席（至 2018 年 9 月）

王　强　党委副书记、纪委书记、工会主席（2018 年 9 月起）

赵　飞　财务总监

赵高举　副总经理（2018 年 9 月起）

（二）机构设置

本部部门：综合部（人力资源部）、党群工作部、财务资产部。

所属企业：中铝西藏矿业有限公司、中铝矿产资源有限公司青海分公司、青海中铝黄金有限公司、中铝矿产资源有限公司新疆分公司。

三、生产经营

主要指标表

表2

指标名称	2017年	2018年	同比增长/%
销售收入/亿元	0.0057	0.1633	2765
利润额/亿元	−0.60	−0.5387	−10
纳税额/亿元	0.0133	0.0402	203
人身伤亡事故/起	0	0	—
工亡人数/人	0	0	—
重伤人数/人	0	0	—
轻伤人数/人	0	0	—

四、企业管理

（一）安全环保质量工作

本部和各企业均设立安全总监，开展了安全环保质量全面大整改攻坚实施行动、安全生产活动月、观看安全事故警示教育片等活动，强化警示教育，树立全员安全环保意识。

（二）矿区环境恢复治理

2018年，对青海省玛多县抗得弄舍项目、新疆巴里坤项目开展环境恢复治理工作，两个项目均通过了当地国土管理部门组织的现场验收。

五、深化改革

2018年，中国铜业以中铝资源为平台整合云铜勘查和玉溪飛亚地质勘查类资产。截至年末，完成对云铜勘查和玉溪飛亚勘查类资产的审计评估编制工作，确定了整合后新中铝资源的组织机构设置、人员编制方案。

六、党建与企业文化建设

2018年，中铝资源接受中铝集团党组第四巡视组的巡视工作，对存在问题立行立改、举一反三、建立长效机制。开展中铝资源本部及所属企业负责人履职待遇、日常费用支出检查，对存在的问题按照规定，严格要求、立行立改。

七、重要纪事

1月22日，中铝资源召开2018年度工作会议。

7月15日，中铝资源召开2018年年中工作会议。

7月18日，“西藏自治区改则县铁格隆南矿区金铜矿详查”“青海省玛多县抗得弄舍金多金属矿区详查”两个项目获“中国有色金属地质找矿成果奖”一等奖；“西藏自治区昌都县昂青矿区银矿详查”“西藏自治区改则县拿若矿区铜矿普查”两个项目获二等奖。

8月，中铝集团党组第四巡视组进驻中铝资源开展为期3个月的巡视工作。

12月13日，中铝资源与中国地质科学院矿产资源研究所举行战略合作洽谈，就矿产资源商业勘查达成合作意向。

12月28—29日，中铝资源在昆明召开2018年改革创新和发展战略研讨会。

撰稿/段江燕

审核/沃拥军

中铝洛阳铜业有限公司

一、基本情况

中铝洛阳铜业有限公司（简称洛阳铜业）主体资产为我国“一五”期间兴建的156项重点工程之一的洛阳有色金属加工厂，2005年中国铝业公司收购洛阳铜加工集团有限责任公司核心资产，并成立洛阳铜业。股权结构为，中国铜业有限公司持股91.69%、洛阳市国资委持股8.31%。

截至2018年末，洛阳铜业拥有铜及铜合金板带、管棒、铝镁板带材加工生产系统，具备年产有色金属加工材20万吨的生产能力，是国内规模最大的综合性铜加工企业。

经营范围包括铜、镍、钛、铝、镁及其合金铸造及加工产品；不锈钢加工产品；冶炼产品；铜、铝制品、铜冶炼副产品、仪器仪表、金属工艺品的生产等。

2018年基本数据表

表1

主要产品产能	资产总额/亿元	负债率/%	员工总数/人	平均年龄/岁	学历结构/人	
有色金属加工材20万吨/年	39.43	95.28	1687	46	研究生	2
					本科	35
					专科	26
					中专	1
					高中以下	6

二、组织机构

（一）领导班子

周明新　党委书记、董事长

姚红海　总经理、党委副书记

曹钦润　党委副书记、工会主席

陈江桥　党委委员、副总经理

罗国荣　党委委员、财务总监

赵泽江　党委委员、副总经理

董运华　党委委员、纪委书记

（二）机构设置

职能部门：综合办公室、人力资源部、党群工作部、财务部、开发部。

三、经营情况

2018年，洛阳铜业控亏1.64亿元，同比减亏

1.11亿元，与预算比减亏100万元，资产负债率92.84%，完成中国铜业下达的控亏1.65亿元经营目标。亏损企业治理、资金筹集及接续、低效无效资产处置也均完成目标。

主要指标表

表2

指标名称	2017年	2018年	同比增长/%
销售收入/亿元	17.78	6.08	−66
利润/亿元	−2.61	−1.62	38
纳税额/亿元	0.28	0.14	−50
人身伤亡事故/起	0	0	—
工亡人数/人	0	0	—
重伤人数/人	0	0	—
轻伤人数/人	0	0	—

四、企业管理

（一）土地盘活

2018年，洛阳铜业实施房产短期分区域出租。截至年末，出租面积约17000平方米，累计实现租金收益106万元（不含税）。

（二）财务工作

全年财务费用1.09亿元，同比降低8753万元，降幅达到45%，；积极推进债转股工作，洛阳铜业债转股项目于11月29日正式签约；积极开展出口退税申报，2018年实现出口退税239万元。

（三）审计监督

加强内控、风控体系建设，充分发挥审计监督职能，共查出问题26项，提出审计建议27项，直接或间接挽回经济损失125万元。

五、深化改革

采取内部消化、委托拍卖、自主招标等多种方式，加大低效无效资产处置力度，全年累计盘活和处置低效无效资产4810万元（原值）；对呆滞库存的备品备件进行全面梳理和鉴定，并转入正常库存，呆滞库存余额降至1473万元。

改革完善离休干部医疗费用管理制度，2018年医疗费累计支出161万元，同比降低150万元。

加快离退休人员手续的办理，全年累计办理退休335人。截至2018年末，劳动力市场人员1613人，其中内退1102人、有期限放假482人、自谋职业29人。

六、党建与企业文化

2018年，洛阳铜业党委通过开展“标准化党支部创建”“两带两创”，搭建“特色党日”活动平台，较好融入中心工作，实现安全环保质量“三大攻坚战”的各项目标，年度党建考核101.71分，经营目标考核108分，均创历史新高。

2018年，洛阳铜业共举办4次由企业主要负责人主讲的企业文化大讲堂。

七、履行社会责任

2018年以来，洛阳铜业党委认真履行社会责任，对定点帮扶村实施“光明工程”，捐资15万元完成杜沟村70盏太阳能路灯建设任务，并和洛阳市残疾人、涧西区残疾人联合会举办暖心520活动。

八、重要纪事

3月16—17日，中铝集团党组成员、副总经理，中国铜业董事长刘建平到洛阳铜业调研。

3月，洛阳铜业荣获国家统计局河南调查总队“2017年度河南工业生产者价格统计先进调查单位”荣誉称号和洛阳市统计局“2017年度企业统计先进单位”荣誉称号。

4月18日，国务院国资委“处僵治困”专项督导组进驻洛阳铜业进行现场检查督导。

6月28日，中铝集团党组成员、副总经理冯贵权到洛阳铜业调研。

7月13日，河南省委常委、洛阳市委书记李亚率领市直相关部门负责人到洛阳铜业调研企业改革转型发展工作。

9月14日，洛阳市副市长李金迎率洛阳市金融办有关领导到洛阳铜业，就债转股问题进行专题调研。

11月29日，洛阳铜业、中铝创新发展股权投资基金管理（北京）有限公司和中国建设银行洛阳分行债转股业务合作框架协议签约仪式在洛阳举行，标志着洛阳市第一单债转股项目和国内首例增量非标转标债转股项目正式落地。

撰稿 / 汪恒玉

中铝上海铜业有限公司

一、基本情况

中铝上海铜业有限公司（简称上海铜业）是中国铜业控股子公司，注册资本152324万元，由中国铜业、上海仪电资产、上海工投、上海闵马4家股东组成，占股比分别为55.15%、33.04%、9.62%、2.19%。

经营范围包括金属制品、有色金属制品、金属盐类、半导体材料加工、切割、销售；从事货物及技术的进出口业务；实业投资；投资管理；资产经营管理。

2018年基本数据表

表1

资产总额/亿元	负债率/%	员工总数/人	平均年龄/岁	学历结构/人	
23.29	72.3	576	51	中专及以下	422
				大学专科	106
				大学本科	42
				硕士及以上	6

二、组织机构

（一）领导班子

姜敢闯　党委书记、董事长、总经理

谭　秋　财务总监

张火兴　副总经理、纪委书记、工会主席

唐　宏　高级专务

李　宁　高级专务

（二）机构设置

职能部门：综合管理办公室、党委工作部、人力资源部、财务部、企业管理部。

二级单位：资产管理分公司、行政服务分公司、工程建设分公司、电子新材料研发中心、工贸公司。

控股子公司：上海有色经贸物资有限公司。

三、生产经营

2018年，上海铜业持续开展资产盘活工作，获得杨浦区政府应允隆昌路地块二期挂牌成交价不低于一期，并在该地块摘牌成交后，确定溢价收益

1.745亿元的分配方案，比预算增加1亿元；“僵尸企业”专项治理获得国资委“处僵治困”专项审计检查组的认可。吴淞厂区东部地块城市更新项目落地，于3月与圣博华康公司签订厂房及土地出租合同，并与项目公司签订概括转移协议，且圣博华康公司策划的“中铝·尚同科创小镇”项目被宝山区政府列入2018年重大项目，于9月通过宝山区项目准入评估；全力配合并竭诚服务好华中铜业二期和洛阳铜业450项目的设备拆迁、技术支持服务、现场安全环保管理等工作；结合期货市场行情，积极与洛阳铜业沟通协调，打破僵局，明确时点，累计处置存货1910.2吨，盘活存量资源。

主要指标表

表2

指标名称	2017年	2018年	同比增长/%
销售收入/亿元	150.8	145	−3.8
利润额/亿元	0.36	2.24	522
纳税额/亿元	0.13	0.16	23
人身伤亡事故/起	0	0	—
工亡人数/人	0	0	—
重伤人数/人	0	0	—
轻伤人数/人	0	0	—

四、企业管理

2018年，上海铜业实现了安全事故、环保事故“双零”目标。主要措施：一是宣贯中铝集团安全理念，加强安全培训教育；二是落实“一岗双责”安全责任制，加大安全考核力度；三是加强设备拆迁工程风险管控，坚持“群众报隐患、专家查问题、领导抓整改”原则开展隐患排查治理工作；四是加强承租户安全监督，抓好出租场所“五违”整治工作。

五、科技创新

一是有序推进与中节能公司合作，在水厂现址建设建筑节能能效中心。该项目将利用中国节能的技术优势，将蕰藻浜河水作为介质，为转型开发的园区提供冷热供能。

二是充分发挥铜加工以及压延铜箔研发生产的技术优势，编制了《铜板带和压延铜箔生产工艺规程》《电解铜箔的表面处理工艺》。探索与洛阳院合作研究和开发生产铜箔精轧机、铜箔后处理设备的可行性。

六、深化改革

重点做好天龙山庄公司压减工作。5月，将持有的100%股权在上产所挂牌转让。5月28日上海钊溢实业有限公司向上交所提出了受让意向。6月15日上海铜业与上海钊溢实业有限公司签订了股权转让合同。

七、党建和企业文化建设

（一）加强组织培训，宣贯中共十九大精神

通过党委中心组学习、主题党员活动日等形式，加强理论学习。组织人员参加中铝集团和市经信党委开展的中共十九大专题培训班。

（二）加强组织建设，夯实基层党建工作

加强党员信息管理，完成党组织机构和党员信息的数据收集校核工作。组织开展纪念建党97周年系列活动。持续推进“两带两创”活动。深入开展宣传思想和形势任务教育宣传宣讲活动。开展“反腐倡廉宣传教育”活动。推进党支部标准化建设。扎实开展“五新”大讨论活动。

（三）做好党委换届选举工作

根据党章和相关规定，制定了换届选举工作方案，确定了上海铜业“两委”委员候选人预备人选名单，完成组织审查工作。12 月 7 日，上海铜业召开党员大会，选举产生新一届党委和纪委。

八、履行社会责任

为 940 名退休职工办理住院互助保障。

为 677 名职工办理住院互助保障等四项专享保障。

为 680 名在册职工办理工会会员专享保障。

帮困送温暖、探望、慰问 239 人次，安排 195 名先进代表、退休职工疗休养。

安排企业年金 380 万元，提高职工互助专享保障标准至 40 元 / 人，提高职工午餐和职工体检标准。

九、重要纪事

5 月 4 日，上海市经信委副主任黄瓯到上海铜业调研，了解“主业停产、转型发展”情况。

5 月 28 日，国务院国资委中央企业“处僵治困”工作专项审计检查组到上海铜业进行“僵尸企业”专项治理预验收。

6 月 5 日，中铝集团党组成员、副总经理，中国铜业董事长刘建平到上海铜业调研，现场检查设备搬迁工作。

8 月 26 日，中铝集团党组书记、董事长葛红林到上海铜业调研，参观吴淞科技园数据港项目。

9 月 7 日，中铝集团党组成员、总会计师叶国华到上海铜业调研，指导和协调推进设备拆迁工作。

11 月 6 日，中铝集团党组成员、副总经理，中国铜业董事长刘建平到上海铜业调研。

12 月 7 日，上海铜业召开党委换届选举大会，选举新一届党委、纪委。

12 月 10 日，中铝集团党组成员、副总经理，中国铜业董事长刘建平到上海铜业调研，听取工作汇报，现场调研建德天龙山庄物业。

12 月 12 日，中铝集团党组副书记、总经理余德辉到上海铜业调研，指导海防路房产盘活工作。

撰稿 / 黄政义

审核 / 姜敢闯

中铝华中铜业有限公司

一、基本情况

中铝华中铜业有限公司（简称华中铜业）成立于2005年9月，注册资本17.93亿元，中国铜业有限公司控股（75.56%），黄石市国有资产经营有限公司参股（24.44%）。

华中铜业主导产品有高精度引线框架铜带、压延铜箔坯及铜箔、新能源汽车用铜带、变压器铜带、电缆铜带、电子接插件铜带、车载接插件、光伏太阳能铜带、LED产品用电子铜带。

高精度铜板带箔项目二期工程于2017年9月7日启动建设，投资概算11.28亿元，2018年11月30日，项目主体工程完工。

2018年基本数据表

表1

主要产品产能	资产总额/亿元	负债率/%	员工总数/人	平均年龄/岁	学历结构/人	
铜带材6万吨/年	19.2	75.32	522	35	中专及以下	198
					大学专科	192
					大学本科	125
					硕士及以上	7

二、组织机构

（一）领导班子

明文良　董事长、党委书记、总经理

王际清　纪委书记（至2018年12月）

曹旗文　副总经理（至2018年12月）

刘长奎　财务总监

陈立彬　党委副书记、工会主席

戴　伟　副总经理（2018年6月任）

高　克　副总经理（2018年6月任）

（二）机构设置

职能部室：总经理办公室（董秘室、法律事务部）、人力资源部、财务部、企业管理部、安全环保（健康）部、党群（工会）工作部、纪检监察（审计）部/巡察办公室。

二级单位：铸造中心、板带一中心、板带二中心、铜箔中心、装备保障中心、技术工程中心（质量保证中心）、黄石华中铜业金地科技有限公司、二期项目指挥部（临时机构）。

三、生产经营

2018年，华中铜业亏损19816万元，其中剔除处理历史遗留问题5937万元、资产减值7037万元，经营性亏损6852万元。

主要生产经营指标表

表2

指标名称		2017年	2018年	同比增长/%
主要产品产量	铜加工材/万吨	3.64	3.08	−15.15
	其中：C10200/万吨	1.84	1.35	−26.55
	C19210/万吨	0.8	0.71	−11.68
	C19400/万吨	0.83	0.77	−7.13
	其他/万吨	0.16	0.25	56%
工业产值/亿元		15.49	17.10	−9.41
销售收入/亿元		13.65	14.41	−5.31
利润额/亿元		−1.98	−0.69	186.68
纳税额/亿元		0.06	0.07	−15.11
人身伤亡事故/起		0	0	—
工亡人数/人		0	0	—
重伤人数/人		0	0	—
轻伤人数/人		0	0	—

四、重大发展项目

2018年，华中铜业全力以赴抓好二期项目建设，11月30日项目主体工程顺利完工，进入收尾阶段。

重大项目情况表

表3

项目名称	设计规模/万吨	投资规模/万元	当年完成投资额/万元	年内项目建设进度
高精度铜板带箔项目二期工程	5	112770	59400	主体工程完工，进入收尾阶段

五、企业管理

生产管理。2018年，关键机台效率全面提升，准时化交货提升5.95个百分点。

质量管理。启动IATF16949体系建设并认证成功；创新“金字塔”巡检，提高产品稳定性。强化客诉跟踪服务整改，客诉次数同比下降47%。

设备管理。推进设备F1检修，强化点检、润滑等专项管理，检修超时比例同比减少63%，设备故障率同比下降16%。

安全环保。贯彻中铝集团CAHSE体系要求，名列中铝集团第一阶段年度评比第二名。全年安全风险值下降65%以上。

六、科技创新

2018年，华中铜业开展科技项目17项，其中中铝集团基金项目、中国铜业重点项目各1项，压延铜箔带坯生产技术研究与应用、汽车用铜及铜合金带材产品开发项目成果显著。专项攻关解决精轧机压靠印、短黑线、乳液分离去污、高氧铜氧含量炉内均质化等行业难题，气泡损失率同比下降5个百分点。

2018年科技创新数据表

表4

科技创新投入/万元	申请专利/件	授权专利/件	科技人员占比/%
5484.43	8	0	10.20

七、深化改革

2018年9月，经中铝集团推荐，华中铜业成功入选国务院国资委国企改革“双百行动”企业。

市场化契约化改革试点。670剪实施市场化契约化改革，机台产量翻两番，经济效益最高增加81万元/月，人均劳动生产率提升205%，员工收入翻番。

混合用工机制改革。金属班用工由原13人减至8人，员工收增20%以上，双面铣4名市场化用工实现替代。

八、党建与企业文化建设

2018年，华中铜业党委推进“两学一做”常态化制度化，深化党风廉政建设和反腐倡廉工作，落实“两个责任”。持续优化“党建+N”工作体系，全面推进“10+8”党建品牌建设，助力生产经营、改革发展。

九、履行社会责任

投入2700余万元，启动实施工业废水“零排放”项目，成为铜加工行业的首例。

支持精准扶贫，与阳新县排市镇陈山村结对帮扶，帮助脱贫出列。

建立“以员工为中心”信息反馈机制，解决员工团购房产权证、厂区外道路照明、员工宿舍供热水、夜班人员夜宵等问题，保障员工权益，提升员工幸福感。

十、重要纪事

1月25日，中铝集团党组成员、副总经理刘建平到华中铜业调研。

2月7日，华中铜业通过高新技术企业认证，获得“全国高新技术企业”证书。

3月16日，湖北省政协副主席彭军就“扬优补短双驱动，着力发展实体经济”到华中铜业调研。

6月5日，华中铜业承办“2018中国铜加工产业年度大会暨中国（黄石）铜产业高峰论坛”。同日，中国有色金属工业协会党委书记、会长陈全训，工信部原材料司副司长余薇一行到华中铜业调研。

6月22—14日，中国有色金属工业协会名誉会长康义到华中铜业调研。

6月29日，华中铜业高精度铜板带箔二期项目西马克六辊轧机热负荷试车成功，生产出第一卷高精度铜板带成品材，标志着项目建设取得阶段性进展。

7月12日，中铝集团党组书记、董事长葛红林一行到华中铜业调研并慰问员工。

8月10日，国务院国有企业改革领导小组办公室公布“双百企业”名单，全国共有404家企业入选，华中铜业榜上有名，是中铝集团入选的两家企业之一。

9月27—28日，中铝集团党组副书记、副总经理敖宏一行到华中铜业调研。

11月29日，华中铜业二期工程高精度铜板带箔项目二十辊轧机成功试生产轧制出0.015毫米铜箔带材，标志着华中铜业已形成高精度铜箔材的加工能力，二期工程全面进入收官阶段。

撰稿/柯汉雄

审核/明文良

中铝洛阳铜加工有限公司

一、基本情况

中铝洛阳铜加工有限公司（简称洛阳铜加工）是中铝洛阳铜业有限公司的全资子公司，承接了洛阳铜业的优质资产，成立于2016年7月29日，同年12月正式以企业法人身份独立运营。主营业务：铜镍材加工、铝镁材加工和配套的国家级企业技术、检测中心在内的研、产、供、销体系，主要生产铜镍及其合金板、带、箔、管、棒材，铝镁板带材等有色金属加工材产品。

洛阳铜加工是国内较具影响力的综合性有色金属加工企业。

2018年基本数据表

表1

主要产品产能	资产总额/亿元	负债率/%	员工总数/人	平均年龄/岁	学历结构/人	
铜板带材16万吨/年	27.41	56.33	1627	44	中专及以下	725
铜管棒材3万吨/年					大学专科	539
铝镁板带材1万吨/年					大学本科	353
					硕士	9
					博士及以上	1

二、组织机构

（一）领导班子

张晓光　总经理（兼）

曹钦润　执行董事、党委书记

陈江桥　副总经理、工会主席

董运华　党委副书记、纪委书记

曹旗文　副总经理

朱盘根　财务总监

秦光文　总经理助理、安全总监

王华星　总经理助理

诸　捷　总经理助理

（二）机构设置

职能部门：综合部、财务部、党群工作部、人力资源部、纪检审计部、营销公司、生产管理部、安全环保健康部、质量管理部、装备管理部、技术中心、工艺管理部。

二级单位：熔铸厂、板带厂、管棒厂、铝镁板带厂。

三、生产经营

2018 年，洛阳铜加工重点在提高准时化交货率、稳定产品质量、提升市场保障能力等方面扎扎实实开展工作，基本实现月产保持在 6000 吨以上，产品综合成品率稳中有升。

主要生产经营指标表

表 2

指标名称		2017 年	2018 年	同比增长 /%
主要产品产量	1. 铜 / 万吨	7.8335	7.3768	−5.83
	2. 铝镁 / 万吨	0.2022	0.1769	−12.51
工业产值 / 亿元		32.80	32.78	0.01
销售收入 / 亿元		34.4	35.40	2.91
利润额 / 亿元		0.26	0.02	−92.31
纳税额 / 亿元		0.04	0.09	55.56
所有者权益 / 亿元		12.21	11.97	−1.96
纳税额 / 亿元		0.04	0.09	55.56
净资产收益率 /%		1.92	−0.05	—
人身伤亡事故 / 起		0	0	—
工亡人数 / 人		0	0	—
重伤人数 / 人		0	0	—
轻伤人数 / 人		11	8	−27

四、重大发展项目

2018 年，洛阳铜加工在原板带厂框架车间及宽厚板厂房内新建上海铜业 450MM 青白铜生产线搬迁项目。该项目建设规模为新增铜板带材 5400 吨 / 年，产品方案为锡磷青铜板带材（C5191、C5210）1600 吨 / 年，锌白铜板带材（C7521、C7541、C7701）3800 吨 / 年。

重大项目情况表

表 3

项目名称	设计规模	投资规模 / 万元	当年完成投资额 / 万元	年内项目建设形象进度
上海铜业 450 生产线搬迁项目	项目建设规模为新增铜板带 0.54 万吨 / 年	6274	6274	2018 年 12 月建成，进行系统调试

五、企业管理

持续完善质量体系制度建设，通过质量巡查，规范员工的操作行为，促进管理水平的提升和管理指标的优化。全年铜加工材综合成品率完成 55.45%，同比提高 0.58 个百分点；退换货率累计完成 12.58‰，同比下降 0.91 个千分点。

围绕安全环保大整改攻坚战主线，开展了安全能力提升、风险分级管控、隐患排查清单化、创新班前会、承包商安全管控、5S 管理、清洁生产审核等活动，全年重伤以上事故为零，未发生新增职业病病例，未发生重大消防、厂内交通事故，未发生环境污染事件。

六、科技创新

2018 年科技创新数据表

表 4

科技创新投入 / 万元	申请专利 / 件	授权专利 / 件	科技人员占比 /%
13574.83	10	5	14.47

2018 年，洛阳铜加工科技创新投入占营业收入比重达 3.84%。

洛阳铜加工在电子用 LY32/LY41 带材开发、高端铜板带箔技术研究及应用、高强耐磨青铜材料开发、大规格 PD 管开发 4 个项目上取得技术上的突破，实现进口替代；铜及铜合金熔铸质量提升等13个项目按计划推进；“高气密性耐热（弥散）无氧铜及其产业化制备技术”项目，获得中国有色金属工业科学技术奖一等奖；牵头申报的重大科技专项“结构—功能一体化铜合金新材料制备关键技术研发及产业化”项目，获洛阳市批准。“高气密性耐热（弥散）无氧铜及其产业化制备技术”等4项科技创新成果，被专家组评价为国际领先水平。

主持完成国家标准6项，在研标准8项，申报标准8项，获得标准项目资金支持75.2万元；全年向国家知识产权局申请专利10项（发明专利6项，实用新型专利4项），获授权专利4项（发明专利1项，实用新型专利3项）。

2018年11月，洛阳铜加工通过国家高新技术企业认证。

七、深化改革

在2017年组织架构变革的基础上进行优化调整，撤销原宽厚板厂，重新组建铝镁板带厂；将营销公司的客户投诉业务职能划转至质量管理中心。

以优化生产现场组织结构为出发点，在板带厂进行压缩管理层级的试点，通过取消机台长岗位，安排工区长跟班带班等举措，进一步加强对中班、夜班的生产现场管控力度。

八、党建与企业文化建设

开展“五新”大讨论，深入推进“两带两创”活动，设立党组织带党员创效项目37个，设立党员带群众创新项目或创新课题30个。

组织召开洛阳铜加工第一次职工暨工会会员代表大会、第一次团员大会，选举产生两级工会组织和团组织。

九、履行社会责任

对照《铸造企业清洁生产综合评价方法》，在熔铸厂从工艺装备及材料要求、能源利用、污染物产生、废弃物回收利用和环境管理5个方面进行清洁生产状况评价并大力开展清洁生产，重点实施变压器节能改造，停用再生回收炉，对3#低频炉收尘设施进行提标改造。2018年10月熔铸厂通过洛阳市工信局、发改委和环保局联合组织的现场验收和省清洁生产专家资料审核。

十、重要纪事

3月20日，总投资近7000万元的450青白铜生产线项目正式开工。

3月28日，中国有色金属工业协会党委副书记、中国有色金属加工工业协会理事长范顺科，中国有色金属加工工业协会副理事长兼秘书长章吉林一行到洛阳铜加工调研。

4月19日，参加“一带一路”论坛会议的十二届全国政协副主席陈元一行到洛铜调研。

5月，洛阳铜加工环保项目——新式水平连铸收尘设施调试成功，并投入使用。

6月，洛阳铜加工立式连铸溢流方式生产铜合金工艺试制成功。

7月中旬，河南省委常委、洛阳市委书记李亚带领市直相关部门负责人到洛铜调研企业改革转型发展工作。

12月，洛阳铜加工通过河南省科技厅高新技术企业评审，被认定为高新技术企业。

撰稿 / 李瑞华
审核 / 李　峰

中铜国际贸易有限公司

一、基本情况

中铜国际贸易有限公司（简称中铜国贸）于2018年11月12日在上海市浦东新区注册，注册资本6亿元人民币。

主要从事矿产品（除专控）、金属制品、煤炭、焦炭、橡胶制品、化学原料及产品（除危险化学品、监控化学品、民用爆炸物品、易制毒产品）、塑料制品、燃料油（除危险品）的销售；从事货物及技术的进出口业务。

2018年12月10日，中铜国际贸易有限公司在上海中铝大厦举行揭牌仪式。中铝集团党组书记、董事长葛红林，上海市政府副秘书长、市经济和信息化委员会主任陈鸣波共同为中铜国贸揭牌。中铝集团党组副书记、总经理余德辉，上海市浦东新区政府副区长、上海自由贸易试验区管委会副主任王华，中铝集团党组成员、副总经理刘建平，上海市经济和信息化委员会副主任戎之勤，中铝集团党组成员、总会计师叶国华，上海期货交易所党委书记、理事长姜岩参加揭牌仪式。

二、领导班子

马惠智　党委书记、董事长、总经理（2018年9月任）

王磐松　副总经理（2018年11月任）

徐鹏宇　党委副书记、纪委书记（2018年12月任）

王德忠　副总经理（2018年12月任）

三、重要纪事

11月6日，中国铜业有限公司党委印发《关于成立中国共产党中铜国际贸易有限公司委员会的通知》，中国共产党中铜国际贸易有限公司委员会、中国共产党中铜国际贸易有限公司纪律检查委员会成立。

11月12日，中铜国际贸易有限公司在上海市浦东新区完成工商注册。

12月10日，中铜国际贸易有限公司揭牌仪式在上海中铝大厦举行。

撰稿／陈丽明

审核／吴雪亮

云港金属有限公司

一、基本情况

云港金属有限公司（简称云港金属）是中国铜业持有100%股权的境外企业，注册地为香港。云港金属作为中国铜业境外项目之一的刚果（金）年处理40万吨铜精矿精铜冶炼项目（项目公司为卢阿拉巴铜冶炼股份有限公司，简称卢阿拉巴）的投资平台，主营业务为股权投资，房屋租赁。

二、组织机构

（一）领导班子

王　冲　董事长（兼）

徐继刘　董事（兼）

黄　江　董事（兼）

（二）机构设置

职能部门：综合部。

三、生产经营

云港金属的报表利润主要来自于卢阿拉巴，2018年由于卢阿拉巴尚在建设阶段，云港金属只有房租收入25万，利息收入20.10万元，扣除日常费用后净利润2.7万元。

2018年在中国铜业的支持下，云港金属对卢阿拉巴拨付了3786万美元资本金。

四、企业管理

全年没有发生相关法律纠纷，出租闲置资产取得收益。

积极协调中国铜业有限公司，确保了参股的刚果（金）LCS火法冶炼项目投资资金按时到位，并针对刚果（金）局势，顺利完成对海外项目的投资保险。

撰稿／吉庆榜

审核／徐继刘

云南驰宏锌锗股份有限公司

一、基本情况

云南驰宏锌锗股份有限公司（简称驰宏锌锗）总部位于云南省曲靖市经济技术开发区，于2004年4月在上海证券交易所上市（股票代码：600497）。

驰宏锌锗是以铅锌锗产业为主，集地质勘探、采选冶、化工、深加工、贸易和科研为一体的国有控股上市公司。

2018年基本数据表

表1

主要产品产能	资产总额/亿元	负债率/%	员工总数/人	平均年龄/岁	学历结构/人	
铅锌精矿金属：40万吨/年	312	47.35	9795	39.8	中专及以下	5211
铅锌金属精练：65万吨/年					大学专科	2290
锗：40吨/年					大学本科	2169
银等稀贵金属400吨/年					硕士及以上	125

二、组织机构

（一）领导班子

孙成余　总经理、党委副书记

陈　青　党委书记

叶崇敏　党委副书记（2018年2月9日离任）、党委委员、纪委书记（2018年12月29日退养）

何吉勇　党委副书记（2018年2月9日离任）、党委委员、工会主席（2018年12月29日退养）

吕　奎　党委副书记（2018年2月9日起任）

李昌云　党委委员、总会计师

贾著红　党委委员、总工程师

曾普海　党委委员、副总经理（2018年12月29日退养）

柴正龙　党委委员、副总经理

罗大锋　副总经理（2018年12月29日退养）

黄云东　副总经理

王小强　董事会秘书

（二）机构设置

本部管理职能部门：党政办公室、生产运营中心、战略与资本运营中心、电子商务中心、矿产资源部、矿冶研究院、工程管理部、资产财务部、组织人力资源部、纪检审计监察部、党群工作部、工会、团委。

分/子公司：云南驰宏资源综合利用有限公司、驰宏会泽冶炼分公司、呼伦贝驰宏矿业有限公司、驰宏会泽矿业分公司、彝良驰宏矿业有限公司、新巴尔虎右旗荣达矿业有限责任公司、云南澜沧铅矿有限公司、永昌铅锌股份有限公司、驰宏会泽分公司、驰宏科技工程股份有限公司、驰宏实业发展（上海）有限公司、西藏驰宏矿业有限公司、赫章驰宏矿业有限公司、大兴安岭金欣矿业有限公司、大兴安岭云冶矿业开发有限公司、宁南三鑫矿业开发有限公司、昆明弗拉瑞矿业有限公司、云南驰宏国际物流有限公司、云南驰宏国际锗业有限公司、驰宏卢森堡有限公司、驰宏（香港）国际投资有限公司、驰宏（香港）国际矿业有限公司、驰宏加拿大矿业有限公司、大兴安岭新林区云岭矿业开发有限公司、新巴尔虎右旗怡盛元矿业有限责任公司、云南永昌铅锌永德有色金属有限责任公司、曲靖拓源房地产开发有限公司、镇康县鑫源工贸矿业有限公司、昆明弗拉瑞皑雪矿业有限公司、塞尔温驰宏矿业有限公司、玻利维亚扬帆矿业股份有限公司、玻利维亚亚马逊矿业股份有限公司、玻利维亚D铜股份有限公司、奔图利纳有限责任公司、驰宏国际商贸有限公司、巧家驰宏矿业有限公司。

三、生产经营

2018年，驰宏锌锗实现铅锌锗产品产量、质量、指标、成本以及安全环保、经营成效再创佳绩，资产结构持续优化，矿山铅锌金属产量、铅锌锗产品产量均位居国内第一，利润总额连续两年突破10亿元大关，在铅锌行业综合竞争力位居国内第一。

主要指标表

表2

指标名称		2017年	2018年	同比增长/%
主要产品产量	1. 铅产品/吨	85627	75725	−12
	2. 锌产品/吨	404985	417874	4
	3. 锗产品/吨	17.23	40.48	135
	4. 银产品/千克	69791	64567	−8
	5. 阴极铜/吨	467	563.15	21
工业产值/亿元		134.56	134	−1
销售收入/亿元		184.7	90	52
利润额/亿元		11.32	10.06	−12
纳税额/亿元		17.81	16.67	−7
人身伤亡事故/起		16	12	−25
工亡人数/人		2（外包单位）	0	—
重伤人数/人		0	0	—
轻伤人数/人		15	12	−20

四、重大发展项目

2018年，驰宏锌锗重点建设项目共计17项，年度计划投资11.07亿元，完成投资12.08亿元，完成年计划的109%。

重大项目情况表

表3

项目名称	设计规模	投资规模/万元	当年完成投资额/万元	年内项目建设形象进度
永昌铅锌：锌加压浸出节能技术升级改造项目	新增锌片产量1万吨	2399	17272	年内投产
驰宏资源综合：再生铅项目二期工程	160千吨/年	2102	25021	10月26日铅合金系统投料试生产

五、企业管理

2018年，驰宏锌锗产品质量稳步提升，锗产量创历史新高，跃居国内第一；安全指标创十年最好成绩；环境污染事故为零，废水、废气外排达标；固废安全处置率100%；污染物排放总量控制在排污许可范围。企业荣获中国2018年度铅锌行业绿色发展杰出贡献奖、世界锌工业特殊贡献奖、第十一届全国设备管理先进单位。

六、科技创新

2018年，科技项目新增立项34项，项目验收23项，研发费用投入9274.49万元。4项科研成果实现产业化应用；1项自主知识产权首次输出到印度；获中国有色金属协会科学技术二等奖1项；中国专利奖1项；获云南省科技进步三等奖1项。

2018年科技创新数据表

表4

科技创新投入/万元	申请专利/件	授权专利/件	科技人员占比/%
9274.49	56	50	21

七、深化改革

实施瘦身健体，压缩管理层级改革，在两个主体分公司试点将原5级管理层级压缩为3级，减少管理人员，实现一级管理职能，全年注销3家分公司。以盘活存量资产、降低经营风险为原则，年度累计创效1.29亿元。

八、党建与企业文化建设

启动“万名党员进党校”，完成对19家单位的巡察工作，驰宏锌锗党委获云南省国资委“先进基层党组织”。通过云南省第十五届文明单位复审，4家分公司获云南省文明单位称号;《驰宏锌锗》报获云南省“十佳企业报”、公众微信号获云南省“优秀企业公众微信号”。

九、履行社会责任

2018年，驰宏锌锗被评为曲靖市2018年脱贫攻坚“先进集体”，挂包帮扶的五里牌村获会泽县2018年脱贫攻坚“先锋村”。

全年发放工资总额约9.7亿元，季度奖1.03亿元，非管理类人员工资总额较2017年上涨7%；接收安置347名硅钛锰企业优化到驰宏锌锗的员工。

十、重要纪事

5月21日，中国地质科学院矿产资源研究所毛景文院士等一行40余人到会泽矿业现场考察。

5月22日，中华全国总工会书记处书记、党组成员石岱，中国机械冶金建材工会副主席毛迎春一行到驰宏锌锗调研。

5月23日，国务院参事，中国有色金属工业协会会长、党委书记陈全训一行4人到驰宏锌锗调研指导工作。

7月22日，中铝集团党组书记、董事长葛红林到驰宏锌锗调研指导工作。

8月6日，驰宏锌锗顺利通过“国家技术创新示范企业”复核评价。

11月9日，驰宏锌锗荣获“第十一届全国设备管理优秀单位”称号。

11月28日、12月10日，中铝集团党组成员、副总经理刘建平到彝良驰宏调研指导。

撰稿/崔献刚

审核/吴仕艳

云南金鼎锌业有限公司

一、基本情况

云南金鼎锌业有限公司（简称金鼎锌业）于2003年7月成立。营范围包括有色金属及其产品、半成品、矿产品的采矿、选矿、冶炼、加工及自产自销；机、电、汽设备备品加工及自产自销；建筑材料、硫酸的自产自销、代购、代销、加工服务；成品油零售经营主营产品。

2018年基本数据表

表1

主要产品产能	资产总额/亿元	负债率/%	员工总数/人	平均年龄/岁	学历结构/人	
1. 采矿：89.1万吨/年	42.87	61.51	5462	38.5	中专及以下	4261
2. 选矿：211万吨/年					大学专科	888
3. 冶炼：12万吨/年					大学本科	302
4. 硫酸：6万吨/年					硕士及以上	11

二、组织机构

（一）领导班子

和金保　总经理

何光深　党委书记、常务副总经理

杨国政　党委副书记、工会主席

黄金海　党委副书记、纪委书记

和应发　副总经理

王小军　副总经理

李四光　副总经理

李成厚　总工程师

李学清　总工程师

谭俊俊　总工程师

（二）机构设置

管理部门：党政办公室、党群工作部、工会、纪检监察审计部、生产运营部、安全环保健康部、组织人力资源部、财务资产部、资源管理部、科技部、市场运营部、质检质管部、保卫武装部、基建工程部。

生产厂：采矿一厂、采矿二厂、一选厂、二选厂、三选厂、四选厂、南场采选厂、一冶炼厂、二冶炼厂、硫酸厂；2个辅助生产单位：机械修理厂、难处理氧硫混合矿试验研发中心。

三、生产经营

2018年，金鼎锌业完成工业总产值20.85亿元，完成年计划的 125.60%；完成工业增加值 8.33 亿元，完成年计划的 128.15%。

主要指标表

表 2

指标名称		2017 年	2018 年	同比增长 /%
主要产品产量	1. 氧化锌矿 / 万吨	46.89	26.73	−42.99
	2. 硫化铅锌矿 / 万吨	241	252	4.56
	3. 铅锌总金属 / 万吨	10.32	10.66	3.29
	4. 锌锭 / 万吨	6.8	5.47	−1.96
	5. 硫酸 / 万吨	7.62	6.78	−1.10
工业总产值 / 亿元		23.59	20.85	−1.16
销售收入 / 亿元		21.96	22.25	1.32
利润额 / 亿元		5.28	1.95	−63.07
纳税额 / 亿元		4.17	5.32	27.58
人身伤亡事故 / 起		5	4	−20
工亡人数 / 人		1	0	—
重伤人数 / 人		0	0	—
轻伤人数 / 人		4	4	—

四、重大发展项目

2018 年，金鼎锌业转型升级重点工程建设方案进一步优化；100 吨 / 天中试项目启动建设；老姆井尾矿库建设协调工作加快。

重大项目情况表

表 3

项目名称	设计规模	投资规模 / 万元	当年完成投资额 / 万元	年内项目建设形象进度
矿山公路硬化工程	宽度 6.0 ～ 15 米，长度 2548 米	1740.65	1279	完工
排土场扩容工程	设计库容 2884.90 万立方米，新增 2631 万米	2478.431	790	完工
100t/d 中试项目	锌液 1013.58t/a	4500	1000	8 月项目正式开工建设
	精矿 2061.33t/a			
	铅精矿 1159.32t/a			

续表 3

项目名称	设计规模	投资规模 / 万元	当年完成投资额 / 万元	年内项目建设形象进度
搬迁工程	住宅 350 栋	59800	23322	完成
污水处理系统扩建工程	从 14400 立方米改造扩能至 21600 立方米	390	390	投入运行
安标整改	药剂制备、库房等	1311	723	投产
滑坡治理	板桩挡土墙、公路路基及路面修复	935	875	完成
办公室改造工程	新增新能源交通车充电装置及停车场	560	522.10	完成 90%

五、企业管理

质量体系。金鼎锌业在有效监管质量管理体系正常运行的同时，融合并运用 ISO 9001 标准同步实施部门质量检验和金属盘点工作任务，以及实施硫酸生产《全国工业产品生产许可证》换证、锌锭《云南名牌产品》换证等工作，并于 9 月底开始实施质检质管部综合楼建设工程。

安全体系。开展露天矿山、尾矿库安全风险分级管理与隐患排查治理双重预防机制建设，推进安全风险清单管理，强化安全风险管控责任，实施隐患排查治理。完成二选厂、四选厂、温庄尾矿库三个系统安全标准化建设任务，并通过安全标准化二级企业认定，冶炼、硫酸系统通过安标等级证书复审换证，北场—架崖山矿段、一选厂、三选厂、南场采选厂安全标准化复评工作按计划有序推进。

环保体系。2018 年，金鼎锌业累计投入环保治理资金 3288.2 万元，对露天矿山进行绿化，加固修复露天矿山截洪沟、排水沟，新建5个洗车点；改造完善跑马坪矿段斜井、生活污水输送管线和收集池；升级改造一选厂、南场采选厂破碎除尘系统；整合一冶炼厂浸出、净化车间楼顶的16个排放口为1个排放口，消除多点排放管理难点；完善二冶渣库“三防”设施，遏制危险废物危害；实施硫酸厂净化系统污酸减量化和焙砂冷却滚筒热沸水循环利用技术改造，建设烟气连续在线监测系统；建设矿石运输车辆冲洗设施。截至2018年末，沘江河水质已连续22个月稳定达到Ⅳ类水质，为沘江河流域项目限批解禁创造条件。

六、科技创新

2018年，金鼎锌业开展内部技术研发项目14项，重点技术研发项目有3个：一是100T/d难处理氧硫混合矿冶选联合工艺工业验证试验，二是浮选尾矿中硫铁矿和氧化锌分选工艺技术研究，三是堆存矿灰岩型锌矿绿色分选关键工艺技术研究。

2018年科技创新数据表

表5

科技创新投入/万元	申请专利/件	授权专利/件	科技人员占比/%
6935.67	0	10	22

2018年，金鼎锌业整合技术开发、技术管理职能，成立科技部。开展一冶炼厂净化采用新工艺、低品位氧化锌原矿直接冶炼攻关试验研究、尾矿综合利用等多项自主技术攻关，净化采用新工艺的研究成果应用于二冶炼厂。形成“QC”成果22个、“五小”优秀技术创新成果共21项。

七、党建与企业文化建设

2018年，金鼎锌业制订施行“三重一大”决策制度、党委常委会议制度和公司总经理办公会议制度等规范性文件，并出台《党支部规范化建设达标创建工作方案》，对照38项标准开展了一次自查自纠，组织了一次内部考核验收。

八、履行社会责任

2018年，金鼎锌业驻村工作队员深入农户、调查摸底，通过多次贫困对象动态管理工作，全村新识别3户12人建档立卡贫困人口；拟退出3户12人。截至2018年末，全村保留建档立卡贫困户22户72人，贫困发生率为2.7%。

全年，共接到周边群众信访、诉求29件，270余人次，妥善解决26件，仍在协商解决的有3件；年内发生干扰、阻工、堵车断道事件15起，均得到及时协调处理。

九、重要纪事

1月20日，金鼎锌业在昆明召开沘江河流域兰坪铅锌矿区“十三五”环境综合治理及企业转型升级重点工程项目可行性报告专家评审会。

8月，金鼎锌业取得云南省高新技术企业资格。

9月，金鼎锌业启动建设100吨/日中试项目。

9月20日，金鼎锌业承办“怒江州企业职工铅锌浮选工技术技能大赛”。

10月30日，金鼎锌业承办“云南冶金集团股份有限公司职工复杂矿采矿工技术技能大赛”。

撰稿/彭亚彪

审核/何光深

云南冶金新立钛业有限公司

一、基本情况

云南冶金新立钛业有限公司（简称新立钛业）成立于 1999 年 7 月，前身为云南新立有色金属有限公司。

经营范围包括钛铁矿采选；高钛渣、钛白粉及其副产品、海绵钛、钛合金、钛材、钛粉、四氯化钛、盐酸、硫酸、次氯酸钠的生产及自产产品的销售；自营和代理各类商品和技术的进出口；冶炼设备制造、安装、维修。

2018 年基本数据表

表 1

资产总额 / 亿元	负债率 /%	员工总数 / 人	平均年龄 / 岁	学历结构 / 人	
53.28	112	268	39	中专及以下	128
				大学专科	73
				大学本科	59
				硕士及以上	8

二、组织机构

（一）领导班子

刘建良　董事长

李建军　党委书记、总经理

罗　平　常务副总经理

陈学良　党委副书记、纪委书记

闻灼章　工会主席

李保金　副总经理

单　坤　副总经理

杨易邦　副总经理

施朝达　总会计师

江书安　总工程师

李　波　副调研员

（二）机构设置

综合办公室、董事会办公室、人力资源部、财务部、技术中心、安全环保消防部、生产运营部、物资供应部、工程部、营销部、资源部、生活后勤部、工会、社保办。

三、生产经营

2018 年，面对重组合作的关键期、人员结构优化的阵痛期，新立钛业主动作为，确保了企业稳定发展。

主要指标表

表 2

指标名称		2017 年	2018 年	同比增长 /%
主要产品产量	钛精矿 / 吨	1050	18547	−1666.38
	钛白粉 / 吨	2801	2340	−16.45
	海绵钛 / 吨	3100	590	−80.96
销售收入 / 亿元		5.49	1.50	−72.68
利润额 / 亿元		−8.70	−7.45	14.36
纳税额 / 亿元		0.06	0.02	−66.67
人身伤亡事故 / 起		0	0	—
工亡人数 / 人		0	0	—
重伤人数 / 人		0	0	—
轻伤人数 / 人		0	0	—

四、重大发展项目

2018 年，新立钛业成立专项工作组，从机构和人员方面全力配合 C3 项目的审计、评估工作，较好完成资产评估工作。

五、企业管理

2018 年，新立钛业对内部组织机构进行了优化，将维保工作机构临时调整为产业合作组、安全环保与资产维护组、资产做实组等六个工作组。

加大对危险化学品的管理力度，按时完成液氯、二甲醚、盐酸、四氯化钛等 13 项危化品 2471 吨的危险化学品处置工作；开展隐患排查治理工作，含盐废水项目、雨污分流项目均已完工，花乔矿山和大矣波矿山尾矿库“头顶库”治理工作已经完成，并进行验收。

六、科技创新

1 月，新立钛业成功研发高品质色母粒专用钛白粉（YR−804）。

七、深化改革

2018 年，新立钛业积极开展对外寻求钛产业整合重组工作，寻求改革生存发展的契机。截至 2018 年末，新立钛业与云南中钛科技有限公司、龙蟒佰利联集团股份有限公司两家单位进行多次接触会谈。其中与云南中钛科技有限公司签署《战略合作框架协议》《保密协议》；与龙蟒佰利联集团股份有限公司签署保密协议，组建工作组，并完成对新立钛业的初步尽职调查，达成初步的合作意向。

八、党建与企业文化建设

2018 年，新立钛业进入弹性生产阶段，由于市场等原因影响，核心生产线处于停产状态，期间，党委积极发挥作用，确保人力资源优化顺利进行，资产做实工作稳步推进，安全环保形势继续保持良好态势，重组合作也取得较大进展，企业保持了总体稳定。

根据新的维保任务，对原党委下设的 5 个党总支、30 个党支部进行优化调整，整合为 5 个党支部（社保马办党总支设置不变）；开展专项督查，重点对 7 家单位进行债权催收，经与 7 家单位沟通联系，债权催收情况取得新的进展。

九、履行社会责任

2018 年，新立钛业成立以企业董事长为组长的人员优化领导小组，按照“2+2”工作思路，依法合规妥善推进人员优化调配工作，同时聘用了外部律师降低法律风险。截至 2018 年末，云冶集团内安置到岗 551 人、内部退养 65 人、阶段性放假 242 人、协商解除劳动合同 284 人、员工辞职 13 人、正常退休 5 人。同时，制定一个信访维稳应急预案、八个专项应急处置预案，形成了一个不稳定因素、一套班子、一个措施、一抓到底的应急措施，实行信访维稳 24 小时值班制度，确保及时处置各类突发事件，避免群体事件发生。累计发生慰问资金 46.18 万元。

十、重要纪事

1 月，新立钛业高品质色母粒专用钛白粉（YR−804）研发成功。

1 月，新立钛业顺利通过 ISO 9001：2015 质量管理体系转版及 2018 年监督审核。

1 月，新立钛业高钛渣产品荣获“昆明名牌”称号。

3 月，新立钛业钛白粉成品组荣获 2017 年度“云南省巾帼文明岗”荣誉称号。

撰稿 / 杨春艳

审核 / 陈学良

云南冶金云芯硅材股份有限公司

一、基本情况

云南冶金云芯硅材股份有限公司（简称云芯硅材）位于云南省曲靖市国家级经济技术开发区南海子工业园。前身为昆明冶研公司新材料股份有限公司，2017年6月更名为云芯硅材。拥有年产高纯多晶硅6000吨、其中电子级多晶硅1000吨的生产能力。2018年末，企业资产总额41.32亿元，负债率110%。

2018年员工基本数据表（含控股子公司）

表1

资产总额/亿元	负债率/%	员工总数/人	平均年龄/岁	学历结构/人	
41.32	110	231	41	中专及以下	56
				大学专科	66
				大学本科	92
				硕士及以上	17

二、组织机构

（一）领导班子

白荣林　董事长、党委副书记

甘业健　党委书记

李文光　总经理

赵祖乔　纪委书记

徐远志　副总经理

徐灵通　工会主席

张玉杰　营销总监

（二）机构设置

职能部门：综合办公室、运维组、组织人力资源部、财务部。

控股企业：云南科力新材料有限公司、云南冶金慧晶光伏科技股份有限公司。

三、生产经营

2月初开始，多晶硅价格出现断崖式下跌，至“531”政策出台后再度暴跌。云芯硅材被迫进入弹性生产状态，于4月底全线停产，控制亏损。抓紧货款回收控制风险，实现多晶硅产销率100%，货款回收率100%。

1—4月，云芯硅材累计生产多晶硅1306.9吨。12对棒（MSA还原炉）炉均产量2507.4千克，为设计能力的125.37%；24对棒（GT还原炉）炉均产量4672.0千克，为设计能力的116.80%；36对棒（森松还原炉）炉均产量7535千克，为设计能力的107.64%。按照太阳能级多晶硅标准GB/T 25074—2017统计，达到该标准最高等级特级品的施主杂质、受主杂质和碳杂质的达标率分别为98.43%、99.69%和87.46%，较2017年提升7.5%、1.45%和−4.56%。

6月后，按照中铝集团与云南省委、省政府战略合作部署，根据云冶集团的部署，6—10月配合完成云冶集团C3项目审计评估工作，为下一步盘活资产创造条件。

主要指标表

表2

指标名称	2017年	2018年	同比增长/%
主要产品产量/吨	6069.75	1306.19	−78.48
工业产值/亿元	8.877	3.032	−65.84
销售收入/亿元	8.887	3.33	−62.53
利润额/亿元	−4.423	−4.915	−11.12
纳税额/亿元	0.067	0.076	13.43
人身伤亡事故/人	0	0	—
工亡人数/人	0	0	—
重伤人数/人	0	0	—
轻伤人数/人	0	0	—

四、科技创新

2018年，云芯硅材针对投产以来硅芯带彩率长期在20%左右徘徊最高达28.95%的老大难问题，组成攻关小组，采用正交试验法进行工艺优化试验，取得成效后及时推广，1—4月的硅芯带彩率降低至5.33%，创历史最好水平和行业领先水平。

五、党建与企业文化建设

云芯硅材党委按照“挺纪律、抓机遇、降成本、保安全、谋发展”的年度工作主题，以及云冶集团“做强主业，实施弹性生产”的部署，中心工作由生产经营转为做实资产、整合资源和优化配置。云芯硅材党委及时调整工作思路，重点是积极稳妥推进《优化人力资源结构实施方案》的实施工作，确保及时、正确、有效处置信访维稳及突发事件，确保企业和社会稳定。在员工优化分流工作过程中，未发生信访维稳事件。

六、履行社会责任

依法依规全面完成员工优化分流工作，保障员工的合法权益。

七、重要纪事

3月，赵生艳获“云南省三八红旗手”、“全国技术能手”荣誉称号。

4月，受市场价格暴跌影响及对市场走势的判断，采取弹性生产，26日多晶硅生产线停产。

5月，开始处置工艺管线、储罐中2400余吨氯硅烷，防范安全风险。

11月20日，完成人员优化分流649人，其中转岗至云南冶金集团下属企业398人（含11人延迟报到），协商解除劳动合同220人，内部退养27人、退休2人。

撰稿/董　俊

审核/李文光

云南文山斗南锰业股份有限公司

一、基本情况

云南文山斗南锰业股份有限公司（简称斗南锰业）坐落在云南省砚山县平远镇，地处中国——东盟自由贸易区前沿，交通、通信便捷，具有良好的区位优势和地缘优势。

斗南锰业前身为文山州斗南锰矿，始建于1973年，1995年进行改制，由云冶集团控股，设立云南文山斗南锰业有限责任公司。2005年进行股份制改造，并成为中国第一批国家发改委公告符合行业准入的锰系铁合金企业。经云南省国资委批准，2007年吸收合并了云南建水锰矿有限公司，2013年成立云南汇通锰业有限公司，注册资本现为36196万元，总股本36196万股。

2018年基本数据表

表1

主要产品产能	资产总额/亿元	负债率/%	员工总数/人	平均年龄/岁	学历结构/人	
铁合金10万吨/年	5.52	347.35	988	41	中专及以下	441
					大学专科	374
					大学本科	160
					硕士及以上	13

二、组织机构

（一）领导班子

王恒胜　党委书记、董事长（2018年2月任）

李永庆　党委书记、董事长（2018年2月调离）

吕达海　党委副书记、总经理

赵艳春　党委委员、总会计师

樊宏云　副总经理

蒋　强　党委委员、工会主席（2018年2月调离）

王　勇　党委副书记、纪委书记（2018年12月29日退养）

（二）机构设置

本部职能部门：党群中心（党政办公室/组织人力资源部/纪检监察审计部/工会/团委）、财会部、资源管理部、质量技术监督部、生产技术部、安全环保部、经营管理部、资产服务公司。

分厂：采选厂、冶炼厂。

全资子公司：云南建水锰矿有限责任公司、云南汇通锰业有限公司。

三、生产经营

2018 年，斗南锰业紧紧抓住云南省与中铝集团合作的重要机遇，制定了以保持生产经营稳定运行、人力资源优化配置、债务合理处置为主要内容的扭亏脱困方案，各项工作有序平稳推进。

主要指标表

表 2

指标名称		2017 年	2018 年	同比增长 /%
主要产品产量	FeMn78C8.0（S<0.02）/ 万吨	2.5636	2.57	0.25
	FeMn68C7.0（70 铁 / 万吨	2.3214	3.8128	64.25
	FeMn68C7.0（65 铁）/ 万吨	0.0932	1.4863	14.95
工业产值 / 亿元		32059	51588	60.92
销售收入 / 亿元		7.14	6.03	−15.55
利润额 / 亿元		−1.49	−0.90	−39.60
纳税额 / 亿元		0.35	0.40	14.29
人身伤亡事故 / 起		1	0	−100
工亡人数 / 人		0	0	—
重伤人数 / 起		0	0	—
轻伤人数 / 起		8（包括外包队）	10	25

四、企业管理

2018 年，斗南锰业单独设立质量技术监督部，对企业所有产品、原料检测工作实行归口管理，且负责管理体系认证工作。全年企业环境污染事故为零，废水、废气外排达标；污染物排放总量控制在排污许可范围。

2018 年，管理体系认证工作调整到质量技术监督部。质量管理体系、职业健康安全管理体系、环境管理体系按时开展审核和换版升级，证书持续有效。

五、科技创新

2018 年，科技创新投入共计 3294.29 万元，申请专利 2 项，2018 年 11 月获得国家高新技术企业称号。

2018 年科技创新数据表

表 3

科技创新投入 / 万元	申请专利 / 件	授权专利 / 件	科技人员占比 /%
3294.29	2	0	10.85

五、深化改革

2018 年，斗南锰业实施瘦身健体，压缩管理层级改革，在两个主体分厂试点将管理层级压缩，减少管理人员，职能部门人员由 2017 年末的 101 人精简到目前的 45 人，完成职能部门人员压缩 50%、机构缩减 40% 的目标，实现一级管理职能，全年注销 2 家分公司。以盘活闲置资产、降低资金链风险为原则，2018 年 9 月 30 日斗南锰业完成对建锰公司 8.17 亿元债转股。

六、党建与企业文化建设

按照“融入中心、从严治党、夯实基础”的思路，斗南锰业开展启动“万名党员进党校”，从严从实开展党建督查，完成对下属单位的巡察工作，开展中层管理人员挂钩基层车间、班组活动。频道不换、主题不变、力度不减，扎实做好党委各项工作。

七、履行社会责任

继续做好挂钩扶贫工作，加强与挂钩扶贫点

的沟通与联系，并做好外派扶贫干部管理工作。

加强与周边村寨的沟通联系，维护好企业与周边村寨的关系。

八、重要纪事

6 月，云南冶金集团董事长、党委书记许波到斗南锰业调研指导工作。

7 月，通过云南冶金向云南省国资委对南非公司注销进行了备案，南非公司国内注销工作全部完成。

7 月，启动企业职工在云南冶金集团内部分流调配工作，全年共向云南冶金集团内相关企业调配职工 170 余人。

9 月 30 日，完成对云南建水锰业有限公司的债转股。

10 月，冶炼厂新增一台 120 吨汽车衡（常州艾柯利多），原 80 吨汽车衡报废。

11 月，聘请云南省安科院作技术咨询，开展标准化复审工作。

11 月，斗南锰业获国家高新技术企业称号。

撰稿 / 王建梅

审核 / 吴发奎

云南永昌硅业股份有限公司

一、基本情况

云南永昌硅业股份有限公司（简称永昌硅业），位于云南省保山市龙陵县龙山镇大坪子，经营范围包括硅产品及其附产品生产、销售；冶金用脉石英开采、销售；自营和代理各类商品及技术的进出口业务（国家法律、行政法规禁止或限制进出口的除外）；贸易代理服务（依法须经批准的项目，经相关部门批准后方可开展经营活动）。

2018 年基本数据表

表 1

主要产品产能	资产总额 / 亿元	负债率 /%	员工总数 / 人	平均年龄 / 岁	学历结构 / 人	
工业硅 10 万吨 / 年	9.47	87.43	769	34.77	中专及以下	358
					大学专科	268
					大学本科	137
					硕士及以上	6

二、组织机构

（一）领导班子

毕红兴　董事长、党委副书记

赵　明　党委书记、副董事长

王世宇　总经理

刘　刚　党委副书记、纪委书记（2018 年 2 月离任）

胡万宏　纪委书记（2018 年 2 月任）

杨定文　工会主席

文建华　副总经理

卢国洪　副总经理

包广华　营销总监

房家辉　总会计师

（二）机构设置

职能部室：党政办公室、组织宣传与人力资源部、纪检审计监察部、工会办公室、资产财务部、市场营销部、资源管理部、生产运营管理部、安全环保管理部、技术发展部、后勤服务部。

分厂：冶炼厂、动力厂。

三、生产经营

2018 年，永昌硅业全年累计生产工业硅 91921 吨，矿山采矿 20.83 万吨，实现工业总产值 11.50 亿元。

主要指标表

表 2

指标名称		2017 年	2018 年	同比增长 /%
主要产品产量	工业硅 / 万吨	9.02	8.90	−1.33
工业产值 / 亿元		11.01	11.5	4.45
销售收入 / 亿元		12.28	12.74	3.75
利润额 / 亿元		0.29	−1.32	−555.17
纳税额 / 亿元		0.52	0.37	−28.85
人身伤亡事故 / 起		0	0	—
工亡人数 / 人		0	0	—
重伤人数 / 人		0	0	—
轻伤人数 / 人		0	0	—

四、重大发展项目

“10 万吨 / 年水电硅节能环保项目”，于 2018 年 1 月开工，同步建设烟气脱硫系统。

“烟气治理升级改造项目”于 2018 年 6 月建成并投入调试运行。脱硫效果好于预期，烟气二氧化硫浓度远远低于国标。

重大项目情况表

表 3

项目名称	设计规模	投资规模 / 万元	当年完成投资额 / 万元	年内项目建设形象进度
10 万吨 / 年水电硅节能环保项目	6 台 33 兆伏安工业硅电炉	95000	8500	完成场平施工
烟气治理升级改造项目		4600	4600	已建成，并投入运行

五、企业管理

永昌硅业 2018 年伤亡事故为零、职业病发病率为零、安全管理合法合规，环保污染事故为零，环保管理合法合规，未发生被通报或行政处罚的违法违规事件，主要污染物排放质量符合国家标准。

全面梳理现行管理规章制度，完成对所有内控制度的修改，查缺补漏，完善内控制度，并着力于制度的落实，成立了监督委员会。

加强供应商管理，提高合同执行的严肃性，加强合同履行情况的监督检查。

六、科技创新

永昌硅业坚持以技术创新提高核心竞争力为目标，在技术创新上进行大量的探索和研究，并取得了积极成果。

全年共申请发明专利 7 项，受理 4 项；参与完成并获中国有色金属协会科技进步一等奖 2 项、云南省科技进步三等奖 1 项，获评“国家级绿色工厂”“保山市政府质量奖”等荣誉；完成云南省水电硅创新团队任务书、云岭产业建设领军人才培养任务书的编写及提交工作；完成国家技术创新示范企业申报、院士候选人项目结题材料编写及提交工作。

在前期熔分技术研究开发的基础上，建成一条硅渣熔分中试生产线，使硅渣熔分技术成果实现工业化应用。

完成国家级技术创新示范企业、制造业单项冠军培育企业等关键平台申报工作。与昆明理工大学共同申报的“云南省硅工业工程研究中心”被认定为“第十二批省级工程研究中心”，有效提升企业科技创新能力。

2018 年科技创新数据表

表 4

科技创新投入 / 万元	申请专利 / 件	授权专利	科技人员占比 /%
994.41	7	新授权 1 项，总有效专利 11 项	14.58

七、深化改革

根据云冶集团关于机构设置精简高效、着力提升协同能力“补齐短板”的机构设置原则，结合生产经营工作实际，按照“职责清晰、精简高效”的原则对职能管理机构进行合理调整。

进一步健全和完善绩效管理和评价体系，逐步扩大“计件和承包”为主的绩效管理模式，全面提高劳动生产率和管理效率。在对业务外包的管理上，进一步规范业务外包工作，通过招标，引入2家劳务公司，形成竞争机制。

八、党建与企业文化建设

2018年，永昌硅业组织党委理论学习中心组10次集中学习，分两期完成“万名党员进党校”学习教育培训；将党建和党风廉政建设工作列为考核指标，党支部的工作与生产指标、成本指标及安全管理共促共进；根据机构改革及调整，永昌硅业党委对基层党组织进行了相应的调整及设置，党委下设3个党总支，9个党支部。

九、履行社会责任

根据保山市龙陵县委、政府的部署和要求，永昌硅业帮扶贫户共175户，象达镇帕掌河村103户、邦工村72户。2018年，永昌硅业制定了6项扶贫措施，并签订了脱贫攻坚军令状，积极实施资金扶持、干部帮扶、教育帮扶、就业帮扶、农特产品收购、人居环境物资帮扶等措施，安排7名工作人员驻村协助地方镇府和永昌硅业责任干部开展相关工作，确保脱贫目标的顺利实现。

十、重要纪事

1月29日，永昌硅业举行“10万吨／年水电硅节能环保项目”续建启动仪式。

4月9日，美国铝业公司副董事长、首席道德合规官员凯瑟琳·加芬科尔、首席采购官弗朗西斯科·巴索利一行到永昌硅业参观访问。

4月26日，云南省招商合作局副局长程永流一行到永昌硅业调研指导项目建设工作。

6月6日，云南省安委办督查组一行到永昌硅业对安全生产大检查工作进行“十查十看”综合督查。

11月30日，中铝集团党组成员、副总经理，中国铜业董事长刘建平到永昌硅业调研指导工作。

撰稿／蒋泽贵

审核／马发枝

云南冶金昆明重工有限公司

一、基本情况

云南冶金昆明重工有限公司（简称昆明重工），位于云南省昆明市盘龙区龙泉路871号，主要生产冶金、矿山、起重、工程、化工等重型机械设备产品。

2018年基本数据表

表1

资产总额/亿元	负债率/%	员工总数/人	平均年龄/岁	学历结构/人	
3.65	119.27	574（其中离岗仍保留劳动关系人员118人）	43.9	中专及以下	371
				大学专科	108
				大学本科	94
				硕士及以上	1

二、组织机构

(一) 领导班子

彭　勇　董事长、党委副书记

谢开龙　总经理、党委书记

杨家鹏　党委副书记、纪委书记

李世广　常务副总经理

王　华　党委委员、工会主席

杨永生　党委委员、副总经理

赵　勇　副总经理

殷　浩　党委委员、总工程师

赵　江　党委委员、营销总监

(二) 机构设置

职能部门：党政办公室、组织人力资源部、纪检审计监察部、工会、党委宣传部、团委、资产管理部、财务管理部、采购部、安技环保部、技术中心、劳动保障服务站。

分公司：昆明重工装备制造公司、金模分公司。

子公司：云南冶金慧保设备技术服务有限公司。

参股公司：昆明重工佳盛慧洁特种设备制造有限公司、昆明重工防腐保温工程有限公司、云南力神风动特种装备制造有限公司、昆明八七一文化投资有限公司。

三、生产经营

2018年，昆明重工加大传统产品订货，订货实现近几年最好成绩13170.9万元；配套服务稳步拓展，在卖酒坪维保点实行项目承包制；昆明重工佳盛慧洁特种设备制造有限公司通过质量体系、职业健康体系认证；盘活资源积极推进，盘龙区生物科技项目等已签约入驻871，对职能部门办公楼进行搬迁。

主要指标表

表2

指标名称		2017年	2018年	同比增长/%
主要产品产量	机械产品/万吨	0.53	1.11	109
工业产值/亿元		0.77	1.17	51.95
销售收入/亿元		1.59	1.86	16.98
利润额/亿元		−0.20	−0.81	−305
纳税额/亿元		0.21	0.18	−14.28
人身伤亡事故/起		0	0	—
工亡人数/人		0	0	—
重伤人数/人		0	0	—
轻伤人数/人		4	2	−50

四、企业管理

昆明重工全年开展生产现场安全检查及服务88次，环保检查24次，排查一般事故隐患325项，隐患整改率100%，310人次参加日常安全教育。101人次进行定期复证、取证安全教育培训。全年发生轻伤2起，未发生环境污染事故。

五、科技创新

昆明重工《多辊液压轧机成套设备的研制》《智能化连续铸造机组研制》《智能化桥式起重机关键技术研究》《零排放移动式生态环保厕所关键技术的研发》《533口径通道180舷侧通道及动力系统的研制》等5项新产品立项开发。制定《环保公厕企业标准》并在佳盛慧洁公司实施。3件实用新型专利获授权，5件实用新型专利获受理。精密轧机、破碎机、回转圆筒设备通过昆明市名牌产品现场审核。

2018年科技创新数据表

表3

科技创新投入/万元	申请专利/件	授权专利/件	科技人员占比/%
840	5	3	14.04

六、深化改革

2018年，完成昆明重工设备租赁有限公司注销，正在清算注销控股公司云南冶金慧保设备技术服务有限公司、云南力神风动特种装备制造有限公司。

优化机构设置、减少管理层级。9月启动内部退养，通过本人自愿申请、单位审核、企业审批，有111人办理内部退养手续。10月中旬启动竞聘上岗工作，职能部门管理人员及后勤人员从96人精减压缩为57人，410人次职工参加竞聘，311名职工被聘用。

七、党建与企业文化建设

2018年，昆明重工分专题分层次开展十九大精神专题宣讲7场，445人次党员参加。

开展“讲党性、做贡献、促生产、保目标”主题活动。

结合建党97周年和建厂60周年，开展“不忘初心，追忆甲子春秋；牢记使命，力促昆重扭亏”系列活动。

党支部规范化建设达标创建试点。制造公司党总支、职能部门党支部通过验收。

全年，41项“合理化建议、金点子降本增效”项目创效金额155.91万元。

八、履行社会责任

2018年，昆明重工元旦春节、中秋国庆送温暖活动，慰问职工2122人次，发放慰问品、慰问金69.26万元，慰问在职会员1762人次。

接待信访62批、217人次，家访2次。

九、重要纪事

5月，昆明重工首次研制成功800毫米中宽带铜轧机。

9月，昆明重工开展优化机构设置、减少管理层级、优化职工队伍工作，启动内部退养工作。

10月，昆明重工启动竞聘上岗工作。

11月，耿家盛获“第十四届中华技能大奖”。

11月，昆明重工作为承担方参与的“智能机器人及人工智能制造装备关键技术研发”项目列入“云南省先进装备制造重大科技专项”。

13日，中铝集团总经理、党组副书记余德辉，中铝集团党组成员、副总经理刘建平，中铝集团党组成员、总会计师叶国华一行到昆明重工调研。

撰稿 / 何韶敏

审核 / 杨家鹏

昆明有色冶金设计研究院股份公司

一、基本情况

昆明有色冶金设计研究院股份公司（简称昆明有色院）创建于1953年，是中国最早成立的大型综合性设计研究单位之一。

主营业务：工程咨询、工程设计、工程承包；上述工程所需设备、材料的采购、销售、出口；外派实施上述工程劳务人员；建设工程项目管理；技术开发、技术转让。

2018年基本数据表

表1

资产总额/亿元	负债率/%	员工总数/人	平均年龄/岁	学历结构/人	
20.93	94.92	739	40	中专及以下	54
				大学专科	164
				大学本科	448
				硕士及以上	73

二、组织机构

（一）领导班子

万多稳　党委书记、董事长

张成名　党委副书记、总经理

黎小浪　党委副书记、纪委书记、工会主席（4月调离）

张文伟　党委副书记

郭辉如　副总经理

尹传兴　副总经理

张洪建　副总经理

母庆昆　总会计师

温衍顺　纪委书记、工会主席

（二）机构设置

生产部门：矿山工程设计院、建筑设计院、冶金化工工程设计院、市政工程设计院、项目管理公司。

职能管理部门：行政事务中心、市场策划中心、项目运营中心、资本财务中心、党的建设和人力资源中心、纪检监察和群团工作中心。

全资子公司：中国有色金属工业华昆工程承包公司、昆明科汇电气有限公司。

控股公司：云南金吉安建设咨询监理有限公司、昆明金瓯工程造价咨询评估有限公司、云南冶金环能工程技术有限公司。

托管公司：昆明正基房地产开发有限公司。

三、生产经营

2018 年，昆明有色院承接了金沙矿业因民铜矿采矿工程进行初步设计和安全设施设计、迪庆矿业羊拉铜矿里农矿段地下采矿工程的初步设计变更设计及安全设施变更设计、鲁甸 6.5 级地震灾后恢复重建水电铝项目总承包、绿色低碳水电铝加工一体化鹤庆项目总承包等。

主要指标表

表 2

指标名称		2017 年	2018 年	同比增长 /%
主要产品产量	1. 新签咨询合同 / 项	174	104	−40.23
	2. 公司制新签合同 / 项	130	103	−20.77
	3. 新签工程总承包 / 项	9	5	−44.44
	4. 正基投资 / 亿元	2.4	1.68	−42.9
营业收入 / 亿元		12.40	20.86	40.6
利润额 / 亿元		0.51	−0.15	−4.4
纳税额 / 亿元		0.22	0.27	0.18
人身伤亡事故 / 起		0	1	—
工亡人数 / 人		0	2（外包方）	—
重伤人数 / 人		0	0	—
轻伤人数 / 人		0	0	—

四、企业管理

2018 年，昆明有色院下放经营管理权，下发《收费管理办法》，编制《经营管理办法》《咨询设计及技术服务项目清欠管理办法》。其中，《收费管理办法》针对昆明有色院在收费环节遇到的各种问题进行制度上的约束和管理，确保生产过程中的费用应收尽收和及时收回。《经营管理办法》策划在各设计院内成立经营室，并确定奖惩机制。《咨询设计及技术服务项目清欠管理办法》加大应收账款的清欠，并明确清欠的奖惩。

昆明有色院 2017 年度管理评审从 7 个方面提出的 15 项改进措施均得到了落实，各职能部门根据改进措施积极改进。对组织机构进行调整，进一步优化管理层级，简化流程，提高了工作效率。对“三标”体系进行换版，使工作流程进一步简化，“三标”管理体系有效促进咨询设计和项目管理各项工作，经营生产运行良好。

五、科技创新

2018 年，昆明有色院科技创新投入 60 多万元。共申报专利 6 项，其中发明专利 2 项；有 5 项实用新型专利获授权，计算机软件著作权登记 1 项。开展高新技术企业和企业技术中心的维护，按时按质完成高新技术企业相关报表、资料的编制和报送；完成企业技术中心两年一次的评价材料编写、报送和实地核查工作，评价合格。

六、深化改革

围绕劳动、人事、分配的三项制度改革，对薪酬进行一系列试点改革，各专业设计院、各部门在考核权、分配权和人力资源调配权方面权重增加。生产上向大总包模式转型，与设备供应商、施工单位紧密合作，开拓融资渠道，保障总包项目建设资金的需求。启动了“瘦身健体”企业的注销工作。

七、党建与企业文化建设

2018 年，昆明有色院开展党委中心组学习研讨10次，持续开展“两学一做”学习教育活动；选派部分基层支部书记、副书记、党务骨干参加国资委和云冶集团党校集中学习。

制定《2018年度党建重点工作计划》，每月召开党委会、书记办公会和支部书记例会，研究部署党委工作。组织了、“三个一”“大家讲坛”“主题党日+”“万名党员进党校”“大干100天”“标准化支部建设”等特色实践活动。创建了“党员示范岗”“党员责任区”等党员创先阵地。

严格执行民主集中制，严格坚持选拔任用条件，规范程序，选拔任用干部7人，5名试用期干部经过考核按期转正。持续推进“导师带徒”人才培养工作，开展了“导师带徒”年度考核，表彰奖励了优秀徒弟。

专题研究党风廉政建设工作2次，进行了集体廉政谈话，专题讲授了廉政党课。及时通报典型案例，组织观看反腐警示教育片，参观安宁警示教育基地，抓好廉政警示教育。通过立案审查，对1名刑事犯罪党员给予开除党籍的处分。

健全完善了意识形态领导小组，制定了《意识形态工作责任制实施细则》等7个管理制度，与支部签订意识形态工作责任制，加强网络意识形态管控，建立舆情上报制度，做好思想宣传和舆论引导，多措并举开展舆情风险防控工作。

积极推进企业文化体系和“大家文化”建设，统筹做好工会、团委、离退休和维稳工作，最大限度为职工做实事、办好事、解难事。

八、履行社会责任

年内，支付对口帮扶资金30万元。

九、重要纪事

3月，昆明有色院与鹏欣资源签署战略合作框架协议。

4月，昆明有色院召开第3届董事会第6次会议、第3届监事会第2次会议、2017年度股东大会以及第3届董事会第7次会议。

4月，昆明有色院施行机构改革，调整成立6大中心。

7月，由昆明有色院参与的昭通水电铝项目顺利通电投产。

10月，昆明有色院与金鼎锌业签订合同并成立项目部。

12月，昆明有色院5位管理层人员签订内退协议，享受中国铜业内退政策。

撰稿／唐金琨

审核／原海红

昆明冶金研究院

一、基本情况

昆明冶金研究院（简称昆明冶研院）创建于1953年，原名为重工业部有色局西南分局实验所。1958年直属冶金部，是西南地区有色金属采矿、选矿、冶金科学技术研究中心。2000年6月作为转制科技型企业，整体进入云冶集团。经营范围：矿产资源开发利用、技术研发与技术服务；冶金、环保技术开发与服务；新材料研究与开发；分析检测测试等。

2018年基本数据表

表1

资产总额/亿元	负债率/%	员工总数/人	平均年龄/岁	学历结构/人	
1.44	82.34	256	41	中专及以下	35
				大学专科	37
				大学本科	108
				硕士及以上	76

二、组织机构

（一）领导班子

胥福顺　党委书记、院长

谢　刚　云冶集团副总工程师、首席研究员

杨　毅　党委副书记、纪委书记、工会主席

简　胜　副院长

屠建春　副院长

（二）机构设置

机关职能部门：办公室/安全环保部、纪检监察审计部/团委/组织人力资源部、财务部、市场部、科技部、工会。

科研及业务部门：选矿研究所、冶金环保研究所、材料研究所、分析测试部（质检站）、资产运营分公司、《云南冶金》编辑部。

三、生产经营

2018年，昆明冶研院全力构建“科研+产业”双轮驱动发展，紧贴市场需求，培育新的利润增长点，加快新产品开发和转化步伐，6项科技成果得到转化应用。

“彝良驰宏硫精矿提质项目”累计实现利润1200万元。“铝合金添加剂产业项目”实现产值1800余万元，产品占到云铝股份市场的60%以上。

"新型 LY 系列药剂"在彝良驰宏矿业有限公司成功应用，全年累计销售药剂 192 吨，收入 240 万元。"铜钼分离捕收剂、抑制剂"在普朗铜矿工业应用，收入 337 万元。"1.6 平方米铜铝复合导电头、3.2 平方米铜铝复合导电头、新型阳极板、整体横梁"在驰宏扩大实验。

主要指标表

表 2

指标名称	2017 年	2018 年	同比增长 /%
劳动总产值 / 亿元	0.45	0.38	−15.56
销售收入 / 亿元	0.70	0.78	11.43
利润额 / 亿元	0.02	−0.18	−1000
纳税额 / 亿元	0.04	0.05	25
人身伤亡事故 / 起	0	0	—
工亡人数 / 人	0	0	—
重伤人数 / 人	0	0	—
轻伤人数 / 人	0	0	—
重伤人数 / 人	0	1	—
轻伤人数 / 人	6	13	117

四、企业管理

基础管理。修订完善 10 余项管理制度，季度组织开展经营、科研、安全、党建工作评价；融资、两金压降工作取得实效，获批农信社、华夏银行授信担保 2900 万元，全年回收账款 370 余万元；充分利用国家政策，2018 年加计扣除比例由 150% 提升为 175%，获得 RD 补助 110 万元。

资产管理。继续挖掘潜力，盘活资产。与云南冶金技校共建"产学教培用"马金铺训练基地。全年资产租赁、停车场、光伏发电等收入 1450 万元。

安全环保基础工作。开展现场安全检查 33 次，实现了 100% 闭环整改。全年未发生轻伤以上安全事故和生态环境污染事故。

五、科技创新

2018 年，昆明冶研院首次获得中华人民共和国国际科学技术合作奖和云南省标准化创新贡献奖各 1 项，获得有色金属工业协会科学技术奖一等奖 1 项。

全年共申报国家、省级科技项目 17 项，获批 2018 年中央引导地方科技发展专项、国家自然科学基金等共计 19 项，获得科技经费 1856 万元，同比增加 73%。获得省部级科技奖 6 项。其中：有色金属工业协会科学技术奖一等奖、二等奖各 1 项，云南省科技进步三等奖 1 项，云南省专利三等奖 1 项；申请专利 33 项（发明专利 27 项），授权发明专利 15 项，申请数量同比增加 167%；获批国家标准制修订任务 2 项、行业标准 4 项。

牵头的云南省水电铝一体化科技创新中心通过评审。获得企业用地土壤污染状况调查专业机构认定等 2 项资质。

1 人入选云南省万人计划"青年拔尖人才"，1 人入选"云南省技术创新人才"培养对象，1 人入选昆明市中青年人才。晋升高级及以上职称 20 人。

2018 年科技创新数据表

表 3

科技创新投入 / 万元	申请专利 / 件	授权专利 / 件	科技人员占比 /%
1271	33	15	50.6

六、深化改革

2018 年，昆明冶研院扎实推进瘦身健体和扭亏脱困工作，完成云南冶金（美国）有限公司的注销手续，回收资金 147.6 万美元。调整充实市场营销力量，建立“采、供、销”一体化营销管控制度，推动了营销工作由业务导向型向客户导向型转变。

中铝集团中央研究院昆明分院顺利挂牌，并确立新的发展定位。

七、党建与企业文化建设

探索科研单位抓实党建的新路径，基层党建工作和科研全面融合；完善“双通道”培养制度，全面加强干部人才队伍建设。

八、履行社会责任

以“彝良驰宏硫精矿提质项目”作为试点实行创新分配模式，职工收入同比增长 12.7%。

“环保厕所工艺技术研究及菌种研发”采用工艺－菌种一体化研发思路，取得突破。在行业内推广“有色行业含汞污染物污染控制技术”“餐厨垃圾处理菌剂的开发及应用”。

九、重要纪事

6 月 8 日，云南省副省长董华、云南省工业和信息化委主任李石松、云南省科学技术院院长侯树谦一行到昆明冶研院考察调研。

11 月 13 日，中铝集团党组书记、董事长葛红林，党组副书记、总经理余德辉，云南省委书记陈豪、省长阮成发，国务院参事、中国有色金属协会会长陈全训为中铝中央研究院昆明分院揭牌。

11 月 14 日，中铝集团党组副书记、副总经理敖宏到昆明冶研院调研指导，并为中铝中央研究院昆明分院授牌。

撰稿／袁　威　李　澄

审核／简　胜

云南冶金集团财务有限公司

一、基本情况

云南冶金集团财务有限公司（简称云冶财务公司）成立于2010年1月，主要主营业务：办理财务和融资顾问、信用鉴证及相关的咨询、代理业务；交易款项的收付；经批准的保险代理业务；对成员单位提供担保；成员单位之间的委托贷款及委托投资；对成员单位办理票据承兑与贴现；成员单位之间的内部转账结算及相应的结算、清算方案设计；吸收成员单位的存款；对成员单位办理贷款及融资租赁；从事同业拆借；承销成员单位的企业债券；固定收益类有价证券投资业务。

2018年基本数据表

表1

资产总额/亿元	负债率/%	员工总数/人	平均年龄/岁	学历结构/人	
44.09	71.02	29	36.2	中专及以下	0
				大学专科	2
				大学本科	21
				硕士及以上	6

二、组织机构

（一）领导班子

张自义　董事长

李旻昊　董事、总经理

程　岚　党支部书记、常务副总经理

吕赞军　总会计师

刘　洁　副总经理、工会主席

（二）机构设置

部门：综合部、结算部、计划财务部、市场部、风险管理部、稽核审计部。

三、生产经营

截至2018年末，云冶集团所属的成员企业在云冶财务公司开户102户，开户率81.6%；与云冶财务公司“直连”银行账户303个，可直连率57.06%，全口径直连率33.30%；云冶财务公司年度资金收付1978亿元，同比增长12.74%，日均收付7.88亿元，资金头寸日均周转2.79次，全年无一差错。

与中铝集团签订战略合作协议和托管协议后，按照上级有关要求，云冶财务公司每日及时、准确完成资金日报和资金收付统计，确保资金顺利衔接。

主要指标表

表2

指标名称	2017年	2018年	同比增长/%
工业产值/亿元	1.10	1.45	31.82
营业总收入/亿元	2.21	1.99	−11.06
利润额/亿元	1.19	0.88	−35.23
纳税额/亿元	0.44	0.42	−4.76
人身伤亡事故/起	0	0	—
工亡人数/人	0	0	—
重伤人数/人	0	0	—
轻伤人数/人	0	0	—

四、企业管理

云冶财务公司按照云南银保监局的要求，组织实施“信用风险排查”“进一步深化整治银行业市场乱象”等专项治理自评估工作，发现问题12个，制定整改方案，建立整改台账；组织开展云南省首次非银机构“流动性压力测试”。配合中国人民银行昆明中心支行完成首次金融机构评级，评级结果已通过中国人民银行总行审核，获得云南省属非银金融机构较高评级。

2018年，云冶财务公司逐步建立一套符合云冶集团产业发展要求的资金集中管理风险控制体系，为确保云冶集团生产经营稳定运行和整体资金安全发挥了积极、显著的作用。

五、党建与企业文化建设

组织开展“重走长征路，柯渡红军纪念馆参观活动”，党支部全体党员赴柯渡参观红军长征纪念馆，集体过政治生日，重温入党誓词，观看红色纪录片及重走长征路；落实基层党建基本保障，党支部活动经费列入公司章程，2018年按上年工资总额1%预算，在合规范围内列支；组织开展云冶财务公司首届劳动竞赛，并积极参加云冶集团工会举办的“中国梦，劳动美——学习贯彻习近平新时代中国特色社会主义思想和党的十九大精神”职工演讲比赛，参赛选手荣获一等奖，工会荣获“优秀组织奖”。团员青年全年各项政治学习覆盖超过80人次，人均学习超13次，学习频次创新高。

六、重要纪事

4月20日，云冶财务公司完成并报备云南首次非银行金融机构“流动性压力测试”。

12月20日，云冶财务公司完成《内控手册》编撰。

12月，云冶财务公司党支部通过“规范化建设”达标验收。

撰稿/杨迟菡

审核/姚胜伟

云南冶金资源股份有限公司

一、基本情况

云南冶金资源股份有限公司（简称云冶资源公司）是一家以固体矿产资源勘查和矿业权运营为主，集矿业权投资、资源勘查技术服务、矿业权业务咨询、矿山工程建设及民生地质为一体的技术服务型企业。

2018 年基本数据表

表 1

资产总额 / 亿元	负债率 /%	员工总数 / 人	平均年龄 / 岁	学历结构 / 人	
4.48	45.44	196	36	中专及以下	43
				大学专科	33
				大学本科	97
				硕士及以上	23

二、组织机构

（一）领导班子

郑彦超　党委书记、副总经理

蒋绍平　总经理、党委副书记

马志剑　党委副书记、纪委书记、工会主席

普传杰　总工程师、副总经理

朱金文　财务负责人（2018 年 1 月 2 日内退）

蒋明华　副总经理（2018 年 5 月 4 日内退）

李玉新　副总经理（2018 年 1 月 2 日内退）

（二）机构设置

部门：党委办公室、总工程师办公室、组织宣传与人力资源部、纪检审计监察部、矿产勘察部、资产财务部、安全环保与生产运营部、资本运营与市场拓展部。

分公司：呼伦贝尔分公司。

全资子公司：云南冶金集团盛鑫源矿业有限公司、云南金迎健身娱乐有限公司。

控股公司：南涧庆福矿业开发有限责任公司、北京云冶云信资产管理有限公司。

三、生产经营

2018 年，云冶资源公司完成钻探工程量 9.62 万米，协助云冶集团所属企业实现：新增 333 类以上铅锌矿石量199万吨、金属量40万吨，333类以上铜矿石量133万吨、金属量2.24万吨。

主要指标表

表2

指标名称	2017年	2018年	同比增长/%
营业收入/亿元	1.12	1.23	10
利润总额/万元	752.43	-441.73	-159
应交税费/万元	1384.98	787.28	-43
人身伤亡事故/起	0	0	—
工亡人数/人	0	0	—
重伤人数/人	0	0	—
轻伤人数/人	0	0	—

四、企业管理

云冶资源公司通过成立专项工作组、召开专题会议及督察督办等方式，保障了各项任务目标落实，完成了全年生产指标。

按照中铝集团和云南省委省政府签订的战略合作协议，贯彻落实“状态要好、节奏要快、力度要大、办法要多”的工作要求，启动了早调会、资金结算双周例会、党群工作例会、机关管理人员深入基层等工作。

云冶资源公司与玻利维亚创源矿业股份有限公司建立战略合作伙伴关系，签订了撸鲁达铜矿调查评价项目合同；呼伦贝尔分公司分别与湖南省地质矿产勘查局409队及地质勘探院签订了《国有土地确权技术服务合同》和《工程勘察施工合同》。

五、科技创新

云冶资源公司在2018年推出“1+1+1”专家分区负责制在项目部试点实行。“1+1+1”专家分区负责制，是指以外聘专家团队+公司内部专家+公司技术团队相配合的形式，分区域定期到各项目部所在矿山指导技术工作，解决技术问题。全年共完成了《坑道瞬变电磁技术研究与应用》《D铜矿砂（砾）岩型铜矿床矿物组合分带研究》和《维多利亚铜矿构造控矿模式研究》3个科研项目的结题验收。

六、深化改革

增设民生地质部，获得渝湘高铁定测阶段重庆至黔江段工勘项目。

七、党建与企业文化建设

云冶资源公司党委以习近平新时代中国特色社会主义思想为指导，深入学习贯彻落实党的十九大精神，将“党的旗帜飘起来、党员身份亮出来、两个作用发挥出来”党建主题贯穿全年工作，形成了“围绕一个目标、坚持三大引领、实施五项工程”的党建工作体系。全年，共编辑发送微信公众号90期，原创文章共330篇。在《云冶报》《冶金之窗》和云冶微信公众号、手机报共发布114篇。

八、重要纪事

1月16日，大水井铅锌磷矿勘探项目1610中段钻探工程正式开钻。

4月11日，云冶资源昭通项目部彝良驰宏毛坪矿河东片区充填孔工程开工。

4月24日，云南冶金集团盛鑫源矿业有限公司成功取得矿山工程施工总承包三级资质。

5月4日，与玻利维亚创源矿业有限公司签订战略合作框架协议，为玻利维亚撸鲁达矿区提供地质技术服务。

7 月 9 日，完成《云南省会泽县大水井铅锌磷矿勘探》矿权转让和变更工作。

8 月 18 日，举办云冶资源成立十周年纪念大会暨技术交流会。

10 月 25 日，成立湖南有色工程勘察研究院有限公司驻云冶资源项目部。

11 月 1 日，会泽小竹箐探矿工程井巷施工作业正式开工。

11 月 26 日，云冶资源子公司呼伦贝尔超富矿业有限公司顺利完成清算注销工作。

撰稿 / 陶　旭

审核 / 李　波

云南冶金集团投资有限公司

一、基本情况

云南冶金集团投资有限公司（简称云冶投资公司）成立于2011年9月，系云冶集团下属全资子企业，注册资本10亿元。经营范围为股权投资，项目投资及管理，经济信息咨询、商务信息咨询等。

2018年基本数据表

表1

资产总额/亿元	负债率/%	员工总数/人	平均年龄/岁	学历结构/人	
28.72	86.28	65（合同员工）	38	中专及以下	1
				大学专科	6
				大学本科	42
				硕士及以上	16

二、组织机构

（一）领导班子

许彦明　董事长、党委书记

亢若谷　总经理、党委副书记（2018年3月任）

祝赵伟　副董事长　（2018年12月29日止）

张春生　副董事长　（2018年12月29日止）

张丽萍　副总经理　（2018年3月任）

吴　兮　副总经理　（2018年12月29日止）

温　勇　党委副书记　（2018年5月4日止）

黎小浪　党委副书记、纪委书记、工会主席（2018年3月任）

马　雯　副总经理、风控总监

黎文刚　副总经理

林泽银　副总经理

杨玉芬　总会计师

张艳梅　总会计师（2018年3月任）

（二）机构设置

本部部室：办公室、产业投资部、资本市场部、风控部、财务部、组织人力资源部、纪检监察审计部，并设立党委及群团组织。

全资企业：云南冶金股权投资基金管理有限公司。

控股企业：上海滇鑫浦慧融资租赁有限公司、云南冶金集团珺安保险经纪有限公司、云南云创招标有限公司、北京云冶汇金投资有限公司、云南诚源投资股份有限公司。

参股企业：云南云冶松香有限公司、塔证券股份有限公司、云南云冶中信塑木新型材料有限公司、云南盈川新材料产业业投资基金合伙企业、云南亚能碳资产管理有限公司、云南科力新材料股份有限公司、云南冶金金水云泊车辆服务有限公司、云南润迈新能源车业有限公司、昆明重工佳盛慧洁特种设备制造有限公司。

三、生产经营

主要指标表

表 2

项目	2017 年	2018 年	同比增长 /%
营业总收入 / 万元	57930.72	68481.03	18.21
税金及附加 / 万元	1807.99	1770.89	−2.1
投资收益 / 万元	1657.99	167.50	−89.9
利润总额 / 万元	1573.83	−25373.13	−1712.19
净利润 / 万元	127.06	−26200.05	−20720.21
资产总额 / 万元	321840.12	287184.74	−10.76
负债总额 / 万元	231341.54	247795.36	7.11
净资产 / 万元	90498.58	39389.38	−56.48

四、企业管理

2018 年，云冶投资公司持续推进内控体系建设，下发执行涉及财务、基础管理、员工管理等的制度共 11 个。通过选派，兼职等方式，为控股和参股子公司派出常务副总、党组织负责人、财务总监、董秘和技术骨干等，支持企业的经营管理工作；实施预算管理，强化预算计划执行，主动对标，降本增效，云冶投资公司本部业务接待、办公、差旅等费用支出同比下降 50% 左右。

五、深化改革

围绕中铝集团“4+4+4”产业布局，按照云冶集团“瘦身健体”相关工作要求，确定 2018—2019 年瘦身健体工作目标，制定方案，并与云冶集团签订《瘦身健体责任书》。新增昆明八七一文化投资有限公司、云南冶金金水云泊车辆服务有限公司、云南亚能碳资产管理有限公司、昆明重工佳盛慧洁特种设备制造有限公司、云南云冶松香有限公司、云南云冶中信塑木新型材料有限公司、云南润迈新能源车业有限公司共 8 家处置单位。2018 年完成云南冶金有色产业投资合伙企业（有限合伙）、滇冶壹号股权投资基金合伙企业共 2 户企业的清算注销，完成云南冶金集团慧讯通信服务有限公司股权转让相关工作，全年共计减少 3 户企业。

六、党建与企业文化建设

2018 年，云冶投资公司严格执行重大决策前置审议；符合条件的企业做到党组织设置全覆盖，实现将党建工作总体要求纳入公司章程。

七、履行社会责任

按照云冶集团 2018 年扶贫工作计划，云冶投资公司支付定点挂钩帮扶资金 10 万元。

八、重要纪事

1 月 26 日，云冶投资公司第二次党员大会召开，选举产生了云冶投资公司第二届党委、纪委。

撰稿 / 姜　楠

审核 / 朱　伦

云南冶金集团金水资产经营有限公司

一、基本情况

云南冶金集团金水资产经营公司（简称金水资产公司），于2016年4月25日组建成立，是中国铜业全资子公司。主营业务为企业管理，企业自有资产重组、并购管理及咨询，接受委托对企业、单位的非金融资产进行管理，物业管理，餐饮企业管理，停车场运营，职业卫生、临床医疗、社区卫生等服务业务。

2018年基本数据表

表1

资产总额/万元	负债率/%	员工总数/人	平均年龄/岁	学历结构/人	
4268	87.14	161	41	中专及以下	35
				大学专科	50
				大学本科	73
				硕士及以上	3

二、组织机构

（一）领导班子

王　林　董事长、党委副书记
陈作兵　党委书记
李永庆　党委委员、副董事长
程　灏　党委委员、常务副总经理
丁　平　党委委员、副总经理
赵光德　党委副书记、纪委书记
保明靖　党委委员、工会主席

（二）机构设置

本部职能部门：综合管理部、资产财务部、市场拓展部。

全资和参股企业：云南冶金集团金水物业管理有限公司、云南省冶金医院、云南冶金金水云泊车辆服务有限公司、云南冶金金水云生商贸股份公司、云南金水众合健康产业投资运营有限公司、云南冶金云菇生物科技股份有限公司、昆明八七一文化投资有限公司、云南亚能碳资产管理有限公司。

三、生产经营

2018年，坚持盘活低效闲置资产、消除资产安全隐患、提升资产效能价值、打造资产经营平台的职能定位，推动集团低效闲置资产盘活工作深入实施。先后对“吴井路20-3号1栋及和平后村49号楼、栗树头10栋、巡津新村22号院”等集团被侵占的国有资产开展了清理拆除、强制清腾、解危加固、资产盘活等工作。扎实推进综合后勤保障服务，进一步做好集团本部公务接待、会议保障、餐饮物业等服务工作。职业病健康体检、检验检测、职业病治疗业务拓展成效明显，冶金医院经营质量不断提升。

四、企业管理

积极探索运行机制，结合盘活资产属性特征以及企业新组建资金不足的实际，以不出钱或少出钱为前提，提出了“一厂一策，一地一策，两权（经营权和所有权、投资权和收益权）分离，一体多制”的资产盘活总体思路。强化人事财务集中管控，推进人力资源和财务工作“金水一盘棋”管控，实行行政人事和财务管理的扁平化管理。

加强月度、季度、半年度、年度财务分析和专项分析，进一步对标先进、降本增效。云泊公司在大干100天期间实现全面扭亏，云菇公司股权转让全面启动，启动“应收账款清理清收”专项工作，落实“双周督办”制度。

五、深化改革

一是推进公车管理和公车改革。对公务用车实行集中管理、统一调配，并草拟实施方案。

二是剥离办社会职能。理顺医院管理关系，实现资产划转注入金水资产；机关幼儿园完成终止办园、对外租赁、整体盘活，实现集团层面教育和医疗的完全剥离。积极推进集团本部大东新村、栗树头、原汽修厂片区和冶金小区的“三供一业”分离移交工作。

六、党的建设

深入开展“两学一做”学习教育常态化制度化教育活动，举办“三期万名党员进党校”培训暨年度党员教育培训工作。深入贯彻落实“一岗双责”，开展节假日期间“紧盯四风大排查”，认真开展三级班子成员、中层干部和基层党组织书记年度干部考核和述责述廉工作，加强党风廉洁日常教育。

七、履行社会责任

研究制定“健康安全企业建设”实施方案，深入开展安全企业大排查、四大信访矛盾攻坚战等工作，强化源头管理。

做好年度“两会”期间维稳工作。

八、重要纪事

3月16日，金水资产公司2018年召开党委行政工作会暨一届二次职代会。

7月21日，云冶集团“万名党员进党校”暨金水资产公司2018年第一期党员干部培训班举办。

8月23日，金水资产公司召开第一次共青团代表大会。

12月25日，金水资产公司召开2019年党委工作会暨行政工作会。

撰稿／李宗南

审核／刘　雁

云南冶金仁达信息科技产业有限公司

一、基本情况

云南冶金仁达信息科技产业有限公司（简称云冶仁达信息）是由云冶集团、昆明冶金研究院、昆明冶金高等专科学校和公司核心层共同持股组建的科技型有限公司。

2018 年基本数据表

表 1

主要产品产值	资产总额 / 亿元	负债率 /%	员工总数 / 人	平均年龄 / 岁	学历结构 / 人	
软件技术服务 2176 万元	2.32	90	143	34.4	中专及以下	17
系统集成工程 288 万元					大学专科	37
					大学本科	79
IT 硬件贸易 8414 万元					硕士及以上	10

二、组织机构

（一）领导班子

王　伟　董事长

李昆山　副董事长

李　伟　总经理

李开疑　副总经理、工会主席

王　斌　副总经理

丁琼花　财务总监

（二）机构设置

职能部门：综合管理部、财务部、项目管理办公室（PMO）。

全资、控股公司：昆明仁达工业自动化有限公司、昆明金盛达科技有限公司、云南卓腾科技有限公司、昆明仁达信息技术运营有限公司、云南正达矿业小额贷款股份有限公司。

三、生产经营

2018 年，云冶仁达信息业务结构调整取得实质性突破，内部管理流程持续优化和完善，各分子公司控亏取得一定成效，云冶仁达信息整体经营维持相对稳定，2018 年实现营业收入 10878 万元。

主要指标表

表 2

指标名称	2017 年	2018 年	同比增长 /%
销售收入 / 亿元	1.15	1.09	−5.2
利润额 / 亿元	−0.23	−0.4	−173.91
纳税额 / 亿元	0.06	0.06	0%
人身伤亡事故 / 起	0	0	—
工亡人数 / 人	0	0	—
重伤人数 / 人	0	0	—
轻伤人数 / 人	0	0	—

四、企业管理

通过梳理云冶仁达信息（含分子公司）应收账款情况，针对应收账款明细逐项明确专人负责，自 2018 年 10 月起，通过总经理主持召开每周一次债权清理清收专题工作会，一定程度上积极有效地加快了清收工作进度。

五、深化改革

云冶仁达信息根据云冶集团的统一安排，于 2018 年 8 月成立了瘦身健体工作领导小组和办公机构，研讨瘦身健体工作方案。截至年底，此项工作仍在持续进行中。

六、党建与企业文化建设

云冶仁达信息以“互联网 + 党建”的新模式为驱动，创新和丰富党建活动形式。一是利用建立 QQ 群、微信群等党员之间以及党员与群众之间的信息化沟通渠道。二是积极推行“云岭先锋”APP，通过“掌上党校”的微党课、微书苑进一步加强学习，利用微测试及时检验学习成果，逐步将“网上党支部”三会一课、党务公开、文件学习等模块用起来。

七、履行社会责任

云冶仁达信息建立维稳预警机制和预防机制，通过加大宣传、思想教育、平等协商、劳动仲裁等合法途径，解决因欠薪形成的劳动用工纠纷，避免矛盾的进一步激化，竭尽全力维持正常经营运作。

八、重要纪事

7 月 5 日，云冶集团董事长、党委书记许波对云冶仁达信息进行专题调研。

撰稿 / 梁　萧

审核 / 杨家鸣

云南冶金高级技工学校

一、基本情况

云南冶金高级技工学校（简称云南冶金技校）隶属于云冶集团，业务主管部门为云南省人力资源和社会保障厅。主要培养中级工、高级工、预备技师等中高级技术人才，同时面向社会开展技术工人培训、职业技术鉴定、在职职工培训、社会性职业技术培训。

2018年基本数据表

表3

资产总额/亿元	员工总数/人	平均年龄/岁	学历结构/人	
0.689	153	40.7	中专及以下	17
			大学专科	47
			大学本科	71
			硕士及以上	18

二、组织机构

（一）领导班子

董　蔓　校长、党委副书记

邓传宏　党委书记

高　芳　党委委员、纪委书记

吴静杰　党委委员、副校长

李　丹　党委委员、副调研员

胡馨瑶　党委委员

（二）机构设置

职能部门：党政办公室、组织人力资源部、宣传文化部、纪检审计监察部、财务与资产管理部、招生就业与培训鉴定中心、项目管理办公室、汽车事业部、后勤保障服务中心、科技部、教务管理部、教学督导室、技能竞赛办公室、学生工作部、汽车产业系、先进制造产业系、现代服务产业系、陶瓷产业系、工会、离退休服务中心、团委。

校办企业：云南冶金高级技工学校驾驶员培训站、昆明鑫安出租汽车有限公司、昆明聚匠职业教育实训有限公司。

三、办学实力和水平

云南冶金技校紧扣“校企合作、产教融合”

的办学方针，坚持“校企一体、产教融合、共谋发展、共享成果”的发展思路，推动“职教＋产业”协同发展、相融共进。围绕申办技师学院中心工作，在专业建设、人才培养、技能扶贫等方面取得突出成效，为云南区域经济发展培养高质量技能人才。2018 年，在第 45 届世界技能大赛选拔赛中，云南冶金技校烘焙、糖艺 / 西点、美发 3 名选手代表云南省参加国家选拔赛，其中，烘焙、糖艺 / 西点两个项目入选国家集训队，并成功晋级 10 进 5 比赛，最终均获得第 5 名。

主要指标表

表 2

指标名称	2017 年	2018 年	同比增长
在校生规模 / 人	6778	8127	19.9/%
其中，全日制学生人数 / 人	4067	5412	33/%
全日制学生占在校生总数的比例 /%	60	70	16.7/%
专业 / 个	35	37	2 个
技能扶贫人数 / 人	3150	4890	55/%
校区 / 个	4	5（增设福贡教学点）	1 个
学生就业率 /%	98	98	0
双证获得率 /%	100	100	0

四、重大项目 / 资质

2018 年，冶金技校取得如下资质：

成为西南地区第一家开展大型货车驾驶人职业教育的技工学校。

成为云南省开展道路运输从业资格职业化培训的三家试点院校之一。

入选国家人社部 50 家汽车类专业校企合作基地。

完成云南省安全生产考试中心冶金高级技校培训基地建设。

五、学校管理

深化组织机构改革、人事制度改革、教学改革，制定人才队伍建设“十三五”规划，大力推进工资收入分配制度改革，推行职称评价机制，建立健全内控体系和廉洁风险防控体系，提升冶金技校治理能力。

六、科技创新

校企合作专业建设课题《有色金属冶炼‘三方四业’新型学徒制人才培养模式的创新与实践》获得云南省教育厅职业教育教学成果一等奖，并推荐参加职业教育国家教学成果二等奖的申报。

七、深化改革

以申办技师学院为引领，把世赛标准引入教学，以生产性教学实训基地建设为抓手，构建校企合作“八共同”技能育人体系，把教学前移到产业一线，使专业设置、教学与产业有机融合。重点推进“工学一体化课改”“新型学徒制”“技能大师工作室”等项目。

通过校企合作、校政合作、校政企合作，突破了招生难、就业难、师资难和教学设备落后等发展瓶颈。

八、党建与企业文化建设

认真贯彻落实“基层党建巩固年”和基层党组织规范化达标创建各项工作，建立领导班子成员基层党建工作联系点制度和基层党建述职评议制度。建立 3 个党建活动室，完成 8 个党支部的换届工作，组织参加云南冶金及冶金技校组织的

“万名党员进党校”和基层党组织书记培训。

打造“德技双馨，身心双健”高素质技能人才，8名同学获得政府奖学金，3名同学获得云南省职业高中、中等职业技术院校第六届“中华魂”主题演讲比赛一、二等奖。

九、履行社会责任

围绕产业转型和区域经济发展需要，冶金技校全年共完成职业培训1600余人，鉴定2000余人，技能扶贫培训4800余人。

深入怒江福贡县开展技能扶贫和就业扶贫，成功孵化出以福贡县哦乐民族服装加工厂为代表的民族服装产业，得到人社部就业扶贫工作调研组、云南省人社厅和福贡当地政府的肯定。开设技能扶贫“彝良班”“西畴班”“贡山班”，同时开启就地办学福贡模式。

十、重要纪事

1月9日，云南省现代职业教育扶贫工程云南冶金高级技工学校公共实训基地临安建设项目开工。

4月，云南冶金技校郑马青云、孙彤彤、田梦成3名同学代表云南省参加第45届世界技能大赛烘焙、糖艺/西点、美发专业全国选拔赛。

5月13日，“华夏文明　薪火相传”台湾青年游学交流考察活动走进云南冶金技校临安校区。

5月，云南冶金技校烘焙、糖艺/西点两个项目成功入围第45届世界技能大赛国家集训队。

6月7日，人社部就业扶贫工作调研组到福贡县赤洒底村易地扶贫安置点调研，现场听取云南冶金技校技能扶贫工作汇报。

7月15日，云南冶金技校作为特邀技工院校参加人社部“校企共话中国制造转型升级论坛”，在现场与麦特汽车服务股份有限公司签约。

7月21日，云南冶金技校临安实训基地项目主体工程动工。

8月22日，云南冶金集团职业教育扶贫西畴班在云南冶金技校马金铺校区开班，集团党委书记、董事长许波到会讲话。

10月17日，经省交通运输厅、省公安厅、省教育厅、省人社厅批准，云南冶金技校成为西南五省第一家获批开展大型货车驾驶人职业教育工作的技工院校。

撰稿/漆小莉

审核/董　蔓

中国稀有稀土股份有限公司

一、基本情况

中国稀有稀土股份有限公司（简称中国稀有稀土）是中铝集团四大主要业务板块之一，主要经营稀有稀土金属矿产资源开发、冶炼分离和深加工业务。中国稀有稀土创建于1988年，2015年10月通过大型稀土企业集团组建验收，2016年3月整体改制为中国稀有稀土股份有限公司。

中国稀有稀土为股权多元化的混合所有制企业。截至2018年末，中铝集团持有中国稀有稀土52.96%股权，中国铝业股份有限公司持有14.62%股权，焦作万方铝业股份有限公司持有13.17%股权，有研稀土新材料股份有限公司持有3.11%股权，中国－比利时直接股权投资基金持有1.69%股权，海通开元投资有限公司持有1.60%股权，曾阳庆持有3.43%股权，江苏旭昱科技有限公司持有2.23%股权，阜宁稀土实业有限公司持有2.23%股权，江苏卓群纳米稀土股份有限公司持有2.23%股权，常熟市盛昌稀土科技有限公司持有1.89%股权，江苏保利有色金属有限公司持有0.50%股权，赵平华持有0.33%股权。

2018年基本数据表

表1

资产总额/亿元	负债率/%	员工总数/人	平均年龄/岁	学历结构/人	
42.32	22.75	1897	41	中专及以下	1275
				大学专科	285
				大学本科	283
				硕士	48
				博士及以上	6

二、组织机构

（一）领导班子

冷正旭　党委书记、董事长（2018年10月任）

胡谷华　党委副书记、董事、总裁

贺海钧　董事、副总裁、纪委书记、工会主席

刘建军　董事、副总裁

王丰申　财务总监

杨　杰　副总裁（2018年10月任）

（二）机构设置

本部部门：综合部、财务部、投资管理部、安全生产管理部。

所属企业：中铝稀土（江苏）有限公司、中铝广西有色稀土开发有限公司、中铝四川稀土有限公司、中铝山东稀土有限公司、中稀国际贸易有限公司、中铝山东依诺威强磁材料有限公司。

三、生产经营

主要指标表

表 2

指标名称	2017 年	2018 年	同比增长 /%
工业总产值 / 亿元	46.38	34.72	−25
销售收入 / 亿元	46.57	33.54	−28
利润额 / 亿元	2.46	1.56	−37
所有者权益 / 亿元	32.11	32.69	2
纳税额 / 亿元	1.61	1.99	24
净资产收益率 /%	6.28	3.96	−37
人身伤亡事故 / 起	0	0	—
工亡人数 / 人	0	0	—
重伤人数 / 人	0	0	—
轻伤人数 / 人	0	0	—

建立分层级质量管控和评价体系。推进氧化钇、高端稀土永磁、稀土铝合金等标杆产品建设。所属企业获得中铝集团第一届质量奖产品奖和个人奖各 1 项。高纯钕、高纯镝、高纯钇等特色产品得到国内外客户广泛认可，“中铝稀土”“中铝稀有稀土”等商标注册获批。

建设稀土小超市。江苏国盛加快铈锆、高纯钕、高纯镧、高纯钆等特色高附加值产品转型步伐；常州稀土通过实施技改实现产能优化；广西国盛二期项目完成项目主体工程建设。通过江苏稀土与广西稀土协同，形成了产品品种、品质最齐全的“特殊物性稀土氧化物小超市”。

推进转型升级。完成崇左保税仓建设，引进年产 5000 吨金属项目及参股建设“铝 + 稀土”项目，崇左稀土产业链布局初现规模；完成金源稀土磁材扩产、产能达到 2000 吨 / 年；江苏国盛年产 500 吨铈锆储氧材料生产线建成；稀土铝铒、铝钪等稀土中间铝合金实现向西南铝、航材院等单位供货；与东洋电机合资建设工业节能稀土永磁电机项目完成项目立项工作。

加强小改小革和合理化建议组织。组织企业围绕降本增效、质量提升等开展小改小革和合理化建议，分离企业草酸母液水回收技术、碳沉工艺、氯化镧铈等技术产品实现突破并推广。2018 年，所属企业获得中铝集团“金点子”1 项、“银点子”4 项，获得省级行业优秀 QC 奖 7 项。

四、板块建设

（一）运营管理

完善科技平台建设。中央研究院稀土分院挂牌运行，南宁研发中心项目加快建设。广西国盛作为国内稀土行业两化融合试点单位通过工信部验收，“稀土萃取分离智能化控制系统研究与应用示范”项目获得第五届中国工业大奖提名奖。新增 1 个省级研发平台、3 项省级工程技术中心（创新示范企业）称号，获得专利授权 71 项（其中发明专利 16 项）。

深化精准管理。完善管控体系，多管齐下提升管控和服务能力；印发《中国稀有稀土股份有限公司标准化工厂实施方案》，进一步深化精准管理重点工作。

优化产业布局。一是加快广西资源再保障基地建设。二是坚持优化发展中游，集聚稀土小超市建设，产品优势稳步提升。三是加大跨越发展下游，加快推进转型升级。四是完成了总体规划纲要（2019—2035年）编制工作，搭建“十四五”及2035年的初步规划框架，提出了跨越发展的愿景、战略目标、战略任务、重点及实施举措。

夯实风险管理。做好环保、政策、资本运作等重大风险的实时监控工作。强化信用风险管控及问题整改，加强库存产品管理。

强化人才梯队建设。完善专业技术人员培养机制，人才培养得到切实加强。

（二）重大项目进展

江苏国盛稀土分离生产线异地升级改造项目（二期工程）：根据该项目计划及关键节点，三个月完成项目决策并开工，年内基本完成主体工程建设，启动项目充槽。

稀土永磁电机项目：与国际先进电机企业东洋电机制造株式会社及北京铃洋科贸有限公司合作建设电机工厂，完成项目立项，开展项目尽职调查、工厂选址及可研等前期工作，与合作方签署合作框架协议。

（三）安全环保

严守安全底线，2018年未发生重伤及以上安全事故，完成度节能减排任务。

2018年发生一般环境事件1起。7月2日，中央第五环境保护督察组在广西壮族自治区督察期间发现中铝广西稀土所属个别矿山企业存在环境污染问题。中国稀有稀土高度重视，积极面对，全方位启动整改工作。对涉及人员（16人）进行追责处理；对所涉及的矿山项目全部停产进行整顿，拆除生产设备设施，开展水体提标治理，开展作业区域全面复垦复绿；积极建设“绿色矿山”和环境友好型工厂，构建企业与矿区的和谐关系。启动全面环境保护问题排查，邀请第三方机构开展环境保护合规性全面审核，发现问题立即整改或制定整改措施。建立环境保护长效机制，加强科技创新，积极推广绿色开采工艺，全面提升清洁生产水平。

五、重要纪事

2018年，中国稀有稀土分别召开第一届董事会会议8次、临时股东大会5次。

1月20日，中国稀有稀土召开2017年度工作会，部署安排2018年工作。

4月9日，中国稀有稀土召开2017年度股东大会。

6月27日，五矿稀土集团董事长黄国平一行到访中国稀有稀土。

7月15日，中国稀有稀土召开2018年年中工作会议。

8月6日，召开中国稀有稀土成立9周年座谈会。

9月10日，中国稀有稀土与日本东洋电机制造株式会社及北京铃洋科贸有限公司签署合作框架协议。

10月16日，中国稀有稀土首份社会责任报告编制完成。

10月24日，冷正旭任中国稀有稀土党委书记、董事长。

11月15日，中铝中央研究院稀土分院挂牌成立。

11月8日，中国稀土行业协会秘书长杨文浩一行到访中国稀有稀土。

撰稿 / 王亚娟

审核 / 史文龙

中铝稀土（江苏）有限公司

一、基本情况

中铝稀土（江苏）有限公司（简称中铝江苏稀土）是中国稀有稀土布局长三角地区的首要发展平台位，于2011年4月26日成立。中铝江苏稀土注册资本62330万元，由中国稀有稀土股份有限公司与江苏省4家获得指令计划的稀土冶炼分离企业及1家贸易公司共同出资组建。

中铝江苏稀土业务范围包括：稀土氧化物及化合物、稀土磁性材料、稀土发光材料、纳米稀土材料的研发（生产性项目另设分公司或子公司生产）；稀土金属（危险化学品除外）销售；稀土提炼机械设备的研制、销售；稀土技术咨询、技术服务；从事货物及技术的出口业务，财产出租和租赁。

中铝江苏稀土具备年稀土分离能力为13200吨。拥有多项国家和省级重点高新产品，以及多项实用新型专利，具备稀土分离研发生产能力，生产规模、技术装备、产品品种等综合实力居江苏省稀土分离冶炼企业首位。

2018年基本数据表

表3

主要产品产能	资产总额/亿元	负债率/%	员工总数/人	平均年龄/岁	学历结构/人	
南方离子型矿分离能力7800吨/年	9.82	43.11	732	46	中专及以下	572
					大学专科	91
北方轻稀土矿分离能力5400吨/年					大学本科	62
					硕士及以上	7

二、组织机构

（一）领导班子

刘建军　党委书记、董事长

安恩法　总经理（2018年2月24日任）

黄华勇　党委副书记、副董事长

刘长河　副总经理

郭朝阳　纪委书记

（二）机构设置

机关部室：综合部、投资发展部、财务部、安全生产管理部、党委（纪委）工作部、营销工作组。

二级单位：中铝稀土（常州）有限公司、中铝稀土（阜宁）有限公司、中铝稀土（宜兴）有限公司、中铝稀土（常熟）有限公司，江苏比昂电子材料有限公司（参股）。

三、生产经营

2018 年，在严峻的市场形势下，中铝江苏稀土实现了主要产品产销量稳步增长。

主要指标表

表 2

指标名称		2017 年	2018 年	同比增长 /%
主要产品产量	1. 锆 / 万吨	0.19	0.27	42.11
	2. 钕 / 万吨	0.59	0.91	54.24
	3. 铽 / 万吨	0.06	0.06	0
	4. 镝 / 万吨	0.35	0.34	−2.86
工业产值 / 亿元		10.05	9.65	−3.98
销售收入 / 亿元		10.81	10.89	0.74
利润额 / 亿元		0.38	0.02	−94.74
纳税额 / 亿元		0.34	0.26	−23.53
人身伤亡事故 / 起		0	0	—
工亡人数 / 人		0	0	—
重伤人数 / 人		0	0	—
轻伤人数 / 人		0	0	—

四、重大发展项目

2018 年，中铝江苏稀土实施资源保障和产业链延伸战略，构建稳定的稀土原料保障体系：与澳大利亚卡博公司合资建设重砂矿 MSP 工厂，与中国铀业有限公司合资建设独居石综合利用工厂项目，获取稀有锆钛系列原料和独居石稀土原料。重点布局稀土永磁材料、稀土陶瓷功能材料、稀土催化材料等领域，积极向稀土永磁电机及永磁调速器件等应用方向延伸；同时积极布局锆、钛及 ITO 靶材等稀有金属领域。

五、企业管理

2018 年，中铝江苏稀土紧盯矿源优化生产组织结构，紧贴市场强化营销集中管控，严管经营现金流提高资金周转效率，严抓管理变革完善制度建设，不断夯实企业管理基础。

完善生产早调会、运营周例会、月度经济活动分析会为主要内容的运营管控“三会”制度。开展规章制度“废、改、立”工作，组织制定或修订《固定资产管理制度》等 32 项规章制度，严格按照中铝集团和中国稀有稀土要求做好问题清单整改工作，320 项问题清单已完成整改 287 项，另 33 项正在整改中，整改率达到 90%。

开展安全“十条禁令”负面清单梳理整治、中央环保督察“回头看”整治等行动，以生动实践宣贯制度文化、执行文化、行为文化和责任文化。安全环保隐患整改计划完成率 100%；全员安全培训持证上岗率 100%；危险作业分级审批和监护执行率 100%；风险总值与 2017 年相比降低 20%；20 万工时损工率与 2017 年相比降低 20% 以上。

六、科技创新

2018 年，中铝江苏稀土标杆产品——常熟公司特殊物性氧化钇实现了规模化量产；阜宁公司超高纯产品获得首届中铝集团产品质量奖。常州公司《萃取废酸回收再利用合理化建议》获 2017—2018 年度“银点子”合理化建议奖。

2018 年，中铝江苏稀土申报专利 42 项（江苏公司 24 项、常熟公司 6 项、宜兴公司 2 项、阜宁公司 10 项），其中申报发明专利 9 项（江苏公司 4 项、常熟公司 3 项、宜兴公司 2 项），申报实用新型专利 33 项（江苏公司 20 项、常熟公司 3 项、阜宁公司 10 项）。

2018 年科技创新数据表

表 3

科技创新投入 / 万元	申请专利 / 件	授权专利 / 件	科技人员占比 /%
1901.1	42	21	10.1

七、深化改革

2018 年 4 月初，中铝江苏稀土本部职能部门与常熟公司机关合署办公。对部分子公司经营班子进行了适当调整和交流。子公司根据工序流程，合理设置生产车间，实施了区域管理。获得中国稀有稀土百日劳动竞赛“管理创新发展专项奖”。

八、党建与企业文化建设

2018 年，中铝江苏稀土深入推进企业政治、思想、组织、作风、纪律建设和反腐倡廉建设，为企业经营、改革、发展和稳定提供了强有力的政治、思想、组织保障。

一是推进党建工作机制建设。设立了党委（纪委）工作部，制定完善了 31 项基础管理制度，覆盖了党建、纪检工作全流程，初步完成了党建纪检制度体系建设。二是坚持重大决策问题集体讨论、民主决策，及时召开党委会对中铝集团“三大攻坚战”督察、中铝集团巡视反馈问题整改、转型发展项目洽谈合作、管理人员招聘提拔等重要事项进行了研究部署。三是认真贯彻落实中铝集团党风廉政建设和反腐败工作部署，开展监督检查和执纪问责，全年累计问责 33 人次。四是全面推进企业文化建设。

积极培育具有江苏稀土特色的文化基因，诠释以“兼容并蓄、离宜生辉，卓尔不凡、合和致远”为内涵的“稀土文化”，以此增强广大干部员工的文化认同度，形成企业发展的凝聚力和向心力。

九、履行社会责任

中铝江苏稀土积极履行社会责任工作，一是出资 17.56 万元修建周边乡村公路；二是与当地小山村开展结对助学活动，帮助贫困学生顺利就学；三是积极组织员工参加义务献血活动和社区志愿者活动。

十、重要纪事

1 月 29—30 日，中铝江苏稀土召开 2018 年工作会议。

2 月 24 日，中铝稀土（江苏）有限公司召开干部大会，宣布中国稀有稀土党委关于安恩法为中铝江苏稀土总经理的任职建议。

4 月，中铝江苏稀土本部各职能部门将办公地点搬迁至所属企业常熟公司，与常熟公司机关合署办公，优化人员结构。

4 月 26—27 日，中铝集团党组成员、副总经理张程忠到中铝江苏稀土调研。

6 月 29 日，中铝江苏稀土在常州举办 2018 中国 · 江苏稀土新材料产业发展论坛，来自政府机构、科研院所和客户企业的嘉宾近 130 人出席。

9 月 5 日，中铝江苏稀土召开 2017 年度股东大会、第二届董事会第十次会议、第二届监事会第五次会议。

撰稿 / 王敬文

审核 / 安恩法

中铝广西有色稀土开发有限公司

一、基本情况

中铝广西有色稀土开发有限公司（简称中铝广西稀土）于 2011 年 7 月 19 日在广西南宁市成立。

中铝广西稀土股东是中国稀有稀土股份有限公司、广西有色金属集团，注册资金 7.5 亿元人民币；两家股东分别持有 60%、40% 股权。

中铝广西稀土主要经营范围：稀土、矿产资源的勘查和开发；稀土、有色金属、矿产品及其冶炼分离产品、加工产品的研究、开发、生产和销售；稀土相关设备的研制和销售；稀土资源的技术咨询、技术转让、技术服务；实业投资；进出口贸易。

2018 年基本数据表

表 1

<table>
<tr><th>主要产品产能</th><th>资产总额 / 亿元</th><th>负债率 /%</th><th>员工总数 / 人</th><th>平均年龄 / 岁</th><th colspan="2">学历结构 / 人</th></tr>
<tr><td rowspan="2">稀土矿开采：2500 吨 / 年</td><td rowspan="5">17.98</td><td rowspan="5">33.06</td><td rowspan="5">915</td><td rowspan="5">38</td><td>中专及以下</td><td>523</td></tr>
<tr><td>大学专科</td><td>179</td></tr>
<tr><td>稀土冶炼分离年产能：9000 吨 / 年</td><td rowspan="2">大学本科</td><td rowspan="2">191</td></tr>
<tr><td>稀土金属年产能：2000 吨 / 年</td></tr>
<tr><td>稀土永磁产品年产能：2000 吨 / 年</td><td>硕士及以上</td><td>22</td></tr>
</table>

二、组织机构

（一）领导班子

李　兵　董事长、党委书记

杜栋斌　总经理

蒙利溢　党委副书记、纪委书记、工会主席

姚　石　财务总监

娄战荒　副总经理

梅　毅　副总经理

（二）机构设置

机关部室：综合管理部（董事会秘书室）、党委工作部（纪检监察审计部）、财务部、安全生产管理部（安全环保部）、科技部。

全资及控股参股企业：中铝广西有色金源稀土有限公司（持股 55%）、江苏国盛新材料有限公司（持股 80%）、中铝广西国盛稀土开发有限公司（持股 96.55%）、中铝广西有色崇左稀土开发有限公司（持股 60%）、中铝广西贺州稀土开发有限公司（持股 55%）、中铝广西梧州稀土开发有限公司（持股 50%、中铝广西有色稀土贸易公司持 5%）、中铝广西岑溪稀土开发有限公司（持股 55%）、中铝广西玉林稀土开发有限公司（持股 55%）、中铝广西有色稀土贸易公司（全资）。参股企业有中铝广西方信环保新材料科技公司（持股 34%）、腾冲中铝矿业开发有限公司（持股 35%），中铝广西崇左稀钪新材料科技有限公司（持股 31%），商丘星林电子产业有限公司（持股 20%）。

三、生产经营

2018 年，中铝广西稀土完成工业总产值 26.67 亿元，实现营业收入 19.62 亿元。

资源获取和矿权申办工作均取得突破。玉林、藤县项目有序建设；重点推进广西花山南段采矿权、糯垌稀土矿探矿权申办工作；充分利用区位优势，获取东盟稀土资源，采取贸易先行，联合采矿的“两条腿走路”方式，多渠道确保分离厂原料供应。

主要指标表

表 2

指标名称		2017 年	2018 年	同比增长 /%
主要产品产量	稀土矿产品 / 万吨	0.2483	0.1326	−46.59
	稀土氧化物 / 万吨	0.2855	0.3210	12.43
	稀土永磁材料 / 万吨	0.0827	0.1022	23.57
工业产值 / 亿元		15.59	26.67	71.07
销售收入 / 亿元		21.22	19.62	−7.54
利润额 / 亿元		1.72	1.45	−15.69
纳税额 / 亿元		2.05	1.60	−21.95
人身伤亡事故 / 起		0	0	—
工亡人数 / 人		0	0	—
重伤人数 / 人		0	0	—
轻伤人数 / 人		0	0	—

四、重大发展项目

江苏国盛稀土分离生产线异地升级改造项目（二期）：根据新的环保节能要求实施的节能环保设施技改工程，实现了广西国盛产能提升，降本减排和环保达标。

重大项目情况表

表 3

项目名称	设计规模 / 吨	投资规模 / 万元	当年完成投资额 / 万元	年内项目建设形象进度
江苏国盛稀土分离生产线异地升级改造项目（二期）	2500	9800	7400	建设中

五、科技创新

完成中铝南宁稀土研发中心投资建设，中铝中央研究院稀土分院正式挂牌运行，新增 4 个省级创新平台；新增各级科研项目立项 28 项，获批科技政策资金 3703 万元；实施在研项目 30 余项，到期验收 7 项，除 1 项（中铝广西方信 SCR 项目）因市场及股东股权变更等不可抗因素主动申请终止验收外，其他 6 项全部通过结题验收；新申报专利 34 余项，另获专利授权 21 项；获科技成果奖 2 项，其中：国家级 1 项（中国工业大奖提名奖），省部级 1 项（广西科技进步二等奖）；首个科技项目孵化企业崇左稀钪公司通过新产品开发和科研服务业务，实现了设立当年即盈利目标；新材料科研影响力稳步提升，南宁本部铝 + 稀土、金源高性能稀土永磁、广西国盛高纯稀土项目列入广西科技重大专项。

2018 年科技创新数据表

表 4

科技创新投入 / 万元	申请专利 / 件	授权专利 / 件	科技人员占比 /%
876	34	21	12.4

六、深化改革

中铝广西稀土通过落实“加减乘除”，不断深化改革发展，夯实动能转换基础。

加：扎实推进八大建设项目的落地、海外资源获取项目，着力培育崇左“实体 + 平台”产业发展模式、不断延长产业链。

减：关停贺州“两高”项目、梧州岑溪项目；关闭江苏国盛分离产能，推动钸锆转型；解决“控股不控制”的崇左公司低成本运营和转型发展问题；用矿山事业部制减少法人户数。

乘：以“铝 + 稀土”为重点，明确研发和产业发展方向，重点推进铝钪、铝铒中间合金等产品与西南铝、中国航发集团北京航材院等国内一流军工企业的合作。

除：推进矿山事业部制改革，在减少法人户数同时，推进专业化管理；探索 LED 散热器稀土铝科研项目产业化生产线的租赁经营。

七、党建与企业文化建设

党委中心组全年集体学习 15 次，召开党委会 22 次，集体研究决定 190 多项“三重一大”事项；深入开展“两学一做”活动，百余名党员带领 260 多名群众创新创效，开展 25 项课题、项目，经济效益达 3500 多万元。

八、履行社会责任

创新驱动支撑绿色开采，新矿区实现“采矿无痕”，组建稀土矿业工程技术中心，努力通过科技进步推动绿色矿山建设；主动承担老矿区生态恢复的责任，共投入 2500 余万元，开展环境整治和植被恢复工作；积极通过带动就业，回报地方政府和社区群众支持，在符合岗位要求的前提下，优先选聘当地群众，2018 年安排就业 260 余人；主导推进“稀土萃取分离智能化控制系统研究与应用示范”项目，成为全国稀土行业唯一入选的示范性企业。“离子型稀土矿绿色高效浸萃一体化新技术”“低碳低盐无氨氮分离提纯稀土新工艺”等技术通过评审，对稀土矿开采和冶炼分离工艺将产生革命性影响。

九、重要纪事

3 月 13 日，中铝集团党组成员、副总经理张程忠一行深入中铝广西稀土实体企业调研指导。

5 月 15 日，广西壮族自治区党委书记鹿心社一行到广西国盛公司调研指导。

9 月 15 日，以国资委综合局副局长周密为组长的钢铁、有色中央企业环保督导组对崇左公司开展专项督导。

11 月 15 日，中铝中央研究院稀土分院正式揭牌成立。中铝集团党组成员、副总经理张程忠，广西科技厅副巡视员黎卫红等出席揭牌仪式。

11 月 16 日，由中国有色金属工业协会和广西壮族自治区自然资源厅主办、中国稀有稀土股份有限公司承办的中国—东盟稀土产业发展研讨会与 2018（第四届）中国稀土论坛在广西南宁举行。

撰稿 / 黄宗东

中铝四川稀土有限公司

一、基本情况

中铝四川稀土有限公司（简称中铝四川稀土）位于四川省凉山彝族自治州德昌县，于 2014 年 4 月 8 日成立。中铝四川稀土注册资本 8000 万元，由中国稀有稀土股份有限公司、乐山盛和稀土股份有限公司、德昌县多金属矿试验采选厂、北京有研稀土新材料股份有限公司、中国地质科学院矿产综合利用研究所 5 家获得指令计划的稀土矿山、研发、冶炼分离企业共同出资组建。

中铝四川稀土采用市场化运营原则，引进地方国企、民营企业等多种经济成分，是四川省稀土资源整合的平台，并积极推进下游应用产业。截至 2018 年底，中铝四川稀土已参股羊房稀土矿和三岔河稀土矿，与四川省地质矿产勘查开发局合作开展德昌大陆槽稀土矿 1 号矿体项目，与四川省核工业地质局合作开发云南离子型稀土资源项目，将乐山盛和、晨光稀土、德昌县多金属矿试验采选厂、冕里稀土、厚地稀土等企业生产总量控制计划纳入管理。

中铝四川稀土业务范围包括：稀土有色金属矿产品、冶炼分离产品、加工产品的研究、开发；相关设备的研发和销售；技术咨询、技术转让、技术服务；项目投资；进出口业务。

2018 年基本数据表

表 1

员工总数 / 人	平均年龄 / 岁	学历结构 / 人	
6	42	大学专科	1
		大学本科	3
		硕士	1
		博士	1

二、组织机构

（一）领导班子

贺海钧　董事长

杨振海　总经理、党支部书记

张祖炫　财务总监

杜元忠　副总经理（兼）

（二）机构设置

机关部室：综合部（人力资源、安全环保、营销）、财务部。

三、生产经营

2018年，中铝四川稀土在全力做好持续推进四川稀土资源整合有关工作的同时，加强贸易工作，超额完成了中国稀有稀土总部下达的年度经济目标责任书中的利润目标。

2018年，中铝四川稀土在稀土产业整合方面积极推动四川稀土整合工作和相关项目如下。

（一）羊房稀土矿项目

作为最小参股股东，中铝四川稀土对冕里稀土的生产、经营、财务、货款回笼等进行了有效监管。针对冕里稀土会计基础薄弱，协助冕里稀土做好财务管控，控制财务风险。羊房稀土矿的采矿许可证已于2018年5月获得四川省国土资源厅的批准长延，有效期限至2027年12月7日。

（二）三岔河稀土矿项目

督促冕宁矿业做好安全环保和恢复生产工作，并依据投资协议书协调深圳盛屯获得了截至2018年12月底的10%投资收益。三岔河稀土矿顺利通过安全环保相关验收，开展了土地征用、选厂建设、尾矿库审批建设等工作，并由中国地质科学院矿产综合利用研究所进行选矿实验。

（三）德昌县多金属采选厂

德昌多金属矿试验采选厂大陆槽1号矿产权属于四川地矿局，是中国稀有稀土最希望优先掌控的稀土资源，中国稀有稀土提出了两个整合方案，并积极与四川地矿局、德昌政府沟通协调，推动整合大陆槽1号矿体工作。初步商定了股权比例方案，拟由四川地矿局作为多金属采选厂第一大股东，中国稀有稀土作为第二大股东或股权至少不低于川发展进入，盛和资源也适当参股。

（四）安全环保工作

针对2018年8月27日《华夏时报》有关冕宁矿业舆情报道，中铝四川稀土第一时间到矿部现场核查，积极与地方政府沟通，并督促冕宁矿业根据四川省环保厅和凉山州县的要求全力整改。9月冕宁矿业舆情问题已平息，10月中旬通过了弃渣历史遗留问题环境整治专家验收，11月下旬通过了四川省环保厅核实验收。

排除银峰矿业安全隐患，消除了矿部存在的安全隐患。

四、党建纪检

开展“两带两创”学习教育活动，2018年中铝四川稀土共设立“党支部带领全体党员创效益”“党员带群众创新”两个项目,。

2018年，中铝四川稀土党支部组织全体党员及入党积极分子，专程赶赴四川省冕宁县红军长征“彝海结盟”纪念馆接受红色传统教育。

加强党风廉政建设，党支部与每一位党员都签订了《党风廉政建设责任书》，与每一位员工都签订了《廉洁从业承诺书》。

五、社会责任

中铝四川稀土党支部兼管的银峰矿业地处四川省甘孜州康定市贡嘎山乡，海拔4200多米，地理位置偏僻，气候变化无常，高原氧气稀薄，甚至没有通信及网络信号，电站及矿部还常有野兽出没。中铝四川稀土克服自然条件差等困难，积极做好员工队伍稳定、维护地区安全，构建和谐的内外发展环境。

2018年，银峰矿业新管理层多次到矿部、水电站现场慰问，并和留守员工促膝谈心，建立并实施了安全巡逻机制，同时与当地公安派出所保持着密切联系，确保了矿部和电站的安全和外部环境的安全。

对矿区大坝内的积沙进行了清理，扩宽水坝，清除水坝内堆积沙石；利用砂石等将大坝垮塌坝体进行修缮；有效地保障了电站蓄水的需求，加强了河道危害治理，确保雨季来临前坝体的安全。对辖区道路及道路边的坡体进行了加固，清除了易发生坍塌的石块，确保出行安全。

清理矿区路面暗冰、积雪 21 处，确保了尾矿库区安全。消除了矿部存在的长期安全隐患，维护当地藏区的安全稳定。

通过总结经验和向当地牧民取经，收集了大量的当地植物种子，组织员工沿尾矿库区、矿部至电站道路之两侧，撒播种子，恢复和绿化植被。

员工们利用矿部废旧钢材，并对电站旁边的简易桥梁进行了加固，确保雨季桥梁能正常使用，方便了当地藏族同胞上、下山之道路畅通。

六、重要纪事

4 月 17 日，中铝四川稀土召开第二届董事会第一次会议和第一次股东会议。

6 月 30 日，中铝四川稀土党支部被中铝集团直属党委评为 2017—2018 年度先进基层党组织；总经理、党支部书记杨振海被中国稀有稀土党委评为 2017—2018 年度优秀党务工作者。

9 月 25 日，中铝四川稀土加入四川省稀土行业协会，并成为副理事长单位。

撰稿 / 吴　磊

审核 / 杨振海

中稀国际贸易有限公司

一、基本情况

中稀国际贸易有限公司（简称中稀国贸）是中国稀有稀土股份有限公司的全资子公司，注册于天津自由贸易试验区（东疆保税港区）亚洲路6865号国际贸易中心北区1-1-501-6，注册资金5000万元。

中稀国贸主要经营范围包括稀土氧化物、碳酸稀土、氯化稀土、混合稀土金属、稀土合金、磁材、催化剂等。

2018年基本数据表

表1

资产总额/亿元	负债率/%	员工总数/人	平均年龄/岁	学历结构/人	
1.46	70.54	11	39	大学专科	1
				大学本科	8
				硕士及以上	2

二、组织机构

（一）领导班子

2018年8月22日进行调整，调整后领导班子为：

娄战荒　总经理（兼）

赵世伟　副总经理（兼）

曾　麓　财务总监

柴建国　党支部书记

（二）机构设置

部门：综合部、财务部、业务部。

三、生产经营

2018年，中稀国贸营业收入5.6亿元，稀土业务3.9亿元，占70%；有色稀有金属业务1.7亿元，占30%。亏损1000万元，其中，稀土业务89.87万元和其他产品业务13.13万元，计提天津一阳应收账款坏账准备和磁材减值准备1210万元。

主要指标表

表2

指标名称	2017年	2018年	同比增长/%
销售收入/亿元	13.70	5.61	−59.05

续表 2

指标名称	2017 年	2018 年	同比增长 /%
利润额 / 亿元	0.05	−0.108	−300
纳税额 / 亿元	0.03	0.02	−33.33
人身伤亡事故 / 起	0	0	—
工亡人数 / 人	0	0	—
重伤人数 / 人	0	0	—
轻伤人数 / 人	0	0	—

四、深化改革

中国稀有稀土股份有限公司 2018 年 8 月下旬对中稀国贸业务管控进行优化调整，成立领导小组和工作组，搭建新的领导班子。

撰稿 / 孙志兴

中铝山东依诺威强磁材料有限公司

一、基本情况

中铝山东依诺威强磁材料有限公司（简称中铝依诺威）位于山东省肥城市高新区内，成立于2015年12月，注册资本5000万元，由中国稀有稀土股份有限公司（控股51%）和山东依诺威强磁材料有限公司（参股49%）两位股东组成，为国有控股有限责任公司。

中铝依诺威前身——山东依诺威强磁材料有限公司成立于2005年4月，2015年12月中国稀有稀土股份有限公司与山东依诺威强磁材料有限公司签订了合资合作协议，更名为中铝山东依诺威强磁材料有限公司。

中铝依诺威是国家级科技型中小企业，拥有由博士、硕士等研发人员组成的技术创新团队。中铝依诺威现拥有21项国家专利，1项省级著名商标，其高性能烧结钕铁硼磁体制造技术借鉴了国家863计划项目成果及德国VAC、日本日立金属等公司的先进技术，达到了世界先进、国内领先水平。

中铝依诺威主要生产和经营烧结钕铁硼永磁材料及器件，兼营钐钴、铝镍钴、铁氧体等磁体产品，年产能1000吨。

2018年基本数据表

表1

主要产品产能	资产总额/亿元	负债率/%	员工总数/人	平均年龄/岁	学历结构	
高性能钕铁硼强磁材料年产能1000吨/年	1.07	51.82	87	38	中专及以下	69人
					大学专科	9人
					大学本科	8人
					硕士及以上	1人

二、组织机构

（一）领导班子

刘建军　董事长

张书凯　总经理

李山祥　副总经理

黄秀启　副总经理

郝　鑫　副总经理

华秋生　财务总监

（二）机构设置

部室：生产部、营销部、财务部、综合部。

二级单位：一车间、二车间、技术检测中心。

三、生产经营

2018年，中铝依诺威完成产量551吨，销量479吨，产量完成指标的100.3%。磁体坯料合格率95.03%，超目标0.03%；退货率0.29%、质量损失率0.28%，分别比指标下降0.01%、0.07%。客户满意率99%。

与日本东洋电机公司达成了合作协议，并通过了日方现场审核和样品及样机测试，9月份实现了批量供货，年内批量供应4批产品，客户反馈良好。开拓了日本其它电机厂家，并陆续进行了样品供应，已接到日方4家公司13种样品图纸，其中2种已完成样品制作并发往日本。

主要指标表

表2

指标名称		2017年	2018年	同比增长/%
主要产品产量	钕铁硼磁性材料/万吨	0.05	0.06	20
工业产值/亿元		0.75	0.93	24%
销售收入/亿元		1.27	0.94	−26%
利润额/亿元		0.02	0.01	−50%
纳税额/亿元		0.01	0.01	0
人身伤亡事故/起		0	0	0
工亡人数/人		0	0	0
重伤人数/人		0	0	0
轻伤人数/人		0	0	0

四、重大项目

原计划投资开展500吨扩能项目，因磁材产业持续低迷及市场不景气，2018年不再进行投资。同时，增加了电镀设备、无心磨等零星固定资产投资100万元，已完成投资计划。

五、企业管理

（一）加强风险管控

开展了全面风险管理体系建设，成立了工作机构，明确了三道防线，建立健全风险管控体系。持续强化内控管理，修改制度9项，新制定制度7项。开展了劳动竞赛和“精准辨识、消除浪费”活动，实现了全员创效。

（二）深化安全环保质量管理

落实安全环保质量“三大攻坚战”部署要求，全面抓好问题清单整改和标志性项目落实。全年8项问题清单（其中安全2项、环保5项、质量1项）及7项标志性项目全部完成整改。

六、科技创新

加大了杀手锏产品研发力度，高丰度Y混合稀土永磁材料关键制备技术、低转速高扭矩大功率永磁电机专用高性能烧结钕铁硼项目取得重大突破。

持续攻关中铝基金项目，经不断工艺调整和配方优化，45UH、48SH、50SH等高牌号、高性能产品全部研发成功，并已工业化生产并批量供应市场，新产品累计创收953万元。与中科院宁波材料所、江苏稀土联合攻关的含钆项目，通过专家论证，并进行了三轮中试，初步具备工业化生产、批量供应市场能力。

企业技术中心由市级升级为省级，泰安市高性能钕铁硼磁性材料工程实验室、泰安市级中小企业“一企一技术”研发中心获批，完成了科研项目2项、新产品开发2项，工艺技术改进优化4项、QC成果6项。

申报了专利7项(其中3项发明专利)，授权专利 4 项。申报 QC 成果 5 项、中国有色金属工业协会 QC 成果 1 项，中铝依诺威 QC 小组获评 2018 年有色金属工业优秀质量管理小组。

2018 年科技创新数据表

表 3

科技创新投入 / 万元	申请专利 / 件	授权专利 / 件	科技人员占比 /%
468	7	4	11

七、深化改革

在市场化改革方面，探索了市场开发新模式，成立了深圳联络处和宁波联络处，组建了外贸团队，并利用阿里巴巴国际站等平台积极开展外贸业务。

八、党建与企业文化建设

认真贯彻落实党支部研究讨论前置程序的规定要求，将党建工作要求纳入了公司章程。制定了年度党建工作计划、《党建工作责任制实施细则》。

成立了中铝依诺威党支部。深化“两带两创”活动，开展党员创效项目 2 个、群众创新项目 3 个。开展了争创“共产党员模范岗”活动，评选出模范岗党员 8 人次。组织开展了标准化党支部建设，建立了标准化党支部活动室。成立工会组织，开展了各类工会活动。

紧盯中铝集团整治巡视反馈问题整改落实，截至 2018 年底 12 条问题全部整改完成。强化了问题清单整改，55 项问题中已整改完成 45 项。

完善了企业文化手册，开展了企业文化宣贯，积极开展主题活动。2018 年继续保持肥城市精神文明建设先进单位称号。

九、履行社会责任

组织治理方面，建立了战略、审计、提名、薪酬与考核等专业委员会，制定了具体实施细则，全面开展了相关工作。

关爱员工方面，组织员工职业健康查体，及时足量为员工提供劳保用品，对婚丧嫁娶以及困难家庭员工进行看望慰问，为必要的工序安装空调。

环境保护方面，建立了危废产生、收集、贮存、运输及处置过程台账，全年无环境事件。

十、重要纪事

7 月，钕铁硼磁材产品入选山东省第一批绿色制造项目库。

7 月，中铝依诺威成为泰安市第十一批中小企业“一企一技术”研发中心。

8 月，中铝依诺威成为泰安市高性能钕铁硼磁性材料工程实验室。

9 月，中铝依诺威入选第一批山东省企业科技特派员名单。

10 月，山东省第二十五批省级企业技术中心公布，中铝依诺威技术检测中心上榜。

12 月，中铝依诺威入选第九批市级“专精特新”中小企业名单。

撰稿 / 王　旭

审核 / 毕京平

中铝国际工程股份有限公司

一、基本情况

中铝国际工程股份有限公司（简称中铝国际）前身为中铝国际工程有限责任公司，2003 年 12 月 16 日经国家工商行政管理总局批准注册成立。

2011 年 6 月 30 日，中铝国际改制成为股份制公司。

2012 年 7 月 6 日，中铝国际在香港联交所主板成功上市，股票代码为：2068。

2018 年 8 月 31 日，中铝国际在上海证交所挂牌上市，股票代码为：601068。

中铝国际专注于有色金属新工艺、新技术、新材料和新装备的研发。目前，中铝国际拥有 6 家国家甲级设计研究院、5 家大型冶建企业，旗下企业在过去 60 年里承担了近百项国家重点科研项目。

中铝国际业务涉及多个行业，范围覆盖 30 个省（自治区、直辖市），多次荣获优秀工程勘察和优秀工程设计金奖、银奖、铜奖，以及工程建设鲁班奖。

2018 年基本数据表

表 1

资产总额 / 亿元	负债率 /%	员工总数 / 人	平均年龄 / 岁	男女比例	学历结构 / 人	
488	72	12954	40	8:2	中专及以下	2838
					大学专科	2626
					大学本科	6315
					硕士及以上	1175

二、组织机构

（一）领导班子

贺志辉　党委书记、董事长、工会主席

宗小平　党委副书记、总裁

王永红　副总裁、安全总监（2018 年 8—12 月）

吴志刚　副总裁

畅耀民　副总裁（2018 年 1—10 月）

刘瑞平　副总裁（2018 年 5—12 月）

贺斌聪　党委副书记、纪委书记、监事会主席

张　建　财务总监

毕效革　副总裁（2018 年 8—12 月）

（二）机构设置

机关部室：总裁办公室（董事会办公室）、党委工作部（人力资源部）、纪检监察部、财务部、市场开发部、企业管理部（科技管理部）、安全生产管理部、法务与风控部。

二级单位：沈阳铝镁设计研究院有限公司、贵阳铝镁设计研究院有限公司、长沙有色冶金设计研究院有限公司、中色科技股份有限公司、中国有色金属长沙勘察设计研究院有限公司、中国有色金属工业第六冶金建设有限公司、九冶金建设有限公司、中色十二冶金建设有限公司、中铝国际（天津）建设有限公司、中铝山东工程技术有限公司、中铝国际技术发展有限公司、中铝国际工程设备有限公司、北京紫宸投资发展有限公司、中铝国际铝材科技产业有限公司、中铝国际香港有限公司、中铝西南建设投资有限公司。

三、生产经营

主要指标表

表 2

指标名称	2017 年	2018 年	同比增长 /%
销售收入 / 亿元	365	335	−8.2
利润额 / 亿元	10.45	6.56	−37
所有者权益 / 亿元	121	132	9
纳税额 / 亿元	9.2	7.7	−16
净资产收益率 /%	6.75	3.86	−2.89
产值劳动生产率 / 千元・人	—	—	—
人身伤亡事故 / 起	—	—	—
工亡人数 / 人	—	—	—
重伤人数 / 人	—	—	—
轻伤人数 / 人	—	—	—

引领有色市场不动摇。中铝国际以技术、资本和服务为突破口，积极开拓有色金属项目，全年累计签订有色合同 128 亿元，较 2017 年大幅提升。

区域战略得到巩固。经过两年的布局和推进，中铝国际区域战略进一步巩固。本部牵头的西南片区和内蒙古片区等区域市场势头良好。各成员企业也根据自身特点，稳扎稳打，区域经营成果逐渐显现。

重大项目成效明显。与云南省交投、建投合作的“2+8+1”条国内外高速公路项目，是中铝国际乃至中铝集团承接的最大投融资项目，是中铝国际在西南区域市场布局“3531”规划的重大项目。

海外业务强力推进。沈阳院年末发力，凭借核心技术签署了沙特、老挝、印尼等多个合同；贵阳院以印度市场为重点，积极跟踪澳大利亚、哈萨克斯坦等海外市场，国际业务实现新增长；长沙院签订了赞比亚综合利用总承包合同，这是长沙院实施“走出去”战略签订的第一个海外总承包项目。

工程用铝继续推进。铝天桥业务在全国落地开花，全年承揽铝天桥 11 座。十二冶开发的全铝装配式围挡、可透视围挡，被雄安新区确定为建设工程施工围挡唯一指定产品，并写入了雄安新区《建设工程标准》。在昌都，由中色科技制造并安装了西藏第一条铝合金栈道。

四、板块建设

（一）运营管理

工程设计综合甲级资质的申报工作取得阶段性进展，完成了建筑工程甲级资质和市政排水工程甲级资质的平移，专用设备制造业工程资质平移已经湖南省建设厅批准。

（二）重大项目进展

中润项目9月30日基本建成；东南铜项目提前实现铜冶炼火法系统全流程贯通，以17个月建成的速度成为行业工期最短的项目；赤峰云铜项目整体按计划节点稳步实施；华仁项目47台大修电解槽全部按期交付业主。

（三）安全环保

针对施工项目现场的安全重点、薄弱环节，在施工现场推广制作安全动漫视频，得到中铝集团领导的高度认可。对9个企业的9个在建项目进行安全、质量“飞行检查”，对检查出的问题积极落实整改，加强了施工现场的安全隐患排查治理力度，全年安全形势总体平稳。

（四）其他工作亮点

2018年，中铝国际主导的“低品位铝土矿生产氧化铝新技术”取得突破性进展。沈阳院实施的“智能制造综合标准化与新模式应用”项目，是行业唯一的标准化类国家项目；贵阳院开发的无人值守碳块仓储系统，改变了现有作业模式，提升了装备水平；长沙院实施的“锌清洁冶炼与高效利用关键技术和装备”项目荣获国家科学技术进步二等奖。山东工程与中科院首创性提出以流态化焙烧为核心工艺的焙烧流程，填补了该产品的国家技术空白。

2018年，中铝国际获国家科技进步二等奖1项，获有色协会省部级科学技术奖一等奖7项，二等奖6项，三等奖2项，专利优秀奖1项。申报境内专利240项，其中发明专利126项，获得境内授权专利173项，其中发明专利78项，获得境外授权专利7项，获得省部级工法32项。全年又有8人当选为全国有色金属行业工程勘察设计大师。

中铝国际拥有沈阳院、贵阳院、中色科技、六冶和九冶6个国家级科研平台；2018年末，长沙院一省级平台申报成功。依托贵阳院建设的“国家铝镁电解装备工程技术研究中心”完成计划书中全部的工作任务，承担的3个国家863项目和1个国际合作项目全部完成并顺利通过验收。

五、重要纪事

1月13日，中铝国际与云南省建设投资控股集团有限公司在昆明签订战略合作协议和弥玉高速PPP项目合作框架协议。

3月6—8日，在2018年第五届国际化肥产业链峰会上，设备公司获“2017年全国十佳硫磺诚信供应商”荣誉称号，连续两年获此荣誉称号。

5月，天津建设4项QC成果获省部级荣誉，其中《提高铝合金模板混凝土浇灌质量》QC成果获一等奖，《外墙丙烯酸涂料质量控制》《剪力墙模板采用定型化工具式加固确保混凝土观感质量一次成优》3项获二等奖，《提高灌注桩后压浆施工质量》QC成果获三等奖。

5月8日，在中国有色金属建设协会组织召开的2018年度有色行业工程建设优秀质量管理小组（QC）成果经验交流会上，昆勘院《提高地质灾害勘查设计专业投标中标率》和《有效降低黏土坝帷幕灌浆帷幕渗透系数》QC成果获2018年中国有色金属建设协会（部级）勘察优秀QC小组成果一等奖。《改善倾斜摄影真三维模型效果》、《提高勘察设计单位转型运营PPP项目的决策效率》和《提高盐酸岩深地下水地区嵌岩桩施工勘察（超前钻）效率》QC成果获二等奖。

5月30日，中色科技在洛阳高新技术开发区举办的“自创区工作推进暨政策兑现大会”上获得“河南省创新龙头企业认定奖”100万元、“省级孵化载体认定奖”100万元、“高新技术企业认定奖”40万元、“鼓励知识产权创造奖”5.6万元，共计245.6万元奖励。

7月19—20日，在中国施工企业管理协会召开的2018年度工程建设企业文化论坛暨通联员工作会议上，《九冶建设》报获得报纸类最高奖。

8月13—14日，中国有色金属建设协会2018年度工程技术工作会议对有色建设行业36家施工企业申报的135项工程建设工法进行了评审。十二冶完成的“超精细镜面混凝土地面施工”“地下室JX硅质刚性防水施工”“钢护筒护壁旋挖桩施工”“大吨位大跨度钢桁架滑移安装”等4项工法被评选为部级工法；其中大吨位大跨度钢桁架滑移安装”工法由十二冶和五矿二十三冶共同完成。

8月，中色科技备品备件智能服务平台作为初创组的互联网和移动互联网类别参加第七届中国创新创意大赛河南洛阳赛区比赛，在40个项目中脱颖而出，获得优胜奖。

8月23日，美国《工程新闻纪录》（ENR）杂志发布发布了2018年“国际承包商250强”和“全球承包商250强”两个榜单。中铝国际位列“国际承包商250强”186位，排名较2017年度跃升59个位次，是上榜中国企业中上升幅度最大的企业；在“全球承包商250强”榜单中，中铝国际排名第87位，较2017年度上升34位。

8月31日，中铝国际工程股份有限公司正式在上海证交所主板挂牌上市，公开发行不超过29590万股，募集资金超过10亿元。

撰稿／张　婷

审核／任　云

沈阳铝镁设计研究院有限公司

一、基本情况

沈阳铝镁设计研究院有限公司（简称沈阳院）成立于1951年，是国家最早建立的有色行业大型综合性甲级设计研究单位之一，是全国勘察设计综合实力百强单位、国家级“守合同、重信用”单位。

沈阳院业务领域包括有色冶金、建筑工程、市政公用和环境保护等；业务范围涵盖规划、可行性研究、技术咨询、设计与科研、工程总承包和监理等。

沈阳院长期致力于氧化铝、电解铝及其他轻金属工程设计和工艺技术的研究与应用，总体技术处于国内领先、国际先进水平，拥有独立的工程技术中心、国家级工程技术中心及产业化基地，建立了完善的工程公司信息化系统，拥有国际先进的工艺设计、工程设计平台和工程数据库。共完成各类工程咨询设计项目5000余项，设计了铝、镁、钛及碳素工厂500余个，创造出多项“中国第一”，获得国家及省部级优秀工程设计咨询奖、科技进步奖500余项，中国建设工程鲁班奖1项（国家优质工程），拥有有效专利近700件，国际专利近100件次。

2018年基本数据表

表1

资产总额/亿元	负债率/%	员工总数/人	平均年龄/岁	学历结构/人	
24.75	64.62	654	42.6	中专及以下	50
				大学专科	81
				大学本科	328
				硕士及以上	195

二、组织机构

（一）领导班子

刘　敬　党委书记、执行董事（2018年8月离任）

阮左正　党委书记、执行董事（2018年8月起任）、总经理

朱佳明　党委副书记（2018年8月起任）、副总经理

姜跃华　副总经理、总工程师

康顺起　党委副书记、纪委书记

周凤禄　副总经理

周东方　副总经理（2018 年 11 月离任）

（二）机构设置

职能部门：项目管理部、专家办公室、国内业务部、国际业务部、民用业务部、科技管理部、企业管理部、安全环保健康部、总经理办公室、督办工作部、财务部、纪检监察审计部、人力资源部、党委工作部、工会。

生产科室：氧化铝室、电解铝室、电力自动化室、土建室、公用工程室、工程经济室、工程技术中心。

二级公司：沈阳博宇科技有限责任公司、沈阳铝镁科技有限公司、沈阳铝镁设计研究院建设监理有限公司、北京华宇天控科技有限公司。

三、生产经营

2018 年，沈阳院以工程设计为基础，全面延伸产业链条，国内外市场开拓成果丰硕。

在国内增量项目受到严格控制的形势下，以先进技术为依托，用服务赢得客户，签订了国电投白音华电解铝总承包、中铝包头精铝项目、云南其亚电解铝项目设计合同。抓住行业转型契机，签订了博赛营口大南山氧化铝、山西强锦氧化铝、山西道尔氧化铝等地方新建氧化铝项目。深入开发存量市场，获得东方希望三门峡铝业、山东魏桥氧化铝等多个改造项目。

国际市场开拓实现重大突破。成功签订沙特 67 万吨石油焦煅烧项目总承包合同，合同金额 2.53 亿美元；签署了老挝铝土矿及氧化铝项目 EP 框架协议；印尼铝业电解铝改造项目正在进行第一系列 EPC 投标及谈判；作为唯一参与方，完成了印尼氧化铝项目 EPC 投标；11 月 21 日，南非萨索尔堡石油焦煅烧项目正式点火，为沈阳院开拓国际石油焦煅烧市场奠定了基础。

2018 年主要生产经营指标表

表 2

指标名称	2017 年	2018 年	同比增长 /%
销售收入 / 亿元	24.29	17.79	−26.76
利润额 / 亿元	0.49	0.24	−51.02
纳税额 / 亿元	0.42	0.30	−28.57
净资产收益率 / %	5.06	2.37	−53.16

四、企业管理

为激发转型升级的活力和动力，实现管理制度化、规范化和信息化，对规章制度进行了全面梳理，开展了废改立工作。

为使工程设计更好地为客户创造价值，确保设计组织更加科学，在工程设计管理上进行了大胆创新和改革。编制了设计策划、汇报工作模板，规范外部条件收集流程，提高设计方案和设计资料输入有效性。

在安全管理和风险防控上，强化安全“一岗双责”责任清单及履职考核。在产品设计过程中采用 HAZOP 设计理念，保障设计产品的本质安全。进一步完善风险防控制度和流程，强化风险预警和监控，确保重大风险可控。

五、科技创新

“铝工业节能环保技术国家地方联合工程研究中心”获得批准，沈阳院已建成“1 个国家级 +6 个省级”的科技创新大平台。依托科技创新平台，沈阳院围绕关键核心技术开展自主创新，有 5 项科技成果获中国有色金属工业协会科学技术奖，1 项科技成果被评为“沈阳十大科技成果”，2 项科技成果获中铝集团第二届降碳节十大优秀案例奖。

沈阳院已建立起完整的数字化三维协同设计标准和体系，建立了符合国际设计标准的编码体系和数据库，具备了从智能 P&ID 到数字化三维模型再到智能剖切出图的正向三维协同设计能力，数字化三维协同设计水平处于铝行业领先地位。

2018 年科技创新数据表

表 3

科技创新投入 / 万元	申请专利 / 件	授权专利 / 件	科技人员占比 /%
3005.7	53	34	39

六、深化改革

成立了炭素事业部和环保事业部，让设计人员直接面对客户进行技术推广和项目实施，打通科技成果转化“最后一公里”。2018 年，两个事业部累计签订合同 7800 万元。事业部成为新的利润增长点，促进了新技术成果产业化，提高了技术团队研发和创新的积极性。

七、党建与企业文化建设

2018 年，沈阳院召开了高质量发展战略研讨会，组织“五新”大讨论活动，进一步明晰战略发展思路；开展了标准化支部创建，充分发挥基层党支部战斗堡垒作用；以“两带两创”活动为抓手，紧盯工作中的重点和难点，加快高质量发展步伐。通过开展廉洁文化教育、纪检干部“接地气”、内部巡察等工作，加强思想引领，强化监督执纪问责，推进全面从严治党，保持风清气正氛围。

八、社会责任

自主研发的“氧化铝焙烧炉烟气余热回收利用技术与装备”项目针对氧化铝焙烧炉烟气特点，开发出同时回收烟气中显热和潜热工艺技术，热量回收率达到 40% 以上，每吨氧化铝回收热量 25 千克标准煤以上，节能效果显著。该技术同时回收烟气中的水和粉尘，有效降低 SO_2 浓度，达到超低排放标准，经济效益和社会效益显著，整体技术达到国际先进水平。

开展了党员社区奉献日、“沈阳三城联创当先锋活动”，资助山区贫困学生，赴聋哑学校开展爱心捐赠。成立创新工作室和青年创新工作站 17 个。文体活动丰富多彩，覆盖面广，丰富了职工群众业余文化生活。519 名员工在解放军第 202 医院体检中心进行了年度身体健康检查。

九、重要纪事

6 月 1 日，沈阳院与内蒙古锡林郭勒白音华煤电有限责任公司签订高精铝板带产品项目一期建设工程总承包项目合同。

7 月 20 日，沈阳院负责 EPC 总承包的土耳其 ETI 项目焙烧烟气净化系统通过业主环保指标考核和验收。

8 月 10 日，沈阳院研发中心被辽宁省工业和信息化委员会、财政厅、税务局联合认定为 2018 年度省级企业技术中心。

10 月 18 日，沈阳院“中铝印尼国际产能合作项目数字化设计技术应用成果”获得 Bentley2018 基础设施年度光辉大奖赛制造领域的光辉大奖。

12 月 8 日，沈阳院与沙特 SCPC 签订石油焦煅烧 EPC 项目合同。

撰稿 / 韩齐卓

审核 / 于　祥

贵阳铝镁设计研究院有限公司

一、基本情况

贵阳铝镁设计研究院有限公司（简称贵阳院）成立于1958年，隶属于中国铝业集团有限公司，是中铝国际工程股份有限公司的成员企业，拥有国家铝镁电解装备工程技术研究中心、博士后工作站、国家企业技术中心，是本行业领域21家重点高校、科研院所、大型企业“产学研联盟”的依托单位。

2018年基本数据表

表1

资产总额/亿元	负债率/%	员工总数/人	平均年龄/岁	学历结构/人	
56.37	74.76	715	39	中专及以下	37
				大学专科	74
				大学本科	412
				硕士及以上	192

二、组织机构

（一）领导班子

吕维宁　党委书记、执行董事

袁　赤　党委副书记、总经理

颜　彪　党委副书记、纪委书记

刘　迅　党委委员、副总经理

宁前进　党委委员、副总经理

骆先庆　党委委员、副总经理

周文科　党委委员、财务总监

（二）机构设置

党群系统：党群工作部、纪检监察部、巡察办公室。

职能管理：总经理办公室、人力资源部、财务部、企业管理部、审计部、技术管理部、质量安全环保部、两金压控办公室、老院区管理服务中心。

经营/科研/生产部门：国内业务部、国际业务部、设计管理部、冶金工程分院、市政环保分院、电气工程分院、建筑设计院、技术研发中心、总承包业务部、物业管理部、博士后工作站、国家铝镁电解装备工程技术研究中心、铝电解工程事业部、铝应用工程事业部、工程造价事业部、中铝国际海外项目实施一部、信档文印室。

二级公司：贵阳振兴铝镁科技产业发展有限公

司、贵州创新轻金属工艺装备工程技术研究中心有限公司、贵阳新宇建设监理有限公司、贵阳铝镁设计研究院工程承包有限公司、贵州顺安机电设备有限公司、贵州匀都置业有限公司。

三、生产经营

2018 年，贵阳院签订了中铝（云南）华江电解铝、广西华昇氧化铝项目设计合同、云南神火和四川广元林丰铝电项目，中标神华粉煤灰氧化铝电解铝项目，垄断石墨电极项目设计市场。

积极跟踪印度、印尼、几内亚、老挝、哈萨克斯坦、塔吉克等海外项目。在国家“一带一路”倡议下，发挥技术优势，与全球最大的石油焦煅烧公司 RAIN CII CARBON（VIZAG）LIMITED 签署罐式炉设计及供货合同。与力拓集团签署澳大利亚 Yawun 氧化铝厂压滤车间 FEED 合同。

2018 年完成设计产值 4.2 亿元，比 2017 年增长 5%，创近十年来新高。总承包的遵义电解铝项目通过业主验收，2018 年 4 月完成性能考核，全部指标达到合同要求。对云南昭通两个 400 千安系列电解槽和陕西美鑫、贵州兴仁两个 500 千安系列电解槽的投产，派出技术团队进行投产保障。设计的吉蒙炭素焙烧系统一次点火成功。

主要生产经营指标表

表 2

指标名称	2017 年	2018 年	同比增长 /%
销售收入 / 亿元	11.10	17.33	56.13
利润额 / 亿元	1.07	1.05	−1.87
纳税额 / 亿元	0.69	0.34	−50.72
净资产收益率 /%	4.46	5.03	—

四、企业管理

贵阳院根据中铝集团关于劳务派遣用工问题的部署和要求，认真开展劳务派遣用工问题梳理和整改。通过考核转正、清退等方式，劳务派遣用工比例从 36.5% 降为 26%；规范了业务外包流程，通过公开招标选定单位承揽贵阳院业务外包工作。清理了顺安公司“假外包、真派遣”的问题。

2018 年，未发生安全环保事故，获得中铝集团“安全生产月活动先进单位”。在中铝国际开展的“职业健康安全环保精准管理体系”审核中，职业健康安全、环境保护均被评定为铂金级。

在华昇氧化铝项目和华江电解铝项目初步设计中注入本质安全和环保基因，形成的专篇受到评审专家好评。

有效压降“两金”，全年压缩存量“两金”54.3%。

控制法律风险，主要领导履行法治建设第一责任，全年召开 17 次专题会议研究法律纠纷案件事宜。风险委员会严格把关，严控融资类项目风险，2018 年未开展 PPP 及融资类项目。

五、科技创新

2018 年，贵阳院依托“3 个国家级 +3 个省级 + 中铝中央研究院贵阳分院”创新平台，开展技术创新。国家 863 课题“铝电解强磁场环境下特种机器人与焊接工艺关键技术研发及应用”和贵州省科技重大专项“铝电解智能管控关键技术研究与产业化”项目顺利通过贵州省科技厅验收。“贵阳院能力建设项目”——省级企业技术中心建设顺利通过贵州省验收。

贵阳院的智能制造在稳步推进。生产管理驾驶舱和部分铝电解 MES 功能模块在遵义铝业投入使用，物联互通智能铸造系统机器人应用于中铝集团云冶驰宏锌锗项目，贵阳院承担的遵义电解、华昇氧化铝、中铝云南文山电解铝等多个项目智能制造初步设计通过评审。

“铝电解槽烟气深度净化技术与装置”和“铝电解槽多参数平衡控制技术与装备”两项科研成果均被有色工业协会评定为“达到国际领先水平”。“铝电解槽多参数平衡控制技术与装备”和国家标准“铝电解系列不停电停开槽设计规范”两项科技成果，获得中国有色金属工业协会科学技术一等奖；“铝电解系列安全不间断生产与维护新工艺”科技成果获得贵州省科技进步一等奖；“广西百矿铝业有限公司煤电铝一体化项目 30 万吨铝水工程”项目获得中国有色金属建设协会优秀设计一等奖；“贵州兴仁登高铝业有限公司煤电铝一体化项目 500kta 铝液工程”和“遵义铝业股份有限公司环保节能技改项目二期工程”项目获得中国有色金属建设协会优秀咨询一等奖；“iGami 工程设计全流程管理系统”项目获得中国有色金属建设协会优秀信息技术二等奖。“系列全电流下铝电解槽带电焊接方法及装备”“基于精确感知和智能决策的铝电解 MES”获中铝集团 2018 年科技成果奖。

主持了《有色轻金属冶炼项目规范》《有色稀贵金属冶炼项目规范（钛部分）》两项国家标准和《铝电解多功能机组》一项行业标准的编制，参编国家标准 4 项，环境保护标准 1 项。主编的《钛冶炼厂工艺设计规范》国家标准正式颁布实施。

积极推进 BIM 技术应用，入选贵州省第一批 BIM 试点企业，在中国勘察设计协会数字化工厂（DF）设计大赛中，获得最佳工厂设计奖。

2018 年科技创新数据表

表 3

科技创新投入 / 万元	申请专利 / 件	授权专利 / 件	科技人员占比 /%
3232	34	40	31

六、深化改革

2018 年，贵阳院根据建筑设计院和铝应用事业部业务特点，整合了两个部门，按照一个机构、两块牌子的模式运行。

七、党建与企业文化建设

按照中铝集团党组要求，贵阳院党委多措并举全面推进中共十九大精神学习宣贯。

以“两学一做”学习教育作为提升党建科学化水平重要平台和政治任务，深入开展“四好”班子创建、标准化党支部创建和“四优”共产党员考核等活动，制定党支部工作清单手册，严格党组织经费管理，完善标准化党支部考核管理。

针对中铝集团巡视反馈的 6 个方面、53 个问题，贵阳院党委高度重专题研究，细化整改措施，形成《巡视反馈意见整改方案》，明确责任领导、责任部门、整改时限、整改措施。

强化宣传及群团建设，工会召开第十一次会员代表大会，完成换届选举。

2018 年是贵阳院建院 60 周年，开展了主题为“迈向新时代，再创新业绩，勇攀新高峰”系列庆祝活动。

八、履行社会责任

按照中央、贵州省脱贫攻坚总体部署，贵阳院发挥企业专业优势，加大力度投入到施秉县牛大场镇金坑村的扶贫攻坚战中。选派“第一书记”驻村开展扶贫工作，班子成员深入扶贫点开展扶贫调研和慰问困难村民，各党支部下乡结对扶贫，无偿支助建设村活动室；“以购代扶”，组织食堂采购大米等农副产品。一年来投入帮扶资金（含物资、设计费等）25.5 万元。驻村干部被评为“优秀驻村第一书记”。

九、重要纪事

1 月 30 日，贵阳院召开 2018 年工作会、党风廉政建设和反腐败工作会、七届十八次职代会、十届八次工代会。

2 月 7 日，中铝集团党组成员、副总经理张程忠通过仿真视频的方式出席贵阳院领导班子 2017 年度专题民主生活会。

2 月 28 日，贵阳院设计监理的贵州兴仁登高煤电铝一体化项目正式通电投产。

5 月 15 日，贵阳院召开 2018 年党建及思想政治工作推进会。

5 月 10—12 日，贵阳院与中国有色金属学会自动化学术委员会等多家单位联合主办了“有色金属工业大数据集成应用与协同创新发展论坛暨有色金属工业电气自动化、智能化第三届学术会议”。

7 月 2 日，贵阳院召开纪念建党 97 周年暨“两带两创”共产党员攻关活动表彰大会。

8 月 2—4 日，贵阳院与中国有色金属协会共同主办了轻金属冶炼与材料加工 / 制备学术会议。

8 月 21 日，贵州省副省长王世杰到贵阳院下属顺安机电设备有限公司就高新技术产业发展等情况进行调研。

9 月 20 日，贵阳院举办主题为“跨越六十载，启航新时代”庆祝建院 60 周年职工文艺演出。

9 月 21 日，贵阳院隆重召开建院 60 周年暨纪念改革开放 40 周年座谈会。中铝集团党组成员、副总经理张程忠等出席。

撰稿 / 韦玉台

审核 / 张仲井

长沙有色冶金设计研究院有限公司

一、基本情况

长沙有色冶金设计研究院有限公司（简称长沙院）位于湖南省长沙市木莲东路 299 号。

2007 年 6 月 9 日，长沙院加入中国铝业公司。2011 年 3 月 28 日，名称由长沙有色冶金设计研究院变更为长沙有色冶金设计研究院有限公司。

主营业务：从事冶金行业、煤炭行业、建筑行业、市政行业、机械行业、商物粮行业、建材行业、电力行业、化工石化医药行业、环境工程资质范围内的咨询、设计及工程总承包；上述工程项目的科学研究及设备、材料的销售；岩土工程、工程测量、固体矿产勘查资质范围内的工程勘察；城乡规划编制、建设项目环境影响评价、工程造价咨询；压力容器设计、压力管道设计；承担资质范围内的国（境）外工程的勘察、咨询、设计和监理项目及上述工程项目所需的设备、材料出口；承包与其实力、规模、业绩相适应的国外工程项目，对外派遣实施上述境外工程所需的劳务人员；自有房屋租赁。

2018 年基本数据表

表 1

资产总额 / 亿元	负债率 /%	员工总数 / 人	平均年龄 / 岁	学历结构 / 人	
39.6	74.98	1142	40	中专及以下	206
				大学专科	151
				大学本科	499
				硕士及以上	286

二、组织机构

（一）领导班子

廖江南　党委书记、执行董事

谭荣和　党委副书记、总经理、总工程师

康国华　党委副书记、纪委书记

黄　飞　副总经理、安全总监

杨　震　副总经理

廖梁进　财务总监

朱建国　副总经理

说明：谭荣和，2018 年 3 月 14 日至 5 月 8 日任中色十二冶金建设有限公司执行董事

（二）机构设置

1. 职能部门：总经理办公室、人力资源部（离退休管理中心挂靠）、财务部、技术发展部、党群工作部（工会、团委）、纪检监察部、审计部、法律部。

2. 业务部门：生产经营部（企业管理部）、国际业务部、专家办公室（与研发中心合署办公）、工程管理部、招标采购部、信息档案部、资产管理中心、安全环保健康部、环保产业和投融资业务部。

3. 生产部门

事业部：矿山事业部、冶金事业部、化工事业部、电力事业部、建筑规划设计院、市政事业部、能源事业部、安全环境事业部、环保事业部。

专业部：土建部、总图部、工程经济（规划咨询）部。

分 / 子公司：厦门分公司、珠海分公司、西宁分公司、工程勘察分公司、湖南华楚工程建设咨询监理有限公司、湖南长冶建设工程施工图审查有限公司、华楚高新科技（湖南）有限公司、中铝国际山东建设有限公司。

三、生产经营

2018 年，长沙院设计咨询实现新突破、工程总承包书写新篇章、海外拓展呈现新面貌、环保产业迈出新步伐，不断释放经营潜能。

主要生产经营指标表

表 2

指标名称	2017 年	2018 年	同比增长 /%
销售收入 / 亿元	20.53	34.69	68.97
利润额 / 亿元	0.77	0.81	5.19
纳税额 / 亿元	6198.23	8910.01	43.75
净资产收益率 /%	8.26	8.26	0
人身伤亡事故 / 起	0	0	—
工亡人数 / 人	0	0	—
重伤人数 / 人	0	0	—
轻伤人数 / 人	0	0	—

四、重大发展项目

重大项目情况表

表 3

项目名称	设计规模 / 平方米	投资规模 / 万元	当年完成投资额 / 万元
中铝国际山东建设有限公司新办公基地搬迁项目	2760.62	4000	3463.1664

五、企业管理

通过方圆标志认证集团的管理体系监督审核，获得质量、环境、职业健康安全管理体系认证。

加大“两金”清收力度。建立“两金”压降三级管控长效机制，签订压降绩效责任书，问题清单逾期应收账款累计压降完成年度目标的 143.53%。

加强依法治企建设。制定《法律事务管理办法》《工作制度》等法治制度，配备了专业法律人员，加强法律审核，强化诉讼案件管理，初步建立了依法治企工作体系。

提升安全管理水平。开展安全环保质量“三大攻坚战”与强基固本专项行动，制定了攻坚战实施方案。

六、科技创新

2018 年科技创新数据表

表 4

科技创新投入 / 万元	申请专利 / 件	授权专利 / 件	科技人员占比 /%
10512.9	52	51	73.6

主编国标 6 部，参编国标 6 部、行标 4 部，审查国标、行标 5 部，复审国标 4 部。

大力推广高海拔高寒地区矿床开采、深井矿床开采、露天采矿、富氧侧吹熔池熔炼、氧压浸出等核心关键技术，积极开拓动力电池新材料、锰系列产品清洁生产、新能源微电网、太阳能光热发电等新技术市场，全年科技项目合同额创历史新高。

荣获科学技术奖、优秀工程设计/咨询奖、工法、QC成果共34项。发明专利“一种控制硫化锌精矿加压浸出物料粒径的方法”获第二十届中国优秀专利奖；首次独立承担的“国字号”重大科研示范项目“有色金属矿山与重金属冶炼大数据集成研究与应用”，成功入选工业和信息化部“2018年大数据产业发展试点示范项目”名单；“株冶集团搭配锌浸出渣基夫赛特直接炼铅项目”获2018年湖南省节能改造、资源循环利用十大典型案例之首。

获批组建第三个省级创新平台——湖南有色冶金智能制造工程技术研究中心；湖南省铅锌清洁冶炼工程技术研究中心完成“锌浸出渣高值化清洁冶炼与模拟仿真技术”科技成果评价，通过验收；设立了第一批大师工作室。

七、党的建设

落实新时代党建要求，深入开展党的十九大精神和“两会”精神宣贯。推进“两学一做”学习教育常态化制度化工作，开展“不忘初心，牢记使命”主题教育、“五新”大讨论和“两带两创”活动。举办了两期中层管理人员脱产学习贯彻中共十九大精神集中轮训班。

推进制度建设，构建“不能腐”的体制机制。深入剖析王晓林严重违纪违法案件，以此为鉴开展自查自纠。建立中层以上干部廉政档案“活页夹”，动态掌握廉洁自律情况。

八、社会责任

定期组织员工体检，评估员工健康状况，倡导健康生活理念；对困难员工、新进员工给予一定补助，慰问烈士家属；做好离退休服务管理工作。

九、重要纪事

1月3日，福建省人大常委会副主任刘群英一行到长沙院总承包的东南铜业项目现场调研。

1月29日，长沙院召开第十五次党代会。

1月30日，长沙院召开八届七次职代会暨2018年工作会议、党风廉政建设和反腐败工作会议。

2月18日，福建省副省长隋军一行到长沙院总承包的东南铜业项目现场视察。

4月10日，福建省常务副省长张志南视察长沙院总承包的东南铜业项目。

4月19日，国家发改委外资司司长王建军一行到长沙院工程勘察分公司几内亚项目部视察。

6月1日，中铝集团党组副书记、总经理余德辉一行到长沙院调研。

6月30日，长沙院总承包的东南铜业宁德40万吨铜冶炼基地项目点火试车成功。

10月26日，中国有色金属工业协会副会长兼秘书长贾明星一行到长沙院调研。

撰稿/尹　恒

审核/陈凌霞

中色科技股份有限公司

一、基本情况

中色科技股份有限公司（简称中色科技）成立于2002年1月，由洛阳有色金属加工设计研究院有限公司发起设立，2011年成为中铝国际工程股份有限公司（简称中铝国际）的控股子公司，业务范围包括有色金属加工行业规划、工程咨询设计、装备研制、科研及科研成果产业化、工程总承包等。

2018年基本数据表

表1

负债率/%	员工总数/人	平均年龄/岁	学历结构/人	
85.46	909	41	中专及以下	141
			大学专科	118
			大学本科	493
			硕士及以上	157

二、组织机构

（一）领导班子

黄粮成　党委书记、董事长

罗爱华　总经理、党委副书记

秦建平　财务总监

袁南天　副总经理、安全总监

娄建亭　副总经理

毕　琳　副总经理

张　浩　党委副书记、纪委书记

（二）机构设置

职能管理部门：办公室、企业管理部、人力资源部、党群工作部、财务部、科技部、纪检监察部（审计部）、安全环保部。

生产管理部门：设计管理部、国内业务部、国际业务部、工程总承包管理部、BIM技术中心。

专业室：工艺设计室、土建设计室、电力设计室、公用设计室。

事业板块：装备技术公司、建筑设计分院、环境保护工程所、消防智能化工程所、工程造价咨询公司、工业和信息技术服务公司。

全资或控股公司：洛阳金诚建设监理有限公司、洛阳开盈科技有限公司、苏州中色金属材料科技有限公司、苏州中色德源环保科技有限公司。

分公司及办事处：苏州分公司、霍林郭勒分公司、青海分公司、广西分公司、崇州分公司、雄安办事处。

三、生产经营

2018 年，中色科技新签合同 9.02 亿元。设计咨询先后签约中条山 5 万吨铜板带、泰国海螺型材等大型项目，保持了市场垄断地位。装备业务承担了东轻气垫式退火炉辅机、西南铝 2800 冷轧机、柳州银海 2800 拉矫 3 个首台（套）项目，迈出重大装备国产化的步伐。

设计板块加强人力资源动态管理，采取激励措施保生产进度、收费节点和重点项目。装备业务全面推行项目经理负责制，紧盯项目做好生产，全年完成安装调试 146 台（套）。

主要指标表

表 2

指标名称	2017 年	2018 年	同比增长 /%
工业产值 / 亿元	5.76	5.51	−4.34
销售收入 / 亿元	5.76	5.51	−4.34
利润额 / 亿元	0.51	−0.81	−258.82
纳税额 / 亿元	0.14	0.29	107.14
净资产收益率 / 亿元	15.12	−27.07	—
人身伤亡事故 / 起	0	0	—
工亡人数 / 人	0	0	—
重伤人数 / 人	0	0	—
轻伤人数 / 人	0	0	—

四、企业管理

2018 年，中色科技开展规章制度“立、改、废”工作，新立 36 项、修订 48 项、废止 5 项。全面落实法治建设第一责任人职责，经济合同、规章制度和重大决策法律审核率达到 100%。中色科技被评为中铝集团“法治工作先进单位”。

全员签订《安全一岗双责责任清单》，层层压实安全责任。推进 CAHSE 管理体系建设和安全风险分级管控工程，开展“安全干净”竞赛活动。装备公司成套部钳工一组被评为中铝集团“安全干净”标杆班组。全年接受环保检查、督查 8 次，均达标合规。以“质量年”活动为载体加强质量管理，开发设计变更管理系统，组织 QC 小组活动，开展“三标一体”审核，顺利通过转版审核取证。“55MN 铝合金宽厚板拉伸机组”等 9 项成果获有色协会优秀工程设计（咨询）奖，有色金属板带轧制装备荣获首届中铝质量奖。

坚决压降两金，2018 年，中色科技对专项审计、登记造册逾期应收款分类施策，开展清欠突击战，逐一销项。对“两金”重点单位开展督导，建立周报制度。对涉诉项目建立台账动态管理，指定责任人限期结案。逾期应收账款、呆滞存货完成年度压降考核目标。从严控制增量，出台了项目全过程“两金”控制管理实施办法，加快已完工项目结算、确权，“两金”增幅低于营业收入，经营现金流状况持续好转。

五、科技创新

2018 年，中色科技严格科研项目立项和实施管理，出台了《研发项目分级管理办法》，促进项目落地和成果转化。依托设计项目进行研究开发，中条山铜板带项目实现 13 个创新点，并在其他项目推广应用。坚持面向市场搞创新，高速铝带拉弯矫直机组、二辊铜带热轧机组和四辊铜带粗轧机组成功开发并实现销售。全年立项实施科研项目 6 项，承担了国家标准《有色金属加工工程规范》、行业标准《再生铝厂工艺设计标准》编制任务。申请专利 52 件，其中发明专利 23 件。2 项成果获中铝集团第二届创新创意大赛二等奖，1

项成果获中铝集团“金点子”合理化建议奖。《底置式单卷退火炉》《3300/2800 双 6 机架铝板带热轧机组关键技术及装备研发》分别获得中国有色金属工业科学技术一、二等奖，有色金属加工公共 / 工业技术服务平台入选工信部“2018 年物联网集成创新与融合应用项目”。中色科技荣获中铝国际“科技创新奖”。

2018 年科技创新数据表

表 3

科技创新投入 / 万元	申请专利 / 件	授权专利 / 件	科技人员占比 /%
1978.00	42	33	67

六、深化改革

中色科技改进对事业部和分子公司的管理，完善以工资总额预算管理和分类考核为基础的绩效管理体系，出台生产单位班子副职、控股公司领导班子业绩考核办法。加强成本管理，进一步严格招标采购，建立供应商交易记录和黑名单，实行供应商信用评级和定期更新，总承包、装备、大型设计项目和科研项目全面推行项目“两制”。

七、党建与企业文化建设

全面落实中铝集团党组“党建质量提升年”部署要求，严格落实“两个责任”，坚持把党组织研究讨论作为重大决策的前置程序。通过党支部结对共建、党员攻关以及“五新”大讨论、“最好的质量、最优的服务”主题讨论活动，实现党建与中心工作深度融合。严格监督执纪，建立“关键少数”责任清单，开展“四风”整治和政治巡察。举办庆祝改革开放 40 周年系列活动，更新《企业文化手册》，开办文化课堂。中色科技被授予中铝集团企业文化示范基地。

八、履行社会责任

2018 年，中色科技大力支持河南省洛阳市新安县仓头镇王村村发展建设，截至 2018 年底，建档立卡贫困户 117 户 384 人，累计实现脱贫 111 户 373 人，剩余未脱贫户共有 6 户 11 人，全村贫困发生率下降为 0.73%，实现了全村整体脱贫摘帽。

九、重要纪事

1 月 28 日，中色科技召开 2018 年工作会议暨一届一次职工代表大会。

2 月 5 日，中色科技与西北工业大学机电学院签署战略合作协议。

3 月 29 日，中国有色金属工业协会党委副书记、中国有色金属加工工业协会理事长范顺科到中色科技调研。

4 月 3 日，中铝集团党组副书记、总经理余德辉到中色科技调研。

6 月 28 日，中铝集团党组成员、副总经理冯贵权到中色科技调研。

6 月 29 日，中色科技召开纪念中国共产党成立 97 周年暨创先争优表彰大会。

9 月 7—8 日，中色科技与西南铝签订全面协同服务合作协议暨党委结对共建协议。

10 月 9 日，中色科技召开“奋战四季度，向中铝国际成立 15 周年献礼”动员部署大会。

11 月 29 日，中铝集团党组成员、总会计师叶国华到中色科技调研。

撰稿 / 李振强

审核 / 罗爱华

中国有色金属长沙勘察设计研究院有限公司

一、基本情况

中国有色金属长沙勘察设计研究院有限公司（简称长勘院），位于湖南省长沙市韶山北路81号，成立于1964年4月，是中铝国际工程股份有限公司的成员企业，是国家住房和城乡建设部审定的综合类甲级勘察设计单位，是我国具有较强岩土勘察设计实力的科技型企业之一。

长勘院主营业务：测绘工程、工程地质勘察、水文地质勘察、岩土工程（勘察、设计、治理、监测、监理）、地基与基础工程（桩基础施工、地基处理、基坑支护、边坡与滑坡治理）、固体矿产勘查、地质灾害治理工程（勘查、设计、施工）及地质灾害危险性评估、建筑工程设计、工程建设监理、环境评价咨询、岩土建材试验、水质分析。还拥有在线监测与智能管控技术研发中心，在工程安全监测、三维地理信息系统等领域具有较高的知名度。

2018年基本数据表

表1

资产总额/亿元	负债率/%	员工总数/人	平均年龄/岁	学历结构/人	
9.59	66.01	624	40	中专及以下	113
				大学专科	98
				大学本科	353
				硕士及以上	60

二、组织机构

（一）领导班子：

廖从荣　党委书记、执行董事

金义元　党委副书记、总经理

史焕献　副总经理、安全总监

杜年春　副总经理、总工程师

刘永祥　党委副书记、纪委书记

（2018年11月1日离任）

匡　林　副总经理、工会主席

（二）机构设置

职能部门：总经理办公室、党群工作部、纪检监察审计部、人力资源部、财务部、企业管理部、科技质量部、安全环保健康部、离退休办公室。

二级单位：长沙分公司、科研中心、深圳公司（深圳分公司）、珠海分公司、广西分公司、厦门分公司、海南分公司、重庆分公司、建筑设计分公司、工程监理分公司、试验中心、长勘投资开发公司、后勤服务中心、房地产开发公司。

参股、控股公司：湖南通都投资有限公司、长沙通湘建设有限公司。

三、生产经营

2018年，长勘院在市政道路、桥梁、公共设施、轨道交通、电力管廊等领域取得成效，签订合同额同比增长24%。环境修复、水质监测、地灾治理类业务呈上升趋势。

主要指标表

表2

指标名称	2017年	2018年	同比增长/%
合同额/亿元	12.07	12.99	7.62
销售收入/亿元	8.32	9.96	19.71
利润额/亿元	0.82	0.87	6.10
所有者权益/亿元	2.42	3.26	34.71
纳税额/亿元	0.55	0.58	5.45
净资产收益率/%	0.32	0.21	—
全员劳动生产率/万元·人年	53.11	52.72	—
人身伤亡事故/起	0	0	—
工亡人数/人	0	0	—
重伤人数/人	0	0	—
轻伤人数/人	0	0	—

四、企业管理

安全环保质量管理通过“五上五下”强基固本行动，全面落实18项安全环保问题清单整改，狠抓安全防护标准落实，规范完善危险作业辨识清单。170人取得A、B、C证，授予38名党员安全攻坚示范岗，23个班组高质量参与“安全、干净”班组竞赛，全面完成标志性项目建设。全年无安全、环保事故发生。

人才队伍建设持续强化，建立了干部队伍联系培养机制，搭建出结构上“老中青”、工作上“传帮带”的合理梯队，实现注册岩土工程师全覆盖，累计开展了各类培训2925人次。

截至2018年，长勘院连续23年获湖南省级“守合同重信用”单位称号。

五、科技创新

2018年，长勘院获得授权专利11件，其中发明专利6件，申请软件著作权6项，新申请专利11件。获部级科技进步一等奖1项。

成功开发了“中铝集团安全环保应急管理信息中心”平台。“露天开采可视化调度管理系统”被列入湖南省矿产资源节约综合利用先进技术推广目录。在线监测业务在污染源监控方面成功开拓烟气监测新领域。首次将无人机高光谱技术应用到水质监测模型验证。基于WebGL技术的三维实景应用技术，实现三维模型与监测数据的综合应用。探地雷达、无人机航测技术、声波层析成像技术、钻孔三维扫描技术成功应用于库容测定、地形图测量、管线与空区探测等领域。

2018年科技创新数据表

表3

科技创新投入/万元	申请专利/件	授权专利/件	科技人员占比/%
4289	11	10	12

六、深化改革

完成君天物业100%股权转让。

完成供水、供电和物业职能移交和资产划转。

七、党建与企业文化建设

2018 年，长勘院党建工作实现了新跨越。开展了学习中共十九大精神集中轮训、后备管理干部培训等各类培训教育活动；巡视巡察整改取得成效，针对上级巡视巡察提出的问题，长勘院党委紧扣“六围绕一加强”狠抓落实整改，基础管理逐步夯实。

企业 VI 视觉识别系统进一步标准化，组织自查对存在不规范问题的限期整改。强化宣传引导，通过长勘院网站、微信公众号、宣传展板、电子宣传屏等内外宣传载体，及时将长勘院的党建工作态势、生产经营动态、精神文明建设、先进事迹传递到广大职工群众中。

八、履行社会责任

维护员工权益。2018 年提升了部分原有福利的标准，并增设了部分福利制度。采取定期帮扶和应急救助相结合的方式开展困难员工帮扶，共帮扶困难员工 19 名。

保护消费者权益。全年工程质量合格率 100%，客户满意度达 90% 以上。

推进精准帮扶。长勘院根据湖南省委组织部整体部署，承担双峰县沙塘乡民实村的驻村精准帮扶工作，帮助驻点村完善好各类公共服务设施及基础设施，通过结对帮扶、帮助村民销售农产品、爱心助学、完善村的公共设施等举措，帮助村民脱贫。

九、重要纪事

2 月 7 日，长勘院召开第十二届四次职工代表大会暨 2018 年工作会议、党建工作及党风廉政建设和反腐败工作会议。

3 月 26 日，中铝集团党组第四巡视组进驻长勘院开展为期 3 个月的巡视工作。

6 月 1 日，中铝集团党组副书记、总经理余德辉一行到长勘院调研。

撰稿 / 傅蓓喆

审核 / 刘衍林

中国有色金属工业昆明勘察设计研究院有限公司

一、基本情况

中国有色金属工业昆明勘察设计研究院有限公司（简称昆勘院）成立于1953年，是集勘察（查）、设计、施工、咨询研究于一体的大型综合甲级工程勘察设计研究单位。昆勘院拥有工程咨询、建筑设计、冶金行业设计、工程勘察、地基与基础工程，地质勘查，地质灾害评估和勘查、设计、施工，工程测绘，工程检测、地下水资源开发、环境保护行业污染治理，土工试验，施工图审查等各专业资质证书22本、资格认定7个，共涉及63个专业资质范围，其中甲级（含一级、一类）资质、资格证书14本。

经营范围：建筑工程设计；冶金行业设计；工程地质和水文地质勘察及凿井；工程测量、不动产测绘、摄影测量与遥感、地理信息系统工程、测绘航空摄影及监理；不良地质条件的处理，地球物理勘探，水、土、岩试验；矿产地质调查、勘查；水文地质、工程地质和地球物理勘查；地质测绘；地质勘探工程；岩石、矿物、土地及水质的分析、化验、鉴定与测试，工程咨询、地质灾害危险性评估、地质灾害治理工程勘查、设计施工，城市规划编制；地基与基础工程专业承包壹级；水工建筑物基础处理工程专业承包叁级；承担高速公路路基、标准公路和独立大桥的施工。

兼营范围：钻探机具修理及设备加工，测绘仪器及计算机修理，勘察，设计的技术咨询，技术培训。承包水文地质，工程地质钻探，水井，地热井钻井，桩、基础工程，软弱地基基础处理工程，特种钻探工程，验桩工程；土石方工程专业承包；特种专业工程专业承包；矿山机械销售，机电设备销售，地理信息系统及数据库建设，工程监理，无人飞行器航摄，计算机软硬件开发、设计与技术咨询，信息系统集成。

2018年基本数据表

表1

资产总额/亿元	负债率/%	员工总数/人	平均年龄/岁	学历结构/人	
10.17	67.72	716	39	中专及以下	78
				大学专科	62
				大学本科	468
				硕士及以上	108

二、组织机构

（一）领导班子

赵志锐　执行董事、总经理、党委副书记

袁小军　党委书记、工会主席

刘文连　党委委员、副院长、副总经理、总工程师

邹国富　党委委员、副院长、副总经理

周　罕　党委委员、副院长、副总经理

段小清　党委副书记、纪委书记

吴　昊　党委委员、副院长、副总经理

付冬琳　党委委员、财务总监

（二）机构设置

机关职能部门：总经理办公室、党委工作部（人力资源部）、财务部、企业管理部（生产运营部）、市场开发部（投融建事业部）、安全环保部、科技质量部、纪检监察审计部。

生产经营部门：恒基岩土工程公司、地质与环境工程院、岩土勘察分院、测绘分院、第五分公司、实验中心、勘测物探公司、呈贡分公司、地质工程公司、第一分公司、地下水资源公司、仁和工程公司、工程勘测院、地下空间开发工程公司、施工图审查中心、设计分院、建筑分院、矿冶分院、地质研究院、海南分公司、深圳分公司、成都（攀枝花）分公司、北方分公司、红河分公司、迪庆分公司（普朗指挥部）、广西分公司、普洱（版纳）分公司、贵阳分公司、非洲刚果（金）项目部。

运营管理中心：后勤服务中心、昆勘科技大厦建设筹备领导小组办公室。

全资或参股公司：昆明勘察院科技开发公司、迪庆兰宝灵矿业有限公司、云南弥玉高速公路投资开发有限公司。

三、生产经营

2018年，昆勘院建院65周年，是加入中铝国际第一年，围绕“改革发展全面融入中铝国际、生产经营继续保持稳中有进、转型升级更加符合昆勘特色”三条主线推进各项工作，良好完成年度各项生产经营指标。

昆勘院主动与中铜、云铜、云锡、红塔集团、神华集团等大企业客户对接，全年签订大型工程项目66项；实施了赤峰云铜搬迁改造厂前区及中和渣场设计施工总承包、保山市工贸园区基础设施建设等工程项目。

发挥专业优势，加速产业链延伸，带动经营创新。通过为业主提供“大岩土一体化”和“一站式”服务，加深与恒大、万科等大型地产企业的良好合作关系，继续在云南岩土工程施工大型项目市场占有较大市场份额。

2018年，签订工程项目1350项，合同额15.20亿元，同比增长34.51%；实现收入10.74亿元，同比增长29.71%；实现利润6525.21万元，同比增长48.30%。各项生产经营指标创昆勘院历史最高。

主要指标表

表2

指标名称	2017年	2018年	同比增长/%
勘察设计施工咨询服务	11.30	15.20	35.79
工业产值/亿元	10.19	12.48	22.18
销售收入/亿元			
利润额/亿元	0.3082	0.6538	112.13
纳税额/亿元	0.4636	0.5938	28.08
人身伤亡事故/起	0	0	—

续表 2

指标名称	2017 年	2018 年	同比增长 /%
工亡人数 / 人	0	0	—
重伤人数 / 人	0	0	—
轻伤人数 / 人	0	0	—

四、重大发展项目

2018 年昆勘院共上报投资计划 788.85 万元，完成投资 235.36 万元。

五、企业管理

从制度建设、企业文化、市场开拓、信息沟通等方面主动对接中铝国际。全年新编、修订管理制度 40 余个，派出 100 余人次参加中铝国际各类培训、活动，与各成员企业开展交流活动 30 余次。

2018 年，完成资质年检 7 项、延续换证 5 项、新增 4 项，营业执照经营范围变更 1 项、新增 1 项。其中，市政行业设计资质填补了专业空白。至此，共计拥有咨询、设计、施工、测绘、检测、试验等各专业资质证书 22 本，资格认定 7 个，其中甲级（含一级、A 类）资质、资格证书 14 本，共计涉及专业类别 63 个，专业数目及资质范围位居行业前茅。

制定了昆勘院的项目管理考核激励办法（试行）和工程项目成本责任制管理实施办法（试行）。

开展质量、环境、职业健康安全管理体系文件的修编、三体系内审、管理评审，2018 年 10 月顺利通过第三方的外部监督审核。

推进各类专项安全活动，夯实基础管理，实现了安全零工亡、环保零污染的目标。共梳理出安全问题 13 项、环保问题 5 项。年内制定了《昆勘院各级管理人员安全履责行为量化底线标准》，印发《职业健康安全环保（HSE）工作问责及绩效考核管理办法（试行）》，将员工个人 30% 的绩效工资收入作为安全绩效，与员工 HSE 履责过程挂钩；实施安全风险抵押机制。2018 年共组织召开了 7 次安委会会议、36 次 HSE 周例会。地下空间开发工程公司星河嘉园项目部获“中铝集团 2018 年度‘安全、干净’示范班组”。

2018 年全年共投入安全生产费 656.83 万元。

六、科技创新

2018 年全年投入科技经费 3668 万元，占全院总销售收入的 3.63%。

“K-TEM 智能航空瞬变电磁测量仪开发”取得实质性突破，自主开发新型探测设备，带动昆勘院采空区调查技术与业务的全面提升；“组合型钢内支撑开发应用技术”，在昆明多个工地成功应用实施。全年实现科技创效 1369 万元。在矿山露天边坡测量及评价技术领域开展产学研合作，2018 年获得部级科技进步特等奖一项，部级技术发明一等奖一项，省级科技进步特等奖一项。

全年新申请专利 21 项（含发明 4 项），获授权实用新型专利 4 项，申获软件著作权 3 项。

顺利通过国家高新技术企业再认定、省级企业技术中心通过省工信委 2018 年度评价、院士专家工作站通过省科技厅阶段性考核。

2018 年科技创新数据表

表 3

科技创新投入 / 万元	申请专利 / 件	授权专利 / 件	科技人员占比 /%
3668	21	4	14

七、深化改革

开展机构改革，8 月底完成了 8 个机关职能部门设置和部门人员调整，党委工作部与人力资源部合署办公，纪检监察审计部单设；10 月成立刚果（金）项目部；11 月成立威海信息化分公司。

深化经营激励机制改革，下发《市场营销考核激励办法》，优化经营人员薪酬体系，建立岗位工资、签约奖和效益奖相结合的薪酬激励机制。

八、党建与企业文化建设

（一）党建

2018 年，昆勘院党委加强政治理论学习，全年开展集中学习 12 次；组织 22 个基层党组织开展“不忘初心跟党走，牢记使命当先锋”主题党日活动；组织 281 名党员参加中共十九大精神知识竞赛；集中学习钱学森、邓稼先等人的先进事迹，组织 272 名党员观看电影《厉害了，我的国》。

及时调整和落实领导班子成员党建工作联系点制度，开展“支部互学共建”活动，推进标准化党支部创建工作等。

推进党建与生产经营“双百分”考核和“两带两创”活动，2018 年增设和延续项目 33 项，创造直接经济效益 520.19 万元，新增合同额 1.45 亿元。

全年深入基层开展党风廉政建设和反腐败工作检查考核 7 次；修订完善了《冶庸问责实施办法》《督查督办工作制度》等多项内部监督管理制度，对 3 名责任人进行了问责处理。

（二）企业文化建设

2018 年，完成了基层工会、团支部的换届和第一届职工（会员）代表的选举工作；组织 12 名选手参加云南省 2018 年钻探工程技术人员技能竞赛，取得了个人二等奖的好成绩；承办云南省第六届“勘察设计杯”行业协会羽毛球赛，荣获冠军。

按照中铝国际文化建设“四统一”要求，修订了 16 条文化理念，完成了企业场所、办公用品等视觉识别系统的升级改版。

九、履行社会责任

2018 年，昆勘院成立了社会责任工作领导小组，全面开展企业社会责任工作。

充分发挥在地质灾害咨询、设计、施工领域所具备的专业技术优势，围绕治理突出环境问题、生态环境保护和资源开发利用等方面，构建市场导向的绿色技术创新体系，打造绿色技术研发、绿色勘查施工、绿色运行管理、绿色项目开发的生态环保全产业链。中标“普朗铜矿一期采选工程——矿山环境恢复治理工程”，对矿山相关区域进行环境修复与治理。在香格普朗铜矿开展“高海拔高寒山区植被恢复治理技术——类壤土基质复绿技术科研项目”。承接攀钢冶炼渣场边坡复绿设计项目。

超大采空区调查、治理工作是一项世界性难题。云南东川矿区因民铜矿、汤丹铜矿、滥泥坪铜矿经过 2000 多年的探矿和采矿活动，在矿区浅部、深部形成上千个形态各异、规模不等、分布广泛的采空区，大规模采空区群调查及稳定性评价技术难度极大、国际国内尚无可供借鉴的成功案例。对此，昆勘院发挥综合技术实力，通过融合既有的地质、采矿、测绘、物探、岩石力学、工程地质、数字地质、探矿工程等专业，实现多专业联动，开辟采空区治理领域经营新方向，攻克采空区调查治理技术高地，打造企业多元化产业链延伸新方向。

为社会提供就业岗位，全年共招收高校毕业生和社会引进人才 86 名。

十、重要纪事

4 月 18 日，昆勘院荣获“云南省地理信息协会先进单位”。

5 月，王瑞兵被授予 2018 年云南省五一劳动奖章。

10 月，成立刚果（金）项目部，实施海外发展战略。

11 月，成立威海信息化分公司。

11 月 8 日，取得云南省住房和城乡建设厅颁发的市政行业（排水工程、环境卫生工程、给水工程）专业设计乙级资质证书。

11 月 19—22 日，昆勘院作为主要完成单位的《浙江省露天矿山边坡稳定性精细评价》项目，荣获中国岩石力学与工程学会科学技术奖特等奖。

12 月，周罕入选“产业技术领军人才”。

撰稿 / 管力瑶

审核 / 雍伟勋

中国有色金属工业第六冶金建设有限公司

一、基本情况

中国有色金属工业第六冶金建设有限公司（简称六冶）始建于1963年4月，先后隶属原冶金工业部、中国有色金属工业总公司、国家有色金属工业局，是中国铝业公司首批成员企业，2011年3月重组改制并入中铝国际工程股份有限公司。

六冶主营业务包括工程总承包、施工总承包、装备制造、工程用铝等，具备建筑工程施工总承包特级资质和建筑行业甲级设计资质，市政公用、公路、冶金、机电安装、矿山等5项施工总承包一级资质，钢结构工程专业承包一级资质，对外承包工程经营资格，以及非标准设备制作安装、三类压力容器和压力管道制作安装等专项资质，为国家高新技术企业和河南省建筑业骨干企业。

2018年基本数据表

表1

资产总额/亿元	负债率/%	员工总数/人	平均年龄/岁	学历结构/人	
106.77	76.13	3288	35	中专及以下	944
				大学专科	624
				大学本科	1253
				硕士及以上	31

二、组织机构

（一）领导班子

马　宁　党委书记、执行董事

王伟峰　副总经理

纪　行　副总经理

李延峰　党委副书记、纪委书记

柴　卫　副总经理、安全总监

石天昊　副总经理、工会主席

杨　峰　副总经理（2018年1月12日任）

赵晨田　财务总监

（二）机构设置

职能部门：办公室、企业管理部、市场开发部、安全环保部、工程管理部、风险与成本管理部、技术中心、财务部、海外事业部、人力资源部、物资设备公司、纪检监察审计部、党群工作部、后勤服务中心。

二级公司：一分公司、三分公司、工业安装分公司、金属结构厂（科技重工有限公司）、五分公司、洛阳有限公司、机电安装有限公司、六分公司、设计研究院、云南公司。

区域公司：东北公司、西北公司。

地区公司：北京公司、上海公司、深圳公司、西安公司。

工程指挥部：贵州盘县工程指挥部、新蔡工程指挥部。

专业公司：河南六冶贸易有限公司、河南六冶租赁有限公司。

控股企业：河南浩信置业、铜川浩通、汝州浩博、汝南浩宇、太康浩文。

参股企业：河南前海时代环保技术有限公司、中铝建新材料河南有限公司。设有国家企业技术中心、河南省焊工培训中心。

代管企业：郑州中铝建设开发有限公司。

三、生产经营

2018 年，六冶新签工程合同额 202.32 亿元，完成年度目标 200 亿元的 101.16%；实现营业收入 68.2 亿元，同比增长 17.02%；利润总额 3.22 亿元，完成全年确保目标 2.6 亿元的 123.85%。年末资产总额首破百亿元，获中铝国际利润贡献、科技创新等总裁特别奖，郑州市建筑业施工总承包先进企业和转型发展先进集体称号。

2018 年，六冶承接昆明、呼和浩特、银川、六盘水、甘肃山丹等地 11 座铝天桥制造安装，合同总价 8026.53 万元，同比增加 176.8%。工程用铝共新签合同 1.16 亿元，实现利润 1133 万元。

主要指标表

表 2

指标名称	2017 年	2018 年	同比增长 /%
销售收入 / 亿元	50.17	68.61	17.02
纳税额 / 亿元	1.22	1.07	−12.3
人身伤亡事故 / 起	0	1	—
工亡人数 / 人	0	1	—
重伤人数 / 人	0	0	—
轻伤人数 / 人	0	0	—

四、企业管理

健全“1 个总部 +N 个中心”营销体系，基本形成郑州、洛阳、三门峡、周口等地级市，贵州、云南等区域营销中心。设计分公司具备建筑和人防设计条件。搭建运营维护机构，为运作 BOT、PPP 项目创造条件。

建立补充医疗保险和企业年金，提高住房公积金存缴比例至上限。

开展“导师带徒”活动。建立五级业务经理、五级工程师和五级技师制，打通多元职业发展通道，评聘主任工程师、高级业务经理、首席技师 11 人。

五、科技创新

掌握隧道掘进关键技术，研究装配式建筑施工技术，开发铝天桥安装工法和专利。参编国家标准《有色金属加工工程项目规范》，专利受理 19 项、授权 7 项，专利保有量 61 项。技术创新立项 54 个，申报中铝国际立项 2 个，评定企业工法 18 项、部级工法 8 项。启动国家高新技术企业重新认定工作。指导、规范投标技术方案、安全专项方案编制，加强施工技术管理。在 11 个重点项目应用 BIM 技术，实现了工程计量、质量检验、碰撞校检和节点复核等关键功能。

归集研发费用 1.98 亿元，核算高新技术类收入 42.87 亿元。

2018 年科技创新数据表

表 3

科技创新投入 / 万元	申请专利 / 件	授权专利 / 件	科技人员占比 /%
19172	21	7	10.24

六、深化改革

调整优化组织架构，受让中铝长城建设有限公司全部股权，成立长城建设分公司、设计研究分公司、巡察组及办公室。受托管理中铝国际马来西亚分公司，云南分公司按二级公司模式运营。注销 4 家法人单位，减少 2 个 PPP 项目公司股权，合并后勤管理部门。

公开竞聘 21 个干部岗位。提拔任用中层干部 12 人、交流 10 人，“80 后”中层干部增至 11 人。

“三供一业”完成改造分离移交。依法解决了一批信访难题，获评河南省社会保险工作先进单位。

七、党建与企业文化建设

新成立和纳入 5 个党委，党组织应建尽建、应换尽换。选举产生第十一届工会委员会和第七届共青团委员会。

修订《“三重一大”决策制度实施细则》，修订党委中心组理论学习等制度。

建立党建示范基地 10 个、党员示范岗 286 个、劳模创新工作室 2 个、党员活动室 40 余个，发展党员 18 名。

完成与全国党员信息库和中铝集团党建信息化平台的对接。

八、社会责任

修订《分包商农民工工资支付管理办法》，推行二维码等实名管理。

修订分包商、物资设备、招投标和督察等管理办法，提高准入标准，评定合格分包商 625 家、合格供应商 2226 家，列入分包商黑名单 22 家。

落实离退休军转干部待遇，帮扶困难职工 433 人。

为社会提供就业机会，录用高校毕业生 260 名。

2018 年，六冶上海分公司为四川省绵阳市秀水镇霍尼韦尔联合小学及社会慈善、公益事业奉献爱心。

九、重要纪事

1 月 29 日，“今日六冶”微信公众号正式更名为“中国六冶”。

2 月 23 日，六冶召开十一届一次工会会员、职工代表大会，选举产生新一届工会委员会。

3 月 23 日，六冶被评为国家级企业技术中心。

4 月 19 日，六冶启动《六冶志》编纂工作。

8 月 4 日，六冶召开 2018 年年中工作会暨党风廉政建设工作会议。

12 月 10 日，“中铝国际合同管理系统”在六冶成功上线。

撰稿 / 薛瑞玉

审核 / 曾纪石

九冶建设有限公司

一、基本情况

九冶建设有限公司（简称九冶）总部位于陕西省咸阳市西咸新区渭城东路，注册资本金3.2亿元，建筑工程施工总承包特级资质，2018年通过“国家级企业技术中心”认定。九冶前身冶金工业部第九冶金建设公司，2009年1月，改制重组成立了九冶建设有限公司。2015年12月，九冶与中铝国际签署战略合作协议，中铝国际收购九冶62.5%股权，九冶成为中铝国际控股子公司。

九冶主营业务为：建筑工程、市政公用工程、机电工程、冶金工程、矿山工程、钢结构工程、水工金属结构制作与安装工程、管道工程、起重设备安装工程、环保工程、公路工程、管道安装、塔吊拆装；石油化工工程、电力工程、建筑装修装饰工程；建筑设计、建筑材料及其工程试件检验试验；物资经销；消防设施工程、水利水电工程，商品混凝土和混凝土制品；土地开发、整理、复垦；道路普通货物运输。境外建筑、冶金、机电、钢结构、水工金属结构制作与安装、管道工程和境内国际招标工程，上述境外工程所需设备材料的出口、对外派遣实施上述境外工程所需的工程技术和劳务人员及进出口业务。

2018年基本数据表

表1

资产总额/亿元	负债率/%	员工总数/人	平均年龄/岁	学历结构/人	
78.75	88.90	2489	38	中专及以下	849
				大学专科	710
				大学本科	904
				硕士及以上	26

二、组织机构

（一）领导班子

张全万　党委书记、董事长

周永康　总经理、党委副书记、副董事长

刘志兵　副总经理　（2018年5月8日起）

屈　斌　副总经理　（2018年5月8日起）

田刚强　副总经理、工会主席　（2018年6月19日起）

苏文菊　财务总监

丁学峰　常务副总经理、总工程师（2018 年 4 月 12 日退休）

奚华龙　党委副书记、工会主席（2018 年 4 月 12 日退休）

（二）机构设置

机关部室：总经理办公室、工程管理部、安全环保部、技术中心、企业管理部、合同造价管理部、财务管理部、人力资源部、党群工作部（董事会监事会办公室）、纪监审计室、市场营销公司、项目管理公司。

下属单位：九冶建设有限公司第一工程公司、九冶建设有限公司第二工程公司、九冶建设有限公司第五工程公司、九冶建设有限公司第六分公司、九冶建设有限公司汉中分公司（汉中九冶建设有限公司）、九冶建设有限公司机电安装工程分公司（河南九冶建设有限公司）、郑州九冶三维化工机械有限公司、陕西中勉投资有限公司。

三、生产经营

主要指标表

表 2

指标名称	2017 年	2018 年	同比增长 /%
工业产值 / 亿元	63.98	59.22	−7.44
销售收入 / 亿元	53.13	51.87	−2.37
利润额 / 亿元	1.96	2.16	10.2
纳税额 / 亿元	1.22	1.56	27.87
净资产收益率 /%	21.83	23	—
人身伤亡事故 / 起	0	0	—
工亡人数 / 人	0	0	—
重伤人数 / 人	0	0	—
轻伤人数 / 人	0	0	—

四、企业管理

2018 年，九冶围绕“强化执行、精准管理”主题管理活动，制定了经营目标责任考核指导意见和管理办法，明晰主体单位的三个责任，通过与主经营责任人、业务分管领导、主管业务部室、项目部和经济实体层层签订责任书的方式，分解经营管理目标、压实主体责任。

2018 年至今未发生各类职业健康事故及环境污染事件。实施安全环保质量“三大攻坚战”，承办中铝标杆工程项目现场观摩会一次、获得安全干净示范班组 2 个、获 2018 年度中铝集团安全生产月活动先进单位称号等多种荣誉。

九冶在总结直管项目经验的基础上，制定了《工程品牌建设实施指导意见》和《施工管理、检查及考核标准》，持续加大项目品牌化和管理智能化工作力度。2018 年九冶创冶金行业优质工程 3 项、全国优秀焊接工程 8 项；在国家级发布会上发布 QC 成果的 3 项，省部级优秀 QC 成果奖 23 项。

五、科技创新

2018 年，九冶科技创新投入 16973.7 万元，主要包含企业内部的日常研发经费支出及当年形成于研发的固定资产支出等。重大科技项目包括：工程用铝、城市大跨度钢桥梁顶推技术、大型分解槽 IMIG 型搅拌器制造、大型高效浓密机设备制造技术等项目。科技研发项目在工程上应用关键技术 12 项，其中国际领先水平 1 项、国际先进水平 1 项、国内领先 4 项、国内先进 2 项。

2018 年取得部级工法 11 项，形成关键技术 12 项，获得省部级以上科技进步奖或成果奖 4 项，发明专利授权 4 项、实用新型专利 12 项，第二主编 1 项，行业标准、参编 2 项。

2018 年科技创新数据表

表 3

科技创新投入 / 万元	申请专利 / 件	授权专利 / 件	科技人员占比 /%
16973.7	24	16	22.63

六、企业改革

2018 年，九冶按照中铝国际企业法人压减和管理层级压减工作的总体安排和要求，对下属全资子公司勉县九冶建材检测有限公司采取了吸收合并的方式，进行了企业法人压减和管理层级压减。

七、党建和企业文化建设

2018 年，九冶党委认真开展了标准化党支部创建、党员“三诺”、党员先锋岗创建、“两带两创”等活动，全年创建标准化党支部 25 个，签订党员承诺公示牌近 800 个，创建党员先锋岗 67 个，设置“两带两创”课题 137 个。

九冶注重文化培育，加强文化传播，编辑出版了《九冶志》；打造企业文化长效品牌，截至 2018 年已经连续举办 7 届青年演讲赛、职工书画摄影展；组织“不忘初心，牢记使命”汉中公司焊培中心先进事迹巡回报告团，在 12 个单位举办事迹报告，听讲员工达到 1000 余人。

八、社会责任

九冶围绕企业在发展过程中服务所在地经济建设与社会发展，按照中铝集团安全、环保、质量“三大攻坚战”要求，在施工生产中大力开展安全生产、保护环境等工作，在施工现场采取多种措施治污降霾，全面落实“六个 100%”，推动企业与社会、环境和谐发展。一公司、五公司、汉中公司、安装公司响应当地政府号召，积极参与扶贫捐助、植树造林等活动。

九、重要纪事

5 月，九冶汉中公司肖红梅被授予“全国五一劳动奖章”。

6 月，九冶在西安西延路与西影路立交工程施工中，首次使用步履式顶推技术进行大吨位、大跨度钢箱梁安装作业，填补了国内城市主干道施工空白。

8 月，经过两年多时间编纂的《九冶志》出版发行。

11 月，“郑耀鲁技能大师工作室”被评为首批“中铝集团技能大师工作室”，“袁培东创新工作室”被评为“陕西省示范性劳模和工匠人才创新工作室”。

2018 年，九冶获得部级工法 11 项、专利 16 项。

2018 年，九冶获得“2017 年度全国优秀施工企业”“企业信用评价 AAA 级信用企业”“陕西省建筑业企业百强”等荣誉称号。

撰稿 / 罗拱北

审核 / 张全万

中色十二冶金建设有限公司

一、基本情况

中色十二冶金建设有限公司（简称十二冶），始建于1964年，先后隶属于冶金部、中国有色金属工业管理总局、中国有色金属工业总公司，现为中铝国际工程股份有限公司的全资子公司。

十二冶拥有1项冶金工程施工总承包特级资质，建筑工程、矿山工程、石油化工工程、市政公用工程、机电工程5项施工总承包壹级资质，钢结构工程、地基基础工程、建筑装修装饰工程3项专业承包壹级资质，公路工程、电力工程2项施工总承包贰级资质，输变电工程专业承包贰级资质，及冶金行业（金属冶炼工程、冶金矿山工程）专业甲级设计资质和中华人民共和国对外承包工程经营资格（商务部）等。

2018年基本数据表

表1

资产总额/亿元	负债率/%	员工总数/人	平均年龄/岁	学历结构/人	
48.89	97.7	2842	42	中专及以下	1431
				大学专科	582
				大学本科	798
				硕士及以上	31

二、组织机构

（一）领导班子

孙玉和　党委书记、执行董事（2018年3月14日调出）

谭荣和　党委书记、执行董事（2018年3月14日至5月8日）

刘瑞平　党委书记、执行董事（2018年5月8日任职）

于广业　总经理（2018年3月14日调出）

韩俊科　党委副书记、纪委书记、监事（2018年12月4日退休）

李星泽　党委副书记、纪委书记、监事（2018年12月4日任职）

黄永峰　副总经理（2018年11月22日止）

黄国保　副总经理

杨云山　财务总监

邱俊民　副总经理

马　征　副总经理（2018 年 5 月 8 日任职）

杜继雷　副总经理（2018 年 5 月 16 日任职）

（二）机构设置

职能部室：总经理办公室、党群工作部（人力资源部）、纪检监察审计部、财务部、企业管理部、法律事务部、市场经营部、工程管理部、安全环保部、物资设备部、技术信息中心、“两金”清理办公室。

分公司：安装公司、矿山市政工程公司、山西房屋建筑工程分公司、金属结构公司、华北分公司、西北分公司、中南分公司、西南分公司、设计部、国际工程公司、工程承包公司、十二冶基地管理公司。

子公司：中色十二冶金重庆节能科技有限公司、山西中色十二冶新材料有限公司、山西龙冶建筑劳务有限公司、山西中色十二冶物贸有限公司、中色十二冶韩国有限责任公司。

直属项目部：贵州贵安新区“幼小初高”项目部、福建中铝瑞闽项目部、包头华云项目部、山西中铝华润项目部。

山西十二冶资产管理有限公司：太原中色十二冶房地产开发有限公司、重庆尚江宸置业有限公司、职工医院。

三、生产经营

2018 年，十二冶制定实施了扭亏脱困“12318”专项行动，着力构建“两级管控、三级管理”的企业管理运行体系。

主要指标表

表 2

指标名称	2017 年	2018 年	同比增长 /%
总产值 / 亿元	21.7	19.36	−10.78
营业收入 / 亿元	22.43	20.13	−10.25
利润额 / 亿元	−1.48	−2.44	64.86
所有者权益 / 亿元	3.54	1.13	−68.08
纳税额 / 亿元	0.67	0.35	−47.76
净资产收益率 /%	−35.13	−108.54	—
产值劳动生产率 / 千元 · 人	711.7	681.2	—
人身伤亡事故 / 起	0	0	—
工亡人数 / 人	0	0	—
重伤人数 / 人	0	0	—
轻伤人数 / 人	0	0	—

四、企业管理

（一）质量安全环保三大体系情况

根据职能部室调整情况，十二冶及时修订完善了质量、环境和职业健康安全管理体系，持续开展安全环保质量“三大攻坚战”。

（二）管理提升

对合同、产值、“两金”、成本、人员等情况进行拉网式排查，通过数据分析摸清家底。

组建了 9 支“特攻队”和 2 支海外开发“拓疆队”，加大国内市场开发力度，自主开拓了柬埔寨抽砂项目和真腊大厦项目，实现了国际业务的突破和发展。

全力推行“两制一化”，做好项目策划和全生命周期管控工作，项目履约能力逐步提升。

出台“两金”清理、市场开拓、项目管理、新业态多项激励制度，11 月份出台实施了薪酬优化分配试行办法。

经济合同、规章制度、重大项目决策法律审核率均为100%；有效处理法律案件，淮南项目实现“破冰”、安徽六安、运城亚泰等垫资项目取得了胜诉。

五、科技创新

全年科技创新投入7243.06万元，用于科研项目支出、工法和专利申报及科技人员培训、奖励等。

全年共评选企业级工法16项、获得省部级工法5项，获得专利授权3项，新申请专利5项；获得行业部级工程建设优秀QC小组成果奖4项、国家级QC小组成果奖1项。

大力推广BIM技术应用，举办了全员BIM知识普及培训；首次运用BIM技术参与华兴铝宿舍楼项目投标并成功中标，在云城尚品、赤峰云铜、邯郸荣盛城等9个项目应用BIM技术，提高项目的精准管控水平。

十二冶新材料公司参与编制的《保模一体板复合墙体保温系统应用技术标准（有机芯材型）》地方标准获批实施。

2018年科技创新数据表

表3

科技创新投入/万元	申请专利/件	授权专利/件	科技人员占比/%
7243.06	5	3	19

六、深化改革

成立深化改革领导小组办公室，结合企业实际情况制定了《十二冶改革要点》，共8个方面、47项内容，确定了改革的具体时间节点和工作流程。

创新业态，工程用铝迈出新步伐，自主开发了高中低档复合板式铝围挡，成功注册了“铝铝生辉”商标，首座铝天桥在山西省晋城市交付使用。托管了中铝国际节能科技公司业务。

“三供一业”10个项目管理职能及资产顺利移交；通过员工企业双向选择实现返岗、解除劳动关系等方式，全年解决了155名在册不在岗人员问题。

七、党建与企业文化建设

十二冶党委以党的十九大精神为指导，贯彻落实习近平总书记对中铝集团党建工作的重要批示精神，全面提高政治站位和思想认识，进一步抓好党建工作的推进与落实，为企业扭亏脱困改革发展提供坚强的思想保障和组织保障。

制定印发《党建工作责任清单》《党支部工作规范》等制度，组织中层干部开展十九大精神轮训座谈，完成了对8家主业单位巡察工作全覆盖。

严格落实党建目标责任考核，开展了党建工作与生产经营互为系数的“双百分”考核工作。

召开第六次团代会，健全团青工作组织机构；组织职工参加各种劳动竞赛，获得中铝集团青年安全示范岗、山西省机冶建系统优秀班组等表彰奖励。

在全媒体宣传平台开设“党建统领、良性发展”“直击一线”“员工风采”等栏目，树立典型，弘扬先进，正面引导，将企业文化统一到中心工作上来。

八、履行社会责任

（一）员工权益

工会组织送温暖活动，向下（待）岗职工、大病重病人员、残疾人、遗孀遗属等送温暖；开展金秋助学，向困难职工子女发放助学金；为女职工办理女工特病保险理赔。全年发放救助金13.7万元、办理理赔2万元。

（二）公平运营

3月7日，十二冶组织召开了分包商、供应商座谈会，推动合作共赢。

借助中铝电子采购交易平台，全部招标均为透明公开公正采购，且与分包商、供应商签订了廉政承诺书，杜绝在招标环节发生违纪违法行为。

（三）环境保护

新开建项目均设置扬尘监测系统，与围墙喷淋控制系统联动进行降尘喷淋，实现了智能监测与扬尘治理的有效结合。

在“三供一业”供暖移交过程中，拆除了河津基地多台燃煤锅炉，有效减少二氧化硫排放约160吨，节约了能源消耗，保护了锅炉工的身心健康。

（四）参与社区发展

十二冶工会、团委组织志愿者走进驻地社区，慰问老人、打扫卫生、捐送生活日用品。

九、重要纪事

1月8日，十二冶成为山西省首个获批“非煤矿山采掘施工安全生产标准化二级企业”。

1月18日，十二冶新材料公司生产制作的“SEY防火保温板”和“保模一体化板”获评“全国建筑节能产品”。

2月2日，十二冶召开六届五次职代会暨2018年工作会、党建和党风廉政建设工作会。

5月10日，十二冶召开干部大会，中铝集团党组、中铝国际党委对十二冶领导班子进行调整。

5月24日，中铝集团党组书记、董事长葛红林调研十二冶。

7月23日，十二冶首次进入中国黄金优秀服务商名录，荣获“2018年中国黄金行业最佳服务商”。

12月17日，十二冶铝围挡标准成功入围雄安集团建设工程施工围挡标准，并在雄安建成1000余米铝围挡。

撰稿／徐岱儒

审核／黄国保

中铝国际（天津）建设有限公司

一、基本情况

中铝国际（天津）建设有限公司（简称天津建设）隶属于中国铝业集团有限公司工程技术板块，是中铝国际工程股份有限公司全资子公司。企业注册地为天津空港经济区，注册资本 21100 万元。天津建设前身为晋铝建设公司。

天津建设主要从事冶金工程、建筑工程、矿山工程、机电工程、钢结构工程、市政公用工程、石油化工工程、装饰装修工程、防水防腐保温工程施工等。近年，天津建设大力实施“走出去”战略，施工足迹遍及广西、重庆、贵州、陕西、山西、内蒙古、宁夏、新疆、福建、云南等省区，并跟随中铝国际海外发展的步伐，涉足越南、印度等海外市场。

2018 年基本数据表

表 1

主要产品产能	资产总额 / 亿元	负债率 /%	员工总数 / 人	平均年龄 / 岁	学历结构 / 人	
施工能力 15 亿元 / 年	18.94	84.85	454	38	中专及以下	95
					大学专科	168
					大学本科	185
					硕士及以上	6

二、组织机构

（一）领导班子

王彦成　党委书记、执行董事

林　霄　党委副书记、副总经理

戎建开　党委副书记、纪委书记

刘仕喜　党委委员、财务总监

陈　涛　党委委员、副总经理

毛振龙　副总经理

（二）机构设置

职能部室：行政办公室、党群工作部 / 人力资源部、纪检监察审计部、安全环保健康部、财务部。

事业中心：项目管理中心、技术中心、集中采购中心、市场开发中心、资产经营管理中心。

区域分公司：山西铝基地分公司、华北分公司、西南分公司、蓟县分公司。

专业分公司：天津金属结构分公司、混凝土配送中心、机械化施工分公司、机电安装分公司。

子公司：天津鑫通置业有限公司、鑫诚通建筑（天津）有限公司。

天津建设随项目变化设置相应的项目部，负责项目施工管理。

三、生产经营

2018 年，天津建设共完成产值 6.18 亿元，实现利润 2400 万元；承建的天津市东丽区新立示范小城镇农民安置用房建设项目四标段项目完成产值 0.47 亿元。承建的吕梁市新城体育中心建设项目体育场工程完成产值 1.18 亿元。承建的云南迪庆有色金属有限责任公司普朗铜矿项目完成产值 0.55 亿元。承建的安阳市龙安区西南片区城中村改造安置房建设项目工程第二期项目完成产值 1.67 亿元。

主要生产经营指标表

表 2

指标名称	2017 年	2018 年	同比增长 /%
工业产值 / 亿元	9.77	6.18	−36.74
销售收入 / 亿元	9.77	6.18	−36.74
利润额 / 亿元	0.52	0.24	−53.84
纳税额 / 亿元	0.39	0.33	−15.38
人身伤亡事故 / 起	0	0	—
工亡人数 / 人	0	0	—
重伤人数 / 人	0	0	—
轻伤人数 / 人	0	0	—

四、企业管理

2018 年，天津建设对现有的管理制度进行了全面系统梳理，形成了《管理制度汇编》《一体化管理体系手册、程序文件和工作文件》《工程项目安全生产规章制度汇编、安全操作规程和安全事故应急预案汇编》，其中建立健全安全管理制度 94 个，修订完善岗位安全操作规程 43 个。

天津建设自上而下签订安全环保目标责任书，所有从业人员均签订了《一岗双责安全责任清单》，开展安全检查和环保专项检查 12 次；积极开展安全文化建设，开展安全评优活动、项目负责人安全述职、全员安全知识竞赛答题。

全面开展质量攻坚战活动，共梳理 11 个方面发现 3 项问题，2018 年全部整改完成。

顺利取得环保工程专业承包叁级资质，扩大了市场开拓范围。

五、科技创新

2018 年，天津建设共申请专利 9 项，工法 3 项，QC 成果 5 项，获得省部级 QC 成果 4 项。

2018 年科技创新数据表

表 3

科技创新投入 / 万元	申请专利 / 件	授权专利 / 件	科技人员占比 /%
252.4968	9	5	5

六、深化改革

坚持瘦身健体，及时清理盈利能力不强、对企业生产经营贡献较小的全资子公司天津劲旅建筑劳务有限公司，压缩管理层级。

设立纪检监察审计部，健全惩防体系。

七、党建与企业文化建设

（一）企业党建工作

天津建设党委深入学习贯彻党的十九大和全国

国有企业党建工作会议精神，认真学习习近平总书记对中铝集团重要批示精神。坚持每月召开党建工作例会，每季度召开警示教育大会，全年党委理论学习中心组专题集中学习。组织了党的十九大知识竞赛及“不忘初心　牢记使命”主题朗诵比赛。

天津建设10个基层党支部经过按标准严格评定验收，全部通过达标。

推进“两带两创”和“师带徒“活动，开展员工培训，2018年“两带两创”活动项目累计创效500余万元。

2018年天津建设成立4个创新创意工作室。

八、履行社会责任

2018年共为32名员工办理了落户，为27名符合条件的员工申请了滨海新区人才补贴，为44名符合条件的员工申请了天津市学历职称补贴。定期向困难党员、员工发放工会慰问金、最低生活补助。

九、重要纪事

1月，天津建设召开二届二次职代会暨2018年工作会议、党风廉政建设和反腐败工作会议。

4月，天津建设被评为2017年度全国优秀施工企业。

5月，天津建设获得铝合金模板施工、深基坑基底滞留水的防治和处理施工及预制柱吊装3项省部级工法。

5月，天津建设4项QC成果获省部级奖项。

10月，天津建设推进BIM技术应用，获得滨海新区建筑业职业技能大赛“优秀组织单位”奖；吕梁项目员工获天津市滨海新区BIM技术应用工种比赛二等奖、“滨海新区建筑业技术标兵”、“创新创业创优”称号，天津地区标杆用户三等奖。

11月，天津建设获得“环保工程专业承包三级资质”，可承担污染修复工程、生活垃圾处理处置工程中型以下及其他小型环保工程的施工。

12月，天津建设与中铝资本合作的“中铝铝箔杯”项目，获得中铝集团第二届创新创意大赛一等奖。

撰稿 / 邢奔奔

审核 / 周晓莉

中铝资产经营管理有限公司

一、基本情况

中铝资产经营管理有限公司（简称中铝资产）是中国铝业集团有限公司的全资子公司，成立于2013年4月，注册资本1亿元。

中铝资产主要承担中铝集团的非主业资产和受托管理企业资产的经营管理职责，按照“改革、减震、盘活、增利”的定位，对这些资产进行专业化经营、管理和处置，推进改革改制，盘活存量资产，整合优势资源，实施转型发展，形成新的利润增长极。

中铝资产所属企业工业产品共有12大类100多种，涉及工业润滑油、耐磨材料、耐火材料、过滤材料、化工产品、絮凝剂产品、建筑材料、碳素制品、铝加工、包装产品、劳保工装、装备制造等。在工业服务领域实力突出，具有为氧化铝、电解铝、铝加工、铜冶炼、铜加工企业提供生产运营、机修检修、系统诊断、技术改造、工程设计、监理与施工等全产业链的工业服务能力。

2018年基本数据表

表1

资产总额/亿元	负债率/%	员工总数/人	平均年龄/岁	学历结构/人	
269.16	47.15	19957（在册）	43	中专及以下	6649
				大学专科	2985
				大学本科	2779
				硕士	199
				博士及以上	0

二、组织机构

（一）领导班子

吴茂森　执行董事、党委书记、总经理

石宇权　副总经理、总法律顾问

徐子彪　财务总监

张建业　副总经理（2018年11月16日调离）

韩自强　纪委书记

郭　欣　副总经理、工会主席

张　铁　副总经理（2018年10月25日离职）

（二）机构设置

本部部门：综合部、党群工作部（人力资源部）、财务部、资产经营部、安全生产管理部、地产开发部、市场开发部、纪检监察工作部。

全资子公司：山东铝业有限公司、中国长城铝业有限公司、贵州铝厂有限责任公司、中铝山西铝业有限公司、平果铝业有限公司、河南中州铝厂有限公司、青海铝业有限责任公司、兰州铝厂有限公司、兰州连城铝业有限责任公司、郑州轻金属研究院有限公司、沈阳华汇资产管理有限公司、贵阳铝镁资产管理有限公司、珠海长冶资产经营管理有限责任公司、洛阳有色金属加工设计研究院有限公司、湖南长勘商贸发展有限公司、郑州中铝建设开发有限公司、山西十二冶资产管理有限公司、中铝工业服务有限公司、中铝润滑科技有限公司、苏州有色金属研究院有限公司。

控股公司：中铝投资发展有限公司、甘孜州银峰矿业有限责任公司。

托管公司：包头铝业（集团）有限责任公司、中铝科学技术研究院有限公司、中铝河南铝业有限公司。

三、生产经营

2018 年，中铝资产生产经营创成立以来最好成绩，各类指标全面超额完成目标，生产经营利润连续五年持续增长。成本费用占营业收入比重指标在消化了 0.4 亿元企业年金和 1.62 亿元内退人员费用等预算外因素后，仍控制在 97.7%；“两金”完成 31.96 亿元，对比年度目标超额完成压降任务 4.04 亿元，较年初水平降低 7.94 亿元，降幅 19.65%；资金集中度、资产负债率、归母利润、经营性现金流等其他经营指标均超额完成集团下达的年度目标。

主要生产经营指标

表 2

指标名称		2017 年	2018 年	同比增长 /%
主要产品产量	水泥 / 万吨		363	
	液碱 / 万吨		18.5	
	铝型材 / 吨		17331	
	碳素 / 万吨		14	
	阀门 / 吨		3200	
	集装袋 / 万条		700	
	润滑油 / 吨		3659	
	氮化硅砖 / 吨		4433	
	絮凝剂 / 吨		4013	
	工装 / 万套		33.3	
工业总产值 / 亿元		65.58	35.41	−46.00
销售收入 / 亿元		126.13	117.90	−6.53
利润额 / 亿元		−0.82	0.19	123.17
所有者权益 / 亿元		153.98	142.25	−7.62
纳税额 / 亿元		7.24	7.48	3.31
净资产收益率 %		−1.05%	−0.37	—
产值劳动生产率 / 千元・人		65.58	35.41	—
人身伤亡事故 / 起		0	0	—
工亡人数 / 人		0	0	—
重伤人数 / 人		0	0	—
轻伤人数 / 人		0	2	—

2018 年，中铝资产实现全级次消灭亏损企业，保持全年不返亏；“三供一业”移交、“僵尸特困”企业治理、压减法人户数等其他业务指标均完成年度目标。

四、板块建设

中铝资产按照“主业化、专业化、市场化”的工作思路，充分发挥党建引领作用，突出抓好生产经营增效、改革减负、资产盘活、内部市场交易等重点工作，板块发展动力持续提升。

（一）党建工作

抓好"两学一做"学习教育常态化制度化。扎实开展"不忘初心，牢记使命"主题教育、"五新"大讨论等活动。以提升组织力为重点，强化党建经营双百分考核，落实"一月一提示、一季一检查"要求，推进标准化党支部建设。从严落实"两个责任"，建立"关键少数"责任清单，加强党风廉政建设。重视巡察工作，制订五年规划，对中铝工服和河南铝业开展了常规巡察。

（二）"三大攻坚战"

2018年，中铝资产成立专项检查组。健全风险预防控制体系，强化落实"三级"管控责任，形成安全风险防控和隐患排查任务清单。坚持问题导向，梳理完善问题清单，以作业现场管理为重点开展安全问题整改，以危废管理为切入点开展环保问题整改，以管控指标提档为突破口开展质量问题整改。全年，中铝资产"三大攻坚战"23个标志性项目全部完成，纳入中铝集团考核的质量管控指标全年保持在合格率100%的最高水平，质量标志性项目全部完成，质量问题清单全部整改完毕。

（三）改革减负

2018年，中铝资产完成"三供一业"分离移交，分离移交项目共80项，涉及33万户，实现正式协议签订率100%，管理职能移交率100%，资产无偿划转完成率80%。压降项目改造费用3亿元以上。完成医疗教育机构改革，医疗机构11家，完成率100%；幼教机构改革13户，完成率100%。职教机构改革7户，完成率100%。大集体改革稳妥有序，大集体企业44户，已完成41户，较2018年任务目标超额完成2户；妥善安置员工497名，保持了企业稳定。8户"僵尸特困"企业中7户保持持续盈利，较2016年增利2.3亿元；山西碳素厂进入破产实施环节。完成法人压减8户。

（四）市场开拓

中铝资产按照内外并举、协同发展的整体思路，大力拓展内外部市场，实现了行业配套产品和工业服务业务销售收入的稳步增长。全年完成内部市场交易额52亿元，同比增长17.9%。开拓外部业务，氮化硅砖、润滑油、水泥等产品的收入大幅超过2017年水平。杭州耐特阀门产品再次大步走出国门，与土耳其ETI铝业签订1400万元大单。外部销售额幅增超过内部市场增幅，全年完成外部市场销售额37.6亿元，同比增长26.2%。

（五）资产盘活

2018年，中铝资产将4家碳素企业优质股权转让中铝股份，支持了铝板块资源整合。完成了长城铝业资产对价，山西铝业资产对价进入实施阶段，共取得资本运作收益1.8亿元。完成9户企业参股权处置，超额完成7户的考核目标，处置变现3.25亿元。土地盘活取得新进展，贵州铝厂金融北城项目，顺利完成项目立项；长城铝业与华润置地签订了工业园区战略合作协议；山东铝业完成齐鲁工业园土地置换项目的审批和协议签订，将闲置的湖田矿置换为有价值的工业园区土地；中铝润滑厂区土地盘活项目，完成规划方案并报北京市政府审批；郑州中铝建积极开拓外部项目，实施了新蔡公务员小区项目，尝试"代建管理"模式，具有推广借鉴意义。

五、重要纪事

1月22日，中铝资产召开2018年度工作会议。

3月23日至6月22日，中铝集团党组第二巡视组对中铝资产经营管理有限公司开展政治巡视工作。

3月27日，中铝资产与北京天恒置业集团、北京悦建房地产开发公司签订战略合作框架协议。

3月27日，中铝资产所属炭素企业划归中铝股份托管。

4月2日，中铝资产所属平果铝业有限公司那茂码头项目正式建成通航。该项目创造了半年完成16项政府审批、半个月完成征地手续、3个月完成码头泊位土建施工的建设纪录，刷新了同等规模项目建设纪录。

4月23日，中铝集团组织召开中铝资产成立五周年座谈会。

7月1日，中铝资产党委召开庆祝中国共产党成立97周年暨“两优一先”表彰大会。

7月15日，中铝资产召开2018年年中工作会议。

10月16日，中铝资产召开2018年党建工作会。

10月18日，中铝资产与美孚中国举行合作恳谈会。

11月15日，中铝资产所属企业中国长城铝业有限公司与华润置地（郑州）有限公司在郑州签署战略合作协议。

12月13日，北京市规划院城规中心总工程师候中哲一行到中铝资产讨论中铝润滑厂区土地盘活项目控制性详细规划方案。

12月27日，中铝资产与云南冶金集团和云铝股份进行了对接会谈，双方对进一步加深业务合作、共同推进内部交易等事项达成了一致意见。

撰稿／王林涛

审核／杨永坤

山东铝业有限公司

一、基本情况

山东铝业有限公司（简称山东铝业）位于山东省淄博市张店区，于1954年7月1日建成投产。2017年山东铝业完成公司制改制。

主要产品有水泥、液碱、液氯、铝型材等。

2018年基本数据表

表1

主要产品产能	资产总额/亿元	负债率/%	员工总数/人	平均年龄/岁	学历结构/人	
水泥：310万吨/年	36.08	57.28	1509	45	高中（技校）及以下	735
					大学专科	266
液碱：20万吨/年					大学本科	429
					硕士及以上	79

二、组织机构

（一）领导班子

张正基　党委书记、执行董事、总经理

张占明　党委副书记（2018年10月任职）

蒋　涛　党委副书记（2018年10月离职）

毛旭生　纪委书记（2018年2月任职）

曹永旗　纪委书记（2018年2月离职）

石　森　党委副书记、工会主席（2018年9月任职）

魏立新　财务总监

张丰杰　副总经理（2018年5月任职）

（二）机构设置

与中铝山东合署办公部室：总经理办公室、党委工作部、人力资源部、纪检监察审计部、工会（团委）。

专业管理部室：财务部、综合管理部、企业管理部。

二级单位：氯碱厂、铝加工厂、职业教育培训中心（职业学院）、特种材料厂、物业管理部、保卫部（人民武装部）。

子公司：山东山铝环境新材料有限公司、青岛博信铝业有限公司、山东山铝机电科技有限公司、淄博大地房产开发有限责任公司、中铝淄博工业园发展有限公司、淄博东山实业有限公司。

三、生产经营

2018 年，山东铝业始终坚持扭亏脱困转型升级工作总基调，抢抓市场机遇，全力提产增效，深化改革改制，加快转型升级，开创了改革发展的崭新局面，创出 2008 年金融危机以来最好业绩。

主要生产经营指标表

表 2

指标名称		2017 年	2018 年	同比增长 /%
主要产品产量	水泥 / 万吨	300.45	296.79	−1.83
	液碱 / 万吨	20.05	19.81	−1.2
工业产值 / 亿元		78.42	92.18	39.04
销售收入 / 亿元		84.02	93.91	11.77
利润额 / 亿元		4.12	7.45	80.8
纳税额 / 亿元		46.33	51.99	12.22
人身伤亡事故 / 起		0	0	—
工亡人数 / 人		0	0	—
重伤人数 / 人		0	0	—
轻伤人数 / 人		7	2	−71.4

四、重大发展项目

重大项目情况表

表 3

项目名称	设计规模	投资规模 / 万元	当年完成投资额 / 万元	年内项目建设形象进度
工业固废、石渣综合利用堆棚建设项目	可储存 20 万吨物料的堆棚，堆棚面积 20640 平方米（215 米 ×96 米）	1970	1357.89	2018 年底启动建设，开展基础施工

五、企业管理

领导带头、全员践行“一切风险皆可控制、一切事故皆可预防”理念，一岗双责、按单履职。加强安全知识技能培训，建立了安全实景体验区，山东铝业各单位全部通过淄博市安监局双重预防体系建设验收，强化安全环保事故问责，增强了红线意识。

合作共赢开放发展。吸引韩国仁川大学在职业学院设立国内第一家韩国语学堂，校企合作单位达 50 余家。与新汶矿业集团签订了氯碱产业合作框架协议。

六、科技创新

环境新材料公司成功研发出机场跑道专用水泥，高端水泥占比达 33% 以上，占领了区域市场半壁江山，山铝水泥成为山东省重大基建项目首选，被评为高新技术企业；特材厂启动了提钒流程，开发了“诱导性结晶助剂”等新产品，在集团内部企业中得到推广应用。

2018 年科技创新数据表

表 4

科技创新投入 / 万元	申请专利 / 件	授权专利 / 件	科技人员占比 /%
9950.49	3	2	12.3

七、深化改革

短平快项目风险抵押激发了创新活力，职业经理人试点初获成功；新建企业探索全新管控运营模式，精简管理架构。

在机电科技、银光服装、润溪水厂、青铝宾馆四家单位试点职业经理人制度，经营业绩提升都在 15% 以上。全面完成了“三供一业”和社区管理职能移交等改革任务，消化了一大批历史遗留问题。“三供一业”分离移交改造工作全力推进，50 天攻坚战确保如期供暖。成立房改工作推进办公室，启动房改办证工作。

八、党建与企业文化

对接中铝党建信息系统和山东省“灯塔—党建在线”，丰富“互联网 + 党建”工作体系，22 个示范点有 14 个被评为淄博市“活力 e 支部”；开展“大学习、大调研、大改进”活动，专题调研 27 次，市级以上报刊发表文章 266 篇；开展了纪念“中国共产党成立 97 周年”“改革开放 40 周年”等系列活动；落实“五大”干部工作体系要求，完善各类人才成长通道；持续开展“安全干净”班组创建，全年对 177 个班组督导检查验收；定期组织技术比武和劳动竞赛，积极开展文体活动。

九、履行社会责任

开展老年人书画展、千人健身等活动，丰富员工业余文化生活；润溪水厂在高考期间免费为考点师生家长提供饮用水。对博山石马镇下焦村和青海海晏县实施精准扶贫。推进棚户区改造，累计建成 15.4 万平方米，在建 19.5 万平方米；积极解决历史遗留问题，全面推动房改办证工作。全年救助困难党员、员工和社区居民 486 人，发放慰问金 59 万元。

十、重要纪事

1 月 12 日，山东铝业召开“三供一业”移交改造工程动员会。

3 月 13 日，职业经理人制度试点工作正式启动。

3 月 30 日，山东铝业召开 2018 年高新技术企业认定启动会。

4 月 2 日，中铝山东有限公司、山东铝业有限公司被评为“2017 年山东省优等信誉等级企业”荣誉称号。中铝山东有限公司执行董事、山东铝业有限公司党委书记、总经理张正基获“2017 年度山东省诚信企业经营者”荣誉称号。

9 月 21 日，中铝山东企业召开职工住房改革工作启动会。

9 月 28 日，中铝山东企业召开领导班子扩大会议，宣布中铝集团党组关于石森的任职决定：石森任山东铝业有限公司党委常委、副书记，为工会主席人选。

10 月 12 日，中铝山东企业召开干部大会，宣布中铝集团党组和中铝股份党委关于调整山东企业领导班子的决定，张占明任中铝山东有限公司总经理、山东铝业有限公司党委副书记。

10 月 20 日，山东铝业职业学院与有色金属工业人才中心共同举办“六十年转型发展，产教融合、校企合作高峰论坛”，打造校企命运共同体。

撰稿 / 刘绪睿

审核 / 张华军

中国长城铝业有限公司

一、基本情况

中国长城铝业有限公司（简称长城铝业）隶属于中铝资产经营管理有限公司。长城铝业是集生产、建设、科研、经营于一体的综合性国有独资企业，始建于 1958 年，前身是郑州铝厂，1992 年组建为中国长城铝业公司，2017 年 3 月与中国铝业河南分公司（现为中铝矿业有限公司）实行一个党委领导，行政独立运行的管理模式。2017 年 12 月份，完成了公司制改制，更名为中国长城铝业有限公司。

营业范围：主要产品为水泥，兼营建筑安装、装备制造、物流贸易、信息技术、地产开发、环境监测、职业教育、后勤服务、餐饮住宿等业务。

2018 年基本数据表

表 1

主要产品产能	资产总额 / 亿元	负债率 /%	员工总数 / 人	平均年龄 / 岁	学历结构 / 人	
水泥：100 万吨 / 年	25.21	60.81	2635	42	中专及以下	1451
多品种氧化铝：0.6 万吨 / 年					大学专科	593
					大学本科	563
					硕士及以上	1451

二、组织机构

（一）领导班子

程运材　执行董事、党委书记（2018 年 12 月任职）

董建雄　党委书记（2018 年 12 月调离）

王小平　总经理、党委副书记

孙玉和　党委副书记、工会主席（2018 年 3 月任职）

李忠良　纪委书记

江新民　副总经理

李世恩　副总经理

吴志伟　财务总监

（二）机构设置

机关部室：总经理办公室、党委工作部、人力资源部、财务部、企业管理部、纪检监察审计部、工会共青团部、工业园区办公室、安全环保部。

二级单位：水泥厂、后勤服务管理中心、保卫消防中心、营销中心、职业技术学院、文化产业发展公司、新闻中心、河南新长城实业有限公司、河南中铝建设工程有限公司、河南中铝检测技术有限公司、郑州铝城实业开发公司、河南中铝装备有限公司、河南长兴实业有限公司、河南长城众鑫实业股份有限公司、河南长城物流有限公司、河南长城信息技术有限公司、广州冶炼厂、河南长铝工业服务有限公司、郑州长城铝业炭素股份有限公司、郑州银建房地产开发有限公司、郑州长铝华素机电有限公司。

三、生产经营

2018 年，长城铝业实现营业收入 15.9 亿元，利润总额 1.43 亿元。

主要指标表

表 2

指标名称		2017 年	2018 年	同比增长 /%
主要产品产量	水泥 / 万吨	79.13	100	26.3
工业产值 / 亿元		8.01	4.8	−40
销售收入 / 亿元		17.20	15.1	−12.2
利润额 / 亿元		0.11	1.43	1200
纳税额 / 亿元		1.10	1.32	20
净资产收益率 /%		0.56	14.3	—
产值劳动生产率 / 千元・人		356	182	—
人身伤亡事故 / 起		0	0	—
工亡人数 / 人		0	0	—
重伤人数 / 人		0	0	—
轻伤人数 / 人		0	0	—

四、重大发展项目

重大项目情况表

表 3

项目名称	设计规模	投资规模 / 万元	当年完成投资额 / 万元	年内项目建设形象进度
赤壁长城炭素制品有限公司扩产 10 万吨 / 年预焙阳极项目	10 万吨 / 年预焙阳极	19529	8400	2018 年 4 月移交至中铝矿业
水泥脱硝改造项目	水泥窑尾氮氧化物排放浓度将稳定控制在 50 毫克 / 米以下	1343	1343	建设工程完成

五、企业管理

一是全面加强安全环保质量管理，制定并积极落实了“三大攻坚战”行动计划和安全管理三年三步走战略，实现安全环保质量“三零”目标。

二是以建章立制为抓手，制定了客户信用管理、全面风险管理、承包商管理、风险岗位人员交流轮换工作制度，完成了人力资源新系统上线，制订了商用房出租指导价格。

六、科技创新

2018 年科技创新数据表

表 4

科技创新投入 / 万元	申请专利 / 件	授权专利 / 件	科技人员占比 /%
948.86	7	4	5.2

七、深化改革

一是“三供一业”正式移交协议全部签订，稳步推进幼教改革，与郑州幼师初步达成了移交合作意向。

二是完成了广冶和赤壁炭素股权分别划转至中铝集团和中铝股份，完成了长城物流增资扩股摘牌和河南中铝碳素注销工作，成立了专职行使职能的安全环保部和承担管运一体化职能的营销中心，整合了银都宾馆业务。

三是实施了五级工程师、五级技师、导师带徒、企业年金等一系列措施。

八、党建与企业文化建设

2018 年，长城铝业举办了十九大精神集中轮训班、“五新”大讨论等活动，严格执行“双百分”考核，推动党建“一岗双责”责任落实，“两带两创”理论成果论文在国家级刊物发表；承办了“中国铝业杯”第 12 届全国有色金属行业技能竞赛活动，两项合理化建议分获中铝集团金点子和银点子奖；环保工业吸尘器获得中铝集团第二届创新创意大赛三等奖。

工会组织企业文联书法家，为广大职工及当地群众义务书写赠送春联。完成了两公司厂志编纂，举办了纪念建厂 60 周年系列活动，建成了企业文化墙和宣传长廊。

九、履行社会责任

2018 年，长城铝业帮扶救助企业困难职员工 491 人次，发放救助款 72 万元；坚持维稳工作“关口前移、重心下移”，有效化解了矛盾纠纷，维护了大局稳定；努力建设惠民工程，第二职工餐厅建成投用，启动了棚户区改造二期项目建设。

十、重要纪事

1 月 11 日，长城铝业召开安全环保质量攻坚战誓师动员大会暨 2017 年度强基固本行动先进集体和先进个人表彰大会。

2 月 9 日，赤壁市委书记江斌一行对赤壁炭素进行调研，了解赤壁炭素二期项目进展及 2018 年的整体工作规划。

4 月 25 日起，长城铝业党委举办中铝郑州企业两公司中层干部十九大精神轮训班。

6 月 21 日，长城铝业与上街区政府签署合作协议。

8 月 20 日，中铝郑州企业举行建厂 60 周年纪念大会暨职工文艺汇演活动。

10 月 16 日，中铝集团党组副书记、副总经理敖宏到中铝郑州企业调研。

11 月 15 日，长城铝业与华润置地（郑州）有限公司举行战略合作协议签约仪式。

撰稿 / 王超锋

审核 / 杨　磊

贵州铝厂有限责任公司

一、基本情况

贵州铝厂有限责任公司（简称贵州铝厂）始建于1958年，2002年2月贵州铝厂正式分离为上市公司和存续企业两个单位，上市公司为中国铝业贵州分公司，存续企业为贵州铝厂。

2017年11月27日，贵州铝厂完成了公司制改制，由全民所有制企业改制为国有独资公司，改制后股东为中铝资产经营管理有限公司。

主营业务包括现代工业服务、现代城市服务、现代物流（铁路专用线及公路）、房地产开发、职业教育、保安业务、技术服务、建筑施工、餐饮住宿、交通印刷、科研所需原辅材料、机械设备、仪器仪表、零配件及相关技术的进口业务、经营本企业进料加工、“三来一补”等。还承担着贵州铝厂和中国铝业股份有限公司贵州分公司的土地管理及后勤服务等职能。

主营产品有，彩铝板、铝型材、多品种氧化铝、装备制造、机械加工等。

2018年基本数据表

表1

资产总额/亿元	负债率/%	员工总数/人	平均年龄/岁	学历结构/人	
31.11	60.90	在册3684 在岗1294	46	中专及以下	735
				大学专科	311
				大学本科	248
				硕士及以上	—

二、组织机构

（一）领导班子

陈　刚　执行董事、党委书记

聂亚文　副总经理（主持工作）、党委副书记

周双林　纪委书记

韩宝元　财务总监

彭　涛　副总经理、工会主席

（二）机构设置

职能部门：综合管理部、资产经营部、企业管理部、安全环保部、财务部、党委工作部、纪检监察部（审计部）、工会共青团工作部。

二级单位：铝合金厂、职业教育学院、精细氧化铝厂、后勤中心、保安分公司。

全资公司：贵州贵铝现代城市服务有限公司、贵州贵铝技术服务有限责任公司、珠海亚奇纸塑制品有限公司、贵州铝兴物业管理有限公司、贵州中铝云顶旅游开发有限公司。

控股公司：贵州贵铝华颐房地产开发有限责任公司、贵州中铝彩铝科技有限公司。

参股公司：中铝贵州工业服务有限公司、贵州贵铝物流有限公司、贵州中天贵铝房地产开发有公司。

三、生产经营

2018 年，贵州铝厂实现经营性盈利 5889 万元，连续两年超额完成年度奋斗目标；营业收入实现 11.6 亿元，同比增幅达 217%，收入增长率和增长额在中铝资产排名第一。

主要指标表

表 2

指标名称		2017 年	2018 年	同比增长 /%
主要产品产量	铝型材 / 万吨	0.26	0.25	−5.09
	彩铝 / 万吨	0.25	0.12	−54.15
工业产值 / 亿元		1.15	0.84	−26.36
销售收入 / 亿元		3.63	11.14	206.23
利润额 / 亿元		−1.89	−0.39	79.16
纳税额 / 亿元		0.87	0.49	−44.54
净资产收益率 /%		−21.91	−4.28	80.47
产值劳动生产率 / 千元・人		5.78	6.49	12.28
人身伤亡事故 / 起		0	1	—
工亡人数 / 人		0	0	—
重伤人数 / 人		0	0	—
轻伤人数 / 人		0	1	—

四、重大发展项目

（一）金融北城项目获得立项批复

贵州铝厂联合中天城投集团积极推进对原电解铝片区 2510 亩土地进行老工业区改造开发，2018 年 3 月，与白云区共同提交贵铝电解铝老工业区改造共享试点项目的请示，得到贵阳市主要领导的支持和肯定。11 月 14 日获得中铝资产的立项批复。12 月 28 日，贵州铝厂与中天城投集团就共建“贵铝电解铝片区改造共享项目”签订正式协议，落实首批人力资源合作。

（二）修文矿土地综合利用开发项目获批重点工程

2018 年 1 月，贵州省发改委将该项目列入重大工程和重点项目的预备项目。

（三）健康养老项目进入试运营阶段

“贵铝智慧幸福苑”项目施工建设于 2018 年 12 月底结束。完成了核心团队建设及相关岗位人员选聘、招聘工作，确定了项目中高端养老定位，建立了运营管理体系；城服公司被选为贵州省养老服务行业协会副会长单位。

（四）无机硅纳米项目被列为 2025 发展项目

彩铝公司申报的无机硅纳米项目，被工信部正式列为国家支持的 2025 发展项目，财政部下达补助资金 1600 万元。11 月 14 日，中铝资产正式批准彩铝公司产品绿色设计平台建设进行项目立项。

重大项目情况表

表 3

项目名称	设计规模 / 万元	投资规模 / 万元	当年完成投资额 / 万元	年内项目建设形象进度
赤泥闭库项目	6613	6613	4840	完成土建工程量的 70%
健康养老项目	3566.65	3566.65	1040	室内改造完成 70%

五、企业管理

截至2018年底，“一抓一、强弱项”41个项目全部结项。开展CAHSE精准安全管理体系自检工作。制修订制度164个。

截至2018年底，问题清单中123项问题，已全部整改完毕，提前一年完成整改目标。

六、科技创新

2018年，贵州铝厂以数据化、网络化、智能化为抓手，在技术创新、品牌建设等方面取得实质性进展。

彩铝公司智能制造实现上线调试。彩铝公司年内在中铝集团首家获得国家高新企业证书，被授予“贵阳市白云区知识产权试点企业”荣誉称号，获得政府支持资金162万元和高新企业补助30万元。工服公司完成设备运维平台建设。工服公司铝用阳极拖车实现智能升级换代，是中铝集团唯一自主研发并生产的铝用特种设备。

专利申请实现零突破，形成自主知识产权15项，获得发明专利2项，实用新型专利6项。

制定“1+5+N”打造“数智贵铝”工作计划，围绕“4个1”平台开发建设。完成了移动办公平台建设，实现了关键流程的线上审批；积极实施混合云搭建和贵铝“安全云”、安保监控系统以及健康养老数字运营平台建设。

2018年科技创新数据表

表4

科技创新投入/万元	申请专利/件	授权专利/件	科技人员占比/%
1184.62	7	3	5.2

七、深化改革

（一）瘦身健体

厂办大集体改制完成了对工贸实业总公司实物资产的梳理和移交、债权债务的梳理和核实、投资股权的审计评估及部分资产的处置工作。

将管理层级压减到四级，按计划全面完成6家企业的压减任务。

全面完成“三供一业”移交。完成全部居民供电业务移交工作；完成全部市政设施业务、消防业务及三所幼儿园的移交工作。

（二）内退分流安置

2018年332名员工完成内退。对华颐巡防大队、城服公司铝兴物业、三矿兴达兴公司等250多名富余人员开展优化配置工作。开展返聘人员和临时用工清退工作。

（三）股改合资合作

华颐公司与白云城投置业的合作，已获中铝资产经批复同意，并根据批复意见落实各项股改合作工作。彩铝公司与北京森特公司的合作得到中铝资产的批准。

（四）骨干人才激励

根据2018年初制定的工作方案和严格评审，对350名骨干员工实施了关键岗位津贴激励。

（五）其他改革

2018年，城服公司红福酒楼试点共享制分配制改革，实现了企业增利、员工增收的目标。9月27日，经贵州省公安厅核准，保安分公司在白云区工商局登记注册完毕，取得了中铝集团第一块保安经营牌照。

八、党建与企业文化建设

（一）党建工作

成立党委巡察工作办公室和党建工作督导组，对基层单位开展政治巡察和专项督导，扎实推进30个党建重点问题清单整改。贵州企业党建工作在2018年度集团党建“双百分”检查评比中名列前茅。

深入开展“两带两创”主题竞赛，“两带两创”项目与生产经营、安全环保、项目建设等深度融合，全年结项155个。

深化政治巡察工作，对工服公司、动力厂、资产经营部等3家单位开展了政治巡察，对合同管理、业务招待费、招投标管理等关键领域开展专项巡察。全年发现问题111个，督促整改84个，对5名责任人进行了问责处理。

（二）企业文化建设

开通“贵铝”公众号，宣传贯彻中央精神、集团要求和企业工作部署。

2018年，城服公司员工丁辉荣获中铝集团第二届“最美中铝人”称号，职业教育学院荣获中铝集团第二批“企业文化示范基地”称号，贵州企业“文化领航高质量发展”的做法，在集团企业文化论坛交流中获得“最佳发布奖”。贵州企业“发扬五见五绝精神，实现再造再创目标”理念，在中铝集团“最佳理念”评选中位列第2名。

全年外部媒体刊发贵州企业宣传稿件253篇。在中国有色行业企业报好新闻评选中，贵州企业获得奖项11个，在中铝集团纪念改革开放四十周年征文活动中，展现贵铝厚重历史的通讯《与时代同行》获得一等奖。

庆祝贵铝建厂60周年。

九、履行社会责任

以“双创”工作室为平台，培养基层技术管理人员队伍。加大班组长培训力度，承办并参加中铝集团工业服务、合金加工班组长培训比武。

妥善处置信访突出问题。全年受理信访事项72起，接待来访群众89批次249人次，初信初访做到“件件有着落，事事有回音”。

始终坚持“三个决不让”承诺，全年帮扶1319人，使用帮扶资金86.8万元。

查处违反“十条禁令”的行为8起，对2家承包商进行了处罚。

贵州铝厂被贵州省企业联合会评为“成长之星”企业；职教学院被命名为国家高技能人才培育突出贡献单位；华颐蓝天小区被贵阳市社会治安综合治理委员会评为“五星级平安居住小区”；城服公司“月红福”牌月饼获贵阳市名牌产品。

十、重要纪事

1月3日，贵州铝厂移动办公云平台上线正式上线。

3月26—27日，中铝资产经营管理公司在贵铝召开土地盘活利用经验交流会。

3月27日，贵州铝厂与中天城投集团签订战略合作框架协议。

8月1日，彩铝公司获贵州省2018年第一批高新技术企业称号。

8月18日，纪念贵州铝厂建厂六十周年座谈会举行。中铝集团党组书记、董事长葛红林肯定了贵州铝厂60年来取得的成绩和作出的贡献，提出了“再造新贵铝，再创新辉煌”的新目标。

8月28日，北京天恒置业集团与贵州铝厂签订合作开发备忘录，加强在养老设施的运营管理、养老行业的人才培训等领域的合作。

12 月 28 日，贵州铝厂与中天城投集团公司签订贵铝电解铝片区改造共享项目合作协议。

2018 年，中国铝业贵州高级技工学校入选“国家技能人才培育突出贡献”单位。

2018 年，贵州铝厂党委书记、执行董事陈刚获 2017—2018 年度贵州省优秀企业家称号。

撰稿 / 冉袁川

审核 / 孙　杰

中铝山西铝业有限公司

一、基本情况

中铝山西铝业有限公司（简称山西铝业），前身山西铝厂。2017年，山西铝厂实行公司制改制更名为中铝山西铝业有限公司。

主营业务：工程技术服务、工业产品制造、现代服务产业，并通过关联交易向中铝新材料有限公司提供基础设施服务和土地租赁业务。

2018年基本数据表

表1

资产总额/亿元	负债率/%	员工总数/人	平均年龄/岁	学历结构/人	
43.36	39.93	3724（在岗）	42	中专及以下	1438
				大学专科	379
				大学本科	240
				硕士及以上	13

二、组织机构

（一）领导班子

王天庆　执行董事、党委书记

张　智　总经理、党委副书记

李安平　副总经理

王素刚　副总经理

步　前　纪委书记

尹红卫　财务总监

（二）机构设置

机关部门：办公室、人力资源部、财务部、计划发展部、生产经营部、安全环保部、党委工作部、工会工作部、纪检监察部（审计部）。

二级单位：销售中心（耐磨材料公司、过滤材料公司）、武装保卫部、离退休管理服务中心（信访办、社会保险部）、兴县公司、智能工程公司（信息化管理部）、生活服务中心、职工培训中心、孝义铝矿、沁源阳坡铝矿、加油站、计控信息中心、介休综合事务管理中心、工贸公司、宏泰粉煤灰开发公司、晋铝冶炼设备技术公司。

全资公司：山西晋铝物业管理有限公司、山西碳素厂、山西晋铝物流有限公司、山西晋铝矿山工程服务有限公司。

控股公司：山西中铝工业服务有限公司、山

西铝厂设计院有限公司、山西铝厂园林绿化工程有限公司、山西晋正建设工程项目管理有限公司、山西晋铝资源综合利用开发有限公司、山西晋铝兴业冶金材料有限公司、山西铝厂黄河电器设备有限公司。

参股公司：山西甘霖晋铝医疗投资有限公司、山西镓华天和电子材料有限公司、北京吉亚半导体材料有限公司、中国有色集团晋铝耐材有限公司、山西介休鑫峪沟煤业有限公司、介休市煜业选煤有限公司、山西介休南窑头大佛寺煤业有限公司。

集体企业：晋铝实业总公司。

三、生产经营

主要指标表

表 2

指标名称		2017 年	2018 年	同比增长 /%
主要产品产量	粉煤灰砖 / 万块	6277.63	4536	−27.74
	氮化硅 / 万吨	0.3782	0.0887	−76.55
销售收入 / 亿元		20.8	17.3	−16.82
利润额 / 亿元		−0.29	−1.22	−320
纳税额 / 亿元		1.16	1.35	16.38
净资产收益率 /%		−1.31	−4.65	—
人身伤亡事故 / 起		0	0	—
工亡人数 / 人		0	0	—
重伤人数 / 人		0	0	—
轻伤人数 / 人		0	0	—

四、企业管理

2018 年，山西铝业开展了安全环保全面大动员、大清查、大整改活动，共查出各类问题 370 余项，整改完成 364 项，整改率达 98.4%。强化安全环保警示教育，深刻汲取“8・23”事故教训，对所属 22 家单位进行了全覆盖检查。推进风险分级管控工程，完成了风险辨识与评估数据库。建立网络安全教育培训平台，开展全员安全答题活动，为 3820 名员工建立了学习账户。9 项安全环保标志性项目全部完成，43 项安全环保质量问题全部销号。

全年实现了 A 类质量事件为零，列入问题清单的 8 项质量问题全部销号。

五、深化改革

剥离企业办社会职能取得实质性突破，河津、孝义、介休三个区域“三供一业”、市政社区资产和管理职能移交全面完成，与河津市教育科技局签订了 5 所幼儿园的移交意向协议。

厂办大集体改革取得突破性进展，晋铝实业与 360 名集体合同工签订了协商解除劳动关系协议书。

配合开展了山西碳素厂破产清算后续工作。法人户数明显减少，山西晋铝冶炼设备技术有限公司、河津市宏泰粉煤灰有限公司通过吸收合并，由山西铝业全资子公司变更为山西铝业的二级单位，并办理了营业执照注销手续。

六、党建和企业文化建设

开展“十个一”系列活动，编印《学习小词典》供党员干部学习，举办了党的十九大精神集中培训，分层分批开展“五新”大讨论活动。

对 13 个二级党组织进行了届中补选。开展党建制度“废改立”，完善了《党委会议事规则》等 12 项制度。启动标准化党支部建设，规范了“三本六盒一证”，编印了《党支部书记工作百问》，评出标准化党支部 48 个，“一星级标准化党支部”10个。

注重考核激励和执行力问责。强化人才队伍建设，开办网络学院，实施“金刚钻”工程，“王建伟劳模创新工作室”被授予中铝集团“职工劳模创新工作室”。

编印《员工学习读本》3000余册供全体干部员工学习，统一思想认识。推进“两带两创”活动，全年申报实施创新创效项目207个展。

落实党委主体责任和纪委监督责任，健全党风廉政建设制度体系，加强廉洁从业和警示教育，开展“四风”问题集中整治，配合中铝集团政治巡视，开展“接地气”和内部政治巡察工作。

七、履行社会责任

投资150万余元增建粉煤灰物料密闭大棚，对收尘设施进行检修改造。积极做好资源综合利用，山西铝业宏泰粉煤灰开发公司专业利用粉煤灰、炉渣等各种工业废渣，开发生产各种新型建材制品及其他高附加值产品，2018年生产标砖4536万块，再利用电厂灰渣和钢厂炉渣约94000吨，获得环保产业返税96万元。

2018年元旦、春节期间开展“冬送温暖”活动，慰问困难员工71名，发放慰问金15万元。为职工送去2.5万元的防暑降温物品；组织开展“金秋助学”活动，为符合条件的困难学生发放了1.5万元助学金；实施职工大病医疗互助工程，累计9000余人次参加；健全完善100余户困难职工档案。

八、重要纪事

2月8日，山西铝业召开2018年党委工作会暨一届一次职代会。

3月11日，山西铝业召开专题会议，安排部署“基石行动”“清欠行动”“全面提升服务质量”三大行动。

4月27日，山西铝业组织对中层以上干部和支部书记进行党的十九大精神集中培训。

6月1日，山西铝业启动“安全生产月”活动暨风险分级管控工程，进一步提升安全管理水平。

6月28日，山西铝业召开纪念建党九十七周年大会。

7月31日，运城市政府和山西铝业合作建设的河津铝工业园区首家落户项目山西炬华3万吨铝基新材料项目顺利投产。

10月31日，山西铝业举行以全国“五一劳动奖章”获得者、全国技术能手、山西工服焊接研究培训中心焊接高级技师王建伟命名的“建伟劳模创新工作室”揭牌仪式。

撰稿 / 梁江华

中铝工业服务有限公司

一、基本情况

中铝工业服务有限公司（简称中铝工服）是中铝资产经营管理有限公司的全资子公司，隶属于中国铝业集团有限公司，是专注于有色企业工业服务和新材料产品的多元化产业平台公司。

经营范围包括主业配套产品生产销售：金属材料、化工产品、建筑材料、耐火材料、耐磨材料、铸铁件（限在外阜从事生产活动）、阀门、煤炭（不在北京地区开展实物煤的交易、储运活动）；工业服务：机电设备维修（限分支机构经营）；货物进出口等。

主要产品有钢球、衬板、氮化硅砖、打壳锤头、氧化铝专用阀门等。

2018 年基本数据表

表 1

资产总额 / 亿元	负债率 /%	员工总数 / 人	平均年龄 / 岁	学历结构 / 人	
4.05	51.25	137	43.7	中专及以下	74
				大学专科	21
				大学本科	38
				硕士及以上	4

二、组织机构

（一）领导班子

王　松　总经理

蒋玉文　副总经理

江　杨　财务总监

（二）机构设置

职能部门：综合管理部、财务部、项目管理部（安全环保部）、营销中心。

分公司：西宁分公司、宁国分公司、再制造中心、云南分公司。

子公司：杭州耐特阀门有限公司。

参股公司：中铝工服（西宁）有限公司、兰州中铝工业服务有限公司、山西中铝工业服务有限公司、河南中铝装备有限公司、山西铝厂黄河电器有限公司、山西铝厂设计研究院有限公司、杭州华暖科技有限公司。

三、生产经营

2018 年，中铝工服以营销体系建设为龙头，巩固拓展内外部市场，紧抓市场契机进入高新技术材料领域，围绕宁国的铸造耐磨材料、西宁的耐火材料和杭州的铝业高端阀门延伸产业链，拓展产品系列；在开展设备维检修服务的基础上，开展工业企业生产运营；与市场占有率高和拥有核心技术的企业进行合作，开展内外市场的双边贸易和技术服务，扩大市场。

主要指标表

表 2

指标名称	2017 年	2018 年	同比增长 /%
工业产值 / 亿元	0.61	0.72	19%
销售收入 / 亿元	2.12	3.66	73%
利润额 / 亿元	0.10	0.18	88%
纳税额 / 亿元	0.04	0.10	132%
人身伤亡事故 / 起	0	0	—
工亡人数 / 人	0	0	—
重伤人数 / 人	0	0	—
轻伤人数 / 人	0	0	—

四、企业管理

（一）参与制定《氧化铝专用阀门行业标准》

参与了由杭州耐特牵头起草的《氧化铝专用料浆阀行业标准》制定，该标准于 2018 年 12 月 21 日获工业和信息化部批准发布。

（二）加强制度建设

按计划完成“不能腐制度体系”建设及制度立改废相关工作。现行制度 52 项，其中参照执行类 24 项，制定类 28 项。

（三）夯实安全环保基础管理

加大现场督导及考核力度，做好现场安全隐患排查和违章检查工作。安排班组长参加集团班组长管理培训。开展安全警示教育工作。做好资产公司安全检查问题整改工作。开展“安全生产活动月”活动。

五、科技创新

应用打壳锤头技术的二代新产品进入试用期。

引进双金属衬板技术，是国内先进的双液双金属复合衬板生产技术，在衬板的不同部位选用不同金属进行铸造，有效解决了衬板硬度和韧性的矛盾。

推广石墨烯应用技术完成手机 APP 软件智能温控系统开发，并拥有石墨烯智热膜和智热板专利。

六、深化改革

整合营销资源，按照管理协调、市场开拓、现场服务搭建了三层营销体系，中铝工服本部成立营销中心，履行营销管理职能；组建专业化的市场拓展团队，明确责任目标；建立本土化的片区驻点团队，实行片区负责制，提高了现场服务能力和响应速度。

2018 年，除自有产品外，营销团队陆续开发了机械密封、锅炉节能剂等具有技术领先优势的产品代理合作，以及煤炭、烧碱等大宗贸易，内保供应，外拓市场，仅营销中心全年实现销售收入 2.33 亿元。

七、党建与企业文化建设

中铝工服党建工作和经营工作深度融合，开展的“两带两创”活动有声有色、效果显著，荣获中铝资产党委“两带两创”活动项目评比二等奖。积极推进标准化党支部创建，“三会一课”和“五新”大讨论活动不走过场，顺利通过标准化党支部创建验收。狠抓党风廉政建设，加强对重点岗位的廉洁谈话提醒，打造了一支忠诚廉洁、敬业爱岗、有担当、敢打敢拼的干部员工队伍。

八、履行社会责任

中铝工服支部积极响应集团“心连心、手拉手”结对帮扶海晏县困难学生活动，向海晏贫困学生捐款2000元。

九、重要纪事

3月5日，中铝工服召开2018年工作会议。

6月5日，中铝工服务再制造中心在河南省修武县中铝转型示范园注册成立。

6月21日，中铝工服在杭州市临安区召开中铝资产经营管理有限公司阀门滤布技术交流会。

8月17日，中铝工服云南分公司在昆明市注册成立。

9月5日，经中铝资产经营管理有限公司批准同意，杭州华暖科技有限公司正式注册成立，该公司由中铝工业服务有限公司与杭州巨百资产管理有限公司联合出资设立，其中中铝工服持股49%、杭州巨百持股51%。

撰稿 / 任丹莉

审核 / 江　杨

中铝投资发展有限公司

一、基本情况

中铝投资发展有限公司（简称中铝投资，原中铝置业发展有限公司）于 2004 年 4 月在国家工商行政管理总局注册登记。2018 年 12 月，中铝投资出资人变更为中铝资产（持有 75.88% 股权）、中铝股份（持有 24.12% 股权）。

中铝投资经营范围：实业投资；物业管理；房屋租赁；室内外装饰装潢；建筑材料及有色金属产品销售；焦炭、化工产品（不含危险化学品）、五金交电、机械、电器产品及备件的销售；停车场的管理；会议服务；承办展览展示；住宿（限分支机构经营）。

2018 年基本数据表

表 1

资产总额 / 亿元	负债率 /%	员工总数 / 人	平均年龄 / 岁	学历结构 / 人	
29.54	2.1	44	43	中专及以下	11
				大学专科	7
				大学本科	23
				硕士及以上	3

二、组织机构

（一）领导班子

吴茂森　董事长

郭　欣　总经理（法定代表人）（2018 年 10 月 26 日任）

胡炜东　副总经理（2018 年 12 月 10 日任）

赵　锋　副总经理

（二）机构设置

职能部门：综合部（党群工作部）、财务部、资产管理部和安全生产管理部。

独立全资子公司：北京中铝联合物业管理有限公司、天津中铝置业投资有限公司、晋铝房地产开发有限公司。

分公司：中铝投资发展有限公司深圳分公司、中铝投资发展有限公司北戴河分公司、中铝投资发展有限公司兰州分公司。

三、生产经营

2018 年，中铝投资累计实现营收入 1.59 亿元，其中租金收入 1.11 亿元，物业管理收入 0.34 亿元；利润完成年度奋斗目标的 223.71%。此外，剔除股东分红资产负债率为 1.81%，成本费用占营收比率为 74.87%，经营活动净现金流 9168 万元，均完成了考核目标；“两金”占用 6.2 亿元，超额完成控制目标 2131 万元。

2018 年在京房产出租率达到 99% 以上（不包括中铝大厦和海天公寓）。中铝大厦写字楼 2018 年引进了新租户年增加租金收入 89.66 万元。

京外房产经营水平实现新高。深圳中银大厦 2116.57 平方米房屋在未装修的状态下出租，2018 年新签合同面积 6276.22 平方米，出租均价 114.55 元 / 月 / 平方米，高于市场同期租金水平，房屋出租率达 93%。兰州分公司中铝投资大厦房屋出租率保持稳定，达 99.7%。

房产增资过户取得突破。深圳中国有色大厦 2018 年 4 月完成过户。北京海天公寓 8 月完成过户。中铝股份连城分公司兰州办公楼 8 月取得不动产登记证。

主要生产经营指标表

表 2

指标名称	2017 年	2018 年	同比增长 /%
销售收入 / 亿元	2.92	1.59	−45.55
利润额 / 亿元	1.00	0.67	−33.00
纳税额 / 亿元	1.21	0.49	−59.50
净资产收益率 %	2.62	1.79	−31.68
产值劳动生产率 / 千元 · 人	0	0	—
人身伤亡事故 / 起	0	0	—
工亡人数 / 人	0	0	—
重伤人数 / 人	0	0	—

四、企业管理

（一）基础管理工作

2018 年，中铝投资对原有机制、制度、流程进行梳理整合，本部和中铝物业集中办公，人员根据岗位需要和个人能力统一调配，打破本部和物业公司的惯性壁垒，打破员工身份限制，引入新鲜血液，统一安排，缩短流程，提高工作效率。对本部职能部门职责及名称进行了调整，成立了中铝物业采购部，重新划分了投资管理、股权管理、招投标管理、审计、内控评价等职责，对采购业务实施了集中管理，初步形成了各司其职又相互监督、制约的职责体系，理清了工作职责。年内出台了财务报销制度等 10 余项制度，组织修订、起草采购管理办法、员工绩效考核办法等。

（二）安全环保质量工作

2018 年，重新修订了本部和下属各单位 163 名员工的“一岗双责”责任清单；开展全级次的危险源、环境因素的识别评价工作。2018 年实现安全生产事故为“0”，环境污染事件为“0”，质量事故为“0”。配合中铝集团信访部门开展信访维稳工作 40 次（来访人员 45 人次）。

五、深化改革

12 月 20 日，中铝投资北戴河分公司同秦皇岛市北戴河区住房和城乡建设局签订《国有企业职工家属区物业分离移交协议》和相关补充协议，按期完成了北戴河分公司家属区物业“三供一业”物业管理项目分离移交工作。

12 月 29 日，经中铝资产批复，调整中铝投资职能管理部门设置，增加资产管理部和安全生产管理部，撤销项目拓展部和工程技术部。

六、党建与企业文化建设

2018 年，中铝投资党支部将政治巡视整改与党建工作、生产经营紧密结合。采取加强组织领导、明确工作责任等措施，积极认真加以整改。截至年底，整改完成率达 83%。

开展“一先两优”推荐和“岗位标兵”评选。2 名党员分别获得中铝集团直属党委“优秀党务工作者”和“优秀党员”，一名党员获中铝资产党委“优秀党务工作者”。

年内制定出台《加强执行力建设的意见》。配合巡视反馈问题核查组，完善了廉政风险防控体系。组织党员群众共签订《党风廉政建设承诺书》25 份。

七、社会责任

中铝投资落实“安全第一、预防为主、综合治理”的安全方针，认真做好安全监督检查工作，着重做好日常防火、防爆、防盗工作，坚持月度大检查工作。定期巡查大厦设备设施，完成了外围垃圾房和自行车库改造、大厦消防主管及外围路面塌陷维修工作，消除了安全隐患。

八、重要纪事

3 月 6 日，中铝投资召开 2018 年工作会议。

4 月，深圳中国有色大厦完成过户。

8 月，北京海天公寓 33 套住宅完成过户，兰州中铝投资大厦取得不动产登记证。

7 月 5 日,《中铝投资发展有限公司关于加强执行力建设的意见》正式下发。

7 月 10 日，中铝投资启动政治巡视发现问题整改工作。

12 月 12 日，中铝国际贸易有限公司和上海中铝凯林铝业有限公司分别将所持全部中铝投资股份转让给中铝股份，中铝投资出资人变更为中铝资产（持有 75.88% 股权）、中铝股份（持有 24.12% 股权）

12 月 20 日，同秦皇岛市北戴河区住房和城乡建设局签订《国有企业职工家属区物业分离移交协议》和相关补充协议，完成了北戴河分公司家属区物业“三供一业”物业管理项目分离移交工作。

12 月 29 日，经中铝资产批复，中铝投资职能管理部门调整为：综合部（党群工作部）、财务部、资产管理部和安全生产管理部。

撰稿 / 杨　丹

审核 / 陈俊达

中铝润滑科技有限公司

一、基本情况

中铝润滑科技有限公司（简称中铝润滑）成立于2008年11月，是中铝集团以原中国有色新金属公司的产业和资产为基础组建的科技产业公司，是中铝资产经营管理有限公司全资子公司。

中铝润滑是具有独立法人资格的一人有限公司，注册资本3700万元。主要从事有色金属新材料的科技及产业化开发；润滑油品及相关原辅材料的研发、生产、销售及相关咨询业务；有色金属的销售；进出口业务；仓储服务业务。被认定为北京市高新技术企业，长期保有ISO 9000质量管理体系认证。

2018年基本数据表

表1

主要产品产能	资产总额/亿元	负债率/%	员工总数/人	平均年龄/岁	学历结构/人	
轧制油添加剂2000吨/年	12698.85	51.2	89	41	高中以下	15
					大学专科	15
设备润滑油10000吨/年					大学本科	19
					硕士	2

二、组织机构

（一）领导班子

张建业　执行董事（2018年12月离任）

王　松　执行董事（2018年12月任）

　　　　总经理

蒋玉文　副总经理

李　轶　副总经理

梁亚彤　专员（2018年12月起）

（二）机构设置

职能部门：综合部（党群工作部）、财务部、营销中心、安全环保部（生产技术部）。

分公司：中铝润滑科技有限公司河南分公司。

三、生产经营

2018年，中铝润滑加大科研投入、创新合作模式，拓展新的高附加值产品，实现销售用户供货133家，润滑油品种达到838种。

主要生产经营指标表

表 2

指标名称		2017 年	2018 年	同比增长 /%
主要产品产量	轧制油添加剂、设备油 / 吨	3379.28	3680.90	8.93
工业产值 / 万元		5131.40	5412.55	5.48
销售收入 / 万元		11557.82	13958.77	20.77
利润额 / 万元		705.84	942.57	33.54
所有者权益 / 万元		5395.64	6196.83	14.85
纳税额 / 万元		323.33	397.99	23.09
净资产收益率		12.86	13.82	—
产值劳动生产率 / 万元・人		114.03	115.16	—
死亡数 / 人		0	0	—
负伤数 / 人		0	0	—

四、重大发展项目

重大项目情况表

表 3

项目名称	设计规模	投资规模 / 万元	当年完成投资额 / 万元	年内项目建设进度
生产线异地搬迁扩能改造项目	1.2 万吨 / 年	3016	1040	主体建设完成

五、企业管理

2018 年，中铝润滑夯实基础管理，促进生产经营，完成新建和修订规章制度 37 项。同时结合运营实际，进行组织机构调整，重新核定了部门人员编制及级别。选拔补充了财务部、安全环保部（生产技术部）部门正职人选。

积极拓展采购渠道，充分利用卓创资讯等多种外部行业信息，在添加剂原料、贸易油品采购过程中，精准研判主要原材料价格走势，把握采购低点，通过集中采购，全年实现采购降本 3% ~ 5%；在产品生产过程中，以“保质量，降成本”为目标，积极与优秀企业的同类产品进行对标，分析查找生产成本之间的差异，全年产品的合格率为 100%。

2018 年，中铝润滑狠抓安全、质量、环保“三大攻坚战”，完成 20 项标志性项目的整改。全年安全事故发生率为零；新进员工岗前培训率 100%；特殊工种持证上岗率 100%；根据国家大气环境管理要求，外委检测确认，中铝润滑废水废气排放均达到了国家相关排放要求。

2018 年，将设备润滑油、脂产品纳入 ISO 9001 质量管理体系，并通过质量认证。

六、科技创新

2018 年，中铝润滑投入 100 多万元，完成实验室一期建设；重新设计润滑产品包装和商标；取得两项国家授权的发明专利，分别为《一种铝冷轧复合高压添加剂及其应用》（专利号：ZL201610269947.1）、《一种铝冷轧高温添加剂及其制备和应用》（专利号：ZL201510802628.8）；在新一代铝及铝合金轧制润滑应用技术开发方面，创新性地进行了热轧乳液的技术研发和产品开发工作。

2018 年科技创新数据表

表 4

科技创新投入 / 万元	申请专利 / 件	授权专利 / 件	科技人员占比 /%
175.19	0	2	13

七、深化改革

2018 年，中铝润滑在西南、中原、东北等地区设立销售代表，推行片区管理模式，提升营销服务水平，外部市场销售额从 941 万元增长到 1726 万元，同比增长 57%。

对原有薪酬体系进行优化套改，员工人均收入较 2017 年增长 12%；建立向骨干员工倾斜的激励导向，打通骨干员工的晋升通道。

八、党建与企业文化建设

2018 年，中铝润滑开展了标准化支部建设工作，通过召开党风廉政建设分析会，保证集团党组和中铝资产党委重大决策部署的落实落地；通过加强党支部制度、党员责任目标考评管理制度及支部“两学一做”学习教育等制度建设，规范开展“两学一做”“两带两创”“五新大讨论”和反腐倡廉宣传教育等活动。

强化党的组织建设，在组织机构调整中，增设党群工作部，增加专职党务工作人员编制。

2018 年，中铝润滑支部设立了企业文化宣传栏，通过展示各岗位涌现出的先进人物、优秀创意和精彩瞬间，倡导风清气正、干事创业、简单高效的企业文化；向职工征集企业发展、员工权益、团队建设等方面的合理化建议，营造出积极向上，活力创新的良好氛围。

九、社会责任

配合昌平区的安全环保整改和北京的疏解功能，中铝润滑推进润滑油生产线搬迁项目。2018 年，重新编制润滑油生产线搬迁项目初步设计、可研报告、概算书，并经过专家论证、中铝资产批复同意，增加了生产线搬迁项目概算，完成主体建设。

9 月，中铝润滑参加中铝集团的企业年金计划，成立企业年金管理委员会，通过《中铝润滑科技有限公司企业年金实施细则》，建立了企业年金。

十、重要纪事

2 月 8 日，中铝润滑召开 2018 年度工作会。

6 月 25 日，中铝润滑召开职工大会，结合劳务派遣“三性”（辅助性、临时性及可替代性）原则，通过劳务派遣用工岗位。

8 月 24 日，中铝润滑《一种铝冷轧复合高压添加剂及其应用》取得国家授权发明专利。

9 月 19 日，中铝润滑成立企业年金管理委员会，召开职工大会，投票表决通过《中铝润滑科技有限公司企业年金实施细则》。

10 月 2 日，中铝润滑《一种铝冷轧高温添加剂及其制备和应用》取得国家授权发明专利。

12 月 19 日，中铝润滑召开职工大会，通过《科技有限公司 2018 年薪酬套改方案》。

12 月 28 日，中铝润滑通过 ISO 9001 质量管理体系认证。

撰稿 / 李鲜俊

审核 / 薛晓君

中铝科学技术研究院有限公司

一、基本情况

中铝科学技术研究院有限公司（简称中铝科学院）成立于2010年，注册资本5000万元。

作为中央组织部、国务院国资委在北京市昌平区规划的15家中央企业重要科研和创新基地，中铝科学院营业范围包括金属材料开发；技术转让；技术咨询、技术服务；材料技术研究与试验发展；检测金属及非金属材料；销售金属材料、机械设备；出租商业用房、出租办公用房；会议服务。

2017年7月，中铝科学院完成分立工作，剥离了科研业务以及与科研紧密相关的资产，并于8月8日通过存续分立成立了北京兴铝材料技术研究院有限公司，原企业存续。2018年12月，中铝集团回购招商局持有的中铝科学院50%股权，中铝科学院重新成为中铝集团全资子公司。

2018年基本数据表

表1

资产总额/亿元	负债率/%	员工总数/人	平均年龄/岁	学历结构/人	
20	20	14	45.38	中专及以下	1
				大学专科	3
				大学本科	9
				硕士及以上	1

二、组织机构

（一）领导班子

吴茂森　董事长

赵明辉　总经理

陈文生　副总经理

（二）机构设置

职能部门：综合管理部、财务部、工程管理部、成本控制部。

三、党建与企业文化建设

2018年，中铝科学院党支部积极开展创建标准化党支部活动，持续学习习近平新时代中国特色社会主义思想，认真贯彻中纪委历次全会精神，传达落实中铝集团党风廉政纪检通报，以身边事教育身边人。

做好反腐败和风险防控，重点在工程建设、设备和物资采购等方面，严格把关，确保在源头杜绝腐败现象的发生。

四、重要纪事

7月21日，中铝科学院二期工程正式开工建设。

12 月，中铝集团回购招商局持有的中铝科学院 50% 股权，中铝科学院重新成为中铝集团全资子公司。

撰稿 / 李舒姗

审核 / 陈　建

中铝资本控股有限公司

一、基本情况

中铝资本控股有限公司（简称中铝资本）成立于 2015 年 4 月，是中铝金融产业投资、管理、监督和服务的平台，注册资本 29.25 亿元，由中国铝业集团有限公司控股、中国铝业股份有限公司增资参股。

中铝资本主要从事金融投资及资产管理、资产受托管理、投资策划、咨询服务等业务，涵盖银行业务、保险经纪、融资租赁、商业保理、期货、基金等领域。

2018 年基本数据表

表 1

资产总额 / 亿元	负债率 /%	员工总数 / 人	平均年龄 / 岁	学历结构 / 人	
195.31	68.27	22	32	大学本科	3
				硕士	17
				博士	2

二、组织机构

（一）领导班子

蔡安辉　党委书记、董事长、总经理

葛小雷　党委委员

于红卫　党委委员、工会主席

黄　薇　党委委员、纪委书记、副总经理

杨　旭　副总经理

张翔宇　总经理助理

（二）机构设置

职能部门：综合管理部、人力资源部、计划财务部、战略发展部、投资运营部、金融市场部、信息科技部、法律与风控审计部、党委工作部、纪检监察部。

控参股企业：中铝财务有限责任公司、中铝保险经纪（北京）股份有限公司、中铝融资租赁有限公司、中铝商业保理（天津）有限公司、中铝创新发展股权投资基金管理（北京）有限公司、中铝建信投资基金管理（北京）有限公司、云晨期货有限责任公司、农银汇理基金管理有限公司、中企云链（北京）金融信息服务有限公司。

合伙企业：中铝智鑫科技股权私募投资基金、

北京汇鑫未来股权投资中心（有限合伙）、北京鑫源盈丰投资基金管理。

三、生产经营

2018 年，中铝资本完成了年度绩效奋斗目标和全年创新发展任务。

主要指标表

表 2

项目	2017 年	2018 年	同比增长 /%
营业收入 / 万元	26238.85	40995.25	56.24
营业成本 / 万元	11437.65	20462.43	78.90
期间费用 / 万元	708.36	2224.07	213.97
纳税额 / 万元	4535.40	7482.08	64.97
净资产收益率 %	6.5	7.29	12.15
营业利润 / 万元	19011.35	26279.10	38.23
利润总额 / 万元	19012.33	26279.10	38.22
净利润 / 万元	15349.98	21421.73	39.56
归属于母公司所有者的净利润 / 万元	13314.14	18961.4	42.42

四、板块建设

2018年，在中铝集团党组坚强有力的领导下，中铝资本围绕大发展主线，深入贯彻协同共享理念，高标准执行“四再一好”要求，经营发展和党建工作深度融合、相互促进，双双超额完成了年度绩效奋斗目标和全年创新发展任务。

（一）内部服务水平显著提升

保险统保平台进一步夯实。中铝保险经纪率先在央企中间开展安责险、环责险统保业务；做实防灾防损，财产险出险同比下降 42%；专业服务秘鲁铜、几内亚博法等海外项目，为集团“走出去”保驾护航；创新以直保带再保模式，实现业务新突破；推进新材料首批保险财政补贴申领，服务企业新材料创新成果运用；产权经纪业务提升显著，挂牌金额达 90 亿元，同比增长 53%；推动 21 个项目溢价成交，为企业增值 1.2 亿元，贵铝项目创造了 331% 的高溢价成交案例。

期货业务围绕集团主业开展特色服务。推进仓单交易、基差交易、合作套保等新业务，服务企业成效显著。围绕集团风险管理和保值需求，云晨期货权益规模进一步扩大，积极服务产业上下游客户，破解资金占用难题，全年实现利润突破 3000 万元，期货行业排名和知名度大幅提升。

（二）协同创效能力再上台阶

供应链金融保障破解企业难题。中铝租赁职业经理人试点改革初见成效，全年项目投放 21 亿元，实现收入 2.66 亿元。围绕集团铝终端产品应用，创新可循环融资租赁模式，与中建铝开展铝模板租赁业务合作，实施铝挂车开发制造。创新联合租赁方式，向云冶集团投放 3.5 亿元，支持集团战略项目。中铝商业保理全年项目投放 42 亿元，同比增长 46%。创新保理模式，制定反向保理方案，助力集团成员企业原材料保供，为企业累计实现 66 万吨铝土矿、70 万吨电煤采购收储，节约财务费用超过 2000 万元。助力集团压降“两金”14.8 亿元。

投研行研专业能力逐步显现。投资团队联合基金单元完成金融板块首笔市场化股权投资，促进集团由原材料供应商向汽车轻量化方案解决商升级。中铝创投基金创新融资方式，为集团内困难企业设计国内首单增量非标转标债转股方案。制定中铝金融研究院建设方案，协同集团营销管理部、中铝国贸数据资源，联合打造“宏观、金融行业、产业、大宗商品”四位一体的智库体系；

围绕主业开展行业和投资研究，定期发布《中铝金融资讯》《股权市场动态》《固收市场动态》《融资成本参考》《法律新规速递》。

（三）平台管理效能持续增强

战略引领作用不断凸显。完成了金融板块“十三五”战略中期评估优化工作，形成了清晰的“1+3+5”战略实施路径，编制了板块及业务单元三年战略滚动规划。

财务经营统筹作用明显提升。建立了管理会计数据基础，实现业务单元、部门、项目、人员经营绩效的精确核算。派驻财务总监、管理会计，为子公司提供专属服务。会计信息质量进一步提升，获中铝集团“财务决算暨会计管理优秀企业”称号。

信息科技保障逐步完善。升级改造核心业务系统；上线运行上海票交所纸电票融合二期；更新防火墙设备，改造无线网络，建设安全审计系统，构建了信息安全多维防护网。

全面风险管控护航稳健运营。风险管控体系架构持续优化，实现了板块、子公司两级风险体系高效协同运行。重大业务风险审查、法律审核覆盖率均达100%。问题清单整改率达100%，零差错、零问题通过审计署多项“体检”。

（四）党建统领作用更好发挥

全面从严治党落细落实。以深入学习习近平系列讲话及重要批示精神为首要政治任务，以“不忘初心，牢记使命”和“五新”大讨论为抓手，深入推进铸“根”塑“魂”工程。党委班子带头讲党课10次，党委中心组学习覆盖党员干部107人次。创新优化“双百分”考核，推广党员积分制。推动标准化支部创建，异地支部管理逐步完善。开展党务培训272人次，提升党务工作者履职能力。

党风廉政建设不断强化。将党风廉政工作与防范金融风险相结合，制定了容错纠错机制实施办法，创新试点了《业务往来廉洁协议书》工作办法，推行任职履职与廉洁从业同部署、同落实。结合金融行业特点和创新的主题，召开了5次党风廉政警示教育大会。党风廉政建设创新经验在中纪委官网刊登，特色廉洁文化建设形成品牌效应。

工会群团阵地作用充分发挥。组织参加集团歌咏比赛、朗诵比赛，分获一等奖和三等奖。开展“两地四城”联动的“爱心驿站”教育扶贫志愿服务活动，获评集团优秀志愿服务队，获批首都学雷锋志愿服务岗。开展了全员拓展、插花等活动，新组建了合唱团、羽毛球队，提升了团队凝聚力。

干部人才队伍进一步增强。建立了工资总额、经营班子年薪与业绩的强挂钩机制，市场化业绩激励扩大到中铝租赁。夯实职业经理人人才库基础，完成了17名后备干部首次集训。

特色求强文化更加深入人心。2018年，中铝资本获批集团企业文化试点基地。基本完成企业文化手册和员工行为规范提炼和编制工作；编印《中铝金融服务案例集》《打造特色金融服务品牌》获中铝集团品牌故事选评二等奖。

五、重要纪事

1月，中铝租赁开展首笔美元直贷业务。

2月，中铝保险经纪获上海联合产权交易所颁发的“组织金奖”，获北京产权交易所颁发的“优质服务奖”。

4月17日，中铝商业保理获第三届中国商业保理行业创新奖。

5 月，中铝创投基金完成在中国证券投资基金业协会备案中铝智鑫科技股权私募投资基金，成功设立首支私募股权基金产品。

5 月，中铝集团召开了中铝资本成立三周年座谈会暨中铝创新发展股权投资基金揭牌仪式。

12 月，中铝租赁获 2018 年中国融资租赁成就奖。

12 月，中铝资本管理成果《基于服务主业的畅通结合创新实践》获 2018 年中国企业改革发展优秀成果二等奖；获第二十五届全国企业管理现代化创新成果二等奖。

撰稿 / 张　岳

审核 / 于红卫

中铝财务有限责任公司

一、基本情况

中铝财务有限责任公司（简称中铝财务）是2011年6月经中国银行业监督管理委员会批准设立的非银行金融机构，由中国铝业集团有限公司控股，中铝资产经营管理有限公司、中铝资本控股有限公司参股，注册资本26.25亿元。

主要业务：为成员企业提供本外币存款、结算、贷款、跨境业务、担保、票据承兑及贴现、委托贷款、结售汇、同业拆借、有价证券投资、委托投资、承销成员单位的企业债券、财务顾问、资信证明等共计6大类35项金融服务。

2018年基本数据表

表1

资产总额/亿元	负债率/%	员工总数/人	平均年龄/岁	学历结构/人	
468	92.14	39	33	大学本科	16
				硕士及以上	23

二、组织机构

（一）领导班子

蔡安辉　董事长

葛小雷　总经理

于红卫　副总经理

黄　薇　副总经理

廉志伟　总经理助理

（二）机构设置

综合管理部、人力资源部、计划财务部、信贷业务部、结算业务部、金融市场部、信息科技部、风险管理与法律合规部、审计稽核部。

三、生产经营

2018年，中铝财务实现了效益和规模双增长，全面完成年度经营目标任务。

主要指标表

表2

指标名称	2017年	2018年	同比增长/%
营业收入/亿元	6.67	9.53	42.95
利润额/亿元	3.79	4.94	30.45
纳税额/亿元	1.36	1.97	44.85

资金集约化管理。2018年，人民币、本外币

日均存款分别达到191亿元、274亿元，同比分别增长23%、29%。年末资金集中度达到57%，同比增长20个百分点，创历史新高；集团内部关联交易限额提高到168亿元；为中铝国贸搭建了现金管理平台，为宁夏能源等重要企业提供多层级现金管理服务，满足了资金集中管控需求。

结算平台建设。2018年，结算量达到2.3万亿元，保持了“零差错、零损失、零在途”；实现结算业务处理自动化；开办了代理收款业务，建成了外汇业务体系，开发了“外存内贷”及境内外币委贷业务和代理进口信用证业务。

信贷服务。全年投放流动资金贷款253亿元，办理委贷376亿元；信贷收入5.88亿元、中间业务收入1414万元，同比分别增长12.4%、70%；开展银团项目贷款，撬动20亿元外部资金，开立了首笔关税保函；投放美元委贷，多元化满足企业融资需求；协同集团推出了中铝商票，累计开票15.8亿元，提供保贴7.8亿元；利用贷款、票据等工具投入52亿元，支持集团内部往来清欠工作。

投资投行业务。金融市场全年收入4.89亿元，同比增长85.5%，综合收益率4.52%，超出目标67基点；开展投行咨询服务，取得承销财务顾问收入595万元，同比增长164%。创新开展匿名债券买卖、债券型指数基金业务。

对外融资。政策性融资方面，获央行再贴现资金12.4亿元，位列在京财务公司前三；银行间市场融资方面，获外部授信400亿元，运用拆借、正回购等手段融入短期低成本资金3656亿元。

四、企业管理

设立资产负债管理委员会，与早调会机制协同发力，资源配置精度、效率、效益持续提高。运用资金转移定价工具创新建立了信贷、存款等产品模拟利润和投资回报模型。连续两年获集团“财务决算暨会计管理优秀企业”称号。

升级改造核心业务系统，实现银企自动接收，开发委托贷款转永续贷、债务转移模块，完成上海票交所纸电票融合二期上线运行。更新防火墙设备，改造无线网络，建设安全审计系统，构建了信息安全多维防护网。

加强业务风险管理，重大业务风险审查、法律审核覆盖率均达100%。积极应对强监管形势，认真落实监管意见，全部完成整改。问题清单整改率达100%，零差错、零问题通过审计署多项“体检”。中铝财务获评财协2018年度行业数据统计优秀单位和集团法治工作先进单位。

五、科技创新

中铝财务信息科技部创新开发结算指令自动接收系统，推动核心业务系统智能升级改造，改变了传统人工接收指令操作的方式。

六、文化建设

2018年，财务公司多篇新闻稿件刊登至有色报、中铝报、今日头条、财协网站等媒体，财务公司服务案例入选财协《中国企业集团行业发展报告（2018）》。

七、履行社会责任

2018年，财务公司参与“两地四城”联动的“爱心驿站”教育扶贫志愿服务活动，组织干部员工与青海省海晏县“心连心、手拉手”结对帮扶，帮扶困难学生。

落实扶贫攻坚举措，设计创意铝箔暖心杯，杯中选用茶叶来自国家级贫困县宁德县，带动和促进贫困县盘活农产品资源。

八、重要纪事

6 月 11 日，中铝财务成功开展首笔银团项目贷款。

6 月 25 日，中铝财务办理首笔内部电子商业承兑汇票贴现业务。

10 月，中铝财务被评为中铝集团法治工作先进单位。

12 月，中铝财务获 2018 年度行业数据统计优秀单位称号。

12 月，中铝财务开展首笔买方信贷业务。

2018 年，中铝财务共获得央行政策性资金支持 12.1 亿元，同比增长 165%，进入央企前三名。

撰稿 / 崔　巍

审核 / 于红卫

中铝融资租赁有限公司

一、基本情况

中铝融资租赁有限公司（简称中铝租赁）是商务部批准设立的中外合资融资租赁公司，成立于 2015 年 5 月，由中铝资本控股有限公司、中铝海外控股有限公司发起设立，注册资金 8 亿元，2019 年 6 月增资到 16 亿元。

中铝租赁提供新购设备直租型融资租赁、新购设备直租型经营租赁、售后回租型融资租赁、联合租赁、转租赁、租赁财产的残值处理及维修、租赁交易咨询和担保，兼营与主营业有关的商业保理业务，其他资产管理等创新的产品和服务。

2018 年基本数据表

表 1

资产总额 / 亿元	负债率 /%	员工总数 / 人	平均年龄 / 岁	学历结构 / 人	
48.33	80.41	21	31	大学专科及以下	0
				大学本科	4
				硕士及以上	17

二、组织机构

（一）领导班子

张翔宇　董事长

刘宇鹏　总经理

杜纪福　副总经理

周　阳　财务总监

杨雯然　风险总监

（二）机构设置

综合管理部、计划财务部、业务一部、业务二部、业务三部、资金管理部、风险管理部。

三、企业管理

租赁业务。该业务主要为客户提供个性化租赁服务方案，以满足企业优化财务报表、盘活存量资产、充分利用闲置设备、拓展融资渠道等差异化的业务需求，2018 年业务集中在集团内部，涉及铝、铜、能源和铝加工等领域。截至 2018 年 12 月底，租赁公司累计投放资金已超过 82.13 亿元。

2018 年，中铝租赁创新业务模式，搭建铝模板、铝挂车融资租赁交易模式，推广铝、铜等产品应用。全年实现内部业务投放 10.53 亿元，投放板块主要是铝加工等低污染的绿色板块，助力集团产业升级。

四、深化改革

中铝租赁作为“市场化、契约化”改革试点，组建了职业经理人团队，形成中铝金融特色职业经理人管理体系，初步建成人力资源管控机制。

五、重要纪事

8 月 30 日，中铝租赁发行了首单央企供给侧改革 ABS。

11 月，中铝融资在“2018 中国融资租赁年会”上获“成就奖”。

撰稿 / 王　毅

审核 / 刘宇鹏

中铝保险经纪（北京）股份有限公司

一、基本情况

中铝保险经纪（北京）股份有限公司（简称中铝保险经纪）于2013年1月经中国保险监督管理委员会批准设立，总部设于北京，是一家全国性、综合性的专业保险中介机构，可在全国范围内从事财产险、人身险、再保险等经纪业务、风险管理咨询等业务。

中铝保险经纪前身为云南福大保险经纪股份有限公司。股东为中铝资本控股有限公司、中国铜业有限公司、启天控股有限公司。

中铝保险经纪主营业务：为投保人拟定投保方案、选择保险人、办理投保手续；协助被保险人或受益人进行索赔；再保险经纪业务；为委托人提供防灾、防损或风险评估、风险管理咨询服务；中国保监会批准的其他业务；从事产权经纪业务。

2018年基本数据表

表1

资产总额/亿元	负债率/%	员工总数/人	平均年龄/岁	学历结构/人	
856.05	11.52	16	33	大学本科	9
				硕士	6
				博士	1

二、组织机构

（一）领导班子

于红卫　董事长（2018年9月26日任职）

王光伟　总经理（2018年9月26日任职）

（二）机构设置

经纪业务一部、经纪业务二部、产权经纪部、业务管理部、风险管理部、综合管理部、计划财务部。

三、生产经营

2018年，中铝保险经纪实现营业收入4023.08万元，利润总额3034.69万元；产权经纪挂牌规模90亿元，市场化经纪费收入110万元，全面超额完成各项经营指标。

2018年，中铝保险经纪加强保险经纪、产权经纪两个平台建设：一是做好统保平台建设。完成了各板块所有险种的统保，建立大客户管理档案。

紧跟国家政策，在央企中率先完成了安全生产责任险和环境污染责任险的统保。挖掘企业保险需求，开展了诉讼保全保险、信用保险、关税保证等保险的宣传推介。二是为“海外中铝”保驾护航。完成了印尼100万吨氧化铝项目银行级风险评估工作，开展了秘鲁特罗莫克铜矿一期财产险续保和二期建工险投保，对中铝国际阿联酋项目提供风险咨询，并安排几内亚博法项目建工险。三是提升企业风控水平。做好风险防范，聘请知名风险防控专家，累计完成了13次现场风险查勘和保险培训，查出近400项安全风险隐患，财产险出险同比下降42%。全年累计完成财产险赔案102宗，协助企业获得2570万元保险赔款。四是扩大产权经纪影响力。产权交易累计挂牌项目207宗，挂牌金额90亿元，成交72亿元。全年溢价项目21个，为企业增值1.2亿元。业务品类拓展到股权、资产、增资、债权、租赁权、煤炭产能指标等，成为京津沪渝四大产权交易所会员。五是开拓新的业务增长点。推进新材料首批次保险补贴申领，为企业申请补贴48.9万元。融融结合，打包完成中铝租赁会议视频设备保险安排。创新再保险合作模式，充分利用集团保险资源，以直保带再保。

主要指标表

表2

指标名称	2017年	2018年	同比增长/%
销售收入/万元	2100	4023.08	90.87
利润额/万元	1300	3034.69	135.9
纳税额/万元	4	100	127.82
人身伤亡事故/起	0	0	—
工亡人数/人	0	0	—
重伤人数/人	0	0	—
轻伤人数/人	0	0	—

四、企业管理

2018年，中铝保险经纪顺应行业强监管、严问责的大趋势，以板块巡察、离任审计、问题清单等专项工作为契机，补短板、转作风、提效能，重新梳理业务流程，多举措加强内部管理。完成23项问题清单整改、11项制度废改立；优化升级业务系统，实现线上线下同步试运行；注册资本增至5000万元，为下一步业务拓展奠定基础。

五、党建与企业文化建设

中铝保险经纪以党建为抓手，提升团队凝聚力、战斗力，激发员工新动能，全方位开展“双创”活动。加强与兄弟单位的协同配合，讲大局、讲协作、讲奋斗，用更好的状态、更快的节奏、更大的力度和更多的办法，全力以赴完成资本控股党委交付的各项任务。

六、履行社会责任

2018年，为强化市场机制对于行业风险预防和管理的作用，国家出台了《安全生产责任保险实施办法》和《环境污染强制责任保险管理办法（草案）》。中铝保险经纪紧跟国家政策，根据国家的相关要求，利用集团商业保险统保平台，完成中铝集团安全生产责任险和环境污染责任险统保工作，成为首批在集团层面进行安全生产责任险和环境污染责任险统保的央企之一，助力集团履行安全环保责任。

七、重要纪事

2月，贵州华锦焙烧炉爆炸，中铝保险经纪迅速赶赴现场查勘，及时协调获得预付赔款200万元，支持企业尽快恢复生产。

2 月，中铝保险经纪荣获上海联合产权交易所颁发的“组织金奖”。

3 月，中铝保险经纪荣获北京产权交易所颁发的“业务创新奖”。

7 月，中铝集团安全生产责任险和环境污染责任险统保工作完成，成为首批在集团层面进行安全生产责任险和环境污染责任险统保的央企之一。

10 月和 12 月，代理处置中铝股份贵州分公司电解铝资产，在上海联合产权交易所两次分别溢价 330.65%、224%，共帮助企业资产增值 8535 万元。

12 月，中铝保险经纪完成首笔再保险经纪业务，保费排分规模 42 万美元，实现了再保经纪业务“零”的突破。

撰稿 / 徐　菲

审核 / 王光伟

中铝建信投资基金管理（北京）有限公司

一、基本情况

中铝建信投资基金管理（北京）有限公司（简称中铝建信基金）成立于2013年，由中铝资产经营管理公司和建信（北京）投资基金管理有限责任公司共同投资设立，注册资本为3000万元。2016年初，中铝资本受让中铝资产经营管理公司所持有的股权，成为中铝建信基金控股股东。

2018年基本数据表

表1

资产总额/万元	负债率/%	员工总数/人	平均年龄/岁	学历结构/人	
3656.52	1.37	6	33	硕士	6

二、组织机构

（一）领导班子

刘宇鹏　董事长

虞　凡　总经理

（二）机构设置

综合管理部、计划财务部、基金业务部、风险管理部。

三、经营管理

拓展财务顾问类业务，为山西运城阳光焦化提供服务，实现合作共赢。

通过四则基金为加快中铝集团成员企业结构调整、实现转型升级提供有力的资金支持。

2018年，中铝建信基金实现营业收入1296万元，其中包括基金管理费收入和财务顾问费收入，利润总额466万元。

四、重要纪事

12月，中铝建信基金作为基金投资人认购中国国企改革创新三号私募投资基金份额2000万元，该基金主要投资于纳入中央或地方国企改革范围内的中央或地方国企股权或固定收益类产品。

撰稿/苑　鑫

审核/王　玮

中铝商业保理（天津）有限公司

一、基本情况

中铝商业保理（天津）有限公司（简称中铝商业保理）是中铝资本控股有限公司的全资子公司，成立于2016年5月13日，注册资金3亿元。

中铝商业保理以供应链中的核心企业作为服务对象，为其提供供应链类保理产品组合，涵盖了客户的付款和收款环节，包括预付保理、现付保理、应付保理、应付回购保理、应收回购保理、应收卖断保理等。

2018年基本数据表

表1

资产总额/亿元	负债率/%	员工总数/人	平均年龄/岁	学历结构/人	
33.73	87	13	33	大学本科	4
				硕士	8
				博士	1

二、组织机构

（一）领导班子

黄　薇　执行董事

张翔宇　总经理

黄　越　副总经理

（二）机构设置

综合管理部、计划财务部、业务一部、业务二部、业务三部、资金管理部、风险管理部、资产管理部。

三、经营管理

2018年，中铝商业保理业务规模迅速增长，全年实现业务投放41.87亿元，同比增长46%，实现集团各板块业务全覆盖的同时，通过反向保理业务打开外部业务市场，助力集团压降“两金”14.8亿元，通过供应链金融工具帮助中铝股份、宁夏能源、中铝国际等上市公司提供了有效的解决方案。

2018年，中铝商业保理配合集团战略部署完成对云冶集团的资金支持，以云冶集团的应收电费为基础资产，创新循环型池保理业务模式。在铝终端产品应用方面，中铝商业保理细化梳理中建铝上下游业务链条，发掘铝模板企业下游产品定制紧密关联上游铝型材采购的业务机会，通过提供贯通产业链上下游的供应链金融产品，为中建铝定向支付原材料采购款，支持中建铝借助供应链金融工具打通从下游销售到上游采购的全流程。中铝商业保理以西南铝冷连轧出口信保项下的循环保理业务案例，参加2018年度中国商业保理行业创新奖项评选，通过专家委员会两轮评选，荣获第三届行业创新奖。

四、重要纪事

1月，中铝商业保理完成中国铝业股份有限公司下属中铝国际贸易有限公司10亿元应收账款出表保理业务。

3月，中铝商业保理的西南铝冷连轧出口信保项下的循环保理业务案例获2018年度中国商业保理行业创新奖项。

4月，中铝商业保理开展反向保理业务，助力集团成员企业原材料保供，为成员企业累计实现66万吨铝土矿、70万吨电煤采购收储。

7月，中铝商业保理完成中建铝新材料铝模板反向保理业务，支持中建铝借助供应链金融工具打通从下游销售到上游采购的全流程。

8月，中铝商业保理通过应收工程保理业务帮助中铝国际工程股份有限公司优化财务数据，助力其在上海证券交易所挂牌上市。

11月，中铝商业保理在上海银行提取流贷2亿元，实现成立后首笔外部融资。

12月，中铝商业保理利用创新业务模式支持集团收购云冶集团战略，完成首笔应收账款循环池保理业务。

撰稿／郭　炜

审核／张翔宇

云晨期货有限责任公司

一、基本情况

云晨期货有限责任公司（简称云晨期货公司）成立于2002年3月7日，注册资本为3亿元，原云南铜业（集团）有限公司总出资额为人民币18000万元，占总股本的60%；中铝资本控股有限公司总出资12000万元，占总股本的40%。

云晨期货是上海期货交易所、大连商品交易所、郑州商品交易所会员、上海国际能源交易中心会员和中国金融期货交易所交易结算会员，主营商品期货经纪和金融期货经纪业务的期货公司。

2018年基本数据表

表1

资产总额/亿元	负债率/%	员工总数/人	平均年龄/岁	学历结构/人	
17.13	77.46	88	33	中专及以下	1
				大学专科	5
				大学本科	55
				硕士及以上	27

二、组织机构

（一）领导班子成员

曹　辉　总经理

徐彦皓　副总经理

毛　瑞　首席风险官

（二）机构设置

部门：经纪业务部、财务部、研发部、资产管理部、信息技术部、风控结算部、合规稽核部、综合与人力资源部、党群工作部、创新发展部。

分公司：上海滇晟商贸有限公司。

分公司：直属营业部、蒙自营业部、楚雄营业部、曲靖营业部、北京分公司、上海分公司。

三、经营管理

云晨期货2018年共计实现利润总额2795.55万元，同比增长39.16%。日均客户权益9.5亿元，低于目标值11.5亿元；人均利润34.5万元，高于目标值28万元。

问题清单项目财务指标均已完成，其中，成本费用占收入比重 68%，低于目标值 69%；资金集中度为 73%，高于目标值 67.65%。风险子公司创新业务规模 21.85 亿元，高于目标值 3 亿元，除合作套保外，完成仓单业务、基差交易两项业务创新。客户服务方面，无客户投诉情况。风险合规方面，因内控手册缺失、员工违反期货从业人员执业行为准则等未达到目标值。

2018 年，云晨期货实现手续费收入 1554.71 万元，同比下降 25%；成交额 2609.74 亿元，同比下降 4%；成交量 295.53 万手，同比下降 11%；利息及投资收益合计 3202 万元，同比增长 16%；管理费用 3120 万元，同比增长 7.58%。

主要指标表

表 2

指标名称	2017 年	2018 年	同比增长 /%
销售收入 / 亿元	1.2	22.39	1765
利润额 / 亿元	0.20	0.28	39.16
纳税额 / 亿元	0.06	0.08	33.33
净资产收益率 /%	4.17	5.28	—
人身伤亡事故 / 起	0	0	—
工亡人数 / 人	0	0	—
重伤人数 / 人	0	0	—
轻伤人数 / 人	0	0	—

四、重大发展项目

重大项目情况表

表 3

项目名称	项目内容	投资规模 / 万元	当年完成投资额 / 万元	年内项目建设形象进度
CTP 极速交易系统建设	在上海交易中心建设二席 CTP 极速交易系统	105	105	全部完成

续表 3

项目名称	项目内容	投资规模 / 万元	当年完成投资额 / 万元	年内项目建设形象进度
上海交易中心升级 V8T 系统	将上海交易中心原 V6T 系统升级为金仕达最新 V8T 版本	57	57	全部完成

五、企业管理

应对交易所交易制度调整风险，跟踪上海滇晟各项业务风险。加强投资者适当性落实情况监督和检查。完成 2018 年度《问题清单》41 项问题的整改工作。配合中国证监会云南监管局检查组完成全面大检查，配合上级单位完成内部控制独立检查。

六、科技创新

建立研发资讯早播平台。研发早播全年开展 200 多场，直播平台首播当月，日均收听人数达 350 余人。

组织开展“服务中铝金融大发展”讨论活动，编制了《2019—2021 年（三年）滚动规划》。

七、深化改革

对上海滇晟商贸有限公司增加注册资本 1.1 亿元。

八、党建与企业文化建设

坚持把方向、管大局，党支部组织开展了“助力中铝金融大发展”“五新大讨论”活动和“协同融合　创新发展”案例分享，开展“形势任务教育宣讲到基层”活动。组织开展“回首十九大　逐梦新云晨”为主题的中共十九大精神知识考试活动。开展“标准化党支部”创建，初步达到“四星级”

标准。抓好党建责任制的落实，推进“双百分”考核落地。开展“不忘初心、牢记使命”主题教育，强化入党积极分子和发展对象的培养考察，落实“三重一大”，加强廉政制度建设。

推动企业文化理念宣传，向员工宣讲云晨人自己的故事。开展青年大讲堂、青年职业生涯导航等工作。

九、履行社会责任

团支部开展青工创新创效、暖心志愿服务等活动，协助上级团委开展香格里拉格咱乡中心完小的爱心助学活动，共建公益品牌。深入开展帮扶活动，慰问患病职工；持续推进义工等青年志愿公益活动。

十、重要纪事

云晨期货党支部“清单化”建立营业部产业客户服务标准项目荣获中铝资本党委2018年度“党员带群众创新”优秀项目。

云晨期货荣获上期所优秀会员银奖、市场进步奖。

云晨期货研发团队荣获大连商品交易所2018年优秀期货投研团队称号。

撰稿／李元璞

审核／石瑞君

铝加工事业部

一、基本情况

2015 年 2 月 2 日，经中国铝业集团有限公司董事会审议，设立中铝集团铝加工事业部（简称铝加工事业部）。

铝加工事业部是独立核算、纳入中铝集团考核的非法人实体，是铝加工企业运营管控中心。

2018 年基本数据表

表 1

资产总额 / 亿元	负债率 /%	员工总数 / 人	平均年龄 / 岁	学历结构 / 人	
299.16	71.66	14861	42	中专及以下	7842
				大学专科	3824
				大学本科	2994
				硕士	191
				博士及以上	10

二、组织机构

（一）领导班子

张吉龙　总经理

蒋太富　副总经理

周韶峰　财务总监

（二）机构设置

本部部门：综合部、财务部、安全生产管理部、产业发展部、科技管理部（轻量化推进办公室）、营销管理部。

下辖企业：西南铝业（集团）有限责任公司（含中铝西南铝板带有限公司、中铝西南铝冷连轧板带有限公司、重庆西南铝民生实业公司）、东北轻合金有限责任公司、西北铝业有限责任公司、中铝瑞闽股份有限公司、中铝铝箔有限公司、中铝萨帕特种铝材（重庆）有限公司、中铝河南洛阳铝加工有限公司。

托管企业：中铝沈阳有色金属加工有限公司。

参股企业：中建铝新材料有限公司、华北铝业有限公司。

三、生产经营

2018年，铝加工事业部完成产品产量159.60万吨，同比增长10.08%；产能利用率达到87.3%，同比提升5个百分点；准时交货率达到92.04%，同比提升15.69个百分点。综合成品率达78.03%，同比提升0.63个百分点，超额完成年度目标；质量异议损失率0.226%，同比降低0.053个百分点，较年度目标降低0.044%。全年完成销量160万吨，同比增长10.54%。

主要指标表

表2

指标名称	2017年	2018年	同比增长/%
工业总产值/亿元	265.53	295.16	11.16
销售收入/亿元	303.33	325.75	7.39
利润额/亿元	1.43	1.24	−13.29
所有者权益/亿元	82.63	84.78	2.60
纳税额/亿元	3.92	3.93	0.26
净资产收益率/%	1.24	1.05	—
产值劳动生产率/千元·人	133.15	154.25	—
十万人死亡率	0	6.73	—
千人负伤率/‰	1.19	1.28	—

四、板块建设

（一）运营管理

生产运行。全面推行模拟连续生产方式。建立生产、设备、质量“三类八项”重点管控指标，实施全明细订单排产，完善考核评价体系，优化生产组织，提升生产效率。完成金属压降工作，在产量同比大幅增加的情况下，全年金属占比降至1.99，同比下降0.21。

安全环保质量“三大攻坚战”。以质量损失货币化为抓手，重点开展了降低各工序前三大废品及擦划伤、压过划痕表面质量缺陷攻关活动。完成27项设备技改项目，实施53项质量科技攻关项目，开展21个标杆产品建设。

财务管理。开展降杠杆、减负债专项工作，加大“两金”压降力度。实施成本优化专项工作，促进企业降本增效。

军工保障。开展12项军品质量科技攻关项目，与军工用户签订年度铝材供需框架协议，落实军工配套保障任务。

风险管控。加强企业授信额度管理，防范信用风险。制订铝基价风险管理工作指引，协助企业开展套期保值工作，健全风险管理和内控评价体系，开展内控评价独立检查。

（二）市场营销

大客户战略。实行“统谈分签”的营销模式，与军工集团、民用领域大型企业物资采购单位签订年度框架协议。加工企业与下游客户建立联系，与汽车企业合作开发国产化材料与零部件，探索终端营销模式。推进“技术+营销+服务”的模式，初步形成为客户提供一揽子解决方案的营销体系。

内部坯料基地建设。参与集团合金化顶层设计，按照内部优先原则，全年从中铝国贸和中铝股份12家电解铝企业采购铝锭、扁锭、铸轧卷等材料，其中合金产品内购比例达65%。

海外市场。积极应对美国“双反”影响，加大东南亚、欧洲、中东等新兴海外市场开发力度，实现出口同比增长3.5%。中铝铝箔细分产品市场，销量同比增长28%，出口销量同比增长73%。西北铝积极打开出口市场，实现历史性突破。

（三）深化改革

瘦身健体。完成法人户数压减、管理层级压

缩、特困企业治理等三年计划任务。加快企业办社会职能的剥离，完成西南铝、西北铝“三供一业”分离移交；西南铝医院完成改制重组，西北铝医院完成向地方政府移交；幼教移交、退休人员社会化管理等工作按计划推进。

混合所有制改革。完成了西南铝实业公司管理综合改革；推进东轻特材公司混合所有制改革；中铝沈加引入外部战略投资者取得初步进展。

盘活整合。西南铝运输公司、东轻龙华物流划归中铝物流托管。中铝瑞闽完成郑州冷轧厂和洛阳冷轧厂设备搬迁建设，主要设备完成调试并达到功能要求。中铝铝箔理顺管理体制，清理库存物资，加快闲置资产盘活。

分配激励。实现工资总额分配与经营业绩考核相衔接；完善工资总额分配向骨干员工倾斜的激励政策；推动五级技师制度落地实施。

（四）创新发展

2018 年投入科研经费 2.06 亿元，完成中铝科技发展基金项目立项 16 个，承担军工配套科研项目 22 个。申请专利 239 项，有效授权 131 项。中铝瑞闽、中铝沈加通过高新技术企业认定，铝加工高新技术企业增至 6 家。中铝中央研究院重庆、东南分院有序运行，哈尔滨分院揭牌成立。

专项工作。制定集团汽车轻量化发展专项规划，开展新能源客车轻量化调研，加强汽车轻量化产业顶层设计。海装专项积极推广船用铝材，航空深加工专项加强与各主机厂、物流公司合作交流。

精深加工。制定了新材料及深加工产品业务发展工作指引，编制了新产品开发成功案例。发展延伸型和废料综合利用型深加工产品，产销规模大幅提升。

重点项目。组织编制三年滚动规划，开展铝加工“十三五”规划实施情况中期评估。蓝园一期、蓝园二期项目建设按计划推进。C919 民机铝材保供项目各项配套建设进展顺利，西南铝汽车板表面处理中试线、新增 5 号铸锭加热炉等项目建成投产，东轻辊底式淬火炉等项目竣工验收。

（五）加强党建

学习贯彻党的十九大精神和习近平新时代中国特色社会主义思想，落实党组研究讨论作为重大决策的前置程序；开展标准化党支部建设、“两带两创”活动、“五新”大讨论。

组织开展党风党纪和廉洁教育，集中整治形式主义、官僚主义。各企业纪委坚持问题导向，加大监督执纪和案件查办力度。

组织开展“安全、干净”班组竞赛、质量提升劳动竞赛，积极参加创新创意大赛。

五、重要纪事

2 月 11 日，铝加工事业部与中国航天科技集团有限公司签订型号铝材集中采购框架协议。

3 月 5 日，铝加工事业部企业管理部更名为安全生产管理部，并调整部门职责。

4 月 2 日，铝加工事业部分别与中国兵工物资集团有限公司、中航物资装备有限公司、中国华腾工业有限公司签订年度框架协议。

4 月 11 日，西南铝 7050 铝合金厚板正式通过中国民用航空适航鉴定，获得中国商飞授权，进入 C919 飞机合格产品目录，西南铝成为国内唯一一家国产大飞机用铝材合格供应商。

5 月 3 日，东轻公司技术中心研发部荣获国务院国资委中央企业团工委、中央企业青联举办的“‘航天科工杯’第三届中央企业青年创新奖金奖”。

9 月 7 日，中铝萨帕通过 ISO 22163-IRIS 国

际铁路行业标准认证。

11 月 13 日，东轻研制的大飞机机翼壁板参加在国家博物馆举办的“伟大的变革——庆祝改革开放 40 周年大型展览”的实物展，7055 合金重型运载火箭用直径 10 米级整体铝合金环件等以图片形式展览。

撰稿 / 欧阳斌

审核 / 张吉龙

西南铝业（集团）有限责任公司

一、基本情况

西南铝业（集团）有限责任公司（简称西南铝）前身是西南铝加工厂，为国内综合性特大型铝加工企业。

主营业务：铝及铝镁钛、铝锂合金、铝材加工，高精铝板、带、箔及高速薄带铸扎生产技术开发，航天航空用新型铝合金材料及高温合金材料开发、生产，轨道交通用高性能铝材生产，汽车轻量化铝材生产。

2018 年基本数据表

表 1

主要产品产能	资产总额 / 亿元	负债率 /%	员工总数 / 人	平均年龄 / 岁	学历结构 / 人	
铝材 85 万吨 / 年	107	72.9	6527	44	中专及以下	3470
					大学专科	1776
					大学本科	1228
					硕士及以上	53

二、组织机构

（一）领导班子

尹雪春　党委书记、董事长

黎　勇　党委副书记、总经理

雷正平　党委副书记、工会主席

荣　梅　财务总监

宋　昇　纪委书记

杨　璐　副总经理

王建国　副总经理

李　响　副总经理、总工程师

（二）机构设置

机关部室：办公室（党委办公室、董事会办公室、总经理办公室）、党委宣传部（党委统战部、企业文化部）、工会（团委）、纪检监察部（法律部、审计部）、规划发展部（改革改制部、营销管理部）、党委组织部（人力资源部、机关党委）、财务部、生产运行部（安全环保部）、科技管理部（军工配套管理部）、投资管理部（项目管理部）。

生产和专业单位：熔铸厂、压延厂、锻造厂、挤压厂。

高精板带事业部：中铝西南铝板带有限公司、中铝西南铝冷连轧板带有限公司、冷轧厂、动力计控中心、培训中心、技术中心、质量管理中心、物资供应公司、销售公司（军品营销部）、保卫消防中心。

子公司：重庆西南铝进出口有限责任公司、重庆西南铝运输公司、重庆西南铝机电设备工程有限公司、重庆西南铝精密加工有限公司、重庆西南铝装饰工程有限公司、重庆西铝精密压铸有限责任公司。

重庆西南铝民生实业有限责任公司：重庆西铝华川建设工程有限公司、离退休人员服务中心。

三、生产经营

主要指标表

表 2

指标名称		2017 年	2018 年	同比增长 /%
主要产品产量	铝材 / 万吨	94	103	9.57
工业产值 / 亿元		171	181	5.84
销售收入 / 亿元		198	207	4.5
利润额 / 亿元		0.18	0.09	−50
纳税额 / 亿元		1.65	1.95	18.18
人身伤亡事故 / 起		22	15	−31.8
工亡人数 / 人		0	1	—
重伤人数 / 人		0	1	—
轻伤人数 / 人		5	6	20

2018 年，西南铝内抓管理，外拓市场，实现了生产经营稳步向好。

军工保障。主动推动军工配套领域的材料进口替代工作，突破了陕飞 3 种俄系材料冶金质量控制、残余应力消减等关键技术，顺利完成了国产化研制，签订订单 300 吨。全年完成 A 类产品产销量 3.3 万吨，同比增长 15.4%。

市场开拓。创新营销模式，实现了欧洲仓储销售，完成了东南亚仓储销售布局，建立了海外属地化服务团队。全年新增出口订单 8 万吨，其中东南亚市场同比增长 178%，澳洲市场同比增长 68%。紧跟存量市场，强化供需双方合作关系，全年兵器系统订单达 8170 吨，同比增长 97%。开拓新品市场，航空材订单量同比增长 82%，船用板订单量同比增长 156%，挤模压产品订单同比增长 15 倍。

四、重大发展项目

重大项目情况表

表 3

项目名称	设计规模	投资规模 / 万元	当年完成投资额 / 万元	年内项目建设
汽车板表面处理中试线	汽车板综合配套生产能力 10000 吨 / 年	7313	2165	投产
合金熔铸机组	形成合金熔铸能力约 6000 吨 / 年	25200	2340	完成进口设备合同签订
2800 毫米六辊不可逆式全油润滑冷轧机组	形成高精铝合金蒙皮板及汽车板轧制能力 10 万吨 / 年	28500	3528	完成机械设备设计审查
厚板生产线增产量设备建设项目	新增厚板淬火能力 10000 吨 / 年	18204	158	完成可研批复、主体设备合同签订
航空薄板及汽车板生产设备建设项目	形成汽车板及航空薄板产能 45000 吨 / 年	29862	28	完成可研批复

五、企业管理

2018年，西南铝通过对质量管理文件的换版、内外部审核和对不符合项的整改和预防，通过了 CQC、BV、BSI、英劳氏、天一正公司、德国 TUV、PRI Nadcap 的监督审核、换证审核。年内获得中铝首届质量管理奖和 7050 铝合金预拉伸板产品质量奖。

西南铝连续多年被评为重庆市安全生产工作先进集体，获得了由重庆市环保局和市经委等十家市级部门联合评审的“生态文明示范企业”称号。

六、科技创新

在国防军工材料研发方面，开发出了以7050为代表的第三代航空铝合金、650兆帕级超高强铝锂合金板材和锻件、国内最大截面的预拉伸板、4000毫米级宽幅板材以及10米整体环件、C919飞机轮毂和窗框等一系列国防军工用高精尖产品。

在民用航空材料研发方面，2018年4月通过商飞公司认证，成为国产大飞机国内唯一铝材供应商。

在汽车轻量化材料开发方面，通过了通用汽车认证，成为国内第一家通用汽车覆盖件供应商，所研发的铝合金覆盖件、新能源客车全铝车身、汽车防撞梁、新能源汽车电池壳等在多个车型应用。

在铝材深加工推进方面，2018年完成了蜀都客车厂新能源客车全铝车身大部件制造任务；实现了汽车保险杠及副车架安装支架的小批量供货；推动了铝合金结晶器以及纺织用铝合金盘头件稳定批量生产；在国内率先开发出汽车铝合金装饰亮条涂层板密封条等。

2018年，申请专利138项，其中发明专利70项；授权专利50个，其中发明专利11个。

2018年科技创新数据表

表4

科技创新投入/万元	申请专利/件	授权专利/件	科技人员占比/%
36709	138	50	19.98

七、深化改革

启动“双百”改革。积极申报国务院国资委“双百企业”，2018年8月入选“双百企业”名单。

完成“三供一业”分离移交任务。2018年8月底前完成“三供一业”所有分离移交协议签订，成为九龙坡区首家按照“先移交后改造”原则签约的央企。物业管理于11月完成相关资产及管理职能移交，职工家属区改造项目由接收单位西彭镇政府负责施工。

推进医院改制重组。2018年底前完成了医院改制重组合作协议签署并成立了国药（重庆）健康医疗管理有限公司，注册资金2亿元，由民生公司以医院资产出资，国药医疗以现金出资。医院在岗职工原则上整体转入新公司。

幼教移交。幼教业务、资产、人员整体移交重庆静苑教育科技有限公司（九龙坡区专业教育机构），2018年底前签署了幼教移交协议。

厂办大集体改革。实业总公司实施《整合改革员工分流安置方案》，对管理机构和科、处级干部及富余人员实施精简，将集体企业原有4级管理压缩至2级管理。

存量资产盘活。2018年，对外签订28家租赁协议，盘活西南铝闲置固定资产及土地。对21项低效无效资产及时分类进行整改，通过出租、报废、待拆迁等多种灵活处置方式，提前完成了2018年17项计划整改项。

2018年完成了“关闭3家、注销3家”任务：关闭了重庆市巴乡傲金属加工公司、重庆渝西化工厂、重庆庆西实业公司共3家企业；注销了重庆西南铝挤压实业公司、重庆市西铝金属工艺制品厂、重庆西铝铝箔深加工厂共3家企业。

2018年压减法人企业2户，完成重庆西南铝民丰酒店有限公司和重庆西南铝销售有限责任公司工商注销，两家公司分别由民生公司和西南铝吸收合并。

八、党建与企业文化建设

（一）党的建设

2018 年举办西南铝大讲堂 10 次。全年共开展学习党的十九大精神讲专题党课 212 次，实现宣讲全覆盖。举办两期党的十九大精神集中轮训班。

向中铝集团报送企业文化、党建及党风廉政建设课题研究成果 3 个。

制定了《关于营造良好政治生态的实施意见》《党委会议事规则》《决策权限管理办法》《总经理办公会议事规则》等“三重一大”决策配套制度，严格落实党组织研究讨论作为西南铝决策重大问题的前置程序。

召开西南铝第二次党代会和工代会，选举产生了西南铝新一届党委委员和纪委委员、新一届工会委员会委员和经费审查委员会委员。职工人数 500 人以上的二级单位成立政工科，各二级单位党政主要负责人均实现交叉任职，子公司实现党政“一肩挑”。11 个任期届满的直属党组织、82 个基层党支部，具备条件的实现应换必换。全年发展党员 41 名。

开展党支部达标升级活动。2018 年，西南铝党委考核验收命名了 91 个标准化党支部，达到在岗党支部的 80% 以上。建成党员活动室 22 个。

西南铝党委对 2017 年“两带两创”项目进行了评比表彰，对 2018 年开展的创效创新项目进行了评比和项目成果发布。

2018 年西南铝党委命名 3 个基层党支部为首批“活力党支部”，5 个单位被树立为党建与生产经营深度融合标杆单位。

（二）企业文化

2018年，西南铝员工刘永刚获“最美中铝人”称号，陈丽芳参评央企时代楷模。

在中铝集团改革开放 40 周年征文活动中，西南铝有 8 篇文章获奖。

组织文艺演出、朗诵赛、运动会等各类文体活动。锻造厂陈丽芳成为中铝集团首个荣获“中国青年五四奖章”的青年职工。刘永刚技能大师工作室和技术中心青年创新工作站被命名为中铝集团创新工作室（站）。有 3 个班组获得中铝集团“安全、干净”示范班组。

九、履行社会责任

2018 年，西南铝强化沟通，参加德国铝工业展等国内外展会 14 次，开展市场走访，品牌知名度、美誉度得到提升。借助军品保供座谈会、民品推介会、新材料技术交流会、党建共建等平台，强化供需双方合作关系。

2018 年，西南铝发放各类困难补助 8633 人次，224.5 万元。入户调查 387 名困难职工家庭，帮助 212 名困难职工脱困。开展信访积案化解工作，坚持“零报告”制度，为“三供”分离移交施工改造顺利完成做好服务保障工作。

2018 年，西南铝公益捐款 41 万元。

十、重要纪事

3 月，全国“两会”期间，中央电视台财经频道宣传了西南铝 7050 铝合金厚板。

4 月，7050 铝合金厚板正式通过中国民用航空适航鉴定，获得中国商飞授权，进入 C919 飞机合格产品目录，并成功签订首批板材订单，西南铝成为国内唯一一家国产大飞机用铝材合格供应商。

8 月 23 日，国务院国资委主任、党委副书记肖亚庆到西南铝调研，对西南铝今后的发展寄予厚望，并提出了五点要求。

8 月，西南铝成功入选国务院国资委国企改革“双百企业”。

12 月 27—28 日，西南铝召开第二次党代会、第二次工代会。

12 月，由中共中央宣传部、中央广播电视总台联合制作的《我们一起走过——致敬改革开放 40 周年》大型电视纪录片第 8 集播出了西南铝研发 10 米环的故事。

2018 年底，西南铝 10 米环在国家博物馆举办的庆祝改革开放 40 周年大型展览《伟大的变革》中展出，并入选国务院国资委网站公布的《辉煌四十年，奋进新时代——中央企业改革开放 40 周年成果图片展》。

2018 年，西南铝订单执行率由年初不足 70% 提升至 90% 以上。全年商品产量突破 100 万吨，同比增长 10%。

撰稿 / 秦　朗

东北轻合金有限责任公司

一、基本情况

东北轻合金有限责任公司（简称东轻）1952年建厂，1956年开工生产，是国家“一五”期间的重点工程项目和新中国第一个铝镁加工企业。

东轻是国家级高新技术企业，拥有国家级企业技术中心、博士后科研工作站、院士工作站、有色金属材料制备加工国家重点实验室联合技术中心等国家级研发机构以及省级研发中心、工程中心和重点实验室。拥有近百项专利和1200多项专有技术诀窍。航天长征、神舟、嫦娥、天宫系列、天舟一号，航空11号工程、兵器三七工程、四代机、大运、大客等国家重点工程中有80个型号1000多个规格产品为东轻独家生产保供，是国内唯一可以生产大运机翼壁板的企业。

2018年基本数据表

表1

主要产品产能	资产总额/亿元	负债率/%	员工总数/人	平均年龄/岁	学历结构/人	
铝加工材17万吨/年	53.4	76.7	3258	42.15	中专及以下	1631
					大学专科	728
					大学本科	799
					硕士	97
					博士及以上	3

二、组织机构

（一）领导班子

范云强　党委书记、董事长
　　　　总经理（2018年3月离任）

王学书　党委副书记、总经理（2018年3月任职）

万时云　党委副书记、工会主席

杨宗光　纪委书记（2018年12月任职）

王　岩　副总经理

孟　林　党委委员、副总经理

陈凯鸣　党委委员、财务总监

吕新宇　党委委员、副总经理

吴东红　纪委书记（2018年12月离任）

（二）机构设置

职能部室：办公室、人力资源部（党委组织部）、财务部、战略发展部、制造部、安环保卫部、党群工作部、纪检监察部/审计部。

运营中心：营销中心、技术中心、生产保障中心。

二级单位：熔铸厂、板带厂、中厚板厂、特材公司、机电工程公司、龙翔包装公司、离退休管理中心/后勤服务中心、东北铝业公司。

三、生产经营

2018年，东轻营业收入首次迈上30亿元大关，资产负债率、单位产品制造成本、金属占用实现“三连降”，经营性减亏9300万元。在岗员工人均收入超过7万元，同比增长8.7%。

主要指标表

表2

指标名称	2017年	2018年	同比增长/%
主要产品产量/万吨	11.52	13.70	19.00
工业产值/亿元	24.89	30.50	22.54
销售收入/亿元	26.45	29.16	10.27
利润额/亿元	0.10	0.37	257.39
纳税额/亿元	1.05	1.22	16.2
净资产收益率/%	0.37	2.66	—
产值劳动生产率/千元·人	670.4	918.8	37.0
人身伤亡事故/起	5	4	-20
工亡人数/人	0	0	—
重伤人数/人	0	0	—
轻伤人数/人	3	4	33

四、重大发展项目

东轻对生产短板持续填平补齐、强基固本，全年完成投资25450万元，新增生产能力1.5万吨。

45MN挤压线建设项目：2018年10月完成竣工验收获得国防科工局验收批复，新增挤压材产能5000吨/年。

辊底式淬火炉建设项目：2018年8月顺利完成竣工验收获得中铝集团验收批复，补充了中厚板生产线1万吨淬火产能，提升了高端淬火板生产能力，推动了产品结构优化调整。

煤改天然气项目：2018年9月建成运行，采用天然气能源，彻底淘汰了高污染、高能耗的煤炭锅炉。

2018年重大项目情况表

表3

项目名称	设计规模/万吨	投资规模/万元	当年完成投资额/万元	年内项目建设形象进度
45MN挤压线建设项目	0.5	12895	0	竣工验收
中厚板产业线辊底式淬火炉建设项目	1.0	8011	0	竣工验收
关键材料生产能力建设项目	5.0	35000	14904	25MN和8MN两条挤压线建成试运行
高表面铝合金板带材横剪线升级建设项目	3.5	6202	1753	2350毫米横剪完成制造任务70%

五、企业管理

（一）质量安全环境三大体系运行情况

2018年，东轻进一步完善质量体系红黄牌预警机制，结合体系内、外部审核发现的问题深入开展体系自查，开展“军品质量体系评审回头看”，对整改落实情况专项监督，强化军工产品质量过程控制。通过了劳氏 PED 材料、BV 民用航空材料、CNAS 实验室、IATF16949、卓越新时代军民品年度监督及换版审核，体系审核通过率达到 100%。通过了挪威船级社认证，获得认证证书。

编制和修订了《质量管理体系程序文件（H 版）》《质量管理手册（H 版）》等 36 个体系文件。完成 HSE 体系新版标准换版工作。

（二）强基固本攻坚战

实施安全环保质量攻坚战方案，安全标志性项目 9 项、环保标志性项目 5 项，均按期完成。

（三）精准管理

一是强化成本管控，完成工艺降本项目 22 个，推动能源信息化管控，强化物资采购管理及两用物资使用管理。二是强化风险防控，审计梳理重大风险点 5 个，完成问题清单整改 310 项，整改率 97%；推进保密体系建设，东轻通过了国家军工保密资格认证审查。三是强化现场管理，通过总部现场标准化审核；有 3 个班组荣获集团安全干净示范班组称号。

六、科技创新

2018 年，东轻制定、修订《科技创新项目管理办法》《科技创新项目奖励办法》等多项管理制度。获得国家部委、省市及中铝集团等各类科技计划项目批复 8 项，其中 JPPT 项目立项 2 项、中铝科技发展基金项目立项 3 项、2018 年青年科技人才启明星计划项目 1 项、重点研发计划省级资助项目立项 2 项。批复项目总经费 4736 万元，其中国拨经费 4279 万元。承担 7150、2024、7055 等合金研制方面的各类科技计划 19 项。

完成 DY 用 2024—T351 大规格板材研制项目验收。获得中国有色金属工业科技进步奖一等奖 1 项。

2018 年科技创新数据表

表 4

科技创新投入 / 万元	申请专利 / 件	授权专利 / 件	科技人员占比 /%
24253.80	50	13	20

七、深化改革

启动管理提升改革。聘请专业咨询公司优化设计业务单元管控模式。重新界定部门职责和管理边界，整合企业资源，减少组织机构 3 个。取消职能部门科室，完成两级职能部门管理岗位定岗定编工作，减少中层经营管理岗位 9 个。

深化人力资源变革。建立经营管理、专业技术、生产操作人员 10 级职业发展通道。

深化重点领域变革。压减法人户数、资本运作和分离企业办社会职能取得突破，提前完成铸轧公司注销；推进了龙华物流股改、机电公司深加工合资合作项目。

深化营销模式变革。将 6 个销售区合并为 4 个，成立了军工业务部和热传输业务部，构建专业化与区域营销相结合的营销模式，全年实现合同订货 138160 吨，同比增长 15.5%。

八、党建与企业文化建设

2018 年，东轻进一步形成了党建与经营双支撑、双促进、双提升的局面。标准化党支部达标率 80% 以上。深化“两带两创”和“联建共建”，完成项目 517 个。

2018 年，东轻员工荣获全国工人先锋号、全国三八红旗手、中铝大工匠各 1 个。中央组织部、省委组织部深入东轻调研，中央及省市电视台、新华社、人民网等主流媒体采访报道，“党建 +”模式被中央组织部作为典型案例。

九、履行社会责任

深化战略合作。7 月 27 日和 10 月 27 日，东轻与杭氧集团举行劳模互访交流活动，进一步增进了双方战略合作的伙伴关系。

打赢环保攻坚战。完成供热基础设施系统煤改天然气等标志性项目 14 个。投资 4700 余万元将原有的 5 台 20 吨燃煤热水锅炉全部改造为天然气锅炉。改造后企业废气污染物排放量较 2017 年减少 20% 以上。

员工职业发展建设实现历史性突破。建立起经营管理、专业技术、生产操作人员晋升通道，实行各级员工新的薪资结构和标准，设立年功工资、调整夜班津贴等，增强员工归属感。

关注困难职工群体。坚持开展送温暖关爱活动，对困难职工实行分类帮扶、依卡实名施助，投入帮扶资金 96.8 万元、帮扶困难职工 860 人次。

关爱员工生活。投入 72.5 万元组织开展员工生日、传统佳节普惠慰问活动；先后组织 70 余名劳模、先优参加疗休养和互访活动。

十、重要纪事

2 月，东轻党委实效化推进党管人才战略，推出了《员工职业发展规划方案》，畅通了三支队伍 10 级职业发展通道。

4 月 2 日，东轻召开干部大会，中铝集团党组宣布了东轻总经理调整决定，王学书任东轻董事、总经理、党委副书记。

5 月 3 日，在国务院国资委中央企业团工委、中央企业青联在京举行的“航天科工杯”第三届中央企业青年创新奖颁奖大会上，东轻技术中心研发部荣获“‘航天科工杯’第三届中央企业青年创新奖金奖”，是中铝集团唯一获此殊荣的创新奖项。

6 月，东轻被授予“2016—2017 年度中国航天突出贡献供应商”荣誉称号。

6 月，中铝集团党组副书记、总经理余德辉到东轻调研。

10 月 18 日，东轻举行中铝中央研究院哈尔滨分院揭牌仪式。

10 月，中铝集团党组副书记、副总经理敖宏到东轻调研。

12 月 23 日，新华社以东轻党建工作为事例，刊发《东北一家国企创新党建考核模式、克服党建两层皮》，黑龙江省委书记张庆伟要求省委组织部予以报道。

撰稿 / 唐秀梅

审核 / 于淞滨

中铝瑞闽股份有限公司

一、基本情况

中铝瑞闽股份有限公司（简称中铝瑞闽）地处中国东部沿海的福建省福州经济技术开发区。筹建于1992年，1996年投产，2015年完成股份制和混合所有制改革。

经营范围：铝压延产品加工；金属材料的销售；对外贸易；铝加工技术研发及技术咨询；对制造业的投资。

2018年基本数据表

表1

主要产品产能	资产总额/亿元	负债率/%	员工总数/人	平均年龄/岁	学历结构/人	
板材：1.13万吨/年	71.80	68.47	1477	34	中专及以下	762
带材：27.05万吨/年					大学专科	405
箔材：0.12万吨/年					大学本科	297
					硕士及以上	13

二、组织机构

（一）领导班子

李谢华　党委书记、董事长

蔡　峰　党委副书记、总经理

李　铁　党委副书记、工会主席

张荣旺　副总经理

黄旭东　副总经理

刘晓辉　纪委书记

王学兴　副总经理

夏　超　副总经理（2018年8月任职）

许　韧　财务总监

黄瑞银　总经理助理

（二）机构设置

行政职能部门：综合管理部、人力资源部、财务部、安全环境管理部、党群工作部/工会/团委、纪检监察部、审计部。

一体化管理部门：销售公司、国际贸易公司、采购部、制造一部、制造二部、制造三部、技术质量部、计划调度部、装备能源部。

项目指挥部：项目管理部、项目工程部、项目技术装备部。

三、生产经营

主要指标表

表 2

指标名称		2017 年	2018 年	同比增长 /%
主要产品产量	板材 / 万吨	1.33	11347	−14.50
	带材 / 万吨	25.95	270486	4.22
	箔材 / 吨	889	1188	33.63
工业产值 / 亿元		44.81	46.89	4.64
销售收入 / 亿元		48.7	51.75	6.26
利润额 / 亿元		0.81	0.32	−60.49
纳税额 / 亿元		0.52	0.59	13.46
人身伤亡事故 / 人		0	0	—
工亡人数 / 人		0	0	—
重伤人数 / 人		0	0	—
轻伤人数 / 人		0	1	—

四、重大发展项目

重大项目情况表

表 3

项目名称	设计规模 / 万吨	投资规模 / 亿元	完成投资额 / 亿元	项目建设形象进度
蓝园一期项目	29	14.4	3.14	土建完成 97%；河南铝搬迁的设备主体投入试生产。马尾一期搬迁 2#1850 轧机带料调试，1600 轧机进行单机调试
汽车板项目	10	9.94	4.45	主厂房钢结构完成，钢平台吊装与设备安装同步进行；设备安装完成总计划的 65%
DSR 进口轧辊磨床		0.21	0.15	完成安装，处于调试期
高端铝合金功能材料智能制造项目		0.65	0.19	

五、企业管理

中铝瑞闽安全形势保持良好，并且保持着连续 21 年未发生重大安全事故的良好纪录。

中铝瑞闽推进质量在线检测系统建设和加强质量过程管控，促进质量提升。

以“细分市场、筛选客户、服务全面、质量为基”十六字营销策略为抓手，推进综合盈利模式。

六、科技创新

2018 年，中铝瑞闽被国家知识产权局授予“国家知识产权优势企业”荣誉，并通过了国家高新技术企业认定。中心实验室取得 CNAS 认证，中铝中央研究院东南分院建设取得了实质性进展，形成了七所两中心业务格局。

2018 年科技创新数据表

表 4

科技创新投入 / 万元	申请专利 / 件	授权专利 / 件	科技人员占比 /%
17820.89	92	40	17.04

七、深化改革

中铝瑞闽开展了十大体系的融合工作。将质量、安全职业健康、环保、两化融合、汽车板、船用板、国军标、海关认证、能源管理、品牌管理“十大”管理体系管理工作进行整合。

八、党建与企业文化建设

中铝瑞闽党委持续性推进“1331”党建工作机制，落实党建工作要点和标准化党支部建设工作；以“两学一做”学习教育常态化、制度化为抓手，结合“五新”大讨论，把党建思想贯穿始终。

九、履行社会责任

2018年中铝瑞闽被纳入中铝集团社会责任实践试点单位。在中铝集团统一部署和指导下，中铝瑞闽完成了社会责任管理模块构建工作，其间开展了社会责任核心理念征集活动，并确定“智慧制造，轻铝生活”为企业社会责任核心理念。

中铝瑞闽重视环保问题，实现废水零排放，废油实现全油回收再利用，废渣无害化处理。

十、重要纪事

1月29日，中铝瑞闽召开二届一次职工代表大会。

2月3日，汽车轻量化用铝合金铝板带材生产线项目卷材存放车间顺利启动桩基施工。

3月15日，中铝东南沿海铝精深加工基地项目一期项目生产的第一批次23吨合格CTP板基卷材下线。

5月6日，中铝中央研究院东南分院与厦门大学材料学院刘兴军团队合作的“数字福建材料基因与大数据技术研究所”和“铝氢新能源燃料电池研究所”揭牌。

10月26日上午，中铝瑞闽一期厂区（A地块）搬迁工作正式启动。

11月28日，蓝园二期汽车板项目2400毫米气垫式连续热处理线和汽车板表面处理线安装启动。

撰稿 / 梁小正

西北铝业有限责任公司

一、基本情况

西北铝业有限责任公司（简称西北铝），地处甘肃省东南部陇西县境内，始建于 1965 年 7 月。企业原代号 113 厂。

主导产品为铝及铝合金管、棒、型、线、排、铝粉、焊丝、铸造铝材和精深加工等 14 大类，近百种合金，上万种规格，产品以高精尖工业型材和中小管棒材为主。注册商标为“奔马”牌。

2018 年基本数据表

表 1

主要产品产能	资产总额 / 亿元	负债率 /%	员工总数 / 人	平均年龄 / 岁	学历结构 / 人	
挤压材 1.5 万吨 / 年	12.65	75.52	1582	46	中专及以下	1037
					大学专科	329
					大学本科	209
					硕士及以上	7

二、组织机构

（一）领导班子

李　勇　执行董事、党委书记

胡　柯　总经理、党委副书记

张学平　党委委员、副总经理、工会主席

张鸿弟　党委委员、副总经理

章　伟　副总经理

郑跃堂　财务总监

武大学　纪委书记（2018 年 2 月 26 日任职）

（二）机构设置

机关处室：党群工作部、总经理办公室、工会（团委）、纪检监察部、审计部、人力资源部、企业管理部、财务部、销售部、安全环保部（行政管理部）、装备工程部。

二级单位：挤压厂、熔铸制造部、深加工中心、动力厂、技术质量中心、供应运输部、职工医院、陇西西北铝九鼎粉材有限公司（参股单位）、陇西西北铝金桥焊材有限公司（参股单位）。

三、生产经营

主要指标表

表 2

指标名称		2017 年	2018 年	同比增长 /%
主要产品产量	1. 挤压材 / 吨	7454	8519	14.29
	2. 铸造材 / 吨	1309	3482	166
工业产值 / 亿元		2.63	3.01	14.54
销售收入 / 亿元		2.58	2.88	11.93
利润额 / 万元		−4364	−5272	−20.81
纳税额 / 万元		2099	1530	−27.11
人身伤亡事故 / 起		0	0	—
工亡人数 / 人		0	0	—
重伤人数 / 人		0	0	—
轻伤人数 / 人		0	0	—

四、重大发展项目

35MN 水压机技术更新改造项目（55MN 挤压机）全面投产，2018 年生产铝材 2162 吨，管材最大规格为 406×20 毫米，棒材最大规格为直径 380 毫米，填补了西北铝产品白。

特种行业铝合金材料产业化项目截至 2018 年底累计投资完成 6376 万元，完成项目总投资的 66%。

重大项目情况表

表 3

项目名称	设计规模 / 吨	投资规模 / 万元	当年完成投资额 / 万元	年内项目建设形象进度
35MN 水压机技术更新改造项目	2900	18714	13329	全面投入生产
特种行业铝合金材料产业化项目	800	9966	4862	厂房主体施工完成

五、企业管理

强化全员安全“一岗双责”履职尽责的落实，进一步加强承包商安全管控，建立安全风险分级管控和隐患排查治理双控预防机制，制定标志性项目 15 项，有效实施 12 项，实施率 80%。推进职业健康安全环保精准管理体系建设，开展安全生产隐患排查整治，查出安全问题 693 项，整改率 99.57%。

开展质量提升班组劳动竞赛、“质量月”等活动，制定完善了《质量管理实施细则》等 9 项质量管理制度。对重点确立的核工业和压力容器管材等项目进行质量攻关。通过了 AS9100D、PED、Nadcap、ISO9001 和 GJB9001C 等体系的年度监督审核。

推行“全明细排产”的模拟连续生产模式，抓好均衡生产和指标优化，生产计划执行率 100%，重点合同执行率基本达 100%，到期合同执行率 94.88%。

修订完善管理制度 310 项，废止 5 项。加强制度监督落实，不定期对管理制度执行情况进行监督检查。

将党建考核结果纳入并完善了全员月度绩效、干部目标责任制、销售人员佣金制和总经理专项奖励基金 4 种分配制度。

六、科技创新

构建并完善科研项目、科技攻关、科技成果转化各环节的全流程激励体系，全年开发新产品 122 项。全年航天领域供货 526 吨，同比增加 266 吨，高端民用领域用空分管材供货 607 吨，出口 134 吨，实现了零的突破。在中铝集团第二届创新创意大赛决赛中，西北铝推送的《大型铝型材滚弯成型技术创新研究》《大船用铝合金矩形管材的研制》分别荣获工业领域应用创新类一、二等奖，《四截面型材的研发》荣获商业领域实用创意类二等奖。2018年西北铝完成了《铝及铝合金挤压棒材》《球磨铝粉》《铝及铝合金拉制棒材》《导弹发射箱导轨用铝合金型材规范》《航空用7A04铝合金拉（轧）制管材规范》五项国家标准的审定。

2018年科技创新数据表

表4

科技创新投入/万元	申请专利/件	授权专利/件	科技人员占比/%
1299	0	0	11

七、深化改革

"三供一业"资产和职能及职工医院平稳移交地方政府职工医院。

推进下沉一级管理，规范生产指挥系统，拆分技术质量中心，分设科技管理部和质量监督部；熔铸车间从挤压厂单列成立熔铸制造部并垂直管理；整合成品包装业务，将深加工中心包装工区并入挤压厂成品包装。

推行大客户战略，在西北铝挂牌成立了航天代表室和艾勒柯（香港）公司代表室。

全年调整干部74人次，调整率63.64%，有5名90后干部进入主管级干部序列。打通"三类岗位"晋升通道，完成技工、技师和高级技师等11个职业133人的鉴定和聘用。

对深加工中心包装箱厂房、压延二库等开展资产租赁，盘活闲置资产。

八、党建与企业文化建设

2018年，西北铝党委组织召开学习贯彻十九大精神专题研讨会暨2018年改革创新发展战略研讨会、"解放思想、转变作风，实现本职脱困"专题研讨会和"五新"大讨论四次专题研讨。

坚持开展消夏音乐节、元宵节谜会以及各类文体活动，持续为职工实施修建棚户区住房132套、困难帮扶、金秋助学等惠民工程。

九、履行社会责任

认真实施"联村联户，为民富民"和精准扶贫行动。筹措资金持续开展兴修道路、金秋助学、为民服务、春节慰问、送医药下乡等活动。西北铝获陇西县"爱心捐赠企业"称号。

2018年环境绩效表

表5

环保投入/万元	COD排放量/吨	烟尘排放量/吨	粉尘排放量/吨	废水排放量/吨	重复用水率/%	固体废物综合利用率/%
13.25	2.19	3.75	0.49	10.95	96.40	93.60

2018年社会绩效表

表6

全年用工数/人	人身伤亡事故数/起	千人负伤数/人	劳动合同签订率/%	职业病发病率	社会捐赠总额/万元（含捐物折算价）
1582	0	0	100	0	15.9

十、重要纪事

1月30日，西北铝召开一届一次工会会员（职工）代表大会暨2018年工作会议。

2月26日，西北铝召开干部大会宣布中铝集团党组决定，武大学任西北铝纪委书记，毛旭生不再担任西北铝纪委书记职务，调出。

3月24日，中铝集团党组成员、副总经理刘祥民到西北铝调研。

4月4日，西北铝特种行业铝合金材料产业化项目主体钢结构安装正式启动。

5月22日，西北铝第一次团员代表大会召开。

6月28日，艾勒科（香港）科技有限公司驻西北铝代表室和中国航天科工集团西北物资供销站西北铝代表室挂牌成立。

7月18日，由西北铝承办的民机铝材上下游合作机制2018年度二季度工作推进会在甘肃陇西召开。

12月26日，西北铝甘肃省工程技术研究中心通过验收。

撰稿/田永红

审核/李　勇

中铝沈阳有色金属加工有限公司

一、基本情况

中铝沈阳有色金属加工有限公司（简称中铝沈加）位于沈阳金属新材料产业园区，距苏家屯中心约 7 公里，距沈阳市中心约 18 公里。

主营业务：有色金属压延加工及深加工制品加工；机械加工；有色金属新产品开发及技术咨询；自营和代理各类商品和技术的进出口，但国家限定公司经营或禁止进出口的商品和技术除外；供热（依法须经批准的项目，经相关部门批准后方可开展经营活动）。

2018 年基本数据表

表 1

主要产品产能	资产总额 / 亿元	负债率 /%	员工总数 / 人	平均年龄 / 岁	学历结构 / 人	
钛及钛合金 6045 吨 / 年	22.58	66.54	695（包括内退员工 70 人）	41.76	中专及以下	303
镍及镍合金 3000 吨 / 年					大学专科	126
					大学本科	183
铬锆铜 1000 吨 / 年					硕士及以上	13

二、组织机构

（一）领导班子

汤　勇　执行董事、党委书记

王振有　总经理、党委副书记

赵广厦　副总经理、工会主席

钱广传　财务总监

季海军　纪委书记

王保成　副总经理

（二）机构设置

机关处室：党委工作部、纪检监察（审计）部、综合管理部、财务部、生产运行（安全环保健康）部。

二级单位：技术质量中心、装备能源中心、销售中心、采购中心、板带制造中心、板锭制造中心。

三、生产经营

2018 年是中铝沈加生产经营攻坚之年，广大干部员工围绕“一个中心、两个保障、三个提升、四大目标”，凝心聚力、创新思维，创造了两个里程碑事件：一是主要经营指标较好完成，超额完成年度预算。

主要指标表

表 2

指标名称		2017 年	2018 年	同比增长 /%
主要产品产量	钛材（含贸易）/ 万吨	0.48	0.66	37.42
工业产值 / 亿元		3.03	4.08	34.69
销售收入 / 亿元		2.94	4.29	46.11
利润额 / 亿元		0.01	0.20	1327
纳税额 / 亿元		0.0629	0.08	23
人身伤亡事故 / 起		0	0	—
工亡人数 / 人		0	0	—
重伤人数 / 人		0	0	—
轻伤人数 / 人		5	0	—

四、企业管理

一是推进强基固本攻坚战。定期召开强基固本攻坚战例会，对存在问题进行汇报、分析、解决。通过 CAHSE 精准管理体系建设和风险分级管控工作，从 2017 年的“自然本能高级阶段”上升到 2018 年的“强制管理高级阶段”。二是以创新安全考评促安全提升。推行正向激励机制，制定下发了《中铝沈加月度 HSE 达标奖考核细则》，设置 HSE 月度达标奖，按月考核兑现，进一步调动了员工提升安全能力的积极性。三是安全文化建设亮点突出。征集安全、现场管理文明用语作品 244 件，其中“三米以下见本色”“活完料净场地清”“对标先进更先进、对标强则更强、对标弱则更弱”，深入员工内心并付诸行动。

五、科技创新

中铝沈加 2018 年申报专利 15 项，其中实用新型专利 4 项。

重点加大新产品的开发、新产品科研立项及攻关落实，推进和提高钛镍材生产工艺及专有技术的形成和投入，实现降本增效 3700 多万元。

2018 年科技创新数据表

表 3

科技创新投入 / 万元	申请专利 / 件	授权专利 / 件	科技人员占比 /%
5000	15	15	1.3

六、深化改革

一是机构设置更加精干。按照扁平化要求，实施机构调整，建立五部室、六中心的管理架构，实现精简高效管理架构。完成主管、主办人员选聘，取消科室设置。二是启动了“招商引资”的改革，与中钛装备制造有限公司合资合作完成立项。

七、党建与企业文化建设

一是认真落实党委主体责任。严格履行“三重一大”集体决策制度，坚持民主集中制。扎实推进“两学一做”学习教育常态化制度化工作。二是群团工作更加丰富多彩。中铝沈加团委完成了换届选举，对青年岗位能手、优秀青年工作者、青年工作先进单位进行了表彰。组织了“敬老院献爱心”“健康生活快乐行走”等活动。三是开展“送温暖”活动，开展走访慰问困难职工、员工健康体检等。

八、履行社会责任

一是开展了“三米以下见本色”活动，对生产现场的设备、操作室、更衣室、仓库等区域按照 5S 管理要求进行治理；二是将板带制造中心修磨工作外委，消除了修磨粉尘，员工职业健康得到保障，降低火灾风险，现场环境得到明显改善；三是提高员工用餐标准，由原6元/天增加到8元/天，菜品花样增多，餐饮质量得到改善；四是OA系统投入运行，审批效率大大提高；五是完成投产以来首次工程技术职称中级评定工作，119人获得初、中级技术职务任职资格；全年累计组织74人参与师带徒；六是招聘新员工22人，在岗员工人年均收入突破6万元。

九、重要纪事

1月3日，中国铝业集团有限公司批复同意中铝沈加钛镍加工材项目竣工验收。

1月31日，王丽当选第十三届全国人民代表大会代表。

4月3日，中铝集团党组书记、董事长葛红林，党组成员、副总经理卢东亮到中铝沈加调研。

4月17日，沈阳市市长姜有为一行30人到中铝沈加调研。

8月，中铝沈加入选沈阳市企业“科技小巨人”企业培育计划名单。

9月15日，中铝沈加完成增值税留底税额1.694亿元。

10月12日，中铝沈加通过全国高新技术企业认定。

10月31日，中铝沈加实验室获批升级为沈阳钛镍金属加工工程技术研究中心。

12月14日，中铝沈加自主研发的“精准循环冷却水温控制系统”实验成功，投入生产使用。

撰稿/张金旭

审核/郭栋梁

中铝铝箔有限公司

一、基本情况

中铝铝箔有限公司（简称中铝铝箔）成立于2015年10月27日，注册资本为92681万元，注册地成都市新都区。经营范围包括生产和销售铝箔、铝制品、机电产品及设备等。

2018年基本数据表

表1

主要产品产能	资产总额/亿元	负债率/%	员工总数/人	平均年龄/岁	学历结构/人	
铝箔10万吨/年	12.11	68.11	617（在岗）	41	中专及以下	215
					大学专科	259
					大学本科	137
					硕士及以上	6

二、组织机构

（一）领导班子

邓占树　党委书记、执行董事

李　斌　党委副书记、副总经理（主持行政工作）

缪文先　党委副书记、纪委书记、工会主席

王文高　副总经理

（二）机构设置

“五部一公司”：综合（人力资源）部、党群工作部、财务部、企业管理（安全环保）部、风险管理部；贸易公司。

子公司：陇西西北铝铝箔有限公司、重庆中铝华西铝业有限公司、中铝河南洛阳铝箔有限公司。

三、生产经营

2018年，中铝铝箔创造了成立以来的最好业绩。

主要指标表

表2

指标名称		2017年	2018年	同比增长/%
主要产品产量	铝箔/万吨	4.13	5.35	29.54
工业产值/亿元		2.50	4.58	83.20
销售收入/亿元		3.29	5.39	63.83
利润额/亿元		−0.12	−1.17	−875
纳税额/亿元		0.08	0.0089	−88.87
净资产收益率/%		−2.69	−29.26	—
产值劳动生产率/千元·人		37.15	73.40	—
人身伤亡事故/起		0	0	—
工亡人数/人		0	0	—

续表 2

指标名称	2017 年	2018 年	同比增长 /%
重伤人数 / 人	0	0	—
轻伤人数 / 人	0	0	—

四、企业管理

中铝铝箔确定 2018 年为“质量年”，围绕“强化过程管控，提高产品质量”主题开展活动。

对照集团的 304 个制度，共梳理制度 170 余个，完成新建、修订各类制度 181 个。

开展“两金”压降专项工作，“两金”占用比例由最高时 2.91 亿元降至 1.68 亿元，降幅达 42%。

以中铝铝箔 2018 年 1 号文印发了《中铝铝箔有限公司强基固本全面大整改攻坚战实施方案》。坚持安全环保红线，全力推进（CAHSE）职业健康安全环保精准管理体系建设，落实安全风险分级管控，开展隐患排查治理，建立健全安全环保管理制度，全年共印发 32 项安全环保管理制度。

五、科技创新

2018 年中铝铝箔组织开展了电池箔、软包电池铝塑膜铝箔、超薄铝箔、阴极箔、蜂窝箔、1145 合金药箔、电子标签箔 7 个新产品开发工作。高强度航空航天用 0.018 毫米蜂窝箔已完成第一轮试制，向航天五院提供样品经检测满足要求，填补了国内空白。截至 2018 年底，中铝铝箔共计申请专利 22 项，其中发明专利 4 项（均已受理）。

2018 年科技创新数据表

表 3

科技创新投入 / 万元	申请专利 / 件	授权专利 / 件	科技人员占比 /%
2864	22	18	15

六、深化改革

中铝铝箔管理平台初步建立。一是建立集中营销平台。统一市场基准定价，发挥本部营销和子公司营销的积极性和优势，提高市场占有率，增强市场影响力。二是建立财务统一管理平台。建立本部和各分子公司完善的财务数据体系和信息共享机制，资金使用实行集中监控，整合财务内部资源，防范财务风险，提高资金效率。三是建立统一采购平台。发挥集中采购的优势，对大宗物资集中招标采购，降低采购成本。四是建立统一的生产运行和人才互补平台，解决人才匮乏问题。

七、党建与企业文化建设

一是管党治党全面落实。深入学习贯彻习近平新时代中国特色社会主义思想和党的十九大精神，坚持把党组织研究讨论作为重大决策的前置程序。认真落实年度党建、党风廉政建设目标任务，以融入中心工作为目标抓党建促发展，以“两带两创”活动带动全员创新创效；开展了“不忘初心、牢记使命”主题朗诵会和“五新”大讨论活动。二是队伍建设不断加强。干部选拔任用做到全程纪实，建立了年轻优秀人才储备队伍。三是正风肃纪常抓不懈。修订完善贯彻落实中央八项规定精神实施办法和配套制度，建立健全作风建设长效机制。全年企业纪委共派出 4 个督查组，分别对陇西铝箔、洛阳铝箔、重庆铝箔进行了督导检查。四是群团工作深入开展。创办了每月一期的《工作简报》、建立自有网站、手机公众号等传播媒体。开展合理化建议评选活动，全年共计征集合理化建议 30 条，获得铝加工事业部和四川省总工会合理化建议“金点子”各 1 个；开展班组劳动竞赛，“高大康创新工作室”获中铝集团授牌，1个班组获得了“2017年度中国铝业集团有限公司‘安全、干净’示范班组”奖。

八、履行社会责任

开展对困难职工慰问和帮扶工作，全年共慰问和帮扶困难职工、党员共计24人次，金额30100元。

九、重要纪事

1月26—27日，中国共产党中铝铝箔有限公司委员会第一次党员代表大会和中铝铝箔有限公司2018年工作会召开，选举产生了中国共产党中铝铝箔有限公司第一届委员会和第一届纪律检查委员会。

3月，中铝铝箔完成月产量5017吨、月销量5168吨，产销量首次双双突破5000吨/月。

7月12日，在2018年中国国际铝工业展上，洛阳铝箔的“新能源汽车锂电池软包用铝箔”获得“2018中国铝箔创新奖”。

9月19日，中铝集团党组成员、副总经理刘建平到中铝铝箔调研。

9月19日，中铝铝箔有限公司工会委员会第一次会员代表大会召开，选举产生了中铝铝箔有限公司第一届工会委员会、第一届经费审查委员会及第一届女职工委员会。

10月31日，中铝集团总经理、党组副书记余德辉到中铝铝箔调研。

撰稿/蔡　宇

审核/邓占树

中铝萨帕特种铝材（重庆）有限公司

一、基本情况

中铝萨帕特种铝材（重庆）有限公司（简称中铝萨帕）2013 年底建成投产。拥有全球领先的 12000 吨铝合金挤压生产线，并创新挤压机设计，以及全球首次采用锻件作为挤压机的前后梁，充分保证了挤压材的高精级表面和高精度尺寸。建有世界最大的实现双面焊接的超长摩擦搅拌焊生产线，以及大型 CNC 等加工设备。

中铝萨帕已取得 ISO 9001 认证、IRIS 国际铁路行业认证、DNV、ABS、LR 和 CCS 等船级认证，摩擦搅拌焊工艺的全球 EN15085 认证。并且已成为中车（长客、四方、唐客等）轨道车辆制造商的合格供应商。

2018 年基本数据表

表 1

主要产品产能	资产总额 / 亿元	负债率 /%	员工总数 / 人	平均年龄 / 岁	学历结构 / 人	
铝合金挤压材：1.2 万吨 / 年	8.39	79.3	161	32	中专及以下	63
					大学专科	41
					大学本科	50
					硕士及以上	7

二、生产经营

2018 年，中铝萨帕坚持“三管齐下”和“两条腿走路”的经营思路和市场策略，以科技创新引领企业高质量发展，全年实现产量 13395 吨，同比增长 30%；销量 13413 吨，同比增长 32%；盈利 189 万元，同比大幅减亏 3215 万元，为企业成立 7 年来首次实现年度累计盈利。

主要指标表

表 2

指标名称		2017 年	2018 年	同比增长 /%
主要产品产量	1. 轨道交通型材 / 万吨	0.4	0.84	110
	2. 非轨道交通型材 / 万吨	0.6	0.5	−16.6
工业产值 / 亿元		2.78	4.07	46.4
销售收入 / 亿元		3.08	4.5	46.1
利润额 / 亿元		−0.3	0.02	6.25
纳税额 / 亿元		0	0.01	—
人身伤亡事故 / 起		0	0	—
工亡人数 / 人		0	0	—

续表 2

指标名称	2017 年	2018 年	同比增长 /%
重伤人数 / 人	0	0	—
轻伤人数 / 人	0	0	—

三、重大发展项目

中铝萨帕高端铝合金材料薄壁挤压及智能制造项目——40MN 铝型材挤压生产线于 2018 年 4 月 13 日获中铝集团批复开工建设，10 月 29 日厂房破土动工。

重大项目情况表

表 3

项目名称	设计规模 / 万吨	投资规模 / 万元	当年完成投资额 / 万元	年内项目建设形象进度
40MN 铝型材挤压生产线	0.8	6647	4139	挤压机预组装；铸锭及型材处理加工完成 80%

四、企业管理

2018 年，中铝萨帕通过了 ISO 22163—IRIS 国际铁路行业标准认证、ISO 14001 环境管理体系认证；全年新发布质量管理文件 16 项，修订 85 项，废除 8 项。

重视安全管理和现场管理，注重培育“本质安全”文化，全员安全意识逐渐从“要我安全”转变成了“我要安全”，全年安全生产工亡人数为 0，未发生一般及以上环境事件，无质量事故发生。

五、科技创新

2018年，中铝萨帕开展了以“高速等温挤压”为主的一系列科技创新活动，通过材料研发、联合设计、工艺优化等多项攻关，以时速 350 千米标准动车组顶板、地板研制项目为抓手提升主机速度；截至 2018 年 12 月底，主机速度在年初基础上提高了 65%。全年新申请专利 6 项目，其中 3 项实用新型专利获得授权，3 项发明专利进入实审阶段。

2018 年科技创新数据表

表 4

科技创新投入 / 万元	申请专利 / 件	授权专利 / 件	科技人员占比 /%
1695	6	3	26.7

六、党建与企业文化建设

以“两学一做”学习教育为主要抓手，带领全体党员及员工认真学习贯彻习近平总书记系列重要讲话精神；充分发挥党组织的领导和政治核心作用，以“创先争优”“两带两创”“发展研讨会”活动为重要契机，统一思想、凝聚力量，不断培育和夯实。

强化企业文化建设，“合金”文化，“敬畏目标”“承诺是金”“心中有数”等职业信条和“客户至上”“持续改进”“团队合作”等企业价值观逐渐深入人心。

撰稿 / 赵功名

审核 / 钟　渝

中铝河南洛阳铝加工有限公司

一、基本情况

中铝河南洛阳铝加工有限公司（简称洛阳铝加工）是中铝集团下属和控股的三级企业，位于河南省洛阳市新安产业集聚区，南依陇海铁路，毗邻310国道，占地680余亩。

洛阳铝加工拥有“熔铸—热轧—冷轧—精整”完整的产业链条，具备年产10万吨高精度铝板带箔的生产能力。主导产品有8011/3105瓶盖料和1070化妆品盖料、1/3/5系阳极氧化料、镜面铝、汽车材料等，产品应用于交通运输、包装、电子家电、建筑装饰用铝合金板带材等众多领域。

2018年基本数据表

表1

主要产品产能	资产总额/亿元	负债率/%	员工总数/人	平均年龄/岁	学历结构/人	
铝板带箔10万吨/年	6.25	51.52	671	37	中专及以下	384
					大学专科	194
					大学本科	92
					硕士及以上	1

二、组织机构

（一）领导班子

杨　龙　党委书记、董事长、总经理

李芳娣　财务总监

张鹏宇　工会主席、副总经理

陈志平　纪委书记、副总经理

刘　辉　总经理助理

（二）机构设置

部门：综合部、财务部、营销部、生产运行部、技术质量部、设备供应部、安全环保部。

车间：熔铸车间、热轧车间、冷轧车间、精整车间、储运车间、机电车间。

三、生产经营

三年脱困期间平均增速17%，2018年底企业资产负债率降至51.52%，完成计划目标。

主要指标表

表2

指标名称	2017 年	2018 年	同比增长 /%
产品产量 / 万吨	7.3	8.3	13.7
营业收入 / 亿元	11.8	13.3	12.6
利润额 / 万元	62	20	−65
纳税额 / 万元	2112	2080	−2
人身伤害事故 / 起	0	0	—
工亡人数 / 人	0	0	—
重伤人数 / 人	0	0	—
轻伤人数 / 人	0	0	—

四、重大发展项目

重大项目情况表

表3

项目名称	投资规模 / 万元	当年完成投资额 / 万元	年内项目建设形象进度
拉伸膜穿芯缠绕包装机	96	91	项目验收投产
高精度铝薄板开平线项目	115	84	2018 年 7 月份签订合同，设备于 2018 年年底到货
1450 拉弯矫矫直单元改造	100	28.14	2018 年 12 月签订合同，设备设计制作中

五、企业管理

处置闲置物资，盘活资金，现场无呆滞金属。加快金属流转，压缩交货期，减少资金占用。积极做好应收账款账期预警及催收工作，确保资金及时回笼，全年无逾期应收账款。

开展问题清单梳理工作。根据国资委和中铝集团的统一部署，实行动态化跟踪管理，如期推进和按期完成一系列问题清单整改工作，年度整改完成率达 91%。

开展风险管控。安全环保部门通过完善制度、加强培训、强化安全和环保要素检查和整改等，打牢了安全环保基础管理工作，全年发生微伤事故 3 起，同比减少 2 起；“三废”达标排放。未发生其他责任和考核事故，实现平稳运行。

加强法治工作建设。按照中铝集团法治工作要求，明确企业负责人及各级人员的职责。严格按照国资委及中铝集团工作要求，聘请河南省知名法律顾问依法对合同、制度等进行专业审核。

加强信用等级评价和管理工作。建立客户信用信息反馈机制，严格把控客户授信额度。

开展制度的废改立及宣贯工作，全年共完成 190 余个，举办制度宣贯培训班。

加强质量警示教育和严格质量管理，开展了提升质量大讨论、质量知识竞赛、产品缺陷和质量竞赛排名公开展示等活动。

六、科技创新

2018 年，洛阳铝加工取得 7 项实用新型专利证书。

加强产学研一体化进程，洛阳铝加工与洛阳理工学院结为战略合作伙伴关系，正式签订了产学研合作协议。形成镜面铝生产研发体系，实现增量，被评为中铝集团“杀手锏”产品；编写的《轧制镜面铝及铝合金板、带、箔材》技术标准通过中铝集团审定并下发执行；5005 合金高端阳极氧化幕墙板、5182 合金深冲汽车用板材等材料开发成功并稳定投入市场，实现进口材料国产化，同比实现较大幅度增量。

实施人才队伍建设。一是做好大学生招聘及留用机制建设，形成了人才梯队。二是打通职工职业发展通道，委托西南铝完成34人初级以上职称人员代为职称评审工作，初步形成了技术人才库；委托洛阳有色学校开展职工职业技能鉴定工作，完成首批178人的培训、考试和取证工作。三是开展职业培训和教育工作，全年举办培训班98期，累计培训1953人次。全年涌现出有色行业技术能手孟军、新安工匠郭洛喜、有色行业先进统计工作者程淑霞以及中铝集团银点子项目荣誉获得者段慧慧等一批先进人物。

2018年科技创新数据表

表4

科技创新投入/万元	申请专利/件	授权专利/件	科技人员占比/%
4900	8	7	8.04

七、深化改革

一是完成了不动产过户工作，维护了企业的财产安全和根本利益。二是完成了社保和公积金分户、党委和工会归属地管理等工作。

八、党建与企业文化建设

2018年，洛阳铝加工贯彻中铝集团党建与生产经营“双百分”考核制度，制订了党建工作计划和“双百分”考核实施细则，实行月度考核排名并作为评先创优依据。

创新党建工作机制，坚持开展月度岗位明星评选、提质增效劳动竞赛和技术攻关三项活动。全年共开展技术攻关项目立项181个，结项155个，结项率达到86%；涌现出营销部赵丹峰、热轧车间王苗等先进典型。

加强党员队伍建设，2018年企业入党积极分子数量同比提高了40%以上。在年度先进典型的群体中，洛阳铝加工党员和入党积极分子的占比达到50%以上。

九、履行社会责任

坚持依法和合规经营，连年获得当地税收特别贡献奖。

开展了残疾人招录工作，建立了贫困职工生活、医疗、子女入学等帮扶制度。

坚持重大节假日探望福利院老人，参加地方教育共建等公益活动，受到了地方政府的充分肯定。

做好废水回收和循环利用，月均节水量可达1万余吨。

完成了安全工作目标，全年未发生轻伤及以上工伤事故，未发生新增职业病，未发生食物中毒事故，未发生一般交通责任事故，未发生火灾责任事故，未发生环境污染事故。

十、重要纪事

5月11日，中铝集团党组成员、副总经理刘祥民到洛阳铝加工调研指导。

6月22日，洛阳铝加工与洛阳理工学院结为战略合作伙伴。

12月，洛阳铝加工实现持续盈利，完成国资委和中铝集团2016—2018年扭亏脱困目标。

撰稿／惠帅彬

审核／张国庆

2019

中国铝业集团有限公司年鉴

The Yearbook of Aluminum Corporation of China

【荣誉篇】

List of Honors

CHINALCO

年度明星人物

全国“三八红旗手” 谢延翠

谢延翠，女，1971年11月出生，中共党员，工程硕士，成绩优异的高级工程师。2018年被授予“全国三八红旗手”称号。

1995年9月，谢延翠大学毕业后，进入东轻工作。24年来，她潜心从事铝加工技术研究，从一名见习技术员成长为经验丰富的高级工程师。作为新一代知识分子的优秀代表，她敢于开辟独创、独有、引领发展的新路径，进军具有前瞻性、先导性、探索性、颠覆性的技术领域。她参加完成了7050、7475、2124合金等关键材料研制和大飞机用2024–T351铝合金大规格厚板工业化制备技术等科研项目，在多项重大科技领域实现原创性突破，10余项科研成果填补国家空白，成为科技创新的先锋、敬业奉献的典范。主持或为主参与完成的多项科研成果分别获得省部地市级科学技术奖一等奖3项、二等奖5项，三等奖6项，为主参与申请国家发明专利并获得授权10件，发表著作1部，发表论文12篇，起草国家及行业标准8项。

她曾获得中铝集团劳动模范、黑龙江省劳动模范、哈尔滨市劳动模范、哈尔滨市“三八红旗手”、哈尔滨市“十佳百强妇女”、哈尔滨市“最美女职工”等多项殊荣。

全国自强模范 徐立立

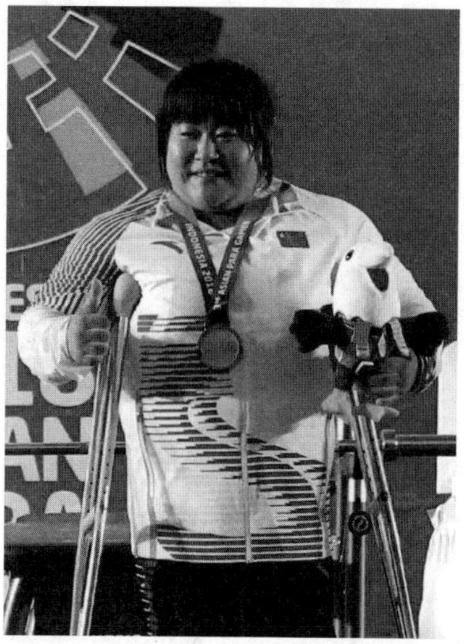

徐立立，女，汉族，1981年2月1日出生于内蒙古赤峰市敖汉旗，父母均是农民。她本人是肢体二级残疾，初中文化。2018年，徐立立在全国锦标赛、亚锦赛、世界公开赛和残疾人亚运会多次打破亚洲纪录和世界纪录，成为身残志不残的榜样。

2007年9月，徐立立经社会招聘入职赤峰云铜。由于家境贫寒，徐立立十分珍惜来之不易的工作机会，经常主动放弃休息时间，以厂为家，任劳任怨，努力工作。2008年11月，国家举重队到赤峰云铜选拔队员，徐立立被选中，成为国家举重队一员。经过刻苦训练，2015—2017年，她曾获得四川全运会金牌、巴西残奥会银牌、墨西哥世锦赛女子79公斤级金牌，多次打破世界纪录。2018年5月22日，在北京全国锦标赛中获得女子79公斤级金牌。2018年9月11日，在日本北九州的亚锦赛和世界公开赛中获得女子79公斤级的2枚金牌，并且打破亚洲纪录和世界纪录。2018年10月10日，在印度尼西亚首都雅加达举办的第三届残疾人亚运会上，获得金牌，两次打破世界纪录。

第十四届中华技能大奖　耿家盛

耿家盛，男，55岁，中共党员，汉族，云南冶金昆明重工有限公司车工高级技师。除此之外，耿家盛还有多重身份——中共十九大代表、中共云南省第十届委员会委员、云南省总工会兼职副主席……在这些身份中，耿家盛最耀眼的身份，就是一名技术过硬的工人。2018年11月，耿家盛获第十四届中华技能大奖。

20世纪80年代初，出身工人家庭的耿家盛调入昆明重机厂（现昆明重工）当了一名车工。经过努力，很快成为企业的核心技术人才。

2016年，转型中的昆明重工与一家民企达成合作，共同研发一款环保厕所。在只有原理图、没有设计图的情况下，他和他的团队仅用3个月就完成新产品——环保厕所试制，获得云南省创新创意成果奖金奖。如今，环保厕所已经发展到了第四代。

这些年，他将一身的绝活毫无保留地传授给青工500余人次。所带的徒弟荣获首届“云岭技能大师”、首届“云岭工匠”等，新产品研发团队获得“云南省青年文明号”称号。他还受邀在云南省内各高校、国内同行授课100余场，听众达两万余人次。耿家盛坦言：“我希望能用我的影响力，让全社会更关注技能人才，让弘扬工匠精神在全社会成为一种风气。”

集体荣誉

【国家级荣誉】

全国“工人先锋号”

东轻公司特材公司锻压工区模压甲班

中州铝业卫星职工技术创新工作室

云南永昌硅业股份有限公司冶炼厂 303 班

全国五四红旗团支部

中铝内蒙古国际贸易有限公司团支部

【省部级荣誉】

山西省优秀企业

山西中润

山西省制造业 100 强企业

兴华科技

河南省“工人先锋号”

中铝矿业洛阳分公司采矿一车间自采班

洛阳铜加工熔铸厂一工区

山东省“工人先锋号”

山东华宇

上海市“工人先锋号”

中铝上铜工程建设分公司新板带设备维护组

重庆市“工人先锋号”班组

西南铝熔铸厂熔铸二部均热班

甘肃省“工人先锋号”

西北铝深加工中心

云南省“工人先锋号”

西南铜业分公司电解分厂艾萨工区

昆明冶研院“硫精矿提质工艺项目团队”

重庆市国企贡献奖先进集体

西南铝锻造厂党委

广西壮族自治区百强企业

广西分公司

宁夏回族自治区“十佳”优秀企业

中铝宁夏能源集团有限公司

云南省文明单位

驰宏锌锗股份有限公司

驰宏锌锗会泽矿业分公司

彝良驰宏矿业有限公司

永昌铅锌股份有限公司

云铝润鑫铝业有限公司

云铝涌鑫铝业有限公司

宁夏回族自治区民族团结进步模范集体

中铝宁夏能源集团有限公司

云南省“五一劳动奖状”

彝良驰宏矿业有限公司

云冶创能金属燃料电池股份有限公司

云南永昌硅业股份有限公司

云南省“五一巾帼标兵岗”

凉山矿业拉拉公司动力车间变电班

永昌硅业冶炼厂

云南省“青年文明号”

昆明重工佳盛慧洁公司研发组

云岭工匠创新工作室耿家盛工作室

云冶财务公司结算部

云南省“五四红旗团支部”

云南冶金资源股份矿产勘查院团支部

重庆市“五四红旗团委”

西南铝压延厂团委

湖北省“五四红旗团支部（总支）”

华中铜业生产团支部

2017—2018 年度中央企业“五四红旗团委”

包头铝业有限公司热电厂团委

云南迪庆矿业开发有限责任公司选厂团支部

中铝矿业有限公司巩义分公司团总支

【集团级荣誉】

2018 年度中国铝业集团有限公司“五四红旗团委”

中铝山西新材料有限公司团委

中国铝业广西分公司团委

中州铝业团委

包头铝业华云电解二厂团委

兰州铝业有限公司团委

中国铝业连城分公司团委

玉溪矿业有限公司团委

中国有色金属工业第六冶第六分公司团委

中铝资本控股有限公司团委

云南铝业股份有限公司团委

个人荣誉

【国家级荣誉】

2018 年度全国“五一劳动奖章”

肖承瑞 （广西分公司）

肖红梅 （九冶）

全国“安康企业家”

尹雪春 （西南铝）

星占雄 （青海分公司）

全国“三八红旗手”

谢延翠 （东轻）

全国“自强模范”

徐立立 （赤峰云铜）

全国“优秀工会积极分子”

武江华 （云铜集团）

第 22 届中国“青年五四奖章”

陈丽芳 （西南铝）

【省部级荣誉】

重庆市“五一劳动奖章”

曾庆华 （西南铝）

福建省劳动模范

于　健 （东南铜业）

湖北省劳动模范

明文良 （华中铜业）

宁夏回族自治区杰出企业家

朱润洲 （宁夏能源）

河南省“五一劳动奖章”

房　芳 （郑州企业）

宁夏回族自治区“五一巾帼标兵”

刘亚娟 （宁夏能源）

甘肃省“五一巾帼奖”

王秀芳 （兰州分公司）

甘肃省“五一劳动奖章”

梁吉清 （连城分公司）

云南省“五一劳动奖章”

潘建华 （云铜股份）

杨　勇 （云铜股份）

刘世禄 （云铜股份）

龚　龙 （云铜股份）

刘世禄 （西南铜业）

龚　龙 （西南铜业）

杨　勇 （西南铜业）

王瑞兵 （昆勘院）

沈克忠 （玉溪矿业）

郭顺红 （驰宏会泽）

侯金富 （昆明重工）

龙　祥 （文山铝业）

雷政华 （云芯硅材）

耿志萍 （云芯硅材）

贵州省“五一劳动奖章”

杨保华 （贵州分公司）

云南省“三八红旗手”

赵生艳 （云芯硅材）

云南省“五一巾帼标兵”

王园园 （驰宏矿业）

杨　柳 （金鼎锌业）

李金秀 （冶金资源）

马关燕 （驰宏资源）

耿志萍 （云芯硅材）

李文静 （云芯硅材）

李文娅 （云芯硅材）

徐刚芳 （西南铜业）

侯金富 （昆明重工）

李金秀 （云南冶金）

云南省优秀共青团员

郭秋晨 （昆明有色院）

湖北省“青年岗位能手”

吴　强 （华中铜业）

2013—2017 年度重庆市国企贡献奖先进个人

林海涛 （西南铝）

刘　峥 （西南铝）

2018 年度重庆市“优秀团委书记”

王琦龙 （西南铝）

2018 年度重庆市“优秀共青团员”

毛煦铭 （西南铝）

2018 年度重庆市“向上向善好青年”

李朝阳 （西南铝）

【集团级荣誉】

2018 年度中铝集团“优秀共青团员”

王馥全 （山西新材料）

赵　坤 （广西分公司）

景成成 （中州矿业）

石　成 （贵州分公司）

赵　星 （青海分公司）

刘　璐 （包头铝业）

王　姣 （兰州铝业）

唐艺嘉 （云南国际）

柴毓绩 （东南铜业）

赵东明 （沈阳院）

谢卓君 （贵阳院）

李　婷 （长沙院）

周念民 （长勘院）

平雷雷 （六冶）

张　辉 （山西铝业）

李晨阳 （郑研院）

常立程 （西南铝）

吴海权 （东轻）

马　凯 （西北铝）

杨　渊 （中铝材料院）

2018 年度中铝集团“优秀共青团干部”

余晓辉 （山东铝业）

崔　政 （中铝矿业）

冯　云 （山西新材料）

黄彩霖 （广西分公司）

王志军 （中州铝业）

王昭娣 （山西华兴）

郗晓菲 （青海分公司）

蔺　欢 （包头铝业）

陈　磊（山东华宇）

胡　斌（宁夏能源）

周灿云（迪庆矿业）

甘欣鑫（中铝国际）

卫　杰（山西中铝工服）

杨　昊（郑州研究院）

张司邈（中铝资本）

武艳红（西南铝）

孙　兰（东轻公司）

陈加龙（中铝瑞闽）

刘忠正（中铝沈加）

姜文亮（驰宏锌锗）

【附　录】

Appendices

图 1 中国铝业集团有限公司组织架构图（2018 年）

中国铝业集团有限公司
CHINALCO ALUMINUM CORPORA TION OF CHIN A

- 办公厅
- 人力资源部
- 财务部
- 战略发展部
- 资本运营部
- 安全环保健康部
- 科技管理部
- 审计部
- 党群工作部
- 纪检监察部
- 巡视办公室
- 法律部
- 信息化管理部
- 新闻中心
- 研究室
- 矿产资源管理部
- 营销管理部
- 企业管理部
- 煤炭安全管理部

中铝材料应用研究院有限公司 — 中铝铁矿控股有限公司 — 中铝环保节能集团有限公司 — 中铝海外发展有限公司

中铝创新开发投资有限公司

板块事业部

中国铝业股份有限公司

分公司
- 中国铝业贵州分公司
- 中国铝业广西分公司
- 中国铝业青海分公司
- 中国铝业重庆分公司
- 中国铝业连城分公司
- 中国铝业兰州分公司

托管企业
- 云南铝业股份有限公司

全资子公司
- 中铝山东有限公司
- 包头铝业有限公司
- 抚顺铝业有限公司
- 中铝国际贸易有限公司
- 中国铝业香港有限公司
- 中铝能源有限公司
- 中铝物流集团有限公司
- 中铝矿业有限公司
- 中铝物资有限公司
- 中铝（上海）有限公司
- 中铝国际贸易集团有限公司
- 中铝中州铝业有限公司
- 中国铝业郑州有色金属研究院有限公司
- 山西华兴铝业有限公司
- 中铝广西投资发展有限公司
- 中铝中州矿业有限公司
- 山西中铝华北矿业有限公司
- 中铝内蒙古资源开发有限公司
- 山东山铝电子技术有限公司
- 中铝（云南）华江铝业有限公司

控股、参股子公司
- 中铝山西新材料有限公司
- 遵义铝业股份有限公司
- 中铝宁夏能源集团有限公司
- 贵州华锦铝业股份有限公司
- 贵州华仁新材料有限公司
- 甘肃华鹭铝业有限公司
- 山西华圣铝业有限公司
- 山西中铝华润有限公司
- 山东华宇合金材料有限公司
- 广西华昇新材料有限公司
- 中铝青海铝电有限公司
- 甘肃华阳矿业开发有限责任公司
- 中铝山西吕梁矿业有限公司
- 中铝山西交口兴华科技股份有限公司
- 中铝南海合金有限公司

中国铜业有限公司

- 云南铜业股份有限公司
- 中铝矿业国际中铝秘鲁矿业有限公司
- 中铝矿业资源有限公司
- 中铝洛阳铜业有限公司
- 中铝上海铜业有限公司
- 中铝华中铜业有限公司
- 中铝洛阳铜加工有限公司
- 中铜国际贸易有限公司
- 凉山矿业股份有限公司
- 云南云铜锌业股份有限公司
- 青海鸿鑫矿业有限公司
- ⋮
- 云南冶金集团股份有限公司

中国稀土有限公司

- 中铝稀土（江苏）有限公司
- 中铝广西有色稀土开发有限公司
- 中铝四川稀土有限公司
- 中铝山东稀土有限公司
- 中稀国际贸易有限公司
- 中铝山东依诺威强磁材料有限公司

中铝国际工程股份有限公司

- 沈阳铝镁设计研究院有限公司
- 贵阳铝镁设计研究院有限公司
- 长沙有色冶金设计研究院有限公司
- 中色科技股份有限公司
- 中国有色金属长沙勘察设计研究院有限公司
- 中国有色金属工业第六冶金建设有限公司
- 中国有色金属工业第九冶金建设有限公司
- 中色十二冶金建设有限公司
- 中铝国际（天津）建设有限公司
- 中铝山东工程技术有限公司
- 中铝国际技术发展有限公司
- 中铝国际工程设备有限公司
- 北京紫宸投资发展有限公司
- 中铝国际铝材科技产业有限公司
- 中铝国际香港有限公司
- 中铝西南建设投资有限公司

中铝资产经营管理公司

全资子公司
- 山东铝业有限公司
- 中国长城铝业有限公司
- 贵州铝厂有限责任公司
- 中铝山西铝业有限公司
- 平果铝业有限公司
- 河南中州铝厂有限公司
- 青海铝业有限责任公司
- 兰州铝厂有限公司
- 兰州连城铝业有限责任公司
- 郑州轻金属研究院有限公司
- 沈阳华汇资产管理有限公司
- 贵阳铝镁资产管理有限公司
- 珠海长冶资产经营管理有限责任公司
- 洛阳有色金属加工设计研究院有限公司
- 湖南长勘商贸发展有限公司
- 郑州中铝建设开发有限公司
- 山西十二冶资产管理有限公司
- 中铝工业服务有限公司
- 中铝润滑科技有限公司
- 苏州有色金属研究院有限公司

控股公司
- 中铝投资发展有限公司
- 甘孜州银峰矿业有限责任公司

托管公司
- 包头铝业（集团）有限责任公司
- 中铝科学技术研究院有限公司
- 中铝河南铝业有限公司

中铝资本控股有限公司

控股企业
- 中铝财务有限责任公司
- 中铝融资租赁有限公司
- 中铝商业保理（天津）有限公司
- 中铝创新发展股权投资基金管理（北京）有限公司
- 中铝建信投资基金管理（北京）有限公司

参股企业
- 云晨期货有限责任公司
- 农银汇理基金管理有限公司
- 中企云链（北京）金融信息服务有限公司

合伙企业
- 中铝智鑫科技股权私募投资基金
- 北京汇鑫未来股权投资中心（有限合伙）
- 北京鑫源盈丰投资基金管理

铝加事业部

- 西南铝业（集团）有限责任公司
- 东北轻合金有限责任公司
- 西北铝业有限责任公司
- 中铝瑞闽股份有限公司
- 中铝铝箔有限公司
- 中铝萨帕特种铝材（重庆）有限公司
- 中铝河南洛阳铝加工有限公司

托管企业
- 中铝沈阳有色金属加工有限公司

参股企业
- 中建铝新材料有限公司
- 华北铝业有限公司

中国铝业集团有限公司主要经济指标表（2001—2018 年）

表 1

序号	年份 指标名称	2001	2002	2003	2004	2005	2006	2007	2008	2009	2010	2011	2012	2013	2014	2015	2016	2017	2018
1	氧化铝产量（万吨）	469.70	541.00	604.70	681.00	787.00	962.00	1046.00	1100.00	846.67	1089.75	1179.40	1273.00	1372.00	1374.00	1454.30	1469.67	1437.00	1832.93
2	电解铝产量（万吨）	70.70	75.10	96.40	106.70	142.00	297.00	356.00	340.00	346.67	431.73	442.50	421.95	422.00	384.00	362.20	303.37	360.70	574.7
3	铝加工材产量（万吨）	1.41	17.20	20.00	27.60	41.00	56.00	79.80	93.00	58.00	71.79	68.80	84.50	73.00	100.50	102.46	146.31	167.70	178
4	矿山铜金属含量（万吨）	—	—	—	—	—	—	—	8.95	9.52	9.18	9.08	9.40	9.40	8.60	26.79	24.92	27.98	31.82
5	精炼铜产量（万吨）	—	—	—	—	—	—	—	38.40	29.08	32.99	43.74	45.00	44.00	52.00	53.90	58.31	62.68	69.5
6	铜加工材产量（万吨）	—	—	—	—	—	—	—	—	—	—	16.52	31.00	31.00	32.00	29.10	26.23	30.41	25.52
7	铅精矿产量（万吨）	—	—	—	—	—	—	—	—	—	—	—	—	—	—	—	—	—	9.47
8	锌精矿产量（万吨）	—	—	—	—	—	—	—	—	—	—	—	—	—	—	—	—	—	27.48
9	电锌产量（万吨）	—	—	—	—	—	—	—	—	—	—	—	—	—	—	—	—	—	53.76
10	电铅产量（万吨）	—	—	—	—	—	—	—	—	—	—	—	—	—	—	—	—	—	7.57
11	稀土分离产品产量（万吨）	—	—	—	—	—	—	—	—	—	—	—	0.45	0.45	0.66	0.71	0.60	0.67	1.31
12	稀土矿产量（万吨）	—	—	—	—	—	—	—	—	—	—	—	0.08	0.07	0.07	0.19	0.25	0.25	0.13
13	稀土磁材（万吨）	—	—	—	—	—	—	—	—	—	—	—	—	—	—	—	—	0.19	0.16
14	销售收入（亿元）	169.45	207.92	310.04	465.53	611.78	1031.22	1063.60	1291.21	1356.07	1954.33	2317.02	2449.40	2794.19	2800.08	2387.79	2675.80	3155.15	3002
15	上缴税金（亿元）	26.20	25.15	37.48	63.84	94.12	183.64	138.93	180.15	67.94	70.08	87.70	84.30	79.94	75.61	74.51	81.68	104.44	108.38
16	利润总额（亿元）	21.55	12.24	43.49	99.53	150.13	225.05	166.82	−67.57	−72.51	20.96	29.06	−96.60	−65.47	−197.46	−44.27	1.67	20.50	50.39
17	净利润（亿元）	−10.59	2.08	11.55	32.05	58.35	76.43	132.65	−68.16	−69.67	12.32	18.20	−99.86	−78.86	−212.16	−50.49	−5.80	0.0012	29.55
18	资产总额（亿元）	431.84	502.03	563.84	834.85	1078.52	1523.99	1776.46	3465.90	3548.50	3742.19	3966.20	4284.15	4662.85	4864.49	4868.44	5218.31	5313.37	6413.14
19	资产负债率（%）	52.37	49.68	47.66	48.47	46.08	46.43	50.01	75.83	78.70	79.63	80.35	83.25	84.94	88.57	85.62	83.88	63.26	66.52
20	净资产收益率（%）	−8.52	1.57	8.06	20.71	22.71	22.10	15.39	−8.35	−8.81	14.82	2.37	−13.33	−11.11	−34.38	−8.53	−0.75	0.00	1.44
21	工业总产值（亿元）	174.58	285.29	404.85	496.24	682.33	1096.12	1208.54	1427.77	1049.36	1406.88	1439.67	1614.01	1682.29	1664.31	1543.12	1411.67	2134.14	2162.4
22	国有资本保值增值率（%）	—	—	107.60	118.40	—	126.60	113.10	82.70	86.10	93.00	96.80	74.10	70.30	18.00	12.50	135.35	77.60	130.18
23	从业人数（万人）	11.60	12.60	13.40	16.10	19.10	20.73	24.72	20.28	19.28	18.44	18.33	18.19	18.84	14.82	13.35	11.05	11.53	12.5

图 2　中国铝业集团有限公司主要产品产能、产量图（2001—2018 年）

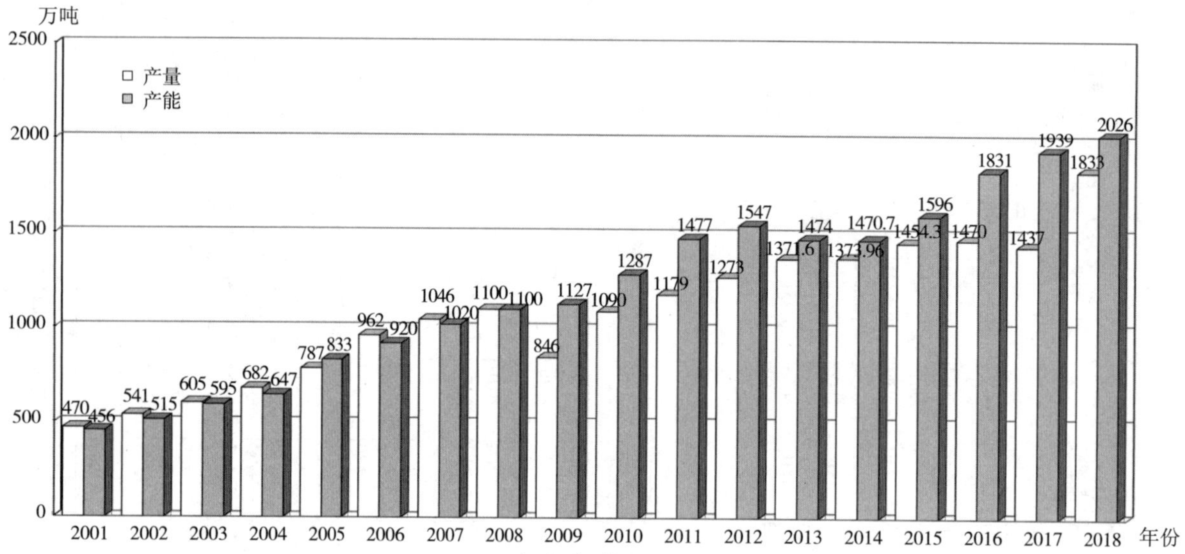

（a）氧化铝

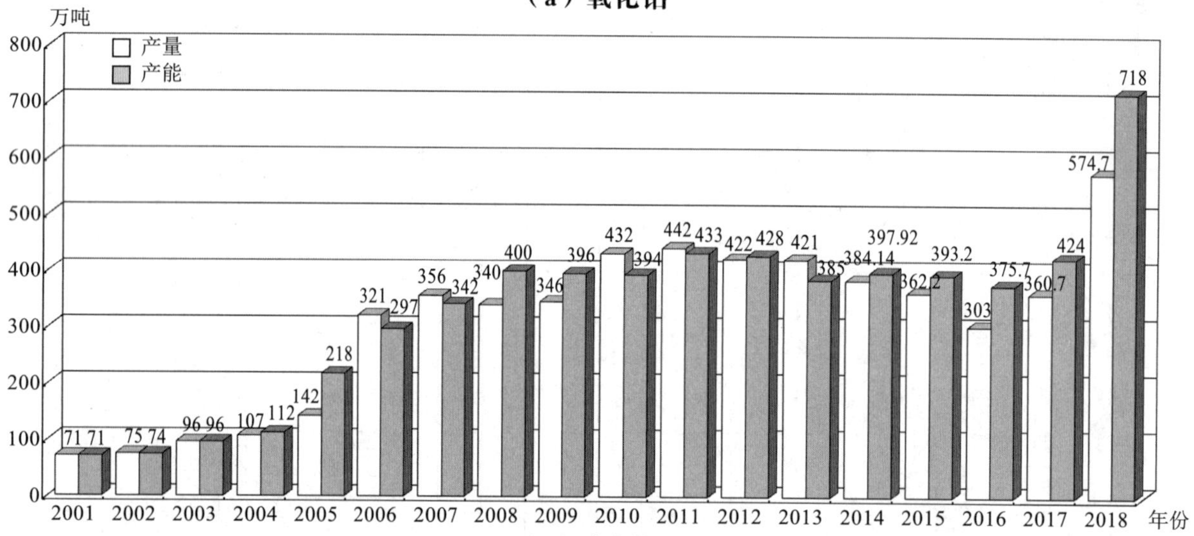

（b）电解铝

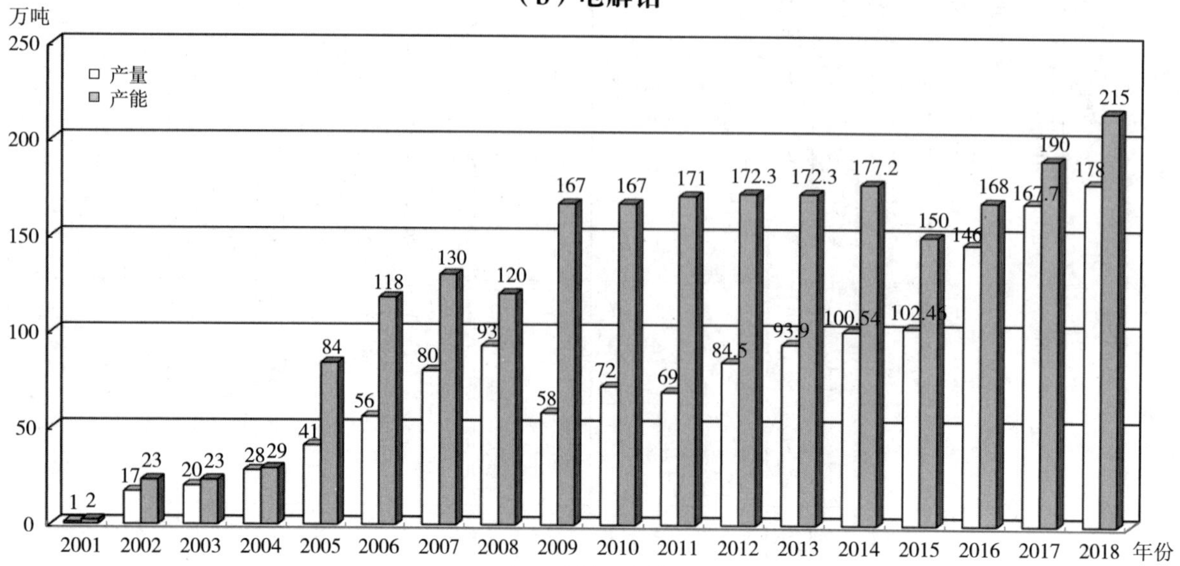

（c）铝加工材

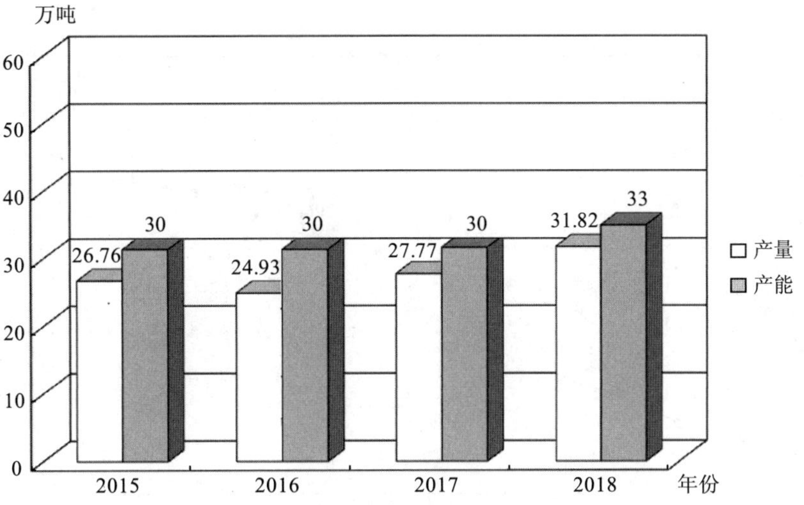

（d）铜精矿

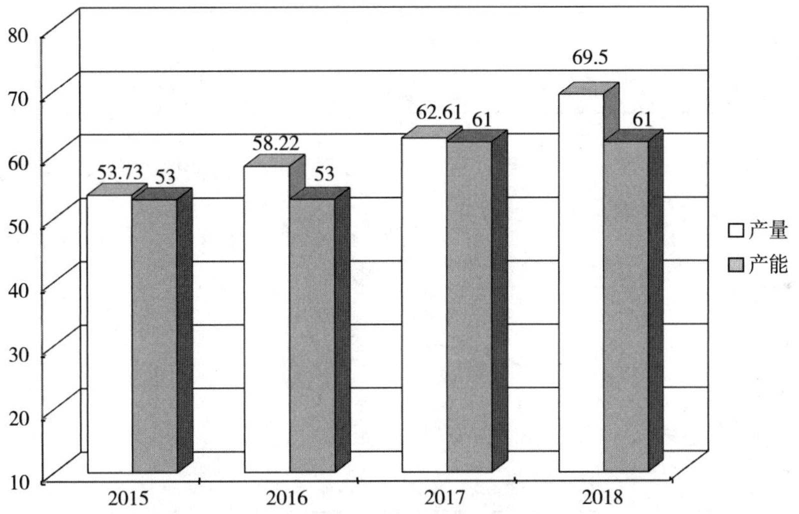

（e）电铜

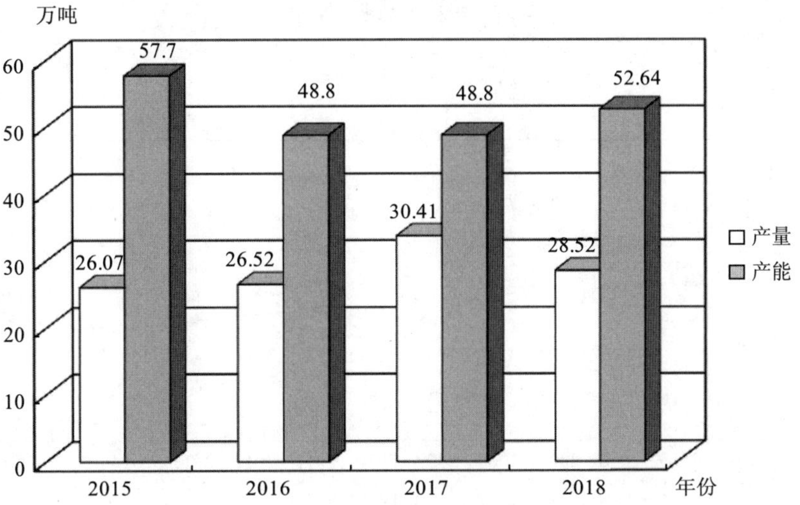

（f）铜加工材

图 3　中国铝业集团有限公司主要经济指标图（2001—2018 年）

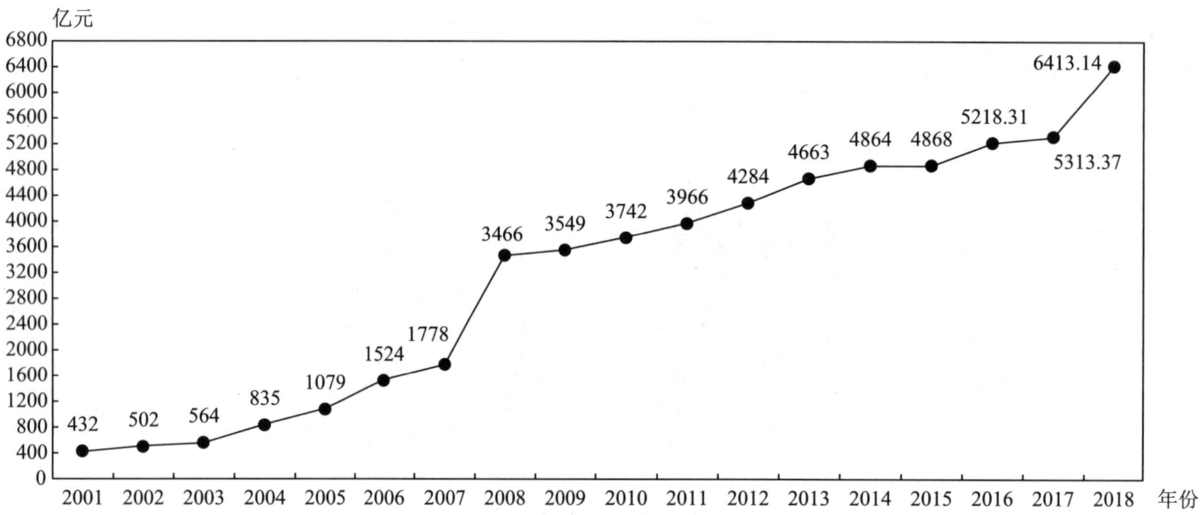

（a）资产总额

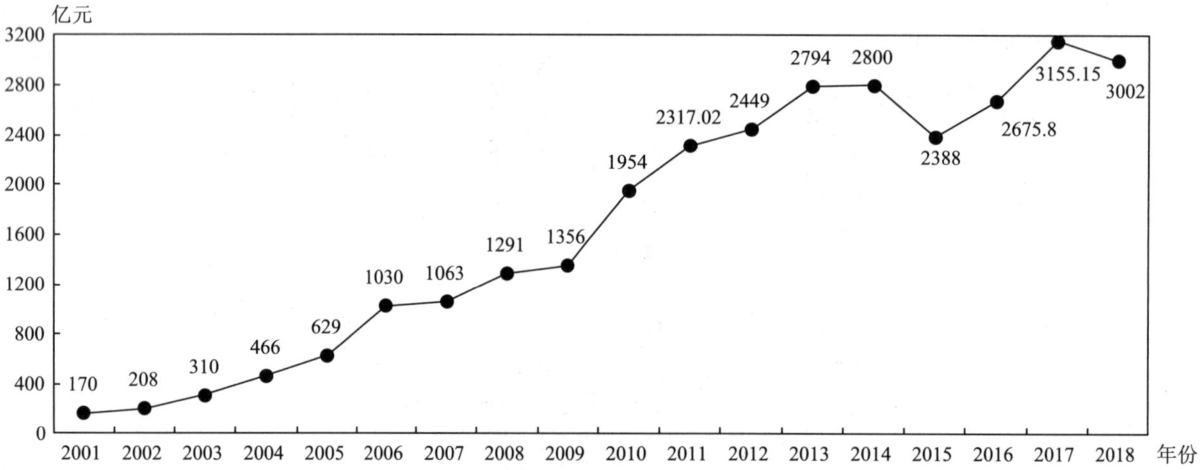

（b）销售收入

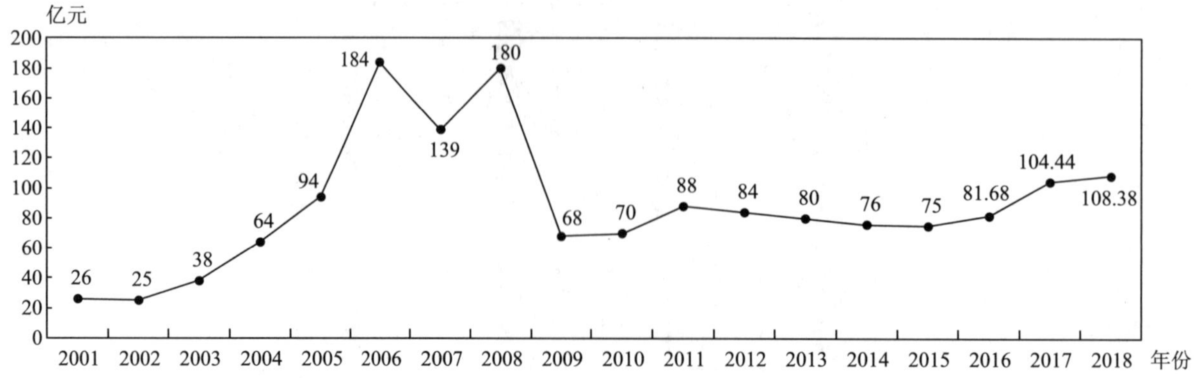

（c）上缴税金

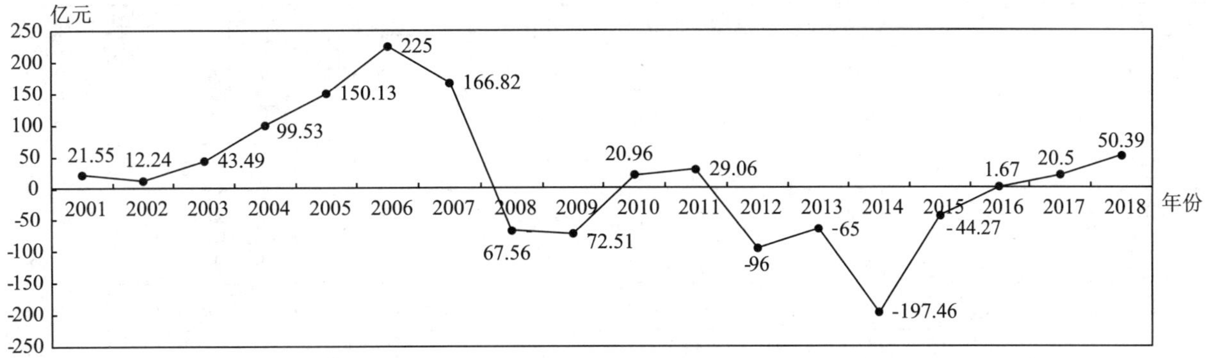

（d）利润总额

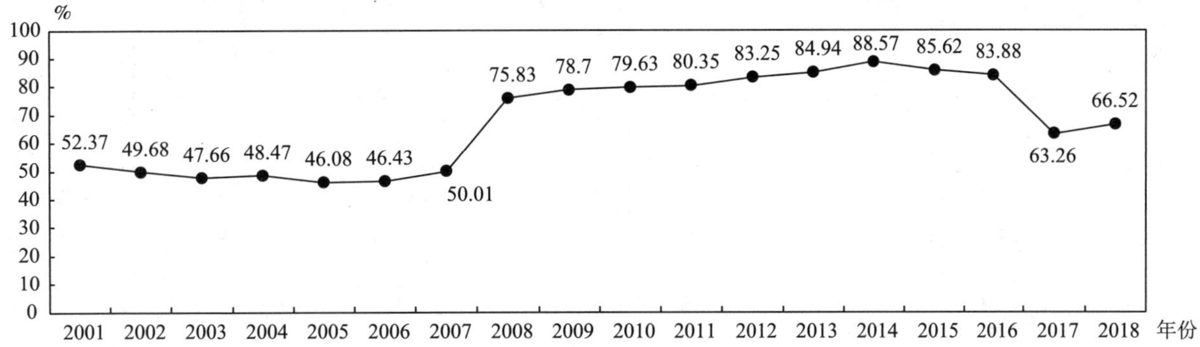

（e）资产负债率

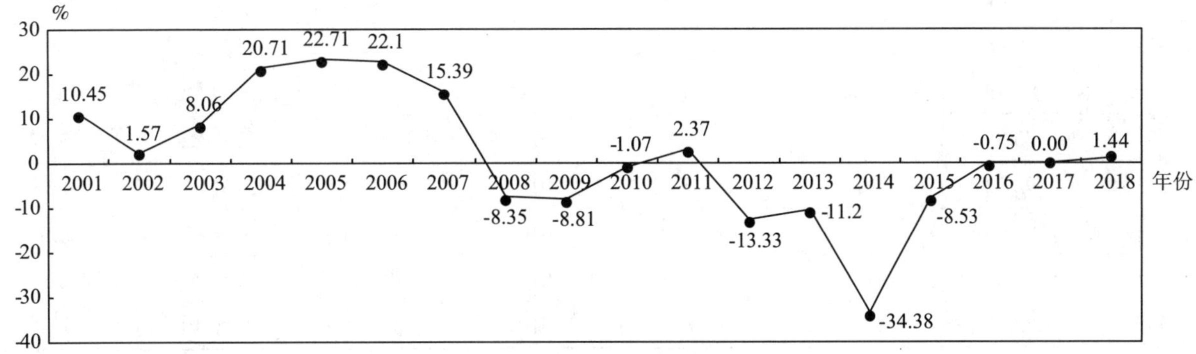

（f）净资产收益率

全国 1953—2018 年氧化铝、电解铝、铝加工材产量表

表 2

单位：万吨

年份	氧化铝	电解铝	铝加工材	年份	氧化铝	电解铝	铝加工材
1953	—	0.04		1986	106.55	56.15	33.54
1954	2.66	0.19	0.016	1987	113.51	61.62	37.4
1955	5，12	2.07	0.02	1988	126.48	71.81	41.61
1956	6.39	2.16	0.55	1989	131.81	75.83	42.69
1957	9.07	2.92	1.23	1990	146.38	85.43	39.38
1958	10.98	4.85	3.93	1991	152.22	96.25	50.51
1959	18.51	7.14	3.44	1992	158.3	109.64	65.74
1960	18.24	12.06	4.28	1993	182.39	125.45	77.26
1961	12.45	6.62	1.7	1994	184.69	149.84	85.52
1962	16.81	7.73	2.21	1995	219.94	186.97	174.23
1963	19.5	9.01	4.08	1996	254.62	190.07	162.01
1964	21.75	10.78	5.23	1997	293.61	217.85	176.12
1965	27.71	13.21	5.72	1998	334	243.53	147.15
1966	45.76	16.84	3.55	1999	383.74	280.89	176.55
1967	43.39	18.93	4.22	2000	432.81	298.92	217.15
1968	29.45	12.32	3.81	2001	474.65	357.58	234.16
1969	38.69	18.34	6.09	2002	544.96	451.11	298.79
1970	52.73	23.52	6.76	2003	611.21	596.2	399.74
1971	63.02	28.77	7.45	2004	699	669	440
1972	70.88	28.65	7.99	2005	851	781	596
1973	60.13	28.56	8.67	2006	1369.98	935.84	814.78
1974	32.88	21.4	7.34	2007	1945.65	1257.11	1176
1975	56.37	22.13	7.09	2008	2278.41	1317.66	1427.41
1976	40.75	21.61	7.3	2009	2379.23	1296.43	1650.35
1977	55.86	21.46	8.13	2010	2895.91	1619.45	2026.05
1978	77.87	30.01	10.56	2011	3407	1755.5	2345.5
1979	80.43	36.6	13.63	2012	3769.8	2026.7	3039.5
1980	85.45	39.92	18.14	2013	4460.48	2264.02	4086.53
1981	85.94	39.5	24.16	2014	4777.42	2438.2	4845.52
1982	92.28	40.13	25.65	2015	5897.84	3151.81	4426.9
1983	95.03	44.48	28.14	2016	6090.73	3187.32	5706.09
1984	98.01	47.97	30.26	2017	6901.67	3227.33	5832.39
1985	102.49	52.47	30.98	2018	7253.06	3580.19	4554.61

全国 1953—2018 年铜精矿、电铜、铜加工材产量表

表 3 单位：万吨

年份	铜精矿	电铜	铜加工材	年份	铜精矿	电铜	铜加工材
1953	0.06	0.04	1.08	1986	25.35	45.6	42.74
1954	0.74	4.68	1	1987	27.82	51.64	44.39
1955	1.26	4.91	0.7	1988	28.18	52.5	44.26
1956	1.67	7.03	2.41	1989	29.91	56.16	44.33
1957	2.45	5.28	2.63	1990	29.59	55.87	45.19
1958	3.78	7.11	5.65	1991	30.4	56	47.45
1959	5.61	11.69	8.16	1992	33.42	65.92	61.59
1960	8.74	10.03	8.29	1993	34.57	73.03	72.04
1961	4.21	5.34	3.4	1994	39.56	73.61	77.82
1962	4.48	5.84	2.84	1995	44.52	107.97	157.19
1963	5.75	7.83	3.53	1996	43.91	111.91	135.1
1964	7.23	10.58	4.73	1997	49.55	111.94	146.32
1965	9.7	13.31	6.82	1998	48.68	121.13	125.2
1966	12.89	15.9	8.49	1999	52.01	117.42	128.19
1967	8.05	10.42	7.55	2000	59.26	137.11	159.66
1968	4.85	7.51	7.62	2001	58.74	152.33	184.88
1969	10.37	12.58	11.02	2002	56.81	163.25	251.16
1970	14.58	16.53	13.25	2003	60.44	183.63	319.6
1971	19.07	20.69	16.5	2004	74.22	219.87	471.61
1972	19.25	24.12	16.14	2005	76.16	260.04	502.48
1973	18.95	27.23	17.76	2006	87.29	300.32	532.44
1974	15.41	23.47	17.38	2007	92.8	349.94	630.21
1975	18.02	25.77	15.57	2008	93.08	377.93	748.6
1976	15.63	23.68	14.83	2009	96.74	411.08	888.42
1977	17.65	26.45	15.15	2010	115.58	457.35	1009.27
1978	21.34	29.89	18.28	2011	127.2	517.9	1028.2
1979	21.7	33.71	21.15	2012	162.6	582	1153.9
1980	22.13	38.36	22.85	2013	181.97	699.81	1573.96
1981	19.84	38.62	23.03	2014	192.33	795.86	1783.58
1982	19.65	35.13	26.87	2015	166.71	796.89	1618.83
1983	19.8	37	26	2016	185.07	843.63	2095.99
1984	21.39	39.23	31.61	2017	165.64	888.948	1861.67
1985	23.97	41.26	38.38	2018	150.6	902.86	1715.54